Übungsbuch Produktionsmanagement

Günter Fandel · Mario Giesecke · Jan Trockel

Übungsbuch
Produktionsmanagement

Günter Fandel
FernUniversität in Hagen
Hagen, Deutschland

Jan Trockel
FernUniversität in Hagen
Hagen, Deutschland

Mario Giesecke
Universität Siegen
Siegen, Deutschland

ISBN 978-3-658-19553-3

Die Deutsche Nationalbibliothek verzeichnet diese Publikation in der Deutschen Nationalbibliografie; detaillierte bibliografische Daten sind im Internet über http://dnb.d-nb.de abrufbar.

Springer Gabler

Lektorat: Susanne Kramer

Gedruckt auf säurefreiem und chlorfrei gebleichtem Papier

Springer Gabler ist ein Imprint der eingetragenen Gesellschaft Springer Fachmedien Wiesbaden GmbH und ist
ein Teil von Springer Nature
Die Anschrift der Gesellschaft ist: Abraham-Lincoln-Str. 46, 65189 Wiesbaden, Germany

Für Gabriele, Oxana und Alexandra

Vorwort

Das Lehrbuch „FANDEL/FISTEK/STÜTZ: Produktionsmanagement", das in zweiter Auflage bei Springer 2011 erschienen ist, ist bei Studierenden auf lebhafte Nachfrage gestoßen. Der Grund liegt darin, dass der umfängliche Studientext um zahlreiche Übungsaufgaben mit Lösungen ergänzt ist, die in ihrem Niveau den Anforderungen von Diplomklausuren genügen, wie sie üblicherweise zu dem Fach Produktionsmanagement an den deutschsprachigen Universitäten und Weiterbildungsakademien gestellt werden. Um jedoch nicht nur auf diesen Aufgabensatz beschränkt zu sein, der nur mit dem gleichzeitigen Erwerb des Lehrbuches erhältlich ist, haben wir uns entschieden, mit dem vorliegenden Werk ein separates Übungsbuch bereitzustellen, dessen Aufgabenstellungen in der Qualität denen des Lehrbuches entsprechen. Freilich ist die Anzahl der Übungsaufgaben sehr viel größer, und die Aufgabenstellungen sind vom Inhalt her auch reichhaltiger, da oft mehrere Varianten zu einer Fragestellung diskutiert und deren Lösungen zusätzlich vorgetragen werden. Der bereits fachkundige Leser hat somit eine Fülle von Übungsmaterialen an der Hand, die er unabhängig vom zugrundeliegenden Lehrbuch nutzen kann. Interessierte Leser allerdings, die sich mit den Aufgaben dieses Übungsbuches erst schrittweise den Lernstoff erarbeiten möchten, erhalten an den jeweiligen Kapitelanfängen Hinweise auf die Seiten des Lehrbuches, auf deren Inhalte sich die Übungsaufgaben beziehen, die sie gerade durcharbeiten möchten.

Zur Erstellung des Übungsbuches konnten wir auf einen reichen Fundus an Aufgabenstellungen zum Fachgebiet Produktionsmanagement zurückgreifen, die in den zurückliegenden Dekaden an der Fernuniversität im Rahmen der Studiengänge Betriebswirtschaftslehre, Volkswirtschaftslehre sowie in den Zusatzstudiengängen Wirtschaftswissenschaften für Ingenieure bzw. für Naturwissenschaftler und den nachfolgenden Bachelor- und Master-studiengängen für die Klausuren in Produktionswirtschaft und Industriebetriebs-lehre eingesetzt wurden. Viele Aufgabenstellungen sind aber auch neu konzipiert worden, wenn uns eine didaktische Ergänzung sinnvoll schien. Besonderes Augenmerk wurde stets auf die Ausführlichkeit und die Verständlichkeit der Lösung gerichtet. Zahlreiche Abbildungen veran-schaulichen komplexere Zusammenhänge.

Frau Sandra Fischer, der Sekretärin in unserer Forschungseinheit, danken wir ganz besonders herzlich dafür, dass sie sich als ihren ganz persönlichen Beitrag zu diesem Buch der allein nahezu kaum zu bewältigenden Aufgabe unterzogen hat, unsere Vorlagen in ein druckfähiges Format zu bringen. Das betrifft nicht nur die sorgfältige Editierung des Textes, sondern auch die akribische Bearbeitung der Abbildungen und Tabellen. Die innere Ansicht und die Lesbarkeit unseres Werkes haben davon erheblich profitiert.

Trotz aller Bemühungen und Sorgfalt lässt es sich nicht vermeiden, dass bei der Fertigstellung des Buches noch einige Fehler unserer Aufmerksamkeit entgangen sein können. Dafür zeichnen allein die Autoren verantwortlich. Für Hinweise zur Korrektur sowie für jegliche Anregungen oder Kritik sind wir sehr dankbar.

Die Erstellung des Übungsbuches hat uns viel Freude gemacht. Die Zusammenarbeit hat an vielen Stellen zu wertvollen Synergien geführt. Wir wünschen uns, dass die Leser nun daraus den erwarteten Nutzen ziehen können.

Hagen, im Februar 2018

Günter Fandel

Mario Giesecke

Jan Trockel

Inhaltsverzeichnis

1 Einführung

Diesem Übungsbuch zum Produktionsmanagement liegt inhaltlich eine Gliederung zugrunde, die sich an der Bewältigung der Aufgaben der Produktionsplanung und -steuerung durch ein PPS-System orientiert, wie es in Abbildung 1.1 graphisch skizziert ist (vgl. FANDEL/FISTEK/STÜTZ 2011, S. 101).

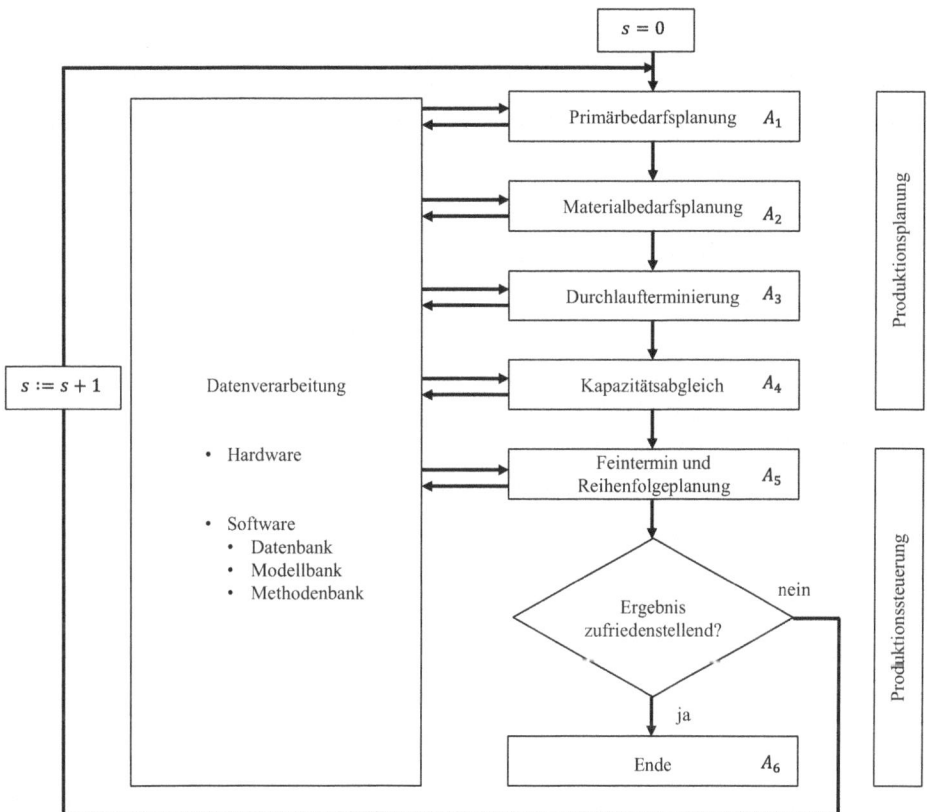

Abb. 1.1:   Struktur eines PPS-Systems

Die Gegenstände der verschiedenen Aufgabenstellungen eines PPS-Systems werden im Folgenden kurz beschrieben, und es werden Hinweise darauf gegeben, wie die Übungsaufgaben dieses Buches in diesem Zusammenhang einzubetten sind. Beide Aspekte mögen zum besseren Verständnis dafür beitragen, warum die Übungsaufgaben in der präsentierten Form angelegt sind.

Die Aufgabe der Primärbedarfsplanung besteht darin, die in einer Produktionsperiode zu erzeugenden Produktarten und -mengen so zu bestimmen, dass der Periodengewinn maximiert wird. Unternehmen, die für einen anonymen Markt produzieren, werden ihr optimales Produktions-programm in der Regel mit Hilfe der Deckungsbeitragsrechnung bestimmen. Eine alternative Möglichkeit besteht darin, die Produktionsmengen mithilfe von Prognoseverfahren festzulegen. Dabei kann aber im allgemeinen nicht mehr erwartet werden, dass die daraus hergeleiteten Primärbedarfe auch dem Ziel der Gewinnmaximierung gerecht werden. Unternehmen, die durch eine kunden-orientierte Auftragsfertigung charakerisiert sind, entnehmen ihre Primärbedarfe unmittelbar aus den Auftragsbüchern. Alle Übungsaufgaben des Kapitel 3 beschäftigen sich mit der Deckungsbeitragsrechnung. Als Prognoseverfahren der Primärbedarfsplanungen kommen im Prinzip – was die Methodik betrifft – auch alle Ansätze in Betracht, die in den Übungsaufgaben 5.1-5.4 in Kapitel 5 behandelt werden.

In der Verfahrenswahl geht es darum, die durch die Primärbedarfsplanung festgelegte Produktion so auf die verschiedenen Verfahren bzw. Betriebsmittel oder Arbeitsstätten zu verteilen, dass die Produktionskosten minimal verwirklicht werden. Dieser Problemkreis umfasst die kostenoptimale An-passung von funktionsgleichen Aggregaten, die Verteilung der Primärbedarfs-mengen auf die Arbeitsstätten einer mehrstufigen Mehrproduktfertigung sowie die Entscheidung zwischen Eigenfertigung und Fremdbezug. Die Verfahrens-wahlentscheidungen stellen ein Bindeglied zwischen den Aufgabenstellungen der Primärbedafsplanung und der Materialbedarfsplanung einerseits sowie zwischen der Primärbedafsplanung und der Durchlaufterminierung bzw. dem Kapazitätsabgleich andererseits dar. Infolgedessen werden Verfahrenswahlent-scheidungen in diesem Übungsbuch auch in Kapitel 4 behandelt, das zwischen den Kapiteln zur Produktionsprogrammplanung und zur Materialbedarfsplanung angesiedelt ist.

Die Materialbedarfsplanung ist Teil der Bereitstellungsplanung. Ihre Aufgabe besteht darin, die für die Produktion benötigten Ressourcen in Menge und Qualität zu den benötigten Zeitpunkten so bereitzustellen, dass die Produktions-kosten minimal gestaltet werden können. Die Materialbedarfsermittlung kann entweder verbrauchsorientiert oder programmgebunden durchgeführt werden. Während die verbrauchsorientierte Materialbedarfsplanung auf die Verbrauchs-werte der Vergangenheit zurückgreift und versucht, hieraus den erwarteten Bedarf der Zukunft zu prognostizieren, leitet die programmgebundene Materialbedarfsplanung die Bedarfsmengen über Stücklisten, Teilverwendungs-nachweise oder Rezepturen aus den Primärbedarfen ab. Beide Arten der Bedarfsplanung werden durch die Übungsaufgaben in Kapitel 5 behandelt.

Die Bestellmengen- und Losgrößenplanung ist integraler Bestandteil der Materialbedarfsplanung, da ausgehend von den Nettobedarfsmengen der Materialarten die Fertigungsauftrags- und Bestelllosgrößen bestimmt werden. Ziel ist es, einen kostengünstigen Ausgleich zwischen den mit wachsender Losgröße steigenden Lagerkosten und den mit sinkender Losgröße wachsenden Rüst- bzw. Bestellkosten zu finden. Dabei arbeitet die Mehrzahl von PPS-Systemen mit einfachen Näherungslösungen, wie sie beispielsweise hier in Kapitel 7 zu der dynamisch-deterministischen Bestellmengenplanung vorgetragen werden. Den statisch-deterministischen Fall der Bestellmengen- und Losgrößenplanung behandeln die Übungsaufgaben in Kapitel 6.

Durchlaufterminierung und Kapazitätsabgleich trachten danach, die Bearbeitungszeiten der in der Losgrößenplanung ermittelten Fertigungsaufträge auf den einzelnen Maschinen unter Beachtung der verfügbaren Kapazitäten grob festzulegen. Zwei Übungsaufgaben in Kapitel 9 sind diesem Aufgabenkreis gewidmet. An der Nahtstelle zwischen Durchlaufterminierung und Kapazitätsabgleich sind die Aufgabenstellungen der lohnkostenorientierten Fließbandabstimmung angesiedelt, die durch die Übungsaufgaben in Kapitel 2 behandelt werden.

Gegenstand der Produktionsprozessplanung ist es, die zur Durchführung der Produktion erforderlichen Fertigungsoperationen sachlich, zeitlich und räumlich so zu koordinieren, dass die Produktionskosten minimal realisiert wird. Aus den Notwendigkeiten der sachlichen Koordination ergeben sich die Aufgabenstellungen der Reihenfolge- und Maschinenbelegungsplanung. Während die Durchlaufterminierung und der Kapazitätsabgleich die Bearbeitungszeiten der Aufträge auf Wochen- oder Tagesbasis festlegen, erfolgt in der Reihenfolgeplanung die Bestimmung der zeitlichen Reihenfolge der Abarbeitung der freigegebenen Aufträge auf den Arbeitsplätzen auf Stunden- oder Minutenbasis. Da jede Reihenfolgeplanung auch zugleich eine Maschinenbelegung festlegt, sind die Aufgaben hierzu in Kapitel 10 auch entsprechend überschrieben. Es werden dort aber nur einfache Problemlagen vorgetragen, da die Optimierung im allgemeinen Fall zu einem solchen Komplexitätsgrad führt bzw. entsprechend mächtige Lösungsverfahren bedingt, die den Rahmen von Übungsaufgaben sprengen würden.

Einen Sonderfall der Deckungsbeitragsrechnung stellt die Produktionsprogrammplanung bei Kuppelproduktion dar. Er wird durch zwei spezielle Übungsaufgaben in Kapitel 8 behandelt.

Einen Überblick über die Zusammenhänge vermitteln die Abbildungen 1.2-1.5.

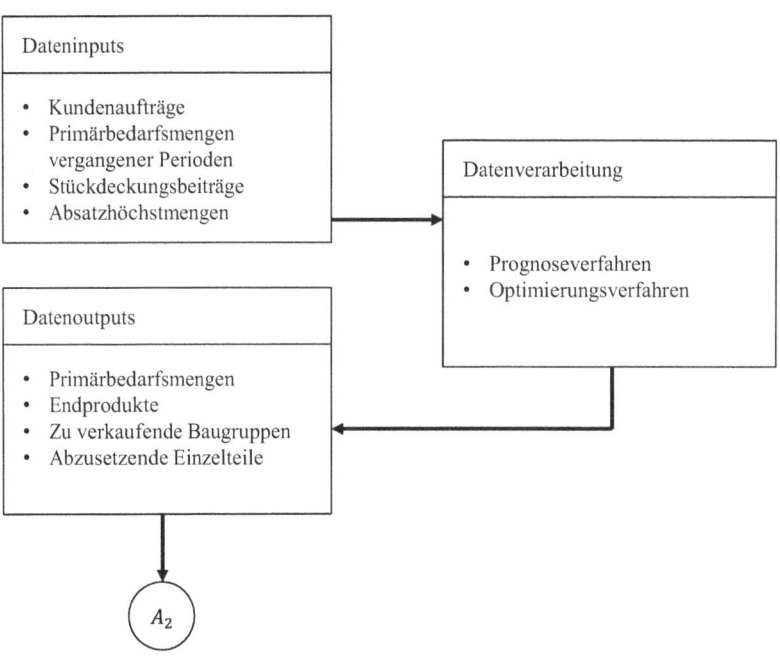

Abb. 1.2   Primärbedarfsplanung

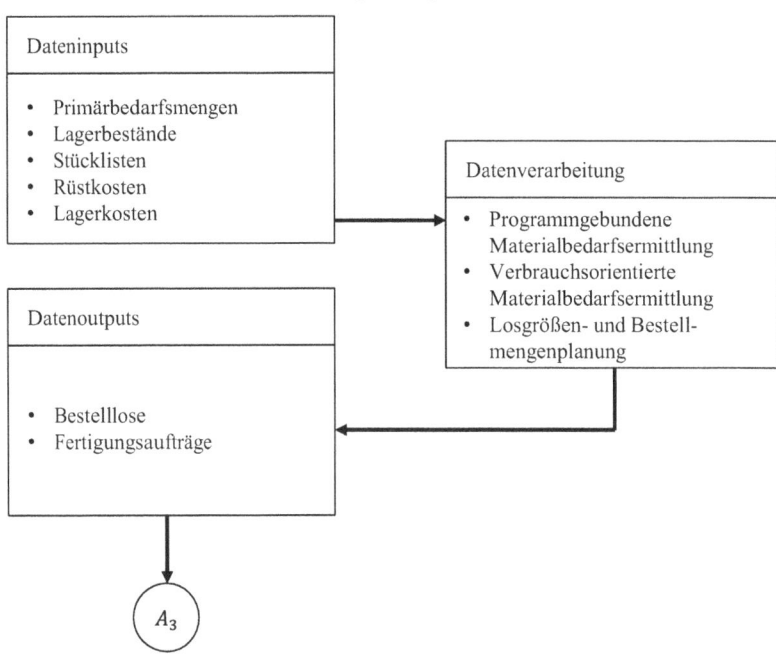

Abb. 1.3   Materialbedarfsplanung

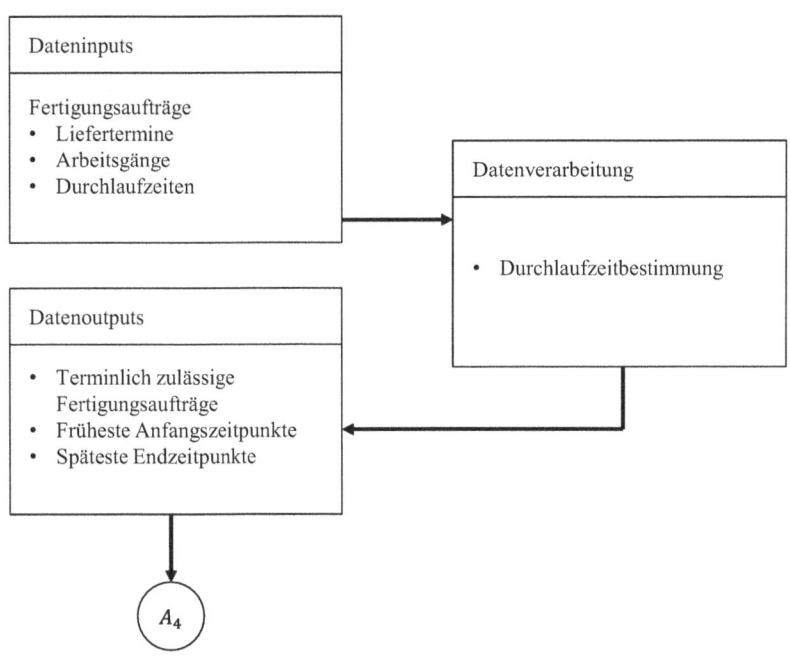

Abb. 1.4   Durchlaufterminierung

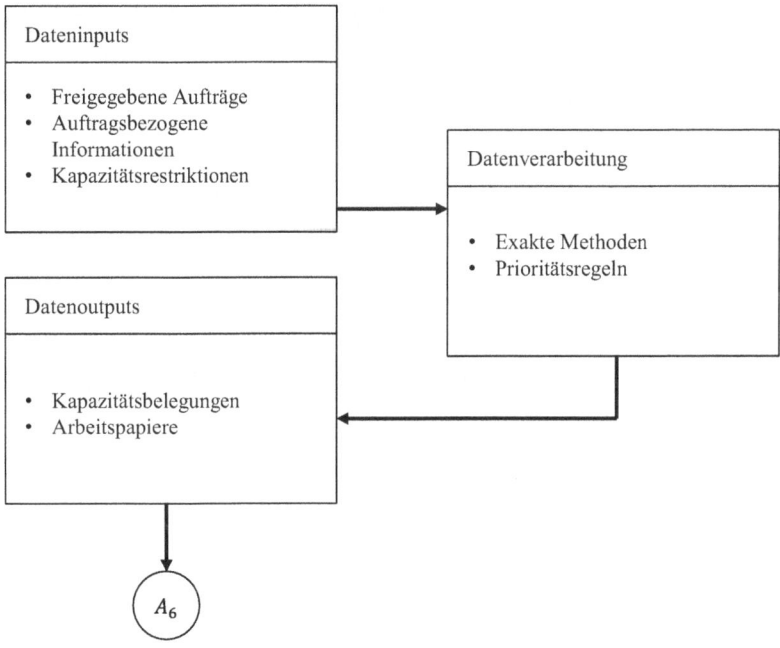

Abb. 1.5   Reihenfolgeplanung

Die thematischen Schwerpunktbildungen der Übungsaufgaben entsprechen durchaus den Häufigkeiten, mit denen diese Übungsaufgaben normalerweise in Klausuren der Produktionswirtschaft und der Industriebetriebslehre an den deutschsprachigen Universitäten auftreten.

2   Lohnkostenorientierte Fließbandabstimmung

Lernbereich FANDEL/FISTEK/STÜTZ, S. 57-78

Aufgabe 2. 1   Lohnkostenorientierte Fließbandabstimmung I

a) Der Abschnitt eines Fließbandsystems der Ksüscha AG besitzt eine vorgegebene Taktzeit von 4 Zeiteinheiten. Geben Sie auf Basis der in der nachstehenden Tabelle 2.1.1 aufgeführten Daten alle zulässigen Abstimmungen der Arbeitselemente an! Gehen Sie davon aus, dass die Arbeitselemente beliebig kombinierbar sind.

Arbeitselement	1	2	3
Operationsdauer $[ZE]$	3	2	1
Lohnsatz der Operation $[GE/ZE]$	0,2	0,1	0,4

Tabelle 2.1.1:   Operationsdauern und zugehörige Lohnsätze der Arbeitselemente

b) Ermitteln Sie die Leerkosten aller zulässigen Abstimmungen der Arbeitselemente! Welche Abstimmung ist unter dem Aspekt der lohnkostenminimalen Leistungsabstimmung zu wählen?

Lösung zu Aufgabe 2. 1

zu a) Zunächst werden alle möglichen Kombinationen von Arbeitselementen betrachtet (Tabelle 2.1.2). Die einfachste Abstimmung besteht natürlich darin, dass jedes Arbeitselement auf einem Arbeitssystem nur jeweils in einer Taktzeit durchgeführt wird und keine Arbeitselemente kombiniert werden. Dabei entstehen große Leerzeiten, wenn die jeweiligen Operationsdauern unterhalb der Taktzeit liegen, wie dies hier bei Abstimmung I in Tabelle 2.1.2 der Fall ist. Daher kann danach begonnen werden, Arbeitselemente zu kombinieren. Dabei werden zunächst alle möglichen Kombinationen aufgelistet, bevor die zulässigen Abstimmungen ermittelt werden. Es können nur solche Arbeitskombinationen gewählt werden, deren Taktzeit kleiner oder gleich 4 Zeiteinheiten ist.

Abstimmung	Taktzeit	Arbeitssystem	Arbeitskombinationen	zulässig
I	3	1 2 3	1 2 3	X
II	3	1 2	1 2,3	X
III	(5)	1 2	1,2 3	
IV	4	1 2	1,3 2	X
V	(6)	1	1,2,3	

Tabelle 2.1.2:   Mögliche und zulässige Abstimmungen

Die Arbeitskombinationen I, II und IV können gewählt werden, da deren Taktzeit kleiner oder gleich 4 Zeiteinheiten ist.

zu b) Die Lohn- und Leerkosten werden jetzt nur für die zulässigen Abstimmungen betrachtet. Aufgrund der festen Taktzeit erfolgt die Entlohnung bei der Fließbandarbeit unabhängig von der in der Taktzeit geleisteten Arbeit. Die Entlohnung erfolgt auf Basis der Arbeitszeit. Damit umfasst die Taktzeit Nutzzeiten, in denen gearbeitet wird, und Leerzeiten (Spalte 4 der Tabelle 2.1.3), sofern der Arbeitsinhalt für die Taktzeit nicht ausreicht. Die Leerzeit stellt die Differenz zwischen der Operationsdauer der ausgeführten Arbeitselemente und der Taktzeit dar. Die Lohnkosten in Spalte 5 der Tabelle 2.1.3 werden dementsprechend für die volle Taktzeit berechnet. Daneben fallen Leerkosten aufgrund von Leerzeiten an. Diese ergeben sich aus den Leerzeiten, die mit dem höchsten Lohnsatz der in dieser Taktzeit ausgeführten Operationen bewertet werden. Der Lohnsatz der Operation drückt die Qualifikation aus, die der Mitarbeiter besitzen muss, um diese Operation durchführen zu können. Werden in einer Taktzeit zwei Operationen durchgeführt, so ergeben sich die Lohnkosten für diese Taktzeit aus dem Produkt von Taktzeit und höchstem Lohnsatz. Analog ergeben sich die Leerkosten aufgrund von Leerzeiten aus dem Produkt von Leerzeit und höchstem Lohnsatz.

Bei Abstimmung II können beispielsweise die Arbeitselemente 2 und 3 auf Arbeitssystem 2 kombiniert werden. Die gemeinsame Operationszeit beträgt drei Zeiteinheiten, so dass eine Zeiteinheit auf Arbeitssystem 2 Leerzeit bleibt. Die Leerkosten ergeben sich dann aus dieser einen Zeiteinheit und dem

Lohnsatz für Arbeitselement 3, da der Lohnsatz für Arbeitselement 3 höher ist. Der Mitarbeiter muss nämlich die höhere Qualifikation für Arbeitselement 3 besitzen, um die Kombination von 2 und 3 auf Arbeitssystem 2 durchführen zu können. Der Lohnsatz gilt aber für die gesamte Taktzeit. Damit bearbeitet der Mitarbeiter während der Taktzeit auch Operation 2. Für Operation 2 ist keine so hohe Qualifikation wie für Operation 3 notwendig. Ausgedrückt wird dies durch den geringeren Lohnsatz. Der Lohnsatz für die höherwertige Operation muss aber für den gesamten Takt gezahlt werden, so dass sich Leerkosten aufgrund von Anforderungsdifferenzen ergeben. Denn dieser Mitarbeiter wird für Operation 2 überbezahlt, da er für die gesamte Taktzeit gemäß der höheren Qualifikation bezahlt wird, die für Operation 3 nötig ist. Die Leerkosten aufgrund von Anforderungsdifferenzen ergeben sich somit aus der Differenz der Lohnsätze der gemeinsam durchgeführten Operationen in einer Taktzeit und der Dauer der Operation mit dem geringeren Lohnsatz. Aus den Leerkosten aufgrund von Leerzeiten und den Leerkosten aufgrund von Anforderungs- differenzen ergeben sich die gesamten Leerkosten. In der nachfolgenden Tabelle 2.1.3 werden die Lohn- und Leerkosten aller zulässigen Abstimmungen bestimmt. Hier verfügt Abstimmung IV über die geringsten gesamten Leerkosten von 0,8 Geldeinheiten.

Ab-stim-mung	Arbeits-system	Arbeits-kombi-nationen	Leer-zeit	Lohn-kosten		Leerkosten aufgrund von Leerzeiten	Leerkosten aufgrund von Anforderungs-differenzen	Gesamte Leer-kosten
I	1	1	1	0,8		0,2	–	
	2	2	2	0,4	2,8	0,2	–	1,6
	3	3	3	1,6		1,2	–	
II	1	1	1	0,8		$0,2 \cdot 1 = 0,2$	–	
	2	2,3	1	1,6	2,4	$0,4 \cdot 1 = 0,4$	$(0,4 - 0,1) \cdot 2 = 0,6$	1,2
IV	1	1,3	–	1,6		–	0,6	
	2	2	2	0,4	2,0	0,2	–	0,8

Tabelle 2.1.3:   Bestimmung der Lohn- und Leerkosten der zulässigen
Abstimmungen

Unter dem Aspekt der lohnkostenminimalen Leistungsabstimmung ist Abstimmung IV zu wählen.

Aufgabe 2.2 Lohnkostenorientierte Fließbandabstimmung II

In einem Fließbandsystem der Ksüscha AG werden vier Arbeitselemente mit den Operationsdauern und Lohnsätzen aus Tabelle 2.2.1 ausgeführt:

Arbeitselement	1	2	3	4
Operationsdauer $[GE]$	4	3	2	4
Lohnsatz der Operation $[GE/ZE]$	0,4	0,3	0,5	0,6

Tabelle 2.2.1: Operationsdauern und zugehörige Lohnsätze der Arbeitselemente

Das Fließbandsystem besitzt eine vorgegebene Taktzeit von 6 Zeiteinheiten.

a) Berechnen Sie alle möglichen Abstimmungen der Arbeitselemente und geben Sie an, ob diese zulässig sind oder nicht! Gehen Sie davon aus, dass die Arbeitselemente nur einmal ausgeführt werden müssen und beliebig kombinierbar sind.

b) Ermitteln Sie die Lohnkosten und die Leerkosten der unter a) ermittelten zulässigen Abstimmungen! Welche Abstimmung ist unter dem Aspekt der lohnkostenminimalen Abstimmung zu wählen?

Lösung zu Aufgabe 2.2

zu a) Zunächst werden alle möglichen Kombinationen von Arbeitselementen betrachtet. Die einfachste Abstimmung besteht natürlich darin, dass jedes Arbeitselement auf einem Arbeitssystem nur jeweils in einer Taktzeit durchgeführt wird und keine Arbeitselemente kombiniert werden. Dabei entstehen große Leerzeiten, wenn die jeweiligen Operationsdauern unterhalb der Taktzeit liegen, wie dies hier bei Abstimmung I in der Tabelle 2.2.2 der Fall ist. Daher kann danach begonnen werden, Arbeitselemente zu kombinieren. Dabei werden zunächst alle möglichen Kombinationen aufgelistet, bevor die zulässigen Abstimmungen ermittelt werden. Es können nur Arbeitskombinationen gewählt werden, deren Taktzeit kleiner oder gleich 6 Zeiteinheiten ist.

Abstimmung	Taktzeit	Arbeits-system	Arbeits-kombinationen	zulässig
I	4	1 2 3 4	1 2 3 4	X
II	(7)	1 2 3	1,2 3 4	
III	6	1 2 3	1,3 2 4	X
IV	(8)	1 2 3	1,4 2 3	
V	5	1 2 3	1 2,3 4	X
VI	(7)	1 2 3	1 2,4 3	
VII	6	1 2 3	1 2 3,4	X
VIII	(7)	1 2	1,2 3,4	
IX	(7)	1 2	1,3 2,4	
X	(8)	1 2	1,4 2,3	
XI	(9)	1 2	1,2,3 4	
XII	(11)	1 2	1,2,4 3	

Tabelle 2.2.2:   Mögliche und zulässige Abstimmungen (Teil 1)

Abstimmung	Taktzeit	Arbeits-system	Arbeits-kombinationen	zulässig
XIII	(10)	1	1,3,4	
		2	2	
XIV	(9)	1	1	
		2	2,3,4	
XV	(13)	1	1,2,3,4	

Tabelle 2.2.2:   Mögliche und zulässige Abstimmungen (Teil 2)

Die Arbeitskombinationen I, III, V und VII können gewählt werden, da deren Taktzeit kleiner oder gleich 6 Zeiteinheiten ist.

zu b) Die Lohn- und Leerkosten werden jetzt nur für die zulässigen Abstimmungen betrachtet. Aufgrund der festen Taktzeit erfolgt die Entlohnung bei der Fließbandarbeit unabhängig von der in der Taktzeit geleisteten Arbeit. Die Entlohnung erfolgt auf Basis der Arbeitszeit. Damit umfasst die Taktzeit Nutzzeiten, in denen gearbeitet wird, und Leerzeiten (Spalte 4 der Tabelle 2.2.3), sofern der Arbeitsinhalt für die Taktzeit nicht ausreicht. Die Leerzeit stellt die Differenz zwischen der Operationsdauer der ausgeführten Arbeitselemente und der Taktzeit dar. Die Lohnkosten in Spalte 5 der Tabelle 2.2.3 werden dementsprechend für die volle Taktzeit berechnet. Daneben fallen Leerkosten aufgrund von Leerzeiten an. Diese ergeben sich aus den Leerzeiten, die mit dem höchsten Lohnsatz der in dieser Taktzeit ausgeführten Operationen bewertet werden. Der Lohnsatz der Operation drückt die Qualifikation aus, die der Mitarbeiter besitzen muss, um diese Operation durchführen zu können. Werden in einer Taktzeit zwei Operationen durchgeführt, so ergeben sich die Lohnkosten für diese Taktzeit aus dem Produkt von Taktzeit und höchstem Lohnsatz. Analog ergeben sich die Leerkosten aufgrund von Leerzeiten aus dem Produkt von Leerzeit und höchstem Lohnsatz.

Bei Abstimmung V können beispielsweise die Arbeitselemente 2 und 3 auf Arbeitssystem 2 kombiniert werden. Die gemeinsame Operationszeit beträgt fünf Zeiteinheiten, so dass eine Zeiteinheit Leerzeit bleibt. Die Leerkosten ergeben sich dann aus dieser einen Zeiteinheit und dem Lohnsatz für Arbeitselement 3, da der Lohnsatz für Arbeitselement 3 höher ist. Der Mitarbeiter muss nämlich die höhere Qualifikation für Arbeitselement 3 besitzen, um die Kombination von 2 und 3 durchführen zu können. Der Lohnsatz gilt aber für die gesamte Taktzeit. Damit bearbeitet der Mitarbeiter während der Taktzeit auch Operation 2. Für Operation 2 ist keine so hohe

Qualifikation wie für Operation 3 notwendig. Ausgedrückt wird dies durch den geringeren Lohnsatz. Der Lohnsatz für die höherwertige Operation muss aber für den gesamten Takt gezahlt werden, so dass sich Leerkosten aufgrund von Anforderungsdifferenzen ergeben. Denn dieser Mitarbeiter wird für Operation 2 überbezahlt, da er für die gesamte Taktzeit gemäß der höheren Qualifikation bezahlt wird, die für Operation 3 nötig ist. Die Leerkosten aufgrund von Anforderungsdifferenzen ergeben sich somit aus der Differenz der Lohnsätze der gemeinsam durchgeführten Operationen in einer Taktzeit und der Dauer der Operation mit dem geringeren Lohnsatz. Aus den Leerkosten aufgrund von Leerzeiten und den Leerkosten aufgrund von Anforderungsdifferenzen ergeben sich die gesamten Leerkosten.

In der nachfolgenden Tabelle 2.2.3 werden die Lohn- und Leerkosten aller zulässigen Abstimmungen bestimmt. Hier verfügt Abstimmung VII über die geringsten gesamten Leerkosten von 1,9 Geldeinheiten.

Ab-stim-mung	Arbeits-system	Arbeits-kombi-nationen	Leer-zeit	Lohn-kosten		Leerkosten aufgrund von Leerzeiten	Leerkosten aufgrund von Anforderungs-differenzen	Gesamte Leer-kosten
I	1	1	2	2,4		$0,4 \cdot 2 = 0,8$	–	
	2	2	3	1,8	10,8	$0,3 \cdot 3 = 0,9$	–	4,9
	3	3	4	3,0		$0,5 \cdot 4 = 2,0$	–	
	4	4	2	3,6		$0,6 \cdot 2 = 1,2$	–	
III	1	1,3	–	3,0		–	$(0,5 - 0,4) \cdot 2 = 0,2$	
	2	2	3	1,8	8,4	$0,3 \cdot 3 = 0,9$	–	2,3
	3	4	2	3,6		$0,6 \cdot 2 = 1,2$	–	
V	1	1	2	2,4		$0,4 \cdot 2 = 0,8$	–	
	2	2,3	1	3,0	9	$0,5 \cdot 1 = 0,5$	$(0,5 - 0,3) \cdot 3 = 0,6$	3,1
	3	4	2	3,6		$0,6 \cdot 2 = 1,2$	–	
VII	1	1	2	2,4		$0,4 \cdot 2 = 0,8$	–	
	2	2	3	1,8	7,8	$0,3 \cdot 3 = 0,9$	–	1,9
	3	3,4	–	3,6		–	$(0,6 - 0,5) \cdot 2 = 0,2$	

Tabelle 2.2.3:   Bestimmung der Lohn- und Leerkosten der zulässigen Abstimmungen

Unter dem Aspekt der lohnkostenminimalen Leistungsabstimmung ist Abstimmung VII zu wählen.

Aufgabe 2.3   Lohnkostenorientierte Fließbandabstimmung III

In einem Fließbandsystem der Ksüscha AG werden vier Arbeitselemente mit den Operationsdauern und Lohnsätzen aus Tabelle 2.3.1 bearbeitet:

Arbeitselement	1	2	3	4
Operationsdauer [ZE]	1	6	2	4
Lohnsatz der Operation [GE/ZE]	0,2	0,4	0,5	0,3

Tabelle 2.3.1:   Operationsdauern und zugehörige Lohnsätze der Arbeitselemente

Das Fließbandsystem besitzt eine vorgegebene Taktzeit von 7 Zeiteinheiten.

a) Bestimmen Sie alle möglichen Abstimmungen der Arbeitselemente und geben Sie an, ob diese zulässig sind oder nicht! Gehen Sie davon aus, dass die Arbeitselemente nur einmal ausgeführt werden müssen und beliebig kombinierbar sind.

b) Berechnen Sie die Lohnkosten und die Leerkosten der unter a) ermittelten zulässigen Abstimmungen! Welche Abstimmung ist unter dem Aspekt der lohnkostenminimalen Abstimmung zu wählen?

Lösung zu Aufgabe 2.3

zu a) Zunächst werden alle möglichen Kombinationen von Arbeitselementen betrachtet. Die einfachste Abstimmung besteht natürlich darin, dass jedes Arbeitselement auf einem Arbeitssystem nur jeweils in einer Taktzeit durchgeführt wird und keine Arbeitselemente kombiniert werden. Dabei entstehen große Leerzeiten, wenn die jeweiligen Operationsdauern unterhalb der Taktzeit liegen, wie dies hier bei Abstimmung I in Tabelle 2.3.2 der Fall ist. Daher kann danach begonnen werden, Arbeitselemente zu kombinieren. Dabei werden zunächst alle möglichen Kombinationen aufgelistet, bevor die zulässigen Abstimmungen ermittelt werden. Es können nur Arbeitskombinationen gewählt werden, deren Taktzeit kleiner oder gleich 7 Zeiteinheiten ist.

Abstimmung	Taktzeit	Arbeits-system	Arbeits-kombinationen	zulässig
I	6	1 2 3 4	1 2 3 4	X
II	7	1 2 3	1,2 3 4	X
III	6	1 2 3	1,3 2 4	X
IV	6	1 2 3	1,4 2 3	X
V	(8)	1 2 3	1 2,3 4	
VI	(10)	1 2 3	1 2,4 3	
VII	6	1 2 3	1 2 3,4	X
VIII	7	1 2	1,2 3,4	X
IX	(10)	1 2	1,3 2,4	
X	(8)	1 2	1,4 2,3	
XI	(9)	1 2	1,2,3 4	
XII	(11)	1 2	1,2,4 3	
XIII	7	1 2	1,3,4 2	X

Tabelle 2.3.2:   Mögliche und zulässige Abstimmungen (Teil 1)

Abstimmung	Taktzeit	Arbeits-system	Arbeits-kombinationen	zulässig
XIV	(12)	1 2	1 2,3,4	
XV	(13)	1	1,2,3,4	

Tabelle 2.3.2: Mögliche und zulässige Abstimmungen (Teil 2)

Insgesamt können sieben Arbeitskombinationen gewählt werden. Die Arbeitskombinationen I, II, III, IV, VII, VIII und XIII sind kleiner oder gleich 7 Zeiteinheiten getaktet.

zu b) Die Lohn- und Leerkosten werden jetzt nur für die zulässigen Abstimmungen betrachtet. Aufgrund der festen Taktzeit erfolgt die Entlohnung bei der Fließbandarbeit unabhängig von der in der Taktzeit geleisteten Arbeit. Die Entlohnung erfolgt auf Basis der Arbeitszeit. Damit umfasst die Taktzeit Nutzzeiten, in denen gearbeitet wird, und Leerzeiten (Spalte 4 der Tabelle 2.3.3), sofern der Arbeitsinhalt für die Taktzeit nicht ausreicht. Die Leerzeit stellt die Differenz zwischen der Operationsdauer der ausgeführten Arbeitselemente und der Taktzeit dar. Die Lohnkosten in Spalte 5 der Tabelle 2.3.3 werden dementsprechend für die volle Taktzeit berechnet. Daneben fallen Leerkosten aufgrund von Leerzeiten an. Diese ergeben sich aus den Leerzeiten, die mit dem höchsten Lohnsatz der in dieser Taktzeit ausgeführten Operationen bewertet werden.

Der Lohnsatz der Operation drückt die Qualifikation aus, die der Mitarbeiter besitzen muss, um diese Operation durchführen zu können. Werden in einer Taktzeit zwei Operationen durchgeführt, so ergeben sich die Lohnkosten für diese Taktzeit aus dem Produkt von Taktzeit und höchstem Lohnsatz. Analog ergeben sich die Leerkosten aufgrund von Leerzeiten aus dem Produkt von Leerzeit und höchstem Lohnsatz. Bei Abstimmung VII können beispielsweise die Arbeitselemente 3 und 4 auf Arbeissystem 3 kombiniert werden. Die gemeinsame Operationszeit beträgt sechs Zeiteinheiten, so dass eine Zeiteinheit Leerzeit bleibt. Die Leerkosten ergeben sich dann aus dieser einen Zeiteinheit und dem Lohnsatz für Arbeitselement 3, da der Lohnsatz für Arbeitselement 3 höher ist.

Der Mitarbeiter muss nämlich die höhere Qualifikation für Arbeitselement 3 besitzen, um die Kombination von 3 und 4 durchführen zu können. Der Lohnsatz gilt aber für die gesamte Taktzeit. Damit bearbeitet der Mitarbeiter während der Taktzeit auch Operation 4. Für Operation 4 ist keine so hohe

Qualifikation wie für Operation 3 notwendig. Ausgedrückt wird dies durch den geringeren Lohnsatz. Der Lohnsatz für die höherwertige Operation muss aber für den gesamten Takt gezahlt werden, so dass sich Leerkosten aufgrund von Anforderungsdifferenzen ergeben. Denn dieser Mitarbeiter wird für Operation 4 überbezahlt, da er für die gesamte Taktzeit gemäß der höheren Qualifikation bezahlt wird, die für Operation 3 nötig ist. Die Leerkosten aufgrund von Anforderungsdifferenzen ergeben sich somit aus der Differenz der Lohnsätze der gemeinsam durchgeführten Operationen in einer Taktzeit und der Dauer der Operation mit dem geringeren Lohnsatz. Aus den Leerkosten aufgrund von Leerzeiten und den Leerkosten aufgrund von Anforderungsdifferenzen ergeben sich die gesamten Leerkosten.

Bei Abstimmung XIII können dagegen die Arbeitselemente 1, 3 und 4 auf Arbeitssystem 1 kombiniert werden. Die gemeinsame Operationszeit beträgt sieben Zeiteinheiten, so dass keine Zeiteinheit Leerzeit auf dem Arbeitssystem 1 übrig bleibt. Leerkosten aufgrund von Leerzeiten sind dementsprechend nicht vorhanden. Leerkosten werden berechnet, indem die Zeiteinheiten für etwaige Leerzeiten mit dem Lohnsatz des teureren Arbeitselements multipliziert werden. Der Mitarbeiter muss nämlich die höhere Qualifikation für das entsprechende Arbeitselement besitzen, um die Kombination durchführen zu können. Der Lohnsatz gilt aber für die gesamte Taktzeit. Damit bearbeitet der Mitarbeiter während der Taktzeit auch die Operationen der mit dem niedrigeren Lohnsatz behafteten Arbeitselemente.

Bei der Arbeitskombination der Elemente 1, 3 und 4 auf dem Arbeitssystem 1 wäre für die Operationen 1 und 4 keine so hohe Qualifikation wie für Operation 3 notwendig. Ausgedrückt wird dies durch den geringeren Lohnsatz.

Der Lohnsatz für die höherwertige Operation muss aber für den gesamten Takt gezahlt werden, so dass sich Leerkosten aufgrund von Anforderungsdifferenzen ergeben. Denn dieser Mitarbeiter wird für Operationen 1 und 4 überbezahlt, da er für die gesamte Taktzeit gemäß der höheren Qualifikation bezahlt wird, die für Operation 3 nötig ist. Die Leerkosten aufgrund von Anforderungs-differenzen ergeben sich somit aus der Differenz der jeweiligen Lohnsätze der gemeinsam durchgeführten Operationen in einer Taktzeit und der Dauer der Operation mit dem geringeren Lohnsatz. Aus den Leerkosten aufgrund von Leerzeiten und den Leerkosten aufgrund von Anforderungsdifferenzen ergeben sich die gesamten Leerkosten für Arbeitssystem 1. Die nachfolgende Tabelle 2.3.3 bestimmt die Lohn- und Leerkosten aller zulässigen

Abstimmungen. Hier verfügen die Abstimmungen VIII und XIII über die geringsten gesamten Leerkosten von 1,5 Geldeinheiten.

Ab-stim-mung	Arbeits-system	Arbeits-kombi-nationen	Leer-zeit	Lohn-kosten	Leerkosten aufgrund von Leerzeiten	Leerkosten aufgrund von Anforderungs-differenzen	Ge-samte Leer-kosten
I	1	1	6	1,4	$0,2 \cdot 6 = 1,2$	–	5,0
	2	2	1	2,8	$0,4 \cdot 1 = 0,4$	–	
	3	3	5	3,5 9,8	$0,5 \cdot 5 = 2,5$	–	
	4	4	3	2,1	$0,3 \cdot 3 = 0,9$	–	
II	1	1,2	–	2,8	–	$(0,4 - 0,2) \cdot 1 = 0,2$	3,6
	2	3	5	3,5 8,4	$0,5 \cdot 5 = 2,5$	–	
	3	4	3	2,1	$0,3 \cdot 3 = 0,9$	–	
III	1	1,3	4	3,5	$0,5 \cdot 4 = 2,0$	$(0,5 - 0,2) \cdot 1 = 0,3$	3,6
	2	2	1	2,8 8,4	$0,4 \cdot 1 = 0,4$	–	
	3	4	3	2,1	$0,3 \cdot 3 = 0,9$	–	
IV	1	1,4	2	2,1	$0,3 \cdot 2 = 0,6$	–	3,6
	2	2	1	2,8 8,4	$0,4 \cdot 1 = 0,4$	–	
	3	3	5	3,5	$0,5 \cdot 5 = 2,5$	$(0,3 - 0,2) \cdot 1 = 0,1$	
VII	1	1	6	1,4	$0,2 \cdot 6 = 1,2$	–	2,9
	2	2	1	2,8 7,7	$0,4 \cdot 1 = 0,4$	–	
	3	3,4	1	3,5	$0,5 \cdot 1 = 0,5$	$(0,5 - 0,3) \cdot 4 = 0,8$	
VIII	1	1,2	–	2,8	–	$(0,4 - 0,2) \cdot 1 = 0,2$	1,5
	2	3,4	1	3,5 6,3	$0,5 \cdot 1 = 0,5$	$(0,5 - 0,3) \cdot 4 = 0,8$	
XIII	1	1,3,4	–	3,5	–	$(0,5 - 0,2) \cdot 1 +$ $(0,5 - 0,3) \cdot 4 = 1,1$	1,5
	2	2	1	2,8 6,3	$0,4 \cdot 1 = 0,4$	–	

Tabelle 2.3.3:   Bestimmung der Lohn- und Leerkosten der zulässigen Abstimmungen

Unter dem Aspekt der lohnkostenminimalen Leistungsabstimmung sind die Abstimmungen VIII und XIII zu wählen. Die Abstimmungen sind sowohl bezüglich der Lohnkosten als auch bezüglich der gesamten Leerkosten kostenminimal.

Aufgabe 2.4   Lohnkostenorientierte Fließbandabstimmung IV

In einem Fließbandsystem der Ksüscha AG werden fünf Arbeitselemente mit den Operationsdauern und Lohnsätzen aus Tabelle 2.4.1 bearbeitet.

Arbeitselement	1	2	3	4	5
Operationsdauer $[ZE]$	4	2	3	3	4
Lohnsatz der Operation $[GE/ZE]$	0,4	0,1	0,5	0,2	0,4

Tabelle 2.4.1:   Operationsdauern und zugehörige Lohnsätze der Arbeitselemente

Der Abschnitt eines Fließbandsystems besitzt eine vorgegebene Taktzeit von 5 Zeiteinheiten. Die Arbeitselemente sind beliebig kombinierbar. In der nachstehenden Tabelle 2.4.2 sind hierfür die zulässigen Abstimmungen der Arbeitselemente aufgeführt.

Abstimmung	Taktzeit	Arbeitssystem	Arbeitskombinationen	zulässig
I	4	1 2 3 4 5	1 2 3 4 5	X
V	5	1 2 3 4	1 2,3 4 5	X
VI	5	1 2 3 4	1 2,4 3 5	X

Tabelle 2.4.2:   Zulässige Abstimmungen

Ermitteln Sie die Leerkosten aller zulässigen Abstimmungen der Arbeitselemente! Welche Abstimmung ist unter dem Aspekt der lohnkosten-minimalen Leistungsabstimmung zu wählen?

Lösung zu Aufgabe 2.4

Die Lohn- und Leerkosten werden für die zulässigen Abstimmungen betrachtet. Aufgrund der festen Taktzeit erfolgt die Entlohnung bei der Fließbandarbeit unabhängig von der in der Taktzeit geleisteten Arbeit. Die Entlohnung erfolgt auf Basis der Arbeitszeit. Damit umfasst die Taktzeit Nutzzeiten, in denen gearbeitet wird, und Leerzeiten (Spalte 4 der Tabelle 2.4.3), sofern der Arbeitsinhalt für die Taktzeit nicht ausreicht. Die Leerzeit stellt die Differenz zwischen der Operationsdauer der ausgeführten Arbeitselemente und der Taktzeit dar. Die Lohnkosten in Spalte 5 der Tabelle 2.4.3 werden dementsprechend für die volle Taktzeit berechnet. Daneben fallen Leerkosten aufgrund von Leerzeiten an. Diese ergeben sich aus den Leerzeiten, die mit dem höchsten Lohnsatz der in dieser Taktzeit ausgeführten Operationen bewertet werden. Der Lohnsatz der Operation drückt die Qualifikation aus, die der Mitarbeiter besitzen muss, um diese Operation durchführen zu können. Werden in einer Taktzeit zwei Operationen durchgeführt, so ergeben sich die Lohnkosten für diese Taktzeit aus dem Produkt von Taktzeit und höchstem Lohnsatz. Analog ergeben sich die Leerkosten aufgrund von Leerzeiten aus dem Produkt von Leerzeit und höchstem Lohnsatz.

Bei Abstimmung V können die Arbeitselemente 2 und 3 auf Arbeitssystem 2 kombiniert werden. Die gemeinsame Operationszeit beträgt fünf Zeiteinheiten, so dass keine Zeiteinheit Leerzeit übrig bleibt. Leerkosten aufgrund von Leerzeiten sind dementsprechend auf Arbeitssystem 2 nicht vorhanden. Leerkosten werden berechnet, indem die Zeiteinheiten für etwaige Leerzeiten mit dem Lohnsatz des teureren Arbeitselements multipliziert werden. Der Mitarbeiter muss nämlich die höhere Qualifikation für das entsprechende Arbeitselement besitzen, um die Kombination durchführen zu können. Der Lohnsatz gilt aber für die gesamte Taktzeit. Damit bearbeitet der Mitarbeiter während der Taktzeit auch die Operation des mit dem niedrigeren Lohnsatz behafteten Arbeitselements. Bei der Arbeitskombination der Elemente 2 und 3 wäre für Operation 2 keine so hohe Qualifikation wie für Operation 3 notwendig. Ausgedrückt wird dies durch den geringeren Lohnsatz.

Der Lohnsatz für die höherwertige Operation muss aber für den gesamten Takt gezahlt werden, so dass sich Leerkosten aufgrund von Anforderungsdifferenzen ergeben. Denn dieser Mitarbeiter wird für Operation 2 überbezahlt, da er für die gesamte Taktzeit gemäß der höheren Qualifikation bezahlt wird, die für Operation 3 nötig ist. Die Leerkosten aufgrund von Anforderungsdifferenzen ergeben sich somit aus der Differenz der Lohnsätze der gemeinsam durchgeführten Operationen in einer Taktzeit und der Dauer der Operation mit dem geringeren Lohnsatz. Aus den Leerkosten aufgrund von Leerzeiten und den Leerkosten aufgrund von Anforderungsdifferenzen ergeben sich die gesamten Leerkosten. In der nachfolgenden Tabelle 2.4.3 werden die Lohn- und Leerkosten aller zulässigen Abstimmungen bestimmt. Hier verfügen die

Abstimmungen V und VI über die geringsten gesamten Leerkosten von 2,0 Geldeinheiten.

Ab-stim-mung	Arbeits-system	Arbeits-kombi-nationen	Leer-zeit	Lohn-kosten		Leerkosten aufgrund von Leerzeiten	Leerkosten aufgrund von Anforderungs-differenzen	Ge-samte Leer-kosten
I	1	1	1	2,0		$0{,}4 \cdot 1 = 0{,}4$	–	
	2	2	3	0,5		$0{,}1 \cdot 3 = 0{,}3$	–	
	3	3	2	2,5	8,0	$0{,}5 \cdot 2 = 1{,}0$	–	2,5
	4	4	2	1,0		$0{,}2 \cdot 2 = 0{,}4$	–	
	5	5	1	2,0		$0{,}4 \cdot 1 = 0{,}4$	–	
V	1	1	1	2,0		$0{,}4 \cdot 1 = 0{,}4$	–	
	2	2,3	–	2,5	7,5	–	$(0{,}5 - 0{,}1) \cdot 2 = 0{,}8$	2,0
	3	4	2	1,0		$0{,}2 \cdot 2 = 0{,}4$	–	
	4	5	1	2,0		$0{,}4 \cdot 1 = 0{,}4$	–	
VI	1	1		2,0		$0{,}4 \cdot 1 = 0{,}4$	–	
	2	2,4	1	1,0	7,5	–	$(0{,}2 - 0{,}1) \cdot 2 = 0{,}2$	2,0
	3	3	–	2,5		$0{,}5 \cdot 2 = 1{,}0$	–	
	4	5	–	2,0		$0{,}4 \cdot 1 = 0{,}4$	–	

Tabelle 2.4.3   Bestimmung der Lohn- und Leerkosten der zulässigen Abstimmungen

Unter dem Aspekt der lohnkostenminimalen Leistungsabstimmung sind somit die Abstimmungen V und VI zu wählen. Die Abstimmungen sind sowohl bezüglich der Lohnkosten als auch bezüglich der gesamten Leerkosten kostenminimal.

3   Bestimmung des optimalen Produktionsprogramms

Lernbereich FANDEL/FISTEK/STÜTZ, S. 109-342

Aufgabe 3.1   Bestimmung des gewinnmaximalen Produktions-
programms unter Berücksichtigung der Kapazität –
Deckungsbeitragsrechnung

Der Sportartikelhersteller ADUMA produziert unter anderem die vier verschiedenen Produkte Footballhelm „Dallas Indians" (1), Rollerblades für Kinder „Snoopieh" (2), Basketballkorb „American Air 57" (3) und Tischtennis-schläger „Bimo Toll" (4). Die vier Aufträge durchlaufen zum Teil verschiedene Maschinen: Alle Produkte müssen von Maschine 2 bearbeitet werden, Die Produkte 1 und 2 werden zusätzlich von Maschine 1 bearbeitet. Weitere Maschinen werden nicht betrachtet.

Alle weiteren Informationen sind in den folgenden Tabellen 3.1.1 und 3.1.2 zusammengefasst.

	variable Kosten in $[GE/ME]$	Verkaufs-preis in $[GE/ME]$	Kapazitätsbeanspruchung		Absatzmengen in $[ME]$	
			Maschine 1 in $[Min./ME]$	Maschine 2 in $[Min./ME]$	Mindest-menge $\underline{x}_j$	Höchst-menge $\overline{x}_j$
(1)	?	89,90	0,5	1,5	20	50
(2)	17,80	35,50	0,75	2	100	800
(3)	28,50	25,50	–	1,5	50	250
(4)	25,90	58,90	–	0,2	80	5.000

Tabelle 3.1.1:   Übersicht über die vorliegenden Daten von Aduma

Für den Footballhelm sind darüber hinaus noch die folgenden Informationen bekannt.

Materialart	Preis pro Stück in $[GE]$	Benötigte Menge pro Helm
Schraube	0,17	12
Klammer	0,03	4
Polster	0,68	3
Visier	7,11	1
Kinnschutz	2,33	1
Schale	28,3	1

Tabelle 3.1.2:   Auflistung der Materialkosten des Footballhelms

Zudem fallen für die Produktion des Footballhelms weitere variable Kosten in Höhe von 31,36 Geldeinheiten/Mengeneinheit an.

a) Bestimmen Sie die variablen Kosten des Footballhelms (Produkt 1)!

b) Ermitteln Sie für die Produkte 1-4 den jeweiligen Stückdeckungsbeitrag.

c) Überprüfen Sie, ob Engpässe auftreten, wenn Sie die unter dem Ziel der Gewinnmaximierung größtmöglichen Produktmengen realisieren. Maschine 1 (2) kann maximal 700 (2.500) Minuten genutzt werden.

d) Erläutern Sie den Begriff des relativen Deckungsbeitrages und begründen Sie, warum dieser hier ermittelt werden muss, um das optimale Produktionsprogramm zu planen!

e) Berechnen Sie die relativen Deckungsbeiträge (gerundet auf die zweite Nachkommastelle)!

f) Ermitteln Sie das gewinnmaximale Produktionsprogramm (jeweils in Mengeneinheiten).

g) Wie hoch ist der Periodengewinn (in Geldeinheiten), wenn Fixkosten in Höhe von 47.627,50 Geldeinheiten anfallen? Vergleichen Sie diesen Wert mit dem Gewinn, wenn man die absoluten Deckungsbeiträge als Bemessungsgrundlage auch bei Engpassbetrachtung heranziehen würde.

Lösung zu Aufgabe 3.1

zu a) Zur Bestimmung der variablen Kosten des Footballhelms werden die Einstandspreise des jeweiligen Einzelteils mit der benötigten Anzahl multipliziert:

$$k_{v,\text{vorläufig}}^{\text{Footballhelm}} = 0,17 \cdot 12 + 0,03 \cdot 4 + 0,68 \cdot 3 + 7,11 \cdot 1 + 2,33 \cdot 1$$
$$+28,30 \cdot 1.$$

Es ergibt sich daraus vorläufig

$$k_{v,\text{vorläufig}}^{\text{Footballhelm}} = 41,94 \ [GE/ME].$$

Laut Aufgabenstellung fallen weitere variable Kosten in Höhe von 31,36 Geldeinheiten pro Mengeneinheit an, so dass sich die variablen Kosten für einen Footballhelm auf

$$k_1 = 41,94 + 31,36 = 73,30 \ [GE/ME]$$

belaufen.

zu b) Bevor die Berechnung der absoluten Stückdeckungsbeiträge durchgeführt wird, muss geprüft werden, ob basierend auf den Mindestabsatzmengen das Problem lösbar ist. In einem ersten Schritt wird geprüft, ob genügend Kapazitäten vorhanden sind, um die Mindestmengen abzudecken.

Maschine 1:

$$20 \cdot 0{,}5 + 100 \cdot 0{,}75 = 85 < 700 \ [Min.].$$

Maschine 2:

$$20 \cdot 1{,}5 + 100 \cdot 2 + 50 \cdot 1{,}5 + 80 \cdot 0{,}2 = 321 < 2.500 \ [Min.].$$

Anhand der Ungleichungen wird ersichtlich, dass das oben dargestellte Problem lösbar ist.

Die Berechnung der absoluten Stückdeckungsbeiträge erfolgt über die Differenz aus Absatzpreis und variablen Stückkosten. Allgemein lässt sich der absolute Stückdeckungsbeitrag für vier Produkte wie folgt definieren:

$$db_j = p_j - k_j \quad \text{mit} \quad j = 1, \dots, 4.$$

Für die vier Produkte Footballhelm, Rollerblades, Basketballkorb und Tischtennisschläger folgt:

Footballhelm (Produktart $j = 1$):

$$db_1 = 89{,}90 - 73{,}30 = 16{,}60 \ [GE/ME].$$

Rollerblades (Produktart $j = 2$):

$$db_2 = 35{,}50 - 17{,}80 = 17{,}70 \ [GE/ME].$$

Basketballkorb (Produktart $j = 3$):

$$db_3 = 25{,}50 - 28{,}50 = -3 \ [GE/ME] < 0.$$

Tischtennisschläger (Produktart $j = 4$):

$$db_4 = 58{,}90 - 25{,}90 = 33 \ [GE/ME].$$

An dieser Stelle muss geprüft werden, ob die Produktart 3 aus dem Produktionsprogramm eliminiert werden kann, oder aber ob Mindestabsatzmengen vorgegeben sind. Es zeigt sich, dass mindestens 50 Basketballkörbe zu produzieren sind. Daher muss die Produktart 3 als Erstes in das Produktionsprogramm aufgenommen werden.

zu c) Im nächsten Schritt gilt es zu prüfen, ob die Absatzhöchstmengen der Produktarten 1, 2 und 4 realisiert werden können, oder aber ob ein Kapazitätsengpass vorliegt. Sollten beide Maschinen ausreichend Kapazitäten aufweisen, so können alle Produkte mit einem positiven Stückdeckungsbeitrag in vollem Umfang produziert und alle Produkte mit einem negativen Stückdeckungsbeitrag, in diesem Fall Produktart 3, mit der Mindestabsatzmenge produziert werden. Im vorliegenden Fall gibt es eine maximale Kapazität $\bar{a}_1 = 700$ Minuten für Maschine 1. Maschine 2 steht $\bar{a}_2 = 2.500$ Minuten zur Verfügung.

Es folgt:

Maschine 1:

$$50 \cdot 0,5 + 800 \cdot 0,75 = 625 < 700 \ [Min.].$$

Maschine 1 stellt keinen Engpass dar! Da die Produktarten 3 und 4 nicht auf Maschine 1 produziert werden, fällt auch keine Kapazitätsbeanspruchung für diese Produktarten an.

Maschine 2:

$$50 \cdot 1,5 + 800 \cdot 2 + 50 \cdot 1,5 + 5.000 \cdot 0,2 = 2.750 > 2.500 \ [Min.].$$

Maschine 2 stellt einen Engpass dar!

zu d) Der relative Deckungsbeitrag ist der Quotient aus absolutem Deckungsbeitrag und den pro Einheit der entsprechenden Produktart beanspruchten Kapazitätseinheiten in der Engpassstelle.

zu e) Da hier ein Engpass auf Maschine 2 vorliegt, muss der relative Deckungsbeitrag bezogen auf Maschine 2 ermittelt werden, um die Produktmengen optimal, d.h. gewinnmaximal, einzuplanen.

$$rdb_1 = \frac{16,60}{1,5} = 11,07 \ [GE/Min.],$$

$$rdb_2 = \frac{17,70}{2} = 8,85 \ [GE/Min.],$$

$$rdb_4 = \frac{33}{0,2} = 165 \ [GE/Min.].$$

Es zeigt sich, dass sich die Rangfolge beim relativen Stückdeckungsbeitrag gegenüber der Rangfolge beim absoluten Stückdeckungsbeitrag ändert: $rdb_1 > rdb_2$, aber $db_1 < db_2$ gilt.

Es ergibt sich folglich die Reihenfolge: Produktart 3 (Mindestmenge), dann Produktart $j = 4$, $j = 1$ und zum Schluss $j = 2$ auf Maschine 2 einplanen.

zu f) Nachfolgend wird nun das optimale Produktionsprogramm anhand der zuvor getroffenen Rangfolge bestimmt. Gegeben ist die maximal verfügbare Kapazität der Maschine 2 durch $\bar{a}_2 = 2.500$ Minuten. Hierbei werden direkt die oben berechneten Mindestmengen aller Produktarten in Höhe von 321 Minuten abgezogen, so dass eine Restkapazität in Höhe von 2.179 Minuten vorliegt.

In einem ersten Schritt sind alle Mindestabsatzmengen einzuplanen:

$$\bar{r}_2^r = 2.179 \ [Min.].$$

Dabei bezeichnet $\bar{r}_2^r$ die Restkapazität, die noch für die weiteren Produktarten zur Verfügung steht.

Aufnahme derjenigen Mengen der Produktart mit dem höchsten relativen Stückdeckungsbeitrag, die noch nicht im Produktionsprogramm enthalten sind. Im vorliegenden Fall handelt es sich dabei um Produktart 4 mit der Restmenge $\tilde{x}_4 = 5.000 - 80 = 4.920$ Mengeneinheiten. Es wird geprüft, ob die Absatzhöchstmenge produziert werden kann. Ist dies gegeben, wird direkt im Anschluss die neue Restkapazität berechnet:

$$\bar{r}_{2'}^r = \bar{r}_2^r - a_{42} \cdot \tilde{x}_4 = 2.179 - 0{,}2 \cdot 4.920 = 1.195 \ [Min.].$$

Anschließend erfolgt die weitere Aufnahme von Mengen der Produktart, welche den zweithöchsten relativen Stückdeckungsbeitrag aufweist: Produktart 1 mit der noch nicht produzierten Menge $\tilde{x}_1 = 50 - 20 = 30$ Mengeneinheiten. Es wird wieder geprüft, ob $\bar{r}_{2'}^r$ ausreicht, $\tilde{x}_1$ zu produzieren:

$$\bar{r}_{2''}^r = \bar{r}_{2'}^r - a_{12} \cdot \tilde{x}_1 = 1.195 - 1{,}5 \cdot 30 = 1.150 \ [Min.].$$

Aufgrund der Tatsache, dass ein Kapazitätsengpass vorliegt und sich nur noch eine Produktart einpflegen lässt, kann die Restkapazität $\bar{r}_{2''}^r$ nicht ausreichen, die Absatzhöchstmenge von Produktart 2 gegeben durch $\bar{x}_2$ zu produzieren. Da bereits die Mindestmenge $\underline{x}_2$ von Produktart 2 eingepflegt wurde, muss noch die restliche beanspruchte Zeit für die Produktion der Produktart 2 mit der Menge $\tilde{x}_2$ überprüft werden:

$$a_{22} \cdot \tilde{x}_2 = 1.400 > 1.150 \ [Min.].$$

Die Aufteilung der Restkapazität ergibt:

$$\frac{\bar{r}_{2''}^r}{a_{22}} = \frac{1.150}{2} = 575 \ [ME].$$

Es lassen sich nicht $\bar{x}_2 = 800\,[ME]$, sondern lediglich 675 Einheiten von Produktart 2 produzieren, so dass sich das folgende optimale Produktionsprogramm ergibt:

$$x_1^* = 50\,[ME], x_2^* = 675\,[ME], x_3^* = 50\,[ME], x_4^* = 5.000\,[ME]$$

zu g) Aus f) resultiert direkt der Gewinn G:

$$\begin{aligned}
G(x_1, x_2, x_3, x_4) &= db_1 \cdot x_1^* + db_2 \cdot x_2^* + db_3 \cdot x_3^* + db_4 \cdot x_4^* - K_{Fix}\\
&= 16{,}60 \cdot 50 + 17{,}70 \cdot 675 + (-3) \cdot 50\\
&\quad + 33 \cdot 5.000 - 47.627{,}50\\
&= 130.000\,[GE].
\end{aligned}$$

Im Folgenden wird der Gewinn unter Nutzung der Reihenfolge anhand des absoluten Stückdeckungsbeitrags bestimmt.

Für den Footballhelm (Produktart $j = 1$):

$$db_1 = 89{,}90 - 73{,}30 = 16{,}60\,[GE/ME].$$

Für die Rollerblades (Produktart $j = 2$):

$$db_2 = 35{,}50 - 17{,}80 = 17{,}70\,[GE/ME].$$

Für den Basketballkorb (Produktart $j = 3$):

$$db_3 = 25{,}50 - 28{,}50 = -3\,[GE/ME] < 0.$$

Für den Tischtennisschläger (Produktart $j = 4$):

$$db_4 = 58{,}90 - 25{,}90 = 33\,[GE/ME].$$

Hiernach ergibt sich nach der Beachtung der Mindestmengen für den Basketballkorb die Reihenfolge: Tischtennisschläger, Rollerblades, Footballhelm. Auch hier sind wieder die Mindestabsatzmengen zu beachten, so dass wieder von $\bar{r}_2^r = 2.179$ Minuten nach Abzug der Kapazitätsbeanspruchung durch die Mindestmengen ausgegangen werden kann. Auch beim Einplanen der Tischtennisschläger ergibt sich keine Änderung, so dass sich die verbleibende Kapazität $\bar{r}_{2'}^r = 1.195$ Minuten beträgt.

Plant man nun aber die Rollerblades ein, so kann man nur noch 597 ganze Rollerblades produzieren:

$$\frac{\bar{r}_{2'}^r}{a_{22}} = \frac{1.195}{2} = 597{,}5\,[ME].$$

Sofern fälschlicherweise der absolute Stückdeckungsbeitrag für die Bestimmung des optimalen Produktionsprogramms verwendet würde, ergäbe sich das nachfolgende Produktionsprogramm:

$$x_1^{\#} = 20 \,[ME], x_2^{\#} = 697 \,[ME], x_3^{\#} = 50 \,[ME], x_4^{\#} = 5.000 \,[ME].$$

Daraus resultiert ein anderer, niedrigerer Wert für den Gewinn:

$$\hat{G}(x_1, x_2, x_3, x_4) = db_1 \cdot x_1^{\#} + db_2 \cdot x_2^{\#} + db_3 \cdot x_3^{\#} + db_4 \cdot x_4^{\#} - K_{fix}$$
$$= 129.891{,}40 \,[GE]$$

Der Vergleich ergibt:

$$\hat{G} = 129.891{,}40 \,[GE] < 130.000 \,[GE] = G.$$

Es zeigt sich, dass man das Gewinnmaximum nicht realisiert, wenn man die Reihenfolge der Einlastung der Produktarten anhand des absoluten Stückdeckungsbeitrags durchführt.

Aufgabe 3.2   Bestimmung des gewinnmaximalen Produktions-programms unter Berücksichtigung der Kapazität – Deckungsbeitragsrechnung mit einer Make-or-Buy-Entscheidung

Die Tarflon AG bittet um Ihre Hilfe. Laut dem Vorstand werden derzeit drei Produkte am Markt angeboten. Sie als zuständiger Abteilungsleiter „Beschaffung" sollen im Folgenden prüfen, ob die neuen Produkte „Tisch Pinguin" ($j = 1$), „Stuhl Löwenherz" ($j = 2$) und „Sessel Catwoman" ($j = 3$) gewinnbringend am Markt abgesetzt werden können. Es stellt sich die Frage der Fertigungstiefe, so dass Sie eine Entscheidung hinsichtlich Make or Buy treffen mögen. Zusätzlich ist man sich im Vorstand unsicher, ob ausreichend Kapazitäten vorhanden sind.

a) Prüfen Sie, ob für die in den Tabellen 3.2.1 und 3.2.2 gegebenen Werte die 45.000 Stunden an verfügbarer Kapazität überschritten werden oder aber gegebenenfalls noch ein weiteres Produkt in das Sortiment aufgenommen werden könnte.

b) Berechnen Sie für den in Teil a) bestimmten Fall „Kapazitätsengpass ja/nein" die Deckungsbeiträge und den Gewinn Ihres Unternehmens und begründen Sie Ihre Wahl der Bereitstellung der Bauteile, die zur Produktion der drei Endprodukte relevant sind.

Produkt	$j = 1$	$j = 2$	$j = 3$
Absatzpreis p_j	198	98	1.300
vorläufige variable Stückkosten $\tilde{k}_j$	60	24	590
Absatzhöchstmenge $\bar{x}_j$	500	1.500	85
Kapazitätsbeanspruchung in Stunden $\tilde{v}_j$	2	1	5

Tabelle 3.2.1:   Daten der Produkte

Hinzu kommen mehrere Bauteile, die in einem finalen Produktionsschritt in die drei Endprodukte einfließen. Das Bauteil 1 geht zu gleichen Anteilen je viermal in die Produkte 1 und 2 ein. Hingegen benötigt man dieses Bauteil nicht für Produkt 3. Bauteil 2 benötigt man viermal für Produkt 3. Die Bauteile 3 und 4 gehen jeweils einmal in alle drei Produkte ein. Den Einstandspreis q_n, die

Eigenfertigungskosten c_n sowie die Kapazitätsbeanspruchungen vb_n für den Einbau der Bauteile entnehmen Sie der nachfolgenden Tabelle 3.2.2.

Bauteil	$n = 1$	$n = 2$	$n = 3$	$n = 4$
Einstandspreis q_n	12	25	20	10
Eigenfertigungskosten c_n	18	40	10	20
Kapazitätsbeanspruchung vb_n in Stunden	4	4	1	2

Tabelle 3.2.2:   Daten der Bauteile

Lösung zu Aufgabe 3. 2

zu a) In einem ersten Schritt wird kontrolliert, ob der Absatzpreis p_j größer als die vorläufigen variablen Stückkosten $\tilde{k}_j$ ist. Ist dies nicht der Fall, so wird das Endprodukt aufgrund nicht-vorhandener Mindestabsatzmengen nicht produziert. Gilt hingegen $p_j > \tilde{k}_j$, so wird das Endprodukt, wenn möglich, mit der Absatzhöchstmenge $\bar{x}_j$ hergestellt. Dies gilt es dann dahingehend zu überprüfen, ob durch die Produktionskosten der Bauteile der Absatzpreis nicht doch durch die variablen Stückkosten überschritten wird.

Im vorliegenden Fall übertreffen alle Absatzpreise die vorläufigen variablen Stückkosten:

$$p_1 - \tilde{k}_1 = 138,$$

$$p_2 - \tilde{k}_2 = 74,$$

$$p_3 - \tilde{k}_3 = 710.$$

Folglich wird geprüft, ob die Produktion, gemessen in Stunden, der drei Endprodukte möglich ist. Dabei bezeichne K^{max} die maximale Kapazität.

$$K^{max} = 45.000 \lessgtr \sum_{j=1}^{3} \tilde{v}_j \cdot \bar{x}_j = 2.925.$$

Im nächsten Schritt gilt es zu prüfen, ob alle Bauteile in der noch verfügbaren Restkapazität $r = 45.000 - 2.925 = 42.075$ Stunden eingebaut werden können.

Die Kapazitätsbelastung der Eigenfertigung aller Bauteile bedarf folgender Berechnung:

$$(4 \cdot vb_1 + 1 \cdot vb_3 + 1 \cdot vb_4) \cdot \bar{x}_1 + (4 \cdot vb_1 + 1 \cdot vb_3 + 1 \cdot vb_4) \cdot \bar{x}_2$$

$$+(4 \cdot vb_2 + 1 \cdot vb_3 + 1 \cdot vb_4) \cdot \bar{x}_3$$

$$= 9.500 + 28.500 + 1.615 = 39.615.$$

Die gegebene Kapazität in Höhe von 45.000 Stunden reicht aus, um alle Bauteile und Endprodukte selbst herzustellen. Es steht noch eine Restkapazität von 2.460 Stunden zur Verfügung.

zu b) Nun gilt es zu prüfen, ob die Einstandspreise die Eigenfertigungskosten übersteigen:

$$\left(q_n \lesseqgtr c_n\right).$$

Für die Bauteile 1, 2 und 4 liegen die Eigenfertigungskosten oberhalb der Einstandspreise, so dass hier fremdbezogen und nicht eigenproduziert wird. Demzufolge erhält man die folgenden, vollständigen Deckungsbeiträge der drei Endprodukte:

$$db_1 = 198 - 60 - 4 \cdot 12 - 1 \cdot 10 - 1 \cdot 10 = 70,$$

$$db_2 = 98 - 24 - 4 \cdot 12 - 1 \cdot 10 - 1 \cdot 10 = 6,$$

$$db_3 = 1.300 - 590 - 4 \cdot 25 - 1 \cdot 10 - 1 \cdot 10 = 590.$$

Es ergibt sich folglich ein Gewinn G in Höhe von:

$$G = \sum_{j=1}^{3} db_j \cdot \bar{x}_j = 70 \cdot 500 + 6 \cdot 1.500 + 590 \cdot 85 = 94.150.$$

Aufgabe 3.3   Bestimmung des gewinnmaximalen Produktions-
programms – Preis-Absatz-Funktion

Das Unternehmen „El Vino Greco" produziert Wein (Endprodukt 1) und Ouzo (Endprodukt 2) in den Mengen x_1 und x_2, die im Folgenden in Form von Flaschen weiter betrachtet werden, und setzt diese vollständig am Absatzmarkt ab. Aus dem Absatzbereich des Unternehmens ist bekannt, dass für die entsprechenden Preis-Absatz-Funktionen der Endproduktarten gilt:

$$x_1(p_1) = 312 - 16 \cdot p_1$$

und

$$x_2(p_2) = 184 - 8 \cdot p_2,$$

wobei mit p_1 der Absatzpreis des Weins und mit p_2 derjenige des Ouzo bezeichnet wird. Die Produktion von 1 Mengeneinheit der ersten Produktart führt zu konstanten Grenzkosten von 0,5 Geldeinheiten pro Mengeneinheit und bei der zweiten Produktart zu 2 Geldeinheiten pro Mengeneinheit. Fixkosten in Höhe von 80 Geldeinheiten fallen an, so dass die Kostenfunktion zur Herstellung der Endprodukte lautet:

$$K(x_1, x_2) = 0,5 \cdot x_1(p_1) + 2 \cdot x_2(p_2) + 80.$$

a) Der Geschäftsführer von „El Vino Greco" möchte eigentlich jeweils 100 Flaschen am Markt absetzen. Überprüfen Sie, ob diese Überlegung dem optimalen Produktionsprogramm entspricht, indem Sie die optimale Lösung für die Anzahl an Flaschen bestimmen!

b) Bestimmen Sie resultierend auf Ihrer Lösung aus Teil a) den Gewinn für das Unternehmen! Prüfen Sie zudem, um welchen Wert sich der Gewinn reduzieren wird, wenn man strikt die Vorgabe des Geschäftsführers umsetzt.

Lösung zu Aufgabe 3.3

zu a) In einem ersten Schritt wird die Gewinnfunktion aufgestellt. Hierbei bezeichne G den Gewinn des Unternehmens.

$$\max G(x_1, x_2) = \sum_{j=1}^{2} p_j \cdot x_j(p_j) - K(x_1, x_2).$$

Daraus ergibt sich durch Einsetzen:

$$G(x_1, x_2) = p_1 \cdot (312 - 16 \cdot p_1) + p_2 \cdot (184 - 8 \cdot p_2)$$
$$-[0,5 \cdot (312 - 16p_1) + 2 \cdot (184 - 8p_2) + 80].$$

Durch Zusammenfassen erhält man:

$$G(x_1, x_2) = 320 \cdot p_1 - 16 \cdot p_1^2 + 200 \cdot p_2 - 8 \cdot p_2^2 - 604.$$

Bei dem Produkt $(8 \cdot p_1)$ gilt ebenso wie bei dem Produkt $(16 \cdot p_2)$ zu beachten, dass durch das Vorzeichen vor der Klammer der Term positiv wird.

Im nächsten Schritt lassen sich über die notwendigen Bedingungen zur Optimierung die optimalen Preise, die zu einem maximalen Gewinn führen, bestimmen:

$$\frac{\partial G}{\partial p_1} = 320 - 32 \cdot p_1 = 0.$$

$$\frac{\partial G}{\partial p_2} = 200 - 16 \cdot p_2 = 0.$$

Es zeigt sich, dass einfache Umformungen der ersten Gleichung zu einem optimalen Preis von 10 Geldeinheiten pro Weinflasche führen:

$$320 = 32 \cdot p_1 \quad \Rightarrow \quad p_1^* = 10 \, [GE/Flasche].$$

Analoge Überlegungen der zweiten Gleichung führen zum optimalen Preis des Ouzo:

$$200 = 16 \cdot p_2 \quad \Rightarrow \quad p_2^* = 12{,}50 \, [GE/Flasche].$$

Setzt man die optimalen Preise jeweils in die Preis-Absatz-Funktionen $x_j(p_j)$, $j = 1,2$, ein, erhält man die gewinnmaximale Anzahl an Wein- und Ouzo-Flaschen:

$$x_1(p_1^*) = 312 - 16 \cdot 10 = 152 \, [Flaschen]$$

und

$$x_2(p_2^*) = 184 - 8 \cdot 12{,}50 = 84 \, [Flaschen].$$

Die Vorgaben des Geschäftsführers wurden bei der Gewinnmaximierung verfehlt.

zu b) Im Folgenden wird der Gewinn von „El Vino Greco" bestimmt:

$$G(x_1, x_2) = 320 \cdot p_1^* - 16 \cdot p_1^{*2} + 200 \cdot p_2^* - 8 \cdot p_2^{*2} - 604.$$

Es ergibt sich:

$$G(x_1, x_2) = 2.246 \, [GE].$$

An dieser Stelle wird nun zusätzlich geprüft werden, welche Auswirkungen die Realisation der Vorgaben des Geschäftsführers haben.

$$x_1(p_1) = 312 - 16 \cdot p_1 = 100 \ [Flaschen].$$

Durch Umformen ergibt sich ein neuer Preis für den Wein:

$$p_1^{neu} = \frac{212}{16} = 13{,}25 \ [GE/Flasche].$$

Analog erhält man für den Ouzo:

$$x_2(p_2) = 184 - 8 \cdot p_2 = 100 \ [Flaschen],$$

$$p_2^{neu} = \frac{84}{8} = 10{,}5 \ \left[\frac{GE}{Flasche}\right].$$

Setzt man die neuen Preise in die Gewinnfunktion ein, erhält man den alternativen Gewinn bei Vorgabe von je 100 Flaschen:

$$\bar{G}(x_1, x_2) = 320 \cdot p_1^{neu} - 16 \cdot (p_1^{neu})^2 + 200 \cdot p_2^{neu} - 8 \cdot (p_2^{neu})^2 - 604.$$

Es folgt:

$$G(x_1, x_2) = 2.045 \ [GE].$$

Der Verlust bei Umsetzung der Vorgabe wäre:

$$\Delta = G(x_1, x_2) - \bar{G}(x_1, x_2) = 201 \ [GE].$$

Aufgabe 3.4 Bestimmung des gewinnmaximalen Produktionsprogramms unter Berücksichtigung der verfügbaren Kapazität – Preis-Absatz-Funktion

Ein Unternehmen produziert zwei Arten von Endprodukten in den Mengen $x_j, j = 1,2$, und setzt diese vollständig am Absatzmarkt ab. Die Marketingabteilung stellt zum einen fest, dass die Preis-Absatz-Funktionen der beiden Produktarten auch jeweils von den Preisen beider Produktarten abhängen:

$$x_1(p_1, p_2) = 40 - 2 \cdot p_1 + p_2,$$

$$x_2(p_1, p_2) = 25 + p_1 - 3 \cdot p_2.$$

Die Produktion von 1 Mengeneinheit der ersten Produktart führt zu konstanten Grenzkosten von 3 Geldeinheiten pro Mengeneinheit und bei der zweiten Produktart zu 2 Geldeinheiten pro Mengeneinheit. Die separierbare Kostenfunktion unter Berücksichtigung der Fixkosten in Höhe von 45 Geldeinheiten zur Herstellung der Endprodukte lautet:

$$K(x_1(p_1, p_2), x_2(p_1, p_2)) = 3 \cdot x_1 + 2 \cdot x_2 + 45.$$

Dabei haben die Symbole folgende Bedeutung:

x_j	produzierte und abgesetzte Menge des Produktes j,
p_j	Preis des Produktes j,
$K(x_1, x_2)$	Kostenfunktion.

Die beiden Produkte müssen im Produktionsprozess die gleiche Maschine passieren. Produkt 1 und Produkt 2 beanspruchen diese Maschine pro produzierter Einheit für die Dauer 1 Zeiteinheit. Die gesamte freie Kapazität der Maschine beträgt C Zeiteinheiten.

a) Bestimmen Sie die Gewinnfunktion in der Form $G(p_1, p_2)$!

b) Ermitteln Sie in Abhängigkeit von der verfügbaren Kapazität C die gewinnmaximalen Absatzpreise $[p_1^*(C), p_2^*(C)]$ und das gewinnmaximale Produktionsprogramm $[x_1^*(C), x_2^*(C)]$! Gehen Sie dabei davon aus, dass die Kapazitätsrestriktion bindend ist, d.h. dass die Kapazität beim optimalen Produktionsplan vollständig beansprucht wird.

c) Welcher maximale Gewinn wird im Falle von b) in Abhängigkeit von der Kapazität C realisiert?

d) Die Kapazität C beträgt nun 20 Zeiteinheiten. Wie lauten dann die gewinnmaximalen Absatzpreise und das gewinnmaximale Produktionsprogramm? Welcher Gewinn wird realisiert?

e) Wie lässt sich bei einem Lagrange-Ansatz der Lagrange-Parameter λ ökonomisch interpretieren?

f) Wie hoch ist die obere Grenze, unter der die marginalen Kosten einer Kapazitätsausweitung liegen müssen, damit eine Erhöhung der Kapazität $C = 20$ Zeiteinheiten darüber hinaus im Sinne der Gewinnmaximierung für die Unternehmung lohnend ist?

Lösung zu Aufgabe 3. 4

zu a) In allgemeiner Form ergibt sich die Gewinnfunktion des Unternehmens als Differenz der Absatzerlöse und der Produktionskosten. Die Erlöse E lauten:

$$E = \sum_{j=1}^{2} p_j \cdot x_j(p_1, p_2) = p_1 \cdot x_1(p_1, p_2) + p_2 \cdot x_2(p_1, p_2).$$

Die Produktionskosten sind durch $K(x_1, x_2)$ gegeben:

$$K(x_1, x_2) = 3 \cdot x_1 + 2 \cdot x_2 + 45.$$

Daraus resultiert die Gewinnfunktion:

$$
\begin{aligned}
&G[p_1, p_2, x_1(p_1, p_2), x_2(p_1, p_2)] \\
&= E[p_1, p_2, x_1(p_1, p_2), x_2(p_1, p_2)] - K[x_1(p_1, p_2), x_2(p_1, p_2)] \\
&= p_1 \cdot x_1(p_1, p_2) + p_2 \cdot x_2(p_1, p_2) \\
&\quad - [k_1 \cdot x_1(p_1, p_2) + k_2 \cdot x_2(p_1, p_2)] - K_{fix}.
\end{aligned}
$$

Durch die Wahl bestimmter Preise p_1, p_2 werden die Absatz- und Produktionsmengen der beiden Erzeugnisarten $x_1(p_1, p_2), x_2(p_1, p_2)$ bestimmt.

Die Gewinnfunktion lässt sich vereinfachen zu:

$$
\begin{aligned}
&G[p_1, p_2, x_1(p_1, p_2), x_2(p_1, p_2)] \\
&= \underbrace{(p_1 - k_1)}_{\substack{\text{Stückdeckungsbeitrag} \\ \text{von Produktart 1}}} \cdot \underbrace{x_1(p_1, p_2)}_{\substack{\text{Absatzmenge} \\ \text{von Produktart 1}}} + \underbrace{(p_2 - k_2)}_{\substack{\text{Stückdeckungsbeitrag} \\ \text{von Produktart 2}}} \cdot \underbrace{x_2(p_1, p_2)}_{\substack{\text{Absatzmenge} \\ \text{von Produktart 2}}} \\
&\quad - K_{fix}.
\end{aligned}
$$

Die Absatzmengen sind dabei durch die obigen Preis-Absatz-Funktionen gegeben. Die Gewinnfunktion lässt sich nun durch Einsetzen der variablen

Stückkosten und Preis-Absatz-Funktionen in Abhängigkeit der Absatzpreise p_1, p_2 formulieren:

$$G[p_1, p_2, x_1(p_1, p_2), x_2(p_1, p_2)]$$
$$= (p_1 - 3) \cdot \underbrace{(40 - 2 \cdot p_1 + p_2)}_{x_1(p_1, p_2)} + (p_2 - 2) \cdot \underbrace{(25 + p_1 - 3 \cdot p_2)}_{x_2(p_1, p_2)} - 45.$$

Zusammengefasst führt dies zu:

$$G(p_1, p_2) = 44 \cdot p_1 + 28 \cdot p_2 + 2 \cdot p_1 \cdot p_2 - 2 \cdot p_1^2 - 3 \cdot p_2^2 - 215.$$

zu b) Gewinnmaximale Absatzpreise und -mengen

Die beiden Produkte durchlaufen im Produktionsprozess die gleiche Maschine und beanspruchen diese Maschine jeweils pro produzierter Einheit für die Dauer von einer Zeiteinheit. Wird die Gesamtkapazität C vollständig aufgebraucht, so lässt sich die bindende Kapazitätsrestriktion umformulieren zu:

$$1 \cdot x_1(p_1, p_2) + 1 \cdot x_2(p_1, p_2) = C.$$

Ersetzen der Produktionsmengen durch die jeweilige Preis-Absatz-Funktion ergibt:

$$\underbrace{(40 - 2 \cdot p_1 + p_2)}_{x_1(p_1, p_2)} + \underbrace{(25 + p_1 - 3 \cdot p_2)}_{x_2(p_1, p_2)} - C = 0.$$

Zusammengefasst folgt:

$$65 - p_1 - 2 \cdot p_2 - C = 0.$$

Zur Bestimmung der gewinnmaximalen Absatzpreise und darüber auch der Absatzmengen bei Berücksichtigung der gegebenen Kapazitätsrestriktion kann der Lagrange-Ansatz gewählt werden. Dementsprechend erhält man als Lagrange-Funktion:

$$\phi(p_1, p_2, C, \lambda) = \underbrace{44 \cdot p_1 + 28 \cdot p_2 + 2 \cdot p_1 \cdot p_2 - 2 \cdot p_1^2 - 3 \cdot p_2^2 - 215}_{\text{Gewinnfunktion } G(p_1, p_2)}$$
$$-\lambda \cdot \underbrace{(65 - p_1 - 2 \cdot p_2 - C)}_{\text{Kapazitätsbeschränkung}}.$$

Die Lagrange-Funktion ist zu maximieren über p_1, p_2 und λ.

Die entsprechenden Optimalitätsbedingungen erster Ordnung lauten:

$$\frac{\partial \phi}{\partial p_1} = 44 + 2 \cdot p_2 - 4 \cdot p_1 + \lambda = 0,$$

$$\frac{\partial \phi}{\partial p_2} = 28 + 2 \cdot p_1 - 6 \cdot p_2 + 2 \cdot \lambda = 0,$$

$$\frac{\partial \phi}{\partial \lambda} = -(65 - p_1 - 2 \cdot p_2 - C) = 0.$$

Multiplikation der nach p_1 abgeleiteten Lagrange-Funktion mit 2 und anschließende Subtraktion der nach p_2 abgeleiteten Lagrange-Funktion liefert:

$$(88 + 4 \cdot p_2 - 8 \cdot p_1 + 2 \cdot \lambda) - (28 + 2 \cdot p_1 - 6 \cdot p_2 + 2 \cdot \lambda) = 0.$$

Aufgelöst ergibt sich in 3 Schritten:

$$60 - 10 \cdot p_1 + 10 \cdot p_2 = 0,$$

$$6 - p_1 + p_2 = 0,$$

$$p_1 = 6 + p_2.$$

Einsetzen in die nach λ abgeleiteten Lagrange-Funktion ergibt:

$$-(65 - (6 + p_2) - 2 \cdot p_2 - C) = 0.$$

Aufgelöst nach p_2 ergibt sich in 3 Schritten:

$$-(59 - 3 \cdot p_2 - C) = 0,$$

$$3 \cdot p_2 = 59 - C,$$

$$p_2^* = \frac{59 - C}{3}.$$

Einsetzen von p_2^* in $p_1 = 6 + p_2$ ergibt:

$$p_1^* = 6 + \frac{59 - C}{3} = \frac{18 + 59 - C}{3} = \frac{77 - C}{3}.$$

Durch Einsetzen der gewinnmaximalen Absatzpreise in die Preis-Absatz-Funktionen ergibt sich das gewinnmaximale Produktionsprogramm:

$$x_1^* = 40 - 2 \cdot p_1^* + p_2^* = 40 - 2 \cdot \frac{77 - C}{3} + \frac{59 - C}{3} = \frac{25 + C}{3},$$

$$x_2^* = 25 + p_1^* - 3 \cdot p_2^* = 25 + \frac{77 - C}{3} - 3 \cdot \frac{59 - C}{3} = \frac{2 \cdot C - 25}{3}.$$

Zur Vermeidung negativer Absatzpreise und Produktionsmengen muss anhand der einzuhaltenden Voraussetzungen gelten:

$$p_2^* = \frac{59 - C}{3} > 0.$$

Daraus folgt:

$$59 - C > 0 \quad \Rightarrow \quad C \leq 59,$$

und aus

$$x_2^* = \frac{2 \cdot C - 25}{3} > 0$$

folgt:

$$2 \cdot C - 25 > 0 \quad \Rightarrow \quad C \geq \frac{25}{2}.$$

Zusammengefasst gilt dann:

$$\frac{25}{2} \leq C \leq 59.$$

zu c) Der maximale Gewinn in Abhängigkeit von der Kapazität C beträgt:

$$
\begin{aligned}
G(C) &= (p_1^*(C) - k_1) \cdot x_2^*(C) + (p_2^*(C) - k_1) \cdot x_2^*(C) - K_{fix} \\
&= (p_1^*(C) - 3) \cdot x_2^*(C) + (p_2^*(C) - 2) \cdot x_2^*(C) - 45.
\end{aligned}
$$

$$
\begin{aligned}
G(C) &= \left(\frac{77 - C}{3} - 3\right) \cdot \frac{25 + C}{3} + \left(\frac{59 - C}{3} - 2\right) \cdot \frac{2 \cdot C - 25}{3} - 45 \\
&= \frac{68 - C}{3} \cdot \frac{25 + C}{3} + \frac{53 - C}{3} \cdot \frac{2 \cdot C - 25}{3} - 45 \\
&= \frac{125 + 58 \cdot C - C^2}{3} - 45 \\
&= \frac{58 \cdot C - C^2 - 10}{3}.
\end{aligned}
$$

zu d) Beträgt die gesamte freie Kapazität der Maschine $C = 20$ Zeiteinheiten, so lauten dann die gewinnmaximalen Absatzpreise und das gewinnmaximale Produktionsprogramm:

$$p_1^*(C = 20) = \frac{77 - C}{3} = \frac{77 - 20}{3} = 19 \left[\frac{GE}{ME}\right],$$

$$p_2^*(C = 20) = \frac{59 - C}{3} = \frac{59 - 20}{3} = 13 \left[\frac{GE}{ME}\right],$$

$$x_1^*(C = 20) = \frac{25 + C}{3} = \frac{25 + 20}{3} = 15 \, [ME],$$

$$x_2^*(C = 20) = \frac{2 \cdot C - 25}{3} = \frac{2 \cdot 20 - 25}{3} = 5 \, [ME].$$

Der Gewinn beträgt unter Ausnutzung der gesamten freien Kapazität $C = 20$ Zeiteinheiten und Berücksichtigung der gewinnmaximalen Absatzpreise und des gewinnmaximalen Produktionsprogramms:

$$G(C = 20) = \frac{58 \cdot C - C^2 - 10}{3} = \frac{58 \cdot 20 - 20^2 - 10}{3} = 250 \, [GE].$$

zu e) Der Lagrange-Parameter stellt den Schattenpreis für die Kapazitätsbeanspruchung dar und entspricht dem Grenzgewinn im Optimum, wenn die Kapazitätsrestriktion um eine marginale Einheit gelockert wird.

zu f) Eine Ausweitung der Kapazität lohnt sich so lange, wie die Grenzkosten der Kapazitätsausweitung den durch die Ausweitung erzielbaren Grenzgewinn (Wert der Kapazitätsinanspruchnahme) nicht überschreiten. Letzterer wird vom Schattenpreis repräsentiert. Um die Obergrenze zu bestimmen, muss man also den absoluten Wert des Lagrange-Parameters λ im Gewinnoptimum bestimmen:

Aufgrund der Bedingung erster Ordnung für das Gewinnoptimum gilt:

$$44 + 2 \cdot p_2^* - 4 \cdot p_1^* + \lambda^* = 0.$$

Einsetzen der optimalen Preise führt zu:

$$\lambda^* = -44 - 2 \cdot 13 + 4 \cdot 19 = 6.$$

Setzt man die optimierten Preise in die andere Optimalitätsbedingung ein, so führt dies zu:

$$28 + 2 \cdot p_1^* - 6 \cdot p_2^* + 2 \cdot \lambda^* = 0,$$

$$\lambda^* = \frac{-28 - 2 \cdot 19 + 6 \cdot 13}{2} = 6.$$

Die Obergrenze für die marginalen Kosten einer Kapazitätsausweitung beträgt demnach 6 Geldeinheiten.

.

Aufgabe 3.5 Bestimmung des gewinnmaximalen Produktions-programms unter Berücksichtigung der Kapazitätserweiterung – Preis-Absatz-Funktion

Ein Unternehmen produziert zwei Endprodukte 1 und 2 in den Mengen x_1 bzw. x_2 und setzt diese vollständig am Absatzmarkt ab. Aus dem Absatzbereich des Unternehmens ist bekannt, dass in Bezug auf die entsprechenden Preis-Absatz-Funktionen der Endprodukte gilt:

$$x_1(p_1, p_2) = 90 - 6 \cdot p_1 + 2 \cdot p_2,$$

$$x_2(p_1, p_2) = 60 + 2 \cdot p_1 - 4 \cdot p_2,$$

wobei mit p_1 der Absatzpreis des ersten Endproduktes und mit p_2 derjenige des zweiten Endproduktes bezeichnet wird. Die Kostenfunktion zur Herstellung der Endprodukte lautet:

$$K(x_1, x_2) = 2 \cdot x_1 + 3 \cdot x_2 + 180.$$

Während des Herstellungsprozesses müssen die beiden noch unfertigen Produkte die gleiche Maschine passieren. Die Herstellung einer Endprodukt-mengeneinheit beansprucht diese Maschine – bei beiden Endprodukten einheitlich – für die Dauer zweier Zeiteinheiten. Die gesamte zur Verfügung stehende Kapazität der Maschine beträgt C Zeiteinheiten.

a) Bestimmen Sie die Gewinnfunktion in der Form $G(p_1, p_2)$!

b) Nehmen Sie im Folgenden an, die zur Verfügung stehende Kapazität würde beim optimalen Produktionsplan vollständig beansprucht. Formulieren Sie für die hier gegebene Problemstellung einen Lagrange-Ansatz zur Bestimmung des optimalen Produktionsprogramms! Wie lässt sich bei einem solchen Lagrange-Ansatz der Lagrange-Multiplikator λ ökonomisch inter-pretieren?

c) Ermitteln Sie in Abhängigkeit von der verfügbaren Kapazität C die gewinnmaximalen Absatzpreise $[p_1^*(C), p_2^*(C)]$ und das gewinnmaximale Produktionsprogramm $[x_1^*(C), x_2^*(C)]$!

d) Welcher maximale Gewinn $G^*(C)$ wird vom Unternehmen in Abhängigkeit von der verfügbaren Maschinenkapazität C realisiert?

e) Die verfügbare Maschinenkapazität C betrage nun 52 Zeiteinheiten. Wie lauten dann die gewinnmaximalen Absatzpreise und das gewinnmaximale Produktionsprogramm? Welcher maximale Gewinn wird realisiert?

f) Ermitteln Sie den Schwellenwert $\tilde{C}$ der Maschinenkapazität, bis zu dessen Erreichen sich eine Kapazitätserweiterung um eine (marginale) Kapazitätseinheit für das Unternehmen lohnt, wenn jede Kapazitätserweiterung um eine (marginale) Kapazitätseinheit konstante (Grenz-)Kosten in Höhe von 4 Geldeinheiten verursacht.

Lösung zu Aufgabe 3. 5

zu a) Die Gewinnfunktion für das Unternehmen lautet:

$$G[p_1, p_2, x_1(p_1, p_2), x_2(p_1, p_2)]$$

$$= \underbrace{(p_1 - k_1)}_{\substack{\text{Stückdeckungsbeitrag} \\ \text{von Produktart 1}}} \cdot \underbrace{x_1(p_1, p_2)}_{\substack{\text{Absatzmenge} \\ \text{von Produktart 1}}} + \underbrace{(p_2 - k_2)}_{\substack{\text{Stückdeckungsbeitrag} \\ \text{von Produktart 2}}} \cdot \underbrace{x_2(p_1, p_2)}_{\substack{\text{Absatzmenge} \\ \text{von Produktart 2}}}$$

$$- K_{fix}.$$

$$G[p_1, p_2, x_1(p_1, p_2), x_2(p_1, p_2)]$$

$$= (p_1 - 2) \cdot (90 - 6 \cdot p_1 + 2 \cdot p_2) + (p_2 - 3) \cdot (60 + 2 \cdot p_1 - 4 \cdot p_2)$$

$$- 180.$$

Zusammengefasst führt dies zu:

$$G(p_1, p_2) = 90 \cdot p_1 - 6 \cdot p_1^2 + 2 \cdot p_1 \cdot p_2 - 180 + 12 \cdot p_1 - 4 \cdot p_2$$

$$+ 60 \cdot p_2 + 2 \cdot p_1 \cdot p_2 - 4 \cdot p_2^2 - 180 - 6 \cdot p_1 + 12 \cdot p_2 - 180$$

$$= -6 \cdot p_1^2 - 4 \cdot p_2^2 + 4 \cdot p_1 \cdot p_2 + 96 \cdot p_1 + 68 \cdot p_2 - 540.$$

zu b) Die beiden Produkte durchlaufen im Produktionsprozess die gleiche Maschine und beanspruchen diese Maschine jeweils pro produzierter Einheit für die Dauer von zwei Zeiteinheiten. Wird die Gesamtkapazität C vollständig aufgebraucht, so lässt sich die bindende Kapazitätsrestriktion umformulieren zu:

$$2 \cdot x_1(p_1, p_2) + 2 \cdot x_2(p_1, p_2) = C.$$

Ersetzen der Produktionsmengen durch die jeweilige Preis-Absatz-Funktion ergibt:

$$2 \cdot \underbrace{(90 - 6 \cdot p_1 + 2 \cdot p_2)}_{x_1(p_1, p_2)} + 2 \cdot \underbrace{(60 + 2 \cdot p_1 - 4 \cdot p_2)}_{x_2(p_1, p_2)} - C = 0.$$

Zusammengefasst führt dies zu:

$$300 - 8 \cdot p_1 - 4 \cdot p_2 - C = 0.$$

Zur Bestimmung der gewinnmaximalen Absatzpreise und darüber auch der Absatzmengen bei Berücksichtigung der gegebenen Kapazitätsrestriktion kann der Lagrange-Ansatz gewählt werden. Dementsprechend erhält man als Lagrange-Funktion:

$$\phi(p_1, p_2, C, \lambda) = \underbrace{-6 \cdot p_1^2 - 4 \cdot p_2^2 + 4 \cdot p_1 \cdot p_2 + 96 \cdot p_1 + 68 \cdot p_2 - 540}_{\text{Gewinnfunktion } G(p_1, p_2)}$$
$$-\lambda \cdot \underbrace{(300 - 8 \cdot p_1 - 4 \cdot p_2 - C)}_{\text{Kapazitätsbeschränkung}}.$$

Der Lagrange-Multiplikator λ stellt den Schattenpreis für die Kapazitätsbeanspruchung dar und entspricht dem Grenzgewinn im Optimum, wenn die Kapazitätsrestriktion um eine marginale Einheit gelockert wird.

zu c) Die Lagrange-Funktion aus Aufgabenteil b) ist zu maximieren über p_1, p_2 und λ. Die entsprechenden Bedingungen erster Ordnung lauten:

$$\frac{\partial \phi}{\partial p_1} = -12 \cdot p_1 + 4 \cdot p_2 + 96 + 8 \cdot \lambda = 0,$$

$$\frac{\partial \phi}{\partial p_2} = -8 \cdot p_2 + 4 \cdot p_1 + 68 + 4 \cdot \lambda = 0,$$

$$\frac{\partial \phi}{\partial \lambda} = -(300 - 8 \cdot p_1 - 4 \cdot p_2 - C) = 0.$$

Multiplikation der nach p_2 abgeleiteten Lagrange-Funktion mit 2 und anschließende Subtraktion der nach p_1 abgeleiteten Lagrange-Funktion liefert:

$$(-16 \cdot p_2 + 8 \cdot p_1 + 136 + 8 \cdot \lambda) - (-12 \cdot p_1 + 4 \cdot p_2 + 96 + 8 \cdot \lambda) = 0.$$

Umformen nach p_1 ergibt:

$$-20 \cdot p_2 + 20 \cdot p_1 + 40 = 0,$$

$$-p_2 + p_1 + 2 = 0,$$

$$p_1 = p_2 - 2.$$

Einsetzen in die nach λ abgeleiteten Lagrange-Funktion ergibt:

$$-(300 - 8 \cdot (p_2 - 2) - 4 \cdot p_2 - C) = 0.$$

Daraus kann p_2 in 3 Schritten bestimmt werden:

$$-(316 - 12 \cdot p_2 - C) = 0,$$

$$12 \cdot p_2 = 316 - C,$$

$$p_2^* = \frac{316 - C}{12}.$$

Einsetzen von p_2^* in $p_1 = p_2 - 2$ ergibt:

$$p_1^* = \frac{316 - C}{12} - 2 = \frac{292 - C}{12}.$$

Durch Einsetzen der gewinnmaximalen Absatzpreise in die Preis-Absatzfunktionen ergibt sich das gewinnmaximale Produktionsprogramm:

$$x_1^* = 90 - 6 \cdot p_1^* + 2 \cdot p_2^* = 90 - 6 \cdot \frac{292 - C}{12} + 2 \cdot \frac{316 - C}{12}$$

$$= \frac{540 - 876 + 3 \cdot C + 316 - C}{6} = \frac{C - 10}{3},$$

$$x_2^* = 60 + 2 \cdot p_1^* - 4 \cdot p_2^* = 60 + 2 \cdot \frac{292 - C}{12} - 4 \cdot \frac{316 - C}{12}$$

$$= \frac{360 - 292 - C - 632 + 2 \cdot C}{6} = \frac{20 + C}{6}.$$

Zur Vermeidung negativer Absatzpreise und Produktionsmengen muss anhand der einzuhaltenden Voraussetzungen gelten:

$$p_1^* = \frac{292 - C}{12} > 0.$$

Daraus folgt:

$$292 - C > 0 \quad \Rightarrow \quad C < 292,$$

und aus

$$x_1^* = \frac{C - 10}{3} > 0$$

folgt:

$$C - 10 > 0 \quad \Rightarrow \quad C > 10.$$

Zusammengefasst gilt folglich:

$$10 < C < 292.$$

zu d) Der maximale Gewinn in Abhängigkeit von der Kapazität C beträgt:

$$G(C) = (p_1^*(C) - k_1) \cdot x_2^*(C) + (p_2^*(C) - k_1) \cdot x_2^*(C) - K_{\text{fix}}$$
$$= (p_1^*(C) - 2) \cdot x_2^*(C) + (p_2^*(C) - 3) \cdot x_2^*(C) - 180.$$

Einsetzen der gewinnmaximalen Absatzpreise und gewinnmaximalen Produktionsmengen sowie der konstanten Grenzkosten führt zu:

$$
\begin{aligned}
G(C) &= \left(\frac{292 - C}{12} - 2\right) \cdot \frac{C - 10}{3} + \left(\frac{316 - C}{12} - 3\right) \cdot \frac{20 + C}{6} - 180 \\
&= \frac{268 - C}{12} \cdot \frac{C - 10}{3} + \frac{280 - C}{12} \cdot \frac{20 + C}{6} - 180 \\
&= \frac{2 \cdot (268 \cdot C - 2.680 - C^2 + 10 \cdot C)}{72} \\
&\quad + \frac{5.600 + 280 \cdot C - 20 \cdot C - C^2) - 180}{72} \\
&= \frac{240 + 816 \cdot C - 3 \cdot C^2}{72} - 180 = \frac{272 \cdot C - 3 \cdot C^2 - 4.240}{24}.
\end{aligned}
$$

zu e) Beträgt die verfügbare Kapazität der Maschine $C = 52$ Zeiteinheiten, so lauten dann die gewinnmaximalen Absatzpreise und das gewinnmaximale Produktionsprogramm:

$$
p_1^*(C = 52) = \frac{292 - C}{12} = \frac{292 - 52}{12} = 20 \left[\frac{GE}{ME}\right],
$$

$$
p_2^*(C = 52) = \frac{316 - C}{12} = \frac{316 - 52}{12} = 22 \left[\frac{GE}{ME}\right],
$$

$$
x_1^*(C = 52) = \frac{C - 10}{3} = \frac{52 - 10}{3} = 14 \, [ME],
$$

$$
x_2^*(C = 52) = \frac{20 + C}{6} = \frac{20 + 52}{6} = 12 \, [ME].
$$

Der Gewinn beträgt unter Ausnutzung der gesamten freien Kapazität von $C = 52$ Zeiteinheiten und Berücksichtigung der gewinnmaximalen Absatzpreise und des gewinnmaximalen Produktionsprogramms:

$$
\begin{aligned}
G(C = 52) &= \frac{272 \cdot C - 3 \cdot C^2 - 4.240}{24} = \frac{272 \cdot 52 - 3 \cdot 52^2 - 4.240}{24} \\
&= 300 \, [GE].
\end{aligned}
$$

zu f) Eine Ausweitung der Kapazität über den Wert C lohnt sich nur so lange, wie der durch die Ausweitung erzielbare Gewinn (Wert der Kapazitätsinanspruchnahme), der durch den von der Kapazität C abhängigen Schattenpreis $\lambda(C)$ im Gewinnoptimum gemessen wird, die konstanten Grenzkosten der Kapazitätsausweitung in Höhe von 4 Geldeinheiten pro Mengeneinheit der Kapazität überschreitet. Bei Erreichen des Schwellenwertes $\hat{C}$ werden schließlich die Grenzkosten gerade noch gedeckt.

Folglich müssen folgende Bedingungen gelten:

$$\lambda(C) \geq 4$$

und

$$\lambda(\hat{C}) = 4.$$

Wird die Bedingung erster Ordnung für das Gewinnoptimum:

$$-12 \cdot p_1^*(C) + 4 \cdot p_2^*(C) + 96 + 8 \cdot \lambda(C) = 0$$

nach $\lambda(C)$ umgestellt, so folgt:

$$\lambda(C) = \frac{12 \cdot p_1^*(C) - 4 \cdot p_2^*(C) - 96}{8} = \frac{3 \cdot p_1^*(C) - p_2^*(C) - 24}{2}.$$

Einsetzen der gewinnmaximalen Absatzpreise liefert:

$$\lambda(C) = \frac{3 \cdot \dfrac{292 - C}{12} - \dfrac{316 - C}{12} - 24}{2} = \frac{\dfrac{876 - 3 \cdot C}{12} - \dfrac{316 - C}{12} - 24}{2}$$

$$= \frac{\dfrac{560 - 2 \cdot C}{12} - 24}{2} = \frac{280 - C}{12} - 12 = \frac{280 - C - 144}{12}$$

$$= \frac{136 - C}{12}.$$

Im Grenzfall entspricht der Schattenpreis gerade den Grenzkosten der Kapazitätserweiterung:

$$\lambda(\hat{C}) = \frac{136 - \hat{C}}{12} = 4.$$

Daraus folgt für C:

$$\hat{C} = 136 - 4 \cdot 12 = 88.$$

Demnach lohnt sich für das Unternehmen eine Kapazitätsausweitung bis auf $\hat{C} = 88$ Mengeneinheiten.

Aufgabe 3.6   Bestimmung des gewinnmaximalen Produktions-programms – Deckungsbeitragsrechnung mit einem Kapazitätsengpass

Ein Holzspielzeugproduzent stellt vier verschiedene Spielzeugsorten Flori, Bella, Molli und Pirlo her. Alle Produktarten müssen die Maschinen 1 und 2 durchlaufen.   Maschine 1 (M1)   kann   maximal   2.200 Zeiteinheiten, Maschine 2 (M2) maximal 2.400 Zeiteinheiten genutzt werden. Alle weiteren relevanten Informationen für die letzte Planperiode sind in der nachfolgenden Tabelle 3.6.1 zusammengestellt, wobei bei allen Produkten eine Mindest-absatzmenge in Höhe von 0 Mengeneinheiten vorliegt. Zudem entstehen dem Unternehmen Fixkosten K_{fix} in Höhe von 2.720 Geldeinheiten.

Produkt-art	Verkaufs-preis $[GE/ME]$	variable Stück-kosten $[GE/ME]$	Kapazitäts-bean-spruchung M1 $[ZE/ME]$	Kapazitäts-bean-spruchung M2 $[ZE/ME]$	Absatz-höchst-menge $[ME]$
j	p_j	k_j	a_{1j}	a_{2j}	$\bar{x}_j$
Flori	49	20	2	1,5	400
Bella	89	53	2	2	300
Molli	37	39	1,5	2	250
Pirlo	78	58	3	3	300

Tabelle 3.6.1:   Daten des Holzspielzeugproduzenten

Der Spielzeugproduzent möchte sein Produktionsprogramm so planen, dass sein Gewinn maximiert wird.

a) Bestimmen Sie für die vier Spielzeugsorten den absoluten Stück-deckungsbeitrag.

b) Ihr Vorgesetzter weiß, dass die Produktionskapazitäten knapp bemessen sind, und bittet Sie zu prüfen, ob auf einer der beiden Maschinen ein Engpass besteht.

c) Bestimmen Sie für die vier Spielzeugsorten den relativen Stückdeckungsbeitrag.

d) Bestimmen Sie basierend auf dem Ergebnis aus den Teilen b) und c) das optimale Produktionsprogramm und den Gewinn des Produzenten!

Lösung zu Aufgabe 3. 6

zu a) Die Bestimmung des Gewinns erfolgt in vier Schritten. Zudem müssen die Kapazitäten geprüft werden. Dabei ist weiterhin von Relevanz, ob man Mindest- oder Absatzhöchstmengen einplanen muss.

Der absolute Stückdeckungsbeitrag gibt darüber Auskunft, welche Produktarten möglicherweise in das Produktionsprogramm eingehen, und dieser Deckungsbeitrag wird wie folgt bestimmt:

$$db_j = p_j - k_j, \quad j = 1, \dots, 4.$$

Für die vier Produkte folgt:

Für Flori (Produktart $j = 1$):

$$db_1 = 49 - 20 = 29 \, [GE/ME].$$

Für Bella (Produktart $j = 2$):

$$db_2 = 89 - 53 = 36 \, [GE/ME].$$

Für Molli (Produktart $j = 3$):

$$db_3 = 37 - 39 = -2 \, [GE/ME] < 0.$$

Für Pirlo (Produktart $j = 4$):

$$db_4 = 78 - 58 = 20 \, [GE/ME].$$

Da die Spielzeugsorte Molli einen negativen absoluten Deckungsbeitragssatz hat, also noch nicht einmal die variablen Stückkosten decken kann, sollte es nur mit seiner Absatzmindestmenge (hier: null) in das Produktionsprogramm mit aufgenommen werden, da eine weitere Produktion gewinnmindernd wirkt.

zu b) Zur Berechnung der Produktionsmengen muss herausgefunden werden, wie viele Engpässe im gegebenen Fall vorliegen. Ist genau ein Engpass vorhanden, kann die relative Deckungsbeitragsrechnung eingesetzt werden. Es wird daher berechnet, wie stark die Produktion der Absatzhöchstmengen der drei verbleibenden Produktarten die vorhandenen Kapazitäten belastet. Dazu

wird die jeweilige Absatzhöchstmenge einer Produktart mit ihrem Produktionskoeffizienten bezogen auf die zu betrachtende Maschine multipliziert.

Für Maschine 1:

$$a_{11} \cdot \bar{x}_1 + a_{12} \cdot \bar{x}_2 + a_{14} \cdot \bar{x}_4 = 2 \cdot 400 + 2 \cdot 300 + 3 \cdot 300 = 2.300 \, [ZE]$$

$$\Rightarrow 2.300 \, [ZE] > 2.200 \, [ZE].$$

Daraus ist ersichtlich, dass es zu einem Kapazitätsengpass auf Maschine 1
kommt.

Für Maschine 2:

$$a_{21} \cdot \bar{x}_1 + a_{22} \cdot \bar{x}_2 + a_{24} \cdot \bar{x}_4 = 1,5 \cdot 400 + 2 \cdot 300 + 3 \cdot 300 = 2.100 \, [ZE]$$

$$\Rightarrow 2.100 \, [ZE] < 2.400 \, [ZE].$$

Auf Maschine 2 kommt es zu keinem Kapazitätsengpass.

zu c) Aufgrund des Engpasses auf Maschine 1 müssen im Folgenden die
relativen Deckungsbeitragssätze bestimmt werden, um das gewinnmaximale
Produktionsprogramm planen zu können. Dabei wird der Quotient aus den
bereits berechneten absoluten Deckungsbeitragssätzen und der Kapazitätsbeanspruchung der Maschine 1 der jeweiligen Produktart gebildet:

Flori: $\quad rdb_1 = \dfrac{29}{2} = 14,5 \, [GE/ZE],$

Bella: $\quad rdb_2 = \dfrac{36}{2} = 18 \, [GE/ZE],$

Pirlo: $\quad rdb_4 = \dfrac{20}{3} = 6,\bar{6} \, [GE/ZE].$

Daraus resultiert die Rangfolge der Einlastung dieser Produktarten auf
Maschine 1: Bella - Flori - Pirlo. Es muss jedoch beachtet werden, ob der
negative Stückdeckungsbeitrag des Produktes Molli mit einer Mindestabsatzmenge versehen war. Dies ist in diesem Fall nicht gegeben.

zu d) Die Produktart mit dem höchstem relativem Deckungsbeitrag (Bella)
wird zuerst ins Programm aufgenommen. Es folgt:

$$a_{12} \cdot \bar{x}_2 = 2 \cdot 300 = 600 \, [ZE].$$

Die vorgegebene Kapazität auf Maschine 1 beträgt 2.200 Zeiteinheiten.

Es resultiert eine Restkapazität:

$$\bar{r}_1^r = 2.200 - 600 = 1.600 \, [ZE].$$

Dann wird das Produkt mit dem nächst höchsten relativen Deckungsbeitrag (Flori) aufgenommen:

$$a_{11} \cdot \bar{x}_1 = 2 \cdot 400 = 800 \ [ZE].$$

Die verfügbare Kapazität auf Maschine 1 verringert sich auf 800 Zeiteinheiten.

$$\bar{r}_{1'}^r = 1.600 - 800 = 800 \ [ZE].$$

Es muss geprüft werden, ob Pirlo komplett produziert werden kann:

$$a_{14} \cdot \bar{x}_4 = 3 \cdot 300 = 900 \ ZE > 800 \ [ZE].$$

Aufgrund der Tatsache, dass 900 Zeiteinheiten für die Absatzhöchstmenge benötigt würden, wird die noch verfügbare Restkapazität $\bar{r}_{1'}^r$ durch die Kapazitätsbeanspruchung dividiert:

$$x_4^* = \frac{800}{3} = 266, \bar{6} \ [ME].$$

Hieraus resultiert das optimale Produktionsprogramm:

$$x_1^* = 400 \ [ME], x_2^* = 300 \ [ME], x_3^* = 0 \ [ME], x_4^* = 266 \ [ME].$$

Im nächsten Schritt wird der Gewinn bestimmt.

Die Summe der Deckungsbeiträge DB basierend auf dem optimalen Produktionsprogramm lässt sich nun bestimmen:

$$
\begin{aligned}
DB &= db_1 \cdot x_1^* + db_2 \cdot x_2^* + db_3 \cdot x_3^* + db_4 \cdot x_4^* \\
&= 29 \cdot 400 + 36 \cdot 300 + 20 \cdot 266 \\
&= 27.720 \ [GE].
\end{aligned}
$$

Im letzten Schritt müssen noch die Fixkosten beachtet werden, so dass der Gewinn bestimmt werden kann. Da die Fixkosten im vorliegenden Fall 2.720 Geldeinheiten betragen, lässt sich der Gewinn wie folgt bestimmen:

$$G = DB - K_{fix} = 27.720 - 2.720 = 25.000 \ [GE].$$

**Aufgabe 3.7   Bestimmung des gewinnmaximalen Produktions-
programms bei Aufnahme eines Zusatzauftrages –
Deckungsbeitragsrechnung und Fertigungskosten-
berechnung mit Kapazitätsengpassbetrachtung**

Ein schwedisches Möbelhaus stellt die vier Bettgestelle Handal (Produktart
$j = 1$), Hopfen (Produktart $j = 2$), Hennes (Produktart $j = 3$) und Halm
(Produktart $j = 4$) her. Alle Produkte müssen die Fertigungsstufen 1 und 2
durchlaufen. In Fertigungsstufe 1 fallen pro Minute Fertigungskosten FK_1 in
Höhe von 0,4 Geldeinheiten, in Fertigungsstufe 2 in Höhe von
$FK_1 = 0,6$ Geldeinheiten pro Minute an. Alle weiteren relevanten Informa-
tionen für die letzte Planperiode sind in der folgenden Tabelle 3.7.1
zusammengestellt.

Produkt-art j	variable Material-kosten MK_j in $[GE/ME]$	Kapazitäts-beanspruchung in		variable Versand-kosten VK_j in $[GE/ME]$	Verkaufs-preis p_j in $[GE/ME]$	Absatz-höchst-mengen $\overline{x}_j$ in $[ME]$	Absatz-mindest-mengen $\underline{x}_j$ in $[ME]$
		Ferti-gungs-stufe 1 a_{1j} in $[Std./ME]$	Ferti-gungs-stufe 2 a_{2j} in $[Std./ME]$				
Handal	9	3	3,5	4	219	300	20
Hopfen	9	3	2	4	185	300	20
Hennes	8	3	3	4	179	250	20
Halm	5	2	2	4	149	350	20

Tabelle 3.7.1:   Plandaten des schwedischen Möbelhauses

a) Wie hoch sind für jedes Produkt die Fertigungskosten (in Geldeinheit pro
Mengeneinheit)?

b) Ermitteln Sie für jedes Bettgestell den Deckungsbeitrag (in Geldeinheiten
pro Mengeneinheit)

c) Überprüfen Sie, ob Engpässe auftreten, wenn Sie unter dem Ziel der Gewinnmaximierung die größtmöglichen Produktmengen realisieren! Fertigungsstufe 1 (2) kann maximal 2.110 (3.310) Stunden genutzt werden.

d) Ermitteln Sie das gewinnmaximale Produktionsprogramm (jeweils in Mengeneinheiten)! Wie hoch ist der Periodengewinn (in Geldeinheiten), wenn Fixkosten in Höhe von 11.340 Geldeinheiten anfallen?

e) Es geht ein Zusatzauftrag für die Planperiode ein. Für diesen würden variable Materialkosten in Höhe von 6 Geldeinheiten pro Mengeneinheit und variable Versandkosten in Höhe von 2 Geldeinheiten pro Mengeneinheit anfallen, darüber hinaus müsste Fertigungsstufe 1 (2) für 3 Stunden pro Mengeneinheit (2 Stunden pro Mengeneinheit) in Anspruch genommen werden. Bestimmen Sie die Preisuntergrenze (in Geldeinheit pro Mengeneinheit), ab der sich unter dem Ziel der Gewinnmaximierung die Aufnahme des Zusatzauftrags in das Produktionsprogramm aus Teilaufgabe d) lohnt, wenn der Zusatzauftrag aus

- 100 Mengeneinheiten besteht bzw.

- 400 Mengeneinheiten besteht.

Gehen Sie davon aus, dass der Zusatzauftrag entweder vollständig zu produzieren oder abzulehnen ist.

Lösung zu Aufgabe 3.7

zu a) Laut Aufgabenstellung fallen folgende Fertigungskosten pro Minute für die jeweilige Fertigungsstufe an:

Fertigungsstelle 1: $FK_1 = 0{,}4 \ [GE/Min.]$.

Fertigungsstelle 2: $FK_2 = 0{,}6 \ [GE/Min.]$.

Basierend auf diesen Werten können nun die Fertigungskosten für die jeweiligen Produkte bestimmt werden, indem die Fertigungskosten mit den Kapazitätsbeanspruchungen multipliziert werden. Hinzu kommt die Tatsache, dass die Kapazitätsbeanspruchung in Stunden angegeben ist.

Daraus folgt für die jeweilige Produktart j:

$$K_j = a_{1j} \cdot 60 \cdot FK_1 + a_{2j} \cdot 60 \cdot FK_2 \text{ mit } j = 1,2,3,4.$$

Eingesetzt erhält man:

Für Handal (Produktart $j = 1$):

$K_1 = 3 \cdot 60 \cdot 0{,}4 + 3{,}5 \cdot 60 \cdot 0{,}6 = 198 \, [GE/ME]$.

Für Hopfen (Produktart $j = 2$):

$K_2 = 3 \cdot 60 \cdot 0{,}4 + 2 \cdot 60 \cdot 0{,}6 = 144 \, [GE/ME]$.

Für Hennes (Produktart $j = 3$):

$K_3 = 3 \cdot 60 \cdot 0{,}4 + 3 \cdot 60 \cdot 0{,}6 = 180 \, [GE/ME]$.

Für Halm (Produktart $j = 4$):

$K_4 = 2 \cdot 60 \cdot 0{,}4 + 2 \cdot 60 \cdot 0{,}6 = 120 \, [GE/ME]$.

zu b) Für die Berechnung des absoluten Stückdeckungsbeitrags wird die Differenz aus dem Verkaufspreis und den variablen Stückkosten gebildet.

$db_j = p_j - (VK_j + MK_j + K_j)$.

Für die vier absoluten Stückdeckungsbeiträge ergeben sich die folgenden Ergebnisse:

Für Handal (Produktart $j = 1$):

$db_1 = 219 - (4 + 9 + 198) = 8 \, [GE/ME]$.

Für Hopfen (Produktart $j = 2$):

$db_2 = 185 - (4 + 9 + 144) = 28 \, [GE/ME]$.

Für Hennes (Produktart $j = 3$):

$db_3 = 179 - (4 + 8 + 180) = -13 \, [GE/ME]$.

Für Halm (Produktart $j = 4$):

$db_4 = 149 - (4 + 5 + 120) = 20 \, [GE/ME]$.

Das Bettgestell Hennes (Produktart $j = 3$) hat einen negativen absoluten Deckungsbeitragssatz und kann somit noch nicht einmal die variablen Stückkosten decken. Daher sollte die Produktart Hennes nur mit seiner Absatzmindestmenge (hier: 20 Mengeneinheiten) in das Produktionsprogramm aufgenommen werden, da eine weitere Produktion gewinnmindernd wirkt. Alle übrigen Produkte haben einen positiven Deckungsbeitragssatz, so dass diese

– soweit noch kein Kapazitätsengpass wirksam wird – mit den jeweiligen Absatzhöchstmengen aufgenommen werden sollten.

zu c) Bei der Engpassbestimmung sind Mindestmengen zu berücksichtigen, so dass die Produktart Hennes ($j = 1$) Berücksichtigung im Produktionsprogramm findet. Es wird berechnet, wie stark die Produktion der Absatzhöchstmengen der übrigen Produktarten Handal (Produktart $j = 1$), Hopfen (Produktart $j = 2$) und Halm (Produktart $j = 4$) die vorhandenen Kapazitäten belastet. Dazu wird die jeweilige Absatzhöchstmenge einer Produktart mit ihrem Produktionskoeffizienten a_{ij} bezogen auf die zu betrachtende Fertigungsstufe multipliziert.

Die verfügbare Kapazität der Fertigungsstufe 1 beläuft sich auf 2.110 Stunden. Es werden hingegen

$$\underbrace{3 \cdot 300}_{Handal} + \underbrace{3 \cdot 300}_{Hopfen} + \underbrace{3 \cdot 20}_{Hennes} + \underbrace{2 \cdot 350}_{Halm} = 2.560 \; [Std.]$$

benötigt, so dass ein Engpass in der Fertigungsstufe 1 vorliegt. Es muss nun noch geprüft werden, ob auch ein Engpass in Fertigungsstufe 2 vorliegt, da dann mit dem herkömmlichen Verfahren über den relativen Deckungsbeitrag nicht weiter verfahren werden kann. Dann müsste man eine simultane Bestimmung der gewinnmaximalen Produktionsmengen mithilfe der linearen Programmierung vornehmen.

Für die Kapazität der Fertigungsstufe 2 gilt: 3.310 Stunden.

Es werden jedoch nur

$$\underbrace{3,5 \cdot 300}_{Handal} + \underbrace{2 \cdot 300}_{Hopfen} + \underbrace{3 \cdot 20}_{Hennes} + \underbrace{2 \cdot 350}_{Halm} = 2.410 \; [Std.]$$

benötigt. Auf Fertigungsstufe 2 liegt somit kein Engpass vor.

Es liegt also ein Engpass auf Fertigungsstufe 1 vor, da die Kapazitätsbeanspruchung mit 2.560 Stunden die verfügbare Kapazität von 2.110 Stunden überschreitet.

zu d) Aufgrund des Engpasses auf der Fertigungsstufe 1 müssen im Folgenden die relativen Deckungsbeiträge kalkuliert werden, um das gewinnmaximale Produktionsprogramm zu planen. Der relative Deckungsbeitrag ist der Schlüssel für die Rangfolge des Auftretens der Produktarten im Produktionsprogramm! Es wird der Quotient aus dem bereits kalkulierten absoluten Deckungsbeitragssatz und der Kapazitätsbeanspruchung der Fertigungsstufe 1 durch die jeweilige Produktart gebildet.

Allgemein gilt:

$$rdb_j = \frac{db_j}{a_{1j}} \quad \text{mit} \quad j = 1,2,3,4.$$

Konkret ergibt sich für die Produktarten mit einem positiven Stückdeckungsbeitrag:

Für Handal (Produktart $j = 1$):

$$rdb_1 = \frac{8}{3} = 2,\overline{6} \; [GE/Std.].$$

Für Hopfen (Produktart $j = 2$):

$$rdb_2 = \frac{28}{3} = 9,\overline{3} \; [GE/Std.].$$

Hennes (Produktart $j = 3$):

Der negative relative Deckungsbeitrag für die Produktart Hennes muss nicht bestimmt werden. Die Produktart Hennes findet mit der Mindestmenge Beachtung im Produktionsprogramm.

Für Halm (Produktart $j = 4$):

$$db_4 = \frac{20}{2} = 10 \; [GE/Std.].$$

Daraus resultiert die Rangfolge der Einbeziehung der Produktarten auf Fertigungsstufe 1:

Hennes mit Mindestmenge, Halm, Hopfen, Handal.

Für das optimale Produktionsprogramm gilt es zu schauen, inwieweit die Kapazität der Fertigungsstufe 1 durch die sukzessive Einbeziehung der Produktarten bereits belastet wird, wobei zugleich die Mindestmenge von Hennes zu beachten ist.

$$2.110 - \left(\underbrace{20 \cdot 3}_{\text{Hennes}} + \underbrace{350 \cdot 2}_{\text{Halm}} + \underbrace{300 \cdot 3}_{\text{Hopfen}} \right) = 2.110 - 1.660 = 450 \; [Std.].$$

Während die Produktart Hennes mit der Mindestmenge eingeht, finden die Absatzhöchstmengen der Produktarten Halm und Hopfen unter der gegebenen Kapazitätsrestriktion volle Berücksichtigung im gewinnmaximalen Produktionsprogramm. Die auf Fertigungsstufe 1 verbleibende Restkapazität beläuft sich damit auf 450 Stunden. Die letzte Produktart mit positivem und zugleich mit dem geringsten relativen Deckungsbeitragssatz ist das Bettgestell Handal.

Zur Herstellung der maximalen Absatzmenge der Produktart Handal wäre eine Kapazität von

$$a_{11} \cdot \overline{x}_1 = 3 \cdot 300 = 900 \: [Std.]$$

erforderlich, während jedoch nur noch 450 Stunden an Produktionszeit auf Fertigungsstufe 1 zur Verfügung stehen.

Es folgt, dass die verbleibende Kapazität die Produktionsmenge von Handal determiniert:

$$x_1^* = \frac{r_1^{Rest}}{a_{11}} = \frac{450}{3} = 150 \: [ME].$$

Mit der restlich zur Verfügung stehenden Zeit lassen sich 150 Mengeneinheiten von Handal herstellen. Als optimales Produktionsprogramm erhält man zusammengefasst:

Handal: $x_1^* = 150 \: [ME]$,

Hopfen: $x_2^* = 300 \: [ME]$,

Hennes: $x_3^* = 20 \: [ME]$,

Halm: $x_4^* = 350 \: [ME]$.

Der dadurch erzeugte gesamte Deckungsbeitrag beläuft sich auf:

$$\begin{aligned} DB &= db_1 \cdot x_1^* + db_2 \cdot x_2^* + db_3 \cdot x_3^* + db_4 \cdot x_4^* \\ &= 8 \cdot 150 + 28 \cdot 300 + (-13) \cdot 20 + 20 \cdot 350 = 16.340 \: [GE]. \end{aligned}$$

Da Fixkosten K_{fix} zu beachten sind, stimmen der Gewinn und der Gesamtdeckungsbeitrag nicht überein. Der Gewinn lässt sich bestimmen, indem man vom Deckungsbeitrag die Fixkosten subtrahiert.

$$G = DB - K_{fix}.$$

Eingesetzt erhält man:

$$G = 16.340 - 11.340 = 5.000 \: [GE].$$

zu e) Die Daten des Zusatzauftrags lauten:

- variable Materialkosten: 6 $[GE/ME]$,

- variable Versandkosten: 2 $[GE/ME]$,

- Fertigungsstunden auf Fertigungsstufe 1: 3 [$Std.$],

- Fertigungsstunden auf Fertigungsstufe 2: 2 [$Std.$].

Daraus resultieren die variablen Stückkosten des Zusatzauftrags:

$$6 + 2 + 3 \cdot 60 \cdot 0{,}4 + 2 \cdot 60 \cdot 0{,}6 = 152 \; [GE/ME].$$

Im Folgenden wird der Zusatzauftrag mit 100 Mengeneinheiten analysiert:

Zunächst gilt es, die Zeit für den Zusatzauftrag (Engpass war Fertigungsstufe 1) zu berücksichtigen:

$$2.110 - \underbrace{100 \cdot 3}_{\substack{\text{Zusatz-}\\\text{auftrag}}} - \left(\underbrace{20 \cdot 3}_{\text{Hennes}} + \underbrace{350 \cdot 2}_{\text{Halm}} + \underbrace{300 \cdot 3}_{\text{Hopfen}} \right)$$

$$= 2.110 - 300 - 1.660$$

$$= 150 \; [Std.].$$

Für die Herstellung der Produktart Handal verbleiben nun nur noch 150 Stunden. Es folgt, dass die verbleibende Kapazität die Produktionsmenge von Handal determiniert:

$$x_1^* = \frac{r_1^{Rest}}{a_{11}} = \frac{150}{3} = 50 \; [ME].$$

Mit der restlich zur Verfügung stehenden Zeit lassen sich nur noch 50 Mengeneinheiten von Handal herstellen.

Vorher gingen 150 Mengeneinheiten der Produktart Handal in das gewinnmaximale Produktionsprogramm ein, jetzt sind es nur noch 50 Mengeneinheiten. Durch eine mögliche Annahme des Zusatzauftrages lassen sich somit 100 Mengeneinheiten weniger von der Produktart Handal produzieren! Der Preis, der für den Zusatzauftrag erzielt werden soll, muss folglich so hoch sein, dass zunächst einmal die variablen Stückkosten des Zusatzauftrags gedeckt werden. Darüber hinaus muss auch der Deckungsbeitrag, der über die Produktion der entgangenen Mengeneinheiten von Handal erwirtschaftet werden kann, durch die zu produzierenden 100 Mengeneinheiten des Zusatzauftrags kompensiert werden.

Die Preisuntergrenze berechnet sich wie folgt:

$$PUG_Z = \overbrace{6 + 2 + 3 \cdot 60 \cdot 0{,}4 + 2 \cdot 60 \cdot 0{,}6}^{\text{siehe oben}}$$

$$+ \frac{\overbrace{100 \cdot}^{\substack{\text{entgangene} \\ ME \text{ Handal}}} \quad \overbrace{8}^{\substack{\text{Deckungsbeitrag} \\ \text{Handal}}}}{\underbrace{100}_{\substack{ME \text{ des} \\ \text{Zusatzauftrags}}}} = 160 \left[\frac{GE}{ME}\right].$$

Jetzt wird der Zusatzauftrag mit 400 Mengeneinheiten betrachtet.

Zunächst gilt es wiederum, die Kapazitätsinanspruchnahme für den Zusatzauftrag (Engpass war in Fertigungsstufe 1) zu berücksichtigen:

$$2.110 - \underbrace{400 \cdot 3}_{\substack{\text{Zusatz-} \\ \text{auftrag}}} - \left(\underbrace{20 \cdot 3}_{\text{Hennes}} + \underbrace{350 \cdot 2}_{\text{Halm}} + \underbrace{300 \cdot 3}_{\text{Hopfen}} \right)$$

$$= 2.110 - 1.200 - 1.660$$

$$= -750 \, [Std.].$$

Durch die Kapazitätsbelastung des Zusatzauftrags stehen dem schwedischen Möbelhaus −750 Stunden für die Produktion der Produktart Handal zur Verfügung. Dies ist jedoch nicht möglich! Die −750 Stunden zeigen die Überbelastung der vorhandenen Kapazität an.

Es gilt immer noch die Reihenfolge, die unter d) ermittelt wurde. Also werden nun Produktionseinheiten von Handal und Hopfen verdrängt.

$$2.110 - \underbrace{400 \cdot 3}_{\substack{\text{Zusatz-} \\ \text{auftrag}}} - \left(\underbrace{20 \cdot 3}_{\text{Hennes}} + \underbrace{350 \cdot 2}_{\text{Halm}} \right)$$

$$= 2.110 - 1.200 - 760$$

$$= 150 \, [Std.].$$

Für die Herstellung der Produktarten Handal und Halm verbleiben nur noch 150 Stunden. Es folgt, dass die verbleibende Kapazität die Produktionsmengen von Handal und Halm determiniert. Hierbei gilt es zunächst, die Mindestmengen zu berücksichtigen. Werden die Produktarten nun in umgekehrter Reihenfolge, in der sie klassiert sind, verdrängt, muss zunächst die Produktart Handal bis auf die Mindestmenge in Höhe von 20 Mengeneinheiten eliminiert werden.

$$150 - \underbrace{3 \cdot 20}_{\text{Handal}} = 90 \; [Std.].$$

Es verbleiben 90 Stunden für Hopfen.

$$x_2^* = \frac{r_1^{Rest}}{a_{12}} = \frac{90}{3} = 30 \; [ME].$$

Mit der restlich zur Verfügung stehenden Zeit lassen sich 30 Mengeneinheiten herstellen. Somit ist auch die Mindestmenge für Hopfen erfüllt, da

$$x_2^* = 30 \; [ME] > 20 \; [ME] = \underline{x}_2.$$

Als optimales Produktionsprogramm erhält man zusammengefasst:

Handal: vorher $x_1 = 150 \; [ME]$,

                 jetzt $x_1^* = 20 \; [ME]$.

         Daraus resultieren 130 entgangene Mengeneinheiten.

Hopfen: vorher $x_2 = 300 \; [ME]$,

                 jetzt $x_2^* = 30 \; [ME]$.

         Daraus resultieren 270 entgangene Mengeneinheiten.

Die Produktarten Hennes und Halm bleiben von dem Zusatzauftrag unberührt.

Hennes: vorher $x_3 = 20 \; [ME]$,

                 jetzt $x_3^* = 20 \; [ME]$.

Halm: vorher $x_4 = 350 \; [ME]$,

                 jetzt $x_4^* = 350 \; [ME]$.

Vorher gingen 150 Mengeneinheiten der Produktart Handal und 300 Mengeneinheiten der Produktart Hopfen in das gewinnmaximale Produktionsprogramm ein, jetzt sind es noch 20 bzw. 30 Mengeneinheiten. Durch eine mögliche Annahme des Zusatzauftrages lassen sich somit 130 Mengeneinheiten weniger von der Produktart Handal und 270 Mengen-einheiten weniger von der Produktart Hopfen produzieren! Der Preis, der für den Zusatzauftrag erzielt werden soll, muss folglich so hoch sein, dass zunächst einmal die variablen Stückkosten des Zusatzauftrags gedeckt werden. Darüber hinaus müssen auch die Deckungsbeiträge, die über die Produktion der entgangenen Mengeneinheiten von Handal und Hopfen erwirtschaftet werden könnten, durch die zu produzierenden 400 Mengeneinheiten des Zusatzauftrags kompensiert werden.

Also berechnet sich die Preisuntergrenze wie folgt:

$$PUG_Z = \underset{\substack{\text{siehe oben}}}{152} + \frac{\overset{\substack{\text{entgangene} \\ ME \text{ Handal}}}{130} \cdot \overset{\substack{\text{Deckungsbeitrag} \\ \text{Handal}}}{8} + \overset{\substack{\text{entgangene} \\ ME \text{ Hopfen}}}{270} \cdot \overset{\substack{\text{Deckungsbeitrag} \\ \text{Hopfen}}}{28}}{\underset{\substack{ME \text{ des} \\ \text{Zusatzauftrags}}}{400}}$$

$$= 173,5 \left[\frac{GE}{ME}\right].$$

Zusätzlich wird geprüft, ob Fertigungsstufe 2 unser Ergebnis dadurch beeinflussen könnte, dass diese zum Engpass wird.

Für die Kapazität der Fertigungsstufe 2 stehen 3.310 Stunden zur Verfügung. Es werden jedoch nur 2.090 < 3.310 benötigt:

$$\underset{\text{Zusatzauftrag}}{3 \cdot 400} + \underset{\text{Handal}}{3,5 \cdot 20} + \underset{\text{Hopfen}}{2 \cdot 30} + \underset{\text{Hennes}}{3 \cdot 20} + \underset{\text{Halm}}{2 \cdot 350} = 2.090 \ [Std.].$$

Es entsteht kein Engpass durch den Zusatzauftrag auf Fertigungsstufe 2. Somit gibt es auch keine Einschränkung der hier abgeleiteten Lösungen.

Aufgabe 3.8   Bestimmung des gewinnmaximalen Produktionsprogramms bei Aufnahme eines Zusatzauftrages unter Mehrarbeitszeit – Deckungsbeitragsrechnung mit Kapazitätsengpassbetrachtung

Die Ksüscha AG stellt u.a. die vier Produkte Fernseher (Produktart $j = 1$), Spülmaschinen (Produktart $j = 2$), Blu-ray-Rekorder (Produktart $j = 3$) und Internetradio (Produktart $j = 4$) her. Für die Produktion muss Material eingekauft werden, danach folgen Fertigung und Versand.

Alle Produkte müssen die Fertigungsstufen 1 und 2 durchlaufen.

In Fertigungsstufe 1 fallen pro Minute Fertigungskosten FK_1 in Höhe von 2 Geldeinheiten, in Fertigungsstufe 2 in Höhe von $FK_2 = 0,5$ Geldeinheiten pro Minute an. Alle weiteren relevanten Informationen für die letzte Planperiode sind in der folgenden Tabelle 3.8.1 zusammengestellt.

	Fernseher	Spülmaschinen	Blu-ray-Rekorder	Internetradio
Produktart j	1	2	3	4
variable Materialkosten (MK_j) in $[GE/ME]$	15	12	14	14
Kapazitätsbeanspruchung in Fertigungsstufe 1 (a_{1j}) in $[Std./ME]$	4	3	2	2
Kapazitätsbeanspruchung in Fertigungsstufe 2 (a_{2j}) in $[Std./ME]$	3	2	2	2
variable Versandkosten (VK_j) in $[GE/ME]$	20	22	21	18
Verkaufspreis (p_j) in $[GE/ME]$	650	490	385	330
Absatzhöchstmengen $(\bar{x}_j)$ in $[ME]$	200	300	400	500
Absatzmindestmengen $(\underline{x}_j)$ in $[ME]$	50	50	50	50

Tabelle 3.8.1:   Plandaten der Ksüscha AG

Sowohl Fertigungsstufe 1 als auch Fertigungsstufe 2 verfügen in der Planperiode über Kapazitätsbeschränkungen: Fertigungsstufe 1 kann maximal 2.400 Stunden, Fertigungsstufe 2 kann hingegen maximal 2.800 Stunden genutzt werden.

a) Berechnen Sie die absoluten Deckungsbeiträge!

b) Welche der beiden Fertigungsstufen stellt einen Engpass dar, wenn die Ksüscha AG unter dem Ziel der Gewinnmaximierung die größtmöglichen Produktmengen realisieren soll?

c) Bestimmen Sie die relativen Deckungsbeiträge!

d) Ermitteln Sie das gewinnmaximale Produktionsprogramm (jeweils in Mengeneinheiten) der Planperiode!

e) Wie hoch ist der Periodengewinn, wenn Fixkosten in Höhe von 7.450 Geldeinheiten anfallen?

f) Es geht ein Zusatzauftrag – Kühl-Gefrierschrank-Kombinationen – für die Planperiode über 200 Mengeneinheiten ein. Für diesen würden keine Versandkosten anfallen, die variablen Materialkosten würden 13 Geldeinheiten pro Mengeneinheit betragen. Darüber hinaus müsste Fertigungsstufe 1 für 5 Stunden pro Mengeneinheit und Fertigungsstufe 2 für 4 Stunden pro Mengeneinheit in Anspruch genommen werden. Bestimmen Sie den niedrigsten Preis (in Geldeinheiten pro Mengeneinheit), ab dem sich unter dem Ziel der Gewinnmaximierung die Aufnahme des Zusatzauftrags in das Produktionsprogramm aus Teilaufgabe a) lohnt. Gehen Sie davon aus, dass der Zusatzauftrag entweder vollständig zu produzieren oder abzulehnen ist?

g) Das Unternehmen nimmt den Zusatzauftrag zu einem Preis von 883 Geldeinheiten pro Mengeneinheit an. Nun kann das Unternehmen auch Mehrarbeitszeiten von 900 Stunden auf beiden Stufen ansetzen, die mit Grenzkostensprüngen von 7 Geldeinheiten pro Stunde auf Stufe 1 und 12 Geldeinheiten pro Stunde auf Stufe 2 verbunden sind. Wie verändern sich das gewinnmaximale Produktionsprogramm und der maximale Gewinn? Welcher Anteil der Mehrarbeitszeiten muss dafür auf jeder Stufe in Anspruch genommen werden?

Lösung zu Aufgabe 3. 8

zu a) Um den absoluten Deckungsbeitrag bestimmen zu können, müssen vorab Berechnungen der Fertigungskosten durchgeführt werden. Laut Aufgabenstellung fallen folgende Fertigungskosten pro Minute für die jeweilige Maschine an:

Maschine 1: $FK_1 = 2{,}0\ [GE/Min.]$.

Maschine 2: $FK_2 = 0{,}5\ [GE/Min.]$.

Basierend auf diesen Werten können nun die Fertigungskosten für die jeweiligen Produkte bestimmt werden, indem die Fertigungskosten mit den Kapazitätsbeanspruchungen multipliziert werden. Hinzu kommt die Tatsache, dass die Kapazitätsbeanspruchung in Stunden angegeben ist.

Daraus folgt für das jeweilige Produkt j:

$$K_j = a_{1j} \cdot 60 \cdot FK_1 + a_{2j} \cdot 60 \cdot FK_2$$

mit $j =$ Fernseher (1), Spülmaschine (2), Blu-ray-Rekorder (3), Internetradio (4).

Eingesetzt erhält man:

Für den Fernseher ($j = 1$)

$$K_1 = 4 \cdot 60 \cdot 2{,}0 + 3 \cdot 60 \cdot 0{,}5 = 570\ [GE/ME].$$

Für die Spülmaschine ($j = 2$)

$$K_2 = 3 \cdot 60 \cdot 2{,}0 + 2 \cdot 60 \cdot 0{,}5 = 420\ [GE/ME].$$

Für den Blu-ray-Rekorder ($j = 3$)

$$K_3 = 2 \cdot 60 \cdot 2{,}0 + 2 \cdot 60 \cdot 0{,}5 = 300\ [GE/ME].$$

Für das Internetradio ($j = 4$)

$$K_4 = 2 \cdot 60 \cdot 2{,}0 + 2 \cdot 60 \cdot 0{,}5 = 300\ [GE/ME].$$

Für die Berechnung des absoluten Stückdeckungsbeitrags wird die Differenz aus dem Verkaufspreis und den variablen Stückkosten gebildet:

$$db_j = p_j - (VK_j + MK_j + FK_j), \qquad j = 1,..,4.$$

Eingesetzt erhält man:

Für den Fernseher (Produktart $j = 1$)

$$db_1 = 650 - (20 + 15 + 570) = 45 \, [GE/ME].$$

Für die Spülmaschine (Produktart $j = 2$)

$$db_2 = 490 - (22 + 12 + 420) = 36 \, [GE/ME].$$

Für den Blu-ray-Rekorder (Produktart $j = 3$)

$$db_3 = 385 - (21 + 14 + 300) = 50 \, [GE/ME].$$

Für das Internetradio (Produktart $j = 4$)

$$db_4 = 330 - (18 + 14 + 300) = -2 \, [GE/ME].$$

Die Produktart Internetradio $j = 4$ hat einen negativen absoluten Deckungsbeitragssatz und kann somit noch nicht einmal die variablen Stückkosten decken. Somit sollte die Produktart Internetradio nur mit ihrer Absatzmindestmenge in das Produktionsprogramm aufgenommen werden, da eine weitere Produktion gewinnmindernd wirkt. Alle übrigen Produkte haben einen positiven Deckungsbeitragssatz.

zu b) Bei der Engpassbestimmung sind Mindestmengen zu berücksichtigen, so dass die Produktart Internetradio ($j = 4$) Berücksichtigung im Produktionsprogramm findet. Es wird berechnet, wie stark die Produktion der Absatzhöchstmengen der übrigen Produktarten Fernseher (Produktart $j = 1$), Spülmaschinen (Produktart $j = 2$) und Blu-ray-Rekorder (Produktart $j = 3$) die vorhandenen Kapazitäten belastet. Dazu wird die jeweilige Absatzhöchstmenge einer Produktart mit ihrem Produktionskoeffizienten a_{ij} bezogen auf die zu betrachtende Fertigungsstufe multipliziert. i kennzeichnet die Fertigungsstufe und j die Produktart.

Allgemein gilt für die Fertigungsstufe 1:

$$a_{11} \cdot \bar{x}_1 + a_{12} \cdot \bar{x}_2 + a_{13} \cdot \bar{x}_3 + a_{14} \cdot \underline{x}_4.$$

Eingesetzt erhält man für die Fertigungsstufe 1 bei gegebener Kapazität in Höhe von 2.400 Stunden:

$$\underbrace{4 \cdot 200}_{\text{Fernseher}} + \underbrace{3 \cdot 300}_{\text{Spülmaschinen}} + \underbrace{2 \cdot 400}_{\text{Blu-ray-Rekorder}} + \underbrace{2 \cdot 50}_{\text{Internetradio}} = 2.600 \, [Std.].$$

Es zeigt sich, dass ein Engpass auf Fertigungsstufe 1 vorhanden ist.

Zudem ist zu prüfen, ob die Kapazität der Fertigungsstufe 2 in Höhe von 2.400 Stunden ausreichend ist, oder aber auch hier ein Engpass vorliegt.

Allgemein gilt für die Fertigungsstufe 2:

$$a_{21} \cdot \bar{x}_1 + a_{22} \cdot \bar{x}_2 + a_{23} \cdot \bar{x}_3 + a_{24} \cdot \underline{x}_4.$$

Eingesetzt ergibt sich:

$$\underbrace{3 \cdot 200}_{\text{Fernseher}} + \underbrace{2 \cdot 300}_{\text{Spülmaschinen}} + \underbrace{2 \cdot 400}_{\text{Blu-ray-Rekorder}} + \underbrace{2 \cdot 50}_{\text{Internetradio}} = 2.100 \, [Std.].$$

Auf Fertigungsstufe 2 liegt mithin kein Engpass vor.

Es liegt also ein Engpass auf Fertigungsstufe 1 vor, da die Kapazitätsbeanspruchung mit 2.600 Stunden die verfügbare Kapazität von 2.400 Stunden überschreitet.

zu c) Im nächsten Schritt werden die relativen Deckungsbeiträge $\left(rdb_j\right)$ bezüglich des Engpasses auf Fertigungsstufe 1 bestimmt.

Aufgrund des Engpasses auf der Fertigungsstufe 1 müssen im Folgenden die relativen Deckungsbeiträge kalkuliert werden, um später das gewinnmaximale Produktionsprogramm planen zu können. Der relative Deckungsbeitrag ist der Schlüssel für die Rangfolge des Auftretens der Produktarten im Produktionsprogramm! Es wird der Quotient aus dem bereits kalkulierten absoluten Deckungsbeitragssatz und der Kapazitätsbeanspruchung der Fertigungsstufe 1 durch die jeweiligen Produktart gebildet.

Es ist somit die Kapazitätsbelastung der Fertigungsstufe 1 miteinzubeziehen, da dort der Engpass liegt.

Allgemein gilt:

$$rdb_j = \frac{db_j}{a_{j1}} \quad \text{mit} \quad j = 1,2,3,4.$$

Für das jeweilige Produkt folgt:

Für den Fernseher (Produktart $j = 1$)

$$rdb_1 = \frac{45}{4} = 11,25 \, [GE/Std.].$$

Für die Spülmaschine (Produktart $j = 2$)

$$rdb_2 = \frac{36}{3} = 12 \; [GE/Std.].$$

Für den Blu-ray-Rekorder (Produktart $j = 3$)

$$rdb_3 = \frac{50}{2} = 25 \; [GE/Std.].$$

Da das Internetradio (Produktart $j = 4$) einen negativen absoluten Stückdeckungsbeitrag aufweist, muss hierfür keine gesonderte Berechnung erfolgen.

Daraus resultiert die Rangfolge für die Ermittlung des optimalen Produktionsprogramms: Zuerst wird die Mindestmenge des Internetradio eingeplant. Danach werden die Absatzhöchstmengen in der Reihenfolge Blu-ray-Rekorder, Spülmaschinen sowie Fernseher solange eingebaut, bis die Kapazitätsgrenze erreicht ist. Für die zuletzt betrachtete Produktart wird diejenige Menge ermittelt, die gerade noch produziert werden kann.

zu d) Nachdem in Teil c) die Reihenfolge der Einbeziehung der Produktarten erfolgt ist, wird nun das optimale Produktionsprogramm bestimmt.

Für das optimale Produktionsprogramm gilt es zunächst, die Mindestmenge des Internetradios sowie die Absatzhöchstmengen der Blu-ray-Rekorder und der Spülmaschinen zu beachten.

$$2.400 - \underbrace{2 \cdot 50}_{\text{Internetradio}} - \underbrace{2 \cdot 400}_{\text{Blu-ray-Rekorder}} - \underbrace{3 \cdot 300}_{\text{Spülmaschinen}} = 600 \; [Std.].$$

Während das Internetradio mit der Mindestmenge Eingang findet, werden bei den Produktarten Blu-ray-Rekorder und Spülmaschinen die Absatz-höchstmengen im gewinnmaximalen Produktionsprogramm berücksichtigt. Die auf Fertigungsstufe 1 verbleibende Restkapazität beläuft sich damit auf 600 Stunden. Die letzte Produktart mit positivem und zugleich mit dem geringsten relativen Deckungsbeitragssatz ist der Fernseher.

Zur Herstellung der maximalen Absatzmenge der Produktart Fernseher ist eine Kapazität von

$$a_{11} \cdot \bar{x}_1 = 4 \cdot 200 = 800 \; [Std.]$$

erforderlich, während jedoch nur noch 600 Stunden an Produktionszeit auf Fertigungsstufe 1 zur Verfügung stehen.

Es folgt, dass die verbleibende Kapazität die mögliche Produktionsmenge der Fernseher determiniert:

$$x_1^* = \frac{r_1^{Rest}}{a_{11}} = \frac{600}{4} = 150 \; [ME].$$

Damit kann auch die Mindestabsatzmenge des Fernsehers in Höhe von $\underline{x}_1 = 50$ abgedeckt werden.

Daraus resultiert das nachfolgend dargestellte optimale Produktionsprogramm:

Fernseher: $\qquad\qquad\qquad\qquad\qquad x_1^* = 150 \; [ME],$

Spülmaschinen: $\qquad\qquad\qquad\qquad x_2^* = 300 \; [ME],$

Blu-ray-Rekorder: $\qquad\qquad\qquad\quad x_3^* = 400 \; [ME],$

Internetradio mit der Mindestmenge: $\qquad x_4^* = 50 \; [ME].$

zu e) Allgemein lässt sich der Gewinn als Differenz von Erlös und Kosten berechnen. Man kann dann auch die Summe der Deckungsbeiträge abzüglich der Fixkosten zu Hilfe nehmen.

Der gesamte Deckungsbeitrag beläuft sich auf:

$$\begin{aligned} DB &= db_1 \cdot x_1^* + db_2 \cdot x_2^* + db_3 \cdot x_3^* + db_4 \cdot x_4^* \\ &= 45 \cdot 150 + 36 \cdot 300 + 50 \cdot 400 + (-2) \cdot 50 = 37.450 \; [GE]. \end{aligned}$$

Da Fixkosten K_{fix} zu beachten sind, stimmen der Gewinn und der Gesamtdeckungsbeitrag nicht überein. Der Gewinn lässt sich bestimmen, indem man vom Deckungsbeitrag die Fixkosten subtrahiert.

$$G = DB - K_{fix} = 37.450 - 7.450 = 30.000 \; [GE].$$

zu f) Für den Zusatzauftrag liegen folgende Daten vor: Für die Kühl-Gefrierschrank-Kombination fallen keine variablen Versandkosten an, jedoch betragen die variablen Materialkosten 13 Geldeinheiten pro Mengeneinheit. Die Fertigungsstufen 1 (2) werden dann mit 5 (4) Stunden pro Mengeneinheit beansprucht.

Variable Materialkosten: $13 \; [GE/ME]$.

Hieraus lassen sich zunächst die variablen Stückkosten des Zusatzauftrags bestimmen:

$$13 + 5 \cdot 60 \cdot 2{,}0 + 4 \cdot 60 \cdot 0{,}5 = 733 \; [GE/ME].$$

Für die Kapazitätsbeanspruchung des Zusatzauftrags Kühl-Gefrierschrank-Kombination mit der Absatzhöchstmenge auf Fertigungsstufe 1 gilt:

$$a_{1Z} \cdot \overline{x}_Z = 5 \cdot 200 = 1.000 \, [Std.].$$

Daraus folgt eine Kapazitätsbelastung der Fertigungsstufe 1.

Zunächst gilt es, die Kapazitätsbeanspruchungen durch die Mindestmengen der Internetradios und Fernseher sowie die Absatzhöchstmengen des Zusatzauftrag Kühl-Gefrierschrank-Kombinationen und Blu-ray Rekorder zu berücksichtigen.

$$2.400 - \underbrace{2 \cdot 50}_{\text{Internetradio}} - \underbrace{4 \cdot 50}_{\text{Fernseher}} - \underbrace{5 \cdot 200}_{\substack{\text{Kühl-Gefrierschrank-} \\ \text{Kombinationen}}} - \underbrace{2 \cdot 400}_{\text{Blu-ray-Rekorder}} = 300.$$

Für die Herstellung der Produktart Spülmaschinen verbleiben nun nur noch 300 Stunden. Es folgt, dass die verbleibende Kapazität die Produktionsmenge der Spülmaschinen determiniert:

$$x_2^* = \frac{r_1^{Rest}}{a_{12}} = \frac{300}{3} = 100 \, [ME].$$

Mit der restlich zur Verfügung stehenden Zeit lassen sich 100 Mengeneinheiten herstellen.

Als optimales Produktionsprogramm erhält man zusammengefasst:

Für den Fernseher: vorher $x_1 = 150 \, [ME]$,

                           jetzt $x_1^* = 50 \, [ME]$.

Daraus resultieren 100 entgangene Mengeneinheiten.

Bei Aufnahme des Zusatzauftrages mit der Absatzhöchstmenge würden 100 Mengeneinheiten der Produktart Fernseher verdrängt.

Für die Spülmaschine: vorher $x_2 = 300 \, [ME]$,

                           jetzt $x_2^* = 100 \, [ME]$.

Hier ergeben sich 200 entgangene Mengeneinheiten.

Bei Aufnahme des Zusatzauftrages mit der Absatzhöchstmenge würden 200 Mengeneinheiten der Produktart Spülmaschine verdrängt.

Für den Blue-ray-Rekorder: vorher $x_3 = 400 \, [ME]$,

                           jetzt $x_3^* = 400 \, [ME]$.

Für das Internetradio: vorher $x_4 = 50\ [ME]$,

                               jetzt $x_4^* = 50\ [ME]$.

Bei Aufnahme des Zusatzauftrages mit der Absatzhöchstmenge $\overline{x}_Z = 200$ Mengeneinheiten würden keine Mengeneinheiten der Produktarten Blu-ray-Rekorder bzw. Internetradio verdrängt. Die Produktart Blu-ray-Rekorder geht weiterhin mit ihrer Absatzhöchstmenge $x_3^* = 400$ Mengeneinheiten und die Produktart Internetradio geht aufgrund ihres negativen Deckungsbeitrages mit ihrer Mindestmenge $x_4^* = 50$ Mengeneinheiten in das gewinnmaximale Produktionsprogramm ein.

Vorher gingen 150 Mengeneinheiten der Produktart Fernseher und 300 Mengeneinheiten der Produktart Spülmaschinen in das gewinnmaximale Produktionsprogramm ein, jetzt sind es noch 50 bzw. 100 Mengeneinheiten. Durch eine mögliche Annahme des Zusatzauftrages lassen sich somit 100 Mengeneinheiten weniger von der Produktart Fernseher und 200 Mengeneinheiten weniger von der Produktart Spülmaschinen produzieren! Der Preis, der für den Zusatzauftrag erzielt werden soll, muss folglich so hoch sein, dass zunächst einmal die variablen Stückkosten des Zusatzauftrags gedeckt werden. Darüber hinaus müssen auch die Deckungsbeiträge, die über die Produktion der entgangenen Mengeneinheiten der Fernseher und der Spülmaschinen erwirtschaftet werden können, durch die zu produzierenden 200 Mengeneinheiten des Zusatzauftrags Kühl-Gefrier-Kombinationen kompensiert werden. Folglich berechnet sich die Preisuntergrenze wie folgt:

$$PUG_Z = \overbrace{13 + 5 \cdot 60 \cdot 2{,}0 + 4 \cdot 60 \cdot 0{,}5}^{\text{siehe oben}}$$

$$+ \frac{\overbrace{100}^{\substack{\text{entgangene } ME \\ \text{Fernseher}}} \cdot \overbrace{45}^{\substack{\text{Deckungs-} \\ \text{beitrag} \\ \text{Fernseher}}} + \overbrace{200}^{\substack{\text{entgangene } ME \\ \text{Spülmaschinen}}} \cdot \overbrace{36}^{\substack{\text{Deckungs-} \\ \text{beitrag} \\ \text{Spülmaschinen}}}}{\underbrace{200}_{\substack{ME \text{ des} \\ \text{Zusatzauftrags}}}}$$

$$= 733 + 58{,}5 = 791{,}5\ [GE/ME].$$

Nun gilt es zu überprüfen, ob sich durch die Hinzunahme des Zusatzauftrages ein Engpass auf Fertigungsstufe 2 ergibt.

Auf der Fertigungsstufe 2 liegt eine Kapazitätsbeschränkung vor, so dass diese maximal in Höhe von 2.800 Stunden in Anspruch genommen werden kann.

$$\underbrace{4 \cdot 200}_{\substack{\text{Zusatz-}\\\text{auftrag}}} + \underbrace{3 \cdot 50}_{\text{Fernseher}} + \underbrace{2 \cdot 100}_{\text{Spülmaschinen}} + \underbrace{2 \cdot 400}_{\substack{\text{Blu-ray-}\\\text{Rekorder}}} + \underbrace{2 \cdot 50}_{\text{Internetradio}} = 2.050 \, [Std.].$$

Somit liegt kein Engpass auf Fertigungsstufe 2 vor, d.h. die hergeleiteten Ergebnisse gelten uneingeschränkt.

zu g) Für das Unternehmen beträgt der Absatzpreis p_Z für den Zusatzauftrag 883 Geldeinheiten pro Mengeneinheit. Das Unternehmen kann Mehrarbeitszeiten in Höhe von jeweils maximal 900 Stunden auf beiden Fertigungsstufen in Anspruch nehmen.

Berechnung des absoluten Deckungsbeitrags

Für die Berechnung des absoluten Stückdeckungsbeitrags wird die Differenz aus dem Verkaufspreis und den variablen Stückkosten gebildet. Der Zusatzauftrag hat einen positiven Deckungsbeitragssatz, so dass die Annahme des Zusatzauftrages gewinnbringend ist.

Zusatzauftrag: $db_Z = 883 - k_v = 833 - 733 = 150 \, [GE/ME].$

Berechnung des relativen Deckungsbeitrags

Aufgrund des Engpasses auf der Fertigungsstufe 1 muss im Folgenden der relative Deckungsbeitrag des Zusatzauftrags kalkuliert werden, um das gewinnmaximale Produktionsprogramm zu planen. Der relative Deckungsbeitrag ist der Schlüssel für die Rangfolge des Auftretens der Produktarten im Produktionsprogramm!

Zusatzauftrag: $rdb_Z = \dfrac{150}{5} = 30 \, [GE/Std.].$

Auf der Fertigungsstufe 1 liegt eine Kapazitätsbeschränkung vor, so dass diese maximal in Höhe von 2.400 Stunden in Anspruch genommen werden kann.

Für die Bestimmung des optimalen Produktionsprogramms ist die Rangfolge der Einbeziehung der Produktarten in das Produktionsprogramm zu beachten. Auf Fertigungsstufe 1 liegt ein Engpass vor, so dass sich aufgrund dieser Fertigungsstufe die Rangfolge bildet.

Die Rangfolge der Einbeziehung der Produktarten auf Fertigungsstufe 1 ist dann gegeben durch: Zusatzauftrag, Internetradio mit der Mindestmenge, Fernseher mit der Mindestmenge, Blu-ray-Rekorder, Spülmaschine.

Für das optimale Produktionsprogramm gilt es zunächst, die Mindestmengen des Internetradios und Fernsehers sowie die Absatzhöchstmenge der Blu-ray-Rekorder zu beachten.

$$\underbrace{5\cdot200}_{\substack{\text{Kühl-Gefrierschrank-}\\\text{Kombinationen}}} + \underbrace{2\cdot400}_{\text{Blu-ray-Rekorder}} + \underbrace{4\cdot50}_{\text{Fernseher}} + \underbrace{2\cdot50}_{\text{Internetradio}} = 2.100\,[Std.].$$

Während die Internetradios und Fernseher zunächst mit ihren Mindestmengen Eingang finden, wird die Produktart Blu-ray-Rekorder mit den Absatzhöchstmengen im gewinnmaximalen Produktionsprogramm berücksichtigt. Die auf Fertigungsstufe 1 verbleibende Restkapazität beläuft sich damit auf 300 Stunden ohne Mehrarbeitszeit. Die Produktart mit positivem und zugleich mit dem nächsthöheren relativen Deckungsbeitragssatz nach dem Blu-ray-Rekorder sind die Spülmaschinen.

Die Produktion der Spülmaschinen ohne Inanspruchnahme der Mehrarbeitszeit beläuft sich auf:

$$x_2^* = \frac{r_1^{Rest}}{a_{12}} = \frac{300}{3} = 100\,[ME].$$

100 Mengeneinheiten der Spülmaschinen können unter Normalarbeitszeit mit regulären Kosten hergestellt werden, danach ist die Inanspruchnahme der Mehrarbeitszeit unter Berücksichtigung der Grenzkostensprünge zu beachten!

Für die Produktion der Spülmaschinen unter Mehrarbeitszeit erhält man den folgenden relativen Stückelungsbeitrag:

$$rdb_2(\text{Mehrarbeitszeit}) = 12 - 7 = 5\,[GE/Std.].$$

Da der relative Deckungsbeitragssatz unter Berücksichtigung des Grenzkostensprungs, der durch die Mehrarbeitszeit verursacht wird, positiv ist, ist die Fertigung unter Mehrarbeitszeit gewinnbringend!

Hieraus resultiert:

$$\overline{x}_{2M}^* = \overline{x}_2 - x_2^* = 300 - 100 = 200\,[ME].$$

200 Mengeneinheiten der Spülmaschinen sollten maximal unter Mehrarbeit hergestellt werden, da bereits 100 Mengeneinheiten unter Normalarbeitszeit produziert werden. Für die Herstellung der bis zur Absatzhöchstmenge fehlenden 200 Mengeneinheiten der Spülmaschinen wird Mehrarbeitszeit in Höhe von 600 Stunden benötigt:

$$\overline{x}_{2M}^{*} \cdot a_{12} = 200 \cdot 3 = 600\ [Std.].$$

An Mehrarbeitszeit stehen für die Produktion der Produktart Fernseher somit noch $900 - 600 = 300$ Stunden zur Verfügung. 50 Mengeneinheiten der Fernseher konnten bereits unter Normalarbeitszeit mit regulären Kosten hergestellt werden. Nun ist die Inanspruchnahme der Mehrarbeitszeit unter Berücksichtigung der Grenzkostensprünge zu prüfen. Die Mehrarbeitszeit auf Fertigungsstufe 1 ist mit einem Grenzkostensprung in Höhe von 7 Geldeinheiten pro Stunde verbunden.

Für den Fernseher ergibt sich:

$$rdb_1(\text{Mehrarbeitszeit}) = 11{,}25 - 7 = 4{,}25\ [GE/Std.].$$

Da der relative Deckungsbeitragssatz unter Berücksichtigung des Grenzkostensprungs durch Mehrarbeitszeit positiv ist, ist die Fertigung unter Mehrarbeitszeit gewinnbringend!

Es folgt direkt:

$$\overline{x}_{1M}^{*} = \overline{x}_1 - x_1^{*} = 200 - 50 = 150\ [ME].$$

Bis zur Absatzhöchstmenge der Fernseher fehlen mithin noch 150 Mengeneinheiten. Für die 150 Mengeneinheiten für die Herstellung der Fernseher würden insgesamt 600 Stunden benötigt, da die Kapazitätsbeanspruchung bei der Produktion von einer Mengeneinheit 4 Stunden auf Fertigungsstufe 1 beträgt. Da noch lediglich 300 Stunden für die Fertigung unter Mehrarbeitszeit zur Verfügung stehen, berechnet sich die Menge der Fernseher wie folgt:

$$x_{1M}^{*} = \frac{r_{1M}^{Rest}}{a_{11}} = \frac{300}{4} = 75\ [ME].$$

Mit der restlich zur Verfügung stehenden Mehrarbeitszeit lassen sich 75 Mengeneinheiten der Fernseher herstellen. Für das optimale Produktionsprogramm unter Berücksichtigung von Mehrarbeitszeit mit Grenzkostensprüngen ergibt sich:

Kühl-Gefrier-Kombinationen: $x_Z = 200\ [ME].$

Fernseher:

vorher $x_1 = 50\ [ME],$

unter Mehrarbeitszeit $x_{1M}^{*} = 75\ [ME],$

mit Mehrarbeitszeit $\hat{x}_{1M} = x_1 + x_{1M}^{*} = 50 + 75 = 125\ [ME].$

Bei Inanspruchnahme von Mehrarbeitszeiten unter Berücksichtigung des Grenzkostensprungs auf Fertigungsstufe 1 lassen sich 75 Mengeneinheiten der Produktart Fernseher zusätzlich fertigen, so dass insgesamt 125 Mengeneinheiten der Produktart in das gewinnmaximale Produktionsprogramm eingehen.

Spülmaschinen:

vorher $\qquad$ $x_2 = 100\ [ME]$,

unter Mehrarbeitszeit $\qquad$ $x_{2M}^* = 200\ [ME]$,

mit Mehrarbeitszeit $\qquad$ $\hat{x}_{2M} = x_2 + x_{2M}^* = 100 + 200 = 300\ [ME]$.

Bei Inanspruchnahme von Mehrarbeitszeiten unter Berücksichtigung des Grenzkostensprungs auf Fertigungsstufe 1 lassen sich 200 Mengeneinheiten der Produktart Spülmaschine zusätzlich fertigen, so dass insgesamt 300 Mengeneinheiten der Produktart in das gewinnmaximale Produktionsprogramm eingehen.

Blue-ray-Rekorder: $\qquad$ wie vorher $\qquad$ $x_3 = 400\ [ME]$.

Internetradio: $\qquad$ wie vorher $\qquad$ $x_4 = 50\ [ME]$.

Die Produktionsmengen der Produktarten Blu-ray-Rekorder und Internetradio bleiben von der Inanspruchnahme der Mehrarbeitszeit auf Fertigungsstufe 1 unberührt und gehen weiterhin mit ihrer Absatzhöchstmenge in Höhe von $x_3^* = \overline{x}_2 = 400$ Mengeneinheiten bzw. aufgrund des negativen Deckungsbeitrages mit ihrer Mindestmenge $x_4^* = \underline{x}_4 = 50$ Mengeneinheiten in das gewinnmaximale Produktionsprogramm ein.

Der Gewinn lässt sich nun, unter Beachtung der Grenzkostensprünge, wie folgt ermitteln:

$$G = 45 \cdot 125 + 36 \cdot 300 + 50 \cdot 400 + (-2) \cdot 50 + 150 \cdot 200$$
$$-(4 \cdot 75) \cdot 7 - (3 \cdot 200) \cdot 7 - 7.450 = 52.575\ [GE].$$

Aufgabe 3. 9   Bestimmung des gewinnmaximalen Produktions-programms unter Kapazitätenpassbetrachtung mithilfe einer graphischen Lösung – Deckungs-beitragsrechnung mit mehreren Engpässen

In einem Zweiproduktunternehmen müssen für die Produktion der in beliebig teilbaren Mengen herstellbaren Produktarten 1 und 2 drei Maschinen eingesetzt werden. Die Fertigung einer Mengeneinheit der Produktart 1 nimmt die erste Maschine 36 Zeiteinheiten, die zweite Maschine 77 Zeiteinheiten und die dritte Maschine 180 Zeiteinheiten in Anspruch. Dagegen benötigt man für die Fertigung einer Mengeneinheit der Produktart 2 auf der ersten Maschine 48 Zeiteinheiten, auf der zweiten Maschine 264 Zeiteinheiten und auf der dritten Maschine 100 Zeiteinheiten. Die erste Maschine steht 432 Zeiteinheiten, die zweite Maschine 1.848 Zeiteinheiten und die dritte Maschine 1.800 Zeit-einheiten zur Verfügung. Eine Mengeneinheit der Produktart 1 kann bei variablen Stückkosten von 16 Geldeinheiten pro Mengeneinheit zu einem Preis von 24 Geldeinheiten pro Mengeneinheit abgesetzt werden, dagegen lässt sich eine Mengeneinheit der zweiten Produktart bei variablen Stückkosten von 20 Geldeinheiten pro Mengeneinheit zum Preis von 40 Geldeinheiten pro Mengeneinheit verkaufen.

a) Stellen Sie das lineare Optimierungsproblem zur Ermittlung des optimalen Produktionsprogramms für den gegebenen Fall auf.

b) Bestimmen Sie mithilfe des graphischen Verfahrens das gewinnmaximale Produktionsprogramm und den maximalen Gewinn.

c) Welche Lösung erhält man, wenn zusätzlich zu den Aufgabenteilen a) und b) maximal 3 Mengeneinheiten von Produktart 1 hergestellt werden sollen, da die Nachfrage nach diesem Produkt gesunken ist.

Lösung zu Aufgabe 3. 9

zu a) In einem ersten Schritt wird die Zielfunktion aufgestellt. Allgemein gilt:

$$G = \sum_{j=1}^{n} db_j \cdot x_j - K_{Fix}.$$

x_j bezeichnet dabei die Menge der Produktart j.

Die Fixkosten K_{Fix} sind gleich Null und beeinflussen, wie noch zu sehen sein wird, die Optimierung nicht, da unterschiedliche Werte von K_{Fix} graphisch nur zu Parallelverschiebungen der Zielfunktion führen.

Die jeweiligen Deckungsbeiträge db_j, $j = 1,2$, werden über die Differenz aus Verkaufspreis und variablen Stückkosten bestimmt. Konkret ergibt sich in diesem Fall:

Für Produkt 1

$$db_1 = p_1 - k_1 = 24 - 16 = 8\ [GE/ME].$$

Für Produkt 2

$$db_2 = p_2 - k_2 = 40 - 20 = 20\ [GE/ME].$$

Als Nebenbedingungen ergeben sich mehrere Restriktionen. Zur Fertigung der beiden Produktarten werden laut Aufgabenstellung drei Maschinen eingesetzt, deren Kapazitäten begrenzt sind. Für $m = 3$ zur Produktion nötige Produktionsfaktorarten i, deren Kapazitäten mit $\bar{r}_i$ bezeichnet werden und für die die Produktionskoeffizienten a_{ij} aller j Produktarten bekannt sind, lassen sich die zugehörigen Restriktionen allgemein mit

$$\sum_{j=1}^{n} a_{ij} \cdot x_j \leq \bar{r}_i$$

mit $i = 1, \dots, m$ formulieren.

Es ergeben sich daraus konkret die nachfolgenden Bedingungen:

Restriktion 1

Die Belastung der Maschine 1 pro Mengeneinheit der Produktart 1 beträgt 36 Zeiteinheiten und pro Mengeneinheit der Produktart 2 aus der Aufgabenstellung entnehmend 48 Zeiteinheiten, d. h.

$$a_{11} = 36\ [ZE/ME] \quad \text{und} \quad a_{12} = 48\ [ZE/ME].$$

Mit der gegebenen Kapazität von $\bar{r}_1 = 432$ Zeiteinheiten lässt sich die Kapazitätsrestriktion der ersten Maschine aufstellen zu:

$$a_{11} \cdot x_1 + a_{12} \cdot x_2 \leq \bar{r}_1.$$

Eingesetzt ergibt sich:

$$36 \cdot x_1 + 48 \cdot x_2 \leq 432.$$

Die Restriktionen 2 und 3 lassen sich analog herleiten:

$$77 \cdot x_1 + 264 \cdot x_2 \leq 1.848$$

und

$$180 \cdot x_1 + 100 \cdot x_2 \leq 1.800.$$

Zusätzlich muss beachtet werden, dass negative Werte für die Produkte nicht zulässig sind, so dass neben den obigen Bedingungen noch die Nicht-Negativitätsbedingungen

$$x_1, x_2 \geq 0$$

hinzukommen, so dass das vollständige Optimierungsproblem beschrieben werden kann:

$$\max G(x_1, x_2) = 8 \cdot x_1 + 20 \cdot x_2 \tag{I}$$

unter den Nebenbedingungen

$$36 \cdot x_1 + 48 \cdot x_2 \leq 432 \tag{II},$$

$$77 \cdot x_1 + 264 \cdot x_2 \leq 1.848 \tag{III},$$

$$180 \cdot x_1 + 100 \cdot x_2 \leq 1.800 \tag{IV},$$

$$x_1, x_2 \geq 0 \tag{V}.$$

zu b) In einem zweiten Schritt findet die Anwendung des graphischen Verfahrens statt. Hierzu werden die Nebenbedingungen derart umgeformt, dass man diese in einem zweidimensionalen Raum $\mathbb{R}^2 = \{(x_1, x_2)\}$ darstellen kann.

Für die Kapazitätsrestriktionen ergeben sich die nachfolgenden Ungleichungen:

$$36 \cdot x_1 + 48 \cdot x_2 \leq 432 \qquad \Rightarrow \qquad x_2 \leq 9 - \frac{3}{4} \cdot x_1 \tag{II},$$

$$77 \cdot x_1 + 264 \cdot x_2 \leq 1.848 \qquad \Rightarrow \qquad x_2 \leq 7 - \frac{7}{24} \cdot x_1 \tag{III},$$

$$180 \cdot x_1 + 100 \cdot x_2 \leq 1.800 \qquad \Rightarrow \qquad x_2 \leq 18 - \frac{9}{5} \cdot x_1 \tag{IV}.$$

Auch die Zielfunktion kann für einen festen Wert so umgeformt werden, dass diese in dem zweidimensionalen Raum abgebildet werden kann.

$$\max G(x_1, x_2) = 8 \cdot x_1 + 20 \cdot x_2.$$

Mit fest gewähltem Wert $\bar{G}$ kann die Zielfunktion dann zu $x_2(x_1)$ umgeformt werden:

$$\bar{G} = 8 \cdot x_1 + 20 \cdot x_2 \quad \Leftrightarrow \quad x_2 = \frac{\bar{G}}{20} - \frac{2}{5} \cdot x_1.$$

Um das Optimum zu bestimmen, werden die Nebenbedingungen als Gleichungen in das zweidimensionale Koordinatensystem überführt. Für die Restriktion II werden die Achsenabschnitte berechnet, so dass sich folgende Punkte ergeben.

Über die Gleichung $x_2 = 9 - \frac{3}{4} \cdot x_1$ folgt für $x_1 = 0$, dass $x_2 = 9$ gilt. Setzt man $x_2 = 0$, ergibt sich $x_1 = 12$. Verbindet man die beiden Punkte (0,9) und (12,0) miteinander, so erhält man die erste Einschränkung des oben formulierten Problems graphisch, wie in Abbildung 3.9.1 mit der Bezeichnung II dargestellt.

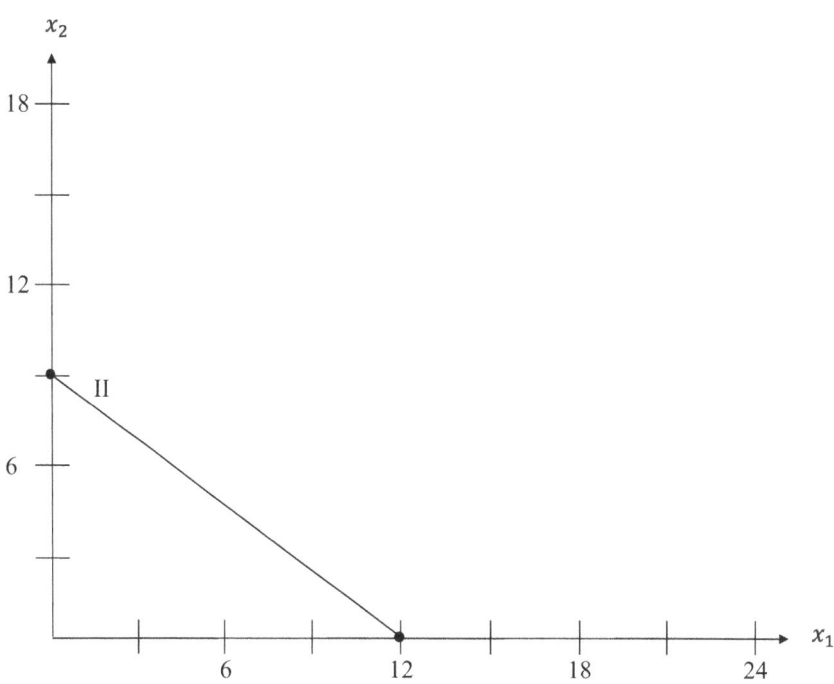

Abb. 3.9.1: Darstellung der Restriktion II

Anhand der ersten Restriktion zeigt sich, dass nur Wertepaare (x_1, x_2) für eine Lösung in Betracht kommen, die unterhalb dieser Restriktion liegen bzw. genau auf ihr liegen.

In analoger Weise geht man für die Restriktion III vor. Anhand der Gleichung $x_2 = 7 - \frac{7}{24} \cdot x_1$ erhält man die Achsenabschnitte $x_2 = 7$ für $x_1 = 0$ sowie $x_1 = 24$ für $x_2 = 0$.

Daraus resultiert eine weitere Beschränkung des zulässigen Lösungsraums – dargestellt in der nachfolgenden Abbildung 3.9.2 durch die Gerade III.

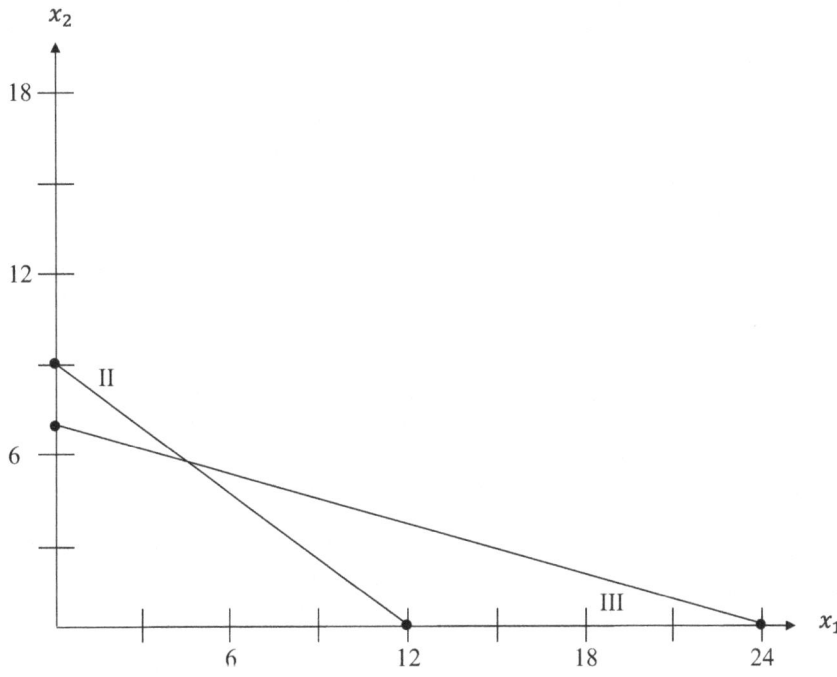

Abb. 3.9.2:   Darstellung der Restriktionen II und III

Es wird deutlich, dass keine der beiden Bedingungen dazu führt, dass die jeweils andere redundant wird, da keine der Geraden komplett ober- oder unterhalb der anderen liegt.

Betrachtet man zusätzlich die Restriktion IV, so verkleinert sich der Lösungsraum weiter. Anhand von $x_2 = 18 - \frac{9}{5} \cdot x_1$ erhält man die Achsenabschnitte $x_2 = 18$ für $x_1 = 0$ sowie $x_1 = 10$ für $x_2 = 0$. Fügt man diese Restriktion ein – siehe Gerade IV –, erhält man folgende Abbildung 3.9.3.

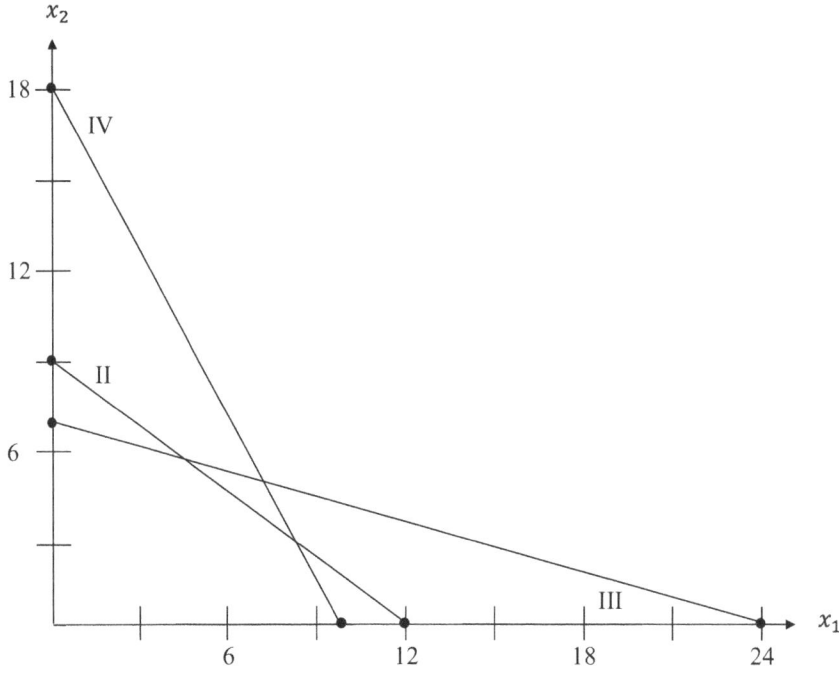

Abb. 3.9.3:   Darstellung der Restriktionen II, III und IV

Zur Vollständigkeit der Nebenbedingungen beachtet man nun noch die Nicht-Negativitätsbedingungen für die beiden Entscheidungsvariablen: $x_1, x_2 \geq 0$. Graphisch entsprechen sie den positiv gerichteten Achsen des Koordinatensystems.

Als Lösungen kommen also jetzt nur noch Güterkombinationen (x_1, x_2) in Betracht, die unterhalb der Geraden der Nebenbedingungen liegen und positiv sind.

Als nächster Schritt wird die Zielfunktion für einen festen Wert $\bar{G} = 200$ Geldeinheiten in die Graphik eingezeichnet. Das führt konkret zu den Gleichungen:

$$\bar{G} = 200 = 8 \cdot x_1 + 20 \cdot x_2 \qquad \text{bzw.} \qquad x_2 = 10 - \frac{2}{5} \cdot x_1.$$

Für $x_1 = 0$ folgt direkt $x_2 = 10$. Setzt man $x_2 = 0$, ergibt sich $x_1 = 25$. Anhand der Zahlenpaare $(0,10)$ und $(25,0)$ kann die Zielfunktion in den zweidimensionalen Raum eingezeichnet werden (Gerade I in Abbildung 3.9.4).

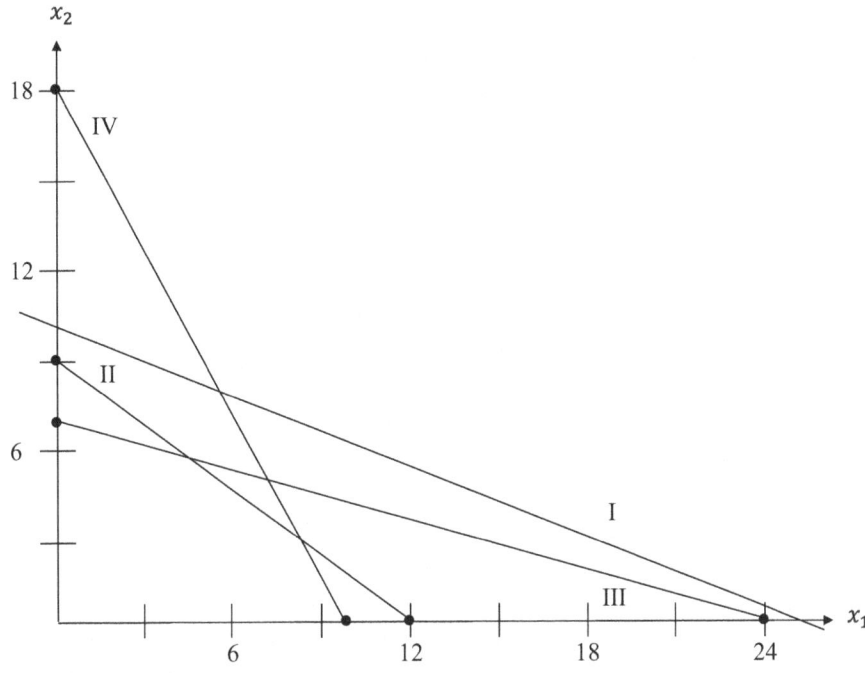

Abb. 3.9.4:   Darstellung der Restriktionen und der Gewinnfunktion für einen festen Wert $\bar{G} = 200$

Es wird direkt deutlich, dass für $\bar{G} = 200$ Geldeinheiten keine Lösung existiert, da alle auf dieser Geraden der Zielfunktion liegenden Wertepaare außerhalb des zulässigen Bereichs liegen. Die Optimallösungen liegen vielmehr dort, wo die Gewinnfunktion zur Tangente an den Lösungsraum wird (Abbildung 3.9.5). Oberhalb liegende Wertepaare (x_1, x_2) sind nicht zulässig, unterhalb liegende nicht optimal. Fixkosten beeinflussen diese Optima nicht, da sie nur den Wert, aber nicht die Lage der Zielfunktion im Koordinatensystem verändern.

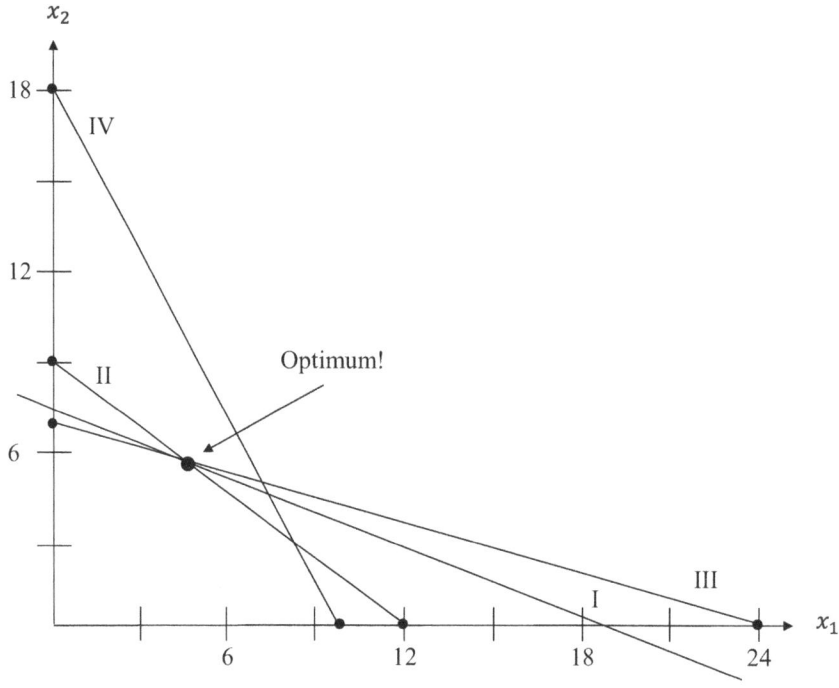

Abb. 3.9.5:   Optimum des Produktionsprogramms

Das Optimum ist durch das graphische Verfahren gefunden. Es stellt sich jetzt noch die Frage, wie die Werte für die beiden Entscheidungsvariablen x_1 und x_2 aussehen. Es ist ersichtlich, dass der Schnittpunkt der II. und III. Geraden gesucht wird. Folglich muss man die Gleichungen der Restriktionen II und III ineinander einsetzen und deren Schnittpunkt berechnen:

$$9 - \frac{3}{4} \cdot x_1 = 7 - \frac{7}{24} \cdot x_1.$$

Durch Auflösen erhält man zunächst die optimale Menge x_1^*:

$$-\frac{3}{4} \cdot x_1 + \frac{7}{24} \cdot x_1 = 7 - 9 \qquad \Rightarrow \qquad -\frac{11}{24} \cdot x_1 = -2$$

$$\Rightarrow \qquad x_1^* = \frac{48}{11}.$$

Durch Einsetzen der optimalen Menge x_1^* in die Nebenbedingung (II) lässt sich die optimale Menge x_2^* bestimmen:

$$x_2^* = 9 - \frac{3}{4} \cdot x_1^* \qquad \Rightarrow \qquad x_2^* = 9 - \frac{3}{4} \cdot \frac{48}{11} = \frac{63}{11}.$$

Durch Einsetzen und Auflösen erhält man die optimalen Mengen:

$$(x_1^*, x_2^*) = \left(\frac{48}{11}, \frac{63}{11}\right).$$

Die optimale Lösung (x_1^*, x_2^*) wird in die Zielfunktion eingesetzt, um den maximalen Gewinn zu bestimmen:

$$G(x_1^*, x_2^*) = 8 \cdot \frac{48}{11} + 20 \cdot \frac{63}{11} = \frac{1.644}{11} \approx 149{,}45 \ [GE].$$

zu c) Da maximal 3 Mengeneinheiten von Produkart 1 hergestellt werden sollen, wird eine zusätzliche Restriktion in das Optimierungsproblem aus Aufgabenteil a) eingebaut:

$$\max G(x_1, x_2) = 8 \cdot x_1 + 20 \cdot x_2 \tag{I}$$

unter den Nebenbedingungen

$$36 \cdot x_1 + 48 \cdot x_2 \leq 432 \tag{II},$$

$$77 \cdot x_1 + 264 \cdot x_2 \leq 1.848 \tag{III},$$

$$180 \cdot x_1 + 100 \cdot x_2 \leq 1.800 \tag{IV},$$

$$x_1, x_2 \geq 0 \tag{V},$$

$$x_1 \leq 3 \tag{VI}.$$

Dies führt zu der folgenden Abbildung 3.9.6.

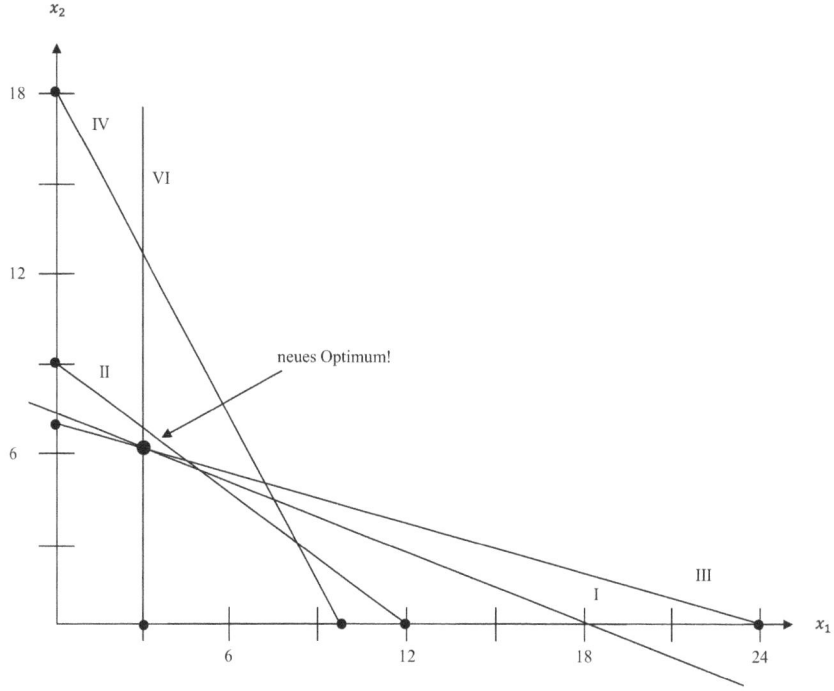

Abb. 3.9.6:   Verschieben der Zielfunktion und neues Optimum

Die neue optimale Lösung lässt sich wie in Aufgabenteil b) durch den Schnittpunkt der Geraden zweier Restriktionen bestimmen. Im Gegensatz zu dem vorherigen Aufgabenteil b) kann nun die Gerade der Restriktion VI in die Nebenbedingung III eingesetzt werden.

Das Einsetzen der Nebenbedingungen VI mit $x_1 = x_1^{neu} = 3$ in die Nebenbedingung III führt dann zu der nachfolgenden Lösung für x_2^{neu}:

$$77 \cdot 3 + 264 \cdot x_2 = 1.848 \quad \Rightarrow \quad x_2^{neu} = \frac{1.848 - 77 \cdot 3}{264}$$

$$= \frac{1.617}{264} = \frac{49}{8} = 6{,}125.$$

Es ergeben sich somit für x_1^{neu} und x_2^{neu} die folgenden Daten:

$$x_1^{neu} = 3 \qquad \text{bzw.} \qquad x_2^{neu} = 6{,}125.$$

Durch Einsetzen der Mengen x_1^{neu} und x_2^{neu} in die Zielfunktion (I) lässt sich der neue Wert für den Gewinn bestimmen:

$$G(x_1^{neu}, x_2^{neu}) = 8 \cdot 3 + 20 \cdot 6{,}125 = 146{,}5 \; [GE].$$

Aufgabe 3.10 Bestimmung des gewinnmaximalen Produktions-programms unter Kapazitätsengpassbetrachtung mithilfe einer graphischen Lösung – Deckungs-beitragsrechnung bei vorgegebener Fertigung eines Gutes

Bei der Produktion von Gut 1 (Quarkriegel) und Gut 2 (Nougat-Taler) werden in dem Unternehmen der Ksüscha AG drei Maschinen eingesetzt. Für die Fertigung einer Mengeneinheit des Gutes 1 benötigt die erste Maschine 10 Zeiteinheiten, die zweite Maschine benötigt 6 Zeiteinheiten, und die dritte Maschine wird für 2 Zeiteinheiten in Anspruch genommen. Die Fertigung einer Mengeneinheit des Gutes 2 beansprucht demgegenüber auf der ersten Maschine 6 Zeiteinheiten. Auf der zweiten Maschine werden 10 Zeiteinheiten und auf der dritten Maschine 2 Zeiteinheiten für die Fertigung einer Mengeneinheit des zweiten Gutes in Anspruch genommen. Für die erste und zweite Maschine stehen jeweils 540 Zeiteinheiten und für die dritte Maschine 120 Zeiteinheiten zur Verfügung. Ein Stückpreis von 40 Geldeinheiten kann für das Gut 1 bei variablen Stückkosten von 16 Geldeinheiten erzielt werden. Demgegenüber kann für das Gut 2 ein Stückpreis von 50 Geldeinheiten bei variablen Stückkosten von 20 Geldeinheiten realisiert werden. Fixkosten können vernachlässigt werden. Eine Absatzbeschränkung liegt nicht vor.

a) Stellen Sie das optimale Produktionsprogramms formal auf! Bestimmen Sie mit Hilfe des graphischen Verfahrens das gewinnmaximale Produktions-programm! Berechnen Sie anhand Ihrer graphischen Lösung den Gewinn!

b) Welche Bedingung muss der Stückpreis für Gut 2 erfüllen, damit bei sonst unveränderter Datensituation das gewinnmaximale Produktionsprogramm nur die Fertigung des zweiten Gutes vorsieht?

c) Wie muss die Kapazität der dritten Maschine angepasst werden, damit das Produktionsprogramm $(x_1^*; x_2^*) = (33{,}75; 33{,}75)$ gewinnmaximal ist?

Lösung zu Aufgabe 3.10

zu a) Die nachfolgende Tabelle 3.10.1 liefert einen zusammenfassenden Überblick der gegebenen Daten. Hierbei werden die Mengeneinheiten der Produktarten 1 und 2 mit $x_j, j = 1,2$, die für die drei Maschinen ($m = 3$) zur Verfügung stehenden Kapazitäten mit $\overline{r}_i, i = 1,2,3$, die variablen Stückkosten mit $k_j, j = 1,2$, und die Stückpreise mit $p_j, j = 1,2$, bezeichnet.

	x_1	x_2	$\bar{r}_i$
r_1	$\dfrac{r_1}{x_1} = 10$	$\dfrac{r_1}{x_2} = 6$	540
r_2	$\dfrac{r_2}{x_1} = 6$	$\dfrac{r_2}{x_2} = 10$	540
r_3	$\dfrac{r_3}{x_1} = 2$	$\dfrac{r_3}{x_2} = 2$	120
k_j	16	20	
p_j	40	50	

Tabelle 3.10.1: Übersicht über die gegebenen Daten

Da im betrachteten Fall keine Preis-Absatz-Funktionen zu berücksichtigen sind, liegen konstante Absatzpreise vor. Ferner wird in der Produktion von konstanten Stückkosten ausgegangen, so dass auch feste Stückdeckungsbeiträge für beide Produktarten vorliegen. Zuerst werden diese zur Aufstellung der Zielfunktion berechnet. Eine Mengeneinheit der Produktart 1 wird zu einem Stückpreis $p_1 = 40$ Geldeinheiten pro Mengeneinheit am Markt abgesetzt und weist variable Stückkosten in Höhe von $k_1 = 16$ Geldeinheiten pro Mengeneinheit auf; mithin bestimmt sich der Deckungsbeitragssatz db_1 von Produktart 1 zu

$$db_1 = p_1 - k_1 = 40 - 16 = 24 \, [GE/ME].$$

Analog lässt sich der Deckungsbeitragssatz für Produktart 2 bestimmen. Eine Mengeneinheit der Produktart 2 wird zu einem Stückpreis $p_2 = 50$ Geldeinheiten pro Mengeneinheit am Markt abgesetzt und weist variable Stückkosten in Höhe von $k_2 = 20$ Geldeinheiten pro Mengeneinheit auf, so dass sich der Deckungsbeitragssatz der zweiten Produktart wie folgt bestimmen lässt:

$$db_2 = p_2 - k_2 = 50 - 20 = 30 \, [GE/ME].$$

In allgemeiner Form lautet die Zielfunktion für das hier vorliegende Entscheidungsproblem:

$$G = \sum_{j=1}^{n} db_j \cdot x_j - K_{Fix}.$$

Die Zielfunktion vereinfacht sich folglich zu:

$$G = (p_1 - k_1) \cdot x_1 + (p_2 - k_2) \cdot x_2 - K_{Fix}.$$

Für das konkrete Problem sind keine Fixkosten gegeben, so dass sich die Zielfunktion durch Einsetzen der oben ermittelten Deckungsbeiträge wie folgt aufstellen lässt:

$$G = (40 - 16) \cdot x_1 + (50 - 20) \cdot x_2.$$

Dies führt direkt zu:

$$G = 24 \cdot x_1 + 30 \cdot x_2.$$

Zur Fertigung der beiden Produktarten werden laut Aufgabenstellung drei Maschinen eingesetzt, deren Kapazitäten begrenzt sind. Für $m = 3$ zur Produktion notwendige Produktionsfaktorarten i, deren Kapazitäten mit $\bar{r}_i$ bezeichnet werden und für die die Produktionskoeffizienten a_{ij} aller j Produktarten bekannt sind, lassen sich die zugehörigen Restriktionen allgemein mit

$$\sum_{j=1}^{n} a_{ij} \cdot x_j \leq \bar{r}_i \qquad \text{mit} \qquad i = 1, \ldots, m, \qquad j = 1,2,$$

aufstellen. Im vorliegenden Fall kommen drei Maschinen für die Produktion der zwei Produktarten zum Einsatz, so dass folglich drei Restriktionen aufzustellen sind. Es ergeben sich die nachfolgenden Bedingungen der Restriktionen II, III und IV.

Die Belastung der Maschine 1 pro Mengeneinheit der Produktart 1 beträgt 10 Zeiteinheiten und pro Mengeneinheit der Produktart 2 entspricht sie 6 Zeiteinheiten. Mithin lassen sich die Produktionskoeffizienten wie folgt formulieren:

$$a_{11} = 10 \, [ZE/ME] \qquad \text{und} \qquad a_{12} = 6 \, [ZE/ME].$$

Mit der gegebenen Kapazität von $\bar{r}_1 = 540$ Zeiteinheiten lässt sich die Kapazitätsrestriktion der ersten Maschine aufstellen zu:

$$a_{11} \cdot x_1 + a_{12} \cdot x_2 \leq \bar{r}_1.$$

Nach Einsetzen der gegebenen Daten ergibt sich:

$$10 \cdot x_1 + 6 \cdot x_2 \leq 540.$$

Mit den gegebenen Kapazitäten $\bar{r}_2 = 540$ Zeiteinheiten bzw. $\bar{r}_3 = 120$ Zeiteinheiten und den Belastungen der Maschinen 2 und 3 lassen sich die Kapazitätsrestriktionen III und IV analog herleiten. Für Maschine 2 sind die gegebenen Produktionskoeffizienten $a_{21} = 6$ Zeiteinheiten pro Mengeneinheit und $a_{22} = 10$ Zeiteinheiten pro Mengeneinheit maßgebend.

Hieraus folgt:

$$a_{21} \cdot x_1 + a_{22} \cdot x_2 \leq \bar{r}_2,$$

$$6 \cdot x_1 + 10 \cdot x_2 \leq 540.$$

Für Maschine 3 geht man analog vor. Werden auch hier die gegebenen Produktionskoeffizienten $a_{31} = 2$ Zeiteinheiten pro Mengeneinheit und $a_{32} = 2$ Zeiteinheiten pro Mengeneinheit eingesetzt, so ergibt sich daraus:

$$a_{31} \cdot x_1 + a_{32} \cdot x_2 \leq \bar{r}_3,$$

$$2 \cdot x_1 + 2 \cdot x_2 \leq 120.$$

Unter Beachtung der Nicht-Negativitätsbedingungen können x_1 und x_2 nur positive Werte annehmen.

$$x_1, x_2 \geq 0.$$

Zusammenfassend lässt sich dann das vollständige Optimierungsproblem beschreiben durch:

$$\max G = 24 \cdot x_1 + 30 \cdot x_2 \tag{I}$$

unter den Nebenbedingungen

$$10 \cdot x_1 + 6 \cdot x_2 \leq 540 \tag{II},$$

$$6 \cdot x_1 + 10 \cdot x_2 \leq 540 \tag{III},$$

$$2 \cdot x_1 + 2 \cdot x_2 \leq 120 \tag{IV},$$

$$x_1, x_2 \geq 0 \tag{V}.$$

Zur graphischen Ermittlung aller im Rahmen der gegebenen Restriktionen realisierbaren Produktionsprogramme werden die – die einzelnen Einschränkungen repräsentierenden – Ungleichungen zu einer Entscheidungsvariablen hin aufgelöst. In diesem Fall sei diese Variable x_2, wodurch sich die nachfolgenden Umstellungen ergeben und sich die Nebenbedingungen in einem zweidimensionalen Raum $\mathbb{R}^2 = \{(x_1, x_2)\}$ darstellen lassen.

Für die Kapazitätsrestriktionen ergeben sich die nachfolgenden Ungleichungen:

$$10 \cdot x_1 + 6 \cdot x_2 \leq 540 \qquad \Rightarrow \qquad x_2 \leq 90 - \frac{5}{3} \cdot x_1 \qquad \text{(II)},$$

$$6 \cdot x_1 + 10 \cdot x_2 \leq 540 \qquad \Rightarrow \qquad x_2 \leq 54 - \frac{3}{5} \cdot x_1 \qquad \text{(III)},$$

$$2 \cdot x_1 + 2 \cdot x_2 \leq 120 \qquad \Rightarrow \qquad x_2 \leq 60 - x_1 \qquad \text{(IV)}.$$

In Abbildung 3.10.1 sind die drei Restriktionen graphisch unter Beachtung der Nicht-Negativitätsbedingungen dargestellt. Nach der graphischen Bestimmung des beschränkten Produktraums – gekennzeichnet durch ABCD0 – und damit der möglichen Produktionsprogramme wird die zu maximierende Gewinnfunktion in die Graphik eingetragen. Zunächst wird diese zur Variablen x_2 hin wie die Restriktionen aufgelöst:

$$G = 24 \cdot x_1 + 30 \cdot x_2 \qquad \Leftrightarrow \qquad x_2 = \frac{G - 24 \cdot x_1}{30} = \frac{G}{30} - \frac{4}{5} \cdot x_1.$$

Die Steigung der Gewinnfunktion beträgt folglich $m_G = -0{,}8$. Hierbei besitzt die Geradenschar die Eigenschaft, dass der Wert von G umso größer wird, je weiter die Gerade vom Nullpunkt entfernt liegt. Zur Vereinfachung lässt sich die Zielfunktion mit einem festem $\overline{G}$ in der Form $x_2(x_1)$ umformen.

Für ein frei gewähltes Gewinnniveau, beispielsweise $\overline{G} = 600$ Geldeinheiten, ergibt sich hierfür:

$$x_2 = \frac{\overline{G} - 24 \cdot x_1}{30} = \frac{\overline{G}}{30} - \frac{4}{5} \cdot x_1 = 20 - \frac{4}{5} \cdot x_1.$$

Um das Optimum zu bestimmen, werden die Nebenbedingungen als Gleichungen in das zweidimensionale Koordinatensystem überführt. Für die Restriktion II werden die Achsenabschnitte berechnet, so dass sich folgende Punkte ergeben.

Über die Gleichung

$$x_2 = 90 - \frac{5}{3} \cdot x_1$$

folgt für $x_1 = 0$, dass $x_2 = 90$ gilt. Setzt man $x_2 = 0$, ergibt sich $x_1 = 54$. Verbindet man die beiden Punkte $(0; 90)$ und $(54; 0)$ miteinander, so erhält man die erste Einschränkung des oben formulierten Problems, wie in Abbildung 3.10.1 mit der Bezeichnung II dargestellt. In analoger Weise geht man für die Restriktion III vor. Anhand der Gleichung

$$x_2 = 54 - \frac{3}{5} \cdot x_1$$

erhält man die Achsenabschnitte $x_2 = 54$ für $x_1 = 0$ sowie $x_1 = 90$ für $x_2 = 0$. Daraus resultiert eine weitere Beschränkung des zulässigen Lösungsraums – dargestellt durch die Gerade III in der nachfolgenden Abbildung 3.10.1. Über die Restriktion IV verkleinert sich der Lösungsraum weiter. Anhand von $x_2 = 60 - x_1$ ergeben sich die Achsenabschnitte $x_2 = 60$ für $x_1 = 0$ sowie $x_1 = 60$ für $x_2 = 0$. Diese Restriktion wird als Gerade IV in die Abbildung 3.10.1 eingefügt. Zur Vervollständigung der Nebenbedingungen werden noch die Nicht-Negativitätsbedingungen für die beiden Entscheidungsvariablen $x_1, x_2 \geq 0$ beachtet. Graphisch entsprechen sie den positiv gerichteten Achsen des Koordinatensystems. Als Lösungen kommen somit nur Güterkombinationen (x_1, x_2) in Betracht, die unterhalb der Geraden der Nebenbedingungen liegen und positiv sind. Dieser Bereich sei durch ABCD0 gekennzeichnet.

Als nächster Schritt wird nun die Zielfunktion für einen festen Wert $\bar{G} = 600$ in die Graphik eingezeichnet. Das führt konkret zu den Gleichungen (siehe auch oben):

$$x_2 = \frac{\bar{G} - 24 \cdot x_1}{30} = \frac{\bar{G}}{30} - \frac{4}{5} \cdot x_1 = 20 - \frac{4}{5} \cdot x_1.$$

Für $x_1 = 0$ folgt direkt $x_2 = 20$. Setzt man $x_2 = 0$, ergibt sich $x_1 = 25$. Anhand der Zahlenpaare $(0; 20)$ und $(25; 0)$ lässt sich die Zielfunktion für den Wert $\bar{G} = 600$ Geldeinheiten in den zweidimensionalen Raum einzeichnen, wobei diese Gerade als Gerade I′ mit der Steigung $m_G = -0{,}8$ in Abbildung 3.10.1 illustriert wird.

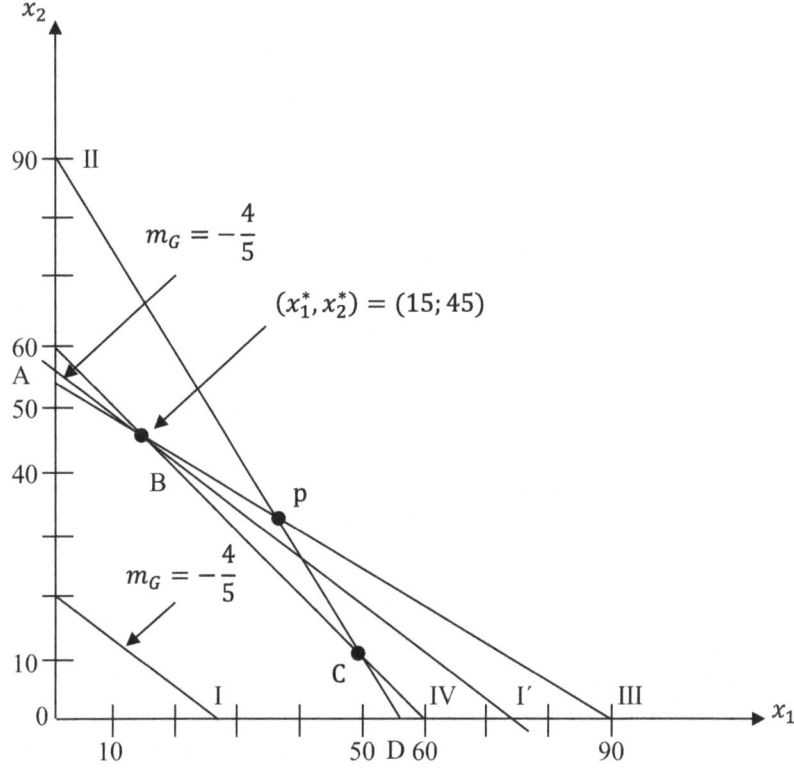

Abb. 3.10.1:   Optimum des Produktionsprogramms

Das Optimum ist durch das graphische Verfahren gefunden, wenn man die Zielgerade so weit wie möglich nach oben rechts verschiebt, bis sie gerade zur Tangente an den Produktraum wird. Dann lassen sich die optimalen Werte x_1^* und x_2^* für die beiden Entscheidungsvariablen berechnen. Es ist ersichtlich, dass der Schnittpunkt der Geraden III und IV, welcher durch den Punkt B gekennzeichnet ist, gesucht wird. Folglich muss man die Gleichungen der Restriktionen III und IV ineinander einsetzen und deren Schnittpunkt berechnen.

$$54 - \frac{3}{5} \cdot x_1 = 60 - x_1.$$

Durch Auflösen erhält man zunächst die optimale Menge x_1^*:

$$-\frac{3}{5} \cdot x_1 + x_1 = 60 - 54$$

$$\Rightarrow \frac{2}{5} \cdot x_1 = 6$$

$$\Rightarrow x_1^* = 15.$$

Durch Einsetzen der optimalen Menge x_1^* in die Nebenbedingung IV lässt sich die optimale Menge x_2^* bestimmen:

$$x_2^* = 60 - x_1^* \qquad \Rightarrow \qquad x_2^* = 60 - 15 = 45.$$

Durch Einsetzen und Auflösen erhält man die optimalen Mengen:

$$(x_1^*, x_2^*) = (15; 45).$$

Die optimale Lösung (x_1^*, x_2^*) wird in die Zielfunktion eingesetzt, um den maximalen Gewinn zu bestimmen:

$$G(x_1^*, x_2^*) = 24 \cdot x_1^* + 30 \cdot x_2^* = 24 \cdot 15 + 30 \cdot 45 = 1.710 \, [GE].$$

zu b) Laut Aufgabenstellung gibt es keine Veränderung bei den Restriktionen. Folglich muss sich für die Beantwortung der neuen Situation die Steigung der Gewinnfunktion ändern, damit lediglich das Gut 2 hergestellt wird. Der Stückpreis geht über den Deckungsbeitrag in die Gewinnfunktion ein. Die Steigung der Gewinnfunktion ist ausschlaggebend, wobei diese vom Preis und den variablen Stückkosten abhängt. Hierbei ist die Steigung m_{III} der Geraden III ($m_{III} = -0{,}6$) größer als die Steigung m_G der Gewinnfunktion ($m_G = -0{,}8$). Wenn die Steigung der Gewinnfunktion größer wäre als die Steigung der Geraden III, so würde nur das Produkt 2 hergestellt. Es würde sich somit der Punkt $x_1 = 0$ und $x_2 = 54$ realisieren lassen. Die Steigung der Gewinnfunktion liegt bisher bei $m_G = -0{,}8$ und muss folglich größer sein als $m_G = -0{,}6$.

Die nachfolgende Bedingung ist nach p_2 hin aufzulösen.

$$m_G = -\underbrace{\frac{\overbrace{p_1 - k_1}^{db_1}}{\underbrace{p_2 - k_2}_{db_2}}} > -\frac{3}{5}.$$

Einsetzen aller bekannten Daten bis auf den Preis p_2 führt zu:

$$-\frac{40-16}{p_2-20} > -\frac{3}{5} \quad \Rightarrow \quad -24 > -\frac{3}{5}\cdot(p_2-20)$$

$$\Rightarrow \quad -24 > -\frac{3}{5}\cdot p_2 + 12 \quad \Rightarrow \quad \frac{3}{5}\cdot p_2 > 36$$

$$\Rightarrow \quad p_2 > 60.$$

Wäre der Preis p_2 für das Gut 2 größer als 60 Geldeinheiten pro Mengeneinheit, so würde lediglich die Produktart 2 hergestellt.

zu c) Wie aus der Abbildung 3.10.1 des Aufgabenteils a) ersichtlich ist, reichen die bisherigen Kapazitätsbedingungen nicht aus, um den Punkt $P = (x_1^*; x_2^*) = (33{,}75; 33{,}75)$ der Abbildungen 3.10.1 beziehungsweise 3.10.2 als gewinnmaximales Produktionsprogramm zu realisieren.

In der Abbildung 3.10.1 liegt der Punkt $P = (x_1^*; x_2^*) = (33{,}75; 33{,}75)$ im Gegensatz zu der Abbildung 3.10.2 nicht innerhalb des beschränkten Produktraums ABCD0. Hierfür ist es jedoch zunächst notwendig, die beschränkende Gerade IV zu verschieben, mithin müsste die Gerade IV durch den Schnittpunkt der Geraden II und III verlaufen, die sich in dem Punkt $P = (x_1^*; x_2^*) = (33{,}75; 33{,}75)$ schneiden. In der Folge ergibt sich der neue beschränkte Produktraum APD0 in der Abbildung 3.10.2.

Der Schnittpunkt von Gleichung II mit Gleichung III bleibt also im Punkt $P = (x_1^*; x_2^*) = (33{,}75; 33{,}75)$. Im Anschluss wird die Gerade I$'$ der Gewinnfunktion so weit parallel nach rechts oben verschoben, bis diese nun ebenfalls durch den Punkt $P = (x_1^*; x_2^*) = (33{,}75; 33{,}75)$ verläuft.

Die neue Gewinngerade wird mit I$''$ gekennzeichnet. Damit jedoch die ursprüngliche Gerade IV durch Punkt $P = (x_1^*; x_2^*) = (33{,}75; 33{,}75)$ verläuft, ist es notwendig, die Kapazität der dritten Maschine anzupassen, so wie es die Aufgabenstellung erfordert. Für die Produktion auf der dritten Maschine standen bisher 120 Zeiteinheiten zur Verfügung, wie die Gleichung IV im Aufgabenteil a) beschreibt. Für die Produktion einer Mengeneinheit der Produktart 1 wird die dritte Maschine 2 Zeiteinheiten in Anspruch genommen. Ebenso verhält es sich bei der Herstellung der Produktart 2. Auch diese Produktart benötigt für die Herstellung einer Mengeneinheit 2 Zeiteinheiten der Maschine 3.

Damit sich der Punkt P mit $x_1^* = 33{,}75$ und $x_2^* = 33{,}75$ realisieren lässt, ist es nun erforderlich, die notwendige Kapazität $\tilde{r}_3$ über eine modifizierte Ungleichung IV_{neu} zu bestimmen:

$$2 \cdot x_1 + 2 \cdot x_2 \leq \tilde{r}_3 \qquad\qquad (IV_{neu}).$$

Da die Gerade IV_{neu} durch den Punkt $P = (x_1^*; x_2^*) = (33{,}75; 33{,}75)$ geht, ist es notwendig, die Werte einzusetzen, so dass sich für die Inanspruchnahme der Maschine 3 folgende Kapazitätsbeschränkung $\tilde{r}_3$ ergibt:

$$2 \cdot x_1^* + 2 \cdot x_1^* \leq \tilde{r}_3 \quad \Rightarrow \quad 2 \cdot 33{,}75 + 2 \cdot 33{,}75 = 135 \leq \tilde{r}_3.$$

Die Kapazitätsbeschränkung $\tilde{r}_3$ für die Maschine 3 muss auf 135 Zeiteinheiten erhöht werden, damit die Ungleichung IV_{neu} gerade im Punkt

$$P = (x_1^*; x_2^*) = (33{,}75; 33{,}75)$$

ausgeschöpft wird. Dies wird auch durch die nachfolgende Abbildung 3.10.2 verdeutlicht.

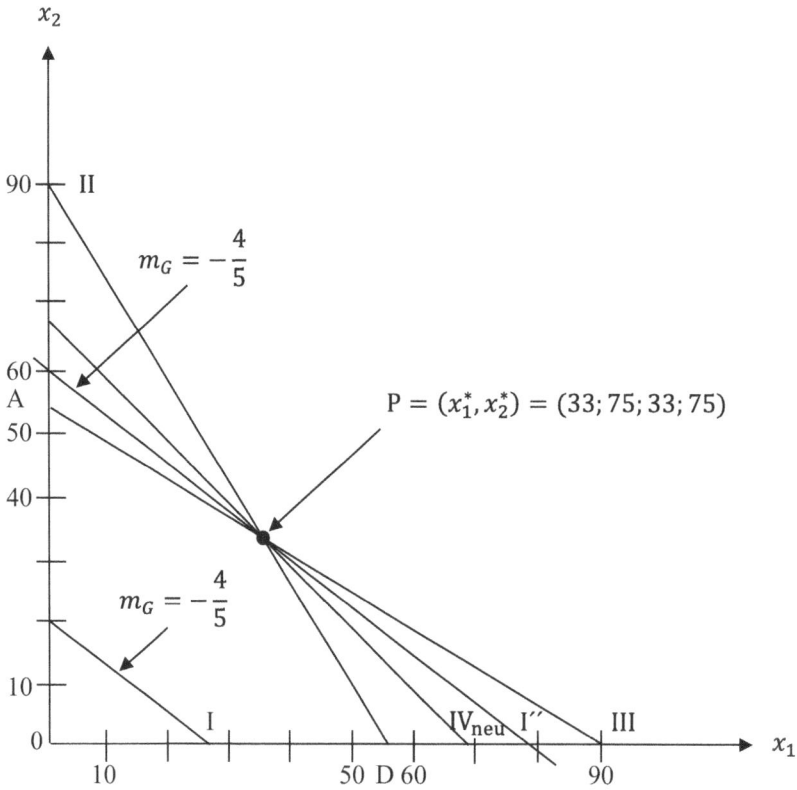

Abb. 3.10.2: Modifiziertes Optimum des Produktionsprogramms

Aufgabe 3.11 Bestimmung des gewinnmaximalen Produktions-programms bei Einsatz von Mehrarbeitszeiten

Ein Unternehmen stellt zwei Produkte j mit $j = 1,2$ auf zwei Maschinen i mit $i = 1,2$ her. Es stehen für jede Maschine zwei Formen μ mit $\mu = 1,2$ von Mehrarbeitszeiten zur Verfügung.

Dabei bezeichnen

c_j den Deckungsbeitrag des Produkts j; er entspricht der Differenz zwischen dem Absatzpreis des Produkts j und dessen variablen Stückkosten bei Normalarbeitszeit,

x_j die Menge des Produktes $j, j = 1, \dots, n$,

$\bar{r}_i^A$ die Kapazität der Arbeitskraft zur Bedienung der Maschine i, $i = 1, \dots, m$,

$dr_i^{A\mu}$ die Kapazitätszunahme der Arbeitskraft zur Bedienung der Maschine i beim Einsatz der Mehrarbeitszeit $\mu, \mu = 1, \dots, v$,

dk_i^μ den Grenzkostensprung der Fertigungsstelle (Maschine) i beim Einsatz der Mehrarbeitszeit μ,

a_{ij} den Produktionskoeffizienten des Produktes j auf der Maschine i,

$\bar{x}_j$ die Absatzhöchstgrenze des Produktes j und

$r_i^{A\mu}$ die maximale Mehrarbeitszeit der Maschine i beim Einsatz der Mehrarbeitszeit μ.

Unter Verwendung der zuvor eingeführten Symbole sei

$c_1 = 100\ [GE],$ $c_2 = 150\ [GE],$

$\bar{r}_1^A = 40\ [Std.],$ $\bar{r}_2^A = 40\ [Std.],$

$dk_1^1 = 10\ [GE/Std.],$ $dk_1^2 = 12\ [GE/Std.],$

$dk_2^1 = 8\ [GE/Std.],$ $dk_2^2 = 10\ [GE/Std.],$

$a_{11} = 0,25\ [Std./Stück],$ $a_{12} = 0,5\ [Std./Stück],$

$a_{21} = 0,3\ [Std./Stück],$ $a_{22} = 0,4\ [Std./Stück],$

$\bar{r}_1^{A1} = 10\ [Std.],$ $\bar{r}_2^{A1} = 10\ [Std.],$

$\bar{r}_1^{A2} = 10\ [Std.],$ $\bar{r}_2^{A2} = 10\ [Std.],$

$\bar{x}_1 = 80\ [Stück],$ $\bar{x}_2 = 120\ [Stück].$

Bestimmen Sie simultan das gewinnmaximale Produktionsprogramm und den optimalen Einsatz von Mehrarbeitszeiten und interpretieren Sie die Aufgabe verbal!

Lösung zu Aufgabe 3.11

Das Problem des optimalen Einsatzes von Mehrarbeitszeiten, das zur Verfahrenswahl im weiteren Sinne gehört, unterscheidet sich von den anderen Problemkreisen der Verfahrenswahl durch kapazitätserhöhende Effekte. Die Kapazitätserhöhung durch Mehrarbeit setzt allerdings voraus, dass die Kapazitätsgrenzen der übrigen Produktionsfaktoren (Betriebsmittel, Werkstoffe) noch nicht erreicht sind. Für diesen Fall bedarf es insbesondere keiner intensitätsmäßigen Anpassungen der Betriebsmittel, da die Produktionssteigerung allein durch Überstunden (Mehrarbeit) erzielt werden kann.

Liegen mehrere Engpässe vor, so muss das Produktionsprogramm simultan mit dem Einsatz von Mehrarbeitszeiten optimiert werden. Hinsichtlich der Zuordnung von Mehrarbeitszeiten und Fertigungsstellen unterscheidet man dabei zwei Extremfälle – den Spezialistenfall und den Universalistenfall. Beim Spezialistenfall wird jede Arbeitskraft einer bestimmten Fertigungsstelle zugeordnet, im Gegensatz zu dem Universalistenfall, bei dem die Arbeitskräfte an allen Fertigungsstellen untereinander austauschbar sind. Beide Problemvarianten lassen sich mit Hilfe der linearen Programmierung lösen. Bei dem vorliegenden Spezialistenfall lautet der lineare Planungsansatz wie folgt:

$$\max G = \sum_{j=1}^{n} c_j \cdot x_j - \sum_{i=1}^{m} \sum_{\mu=1}^{v} dk_i^{\mu} \cdot dr_i^{A\mu}.$$

In der Zielfunktion ist der Gewinn G nun dadurch definiert, dass alle Produktionsmengen, also auch die, die in Mehrarbeitszeiten hergestellt sind, zunächst mit den Deckungsbeitragssätzen bei Normalarbeitszeit bewertet werden und man dann von diesen Deckungsbeiträgen die Zusatzkosten der eingesetzten verschiedenen Mehrarbeitszeiten abzieht.

$$\begin{aligned}
\max G &= c_1 \cdot x_1 + c_2 \cdot x_2 \\
&\quad - \left(dk_1^1 \cdot dr_1^{A1} + dk_1^2 \cdot dr_1^{A2} + dk_2^1 \cdot dr_2^{A1} + dk_2^2 \cdot dr_2^{A2} \right) \\
&= 100 \cdot x_1 + 150 \cdot x_2 \\
&\quad - \left(10 \cdot dr_1^{A1} + 12 \cdot dr_1^{A2} + 8 \cdot dr_2^{A1} + 10 \cdot dr_2^{A2} \right).
\end{aligned}$$

Die Kapazitätsbeschränkungen lauten:

$$\sum_{j=1}^{n} a_{ij} \cdot x_j \leq \bar{r}_i^A + \sum_{\mu=1}^{v} dr_i^{A\mu}, \qquad i = 1, \dots, m,$$

$$dr_i^{A\mu} \leq \bar{r}_i^{A\mu}, \qquad\qquad\quad i = 1, \dots, m, \qquad \mu = 1, \dots, v.$$

Die nachfolgenden Bedingungen (1) und (2) fordern, dass die Gesamtkapazität der Ressource i durch die Beanspruchung der hergestellten Produktmengen nicht überschritten werden darf. Dabei setzt sich die Gesamtkapazität jedes Faktors aus seiner Normalkapazität und der Summe der Zusatzkapazitäten infolge der Mehrarbeitszeiten zusammen. Die unterschiedlichen Formen der Überstunden sind nach den Bedingungen (3) bis (6) zeitlich begrenzt:

(1)　$0{,}25 \cdot x_1 + 0{,}5 \cdot x_2 - dr_1^{A1} - dr_1^{A2} \leq 40,$

(2)　$0{,}3 \cdot x_1 + 0{,}4 \cdot x_2 - dr_2^{A1} - dr_2^{A2} \leq 40,$

(3)　$dr_1^{A1} \leq 10,$

(4)　$dr_1^{A2} \leq 10,$

(5)　$dr_2^{A1} \leq 10,$

(6)　$dr_2^{A2} \leq 10.$

Der bisher hergeleitete lineare Planungsansatz lässt sich wie folgt interpretieren. Das Zweiproduktunternehmen produziert die Produkte 1 und 2 auf den Maschinen 1 und 2, für deren Bedienung je eine Arbeitskraft notwendig ist. Zur Produktion einer Einheit des Produktes 1 werden die Maschine 1 für 0,25 Stunden und die Maschine 2 für 0,3 Stunden und zur Produktion einer Einheit des Produktes 2 werden die Maschine 1 für 0,5 Stunden und die Maschine 2 für 0,4 Stunden beansprucht. Die Normalarbeitszeiten der beiden Maschinen 1 und 2 betragen jeweils 40 Stunden, wobei sich unter diesen Bedingungen für das Produkt 1 ein Deckungsbeitrag in Höhe von 100 Geldeinheiten pro Mengeneinheit und für das Produkt 2 ein Deckungsbeitrag von 150 Geldeinheiten pro Mengeneinheit ergibt.

Zudem ist es dem Unternehmen möglich, Mehrarbeitszeiten einzusetzen. Auf Maschine 1 können bis zu maximal 10 Stunden unter Mehrarbeitszeit 1 angesetzt werden. Diese Mehrarbeitszeiten sind jedoch mit einem Kostensprung von 10 Geldeinheiten pro Stunde versehen. Weitere Mehrarbeitszeiten 2 sind mit bis zu maximal 10 Stunden auf Maschine 1 gegeben, wobei diese Mehrarbeitszeiten mit einem Kostensprung von 12 Geldeinheiten pro Stunde verbunden sind. Auf Maschine 2 können ebenfalls bis zu maximal 10 Stunden unter Mehrarbeitszeit 1 in Anspruch genommen werden. Auf dieser Maschine ist die Mehrarbeitszeit 1 mit einem Kostensprung von 8 Geldeinheiten pro Stunde möglich. Darüber hinaus ist eine weitere Ausdehnung der Arbeitszeit durch Mehrarbeitszeit 2 mit bis zu maximal 10 Stunden auf Maschine 2 möglich, wobei diese Mehrarbeitszeiten dann wiederum mit einem Kosten-sprung von 10 Geldeinheiten pro Stunde verbunden sind.

Absatzbeschränkungen und Nicht-Negativitätsbedingungen sind gegeben durch:

$$x_j \leq \bar{x}_j, \qquad\qquad j = 1, \dots, n,$$

$$x_j, dr_i^{A\mu} \geq 0, \qquad j = 1, \dots, n, \qquad i = 1, \dots m, \qquad \mu = 1, \dots, v.$$

Die Absatzbeschränkungen sowie die Nicht-Negativitätsbedingungen sind für das Unternehmen nach den Bedingungen (7) bis (9) festgelegt.

(7) $\quad x_1 \leq 80,$

(8) $\quad x_2 \leq 120,$

(9) $\quad x_1, x_2, dr_i^{\mu} \geq 0.$

Das Unternehmen kann in der Planungsperiode mithin maximal 80 Mengeneinheiten des Produktes bzw. 120 Mengeneinheiten des Produktes 2 absetzen. Nun stellt sich dem Unternehmen die Frage, welches Produktions-programm gewinnoptimal ist und wie sich der dazugehörige optimale Einsatzplan der Mehrarbeitszeiten gestaltet.

Für die Lösung dieses vorliegenden linearen Planungsansatzes eignet sich der Simplex-Algorithmus. In der nachfolgenden Tabelle 3.11.1 ist hierfür nun das Ausgangstableau dargestellt, das benutzt werden muss, um das vorstehende Problem mithilfe des Simplex-Algorithmus zu bearbeiten.

	x_1	x_2	dr_1^{A1}	dr_1^{A2}	dr_2^{A1}	dr_2^{A2}	b
(1)	0,25	0,5	-1	-1	0	0	40
(2)	0,3	0,4	0	0	-1	-1	40
(3)	0	0	1	0	0	0	10
(4)	0	0	0	1	0	0	10
(5)	0	0	0	0	1	0	10
(6)	0	0	0	0	0	1	10
(7)	1	0	0	0	0	0	80
(8)	0	1	0	0	0	0	120
(G)	-100	-150	10	12	8	10	0

Tabelle 3.11.1: Ausgangstableau für den Simplex-Algorithmus

Nach mehreren Iterationen, die hier nicht dargestellt sind, gelangt man zu der nachfolgenden Lösung:

$$x_1^* \quad = 80 \, [ME],$$
$$x_2^* \quad = 80 \, [ME],$$
$$dr_1^{A1*} = 10 \, [Std.],$$
$$dr_1^{A2*} = 10 \, [Std.],$$
$$dr_2^{A1*} = 10 \, [Std.],$$
$$dr_2^{A2*} = 6 \, [Std.],$$
$$G^* \quad = 19.640 \, [GE].$$

Aufgabe 3.12 Optimaler Einsatz von Mehrarbeitszeiten I

Die Ksüscha AG stellt drei Produkte j, $j = 1,2,3$, auf einer Maschine 1 her. Hierfür liegen der Unternehmung die in Tabelle 3.12.1 aufgeführten Daten vor.

Produkt j	Absatzhöchst- menge $\overline{x}_j$	Deckungs- beitrag c_j	Produktionskoeffizient a_{1j}
1	380 [ME]	600 [$€/ME$]	75 [$Min./ME$]
2	230 [ME]	495 [$€/ME$]	90 [$Min./ME$]
3	450 [ME]	460 [$€/ME$]	115 [$Min./ME$]

Tabelle 3.12.1: Plandaten der Ksüscha AG

Dazu bezeichnen

c_j den Deckungsbeitrag des Produkts j; er entspricht der Differenz zwischen dem Absatzpreis des Produkts j und dessen variablen Stückkosten bei Normalarbeitszeit,

c_j^r den relativen Deckungsbeitrag des Produkts j; er ist der Gradmesser für die Rangfolge des Auftretens der Produktarten im Produktionsprogramm. Es wird der Quotient aus dem absoluten Deckungsbeitragssatz des Produkts j und der Kapazitätsbeanspruchung der Maschine 1 gebildet,

c_j^{r1} den relativen Deckungsbeitrag des Produkts j unter Berücksichtigung des Grenzkostensprungs an der Maschine 1 beim Einsatz der Mehrarbeitszeit 1,

c_j^{r2} den relativen Deckungsbeitrag des Produkts j unter Berücksichtigung des Grenzkostensprungs an der Maschine 1 beim Einsatz der Mehrarbeitszeit 2,

x_j die Menge des Produktes $j, j = 1, ..., n$,

$\overline{r}_1^A$ die Kapazität der Arbeitskraft zur Bedienung der Maschine 1,

$dr_1^{A\mu}$ die Kapazitätszunahme der Arbeitskraft zur Bedienung der Maschine 1 beim Einsatz der Mehrarbeitszeit $\mu, \mu = 1, ..., v$,

dk_1^μ den Grenzkostensprung in der Fertigungsstelle bzw. an der Maschine 1 beim Einsatz der Mehrarbeitszeit μ,

a_{1j} den Produktionskoeffizienten des Produktes j auf der Maschine 1,

$\overline{x}_j$ die Absatzhöchstmenge des Produktes j,

$\overline{r}_1^{A\mu}$ die maximale Mehrarbeitszeit der Maschine 1 beim Einsatz der Mehrarbeitszeit μ,

x_j^0 die Menge des Produktes $j, j = 1, \ldots, n$, ohne Einsatz von Mehrarbeitszeiten,

x_j^1 die Menge des Produktes $j, j = 1, \ldots, n$, bei Mehrarbeitszeit 1 und

x_j^2 die Menge des Produktes $j, j = 1, \ldots, n$, bei Mehrarbeitszeit 2.

Die Normalkapazität $\overline{r}_1^A$ der Arbeitskraft zur Bedienung der Maschine 1 beträgt 33.000 Minuten. Es können zweimal Mehrarbeitszeiten von jeweils 30.000 Minuten angesetzt werden, die mit Grenzkostensprüngen von 3,50 € pro Mengeneinheit bzw. 5,00 € pro Mengeneinheit verbunden sind:

$$\overline{r}_1^{A1} = 30.000\,[Min.], \qquad \overline{r}_1^{A2} = 30.000\,[Min.],$$

$$dk_1^{A1} = 3,50\,[€/ME], \qquad dk_1^{A2} = 5,00\,[€/ME].$$

a) Welches Produktionsprogramm ist gewinnmaximal, und wie hoch ist dabei der Gewinn? Welche Mehrarbeitszeiten werden eingesetzt?

b) Formulieren Sie den Ansatz zur Bestimmung der gewinnmaximalen Produktion und des optimalen Einsatzes von Mehrarbeitszeiten, wenn jede Produktart zusätzlich auf einer zweiten Maschine bearbeitet werden muss!

Folgende Daten stehen Ihnen dabei zur Verfügung:

$$a_{21} = 80\,[Min./ME], \qquad a_{22} = 60\,[Min./ME], \quad a_{23} = 100\,[Min./ME],$$

$$\overline{r}_2^A = 33.000\,[Min.], \qquad \overline{r}_2^{A1} = 15.000\,[Min.], \qquad \overline{r}_2^{A2} = 15.000\,[Min.],$$

$$dk_2^{A1} = 6,00\,[€/ME], \qquad dk_2^{A2} = 3,00\,[€/ME].$$

Lösung zu Aufgabe 3.12

zu a) Mit Mehrarbeitszeit wird die Arbeitszeit bezeichnet, die über die tariflich festgelegte Normalarbeitszeit (z. B. 40-Stunden-Woche bei achtstündiger Schichtzeit) hinausgeht. Der Einsatz von Mehrarbeitszeiten beschreibt mithin einen zeitlichen Anpassungsprozess der menschlichen Arbeitskraft. Eine

Kapazitätserhöhung durch Mehrarbeit ist nicht mehr möglich, wenn der Betrieb bereits ununterbrochen täglich in drei Achtstundenschichten beschäftigt ist. Der Tabelle 3.12.2 kann bereits das optimale Produktionsprogramm unter Beachtung der Mehrarbeitszeiten entnommen werden. Für die Bestimmung des optimalen Produktionsprogramms wurden unter anderem die veränderten Deckungsbeitragssätze unter Inanspruchnahme von Mehrarbeitszeit 1 und 2 und die Kapazitätsbeanspruchungen bestimmt.

j	$\bar{x}_j$	a_{1j}	c_j	c_j^r	c_j^{r1}	c_j^{r2}	x_j^0	x_j^1	x_j^2	genutzte Kapazität	Restkapazität von $r_1^A =$ 33.000	Restkapazität von $r_1^{A1} =$ 30.000	Restkapazität von $r_1^{A2} =$ 30.000
1	380	75	600	8,00	4,50	3,00	380	0	0	28.500	4.500	30.000	30.000
2	230	90	495	5,50	2,00	0,50	50	180	0	20.700	0	13.800	30.000
3	450	115	460	4,00	0,50	$-1,00$	0	120	0	13.800	0	0	30.000

Tabelle 3.12.2: Bestimmung des optimalen Produktionsprogramms bei Mehrarbeitszeiten

Im Folgenden wird das gewinnmaximale Produktionsprogramm bestimmt. Eine Kapazitätserhöhung durch Mehrarbeitszeiten kann nur durchgeführt werden, wenn die weiteren am Produktionsprozess beteiligten Betriebsmittel (z. B. Maschinen) noch nicht an der Kapazitätsgrenze angelangt sind. Die Kapazitätserhöhung wird dann durch eine Erhöhung der Arbeitszeit (z. B. in Form von Überstunden) durchgeführt, nicht aber durch eine Erhöhung der Intensität der Betriebsmittel. Es wird angenommen, dass die Maschinen mit der Optimalintensität betrieben werden. Eine Arbeitszeiterhöhung führt zu Lohnkostensteigerungen, die durch die Grenzkostensprünge angegeben sind. Diese wirken sich auf die relativen Deckungsbeiträge der gefertigten Produktarten aus, so dass eine Fertigung mithilfe von Mehrarbeitszeiten vielleicht nicht mehr rentabel ist. Hier werden zwei Erweiterungsmöglichkeiten durch Mehrarbeitszeiten eröffnet, wobei Mehrarbeitszeit 2 mit höheren Grenzkostensprüngen verbunden ist. Somit wird die Fertigung von Produktart 3 in Mehrarbeitszeit 2 unrentabel, da der relative Deckungsbeitragssatz von Produktart 3 auf – 1,00 € pro Mengeneinheit fällt.

Da die Produktionskoeffizienten eine unterschiedliche Beanspruchung der Maschine 1 bzw. der an ihr eingesetzten Arbeitszeit durch die drei zu fertigenden Produktarten offenbaren und deren Kapazität zum Engpass wird, reichen die Deckungsbeitragssätze pro gefertigter Mengeneinheit der Produktart für die Ermittlung des gewinnmaximalen Produktionsprogramms nicht aus. Daher ist mit den relativen Deckungsbeitragssätzen (Spalte 5 in der Tabelle 3.12.2) zu rechnen. Weiterhin werden die veränderten Deckungsbeitragssätze unter Inanspruchnahme von Mehrarbeitszeit 1 und 2 betrachtet (Spalte 6 und 7 in der Tabelle 3.12.2).

In der Tabelle 3.12.2 sind die Iterationsschritte aufgeführt (detaillierte Berechnungen mit zusätzlichen Erläuterungen folgen im Anschluss an diesen Absatz). Zuerst listet man die Produkte in der Reihenfolge der Höhe ihres jeweiligen relativen Deckungsbeitrags bezüglich Maschine 1 auf. Man wird nun das Erzeugnis 1 mit dem höchsten relativen Deckungsbeitrag so lange herstellen, bis seine Absatzhöchstmenge $\bar{x}_1 = 380$ Mengeneinheiten erreicht ist. Für die Güter 2 und 3 verbleiben nur noch 4.500 Minuten Restkapazität; damit erzeugt man 50 Mengeneinheiten des Produkts 2. Im Anschluss werden die oben erläuterten Erweiterungsmöglichkeiten durch Mehrarbeitszeiten in Erwägung gezogen. Unter Mehrarbeitszeit 1 wird zunächst das Produkt 2 hergestellt, da diese Produktart einen höheren positiven relativen Deckungsbeitrag unter Berücksichtigung des Grenzkostensprungs beim Einsatz der Mehrarbeitszeit 1 aufweist als die Produktart 3. Man wird nun das Erzeugnis 2 mit dem nächsthöchsten relativen Deckungsbeitrag – bei Berücksichtigung der Grenzkostensprünge – unter Mehrarbeitszeit 1 so lange herstellen, bis seine Absatzhöchstmenge $\bar{x}_2 = 230$ Mengeneinheiten erreicht ist. Hierbei lassen sich $x_2^1 = 180$ Mengeneinheiten unter Mehrarbeitszeit 1 herstellen. Für das Gut 3 verbleiben nur noch 13.800 Minuten Restkapazität; damit erzeugt man 120 Mengeneinheiten des Produkts 3 unter Mehrarbeitszeit 1. Die Ausnutzung der Mehrarbeitszeit 2 für die Herstellung des Produkts 3 ist nicht sinnvoll, da der relative Deckungsbeitrag unter Einbeziehung des Grenzkostensprungs bei Mehrarbeitszeit 2 negativ ist (siehe auch oben).

Es folgen nun einige ergänzende Erläuterungen und Berechnungen zu der Tabelle 3.12.2. Der relative Deckungsbeitrag ist der Gradmesser für die Rangfolge des Auftretens der Produktarten im Produktionsprogramm! Es wird der Quotient aus den bereits kalkulierten absoluten Deckungsbeitragssätzen und der Kapazitätsbeanspruchung der Arbeitskraft an der Maschine 1 der jeweiligen Produktart gebildet. Es ist somit die Kapazitätsbelastung der Maschine 1 miteinzubeziehen, da dort der Engpass liegt.

Allgemein gilt:

$$c_j^r = \frac{c_j}{a_{1j}} \quad \text{mit} \quad j = 1,2,3.$$

Für die drei relativen Stückdeckungsbeiträge ergeben sich die folgenden Ergebnisse:

Für Produkt 1 ($j = 1$):

$$c_1^r = \frac{600}{75} = 8,00 \; [\text{€}/ME].$$

Für Produkt 2 ($j = 2$):

$$c_2^r = \frac{495}{90} = 5,50 \; [\text{€}/ME].$$

Für Produkt 3 ($j = 3$):

$$c_3^r = \frac{460}{115} = 4,00 \; [\text{€}/ME].$$

Daraus resultiert die Rangfolge der Einbeziehung der Produktarten auf Maschine 1:

Produkt 1, Produkt 2, Produkt 3.

Bei der Ermittlung des optimalen Produktionsprogramms sind die Grenzkostensprünge zu beachten. Die Kapazitätsbeanspruchung für die Produktion der Absatzhöchstmenge von Produktart 1 lässt sich wie folgt berechnen:

$$\underbrace{380 \cdot 75}_{\text{Produkt 1}} = 28.500 \; [Min.],$$

$$x_1^0 = \overline{x}_1 = 380 \; [ME].$$

Für die Produktion der Absatzhöchstmenge $\overline{x}_1$ der Produktart 1 werden 28.500 Minuten benötigt. Es verbleibt somit eine Restkapazität für die Produktion der Produktarten 2 und 3 unter Ausnutzung der normalen Arbeitszeit und ohne Berücksichtigung der Mehrarbeitszeit in Höhe von

$$33.000 - \underbrace{380 \cdot 75}_{\text{Produkt 1}} = 4.500 \; [Min.].$$

Mit der Restkapazität lassen sich dementsprechend

$$x_2^0 = \frac{4.500}{90} = 50 \, [ME]$$

herstellen.

Es werden Mehrarbeitszeiten benötigt, um weitere Mengeneinheiten zu produzieren. Die Berechnung der relativen Deckungsbeiträge unter Berücksichtigung der Mehrarbeitszeit 1 ist wie folgt möglich.

Allgemein gilt:

$$c_j^{r1} = c_j^r - dk_1^{A1} \quad \text{mit} \quad j = 2,3.$$

Für Produkt 2 ergibt sich somit:

$$c_2^{r1} = 5,5 - 3,50 = 2,00 \, [\text{€}/ME].$$

Analog kann für Produkt 3 der relative Deckungsbeitrag unter Mehrarbeitszeit 1 bestimmt werden.

$$c_3^{r1} = 4 - 3,50 = 0,50 \, [\text{€}/ME].$$

Die Rangfolge der Einbeziehung der Produktarten auf Maschine 1 unter Berücksichtigung der Mehrarbeitszeit 1 und der damit verbundenen Grenzkostensprünge lautet:

Produkt 2, Produkt 3.

Da die Produktarten 2 und 3 auch über einen positiven relativen Deckungsbeitragssatz bei Mehrarbeitszeit 1 verfügen, ist es sinnvoll, die Mehrarbeitszeit 1 zu nutzen. Die Kapazitätsbeanspruchung für die weitere Produktion der Produktart 2 unter Nutzung der Mehrarbeitszeit 1 beträgt:

$$\underbrace{180 \cdot 90}_{\text{Produkt 2}} = 16.200 \, [Min.]$$

mit

$$x_2^1 = 180 \, [ME].$$

Für die Produktion der Absatzhöchstmenge $\overline{x}_2$ der Produktart 2 werden insgesamt 20.700 Minuten benötigt, 4.500 Minuten unter Normalarbeitszeit und 16.200 Minuten unter Mehrarbeitszeit 1. Daraus resultiert:

$$x_2 = \overline{x}_2 = x_2^0 + x_2^1 = 50 + 180 = 230 \, [ME].$$

Es verbleibt somit eine Restkapazität für die Produktion der Produktart 3 unter Mehrarbeitszeit 1 und ohne Berücksichtigung der Mehrarbeitszeit 2 in Höhe von

$$30.000 - \underbrace{180 \cdot 90}_{\text{Produkt 2}} = 13.800 \, [Min.],$$

$$x_3^1 = \frac{13.800}{115} = 120 \, [ME].$$

Im Folgenden berechnen wir den relativen Deckungsbeitrag unter Berücksichtigung der Mehrarbeitszeit 2:

Allgemein gilt:

$$c_j^{r2} = c_j^r - dk_1^{A2} \qquad \text{mit} \qquad j = 3.$$

Für Produkt 3:

$$c_3^{r2} = 4 - 5,00 = -1,00 \, [€/ME].$$

Produktart 3 verfügt nur in Mehrarbeitszeit 1 noch über einen positiven relativen Deckungsbeitragssatz, bei Inanspruchnahme von Mehrarbeitszeit 2 würde dieser aufgrund des Grenzkostensprungs von fünf Euro pro Mengeneinheit negativ werden. Mehrarbeitszeit 2 wird folglich nicht in Anspruch genommen. Formal folgt:

$$x_3^2 = 0 \, [ME],$$

$$x_3 = x_3^1 + x_3^2 = 120 + 0 = 120 \, [ME].$$

Für die Produktion der Produktart 3 sind somit insgesamt 120 Mengeneinheiten vorgesehen.

Das gewinnmaximale Produktionsprogramm und die Ausnutzung der Mehrarbeitszeiten setzen sich wie folgt zusammen:

$$x_1 = x_1^0 = \overline{x}_1 = 380 \, [ME],$$

$$x_2 = x_2^0 + x_2^1 = \overline{x}_2 = 230 \, [ME] \text{ und}$$

$$x_3 = x_3^1 = 120 \, [ME].$$

Die Mehrarbeitszeiten sind gegeben durch:

$$r_1^{A1} = 30.000 \, [Min.] \quad \text{und} \quad r_1^{A2} = 0 \, [Min.].$$

Der Gewinn des gewinnmaximalen Produktionsprogramms lässt sich wie folgt bestimmen:

$$G = c_1 \cdot x_1^0 + c_2 \cdot x_2^0 + (c_2 - dk_1^{A1} \cdot a_{12}) \cdot x_2^1 + (c_3 - dk_1^{A1} \cdot a_{13}) \cdot x_3^1$$

$$= 600 \cdot 380 + 495 \cdot 50 + (495 - 3{,}50 \cdot 90) \cdot 180$$

$$+(460 - 3{,}50 \cdot 115) \cdot 120$$

$$= 228.000 + 24.750 + 32.400 + 6.900 = 292.050 \text{ €}.$$

Alternative Berechnung:

$$G = c_1 \cdot x_1 + c_2 \cdot x_2 + c_3 \cdot x_3 - dk_1^{A1} \cdot r_1^{A1}$$

$$= 600 \cdot 380 + 495 \cdot 230 + 460 \cdot 120 - 3{,}50 \cdot 30.000$$

$$= 228.000 + 113.850 + 55.200 - 105.000 = 292.050 \text{ €}.$$

zu b) Liegen mehrere Engpässe (allgemein m) vor, so muss das Produktionsprogramm simultan mit dem Einsatz von Mehrarbeitszeiten optimiert werden. Hinsichtlich der Zuordnung von Mehrarbeitszeiten und Fertigungsstellen unterscheidet man dabei zwei Extremfälle: den Spezialistenfall, bei dem jede Arbeitskraft einer bestimmten Fertigungsstelle zugeordnet ist, und den Universalistenfall, bei dem Flexibilität des Arbeitseinsatzes in dem Sinne vorliegt, dass die Arbeitskräfte an allen Fertigungsstellen untereinander austauschbar sind. Beide Problemvarianten lassen sich mithilfe der linearen Programmierung lösen. Bei Beschränkung auf den Spezialistenfall lautet der lineare Planungsansatz

$$\max G = \sum_{j=1}^{n} c_j \cdot x_j - \sum_{i=1}^{m} \sum_{\mu=1}^{v} dk_i^{\mu} \cdot dr_i^{A\mu}.$$

In der Zielfunktion ist der Gewinn G nun dadurch definiert, dass alle Produktionsmengen, also auch die, die in Mehrarbeitszeiten hergestellt sind, zunächst mit den Deckungsbeitragssätzen bei Normalarbeitszeit bewertet werden und man dann von diesen Deckungsbeiträgen die Zusatzkosten der eingesetzten verschiedenen Mehrarbeitszeiten abzieht. Da die Produktarten nun zusätzlich auf einer zweiten Maschine bearbeitet werden müssen, könnten mehrere Engpässe vorliegen. Aus diesem Grund muss das Produktionsprogramm simultan optimiert werden. Im Folgenden wird der einfachere Spezialistenfall unterstellt, bei dem die Anzahl der Mitarbeiter der Anzahl der zu bedienenden Maschinen entspricht. Eine genauere Zuordnung ist daher nicht nötig.

Die Zielfunktion setzt sich aus den erreichbaren Erlösen bei Normalarbeitszeit und Mehrarbeitszeiten sowie den zusätzlichen Kosten für die Inanspruchnahme von Mehrarbeitszeiten zusammen:

$$\max G = 600 \cdot x_1 + 495 \cdot x_2 + 460 \cdot x_3$$
$$-\left(3{,}50 \cdot dr_1^{A1} + 5 \cdot dr_1^{A2} + 6 \cdot dr_2^{A1} + 3 \cdot dr_2^{A2}\right).$$

Weiterhin sind die nachfolgenden Nebenbedingungen zu beachten.

Die Kapazitätsbeschränkungen sind gegeben durch:

$$\sum_{j=1}^{n} a_{ij} \cdot x_j \leq \bar{r}_i^A + \sum_{\mu=1}^{v} dr_i^{A\mu}, \qquad i = 1, \dots, m,$$

$$dr_i^{A\mu} \leq \bar{r}_i^{A\mu}, \qquad\qquad i = 1, \dots, m, \qquad \mu = 1, \dots, v.$$

Die Absatzbeschränkungen und Nicht-Negativitätsbedingungen lauten:

$$x_j \leq \bar{x}_j, \qquad\qquad j = 1, \dots, n,$$

$$x_j, dr_i^{A\mu} \geq 0, \qquad\quad j = 1, \dots, n, \qquad i = 1, \dots m, \qquad \mu = 1, \dots, v.$$

Die nachfolgenden Bedingungen fordern, dass die Gesamtkapazität der Ressource i durch die Beanspruchung der hergestellten Produktmengen nicht überschritten werden darf. Dabei setzt sich die Gesamtkapazität jedes Faktors aus seiner Normalkapazität und der Summe der Zusatzkapazitäten infolge der Mehrarbeitszeiten zusammen. Die unterschiedlichen Formen der Überstunden sind zeitlich begrenzt. Die Kapazitätsrestriktionen stellen sicher, dass die Beanspruchung der Kapazitäten das Angebot der Kapazität nicht überschreitet, wobei das Angebot sowohl die Kapazität während der Normalarbeitszeit als auch die zusätzlichen Kapazitäten durch Mehrarbeitszeiten umfasst.

$$75 \cdot x_1 + 90 \cdot x_2 + 115 \cdot x_3 \leq 33.000 + dr_1^{A1} + dr_1^{A2},$$

$$80 \cdot x_1 + 75 \cdot x_2 + 100 \cdot x_3 \leq 33.000 + dr_2^{A1} + dr_2^{A2}.$$

Weiterhin sind die Möglichkeiten der Erweiterung durch Mehrarbeitszeiten zeitlich begrenzt:

$$dr_1^{A1} \leq 30.000, dr_1^{A2} \leq 30.000, \ dr_2^{A1} \leq 15.000 \ \text{und} \quad dr_2^{A2} \leq 15.000.$$

Ebenso sind die Absatzmöglichkeiten mengenmäßig begrenzt durch die Absatzhöchstmengen für die drei Produktarten:

$$x_1 \leq 380, \quad x_2 \leq 230 \quad \text{und} \quad x_3 \leq 450.$$

Zuletzt fehlen noch die Nicht-Negativitätsbedingungen:

$$x_1, x_2, x_3, dr_1^{A1}, dr_1^{A2}, dr_2^{A1}, dr_2^{A2} \geq 0.$$

Zusammengefasst ergibt sich das folgende Optimierungsproblem:

Zielfunktion

$$\max G = 600 \cdot x_1 + 495 \cdot x_2 + 460 \cdot x_3$$
$$-\left(3{,}50 \cdot dr_1^{A1} + 5 \cdot dr_1^{A2} + 6 \cdot dr_2^{A1} + 3 \cdot dr_2^{A2}\right)$$

unter den Nebenbedingungen

$$75 \cdot x_1 + 90 \cdot x_2 + 115 \cdot x_3 \leq 33.000 + dr_1^{A1} + dr_1^{A2},$$

$$80 \cdot x_1 + 75 \cdot x_2 + 100 \cdot x_3 \leq 33.000 + dr_2^{A1} + dr_2^{A2},$$

$$dr_1^{A1} \leq 30.000,$$

$$dr_1^{A2} \leq 30.000,$$

$$dr_2^{A1} \leq dr_2^{A1},$$

$$dr_2^{A2} \leq 15.000,$$

$$x_1 \leq 380,$$

$$x_2 \leq 230,$$

$$x_3 \leq 450,$$

$$x_1, x_2, x_3, dr_1^{A1}, dr_1^{A2}, dr_2^{A1}, dr_2^{A2} \geq 0.$$

Aufgabe 3.13 Optimaler Einsatz von Mehrarbeitszeiten II

Die Ksüscha AG stellt vier Produkte ($j = 1,2,3,4$) auf der Maschine 1 her. Hierfür liegen der Unternehmung die in Tabelle 3.13.1 aufgeführten Daten vor.

Produkt j	Absatzhöchst-menge $\bar{x}_j$	Deckungsbeitrag c_j	Produktions-koeffizient a_{1j}
1	300 [ME]	600 [€/ME]	200 [$Min./ME$]
2	250 [ME]	560 [€/ME]	80 [$Min./ME$]
3	400 [ME]	480 [€/ME]	120 [$Min./ME$]
4	175 [ME]	345 [€/ME]	60 [$Min./ME$]

Tabelle 3.13.1: Plandaten der Ksüscha AG

Dazu bezeichnen

c_j den Deckungsbeitrag des Produkts j; er entspricht der Differenz zwischen dem Absatzpreis des Produkts j und dessen variablen Stückkosten bei Normalarbeitszeit,

c_j^r den relativen Deckungsbeitrag des Produkts j; er ist der Gradmesser für die Rangfolge des Auftretens der Produktarten im Produktionsprogramm. Es wird der Quotient aus dem absoluten Deckungsbeitragssatz des Produkts j und der Kapazitäts-beanspruchung der Maschine 1 gebildet,

c_j^{r1} den relativen Deckungsbeitrag des Produkts j unter Berücksichtigung des Grenzkostensprungs an der Maschine 1 beim Einsatz der Mehrarbeitszeit 1,

c_j^{r2} den relativen Deckungsbeitrag des Produkts j unter Berücksichtigung des Grenzkostensprungs an der Maschine 1 beim Einsatz der Mehrarbeitszeit 2,

x_j die Menge des Produktes $j, j = 1, ..., n$,

$\bar{r}_1^A$ die Kapazität der Arbeitskraft zur Bedienung der Maschine 1,

$dr_1^{A\mu}$ die Kapazitätszunahme der Arbeitskraft zur Bedienung der Maschine 1 beim Einsatz der Mehrarbeitszeit $\mu, \mu = 1, ..., v$,

dk_1^{μ} den Grenzkostensprung in der Fertigungsstelle bzw. an der Maschine 1 beim Einsatz der Mehrarbeitszeit μ,

a_{1j} den Produktionskoeffizienten des Produktes j auf der Maschine 1,

$\overline{x}_j$ die Absatzhöchstmenge des Produktes j,

$\overline{r}_1^{A\mu}$ die maximale Mehrarbeitszeit der Maschine 1 beim Einsatz der Mehrarbeitszeit μ,

x_j^0 die Menge des Produktes $j, j = 1, \ldots, n$, ohne Einsatz von Mehrarbeitszeiten,

x_j^1 die Menge des Produktes $j, j = 1, \ldots, n$, bei Mehrarbeitszeit 1 und

x_j^2 die Menge des Produktes $j, j = 1, \ldots, n$, bei Mehrarbeitszeit 2.

Die Normalkapazität $\overline{r}_1^A$ der Arbeitskraft zur Bedienung der Maschine 1 beträgt 29.000 Minuten ($\overline{r}_1^A = 29.000 \, [Min.]$). Es können zweimal Mehrarbeitszeiten angesetzt werden. Mehrarbeitszeit 1 lässt sich für 25.500 Minuten ansetzen, und Mehrarbeitszeit 2 steht für maximal 6.000 Minuten zur Verfügung. Die Mehrarbeitszeiten sind mit Grenzkostensprüngen von 2,75 € pro Mengeneinheit bzw. 3,50 € pro Mengeneinheit verbunden:

$$\overline{r}_1^{A1} = 25.500 \, [Min.], \qquad \overline{r}_1^{A2} = 6.000 \, [Min.],$$

$$dk_1^{A1} = 2,75 \, [€/ME], \qquad dk_1^{A2} = 3,50 \, [€/ME].$$

a) Welches Produktionsprogramm ist gewinnmaximal, und wie hoch ist dabei der Gewinn? Welche Mehrarbeitszeiten werden eingesetzt?

b) Formulieren Sie den Ansatz zur Bestimmung der gewinnmaximalen Produktion und des optimalen Einsatzes von Mehrarbeitszeiten, wenn jede Produktart zusätzlich auf einer zweiten Maschine bearbeitet werden muss! Zum Verständnis der im weiteren benutzten Symbole siehe Aufgabe 3.12, Teilaufgabe b).

Folgende Daten stehen zur Verfügung:

a_{21} = 40 [Min./ME],

a_{22} = 50 [Min./ME],

a_{23} = 50 [Min./ME],

a_{24} = 40 [Min./ME],

$\bar{r}_2^A$ = 18.000 [Min.].

$\bar{r}_2^{A1}$ = 950 [Min.],

$\bar{r}_2^{A2}$ = 500 [Min.],

dk_2^{A1} = 2,50 [€/ME],

dk_2^{A2} = 7,00 [€/ME].

Lösung zu Aufgabe 3.13

zu a) Der Tabelle 3.13.2 kann bereits das optimale Produktionsprogramm unter Beachtung der Mehrarbeitszeiten entnommen werden. Für die Bestimmung des optimalen Produktionsprogramms wurden unter anderem die veränderten Deckungsbeitragssätze unter Inanspruchnahme von Mehrarbeitszeit 1 und 2 und die Kapazitätsbeanspruchungen bestimmt.

j	$\bar{x}_j$	a_{1j}	c_j	c_j^r	c_j^{r1}	c_j^{r2}	x_j^0	x_j^1	x_j^2	genutzte Kapazität	Restkapazität von $r_1^A =$ 29.000	Restkapazität von $r_1^{A1} =$ 25.500	Restkapazität von $r_1^{A2} =$ 6.000
1	300	200	600	3,00	0,25	−0,50	0	0	0	0	29.000	25.500	6.000
2	250	80	560	7,00	4,25	3,50	250	0	0	20.000	9.000	25.500	6.000
3	400	120	480	4,00	1,25	0,50	0	200	50	30.000	9.000	1.500	0
4	175	60	345	5,75	3,00	2,25	150	25	0	10.500	0	0	0

Tabelle 3.13.2: Bestimmung des optimalen Produktionsprogramms bei Mehrarbeitszeiten

Eine Kapazitätserhöhung durch Mehrarbeitszeiten kann nur durchgeführt werden, wenn die weiteren am Produktionsprozess beteiligten Betriebsmittel (z. B. Maschinen) noch nicht an der Kapazitätsgrenze angelangt sind. Die Kapazitätserhöhung wird dann durch eine Erhöhung der Arbeitszeit (z. B. in Form von Überstunden) durchgeführt, nicht aber durch eine Erhöhung der

Intensität der Betriebsmittel. Es wird angenommen, dass die Maschinen mit der Optimalintensität betrieben werden. Eine Arbeitszeiterhöhung führt zu Lohnkostensteigerungen, die durch die Grenzkostensprünge angegeben sind. Diese wirken sich auf die relativen Deckungsbeiträge der gefertigten Produktarten aus, so dass eine Fertigung mithilfe von Mehrarbeitszeiten vielleicht nicht mehr rentabel ist. Hier werden zwei Erweiterungsmöglichkeiten durch Mehrarbeitszeiten eröffnet, wobei Mehrarbeitszeit 2 mit höheren Grenzkostensprüngen verbunden ist. Somit wird die Fertigung von Produktart 1 in Mehrarbeitszeit 2 unrentabel, da der relative Deckungsbeitragssatz von Produktart 1 auf − 0,50 € pro Mengeneinheit fällt.

Da die Produktionskoeffizienten eine unterschiedliche Beanspruchung der Maschine 1 bzw. der an ihr eingesetzten Arbeitszeit durch die vier zu fertigenden Produktarten offenbaren und deren Kapazität zum Engpass wird, reichen die Deckungsbeitragssätze pro gefertigter Mengeneinheit der Produktart für die Ermittlung des gewinnmaximalen Produktionsprogramms nicht aus. Daher ist mit den relativen Deckungsbeitragssätzen (Spalte 5 in der Tabelle 3.13.2) zu rechnen. Weiterhin werden die veränderten Deckungsbeitragssätze unter Inanspruchungnahme von Mehrarbeitszeit 1 und 2 betrachtet (Spalte 6 und 7 in der Tabelle 3.13.2).

In der Tabelle 3.13.2 sind die Iterationsschritte aufgeführt (detaillierte Berechnungen mit zusätzlichen Erläuterungen folgen im Anschluss an diesen Absatz). Zuerst listet man die Produkte in der Reihenfolge der Höhe ihres jeweiligen relativen Deckungsbeitrags bezüglich Maschine 1 auf. Man wird nun das Erzeugnis 2 mit dem höchsten relativen Deckungsbeitrag so lange herstellen, bis seine Absatzhöchstmenge $\bar{x}_2 = 250$ Mengeneinheiten erreicht ist. Für die Güter 1, 3 und 4 verbleiben nur noch 9.000 Minuten Restkapazität; damit erzeugt man 150 Mengeneinheiten des Produkts 4. Im Anschluss werden die oben erläuterten Erweiterungsmöglichkeiten durch Mehrarbeitszeiten in Erwägung gezogen. Unter Mehrarbeitszeit 1 wird zunächst weiterhin das Produkt 4 hergestellt, da diese Produktart einen höheren positiven relativen Deckungsbeitrag unter Berücksichtigung des Grenzkostensprungs beim Einsatz der Mehrarbeitszeit 1 aufweist als die Produktarten 1 und 3. Man wird nun das Erzeugnis 4 mit dem nächsthöchsten relativen Deckungsbeitrag – bei Berücksichtigung der Grenzkostensprünge – unter Mehrarbeitszeit 1 so lange herstellen, bis seine Absatzhöchstmenge $\bar{x}_4 = 175$ Mengeneinheiten erreicht ist. Hierbei ist es erforderlich, $x_4^1 = 25$ Mengeneinheiten unter Mehrarbeitszeit 1 herzustellen. Für die Güter 1 und 3 verbleiben danach nur noch

24.000 Minuten Restkapazität; damit erzeugt man insgesamt 200 Mengeneinheiten des Produkts 3 unter Mehrarbeitszeit 1, da diese Produktart einen höheren relativen Deckungsbeitrag unter Mehrarbeitszeit 1 aufweist als die Produktart 1. Die Absatzhöchstmenge $\overline{x}_3 = 400$ Mengeneinheiten unter Mehrarbeitszeit 1 ist jedoch nicht zu erreichen, da die restlich zur Verfügung stehende Kapazität der Mehrarbeitszeit 1 hierfür nicht ausreicht. Folglich muss überprüft werden, ob die Inanspruchnahme der Mehrarbeitszeit 2 für die Herstellung der Produktart 3 Sinn macht. Nach der Überprüfung und Feststellung, dass es sinnvoll ist, Mehrarbeitszeit 2 für die Herstellung der Produktart 3 in Anspruch zu nehmen, werden hiermit $x_3^2 = 50$ Mengeneinheiten unter Mehrarbeitszeit 2 produziert. Eine höhere Ausbringungsmenge lässt sich nicht erreichen, da die zusätzlichen Kapazitäten vollends ausgeschöpft wurden. Überdies war festzustellen, dass die Nutzung der Mehrarbeitszeit 2 für die Herstellung des Produkts 1 ohnehin nicht sinnvoll gewesen wäre, da der relative Deckungsbeitrag unter Einbeziehung des Grenzkostensprungs bei Mehrarbeitszeit 2 negativ ist (siehe auch oben). Eine Ausdehnung der Produktion für die Herstellung der Produktart 3 in Höhe von insgesamt $x_3^2 = 200$ Mengeneinheiten bis zu deren Absatzhöchstmenge in Höhe von $\overline{x}_3 = 400$ Mengeneinheiten wäre dagegen als vorteilhaft zu betrachten gewesen.

Es folgen nun einige ergänzende Erläuterungen und Berechnungen zu der Tabelle 3.13.2.

Der relative Deckungsbeitrag ist der Gradmesser für die Rangfolge des Auftretens der Produktarten im Produktionsprogramm! Es wird der Quotient aus den bereits kalkulierten absoluten Deckungsbeitragssätzen und der Kapazitätsbeanspruchung der Arbeitskraft an der Maschine 1 der jeweiligen Produktart gebildet. Es ist somit die Kapazitätsbelastung der Maschine 1 miteinzubeziehen, da dort der Engpass liegt.

Allgemein gilt:

$$c_j^r = \frac{c_j}{a_{1j}} \qquad \text{mit} \qquad j = 1,2,3,4.$$

Für die vier relativen Stückdeckungsbeiträge ergeben sich die folgenden Ergebnisse:

Für Produkt 1 ($j = 1$):

$$c_1^r = \frac{600}{200} = 3{,}00 \; [\text{€}/ME].$$

Für Produkt 2 ($j = 2$):

$$c_2^r = \frac{560}{80} = 7{,}00 \; [\text{€}/ME].$$

Für Produkt 3 ($j = 3$):

$$c_3^r = \frac{480}{120} = 4{,}00 \; [\text{€}/ME].$$

Für Produkt 4 ($j = 4$):

$$c_4^r = \frac{345}{60} = 5{,}75 \; [\text{€}/ME].$$

Daraus resultiert die Rangfolge der Einbeziehung der Produktarten auf Maschine 1:

Produkt 2, Produkt 4, Produkt 3, Produkt 1.

Bei der Ermittlung des optimalen Produktionsprogramms sind die Grenzkostensprünge zu beachten. Die Kapazitätsbeanspruchung für die Produktion der Absatzhöchstmenge von Produktart 2 lässt sich wie folgt berechnen:

$$\underbrace{250 \cdot 80}_{\text{Produkt 2}} = 20.000 \; [Min.]$$

mit

$$x_2 = x_2^0 = \overline{x}_2 = 250 \; [ME].$$

Für die Produktion der Absatzhöchstmenge $\overline{x}_2$ der Produktart 2 werden 20.000 Minuten benötigt. Es verbleibt somit eine Restkapazität für die Produktion der Produktarten 1, 3 und 4 unter Ausnutzung der normalen Arbeitszeit und ohne Berücksichtigung der Mehrarbeitszeit in Höhe von

$$29.000 - \underbrace{250 \cdot 80}_{\text{Produkt 2}} = 9.000 \; [Min.].$$

Mit der Restkapazität lassen sich dementsprechend

$$x_4^0 = \frac{9.000}{60} = 150 \, [ME]$$

herstellen.

Es werden Mehrarbeitszeiten benötigt, um weitere Mengeneinheiten zu produzieren. Die Berechnung der relativen Deckungsbeiträge unter Berücksichtigung der Mehrarbeitszeit 1 ist wie folgt möglich.

Allgemein gilt:

$$c_j^{r1} = c_j^r - dk_1^{A1} \qquad \text{mit} \qquad j = 1,3,4.$$

Für Produkt 1 ergibt sich somit:

$$c_1^{r1} = 3 - 2{,}75 = 0{,}25 \, [\text{€}/ME].$$

Analog kann für die Produkte 3 und 4 der relative Deckungsbeitrag unter Mehrarbeitszeit 1 bestimmt werden.

Für Produkt 3:

$$c_3^{r1} = 4 - 2{,}75 = 1{,}25 \, [\text{€}/ME].$$

Für Produkt 4:

$$c_4^{r1} = 5{,}75 - 2{,}75 = 3{,}00 \, [\text{€}/ME].$$

Die Rangfolge der Einbeziehung der Produktarten auf Maschine 1 unter Berücksichtigung der Mehrarbeitszeit 1 und der damit verbundenen Grenzkostensprünge lautet:

Produkt 4, Produkt 3, Produkt 1.

Da die Produktarten 1, 3 und 4 auch über einen positiven relativen Deckungsbeitragssatz bei Mehrarbeitszeit 1 verfügen, ist es sinnvoll, die Mehrarbeitszeit 1 zu nutzen. Die Kapazitätsbeanspruchung für die weitere Produktion der Produktart 4 unter Nutzung der Mehrarbeitszeit 1 beträgt:

$$\underbrace{25 \cdot 60}_{\text{Produkt 4}} = 1.500 \, [Min.]$$

mit

$$x_4^1 = 25 \, [\text{ME}].$$

Für die Produktion der Absatzhöchstmenge $\bar{x}_4$ der Produktart 4 werden insgesamt 10.500 Minuten benötigt, 9.000 Minuten unter Normalarbeitszeit und 1.500 Minuten unter Mehrarbeitszeit 1:

$$x_4 = \bar{x}_4 = x_4^0 + x_4^1 = 150 + 25 = 175 \ [ME].$$

Es verbleibt somit eine Restkapazität für die Produktion der Produktarten 1 und 3 unter Mehrarbeitszeit 1 und ohne Berücksichtigung der Mehrarbeitszeit 2 in Höhe von

$$25.500 - \underbrace{25 \cdot 60}_{\text{Produkt } 4} \quad = \quad 24.000 \ [Min.].$$

Für x_3^1 folgt

$$x_3^1 = \frac{24.000}{120} = 200 \ [ME].$$

Berechnung des relativen Deckungsbeitrags unter Berücksichtigung der Mehrarbeitszeit 2:

Allgemein gilt:

$$c_j^{r2} = c_j^r - dk_1^{A2} \qquad \text{mit} \qquad j = 1,3.$$

Für Produkt 1:

$$c_1^{r2} = 3 - 3,50 = -0,50 \ [€/ME].$$

Für Produkt 3:

$$c_3^{r2} = 4 - 3,50 = 0,50 \ [€/ME].$$

Die Rangfolge der Einbeziehung der Produktarten auf Maschine 1 unter Berücksichtigung der Mehrarbeitszeit 2 und der damit verbundenen Grenzkostensprünge lautet:

Produkt 3, Produkt 1.

Produktart 1 verfügt nur in Mehrarbeitszeit 1 noch über einen positiven relativen Deckungsbeitragssatz, bei Inanspruchnahme von Mehrarbeitszeit 2 würde dieser aufgrund des Grenzkostensprungs von 3,50 € pro Mengeneinheit negativ werden. Mehrarbeitszeit 2 wird folglich lediglich für Produktart 3 in Anspruch genommen. Das Produkt 1 wird somit auch nicht unter Mehrarbeitszeit 2 hergestellt, da auch keine Mindestmengen zu berücksichtigen sind.

Für die Produktion der Absatzhöchstmenge $\bar{x}_3$ der Produktart 3 würden insgesamt 48.000 Minuten benötigt. Unter Mehrarbeitszeit 1 konnten bereits

24.000 Minuten für die Herstellung von 200 Mengeneinheiten des Produktes genutzt werden. Die restlichen 6.000 Minuten, die unter Mehrarbeitszeit 2 zur Verfügung stehen, reichen nicht aus, um die Produktion der Absatzhöchstmenge der Produktart 3 sicherzustellen.

Mit der Kapazität der Mehrarbeitszeit 2 lassen sich dementsprechend 50 Mengeneinheiten herstellen.

$$x_3^2 = \frac{6.000}{120} = 50\ [ME].$$

Daraus folgt:

$$x_3 = x_3^1 + x_3^2 = 200 + 50 = 250\ [ME].$$

Für die Produktion der Produktart 3 sind somit insgesamt 250 Mengeneinheiten vorgesehen.

Das gewinnmaximale Produktionsprogramm und die Ausnutzung der Mehrarbeitszeiten setzen sich wie folgt zusammen:

$$x_1 = 0\ [ME], \qquad x_2 = \overline{x}_2 = 250\ [ME], \qquad x_3 = 250\ [ME]$$

und

$$x_4 = \overline{x}_4 = 175\ [ME].$$

Die Mehrarbeitszeiten sind gegeben durch:

$$r_1^{A1} = 25.500\ [Min.] \quad \text{und} \quad r_1^{A2} = 6.000\ [Min.].$$

Der Gewinn des gewinnmaximalen Produktionsprogramms lässt sich wie folgt bestimmen:

$$G = c_2 \cdot x_2 + (c_3 - dk_1^{A1} \cdot a_{13}) \cdot x_3^1 + (c_3 - dk_1^{A2} \cdot a_{13}) \cdot x_3^2 + c_4 \cdot x_4$$
$$+ (c_4 - dk_1^{A1} \cdot a_{14}) \cdot x_4^1.$$

Eingesetzt ergibt sich:

$$G = 560 \cdot 250 + (480 - 2{,}75 \cdot 120) \cdot 200 + (480 - 3{,}50 \cdot 120) \cdot 50$$
$$+ 345 \cdot 150 + (345 - 2{,}75 \cdot 60) \cdot 25$$
$$= 140.000 + 30.000$$
$$+ 3.000 + 51.750 + 4.500$$
$$= 229.250\ \text{€}.$$

Alternative Berechnung:

$$
\begin{aligned}
G &= c_1 \cdot x_1 + c_2 \cdot x_2 + c_3 \cdot x_3 + c_4 \cdot x_4 - dk_1^{A1} \cdot r_1^{A1} - dk_1^{A2} \cdot r_1^{A2} \\
&= 600 \cdot 0 + 560 \cdot 250 + 480 \cdot 250 + 345 \cdot 175 - 2{,}75 \cdot 25.500 \\
&\quad -3{,}50 \cdot 6.000 \\
&= 140.000 + 120.000 + 60.375 - 70.125 - 21.000 \\
&= 229.250 \; \text{€}.
\end{aligned}
$$

zu b) Liegen mehrere Engpässe (allgemein m) vor, so muss das Produktionsprogramm simultan mit dem Einsatz von Mehrarbeitszeiten optimiert werden. Hinsichtlich der Zuordnung von Mehrarbeitszeiten und Fertigungsstellen unterscheidet man dabei zwei Extremfälle: den Spezialistenfall, bei dem jede Arbeitskraft einer bestimmten Fertigungsstelle zugeordnet ist, und den Universalistenfall, bei dem Flexibilität des Arbeitseinsatzes in dem Sinne vorliegt, dass die Arbeitskräfte an allen Fertigungsstellen untereinander austauschbar sind. Beide Problemvarianten lassen sich mithilfe der linearen Programmierung lösen. Bei Beschränkung auf den Spezialistenfall lautet der lineare Planungsansatz

$$
\max G = \sum_{j=1}^{n} c_j \cdot x_j - \sum_{i=1}^{m} \sum_{\mu=1}^{v} dk_i^{\mu} \cdot dr_i^{A\mu}.
$$

In der Zielfunktion ist der Gewinn G nun dadurch definiert, dass alle Produktionsmengen, also auch die, die in Mehrarbeitszeiten hergestellt sind, zunächst mit den Deckungsbeitragssätzen bei Normalarbeitszeit bewertet werden und man dann von diesen Deckungsbeiträgen die Zusatzkosten der eingesetzten verschiedenen Mehrarbeitszeiten abzieht. Da die Produktarten nun zusätzlich auf einer zweiten Maschine bearbeitet werden müssen, könnten mehrere Engpässe vorliegen. Aus diesem Grund muss das Produktionsprogramm simultan optimiert werden. Im Folgenden wird der einfachere Spezialistenfall unterstellt, bei dem die Anzahl der Mitarbeiter der Anzahl der zu bedienenden Maschinen entspricht. Eine genauere Zuordnung ist daher nicht nötig. Die Zielfunktion setzt sich aus den erreichbaren Erlösen bei Normalarbeitszeit und Mehrarbeitszeiten sowie den zusätzlichen Kosten für die Inanspruchnahme von Mehrarbeitszeiten zusammen:

$$
\begin{aligned}
\max G = \; & 600 \cdot x_1 + 560 \cdot x_2 + 480 \cdot x_3 + 345 \cdot x_4 \\
& -\left(2{,}75 \cdot dr_1^{A1} + 3{,}50 \cdot dr_1^{A2} + 2{,}50 \cdot dr_2^{A1} + 7{,}00 \cdot dr_2^{A2}\right).
\end{aligned}
$$

Weiterhin sind die nachfolgenden Nebenbedingungen zu beachten.

Für die Kapazitätsbeschränkungen gilt:

$$\sum_{j=1}^{n} a_{ij} \cdot x_j \leq \bar{r}_i^A + \sum_{\mu=1}^{v} dr_i^{A\mu}, \qquad i = 1, \dots, m,$$

$$dr_i^{A\mu} \leq \bar{r}_i^{A\mu}, \qquad\qquad i = 1, \dots, m, \qquad \mu = 1, \dots, v.$$

Für die Absatzbeschränkungen und Nicht-Negativitätsbedingungen gilt:

$$x_j \leq \bar{x}_j, \qquad j = 1, \dots, n,$$

$$x_j, dr_i^{A\mu} \geq 0, \qquad j = 1, \dots, n, \qquad i = 1, \dots m, \qquad \mu = 1, \dots, v.$$

Die nachfolgenden Bedingungen fordern, dass die Gesamtkapazität der Ressource i durch die Beanspruchung der hergestellten Produktmengen nicht überschritten werden darf. Dabei setzt sich die Gesamtkapazität jedes Faktors aus seiner Normalkapazität und der Summe der Zusatzkapazitäten infolge der Mehrarbeitszeiten zusammen. Die unterschiedlichen Formen der Überstunden sind zeitlich begrenzt. Die Kapazitätsrestriktionen stellen sicher, dass die Beanspruchung der Kapazitäten das Angebot der Kapazität nicht überschreitet, wobei das Angebot sowohl die Kapazität während der Normalarbeitszeit als auch die zusätzlichen Kapazitäten durch Mehrarbeitszeiten umfasst.

$$200 \cdot x_1 + 80 \cdot x_2 + 120 \cdot x_3 + 60 \cdot x_4 \leq 29.000 + dr_1^{A1} + dr_1^{A2},$$

$$40 \cdot x_1 + 50 \cdot x_2 + 50 \cdot x_3 + 40 \cdot x_4 \leq 18.000 + dr_2^{A1} + dr_2^{A2}.$$

Weiterhin sind die Möglichkeiten der Erweiterung durch Mehrarbeitszeiten zeitlich begrenzt:

$$dr_1^{A1} \leq 25.500, \quad dr_1^{A2} \leq 6.000, \quad dr_2^{A1} \leq 950 \quad \text{und} \quad dr_2^{A2} \leq 500.$$

Ebenso sind die Absatzmöglichkeiten mengenmäßig begrenzt durch die Absatzhöchstmengen für die drei Produktarten:

$$x_1 \leq 300, \quad x_2 \leq 250, \quad x_3 \leq 400 \quad \text{und} \quad x_4 \leq 175.$$

Zuletzt fehlen noch die Nicht-Negativitätsbedingungen:

$$x_1, x_2, x_3, x_4, dr_1^{A1}, dr_1^{A2}, dr_2^{A1}, dr_2^{A2} \geq 0.$$

Zusammengefasst erhält man formal das folgende Optimierungsproblem:

Zielfunktion

$$\max G = 600 \cdot x_1 + 560 \cdot x_2 + 480 \cdot x_3 + 345 \cdot x_4$$
$$-\left(2{,}75 \cdot dr_1^{A1} + 3{,}50 \cdot dr_1^{A2} + 2{,}50 \cdot dr_2^{A1} + 7{,}00 \cdot dr_2^{A2}\right)$$

unter den Nebenbedingungen

$$200 \cdot x_1 + 80 \cdot x_2 + 120 \cdot x_3 + 60 \cdot x_4 \le 29.000 + dr_1^{A1} + dr_1^{A2},$$

$$40 \cdot x_1 + 50 \cdot x_2 + 50 \cdot x_3 + 40 \cdot x_4 \le 18.000 + dr_2^{A1} + dr_2^{A2},$$

$$dr_1^{A1} \le 25.500,$$

$$dr_1^{A2} \le 6.000,$$

$$dr_2^{A1} \le 950,$$

$$dr_2^{A2} \le 500,$$

$$x_1 \le 300,$$

$$x_2 \le 250,$$

$$x_3 \le 400,$$

$$x_4 \le 175,$$

$$x_1, x_2, x_3, x_4, dr_1^{A1}, dr_1^{A2}, dr_2^{A1}, dr_2^{A2} \ge 0.$$

4   Verfahrenswahlentscheidungen

Lernbereich FANDEL/FISTEK/STÜTZ, S. 221-289

Aufgabe 4.1   Problem der optimalen Verfahrenswahl bei mehreren Fertigungsstellen I

Der Ksüscha AG stehen in einer dreistufigen Fertigung zur Herstellung eines Endproduktes auf Stufe 1 drei Verfahren, auf Stufe 2 zwei Verfahren und auf Stufe 3 ein Verfahren zur Verfügung. Die möglichen Verfahrenskombinationen sind zusammen mit den Produktionskoeffizienten zwischen den Fertigungsstufen in Abbildung 4.1.1 dargestellt.

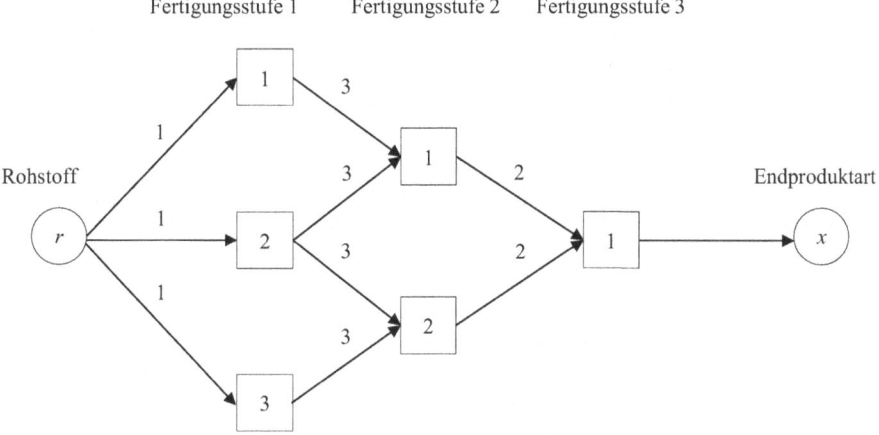

Abb. 4.1.1:   Mögliche Verfahrenskombinationen

Weiterhin seien die in Tabelle 4.1.1 aufgelisteten Daten gegeben.

	Fertigungs-stufe 1			Fertigungs-stufe 2		Fertigungs-stufe 3
	Maschine			Maschine		Maschine
	1	2	3	1	2	1
Bearbeitungszeit $[ZE/ME]$	2	2	1	1	1	1
Kosten $[GE/ZE]$	1	1,05	2,2	1,5	1,4	2
Ausschusskoeffizient	1,45	1,4	1,3	1,1	1,2	1
Kapazität $[ZE]$	3.000	3.000	3.000	1.000	1.000	1.000

Tabelle 4.1.1:   Daten der Ksüscha AG

Die Ausschusskoeffizienten jeder Maschine geben dabei an, wie viele Mengeneinheiten einer Produktart auf der Maschine produziert werden müssen, damit eine Mengeneinheit für die weitere Produktion verwertbar ist. Der Beschaffungspreis für den Rohstoff r beträgt für die Ksüscha AG $q = 3$ Geldeinheiten pro Mengeneinheit.

a) Bestimmen Sie die Stückkosten pro Endprodukteinheit der vier möglichen Verfahrenskombinationen!

b) Formulieren Sie die beiden möglichen Ansätze zur simultanen Bestimmung von Teilebedarf und Verfahrenswahl, wenn 500 Mengeneinheiten der Endproduktmenge produziert werden sollen.

Lösung zu Aufgabe 4. 1

zu a) Die Variablen für die zu bestimmenden Stückkosten sind in der Form definiert, dass die drei Indizes angeben, welche Maschine auf der jeweiligen Stufe zur Fertigung benutzt wird, wobei der erste Index die Maschine auf der ersten Stufe, der zweite Index die Maschine auf der zweiten Stufe und der dritte Index die Maschine auf der dritten Stufe angibt. Dementsprechend gibt k_{321} die Stückkosten für die folgende Verfahrenskombination an: Auf der ersten Stufe wird die dritte Maschine benutzt, auf der zweiten Stufe entsprechend die zweite Maschine und auf der dritten Stufe die erste Maschine. Die Stückkosten setzen sich zunächst zusammen aus den Kosten für die benötigte Menge des Rohstoffs. Der Produktionskoeffizient, mit dem der Rohstoff in die erste Stufe eingeht, beträgt eins, und die Kosten für eine Einheit des Rohstoffs betragen drei Geldeinheiten. Die weiteren Bestandteile der Stückkosten ergeben sich aus den Kostenanteilen, die durch die Bearbeitung des Werkstücks auf der jeweiligen Maschine einer Stufe entstehen. Dazu ist die Bearbeitungszeit pro Mengeneinheit mit den Kosten pro Zeiteinheit sowie dem Ausschusskoeffizienten der Maschine zu multiplizieren. Bei der Bewegung von Stufe zu Stufe erhöht sich dieser Wert noch um den Produktionskoeffizienten, der angibt, wie viele Teile der vorgelagerten Stufe in die nachgelagerte Stufe eingehen müssen, um das Endprodukt fertigen zu können. Dabei wird der gesamte Weg der Produktart über alle Stufen und die dabei genutzten Maschinen nachvollzogen.

Man erhält:

$$k_{111} = \left(\left(\left(3\left[\frac{GE}{ME}\right] \cdot 1 + 2\left[\frac{ZE}{ME}\right] \cdot 1\left[\frac{GE}{ZE}\right]\right) \cdot 1{,}45 \cdot 3 + 1\left[\frac{ZE}{ME}\right] \cdot 1{,}5\left[\frac{GE}{ZE}\right]\right)\right.$$

$$\left. \cdot 1{,}1 \cdot 2 + 1\left[\frac{ZE}{ME}\right] \cdot 2\left[\frac{GE}{ZE}\right]\right) \cdot 1$$

$$= 53{,}15\left[\frac{GE}{ME}\right].$$

$$k_{211} = \left(\left(\left(3\left[\frac{GE}{ME}\right] \cdot 1 + 2\left[\frac{ZE}{ME}\right] \cdot 1{,}05\left[\frac{GE}{ZE}\right]\right) \cdot 1{,}4 \cdot 3 + 1\left[\frac{ZE}{ME}\right] \cdot 1{,}5\left[\frac{GE}{ZE}\right]\right)\right.$$

$$\left. \cdot 1{,}1 \cdot 2 + 1\left[\frac{ZE}{ME}\right] \cdot 2\left[\frac{GE}{ZE}\right]\right) \cdot 1$$

$$= 52{,}424\left[\frac{GE}{ME}\right].$$

$$k_{221} = \left(\left(\left(3\left[\frac{GE}{ME}\right] \cdot 1 + 2\left[\frac{ZE}{ME}\right] \cdot 1{,}05\left[\frac{GE}{ZE}\right]\right) \cdot 1{,}4 \cdot 3 + 1\left[\frac{ZE}{ME}\right] \cdot 1{,}4\left[\frac{GE}{ZE}\right]\right)\right.$$

$$\left. \cdot 1{,}2 \cdot 2 + 1\left[\frac{ZE}{ME}\right] \cdot 2\left[\frac{GE}{ZE}\right]\right) \cdot 1$$

$$= 56{,}768\left[\frac{GE}{ME}\right].$$

$$k_{321} = \left(\left(\left(3\left[\frac{GE}{ME}\right] \cdot 1 + 1\left[\frac{ZE}{ME}\right] \cdot 2{,}2\left[\frac{GE}{ZE}\right]\right) \cdot 1{,}3 \cdot 3 + 1\left[\frac{ZE}{ME}\right] \cdot 1{,}4\left[\frac{GE}{ZE}\right]\right)\right.$$

$$\left. \cdot 1{,}2 \cdot 2 + 1\left[\frac{ZE}{ME}\right] \cdot 2\left[\frac{GE}{ZE}\right]\right) \cdot 1$$

$$= 54{,}032\left[\frac{GE}{ME}\right].$$

zu b) Die beiden Ansätze, die zur Optimierung dieses Verfahrenswahlproblems in Frage kommen, sind die Alternativkalkulation und die arbeitsgangweise Kalkulation.

In einem ersten Schritt wird die Berechnung anhand der Alternativkalkulation durchgeführt. Im Rahmen der Alternativkalkulation werden alle Verfahrens-kombinationen mit ihren Stückkosten betrachtet und daraus die kosten-minimalen Produktteilmengen ermittelt. In die Zielfunktion gehen damit alle Verfahrenskombinationen mit den von ihnen verursachten Stückkosten ein. Die Variablen der Teilmengen sind dabei entsprechend den Stückkosten indiziert.

Die Zielfunktion lautet:

$$\min K = 53,15 \cdot x_{111} + 52,424 \cdot x_{211} + 56,768 \cdot x_{221} + 54,032 \cdot x_{321}.$$

Es gibt eine eindeutige Vorgabe betreffs des Absatzes in der Aufgabenstellung, mithin sind 500 Mengeneinheiten zu produzieren und abzusetzen. Die gefertigten Teilmengen müssen somit zusammen der Absatzmenge $x = 500$ Mengeneinheiten entsprechen.

Für die Absatz- bzw. Produktionsrestriktion gilt:

$$x_{111} + x_{211} + x_{221} + x_{321} = 500.$$

Die Kapazitätsrestriktionen geben die Kapazitätsinanspruchnahme der Teilmengen auf der entsprechenden Maschine und Stufe wieder. Auf der letzten Stufe wird die Kapazitätsinanspruchnahme betrachtet, die die Teilmengen auf der Maschine dieser Stufe verursachen. Diese ergibt sich aus der Bearbeitungszeit auf der Maschine sowie dem zugehörigen Ausschusskoeffizienten. Auf der letzten Fertigungsstufe kommt lediglich Maschine 1 zum Einsatz. Zu beachten gilt es hier, dass alle Verfahrenskombinationen auf der letzten Fertigungsstufe Maschine 1 beanspruchen.

Die Kapazitätsrestriktion der Maschine 1 auf Fertigungsstufe 3 lautet:

$$1 \cdot 1 \cdot x_{111} + 1 \cdot 1 \cdot x_{211} + 1 \cdot 1 \cdot x_{221} + 1 \cdot 1 \cdot x_{321} \leq 1.000.$$

Auf den vorgelagerten Fertigungsstufen gilt es zu beachten, dass die jeweilige zu berücksichtigende Kapazität durch die Ausschusskoeffizienten und Produktionskoeffizienten des noch zurückzulegenden Weges beeinflusst wird. Die Kapazitätsinanspruchnahme erhöht sich dementsprechend gemäß der auf der gewählten Verfahrenskombination auftretenden Produktionskoeffizienten zur jeweils nächst höheren Fertigungsstufe und des Ausschusskoeffizienten der jeweils nächsten Maschine.

Die Kapazitätsrestriktion der Maschine 1 auf Fertigungsstufe 2 lautet demnach:

$$1 \cdot 1,1 \cdot 2 \cdot 1 \cdot x_{111} + 1 \cdot 1,1 \cdot 2 \cdot 1 \cdot x_{211} \leq 1.000$$
$$\Rightarrow 2,2 \cdot x_{111} + 2,2 \cdot x_{211} \leq 1.000.$$

Zudem ist die Kapazitätsrestriktion der Maschine 2 auf Fertigungsstufe 2 gegeben durch:

$$1 \cdot 1,2 \cdot 2 \cdot 1 \cdot x_{221} + 1 \cdot 1,2 \cdot 2 \cdot 1 \cdot x_{321} \leq 1.000$$
$$\Rightarrow 2,4 \cdot x_{221} + 2,4 \cdot x_{321} \leq 1.000.$$

Auf der Fertigungsstufe 1 sind dementsprechend die zwei nachfolgenden Fertigungsstufen mit ihren für die gemäß der gewählten Verfahrenskombination jeweils geltenden Ausschusskoeffizienten sowie die jeweils auftretenden Produktionskoeffizienten zu berücksichtigen.

Damit ergibt sich für die Kapazitätsrestriktion der Maschine 1 auf Fertigungsstufe 1:

$$2 \cdot 1,45 \cdot 3 \cdot 1,1 \cdot 2 \cdot 1 \cdot x_{111} \leq 3.000$$

$$\Rightarrow 19,14 \cdot x_{111} \leq 3.000.$$

Die Kapazitätsrestriktion der Maschine 2 auf Fertigungsstufe 1 lautet:

$$2 \cdot 1,4 \cdot 3 \cdot 1,1 \cdot 2 \cdot 1 \cdot x_{211} + 2 \cdot 1,4 \cdot 3 \cdot 1,2 \cdot 2 \cdot 1 \cdot x_{221} \leq 3.000$$

$$\Rightarrow 18,48 \cdot x_{211} + 20,16 \cdot x_{221} \leq 3.000.$$

Für die Kapazitätsrestriktion der Maschine 3 auf Fertigungsstufe 1 gilt:

$$1 \cdot 1,3 \cdot 3 \cdot 1,2 \cdot 2 \cdot 1 \cdot x_{321} \leq 3.000$$

$$\Rightarrow 9,36 \cdot x_{321} \leq 3.000.$$

Weiterhin müssen die Nicht-Negativitätsbedingungen beachtet werden:

$$x_{111}, x_{211}, x_{221}, x_{321} \geq 0.$$

Im Folgenden wird nun die arbeitsgangweise Kalkulation formuliert. Aufgrund der Betrachtung aller Verfahrenskombinationen arbeitet die Alternativ-kalkulation mit einer großen Variablenanzahl. Diesen rechnerischen Nachteil versucht die arbeitsgangweise Kalkulation dadurch zu vermeiden, dass die Teilmengen $x_{s i_s}$ betrachtet werden, die durch jede vorhandene Maschine auf jeder Stufe laufen. Die Variablen werden folglich neu definiert. Der erste Index gibt nun die betrachtete Stufe, der zweite Index die Maschine auf dieser Stufe an. Die zu minimierenden Kosten ergeben sich aus den Kosten, die die Bearbeitung der Teilmengen auf jeder Stufe und Maschine verursachen.

Die zugehörige Zielfunktion lautet:

$$\begin{aligned}
\min K = \; & 3 \cdot r + 2 \cdot 1 \cdot 1,45 \cdot x_{11} + 2 \cdot 1,05 \cdot 1,4 \cdot x_{12} \\
& + 1 \cdot 2,2 \cdot 1,3 \cdot x_{13} + 1 \cdot 1,5 \cdot 1,1 \cdot x_{21} \\
& + 1 \cdot 1,4 \cdot 1,2 \cdot x_{22} + 1 \cdot 2 \cdot 1 \cdot x_{31} \\
= \; & 3 \cdot r + 2,9 \cdot x_{11} + 2,94 \cdot x_{12} + 2,86 \cdot x_{13} + 1,65 \cdot x_{21} \\
& + 1,68 \cdot x_{22} + 2 \cdot x_{31}.
\end{aligned}$$

Auf der letzten Stufe steht nur noch eine Maschine zur Verfügung, mithin entspricht x_{31} der Endproduktmenge.

Die Absatz- bzw. Produktionsrestriktion ist gegeben durch:

$$x_{31} = 500.$$

Die Kapazitätsrestriktionen berücksichtigen lediglich die jeweiligen Bearbeitungszeiten und Ausschusskoeffizienten der betrachteten Maschinen.

Für die Kapazitätsrestriktionen der Fertigungsstufen 1 bis 3 gelten die folgenden Bedingungen:

$$2 \cdot 1{,}45 \cdot x_{11} \leq 3.000, \qquad 2 \cdot 1{,}4 \cdot x_{12} \leq 3.000, \qquad 1 \cdot 2{,}2 \cdot x_{13} \leq 3.000,$$

$$1 \cdot 1{,}1 \cdot x_{21} \leq 1.000, \qquad 1 \cdot 1{,}2 \cdot x_{22} \leq 1.000, \qquad 1 \cdot 1 \cdot x_{31} \leq 1.000.$$

Um zu gewährleisten, dass alle Teilmengen, die auf einer vorgelagerten Stufe gefertigt werden, vollständig auf der nachgelagerten Stufe ankommen, benötigt dieser Ansatz Kontinuitätsbedingungen. Hierfür sind die Mengen, die auf den vorgelagerten Stufen hergestellt werden, um den Produktionskoeffizienten und den Ausschusskoeffizienten zu erhöhen. Dabei ist zu beachten, dass auf der ersten Fertigungsstufe die Teilmengen, die sich auf Maschine 2 fertigen lassen, an beide Maschinen der Fertigungsstufe 2 weitergeleitet werden können. Somit teilt sich x_{12} in x_{12}^1 und x_{12}^2 auf. x_{12}^1 geht an Maschine 1 der Fertigungsstufe 2 und x_{12}^2 an Maschine 2 der Fertigungsstufe 2.

Die Kontinuitätsbedingungen lauten:

$$r = 1{,}45 \cdot x_{11} + 1{,}4 \cdot x_{12} + 1{,}3 \cdot x_{13},$$

$$x_{11} + x_{12}^1 = 3 \cdot 1{,}1 \cdot x_{21} = 3{,}3 \cdot x_{21},$$

$$x_{13} + x_{12}^2 = 3 \cdot 1{,}2 \cdot x_{22} = 3{,}6 \cdot x_{22},$$

$$x_{12}^1 + x_{12}^2 = x_{12},$$

$$x_{21} + x_{22} = 2 \cdot 1 \cdot x_{31} = 2 \cdot x_{31}.$$

Zudem sind auch hier die Nicht-Negativitätsbedingungen zu beachten:

$$x_{11}, x_{12}^1, x_{12}^2, x_{12}, x_{13}, x_{21}, x_{22}, x_{31} \geq 0.$$

In diesem Ansatz werden die insgesamt produzierten Mengen betrachtet, somit sind die Ausschussmengen darin enthalten. Die Ausschusskoeffizienten gehen mit in die Zielfunktion ein, da sie sich Kosten erhöhend auswirken. Zudem gehen die Ausschusskoeffizienten in die Kapazitätsrestriktionen ein und wirken sich erhöhend auf die Kapazitätsinanspruchnahme aus.

Alternativ können in diesem Ansatz der arbeitsgangweisen Kalkulation nur die gefertigten Gutteile abgebildet werden. Die Ausschusskoeffizienten treten dann lediglich in den Kontinuitätsbedingungen auf.

Die Zielfunktion ist dann gegeben durch:

$$
\begin{aligned}
\min K \; = \; & 3 \cdot r + 2 \cdot 1 \cdot x_{11} + 2 \cdot 1{,}05 \cdot x_{12} + 1 \cdot 2{,}2 \cdot x_{13} + 1 \cdot 1{,}5 \cdot x_{21} \\
& + 1 \cdot 1{,}4 \cdot x_{22} + 1 \cdot 2 \cdot x_{31} \\
= \; & 3 \cdot r + 2 \cdot x_{11} + 2{,}1 \cdot x_{12} + 2{,}2 \cdot x_{13} + 1{,}5 \cdot x_{21} + 1{,}4 \cdot x_{22} \\
& + 2 \cdot x_{31}.
\end{aligned}
$$

Für die Absatz- bzw. Produktionsrestriktion gilt:

$$
x_{31} = 500.
$$

In dieser Variante lassen sich die Mengen der vorgelagerten Stufe um den Ausschussanteil vermindern, so dass auf der nachgelagerten Stufe die benötigte Menge an Gutteilen (erhöht um den zugehörigen Produktionskoeffizienten) ankommt.

Die Kapazitätsrestriktionen der Fertigungsstufen 1 bis 3 sind gegeben durch:

$$
2 \cdot x_{11} \leq 3.000, \quad 2 \cdot x_{12} \leq 3.000, \quad 1 \cdot x_{13} \leq 3.000,
$$

$$
1 \cdot x_{21} \leq 1.000, \quad 1 \cdot x_{22} \leq 1.000, \quad 1 \cdot x_{31} \leq 1.000.
$$

Die Kontinuitätsbedingungen lauten:

$$
r = x_{11} + x_{12} + x_{13},
$$

$$
\frac{1}{1{,}45} \cdot x_{11} + \frac{1}{1{,}4} \cdot x_{12}^1 = 3 \cdot x_{21},
$$

$$
\frac{1}{1{,}3} \cdot x_{13} + \frac{1}{1{,}4} \cdot x_{12}^2 = 3 \cdot x_{22},
$$

$$
x_{12}^1 + x_{12}^2 = x_{12},
$$

$$
\frac{1}{1{,}1} \cdot x_{21} + \frac{1}{1{,}2} \cdot x_{22} = 2 \cdot x_{31}.
$$

Zudem sind auch hier die Nicht-Negativitätsbedingungen zu beachten:

$$
x_{11}, x_{12}^1, x_{12}^2, x_{12}, x_{13}, x_{21}, x_{22}, x_{31} \geq 0.
$$

Aufgabe 4. 2   Problem der optimalen Verfahrenswahl bei mehreren Fertigungsstellen II

Der Ksüscha AG stehen in einer dreistufigen Fertigung zur Herstellung eines Endproduktes auf Fertigungsstufe 1 ein Verfahren, auf Fertigungsstufe 2 und Fertigungsstufe 3 jeweils zwei Verfahren zur Verfügung. Die möglichen Verfahrenskombinationen sind zusammen mit den Input-Output-Relationen (Produktionskoeffizienten) zwischen den Fertigungsstufen in Abbildung 4.2.1 aufgeführt. Die auf Fertigungsstufe 3 produzierten Mengen entsprechen ohne weitere Verarbeitung der Endproduktmenge.

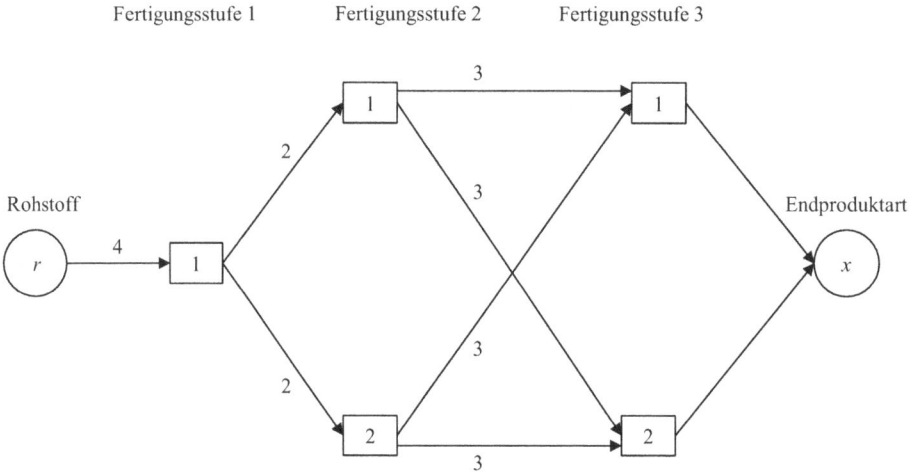

Abb. 4.2.1:   Mögliche Verfahrenskombinationen

Weiterhin seien die in Tabelle 4.2.1 aufgelisteten Daten gegeben.

	Stufe 1	Stufe 2		Stufe 3	
	Maschine 1	Maschine 1	Maschine 2	Maschine 1	Maschine 2
Bearbeitungs-zeit $[ZE/ME]$	2	3	2	4	2
Kosten $[GE/ZE]$	3	4	3	5	6
Ausschuss-koeffizient	1,2	1,3	1,5	1,2	1,4
Kapazität $[ZE]$	12.000	7.000	9.000	8.000	6.000

Tabelle 4.2.1:   Daten der Ksüscha AG

Die Ausschusskoeffizienten jeder Maschine geben dabei an, wie viele Mengeneinheiten einer Produktart auf der Maschine produziert werden müssen, damit eine Mengeneinheit für die weitere Produktion verwertbar ist. Die Ksüscha AG kann den Rohstoff r für $q = 5$ Geldeinheiten pro Mengeneinheit beschaffen.

a) Bestimmen Sie die Stückkosten pro Endprodukteinheit der vier möglichen Verfahrenskombinationen!

b) Formulieren Sie die beiden möglichen Ansätze zur simultanen Bestimmung von Teilebedarf und Verfahrenswahl, wenn 1.500 Mengeneinheiten der Endproduktmenge x zu produzieren sind!

Lösung zu Aufgabe 4. 2

zu a) Man erhält:

$$k_{111} = \left(\left(\left(5\left[\frac{GE}{ME}\right] \cdot 4 + 2\left[\frac{ZE}{ME}\right] \cdot 3\left[\frac{GE}{ZE}\right]\right) \cdot 1{,}2 \cdot 2 + 3\left[\frac{ZE}{ME}\right] \cdot 4\left[\frac{GE}{ZE}\right]\right)\right.$$
$$\left. \cdot 1{,}3 \cdot 3 + 4\left[\frac{ZE}{ME}\right] \cdot 5\left[\frac{GE}{ZE}\right]\right) \cdot 1{,}2$$
$$= 372{,}192\left[\frac{GE}{ME}\right],$$

$$k_{112} = \left(\left(\left(5\left[\frac{GE}{ME}\right] \cdot 4 + 2\left[\frac{ZE}{ME}\right] \cdot 3\left[\frac{GE}{ZE}\right]\right) \cdot 1{,}2 \cdot 2 + 3\left[\frac{ZE}{ME}\right] \cdot 4\left[\frac{GE}{ZE}\right]\right)\right.$$
$$\left. \cdot 1{,}3 \cdot 3 + 2\left[\frac{ZE}{ME}\right] \cdot 6\left[\frac{GE}{ZE}\right]\right) \cdot 1{,}4$$
$$= 423{,}024\left[\frac{GE}{ME}\right],$$

$$k_{121} = \left(\left(\left(5\left[\frac{GE}{ME}\right] \cdot 4 + 2\left[\frac{ZE}{ME}\right] \cdot 3\left[\frac{GE}{ZE}\right]\right) \cdot 1{,}2 \cdot 2 + 2\left[\frac{ZE}{ME}\right] \cdot 3\left[\frac{GE}{ZE}\right]\right)\right.$$
$$\left. \cdot 1{,}5 \cdot 3 + 4\left[\frac{ZE}{ME}\right] \cdot 5\left[\frac{GE}{ZE}\right]\right) \cdot 1{,}2$$
$$= 393{,}36\left[\frac{GE}{ME}\right],$$

$$k_{122} = \left(\left(\left(5\left[\frac{GE}{ME}\right] \cdot 4 + 2\left[\frac{ZE}{ME}\right] \cdot 3\left[\frac{GE}{ZE}\right]\right) \cdot 1{,}2 \cdot 2 + 3\left[\frac{ZE}{ME}\right] \cdot 4\left[\frac{GE}{ZE}\right]\right)\right.$$

$$\left. \cdot 1{,}3 \cdot 3 + 2\left[\frac{ZE}{ME}\right] \cdot 6\left[\frac{GE}{ZE}\right]\right) \cdot 1{,}4$$

$$= 447{,}72\left[\frac{GE}{ME}\right].$$

zu b) Die beiden Ansätze, die zur Optimierung dieses Verfahrenswahlproblems in Frage kommen, sind die Alternativkalkulation und die arbeitsgangweise Kalkulation.

In einem ersten Schritt wird die Berechnung anhand der Alternativkalkulation durchgeführt. Im Rahmen der Alternativkalkulation werden alle Verfahrenskombinationen mit ihren Stückkosten betrachtet und daraus die kostenminimalen Produktteilmengen ermittelt. In die Zielfunktion gehen die Stückkosten aller möglichen Verfahrenskombinationen ein. Die Produktteilmengen sind zielgerecht zu wählen, so dass die Kosten minimiert werden. Zur Indizierung der Variablen siehe Aufgabe 4.1, Lösung a).

Die Zielfunktion lautet:

$$\min K = 372{,}192 \cdot x_{111} + 423{,}024 \cdot x_{112} + 393{,}36 \cdot x_{121}$$
$$+ 447{,}72 \cdot x_{122}.$$

Es gibt eine feste Vorgabe betreffs des Absatzes, mithin sind 1.500 Mengeneinheiten zu produzieren und abzusetzen. Die gefertigten Teilmengen müssen somit zusammen der Absatzmenge in Höhe von $\bar{x} = 1.500$ Mengeneinheiten entsprechen.

Für die Absatz- bzw. Produktionsrestriktion gilt:

$$x_{111} + x_{112} + x_{121} + x_{122} = 1.500.$$

Die Kapazitätsrestriktionen geben die Kapazitätsinanspruchnahme der Teilmengen auf der entsprechenden Maschine und Stufe wieder. Auf der letzten Stufe wird die Kapazitätsinanspruchnahme betrachtet, die die Teilmengen auf der Maschine dieser Stufe verursachen. Bei der Produktion der vorgelagerten Fertigungsstufen sind hinsichtlich der Kapazitätsrestriktionen neben der Beanspruchung auf der jeweiligen Fertigungsstufe auch die Erhöhung durch die Ausschusskoeffizienten und Produktionskoeffizienten der gewählten Verfahrenskombination zu berücksichtigen.

Die Kapazitätsrestriktion der Maschine 1 auf Fertigungsstufe 3 lautet:

$$4 \cdot 1{,}2 \cdot x_{111} + 4 \cdot 1{,}2 \cdot x_{121} \leq 8.000$$
$$\Rightarrow 4{,}8 \cdot x_{111} + 4{,}8 \cdot x_{121} \leq 8.000.$$

Die Kapazitätsrestriktion der Maschine 2 auf Fertigungsstufe 3 lautet demgegenüber:

$$2 \cdot 1{,}4 \cdot x_{112} + 2 \cdot 1{,}4 \cdot x_{122} \leq 6.000$$
$$\Rightarrow 2{,}8 \cdot x_{112} + 2{,}8 \cdot x_{122} \leq 6.000.$$

Zudem ist die Kapazitätsrestriktion der Maschine 1 auf Fertigungsstufe 2 gegeben durch:

$$3 \cdot 1{,}3 \cdot 3 \cdot 1{,}2 \cdot x_{111} + 3 \cdot 1{,}3 \cdot 3 \cdot 1{,}4 \cdot x_{112} \leq 7.000$$
$$\Rightarrow 14{,}04 \cdot x_{111} + 16{,}38 \cdot x_{112} \leq 7.000.$$

Für die Kapazitätsrestriktion der Maschine 2 auf Fertigungsstufe 2 gilt:

$$2 \cdot 1{,}5 \cdot 3 \cdot 1{,}2 \cdot x_{121} + 2 \cdot 1{,}5 \cdot 3 \cdot 1{,}4 \cdot x_{122} \leq 9.000$$
$$\Rightarrow 10{,}8 \cdot x_{121} + 12{,}6 \cdot x_{122} \leq 9.000.$$

Die Kapazitätsrestriktion der Maschine 1 auf Fertigungsstufe 1 lautet:

$$2 \cdot 1{,}2 \cdot 2 \cdot 1{,}3 \cdot 3 \cdot 1{,}2 \cdot x_{111} + 2 \cdot 1{,}2 \cdot 2 \cdot 1{,}3 \cdot 3 \cdot 1{,}4 \cdot x_{112}$$
$$+2 \cdot 1{,}2 \cdot 2 \cdot 1{,}5 \cdot 3 \cdot 1{,}2 \cdot x_{121} + 2 \cdot 1{,}2 \cdot 2 \cdot 1{,}5 \cdot 3 \cdot 1{,}4 \cdot x_{121} \leq 12.000$$
$$\Rightarrow 22{,}464 \cdot x_{111} + 26{,}208 \cdot x_{112} + 25{,}92 \cdot x_{121} + 30{,}24 \cdot x_{121} \leq 12.000.$$

Weiterhin gilt es, die Nicht-Negativitätsbedingungen zu beachten:

$$x_{111}, x_{112}, x_{121}, x_{122} \geq 0.$$

Im Folgenden wird nun die arbeitsgangweise Kalkulation angewendet. Der Ansatz der arbeitsgangweisen Kalkulation berücksichtigt in der Zielfunktion die Ausschusskoeffizienten, wodurch diese dann auch in die Kontinuitätsbedingungen und Kapazitätsrestriktionen Eingang finden.

Die zugehörige Zielfunktion lautet:

$$\min K = 5 \cdot r + 2 \cdot 3 \cdot 1{,}2 \cdot x_{11} + 3 \cdot 4 \cdot 1{,}3 \cdot x_{21} + 2 \cdot 3 \cdot 1{,}5 \cdot x_{22}$$
$$+4 \cdot 5 \cdot 1{,}2 \cdot x_{31} + 2 \cdot 6 \cdot 1{,}4 \cdot x_{32}$$
$$= 5 \cdot r + 7{,}2 \cdot x_{11} + 15{,}6 \cdot x_{21} + 9 \cdot x_{22} + 24 \cdot x_{31} + 16{,}8 \cdot x_{32}.$$

Auf der letzten Stufe stehen zwei Maschinen zur Verfügung, mithin setzt sich die Endproduktmenge x aus den Teilmengen x_{31} und x_{32} zusammen.

Die Absatz- bzw. Produktionsrestriktion ist gegeben durch:

$$x_{31} + x_{32} = x = 1.500.$$

Die Kapazitätsrestriktionen berücksichtigen lediglich die jeweiligen Bearbeitungszeiten und Ausschusskoeffizienten der betrachteten Maschinen.

Für die Kapazitätsrestriktionen der Fertigungsstufen 1 bis 3 gelten die folgenden Bedingungen:

$$2 \cdot 1{,}2 \cdot x_{11} \leq 12.000 \quad \Rightarrow \quad 2{,}4 \cdot x_{11} \leq 12.000,$$

$$3 \cdot 1{,}3 \cdot x_{21} \leq 7.000 \quad \Rightarrow \quad 3{,}9 \cdot x_{21} \leq 7.000,$$

$$2 \cdot 1{,}5 \cdot x_{22} \leq 9.000 \quad \Rightarrow \quad 3 \cdot x_{22} \leq 9.000,$$

$$4 \cdot 1{,}2 \cdot x_{31} \leq 8.000 \quad \Rightarrow \quad 4{,}8 \cdot x_{31} \leq 8.000,$$

$$2 \cdot 1{,}4 \cdot x_{32} \leq 6.000 \quad \Rightarrow \quad 2{,}8 \cdot x_{32} \leq 6.000.$$

Für alle Teilmengen, die auf vorgelagerten Fertigungsstufen gefertigt werden, müssen Kontinuitätsbedingungen formuliert werden, um die vollständige Weitergabe sicherzustellen. Es gilt hierbei zu berücksichtigen, dass die gefertigten Teilmengen der Fertigungsstufe 2, sowohl die Teilmengen der Maschine 1 als auch die Teilmengen der Maschine 2, an beide Maschinen der Fertigungsstufe 3 weitergegeben werden können. Somit teilen sich x_{21} in x_{21}^1 und x_{21}^2 und x_{22} in x_{22}^1 und x_{22}^2 auf. Zudem lässt sich die Teilmenge von Fertigungsstufe 1 auf die Maschinen 1 und 2 der Fertigungsstufe 2 aufteilen. x_{11}^1 geht an Maschine 1 der Fertigungsstufe 2 und x_{11}^2 an Maschine 2 der Fertigungsstufe 2. x_{21}^1 geht dann an Maschine 1 der Fertigungsstufe 3 und x_{21}^2 an Maschine 2 der Fertigungsstufe 3. x_{22}^1 geht dann an Maschine 1 der Fertigungsstufe 3 und x_{22}^2 an Maschine 2 der Fertigungsstufe 3.

Die Kontinuitätsbedingungen lauten:

$$r = 4 \cdot 1{,}2 \cdot x_{11} = 4{,}8 \cdot x_{11},$$

$$x_{11}^1 = 2 \cdot 1{,}3 \cdot x_{21} = 2{,}6 \cdot x_{21},$$

$$x_{11}^2 = 2 \cdot 1{,}5 \cdot x_{22} = 3 \cdot x_{22},$$

$$x_{11}^1 + x_{11}^2 = x_{11},$$

$$x_{21}^1 + x_{22}^1 = 3 \cdot 1{,}2 \cdot x_{31} = 3{,}6 \cdot x_{31},$$

$$x_{21}^2 + x_{22}^2 = 3 \cdot 1{,}4 \cdot x_{32} = 4{,}2 \cdot x_{32},$$

$$x_{21}^1 + x_{21}^2 = x_{21},$$

$$x_{22}^1 + x_{22}^2 = x_{22},$$

$$x_{31} + x_{32} = x.$$

Zudem sind auch hier die Nicht-Negativitätsbedingungen zu beachten:

$$x_{11}^1, x_{11}^2, x_{11}, x_{12}, x_{13}, x_{21}^1, x_{21}^2, x_{21}, x_{22}^1, x_{22}^2, x_{22}, x_{31} \geq 0.$$

Im Ansatz der arbeitsgangweisen Kalkulation werden nun in der zweiten Variante nur die gefertigten Gutteile abgebildet, so dass die Ausschusskoeffizienten lediglich in den Kontinuitätsbedingungen auftreten. In der Zielfunktion und den Kapazitätsrestriktionen werden die gewünschten Gutteile betrachtet.

Die Zielfunktion ist gegeben durch:

$$\min K = 5 \cdot r + 2 \cdot 3 \cdot x_{11} + 3 \cdot 4 \cdot x_{21} + 2 \cdot 3 \cdot x_{22} + 4 \cdot 5 \cdot x_{31}$$
$$+ 2 \cdot 6 \cdot x_{32}$$
$$= 5 \cdot r + 6 \cdot x_{11} + 12 \cdot x_{21} + 6 \cdot x_{22} + 20 \cdot x_{31} + 12 \cdot x_{32}.$$

Für die Absatz- bzw. Produktionsrestriktion gilt:

$$x = 1.500.$$

Die Kapazitätsrestriktionen der Fertigungsstufen 1 bis 3 sind gegeben durch:

$$2 \cdot x_{11} \leq 12.000,$$

$$3 \cdot x_{21} \leq 7.000,$$

$$2 \cdot x_{22} \leq 9.000,$$

$$4 \cdot x_{31} \leq 8.000,$$

$$2 \cdot x_{32} \leq 6.000.$$

Bei den Kontinuitätsbedingungen gilt es, die Ausschusskoeffizienten mit aufzuführen. Im Nenner verringern die Ausschusskoeffizienten die gefertigten Mengen um den Ausschuss, so dass die gefertigten Gutteile abgebildet werden.

Die Kontinuitätsbedingungen lauten:

$$r = 4 \cdot x_{11},$$

$$x_{11}^1 + x_{11}^2 = x_{11},$$

$$\frac{1}{1,2} \cdot x_{11}^1 = 2 \cdot x_{21},$$

$$\frac{1}{1,2} \cdot x_{11}^2 = 2 \cdot x_{22},$$

$$x_{21}^1 + x_{21}^2 = x_{21},$$

$$x_{22}^1 + x_{22}^2 = x_{22},$$

$$\frac{1}{1,3} \cdot x_{21}^1 + \frac{1}{1,5} \cdot x_{22}^1 = 3 \cdot x_{31},$$

$$\frac{1}{1,3} \cdot x_{21}^2 + \frac{1}{1,5} \cdot x_{22}^2 = 3 \cdot x_{32},$$

$$\frac{1}{1,2} \cdot x_{31} + \frac{1}{1,4} \cdot x_{32} = x.$$

Zudem sind auch hier die Nicht-Negativitätsbedingungen zu beachten:

$$x_{11}^1, x_{11}^2, x_{11}, x_{12}, x_{13}, x_{21}^1, x_{21}^2, x_{21}, x_{22}^1, x_{22}^2, x_{22}, x_{31} \geq 0.$$

Aufgabe 4.3   Problem der optimalen Verfahrenswahl bei mehreren Fertigungsstellen III

Der Ksüscha AG stehen in einer dreistufigen Fertigung zur Herstellung eines Endproduktes auf Stufe 1 drei Verfahren, auf Stufe 2 zwei Verfahren und Stufe 3 ein Verfahren zur Verfügung. Die möglichen Verfahrenskombinationen sind zusammen mit den Produktionskoeffizienten zwischen den Fertigungsstufen in Abbildung 4.3.1 aufgeführt. Die auf Fertigungsstufe 3 produzierten Mengen entsprechen ohne weitere Verarbeitung der Endproduktmenge.

Fertigungsstufe 1   Fertigungsstufe 2   Fertigungsstufe 3

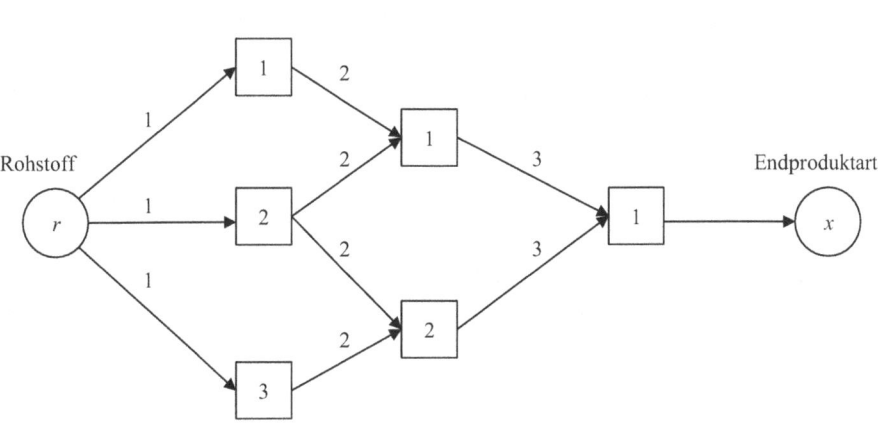

Abb. 4.3.1:   Mögliche Verfahrenskombinationen

Weiterhin seien die in Tabelle 4.3.1 aufgelisteten Daten gegeben.

	Fertigungsstufe 1			Fertigungs- stufe 2		Fertigungs- stufe 3
	Maschine			Maschine		Maschine
	1	2	3	1	2	1
Bearbeitungszeit $[ZE/ME]$	1	2	2	1	1	1
Kosten $[GE/ZE]$	1	1,1	1,5	2	1,2	1,5
Ausschuss- koeffizient	1,1	1,3	1,4	1,3	1,1	1
Kapazität $[ZE]$	5000	5000	5000	2000	2000	2000

Tabelle 4.3.1:   Daten der Ksüscha AG

Die Ausschusskoeffizienten jeder Maschine geben dabei an, wie viele Mengeneinheiten einer Produktart auf der Maschine produziert werden müssen, damit eine Mengeneinheit für die weitere Produktion verwertbar ist. Die Ksüscha AG kann den Rohstoff r für $q = 5$ Geldeinheiten pro Mengeneinheit beschaffen.

a) Bestimmen Sie die Stückkosten pro Endprodukteinheit der vier möglichen Verfahrenskombinationen!

b) Formulieren Sie die beiden möglichen Ansätze zur simultanen Bestimmung von Teilebedarf und Verfahrenswahl, wenn $x = 1.000$ Mengeneinheiten der Endproduktmenge produziert werden sollen.

Lösung zu Aufgabe 4. 3

zu a) Man erhält:

$$k_{111} = \left(\left(\left(5\left[\frac{GE}{ME}\right] \cdot 1 + 1\left[\frac{ZE}{ME}\right] \cdot 1\left[\frac{GE}{ZE}\right]\right) \cdot 1,1 \cdot 2 + 1\left[\frac{ZE}{ME}\right] \cdot 2\left[\frac{GE}{ZE}\right]\right)\right.$$

$$\left. \cdot 1,3 \cdot 3 + 1\left[\frac{ZE}{ME}\right] \cdot 1,5\left[\frac{GE}{ZE}\right]\right) \cdot 1$$

$$= 60,78\left[\frac{GE}{ME}\right],$$

$$k_{211} = \left(\left(\left(5\left[\frac{GE}{ME}\right] \cdot 1 + 2\left[\frac{ZE}{ME}\right] \cdot 1,1\left[\frac{GE}{ZE}\right]\right) \cdot 1,3 \cdot 2 + 1\left[\frac{ZE}{ME}\right] \cdot 2\left[\frac{GE}{ZE}\right]\right)\right.$$

$$\left. \cdot 1,3 \cdot 3 + 1\left[\frac{ZE}{ME}\right] \cdot 1,5\left[\frac{GE}{ZE}\right]\right) \cdot 1$$

$$= 82,308\left[\frac{GE}{ME}\right],$$

$$k_{121} = \left(\left(\left(5\left[\frac{GE}{ME}\right] \cdot 1 + 2\left[\frac{ZE}{ME}\right] \cdot 1,1\left[\frac{GE}{ZE}\right]\right) \cdot 1,3 \cdot 2 + 1\left[\frac{ZE}{ME}\right] \cdot 1,2\left[\frac{GE}{ZE}\right]\right)\right.$$

$$\left. \cdot 1,1 \cdot 3 + 1\left[\frac{ZE}{ME}\right] \cdot 1,5\left[\frac{GE}{ZE}\right]\right) \cdot 1$$

$$= 67,236\left[\frac{GE}{ME}\right],$$

$$k_{321} = \left(\left(\left(5\left[\frac{GE}{ME}\right] \cdot 1 + 2\left[\frac{ZE}{ME}\right] \cdot 1{,}5\left[\frac{GE}{ZE}\right]\right) \cdot 1{,}4 \cdot 2 + 1\left[\frac{ZE}{ME}\right] \cdot 1{,}2\left[\frac{GE}{ZE}\right]\right)\right.$$

$$\left. \cdot 1{,}1 \cdot 3 + 1\left[\frac{ZE}{ME}\right] \cdot 1{,}5\left[\frac{GE}{ZE}\right]\right) \cdot 1$$

$$= 79{,}38\left[\frac{GE}{ME}\right].$$

zu b) Die beiden Ansätze, die zur Optimierung dieses Verfahrenswahlproblems in Frage kommen, sind die Alternativkalkulation und die arbeitsgangweise Kalkulation.

Zunächst wird die Berechnung anhand der Alternativkalkulation durchgeführt. Im Rahmen der Alternativkalkulation werden alle Verfahrenskombinationen mit ihren Stückkosten betrachtet und daraus die kostenminimalen Produktteilmengen ermittelt. Die Zielfunktion setzt sich aus allen Verfahrenskombinationen mit den von ihnen verursachten Stückkosten zusammen. Bei diesem Ansatz werden in der Zielfunktion sowohl die Ausschusskoeffizienten als auch die Produktionskoeffizienten berücksichtigt. Zur Indizierung der Variablen siehe Aufgabe 4.1, Lösung a).

Die Zielfunktion lautet:

$$\min K = 60{,}78 \cdot x_{111} + 82{,}308 \cdot x_{211} + 67{,}236 \cdot x_{221} + 79{,}38 \cdot x_{321}.$$

Es gibt eine eindeutige Vorgabe betreffs des Absatzes in der Aufgabenstellung, mithin sind 1.000 Mengeneinheiten zu produzieren und abzusetzen. Die gefertigten Teilmengen müssen somit zusammen der Absatzmenge $x = 1.000$ Mengeneinheiten entsprechen.

Für die Absatz- bzw. Produktionsrestriktion gilt:

$$x_{111} + x_{211} + x_{221} + x_{321} = 1.000.$$

Die Kapazitätsrestriktionen betrachten die Kapazitätsinanspruchnahme der Teilmengen auf den entsprechenden Maschinen und Stufen. Die Kapazitätsinanspruchnahme wird durch etwaige vorgelagerte Fertigungsstufen gemäß der gewählten Verfahrenskombination über die Produktionskoeffizienten und Ausschusskoeffizienten zur jeweils nächst höheren Fertigungsstufe bzw. jeweils nächsten Maschine beeinflusst.

Die Kapazitätsrestriktion der Maschine 1 auf Fertigungsstufe 3 lautet:

$$1 \cdot 1 \cdot x_{111} + 1 \cdot 1 \cdot x_{211} + 1 \cdot 1 \cdot x_{221} + 1 \cdot 1 \cdot x_{321} \leq 2.000.$$

Die Kapazitätsrestriktionen der Maschine 1 und Maschine 2 auf Fertigungsstufe 2 lauten:

$$1 \cdot 1{,}3 \cdot 3 \cdot 1 \cdot x_{111} + 1 \cdot 1{,}3 \cdot 3 \cdot 1 \cdot x_{211} \leq 2.000$$

$$\Rightarrow 3{,}9 \cdot x_{111} + 3{,}9 \cdot x_{211} \leq 2.000,$$

$$1 \cdot 1{,}1 \cdot 3 \cdot 1 \cdot x_{221} + 1 \cdot 1{,}1 \cdot 3 \cdot 1 \cdot x_{321} \leq 2.000$$

$$\Rightarrow 3{,}3 \cdot x_{221} + 3{,}3 \cdot x_{321} \leq 2.000.$$

Zudem sind die Kapazitätsrestriktionen der Maschinen 1, 2 und 3 auf Fertigungsstufe 1 gegeben durch:

$$1 \cdot 1{,}1 \cdot 2 \cdot 1{,}3 \cdot 3 \cdot 1 \cdot x_{111} \leq 5.000$$

$$\Rightarrow 8{,}58 \cdot x_{111} \leq 5.000,$$

$$2 \cdot 1{,}3 \cdot 2 \cdot 1{,}3 \cdot 3 \cdot 1 \cdot x_{211} + 2 \cdot 1{,}3 \cdot 2 \cdot 1{,}1 \cdot 3 \cdot 1 \cdot x_{221} \leq 5.000$$

$$\Rightarrow 20{,}28 \cdot x_{211} + 17{,}16 \cdot x_{221} \leq 5.000,$$

$$2 \cdot 1{,}4 \cdot 2 \cdot 1{,}1 \cdot 3 \cdot 1 \cdot x_{321} \leq 5.000$$

$$\Rightarrow 18{,}48 \cdot x_{321} \leq 5.000.$$

Weiterhin gilt es, die Nicht-Negativitätsbedingungen zu beachten:

$$x_{111}, x_{211}, x_{221}, x_{321} \geq 0.$$

Im Weiteren wird nun die arbeitsgangweise Kalkulation angewendet. Die arbeitsgangweise Kalkulation lässt sich auf zwei unterschiedlichen Wegen anwenden. Zunächst sei der Ansatz gewählt, der die tatsächlich produzierten Mengen betrachtet. In diesem Ansatz finden sowohl die nutzbaren Mengen als auch die Ausschussmengen Beachtung. Hierbei gehen die Ausschusskoeffizienten in die Kontinuitätsbedingungen sowie in die Zielfunktion als auch in die Kapazitätsrestriktionen ein. Der zweite Ansatz hingegen betrachtet lediglich die Gutteile der Produktion. Dieser Ansatz wird im Anschluss verfolgt.

Die zugehörige Zielfunktion lautet:

$$\begin{aligned} \min K = {}& 5 \cdot r + 1 \cdot 1 \cdot 1{,}1 \cdot x_{11} + 2 \cdot 1{,}1 \cdot 1{,}3 \cdot x_{12} + 2 \cdot 1{,}5 \cdot 1{,}4 \cdot x_{13} \\ & + 1 \cdot 2 \cdot 1{,}3 \cdot x_{21} + 1 \cdot 1{,}2 \cdot 1{,}1 \cdot x_{22} + 1 \cdot 1{,}5 \cdot 1 \cdot x_{31} \\ = {}& 5 \cdot r + 1{,}1 \cdot x_{11} + 2{,}86 \cdot x_{12} + 4{,}2 \cdot x_{13} + 2{,}6 \cdot x_{21} \\ & + 1{,}32 \cdot x_{22} + 1{,}5 \cdot x_{31}. \end{aligned}$$

Auf der letzten Stufe steht nur noch eine Maschine zur Verfügung, mithin entspricht x_{31} der Endproduktmenge.

Die Absatz- bzw. Produktionsrestriktion ist gegeben durch:

$$x_{31} = 1.000.$$

Es sind Kontinuitätsbedingungen zu formulieren, um sicherzustellen, dass die vollständige Weitergabe der gefertigten Mengen gewährleistet wird. Hierbei gilt es ferner zu berücksichtigen, dass auf der ersten Fertigungsstufe die Teilmengen, die sich auf Maschine 2 fertigen lassen, an beide Maschinen der Fertigungsstufe 2 weiterleiten lassen. Somit teilt sich x_{12} in x_{12}^1 und x_{12}^2 auf. x_{12}^1 geht an Maschine 1 der Fertigungsstufe 2 und x_{12}^2 an Maschine 2 der Fertigungsstufe 2.

Die Kapazitätsrestriktionen berücksichtigen lediglich die jeweiligen Bearbeitungszeiten und Ausschusskoeffizienten der betrachteten Maschine.

Für die Kapazitätsrestriktionen der Fertigungsstufen 1 bis 3 gelten die folgenden Bedingungen:

$$1 \cdot 1{,}1 \cdot x_{11} \leq 5.000 \quad \Rightarrow \quad 1{,}1 \cdot x_{11} \leq 5.000,$$

$$2 \cdot 1{,}3 \cdot x_{12} \leq 5.000 \quad \Rightarrow \quad 2{,}6 \cdot x_{12} \leq 5.000,$$

$$2 \cdot 1{,}4 \cdot x_{13} \leq 5.000 \quad \Rightarrow \quad 2{,}8 \cdot x_{13} \leq 5.000,$$

$$1 \cdot 1{,}3 \cdot x_{21} \leq 2.000 \quad \Rightarrow \quad 1{,}3 \cdot x_{21} \leq 2.000,$$

$$1 \cdot 1{,}1 \cdot x_{22} \leq 2.000 \quad \Rightarrow \quad 1{,}1 \cdot x_{22} \leq 2.000,$$

$$1 \cdot 1 \cdot x_{31} \leq 2.000 \quad \Rightarrow \quad 1 \cdot x_{31} \leq 2.000.$$

Die Kontinuitätsbedingungen lauten:

$$r = 1 \cdot 1{,}1 \cdot x_{11} + 1 \cdot 1{,}3 \cdot x_{12} + 1 \cdot 1{,}4 \cdot x_{13},$$

$$x_{11} + x_{12}^1 = 2 \cdot 1{,}3 \cdot x_{21} = 2{,}6 \cdot x_{21},$$

$$x_{13} + x_{12}^2 = 2 \cdot 1{,}1 \cdot x_{22} = 2{,}2 \cdot x_{22},$$

$$x_{12}^1 + x_{12}^2 = x_{12},$$

$$x_{21} + x_{22} = 3 \cdot 1 \cdot x_{31} = 3 \cdot x_{31}.$$

Zudem sind auch hier die Nicht-Negativitätsbedingungen zu beachten:

$$x_{11}, x_{12}^1, x_{12}^2, x_{12}, x_{13}, x_{21}, x_{22}, x_{31} \geq 0.$$

Im alternativen Ansatz der arbeitsgangweisen Kalkulation, bei dem nur die nutzbaren Mengen abgebildet werden, treten die Ausschusskoeffizienten lediglich in den Kontinuitätsbedingungen auf.

Die Zielfunktion ist gegeben durch:

$$\min K = 5 \cdot r + 1 \cdot 1 \cdot x_{11} + 2 \cdot 1,1 \cdot x_{12} + 2 \cdot 1,5 \cdot x_{13} + 1 \cdot 2 \cdot x_{21}$$
$$+ 1 \cdot 1,2 \cdot x_{22} + 1 \cdot 1,5 \cdot x_{31}$$
$$= 5 \cdot r + 1 \cdot x_{11} + 2,2 \cdot x_{12} + 3 \cdot x_{13} + 2 \cdot x_{21} + 1,2 \cdot x_{22}$$
$$+ 1,5 \cdot x_{31}.$$

Für die Absatz- bzw. Produktionsrestriktion gilt:

$$x_{31} = 1.000.$$

In dieser Variante lassen sich die Mengen der vorgelagerten Stufe um den Ausschussanteil vermindern, so dass auf der nachgelagerten Stufe die benötigte Menge an Gutteilen (erhöht um den zugehörigen Produktionskoeffizienten) ankommt.

Die Kapazitätsrestriktionen der Fertigungsstufen 1 bis 3 sind gegeben durch:

$$1 \cdot x_{11} \le 5.000, \qquad 2 \cdot x_{12} \le 5.000, \qquad 2 \cdot x_{13} \le 5.000,$$
$$1 \cdot x_{21} \le 2.000, \qquad 1 \cdot x_{22} \le 2.000, \qquad 2 \cdot x_{31} \le 1.000.$$

Die Kontinuitätsbedingungen lauten:

$$r = x_{11} + x_{12} + x_{13},$$

$$\frac{1}{1,1} \cdot x_{11} + \frac{1}{1,3} \cdot x_{12}^1 = 2 \cdot x_{21},$$

$$\frac{1}{1,4} \cdot x_{13} + \frac{1}{1,3} \cdot x_{12}^2 = 2 \cdot x_{22},$$

$$x_{12}^1 + x_{12}^2 = x_{12},$$

$$\frac{1}{1,3} \cdot x_{21} + \frac{1}{1,1} \cdot x_{22} = 3 \cdot x_{31}.$$

Zudem sind auch hier die Nicht-Negativitätsbedingungen zu beachten:

$$x_{11}, x_{12}^1, x_{12}^2, x_{12}, x_{13}, x_{21}, x_{22}, x_{31} \ge 0.$$

Aufgabe 4. 4   Problem der optimalen Entscheidung zwischen Eigenfertigung und Fremdbezug – Einsatzmöglichkeit von Lohnarbeit

Ein Unternehmen der Textilindustrie fertigt in einem dreistufigen Produktionsprozess Blusen. Dabei kann jeder Arbeitsgang s mit $s = 1,2,3$ entweder von dem Unternehmen selbst ausgeführt werden, $i_s = 1$, oder an einen von zwei Fremdherstellern, $i_s = 2$ bzw. $i_s = 3$, vergeben werden. Sowohl dem Eigenproduzenten als auch den beiden Fremdherstellern 1 und 2 steht für jeden Arbeitsgang jeweils nur ein Fertigungsverfahren zur Verfügung. x_{si_s} sei die Menge der vom Unternehmen i_s auf der Stufe s, $s = 1,2,3$, hergestellten Produktart, wobei x_{s1} die vom Eigenproduzenten und x_{s2} bzw. x_{s3} die von den beiden Fremdproduzenten auf Stufe s hergestellten Mengen darstellen. Bei Eigenfertigung entstehen die Fertigungskosten k_{s1}. Für die auf Stufe s in Lohnarbeit von den Fremdherstellern gefertigten Mengen fallen bei den beiden Fremdherstellern pro Mengeneinheit der jeweiligen Produktart Fremdbezugskosten q_{s2} bzw. q_{s3} an. Darüber hinaus entstehende Kosten sind zu vernachlässigen. Die Verfahrenskombinationen von Eigenfertigung und Lohnarbeit lassen sich durch Abbildung 4.4.1 darstellen.

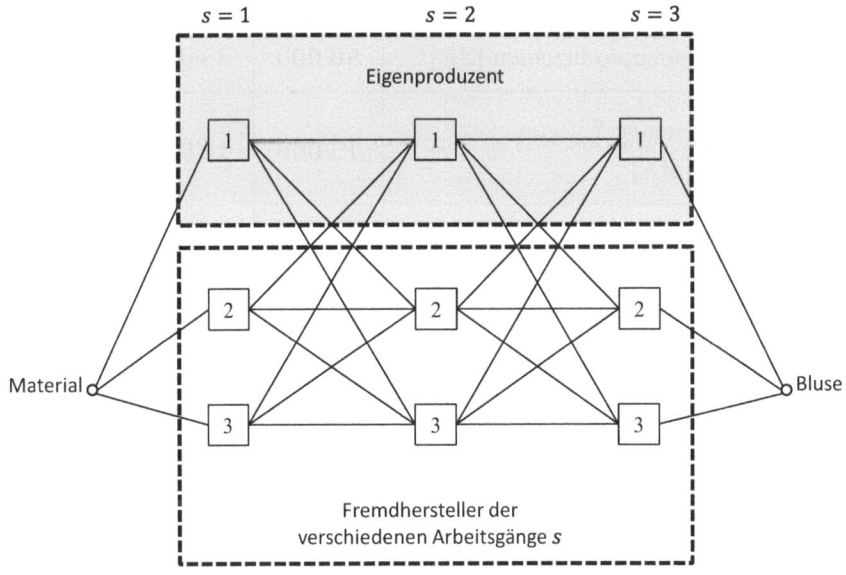

Abb. 4.4.1:   Verfahrenskombinationen von Eigenfertigung und Fremdbezug

Das benötigte Material kann in ausreichender Menge beschafft werden, aber von der hergestellten Menge Blusen lassen sich maximal

$\bar{x} = 20.000$ Mengeneinheiten pro Periode zu einem Preis von $p = 10$ Geldeinheiten pro Mengeneinheit an eine große Bekleidungskette absetzen. Weiterhin seien für die drei Arbeitsgänge folgende Daten der Tabelle 4.4.1 gegeben.

	Arbeitsgang s		
	$s = 1$	$s = 2$	$s = 3$
Fertigungsgrenzkosten k_{s1} des Eigenproduzenten $[GE/ME]$	0,5	1	6
Fremdbezugskosten q_{s2} pro Mengeneinheit $[GE/ME]$	1	3	4,5
Fremdbezugskosten q_{s3} pro Mengeneinheit $[GE/ME]$	1,5	2	5
Produktionskoeffizient a_{s1} des Eigenproduzenten $[ZE/ME]$	3	2,5	1
Kapazität r_{s1} des Eigenproduzenten $[ZE]$	50.000	35.000	18.000
Produktionshöchstmenge $\hat{x}_{s2}$ von Fremdhersteller 2 $[ME]$	15.000	18.000	25.000
Produktionshöchstmenge $\hat{x}_{s3}$ von Fremdhersteller 3 $[ME]$	22.000	30.000	17.000

Tabelle 4.4.1: Daten des Textilunternehmens

Dabei seien die Symbole wie folgt beschrieben:

$i_s = 1$	für alle $s = 1, ..., l$, Index des Eigenproduzenten;
$i_s = 2, ..., m_s$	für alle $s = 1, ..., l$, Indizes der Fremdhersteller;
k_{s1}	Fertigungsgrenzkosten der Produktart im Arbeitsgang s beim Eigenproduzenten, $i_s = 1$;
q_{si_s}	Fertigungsgrenzkosten der Produktart im Arbeitsgang s beim Fremdhersteller $i_s, i_s = 2, ..., m_s$;

x_{s1} Menge der Produktart, die im Arbeitsgang s beim Eigenproduzenten bearbeitet wird, $i_s = 1$;

x_{si_s} Menge der Produktart, die im Arbeitsgang s beim Auftragnehmer i_s bearbeitet wird, $i_s = 2, ..., m_s$;

r_{s1} die Kapazität des beim Eigenproduzenten im Arbeitsgang s einsetzbaren Betriebsmittels;

$\hat{x}_{si_s}$ die Höchstmenge der Produktart, die im Arbeitsgang s vom Fremdhersteller i_s übernommen werden kann, $i_s = 2, ..., m_s$;

a) Formulieren Sie auf der Grundlage der gegebenen Daten das Entscheidungsproblem für die Einsatzmöglichkeit von Lohnarbeit nach dem Ansatz der arbeitsgangweisen Kalkulation!

b) Die Verfahrenskombinationen müssen nun eingeschränkt werden, da die beiden Fremdhersteller nicht mehr alle Arbeitsgänge anbieten und nicht mehr alle Verfahrenskombinationen möglich sind. Formulieren Sie auf der Grundlage der gemäß der nachfolgenden Abbildung 4.4.2 nun gegebenen vier Verfahrenskombinationen z, $z = 1,2,3,4$, das Entscheidungsproblem für die Einsatzmöglichkeit von Lohnarbeit nach dem Ansatz der Alternativkalkulation!

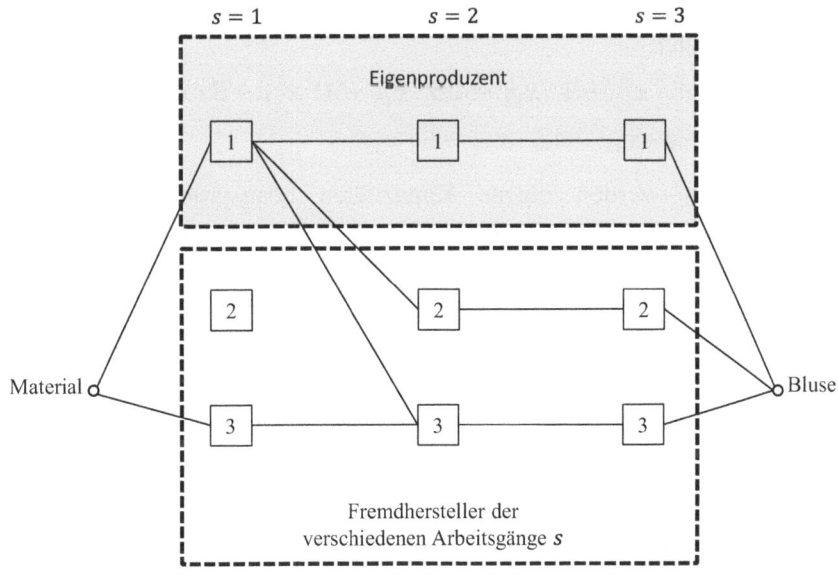

Abb. 4.4.2:   Mögliche Verfahrenskombinationen von Eigenfertigung und Fremdbezug

Lösung zu Aufgabe 4. 4

zu a) Mit dem Einsatz bzw. der Vergabe von Lohnarbeit handelt es sich formal um ein zusätzliches Produktionsverfahren, so dass sich dieses Entscheidungsproblem zwischen Eigenbearbeitung und Fremdarbeit mit denselben Methoden angehen lässt, wie sie für das Verfahrenswahlproblem bei mehreren Fertigungsstellen verwendet werden. In der Zielfunktion werden die Deckungsbeiträge maximiert. Der jeweilige Deckungsbeitrag setzt sich aus der abgesetzten Menge multipliziert mit dem erzielbaren Absatzpreis abzüglich aller anfallenden variablen Fertigungskosten zusammen. Es ist unter anderem möglich, dass die Produktion der Blusen über alle drei Fertigungsstufen hinweg selbst erfolgt. Zudem ist es aber auch möglich, einzelne Arbeitsgänge oder aber eben alle Arbeitsgänge an zwei Fremdhersteller weiterzuleiten. Gemäß der Abbildung 4.4.1 sind alle Verfahrenskombinationen möglich. Im Gegensatz zur Verfahrenswahl befinden sich aber nicht alle Verfahren innerhalb des Unternehmens, zumal die Lohnarbeit als Verfahren gilt, das dem Unternehmen zur Verfügung steht, jedoch der Arbeitsgang fremd vergeben wird. Die optimale Aufteilung, wie und wo die Teilmengen zu fertigen sind, hängt von den jeweiligen Fertigungskosten ab. In die Zielfunktion gehen die Fremdbezugskosten der Fremdhersteller als weitere Kosten neben den Fertigungskosten bei der Eigenfertigung ein.

Die Zielfunktion lautet:

$$G = 10 \cdot x - 0,5 \cdot x_{11} - 1 \cdot x_{12} - 1,5 \cdot x_{13} - 1 \cdot x_{21} - 3 \cdot x_{22}$$
$$-2 \cdot x_{23} - 6 \cdot x_{31} - 4,5 \cdot x_{32} - 5 \cdot x_{33}.$$

Bei Eigenfertigung werden eigene Kapazitäten beansprucht, wobei die Beanspruchung pro gefertigter Mengeneinheit auf jeder Stufe durch den jeweiligen Produktionskoeffizienten des Eigenproduzenten ausgedrückt wird. Im Falle der Vergabe von Arbeitsgängen an einen oder beide Fremdhersteller werden keine eigenen Kapazitäten in Anspruch genommen. Die Kapazitätsbeanspruchung beim Fremdhersteller ist für den Eigenproduzenten irrelevant. Jedoch gilt es zu berücksichtigen, dass die Fremdhersteller Mengenbeschränkungen vorgeben, die die Übernahme der Menge begrenzen, die sie für einen Arbeitsgang zu übernehmen bereit sind. Für die Kapazitätsrestriktionen des Eigenproduzenten und die Mengenbeschränkungen der Fremdhersteller gilt im Einzelnen:

Die Kapazitätsrestriktion des Eigenproduzenten für den Arbeitsgang 1 lautet:

$$3 \cdot x_{11} \leq 50.000.$$

Für die Mengenbeschränkungen der Fremdhersteller für den Arbeitsgang 1 gilt:

$$x_{12} \leq 15.000,$$

$$x_{13} \leq 22.000.$$

Die Kapazitätsrestriktion des Eigenproduzenten für den Arbeitsgang 2 lautet:

$$2,5 \cdot x_{21} \leq 35.000.$$

Für die Mengenbeschränkungen der Fremdhersteller für den Arbeitsgang 2 gilt:

$$x_{22} \leq 18.000,$$

$$x_{23} \leq 30.000.$$

Die Kapazitätsrestriktion des Eigenproduzenten für den Arbeitsgang 3 lautet:

$$1 \cdot x_{31} \leq 18.000.$$

Für die Mengenbeschränkungen der Fremdhersteller für den Arbeitsgang 3 gilt:

$$x_{32} \leq 25.000,$$

$$x_{33} \leq 17.000.$$

Von den produzierten Blusen lassen sich höchstens $\bar{x} = 20.000$ Mengeneinheiten absetzen. Die beim letzten Arbeitsgang produzierten Teilmengen, die entweder selbsterstellt oder aber durch Lohnarbeit fremdvergeben werden, ergeben zusammen die Menge der Endproduktart.

Für die Absatzrestriktion gilt:

$$x \leq 20.000.$$

Es sind Kontinuitätsbedingungen zu formulieren, um sicherzustellen, dass bei jedem Arbeitsgang die vollständige Weitergabe der gefertigten Mengen gewährleistet wird. Teilmengen, die bei einem vorgelagerten Arbeitsgang eigenerstellt oder durch Fremdherstellung gefertigt werden, müssen den Mengen entsprechen, die sich im nächsten Arbeitsgang entweder selbst oder von einem der beiden Fremdhersteller weiter bearbeiten lassen. Die Endproduktmenge setzt sich aus den Teilmengen des letzten Arbeitsgangs zusammen. Dabei ist es unerheblich, ob diese Mengen von dem Eigenproduzenten oder von einem oder beiden Fremdherstellern bearbeitet wurden.

Die Kontinuitätsbedingungen lauten:

$$(x_{21} + x_{22} + x_{23}) - (x_{11} + x_{12} + x_{13}) = 0,$$
$$(x_{31} + x_{32} + x_{33}) - (x_{21} + x_{22} + x_{23}) = 0,$$
$$x - (x_{31} + x_{32} + x_{33}) = 0.$$

Schließlich sind noch die Nicht-Negativitätsbedingungen zu formulieren:

$$x, x_{11}, x_{12}, x_{13}, x_{21}, x_{22}, x_{23}, x_{31}, x_{32}, x_{33} \geq 0.$$

zu b) Bei der Alternativkalkulation gibt es gemäß der Aufgabenstellung vier mögliche Verfahrenskombinationen z, $z = 1,2,3,4$, mittels derer sich die Teilmengen x_z verteilen lassen, so dass die Deckungsbeiträge maximiert werden. In einem ersten Schritt sind die Fertigungskosten k_z für jede mögliche Verfahrenskombination zu berechnen. x_1 wird nur beim Eigenproduzenten bearbeitet. Demgegenüber werden x_2, x_3 und x_4 zum Teil oder vollständig bei einem der beiden Fremdhersteller bearbeitet. x_2 wird ab dem zweiten Arbeitsgang bei Fremdhersteller 1 bearbeitet, während x_3 ab dem zweiten Arbeitsgang bei Fremdhersteller 2 gefertigt wird. x_4 wird vollständig beim Fremdhersteller 2 bearbeitet. Die Fertigungskosten setzen sich aus den Fertigungskosten des Eigenproduzenten bzw. den Fremdbezugskosten der beiden Fremdhersteller, die wie Fertigungskosten behandelt werden, zusammen.

Die Fertigungskosten der Verfahrenskombinationen lassen sich wie folgt ermitteln:

$$z = 1: (1,1,1) \quad \Rightarrow \quad k_1 = 0,5 + 1 + 6 = 7,5 \ [GE/ME],$$
$$z = 2: (1,2,2) \quad \Rightarrow \quad k_2 = 0,5 + 3 + 4,5 = 8 \ [GE/ME],$$
$$z = 3: (1,3,3) \quad \Rightarrow \quad k_3 = 0,5 + 2 + 5 = 7,5 \ [GE/ME],$$
$$z = 4: (3,3,3) \quad \Rightarrow \quad k_4 = 1,5 + 2 + 5 = 8,5 \ [GE/ME].$$

Es ergeben sich die folgenden Deckungsbeitragssätze:

$$z = 1: (1,1,1) \quad \Rightarrow \quad c_1 = p - k_1 = 10 - 7,5 = 2,5 \ [GE/ME],$$
$$z = 2: (1,2,2) \quad \Rightarrow \quad c_2 = p - k_2 = 10 - 8,0 = 2,0 \ [GE/ME],$$
$$z = 3: (1,3,3) \quad \Rightarrow \quad c_3 = p - k_3 = 10 - 7,5 = 2,5 \ [GE/ME],$$
$$z = 4: (3,3,3) \quad \Rightarrow \quad c_4 = p - k_4 = 10 - 8,5 = 1,5 \ [GE/ME].$$

Die Zielfunktion lautet:

$$\max G = (10 - 7,5) \cdot x_1 + (10 - 8) \cdot x_2 + (10 - 7,5) \cdot x_3$$
$$+ (10 - 8,5) \cdot x_4$$
$$= 2,5 \cdot x_1 + 2 \cdot x_2 + 2,5 \cdot x_3 + 1,5 \cdot x_4.$$

Die Zielfunktion lässt sich alternativ wie folgt darstellen:

$$\max G = 10 \cdot x - (7,5 \cdot x_1 + 8 \cdot x_2 + 7,5 \cdot x_3 + 8,5 \cdot x_4).$$

Im Rahmen der Kapazitätsrestriktionen wird lediglich die Kapazitäts-inanspruchnahme beim Eigenproduzenten berücksichtigt und auch nur für die Teilmengen, die im Rahmen der Verfahrenskombinationen auf dieser Stufe beim Eigenproduzenten zu bearbeiten sind. Über den ersten Arbeitsgang des Eigenproduzenten laufen drei Verfahrenskombinationen, die die Kapazität des ersten Arbeitsgangs in Anspruch nehmen können. Der zweite und dritte Arbeitsgang des Eigenproduzenten werden lediglich noch durch die Menge der ersten Verfahrenskombination x_1 belastet.

Die Kapazitätsrestriktion des Eigenproduzenten für den Arbeitsgang 1 lautet:

$$3 \cdot x_1 + 3 \cdot x_2 + 3 \cdot x_3 \leq 50.000.$$

Die Kapazitätsrestriktion des Eigenproduzenten für den Arbeitsgang 2 lautet demgegenüber:

$$2,5 \cdot x_1 < 35.000.$$

Für die Kapazitätsrestriktion des Eigenproduzenten für den Arbeitsgang 3 gilt:

$$1 \cdot x_1 \leq 18.000.$$

Hinsichtlich der Mengenbeschränkungen sind die Fremdhersteller zu unterscheiden. Während Fremdhersteller 1 den Arbeitsgang 1 nicht mehr als Lohnarbeit anbietet, wird dieser von dem Fremdhersteller 2 weiterhin als Lohnarbeit angeboten. Beide Fremdhersteller bieten Arbeitsgang 2 und Arbeitsgang 3 als Lohnarbeit mit unterschiedlich zur Verfügung stehenden möglichen Absatzhöchstmengen an.

Für die Mengenbeschränkung des Fremdherstellers 1 für den Arbeitsgang 2 gilt:

$$x_2 \leq 18.000.$$

Für die Mengenbeschränkung des Fremdherstellers 1 für den Arbeitsgang 3 gilt:

$$x_2 \leq 25.000.$$

Für die Mengenbeschränkung des Fremdherstellers 2 für den Arbeitsgang 1 gilt:

$x_4 \leq 22.000.$

Für die Mengenbeschränkung des Fremdherstellers 2 für den Arbeitsgang 2 gilt:

$x_3 + x_4 \leq 30.000.$

Für die Mengenbeschränkung des Fremdherstellers 2 für den Arbeitsgang 3 gilt:

$x_3 + x_4 \leq 17.000.$

Die insgesamt gefertigten Teilmengen dürfen die Absatzhöchstmenge nicht überschreiten.

$x_1 + x_2 + x_3 + x_4 \leq 20.000.$

Weiterhin sind noch die Nicht-Negativitätsbedingungen zu berücksichtigen:

$x_1, x_2, x_3, x_4 \geq 0.$

Aufgabe 4.5   Problem der optimalen Entscheidung zwischen Eigenfertigung und Fremdbezug – Die Wahl zwischen Eigenfertigung oder Fremdbezug von Einzelteilarten I

Ein Unternehmen benötigt zur Herstellung seiner Endprodukte zwei verschiedene Arten von Bauteilen mit den Mengen $y^n, n = 1, 2$. Diese Bauteile werden aus einem Rohmaterialblock in einem zweistufigen Prozess gefertigt. Die Bauteile werden zuerst ausgestanzt, und danach werden die Kanten abgeschliffen. In beiden Abteilungen stehen zwei funktionsgleiche Maschinen zur Verfügung, die sich aber hinsichtlich ihrer Ausschusskoeffizienten und Bearbeitungskostensätze unterscheiden, wie die Tabellen 4.5.1 und 4.5.2 zeigen.

	Stufe 1 (Stanzen)		Stufe 2 (Schleifen)	
	Maschine 1	Maschine 2	Maschine 1	Maschine 2
Ausschuss-koeffizient	1,05	1,3	1,45	1
Kosten $[GE/ZE]$	1,8	1,3	2,7	4
Kapazität $[ZE]$	40.000	45.000	35.000	18.000

Tabelle 4.5.1:   Daten der Aufgabe 4.5

Aus den Stücklisten- und Arbeitsplandateien stehen folgende Informationen zur Verfügung.

	Bauteil 1	Bauteil 2
Preis einer Mengeneinheit des Rohmaterials	19 $[GE/ME]$	25 $[GE/ME]$
Fertigungsstückzeit auf Maschine 1 der Stufe 1	11 $[ZE/ME]$	12 $[ZE/ME]$
Fertigungsstückzeit auf Maschine 2 der Stufe 1	13 $[ZE/ME]$	15,5 $[ZE/ME]$
Fertigungsstückzeit auf Maschine 1 der Stufe 2	13 $[ZE/ME]$	16 $[ZE/ME]$
Fertigungsstückzeit auf Maschine 2 der Stufe 2	17 $[ZE/ME]$	28 $[ZE/ME]$

Tabelle 4.5.2:   Fertigungsstückzeiten und Rohstoffpreise der Bauteile 1 und 2

a) Bestimmen Sie die Stückkosten für alle Verfahrenskombinationen der Einzelteilerstellung!

b) Neben der Eigenfertigung können die Teile fremdbezogen werden. Formulieren Sie das Entscheidungsproblem zwischen Eigenfertigung und Fremdbezug auf Basis des Kostenminimierungs- und des Kosteneinsparungsansatzes!

Die Fremdbezugskosten und Bedarfsmengen der Einzelteile sind in der folgenden Tabelle 4.5.3 einzusehen.

	Bauteil 1	Bauteil 2
Bedarfsmengen $\overline{y}^n$	450 $[ME]$	450 $[ME]$
Fremdbezugskosten q^n	115 $[GE/ME]$	165 $[GE/ME]$

Tabelle 4.5.3: Bedarfsmengen und Fremdbezugskosten der Bauteile 1 und 2

Lösung zu Aufgabe 4. 5

zu a) Die Stückkosten $k_{i,j}^n$ (Stückkosten von Bauteil n auf Stufe 1 mit Maschine i und auf Stufe 2 mit Maschine j ($n = 1,2; i = 1,2; j = 1,2.$) gefertigt) sind wie folgt gekennzeichnet: Während der obere Index das betrachtete Bauteil wiedergibt, geben die beiden unteren Indizes an, welche Maschine auf der ersten Stufe (erster Index) und welche Maschine auf der zweiten Stufe (zweiter Index) benutzt wird. Die Stückkosten ergeben sich aus den Beschaffungskosten des Rohmaterials, der Bearbeitungszeit des Bauteils auf der jeweiligen Maschine der ersten Stufe multipliziert mit den dazugehörigen Kosten je Zeiteinheit, erhöht um den geltenden Ausschusskoeffizienten. Dazu kommt die Bearbeitungszeit des Bauteils auf der jeweiligen Maschine der zweiten Stufe multipliziert mit den Kosten je Zeiteinheit, erhöht um den dort geltenden Ausschusskoeffizienten.

Für die Berechnung der Stückkosten von Bauteil 1 erhält man die folgenden Ergebnisse:

$$k_{1,1}^1 = \left(\left(19\left[\frac{GE}{ME}\right] + 11\left[\frac{ZE}{ME}\right] \cdot 1{,}8\left[\frac{GE}{ZE}\right]\right) \cdot 1{,}05 + 13\left[\frac{ZE}{ME}\right] \cdot 2{,}7\left[\frac{GE}{ZE}\right]\right)$$
$$\cdot 1{,}45$$
$$= 109{,}968\left[\frac{GE}{ME}\right],$$

$$k_{1,2}^1 = \left(\left(19\left[\frac{GE}{ME}\right] + 11\left[\frac{ZE}{ME}\right] \cdot 1{,}8\left[\frac{GE}{ZE}\right]\right) \cdot 1{,}05 + 17\left[\frac{ZE}{ME}\right] \cdot 4\left[\frac{GE}{ZE}\right]\right) \cdot 1$$

$$= 108{,}74\left[\frac{GE}{ME}\right],$$

$$k_{2,1}^1 = \left(\left(19\left[\frac{GE}{ME}\right] + 13\left[\frac{ZE}{ME}\right] \cdot 1{,}3\left[\frac{GE}{ZE}\right]\right) \cdot 1{,}3 + 13\left[\frac{ZE}{ME}\right] \cdot 2{,}7\left[\frac{GE}{ZE}\right]\right)$$
$$\cdot 1{,}45$$

$$= 118{,}5665\left[\frac{GE}{ME}\right],$$

$$k_{2,2}^1 = \left(\left(19\left[\frac{GE}{ME}\right] + 13\left[\frac{ZE}{ME}\right] \cdot 1{,}3\left[\frac{GE}{ZE}\right]\right) \cdot 1{,}3 + 17\left[\frac{ZE}{ME}\right] \cdot 4\left[\frac{GE}{ZE}\right]\right) \cdot 1$$

$$= 114{,}67\left[\frac{GE}{ME}\right].$$

Für die Berechnung der Stückkosten von Bauteil 2 erhält man die folgenden Ergebnisse:

$$k_{1,1}^2 = \left(\left(25\left[\frac{GE}{ME}\right] + 12\left[\frac{ZE}{ME}\right] \cdot 1{,}8\left[\frac{GE}{ZE}\right]\right) \cdot 1{,}05 + 16\left[\frac{ZE}{ME}\right] \cdot 2{,}7\left[\frac{GE}{ZE}\right]\right)$$
$$\cdot 1{,}45$$

$$= 133{,}5885\left[\frac{GE}{ME}\right],$$

$$k_{1,2}^2 = \left(\left(25\left[\frac{GE}{ME}\right] + 12\left[\frac{ZE}{ME}\right] \cdot 1{,}8\left[\frac{GE}{ZE}\right]\right) \cdot 1{,}05 + 28\left[\frac{ZE}{ME}\right] \cdot 4\left[\frac{GE}{ZE}\right]\right) \cdot 1$$

$$= 160{,}93\left[\frac{GE}{ME}\right],$$

$$k_{2,1}^2 = \left(\left(25\left[\frac{GE}{ME}\right] + 15{,}5\left[\frac{ZE}{ME}\right] \cdot 1{,}3\left[\frac{GE}{ZE}\right]\right) \cdot 1{,}3 + 16\left[\frac{ZE}{ME}\right] \cdot 2{,}7\left[\frac{GE}{ZE}\right]\right)$$
$$\cdot 1{,}45$$

$$= 147{,}74775\left[\frac{GE}{ME}\right],$$

$$k_{2,2}^2 = \left(\left(25\left[\frac{GE}{ME}\right] + 15{,}5\left[\frac{ZE}{ME}\right] \cdot 1{,}3\left[\frac{GE}{ZE}\right]\right) \cdot 1{,}3 + 28\left[\frac{ZE}{ME}\right] \cdot 4\left[\frac{GE}{ZE}\right]\right) \cdot 1$$

$$= 170{,}695\left[\frac{GE}{ME}\right].$$

zu b) Als erstes wird der Kostenminimierungsansatz angewendet. In der speziellen Teilefertigung mögen insgesamt m Fertigungsstellen (Betriebsmittel) $i, i = 1, \ldots, m$, mit den beschränkt verfügbaren Kapazitäten r_i vorhanden sein, auf denen die fremdbeziehbaren Einzelteile für den Fall der Eigenproduktion nacheinander bearbeitet werden müssen. Die für die Gesamtproduktion benötigten Mengen der verschiedenen Einzelteilarten $n, n = 1, \dots, w$, seien mit $\bar{y}^n$ bezeichnet; sie teilen sich in die eigenerstellten Mengen y^{nE} und die fremd bezogenen Mengen y^{nF} auf, wobei für letztere keine Lieferbeschränkungen existieren sollen. Die Beanspruchung der Fertigungsstelle i durch eine selbst-erstellte Einheit der Einzelteilart n sei durch den Produktionskoeffizienten a_{in} angezeigt. Die optimale Entscheidung zwischen Eigenfertigung und Fremd-bezug von Einzelteilen kann nun mit Hilfe der Kostenminimierung auf der Grundlage des folgenden linearen Programmierungsansatzes erfolgen. Die Zielfunktion des Kostenminimierungsansatzes beinhaltet alle Kombinationen an Teilmengen $y_{i,j}^{nE}$, die auf den beiden Maschinen der beiden Stufen gefertigt werden können. In die Zielfunktion gehen die Teilmengen mit den zugehörigen Stückkosten, die in Aufgabenteil a) berechnet wurden, ein. Die Indizierung der Teilmengen gibt den Weg über Stufen und Maschinen an. Der Index für die Bauteilart wird hochgestellt. Zudem besteht die Möglichkeit, wie bereits oben beschrieben, die Bauteile fremd zu beziehen. In die Zielfunktion gehen diese Teilmengen y^{nF} mit den dazugehörigen Fremdbezugskosten q^n ein.

Die Zielfunktion lautet:

$$\begin{aligned}
\min K = {} & 109{,}968 \cdot x_{1,1}^{1E} + 108{,}74 \cdot x_{1,2}^{1E} + 118{,}5665 \cdot x_{2,1}^{1E} \\
& + 114{,}67 \cdot x_{2,2}^{1E} + 115 \cdot x^{1F} \\
& + 133{,}5885 \cdot x_{1,1}^{2E} + 160{,}93 \cdot x_{1,2}^{2E} + 147{,}74775 \cdot x_{2,1}^{2E} \\
& + 170{,}695 \cdot x_{2,2}^{2E} + 165 \cdot x^{2F}.
\end{aligned}$$

Die Bedarfsmengen der beiden Bauteile, die sich aus den eigenerstellten Teilmengen aller möglichen Verfahrenskombinationen sowie aus den fremdbezogenen Teilmengen zusammensetzen können, sind mit jeweils $\bar{y}^n = 450$ Mengeneinheiten vorgegeben.

Hinzu kommen die Nebenbedingungen, wobei zunächst die Produktions-restriktionen (Bedarfsmengen) bestimmt werden:

$$x_{1,1}^{1E} + x_{1,2}^{1E} + x_{2,1}^{1E} + x_{2,2}^{1E} + x^{1F} = 450,$$

$$x_{1,1}^{2E} + x_{1,2}^{2E} + x_{2,1}^{2E} + x_{2,2}^{2E} + x^{2F} = 450.$$

Für die Berechnung der Kapazitätsinanspruchnahme auf Maschine 1 der Stufe 1 wird die Fertigungsstückzeit auf dieser Maschine für das jeweilige Bauteil benötigt. Bei Bauteil 1 beträgt die Fertigungsstückzeit gemäß der Tabelle 4.5.2

der Aufgabenstellung 11 Zeiteinheiten pro Mengeneinheit, für das Bauteil 2 werden 12 Zeiteinheiten pro Mengeneinheit aufgewendet. Die Fertigungsstückzeit ist um den geltenden Ausschusskoeffizienten zu erhöhen. Anschließend muss auch der Ausschusskoeffizient der Maschine der Stufe 2, auf der diese Teilmenge noch weiterverarbeitet wird, berücksichtigt werden, denn die Teilmenge ist um diesen Ausschusskoeffizienten der Stufe 2 zu erhöhen, um sicherzustellen, dass ausreichend Gutteile gefertigt werden. Diese erhöhte Teilmenge erhöht an der Maschine der Stufe 1 zudem die Bearbeitung und dementsprechend die Kapazitätsinanspruchnahme. Bei den Kapazitätsrestriktionen wird nur eine Betrachtung der eigenerstellten Teilmengen vorgenommen, da im Falle des Fremdbezuges keine eigenen Kapazitäten in Anspruch genommen werden.

Für die Kapazitätsrestriktionen der einzelnen Stufen und Maschinen ergeben sich die nachfolgenden Bedingungen.

Für die Maschine 1 der Stufe 1 gilt:

$$11 \cdot 1{,}05 \cdot 1{,}45 \cdot x_{1,1}^{1E} + 11 \cdot 1{,}05 \cdot 1 \cdot x_{1,2}^{1E} + 12 \cdot 1{,}05 \cdot 1{,}45 \cdot x_{1,1}^{2E}$$
$$+12 \cdot 1{,}05 \cdot 1 \cdot x_{1,2}^{2E} \leq 40.000$$
$$\Rightarrow 16{,}7475 \cdot x_{1,1}^{1E} + 11{,}55 \cdot x_{1,2}^{1E} + 18{,}27 \cdot x_{1,1}^{2E} + 12{,}6 \cdot x_{1,2}^{2E} \leq 40.000.$$

Für die Maschine 2 der Stufe 1 gilt:

$$13 \cdot 1{,}3 \cdot 1{,}45 \cdot x_{2,1}^{1E} + 13 \cdot 1{,}3 \cdot 1 \cdot x_{2,2}^{1E} + 15{,}5 \cdot 1{,}3 \cdot 1{,}45 \cdot x_{2,1}^{2E}$$
$$+15{,}5 \cdot 1{,}3 \cdot 1 \cdot x_{2,2}^{2E} \leq 45.000$$
$$\Rightarrow 24{,}505 \cdot x_{2,1}^{1E} + 16{,}9 \cdot x_{2,2}^{1E} + 29{,}2175 \cdot x_{2,1}^{2E} + 20{,}15 \cdot x_{2,2}^{2E} \leq 45.000.$$

Für die Maschine 1 der Stufe 2 gilt:

$$3 \cdot 1{,}45 \cdot x_{1,1}^{1E} + 13 \cdot 1{,}45 \cdot x_{2,1}^{1E} + 16 \cdot 1{,}45 \cdot x_{1,1}^{2E} + 16 \cdot 1 \cdot x_{2,1}^{2E}$$
$$\leq 35.000$$
$$\Rightarrow 18{,}85 \cdot x_{1,1}^{1E} + 18{,}85 \cdot x_{2,1}^{1E} + 23{,}2 \cdot x_{1,1}^{2E} + 23{,}2 \cdot x_{2,1}^{2E} \leq 35.000.$$

Für die Maschine 2 der Stufe 2 gilt:

$$17 \cdot 1 \cdot x_{1,2}^{1E} + 17 \cdot 1 \cdot x_{2,2}^{1E} + 28 \cdot 1 \cdot x_{1,2}^{2E} + 28 \cdot 1 \cdot x_{2,2}^{2E} \leq 18.000$$
$$\Rightarrow 17 \cdot x_{1,2}^{1E} + 17 \cdot x_{2,2}^{1E} + 28 \cdot x_{1,2}^{2E} + 28 \cdot x_{2,2}^{2E} \leq 18.000.$$

Die Fremdbezugsmengen für beide Bauteilarten zählen ebenfalls zu den Variablen, somit sind diese auch bei den Nicht-Negativitätsbedingungen zu berücksichtigen.

Die Nicht-Negativitätsbedingungen lauten:

$$x_{1,1}^{1E}, x_{1,2}^{1E}, x_{2,1}^{1E}, x_{2,2}^{1E}, x^{1F}, x_{1,1}^{2E}, x_{1,2}^{2E}, x_{2,1}^{2E}, x_{2,2}^{2E}, x^{2F} \geq 0.$$

Als nächstes wird der Kosteneinsparungsansatz verfolgt. Den rechnerischen Nachteil, der sich bei dem Kostenminimierungsansatz durch die Berücksichtigung der Fremdbezugsmengen und den damit erhöhten Anteil der Variablenanzahl einstellt, versucht der Kosteneinsparungsansatz zu beseitigen, indem lediglich die Betrachtung der eigenerstellten Teilmengen erfolgt. In der Zielfunktion wird folglich nicht mehr die Kostenminimierung verfolgt. Maximiert werden sollen die Einsparungen, die sich durch die Eigenfertigungen der Bauteile ergeben. Wenn die Eigenfertigung kostengünstiger ist, gilt $(q^n - k^n) > 0$, und wenn der Fremdbezug günstiger ist, so gilt $(q^n - k^n) < 0$, mithin erfolgt der Fremdbezug bei negativem $(q^n - k^n)$. Eine Eigenfertigung wird folglich für die entsprechende Teilmenge nicht vorgenommen, sie ist dann also mit null anzusetzen. Dementsprechend sind nur die Eigenfertigungen zu betrachten, und die Variablen des Fremdbezugs können wegfallen.

Die Zielfunktion lautet:

$$\begin{aligned} \max \Delta K = {}& (115 - 109{,}968) \cdot x_{1,1}^{1E} + (115 - 108{,}74) \cdot x_{1,2}^{1E} \\ &+ (115 - 118{,}5665) \cdot x_{2,1}^{1E} \\ &+ (115 - 114{,}67) \cdot x_{2,2}^{1E} + (165 - 133{,}5885) \cdot x_{1,1}^{2E} \\ &+ (165 - 160{,}93) \cdot x_{1,2}^{2E} \\ &+ (165 - 147{,}74775) \cdot x_{2,1}^{2E} + (165 - 170{,}695) \cdot x_{2,2}^{2E}, \end{aligned}$$

$$\begin{aligned} \max \Delta K = {}& 5{,}032 \cdot x_{1,1}^{1E} + 6{,}26 \cdot x_{1,2}^{1E} - 3{,}5665 \cdot x_{2,1}^{1E} + 0{,}33 \cdot x_{2,2}^{1E} \\ &+ 31{,}4115 \cdot x_{1,1}^{2E} \\ &+ 4{,}07 \cdot x_{1,2}^{2E} + 17{,}25225 \cdot x_{2,1}^{2E} - 5{,}695 \cdot x_{2,2}^{2E}. \end{aligned}$$

Bei den Bedarfsbeschränkungen entfallen die Teilmengen des Fremdbezugs. Im Gegensatz zum Kostenminimierungsansatz sind die beiden Restriktionen bezüglich der Bedarfsmengen als Ungleichungen zu formulieren, da sich die Teilmengen weiterhin über den Fremdbezug beziehen lassen. Die Bedarfsmengen müssen nicht zwangsläufig durch die Eigenfertigung sichergestellt werden. Daneben entsprechen die Kapazitätsrestriktionen denen des Kostenminimierungsansatzes, da die fremdbezogenen Teilmengen diesbezüglich nicht relevant sind. Bei den Nicht-Negativitätsbedingungen finden die fremdbezogenen Teilmengen ebenfalls keine Berücksichtigung mehr. Somit lassen sich die Nebenbedingungen wie folgt formulieren.

Für die Produktionsrestriktionen (Bedarfsmengen) ergeben sich die nachfolgenden Bedingungen:

$$x_{1,1}^{1E} + x_{1,2}^{1E} + x_{2,1}^{1E} + x_{2,2}^{1E} \leq 450,$$

$$x_{1,1}^{2E} + x_{1,2}^{2E} + x_{2,1}^{2E} + x_{2,2}^{2E} \leq 450.$$

Für die Kapazitätsrestriktionen (ausführlicher siehe oben) gilt.

Für die Maschine 1 der Stufe 1 gilt:

$$16,7475 \cdot x_{1,1}^{1E} + 11,55 \cdot x_{1,2}^{1E} + 18,27 \cdot x_{1,1}^{2E} + 12,6 \cdot x_{1,2}^{2E} \leq 40.000.$$

Für die Maschine 2 der Stufe 1 gilt:

$$24,505 \cdot x_{2,1}^{1E} + 16,9 \cdot x_{2,2}^{1E} + 29,2175 \cdot x_{2,1}^{2E} + 20,15 \cdot x_{2,2}^{2E} \leq 45.000.$$

Für die Maschine 1 der Stufe 2 gilt:

$$18,85 \cdot x_{1,1}^{1E} + 18,85 \cdot x_{2,1}^{1E} + 23,2 \cdot x_{1,1}^{2E} + 23,2 \cdot x_{2,1}^{2E} \leq 35.000.$$

Für die Maschine 2 der Stufe 2 gilt:

$$17 \cdot x_{1,2}^{1E} + 17 \cdot x_{2,2}^{1E} + 28 \cdot x_{1,2}^{2E} + 28 \cdot x_{2,2}^{2E} \leq 18.000.$$

Zudem sind die Nicht-Negativitätsbedingungen zu beachten:

$$x_{1,1}^{1E}, x_{1,2}^{1E}, x_{2,1}^{1E}, x_{2,2}^{1E}, x_{1,1}^{2E}, x_{1,2}^{2E}, x_{2,1}^{2E}, x_{2,2}^{2E} \geq 0.$$

Aufgabe 4. 6   Problem der optimalen Entscheidung zwischen Eigenfertigung und Fremdbezug – Die Wahl zwischen Eigenfertigung oder Fremdbezug von Einzelteilarten II

Ein Unternehmen benötigt zur Herstellung seiner Endprodukte zwei verschiedene Arten von Bolzen mit den Mengen $y^n, n = 1,2$. Diese Bolzen werden aus einem Rohmaterialblock in einem zweistufigen Prozess gefertigt. Zuerst muss die Fräserei, dann die Bohrerei durchlaufen werden. In beiden Abteilungen stehen zwei funktionsgleiche Maschinen zur Verfügung, die sich aber hinsichtlich ihrer Ausschusskoeffizienten und Bearbeitungskostensätze unterscheiden, wie die Tabellen 4.6.1 und 4.6.2 zeigen.

	Stufe 1 (Fräserei)		Stufe 2 (Bohrerei)	
	Maschine 1	Maschine 2	Maschine 1	Maschine 2
Ausschuss-koeffizient	1,5	1,25	1,1	1,2
Kosten $[GE/ZE]$	3	2,6	2	1,8
Kapazität $[ZE]$	3.000	3.000	2.000	2.000

Tabelle 4.6.1:   Daten des Unternehmens

Aus den Stücklisten- und Arbeitsplandateien stehen folgende Informationen zur Verfügung.

	Bolzen 1	Bolzen 2
Preis einer Mengeneinheit des Rohmaterials	5 $[GE/ME]$	8 $[GE/ME]$
Fertigungsstückzeit auf Maschine 1 der Stufe 1	20 $[ZE/ME]$	15 $[ZE/ME]$
Fertigungsstückzeit auf Maschine 2 der Stufe 1	25 $[ZE/ME]$	19 $[ZE/ME]$
Fertigungsstückzeit auf Maschine 1 der Stufe 2	15 $[ZE/ME]$	14 $[ZE/ME]$
Fertigungsstückzeit auf Maschine 2 der Stufe 2	18 $[ZE/ME]$	16 $[ZE/ME]$

Tabelle 4.6.2:   Fertigungsstückzeiten und Rohstoffpreise der Bolzen 1 und 2

a) Bestimmen Sie die Stückkosten für alle Verfahrenskombinationen der Einzelteilerstellung!

b) Neben der Eigenfertigung können die Bolzen fremdbezogen werden. Formulieren Sie das Entscheidungsproblem zwischen Eigenfertigung und Fremdbezug auf Basis des Kostenminimierungs- und des Kosteneinsparungsansatzes!

Die Fremdbezugskosten und Bedarfsmengen der Einzelteile sind in der folgenden Tabelle 4.6.3 aufgeführt.

	Bolzen 1	Bolzen 2
Bedarfsmengen $\bar{y}^n$	100 [ME]	100 [ME]
Fremdbezugskosten q^n	145 [GE/ME]	125 [GE/ME]

Tabelle 4.6.3:   Bedarfsmengen und Fremdbezugskosten der Bolzen 1 und 2

Lösung zu Aufgabe 4.6

zu a) Die Stückkosten $k_{i,j}^n$ (Stückkosten von Bauteil n auf Stufe 1 mit Maschine i und auf Stufe 2 mit Maschine j ($n = 1,2; i = 1,2; j = 1,2.$) gefertigt) lassen sich wie folgt bestimmen.

Für die Berechnung der Stückkosten des Bolzen 1 erhält man die folgenden Daten:

$$k_{1,1}^1 = \left(\left(5\left[\frac{GE}{ME}\right] + 20\left[\frac{ZE}{ME}\right] \cdot 3\left[\frac{GE}{ZE}\right]\right) \cdot 1,5 + 15\left[\frac{ZE}{ME}\right] \cdot 2\left[\frac{GE}{ZE}\right]\right) \cdot 1,1$$

$$= 140,25 \left[\frac{GE}{ME}\right],$$

$$k_{1,2}^1 = \left(\left(5\left[\frac{GE}{ME}\right] + 20\left[\frac{ZE}{ME}\right] \cdot 3\left[\frac{GE}{ZE}\right]\right) \cdot 1,5 + 18\left[\frac{ZE}{ME}\right] \cdot 1,8\left[\frac{GE}{ZE}\right]\right) \cdot 1,2$$

$$= 155,88\left[\frac{GE}{ME}\right],$$

$$k_{2,1}^1 = \left(\left(5\left[\frac{GE}{ME}\right] + 25\left[\frac{ZE}{ME}\right] \cdot 2,6\left[\frac{GE}{ZE}\right]\right) \cdot 1,25 + 15\left[\frac{ZE}{ME}\right] \cdot 2\left[\frac{GE}{ZE}\right]\right) \cdot 1,1$$

$$= 129,25 \left[\frac{GE}{ME}\right],$$

$$k_{2,2}^1 = \left(\left(5\left[\frac{GE}{ME}\right] + 25\left[\frac{ZE}{ME}\right]\cdot 2{,}6\left[\frac{GE}{ZE}\right]\right)\cdot 1{,}25 + 18\left[\frac{ZE}{ME}\right]\cdot 1{,}8\left[\frac{GE}{ZE}\right]\right)\cdot 1{,}2$$

$$= 143{,}88\left[\frac{GE}{ME}\right].$$

Für die Berechnung der Stückkosten des Bolzen 2 erhält man die folgenden Daten:

$$k_{1,1}^2 = \left(\left(8\left[\frac{GE}{ME}\right] + 15\left[\frac{ZE}{ME}\right]\cdot 3\left[\frac{GE}{ZE}\right]\right)\cdot 1{,}5 + 14\left[\frac{ZE}{ME}\right]\cdot 2\left[\frac{GE}{ZE}\right]\right)\cdot 1{,}1$$

$$= 118{,}25\left[\frac{GE}{ME}\right],$$

$$k_{1,2}^2 = \left(\left(8\left[\frac{GE}{ME}\right] + 15\left[\frac{ZE}{ME}\right]\cdot 3\left[\frac{GE}{ZE}\right]\right)\cdot 1{,}5 + 16\left[\frac{ZE}{ME}\right]\cdot 1{,}8\left[\frac{GE}{ZE}\right]\right)\cdot 1{,}2$$

$$= 129{,}96\left[\frac{GE}{ME}\right],$$

$$k_{2,1}^2 = \left(\left(8\left[\frac{GE}{ME}\right] + 19\left[\frac{ZE}{ME}\right]\cdot 2{,}6\left[\frac{GE}{ZE}\right]\right)\cdot 1{,}25 + 14\left[\frac{ZE}{ME}\right]\cdot 2\left[\frac{GE}{ZE}\right]\right)\cdot 1{,}1$$

$$= 109{,}725\left[\frac{GE}{ME}\right],$$

$$k_{2,2}^2 = \left(\left(8\left[\frac{GE}{ME}\right] + 19\left[\frac{ZE}{ME}\right]\cdot 2{,}6\left[\frac{GE}{ZE}\right]\right)\cdot 1{,}25 + 16\left[\frac{ZE}{ME}\right]\cdot 1{,}8\left[\frac{GE}{ZE}\right]\right)\cdot 1{,}2$$

$$= 120{,}66\left[\frac{GE}{ME}\right].$$

zu b) *Kostenminimierungsmodell*

Zunächst wird der Kostenminimierungsansatz formuliert. In die Zielfunktion gehen die Teilmengen mit den zugehörigen Stückkosten, die in Aufgabenteil a) berechnet wurden, ein. Zudem besteht die Möglichkeit, die Bolzen fremd zu beziehen. In die Zielfunktion gehen diese Teilmengen y^{nF} mit den dazugehörigen Fremdbezugskosten ein.

Die Zielfunktion lautet:

$$\begin{aligned}
\min K = {}& 140{,}25\cdot x_{1,1}^{1E} + 155{,}88\cdot x_{1,2}^{1E} + 129{,}25\cdot x_{2,1}^{1E} + 143{,}88\cdot x_{2,2}^{1E}\\
& + 145\cdot x^{1F}\\
& + 118{,}25\cdot x_{1,1}^{2E} + 129{,}96\cdot x_{1,2}^{2E} + 109{,}725\cdot x_{2,1}^{2E} + 120{,}66\cdot x_{2,2}^{2E}\\
& + 125\cdot x^{2F}.
\end{aligned}$$

Die selbsterstellten und die fremdbezogenen Mengen müssen zusammen den Bedarfsbedingungen entsprechen, diese werden mit jeweils $\bar{y}^n = 1000$ Mengeneinheiten vorgegeben. Die Kapazitätsrestriktionen lassen sich analog zur Aufgabe 4.5 bestimmen. Die Fremdbezugsmengen der beiden Bolzen zählen ebenfalls zu den Variablen und sind somit auch bei den Nicht-Negativitätsbedingungen zu berücksichtigen.

Es sind also folgende Nebenbedingungen zu beachten, wobei zuerst die Produktionsrestriktionen (Bedarfsmengen) betrachtet werden:

$$x_{1,1}^{1E} + x_{1,2}^{1E} + x_{2,1}^{1E} + x_{2,2}^{1E} + x^{1F} = 100,$$

$$x_{1,1}^{2E} + x_{1,2}^{2E} + x_{2,1}^{2E} + x_{2,2}^{2E} + x^{2F} = 100.$$

Für die Kapazitätsrestriktionen der einzelnen Stufen und Maschinen ergeben sich die nachfolgenden Bedingungen.

Für die Maschine 1 der Stufe 1 gilt:

$$20 \cdot 1{,}5 \cdot 1{,}1 \cdot x_{1,1}^{1E} + 20 \cdot 1{,}5 \cdot 1{,}2 \cdot x_{1,2}^{1E} + 15 \cdot 1{,}5 \cdot 1{,}1 \cdot x_{1,1}^{2E}$$
$$+15 \cdot 1{,}5 \cdot 1{,}2 \cdot x_{1,2}^{2E} \leq 3.000$$
$$\Rightarrow 33 \cdot x_{1,1}^{1E} + 36 \cdot x_{1,2}^{1E} + 24{,}75 \cdot x_{1,1}^{2E} + 27 \cdot x_{1,2}^{2E} \leq 3.000.$$

Für die Maschine 2 der Stufe 1 gilt:

$$25 \cdot 1{,}25 \cdot 1{,}1 \cdot x_{2,1}^{1E} + 25 \cdot 1{,}25 \cdot 1{,}2 \cdot x_{2,2}^{1E} + 19 \cdot 1{,}25 \cdot 1{,}1 \cdot x_{2,1}^{2E}$$
$$+ 19 \cdot 1{,}25 \cdot 1{,}2 \cdot x_{1,2}^{2E} \leq 3.000$$
$$\Rightarrow 34{,}375 \cdot x_{2,1}^{1E} + 37{,}5 \cdot x_{2,2}^{1E} + 26{,}125 \cdot x_{2,1}^{2E} + 28{,}5 \cdot x_{2,2}^{2E} \leq 3.000.$$

Für die Maschine 1 der Stufe 2 gilt:

$$15 \cdot 1{,}1 \cdot x_{1,1}^{1E} + 15 \cdot 1{,}1 \cdot x_{2,1}^{1E} + 14 \cdot 1{,}1 \cdot x_{1,1}^{2E} + 14 \cdot 1{,}1 \cdot x_{2,1}^{2E} \leq 2.000$$
$$\Rightarrow 16{,}5 \cdot x_{1,1}^{1E} + 16{,}5 \cdot x_{2,1}^{1E} + 15{,}4 \cdot x_{1,1}^{2E} + 15{,}4 \cdot x_{2,1}^{2E} \leq 2.000.$$

Für die Maschine 2 der Stufe 2 gilt:

$$18 \cdot 1{,}2 \cdot x_{1,2}^{1E} + 18 \cdot 1{,}2 \cdot x_{2,2}^{1E} + 16 \cdot 1{,}2 \cdot x_{1,2}^{2E} + 16 \cdot 1{,}2 \cdot x_{2,2}^{2E} \leq 2.000$$
$$\Rightarrow 21{,}6 \cdot x_{1,2}^{1E} + 21{,}6 \cdot x_{2,2}^{1E} + 19{,}2 \cdot x_{1,2}^{2E} + 19{,}2 \cdot x_{2,2}^{2E} \leq 2.000.$$

Die Fremdbezugsmengen für beide Bolzen zählen ebenfalls zu den Variablen, somit sind diese auch bei den Nicht-Negativitätsbedingungen zu berücksichtigen.

Folgende Nicht-Negativitätsbedingungen sind zu beachten:

$$x_{1,1}^{1E}, x_{1,2}^{1E}, x_{2,1}^{1E}, x_{2,2}^{1E}, x^{1F}, x_{1,1}^{2E}, x_{1,2}^{2E}, x_{2,1}^{2E}, x_{2,2}^{2E}, x^{2F} \geq 0.$$

Kosteneinsparungsansatz

In der Zielfunktion werden die Einsparungen, die sich aus der Eigenfertigung ergeben, maximiert. Eine Eigenfertigung wird nicht vorgenommen, sofern der Fremdbezug günstiger ist, also $(q^n - k^n) < 0$ vorliegt und somit keine Einsparung möglich ist. Die Bedarfsbeschränkungen sind als Ungleichungen zu formulieren, da sich die Teilmengen weiterhin über den Fremdbezug beziehen lassen.

Die Zielfunktion lautet:

$$\begin{aligned}
\max \Delta K = {} & (145 - 140{,}25) \cdot x_{1,1}^{1E} + (145 - 155{,}88) \cdot x_{1,2}^{1E} \\
& + (145 - 129{,}25) \cdot x_{2,1}^{1E} \\
& + (145 - 143{,}88) \cdot x_{2,2}^{1E} + (125 - 118{,}25) \cdot x_{1,1}^{2E} \\
& + (125 - 129{,}96) \cdot x_{1,2}^{2E} \\
& + (125 - 109{,}725) \cdot x_{2,1}^{2E} + (125 - 120{,}66) \cdot x_{2,2}^{2E}.
\end{aligned}$$

Dies lässt sich wie folgt zusammenfassen:

$$\begin{aligned}
\max \Delta K = {} & 4{,}75 \cdot x_{1,1}^{1E} - 10{,}88 \cdot x_{1,2}^{1E} + 15{,}75 \cdot x_{2,1}^{1E} + 1{,}12 \cdot x_{2,2}^{1E} \\
& + 6{,}75 \cdot x_{1,1}^{2E} - 4{,}96 \cdot x_{1,2}^{2E} \\
& + 15{,}275 \cdot x_{2,1}^{2E} + 4{,}34 \cdot x_{2,2}^{2E}.
\end{aligned}$$

Die Nebenbedingungen lassen sich wie folgt formulieren.

Für die Produktionsrestriktionen (Bedarfsmengen) ergeben sich die nachfolgenden Bedingungen:

$$x_{1,1}^{1E} + x_{1,2}^{1E} + x_{2,1}^{1E} + x_{2,2}^{1E} \leq 100,$$

$$x_{1,1}^{2E} + x_{1,2}^{2E} + x_{2,1}^{2E} + x_{2,2}^{2E} \leq 100.$$

Für die Kapazitätsrestriktionen (ausführlicher siehe oben) gelten die nachfolgenden Bedingungen.

Für die Maschine 1 der Stufe 1 gilt:

$$33 \cdot x_{1,1}^{1E} + 36 \cdot x_{1,2}^{1E} + 24{,}75 \cdot x_{1,1}^{2E} + 27 \cdot x_{1,2}^{2E} \leq 3.000.$$

Für die Maschine 2 der Stufe 1 gilt:

$$34{,}375 \cdot x_{2,1}^{1E} + 37{,}5 \cdot x_{2,2}^{1E} + 26{,}125 \cdot x_{2,1}^{2E} + 28{,}5 \cdot x_{2,2}^{2E} \leq 3.000.$$

Für die Maschine 1 der Stufe 2 gilt:

$$16{,}5 \cdot x_{1,1}^{1E} + 16{,}5 \cdot x_{2,1}^{1E} + 15{,}4 \cdot x_{1,1}^{2E} + 15{,}4 \cdot x_{2,1}^{2E} \leq 2.000.$$

Für die Maschine 2 der Stufe 2 gilt:

$$21{,}6 \cdot x_{1,2}^{1E} + 21{,}6 \cdot x_{2,2}^{1E} + 19{,}2 \cdot x_{1,2}^{2E} + 19{,}2 \cdot x_{2,2}^{2E} \leq 2.000.$$

Zudem sind die Nicht-Negativitätsbedingungen zu beachten:

$$x_{1,1}^{1E}, x_{1,2}^{1E}, x_{2,1}^{1E}, x_{2,2}^{1E}, x_{1,1}^{2E}, x_{1,2}^{2E}, x_{2,1}^{2E}, x_{2,2}^{2E} \geq 0.$$

Aufgabe 4.7   Problem der optimalen Entscheidung zwischen Eigenfertigung und Fremdbezug – Die Wahl zwischen Eigenfertigung oder Fremdbezug von Einzelteilarten III

Ein Unternehmen benötigt zur Herstellung seiner Endprodukte zwei verschiedene Arten von Bauteilen mit den Mengen $y^n, n = 1,2$. Diese Bauteile werden aus einem Rohmaterialblock in einem dreistufigen Prozess gefertigt. Zunächst müssen die Bauteile gestanzt, danach gekantet und im Anschluss gebogen werden. In beiden Abteilungen der Fertigungsstufe 1 und 3 stehen zwei funktionsgleiche Maschinen zur Verfügung, die sich aber hinsichtlich ihrer Ausschusskoeffizienten und Bearbeitungskostensätze unterscheiden. Zudem sind die Daten der dritten Fertigungsstufe maßgebend. Die Daten sind in Tabelle 4.7.1 zusammengestellt.

	Stufe 1 (Stanze)		Stufe 2 (Kantbank)	Stufe 3 (Schwenkbiege)	
	Maschine 1	Maschine 2	Maschine 1	Maschine 1	Maschine 2
Ausschuss-koeffizient	1,5	1,6	1,5	1,3	1,2
Kosten $[GE/ZE]$	7	6	3	5	4
Kapazität $[ZE]$	75.000	90.000	150.000	85.000	60.000

Tabelle 4.7.1:   Daten der Unternehmung

Aus den Stücklisten- und Arbeitsplandateien stehen folgende Informationen der Tabelle 4.7.2 (Teil 1 und 2) zur Verfügung.

	Bauteil 1	Bauteil 2
Preis einer Mengeneinheit des Rohmaterials	15 $[GE/ME]$	25 $[GE/ME]$
Fertigungsstückzeit auf Maschine 1 der Stufe 1	15 $[ZE/ME]$	12 $[ZE/ME]$

Tabelle 4.7.2:   Fertigungsstückzeiten und Rohstoffpreise der Bauteile 1 und 2 (Teil 1)

	Bauteil 1	Bauteil 2
Fertigungsstückzeit auf Maschine 2 der Stufe 1	12 $[ZE/ME]$	14 $[ZE/ME]$
Fertigungsstückzeit auf Maschine 1 der Stufe 2	14 $[ZE/ME]$	18 $[ZE/ME]$
Fertigungsstückzeit auf Maschine 1 der Stufe 3	22 $[ZE/ME]$	16 $[ZE/ME]$
Fertigungsstückzeit auf Maschine 2 der Stufe 3	18 $[ZE/ME]$	21 $[ZE/ME]$

Tabelle 4.7.2:   Fertigungsstückzeiten und Rohstoffpreise der Bauteile 1 und 2
(Teil 2)

a) Bestimmen Sie die Stückkosten für alle Verfahrenskombinationen der Einzelteilerstellung!

b) Neben der Eigenfertigung können die Bolzen fremdbezogen werden. Formulieren Sie das Entscheidungsproblem zwischen Eigenfertigung und Fremdbezug auf Basis des Kostenminimierungs- und des Kosteneinsparungsansatzes!

Die Fremdbezugskosten und Bedarfsmengen der Einzelteile sind in der folgenden Tabelle 4.7.3 einzusehen.

	Bauteil 1	Bauteil 2
Bedarfsmengen $\overline{y}^n$	2.750 $[ME]$	2.750 $[ME]$
Fremdbezugskosten q^n	500 $[GE/ME]$	525 $[GE/ME]$

Tabelle 4.7.3:   Bedarfsmengen und Fremdbezugskosten

Lösung zu Aufgabe 4. 7

zu a) Die Stückkosten $k_{i,1,j}^n$ (Stückkosten von Bauteil n auf Stufe 1 mit Maschine i, mit Maschine auf Stufe 2 und auf Stufe 3 Maschine j ($n = 1,2$; $i = 1,2$; $j = 1,2$.) gefertigt) lassen sich wie nachfolgend beschrieben bestimmen.

Für die Berechnung der Stückkosten von Bauteil 1 erhält man die folgenden Werte:

$$k_{1,1,1}^1 = \left(\left(\left(15\left[\frac{GE}{ME}\right] + 15\left[\frac{ZE}{ME}\right] \cdot 7\left[\frac{GE}{ZE}\right]\right) \cdot 1{,}5 + 14\left[\frac{ZE}{ME}\right] \cdot 3\left[\frac{GE}{ZE}\right]\right) \cdot 1{,}5$$
$$+ 22\left[\frac{ZE}{ME}\right] \cdot 5\left[\frac{GE}{ZE}\right]\right) \cdot 1{,}3$$
$$= 575{,}9\left[\frac{GE}{ME}\right],$$

$$k_{1,1,2}^1 = \left(\left(\left(15\left[\frac{GE}{ME}\right] + 15\left[\frac{ZE}{ME}\right] \cdot 7\left[\frac{GE}{ZE}\right]\right) \cdot 1{,}5 + 14\left[\frac{ZE}{ME}\right] \cdot 3\left[\frac{GE}{ZE}\right]\right) \cdot 1{,}5$$
$$+ 18\left[\frac{ZE}{ME}\right] \cdot 4\left[\frac{GE}{ZE}\right]\right) \cdot 1{,}2$$
$$= 486\left[\frac{GE}{ME}\right],$$

$$k_{2,1,1}^1 = \left(\left(\left(15\left[\frac{GE}{ME}\right] + 12\left[\frac{ZE}{ME}\right] \cdot 6\left[\frac{GE}{ZE}\right]\right) \cdot 1{,}6 + 14\left[\frac{ZE}{ME}\right] \cdot 3\left[\frac{GE}{ZE}\right]\right) \cdot 1{,}5$$
$$+ 22\left[\frac{ZE}{ME}\right] \cdot 5\left[\frac{GE}{ZE}\right]\right) \cdot 1{,}3$$
$$= 496{,}34\left[\frac{GE}{ME}\right],$$

$$k_{2,1,2}^1 = \left(\left(\left(15\left[\frac{GE}{ME}\right] + 12\left[\frac{ZE}{ME}\right] \cdot 6\left[\frac{GE}{ZE}\right]\right) \cdot 1{,}6 + 14\left[\frac{ZE}{ME}\right] \cdot 3\left[\frac{GE}{ZE}\right]\right) \cdot 1{,}5$$
$$+ 18\left[\frac{ZE}{ME}\right] \cdot 4\left[\frac{GE}{ZE}\right]\right) \cdot 1{,}2$$
$$= 412{,}56\left[\frac{GE}{ME}\right].$$

Für die Berechnung der Stückkosten von Bauteil 2 erhält man die folgenden Werte:

$$k_{1,1,1}^2 = \left(\left(\left(25\left[\frac{GE}{ME}\right] + 12\left[\frac{ZE}{ME}\right] \cdot 7\left[\frac{GE}{ZE}\right]\right) \cdot 1{,}5 + 18\left[\frac{ZE}{ME}\right] \cdot 3\left[\frac{GE}{ZE}\right]\right) \cdot 1{,}5$$
$$+ 16\left[\frac{ZE}{ME}\right] \cdot 5\left[\frac{GE}{ZE}\right]\right) \cdot 1{,}3$$
$$= 528{,}125\left[\frac{GE}{ME}\right],$$

$$k_{1,1,2}^2 = \left(\left(\left(25\left[\frac{GE}{ME}\right] + 12\left[\frac{ZE}{ME}\right] \cdot 7\left[\frac{GE}{ZE}\right]\right) \cdot 1{,}5 + 18\left[\frac{ZE}{ME}\right] \cdot 3\left[\frac{GE}{ZE}\right]\right) \cdot 1{,}5\right.$$

$$\left. + 21\left[\frac{ZE}{ME}\right] \cdot 4\left[\frac{GE}{ZE}\right]\right) \cdot 1{,}2$$

$$= 492{,}3\left[\frac{GE}{ME}\right],$$

$$k_{2,1,1}^2 = \left(\left(\left(25\left[\frac{GE}{ME}\right] + 14\left[\frac{ZE}{ME}\right] \cdot 6\left[\frac{GE}{ZE}\right]\right) \cdot 1{,}6 + 18\left[\frac{ZE}{ME}\right] \cdot 3\left[\frac{GE}{ZE}\right]\right) \cdot 1{,}5\right.$$

$$\left. + 16\left[\frac{ZE}{ME}\right] \cdot 5\left[\frac{GE}{ZE}\right]\right) \cdot 1{,}3$$

$$= 549{,}38\left[\frac{GE}{ME}\right],$$

$$k_{2,1,2}^2 = \left(\left(\left(25\left[\frac{GE}{ME}\right] + 14\left[\frac{ZE}{ME}\right] \cdot 6\left[\frac{GE}{ZE}\right]\right) \cdot 1{,}6 + 18\left[\frac{ZE}{ME}\right] \cdot 3\left[\frac{GE}{ZE}\right]\right) \cdot 1{,}5\right.$$

$$\left. + 21\left[\frac{ZE}{ME}\right] \cdot 4\left[\frac{GE}{ZE}\right]\right) \cdot 1{,}2$$

$$= 511{,}92\left[\frac{GE}{ME}\right].$$

zu b) *Kostenminimierungsansatz*

Als erstes wird der Kostenminimierungsansatz formuliert. In die Zielfunktion gehen die Teilmengen mit den zugehörigen Stückkosten, die in Aufgabenteil a) berechnet wurden, ein. Zudem besteht die Möglichkeit, die Bauteile fremd zu beziehen. In die Zielfunktion gehen diese Teilmengen y^{nF} mit den dazugehörigen Fremdbezugskosten ein.

Die Zielfunktion lautet:

$$\begin{aligned}
\min K = \ & 575{,}9 \cdot x_{1,1,1}^{1E} + 486 \cdot x_{1,1,2}^{1E} + 496{,}34 \cdot x_{2,1,1}^{1E} \\
& + 412{,}56 \cdot x_{2,1,2}^{1E} + 500 \cdot x^{1F} \\
& + 528{,}125 \cdot x_{1,1,1}^{2E} + 492{,}3 \cdot x_{1,1,2}^{2E} + 549{,}38 \cdot x_{2,1,1}^{2E} \\
& + 511{,}92 \cdot x_{2,1,2}^{2E} + 525 \cdot x^{2F}.
\end{aligned}$$

Die selbsterstellten und die fremdbezogenen Mengen müssen zusammen den Bedarfsbedingungen entsprechen; diese werden mit jeweils $\overline{y}^n = 2.750$ Mengeneinheiten vorgegeben. Die Kapazitätsrestriktionen lassen sich analog zu der Aufgabe 4.6 bestimmen. Die Fremdbezugsmengen der beiden Bauteile zählen ebenfalls zu den Variablen und sind somit auch bei den Nicht-Negativitätsbedingungen zu berücksichtigen.

Es sind also folgende Nebenbedingungen zu beachten, wobei zuerst die Produktionsrestriktionen (Bedarfsmengen) betrachtet werden:

$$x_{1,1,1}^{1E} + x_{1,1,2}^{1E} + x_{2,1,1}^{1E} + x_{2,1,2}^{1E} + x^{1F} = 2.750,$$

$$x_{1,1,1}^{2E} + x_{1,1,2}^{2E} + x_{2,1,1}^{2E} + x_{2,1,2}^{2E} + x^{2F} = 2.750.$$

Für die Kapazitätsrestriktionen der einzelnen Stufen und Maschinen ergeben sich die nachfolgenden Bedingungen.

Für die Maschine 1 der Stufe 1 gilt:

$$15 \cdot 1,5 \cdot 1,5 \cdot 1,3 \cdot x_{1,1,1}^{1E} + 15 \cdot 1,5 \cdot 1,5 \cdot 1,2 \cdot x_{1,1,2}^{1E}$$

$$+12 \cdot 1,5 \cdot 1,5 \cdot 1,3 \cdot x_{1,1,1}^{2E} + 12 \cdot 1,5 \cdot 1,5 \cdot 1,2 \cdot x_{1,1,2}^{2E} \le 75.000$$

$$\Rightarrow 43,875 \cdot x_{1,1,1}^{1E} + 40,5 \cdot x_{1,1,2}^{1E} + 35,1 \cdot x_{1,1,1}^{2E} + 32,4 \cdot x_{1,1,2}^{2E} \le 75.000.$$

Für die Maschine 2 der Stufe 1 gilt:

$$12 \cdot 1,6 \cdot 1,5 \cdot 1,3 \cdot x_{2,1,1}^{1E} + 12 \cdot 1,6 \cdot 1,5 \cdot 1,2 \cdot x_{2,1,2}^{1E}$$

$$+14 \cdot 1,6 \cdot 1,5 \cdot 1,3 \cdot x_{2,1,1}^{2E} + 14 \cdot 1,6 \cdot 1,5 \cdot 1,2 \cdot x_{2,1,2}^{2E} \le 90.000$$

$$\Rightarrow 37,44 \cdot x_{2,1,1}^{1E} + 34,56 \cdot x_{2,1,2}^{1E} + 43,68 \cdot x_{2,1,1}^{2E} + 40,32 \cdot x_{2,1,2}^{2E} \le 90.000.$$

Für die Maschine 1 der Stufe 2 gilt:

$$14 \cdot 1,5 \cdot 1,3 \cdot x_{1,1,1}^{1E} + 14 \cdot 1,5 \cdot 1,2 \cdot x_{1,1,2}^{1E} + 14 \cdot 1,5 \cdot 1,3 \cdot x_{2,1,1}^{1E}$$

$$+14 \cdot 1,5 \cdot 1,2 \cdot x_{2,1,2}^{1E} + 18 \cdot 1,5 \cdot 1,3 \cdot x_{1,1,1}^{2E} + 18 \cdot 1,5 \cdot 1,2 \cdot x_{1,1,2}^{2E}$$

$$+18 \cdot 1,5 \cdot 1,3 \cdot x_{2,1,1}^{2E} + 18 \cdot 1,5 \cdot 1,2 \cdot x_{2,1,2}^{2E} \le 150.000$$

$$\Rightarrow 27,3 \cdot x_{1,1,1}^{1E} + 25,2 \cdot x_{1,1,2}^{1E} + 27,3 \cdot x_{2,1,1}^{1E} + 25,2 \cdot x_{2,1,2}^{1E} + 35,1 \cdot x_{1,1,1}^{2E}$$

$$+32,4 \cdot x_{1,1,2}^{2E} + 35,1 \cdot x_{2,1,1}^{2E} + 32,4 \cdot x_{2,1,2}^{2E} \le 150.000.$$

Für die Maschine 1 der Stufe 3 gilt:

$$22 \cdot 1,3 \cdot x_{1,1,1}^{1E} + 22 \cdot 1,3 \cdot x_{2,1,1}^{1E} + 16 \cdot 1,3 \cdot x_{1,1,1}^{2E} + 16 \cdot 1,3 \cdot x_{2,1,1}^{2E}$$

$$\le 85.000$$

$$\Rightarrow 28,6 \cdot x_{1,1,1}^{1E} + 28,6 \cdot x_{2,1,1}^{1E} + 20,8 \cdot x_{1,1,1}^{2E} + 20,8 \cdot x_{2,1,1}^{2E} \le 85.000.$$

Für die Maschine 2 der Stufe 3 gilt:

$$18 \cdot 1{,}2 \cdot x_{1,1,2}^{1E} + 18 \cdot 1{,}2 \cdot x_{2,1,2}^{1E} + 21 \cdot 1{,}2 \cdot x_{1,1,2}^{2E} + 21 \cdot 1{,}2 \cdot x_{2,1,2}^{2E}$$
$$\leq 60.000$$
$$\Rightarrow 21{,}6 \cdot x_{1,1,2}^{1E} + 21{,}6 \cdot x_{2,1,2}^{1E} + 25{,}2 \cdot x_{1,1,2}^{2E} + 25{,}2 \cdot x_{2,1,2}^{2E} \leq 60.000.$$

Die Fremdbezugsmengen für beide Bauteilarten zählen ebenfalls zu den Variablen, somit sind diese auch bei den Nicht-Negativitätsbedingungen zu berücksichtigen.

$$x_{1,1,1}^{1E}, x_{1,1,2}^{1E}, x_{2,1,1}^{1E}, x_{2,1,2}^{1E}, x^{1F}, x_{1,1,1}^{2E}, x_{1,1,2}^{2E}, x_{2,1,1}^{2E}, x_{2,1,2}^{2E}, x^{2F} \geq 0.$$

Kosteneinsparungsansatz

Als nächstes wird der Kosteneinsparungsansatz verfolgt. In der Zielfunktion werden die Einsparungen, die sich aus der Eigenfertigung ergeben, maximiert. Eine Eigenfertigung wird nicht vorgenommen, sofern der Fremdbezug günstiger ist, also $(q^n - k^n) < 0$ vorliegt und somit keine Einsparung möglich ist. Die Bedarfsbeschränkungen sind als Ungleichungen zu formulieren, da sich die Teilmengen weiterhin über den Fremdbezug beziehen lassen.

Die Zielfunktion lautet:

$$\begin{aligned}
\max \Delta K = {} & (500 - 575{,}9) \cdot x_{1,1,1}^{1E} + (500 - 486) \cdot x_{1,1,2}^{1E} \\
& + (500 - 496{,}34) \cdot x_{2,1,1}^{1E} \\
& + (500 - 412{,}56) \cdot x_{2,1,2}^{1E} + (525 - 528{,}125) \cdot x_{1,1,1}^{2E} \\
& + (525 - 492{,}3) \cdot x_{1,1,2}^{2E} \\
& + (525 - 549{,}38) \cdot x_{2,1,1}^{2E} + (525 - 511{,}92) \cdot x_{2,1,2}^{2E}.
\end{aligned}$$

Dies kann zu

$$\begin{aligned}
\max \Delta K = {} & -75{,}9 \cdot x_{1,1,1}^{1E} + 14 \cdot x_{1,1,2}^{1E} + 3{,}66 \cdot x_{2,1,1}^{1E} + 87{,}44 \cdot x_{2,1,2}^{1E} \\
& - 3{,}125 \cdot x_{1,1,1}^{2E} \\
& + 32{,}7 \cdot x_{1,1,2}^{2E} - 24{,}38 \cdot x_{2,1,1}^{2E} + 13{,}08 \cdot x_{2,1,2}^{2E}
\end{aligned}$$

vereinfacht werden.

Die Nebenbedingungen lassen sich wie folgt formulieren.

Für die Produktionsrestriktionen (Bedarfsmengen) ergeben sich die nachfolgenden Bedingungen:

$$x_{1,1,1}^{1E} + x_{1,1,2}^{1E} + x_{2,1,1}^{1E} + x_{2,1,2}^{1E} \le 2.750,$$

$$x_{1,1,1}^{2E} + x_{1,1,2}^{2E} + x_{2,1,1}^{2E} + x_{2,1,2}^{2E} \le 2.750.$$

Die Kapazitätsrestriktionen (ausführlicher siehe oben) lassen sich wie folgt formulieren.

Für die Maschine 1 der Stufe 1 gilt:

$$43,875 \cdot x_{1,1,1}^{1E} + 40,5 \cdot x_{1,1,2}^{1E} + 35,1 \cdot x_{1,1,1}^{2E} + 32,4 \cdot x_{1,1,2}^{2E} \le 75.000.$$

Für die Maschine 2 der Stufe 1 gilt:

$$37,44 \cdot x_{2,1,1}^{1E} + 34,56 \cdot x_{2,1,2}^{1E} + 43,68 \cdot x_{2,1,1}^{2E} + 40,32 \cdot x_{2,1,2}^{2E} \le 90.000.$$

Für die Maschine 1 der Stufe 2 gilt:

$$27,3 \cdot x_{1,1,1}^{1E} + 25,2 \cdot x_{1,1,2}^{1E} + 27,3 \cdot x_{2,1,1}^{1E} + 25,2 \cdot x_{2,1,2}^{1E} + 35,1 \cdot x_{1,1,1}^{2E}$$
$$+32,4 \cdot x_{1,1,2}^{2E} + 35,1 \cdot x_{2,1,1}^{2E} + 32,4 \cdot x_{2,1,2}^{2E} \le 150.000.$$

Für die Maschine 1 der Stufe 3 gilt:

$$28,6 \cdot x_{1,1,1}^{1E} + 28,6 \cdot x_{2,1,1}^{1E} + 20,8 \cdot x_{1,1,1}^{2E} + 20,8 \cdot x_{2,1,1}^{2E} \le 85.000.$$

Für die Maschine 2 der Stufe 3 gilt:

$$21,6 \cdot x_{1,1,2}^{1E} + 21,6 \cdot x_{2,1,2}^{1E} + 25,2 \cdot x_{1,1,2}^{2E} + 25,2 \cdot x_{2,1,2}^{2E} \le 60.000.$$

Zudem sind die Nicht-Negativitätsbedingungen zu beachten:

$$x_{1,1,1}^{1E}, x_{1,1,2}^{1E}, x_{2,1,1}^{1E}, x_{2,1,2}^{1E}, x^{1F}, x_{1,1,1}^{2E}, x_{1,1,2}^{2E}, x_{2,1,1}^{2E}, x_{2,1,2}^{2E}, x^{2F} \ge 0.$$

5   Materialbedarfsplanung

Lernbereich I, FANDEL/FISTEK/STÜTZ, S. 366-393

Aufgabe 5. 1   Verbrauchsorientierte Bedarfsplanung – Gleitender Durchschnitt

Gegeben seien folgende Nachfragewerte der Tabelle 5.1.1 für ein Produkt eines produzierenden Unternehmens für die Jahre 2014 und 2015.

Jahr	Monat	Nachfrage	Jahr	Monat	Nachfrage
2014	Januar	80	2015	Januar	160
	Februar	160		Februar	220
	März	100		März	260
	April	140		April	280
	Mai	100		Mai	180
	Juni	160		Juni	220
	Juli	180		Juli	240
	August	140		August	280
	September	200		September	220
	Oktober	180		Oktober	260
	November	220		November	300
	Dezember	200		Dezember	220

Tabelle 5.1.1:   Nachfragewerte für die Jahre 2014 und 2015

a) Berechnen Sie auf Grundlage dieser Werte die gleitenden Durchschnitte für das Jahr 2015! Dabei sollen die $T = 6$ unmittelbar vor der Prognose liegenden Perioden einbezogen werden. Ermitteln Sie zudem die Prognosefehler und die mittleren absoluten Abweichungen für diesen Zeitraum unter Berücksichtigung der Prognosefehler ab Anfang 2015!

a) Berechnen Sie die gewogenen gleitenden Durchschnitte für das Jahr 2015! Dabei sollen wieder die $T = 6$ unmittelbar vor der Prognose liegenden Perioden einbezogen werden, wobei die folgenden Gewichtungen g_τ (in Prozent) aus Tabelle 5.1.2 zugrunde gelegt werden.

Periode τ	1	2	3	4	5	6
g_τ	5	10	15	20	25	25

Tabelle 5.1.2: Gewichte für die Bedarfswerte

Ermitteln Sie auch hierzu die Prognosefehler und die mittleren absoluten Abweichungen ab Anfang 2015 für diesen Zeitraum unter Berücksichtigung der Prognosefehler!

Hinweis: Runden Sie Ihre Lösungen auf 2 Nachkommastellen.

Lösung zu Aufgabe 5. 1

zu a) Aus der Kritik am arithmetischen Mittel entspringt unmittelbar die Idee des Verfahrens der gleitenden Durchschnittsbildung. Hierbei werden stets nur T zurückliegende Zeitreihenwerte – in dem hier vorliegenden Fall die letzten 6 Monate – bei der Prognose für die nächste Periode berücksichtigt. Bei jeder neuen Vorhersage wird also die jeweils älteste Information der früheren Vorhersage durch eine neue, aktuelle Bedarfsinformation ersetzt.

Mit B_t^{GD} wird der Prognosewert des Monats t unter Verwendung des gleitenden Durchschnitts verstanden. B_τ bezeichnet die realen Nachfragewerte der betrachteten Perioden mit dem Laufindex τ.

Der Prognosewert der Periode $t + 1$ kann mit Hilfe folgender Formel ermittelt werden:

$$B_{t+1}^{GD} = \frac{1}{T} \sum_{\tau=t-T+1}^{t} B_\tau.$$

Da alle T Bedarfswerte mit dem identischen Gewicht $1/_T$ in die Berechnung eingehen, folgt direkt für die Periode t:

$$B_t^{GD} = \frac{1}{T} \sum_{\tau=t-T}^{t-1} B_\tau.$$

So ergibt sich beispielsweise für den Dezember 2015 folgender Prognosewert:

$$B_{Dez.}^{GD} = \frac{1}{6} \cdot (220 + 240 + 280 + 220 + 260 + 300) = 253,33.$$

Der Prognosefehler E_t wird mit folgender Formel kalkuliert:

$$E_t = B_t - B_t^{GD}.$$

Für Dezember ergibt sich:

$$E_{Dez.} = B_{Dez.} - B_{Dez.}^{GD} = 220 - 253,33 = -33,33.$$

Die mittlere absolute Abweichung m_t wird folgendermaßen ermittelt:

$$m_t = \frac{1}{\tilde{T}} \sum_{\tau=t-\tilde{T}+1}^{t} |E_\tau|.$$

Hierbei ist zu beachten, dass die mittlere absolute Abweichung basierend auf allen Nachfragewerten des Jahres 2015 berechnet wird, so dass $\tilde{T} = 12$ für den Monat Dezember gilt. Es zeigt sich, dass $\tilde{T}$ von T abweicht.

Für Dezember ergibt sich dann:

$$
\begin{aligned}
m_{Dez.} &= \frac{1}{\tilde{T}} \cdot \left(|E_{Jan.}| + \cdots + |E_{Dez.}| \right) \\
&= \frac{1}{12} \cdot (|-26,67| + |36,67| + |63,33| + |73,33| + |-43,33| \\
&\quad + |3,33| + |20,00| + |46,67| + |-23,33| + |23,33| + |66,67| \\
&\quad + |-33,33|) \\
&= \frac{1}{12} \cdot 459,99 = 38,3325 \approx 38,33.
\end{aligned}
$$

Insgesamt erhält man die Werte der nachfolgenden Tabelle 5.1.3.

Jahr	Monat	Nach-frage	Prognose-wert	Prognosefehler	mittlere absolute Abweichung
2015	Januar	160	186,67	−26,67	26,67
	Februar	220	183,33	36,67	31,67
	März	260	196,67	63,33	42,22
	April	280	206,67	73,33	50,00
	Mai	180	223,33	−43,33	48,67
	Juni	220	216,67	3,33	41,11
	Juli	240	220,00	20,00	38,10
	August	280	233,33	46,67	39,17
	September	220	243,33	−23,33	37,41
	Oktober	260	236,67	23,33	36,00
	November	300	233,33	66,67	38,79
	Dezember	220	253,33	−33,33	38,33

Tabelle 5.1.3:   Prognosewerte und -fehler sowie mittlere absolute Abweichung

zu b) Bei der gewogenen gleitenden Durchschnittsbildung werden weiter zurückliegende Bedarfswerte mit einem geringeren Gewicht berücksichtigt als Werte der jüngsten Vergangenheit (vgl. die in der Tabelle 5.1.2 vorgegebenen Gewichte). Das Gewicht, welches auf den ersten und ältesten der T Bedarfswerte angewandt wird, sei mit g_1 und das Gewicht, welches auf den letzten der in der Prognose eingehenden Werte angewandt wird, mit g_T bezeichnet, so dass mit g_τ das Gewicht für den Bedarfswert der Periode $t - T + \tau$ gemeint ist. Die Summe aller Gewichte der Zeitreihe muss zudem gleich eins sein.

Bei der Berechnung wird folgende Formel zugrunde gelegt:

$$B_{t+1}^{GGD} = \sum_{\tau=t-T+1}^{t} g_{\tau-t+T} \cdot B_{\tau}.$$

B_{t+1}^{GGD} bezeichnet den Prognoswert unter Verwendung des gleitenden gewogenen Durchschnitts für den Monat $t + 1$.

Für Juli 2015 ergibt sich:

$$B_{t+1}^{GGD} = B_{6+1}^{GGD} = \sum_{\tau=6-6+1=1}^{6} g_{\tau-t+T} \cdot B_{\tau}.$$

$$\begin{aligned}
B_{Juli}^{GGD} &= g_{1-6+6} \cdot B_1 + g_{2-6+6} \cdot B_2 + g_{3-6+6} \cdot B_3 \\
&\quad + g_{4-6+6} \cdot B_4 + g_{5-6+6} \cdot B_5 + g_{6-6+6} \cdot B_6 \\
&= g_1 \cdot B_1 + g_2 \cdot B_2 + g_3 \cdot B_3 + g_4 \cdot B_4 + g_5 \cdot B_5 + g_6 \cdot B_6.
\end{aligned}$$

Durch Einsetzen der Ergebnisse ergibt sich:

$$\begin{aligned}
B_{Juli}^{GGD} &= 0{,}05 \cdot B_{Jan.} + 0{,}1 \cdot B_{Feb.} + 0{,}15 \cdot B_{März} \\
&\quad + 0{,}2 \cdot B_{April} + 0{,}25 \cdot B_{Mai} + 0{,}25 \cdot B_{Juni} \\
&= 0{,}05 \cdot 160 + 0{,}1 \cdot 220 + 0{,}15 \cdot 260 \\
&\quad + 0{,}2 \cdot 280 + 0{,}25 \cdot 180 + 0{,}25 \cdot 220 \\
&= 225.
\end{aligned}$$

Für Dezember 2015 hingegen erhält man:

$$B_{t+1}^{GGD} = B_{11+1}^{GGD} = \sum_{\tau=11-6+1=6}^{11} g_{\tau-t+T} \cdot B_{\tau}.$$

$$\begin{aligned}
B_{Dez.}^{GGD} &= g_{6-11+6} \cdot B_6 + g_{7-11+6} \cdot B_7 + g_{8-11+6} \cdot B_8 \\
&\quad + g_{9-11+6} \cdot B_9 + g_{10-11+6} \cdot B_{10} + g_{11-11+6} \cdot B_{11} \\
&= g_1 \cdot B_6 + g_2 \cdot B_7 + g_3 \cdot B_8 + g_4 \cdot B_9 + g_5 \cdot B_{10} + g_6 \cdot B_{11}.
\end{aligned}$$

Durch Einsetzen der Ergebnisse ergibt sich:

$$\begin{aligned}
B_{Dez.}^{GGD} &= 0{,}05 \cdot B_{Juni} + 0{,}1 \cdot B_{Juli} + 0{,}15 \cdot B_{Aug.} \\
&\quad + 0{,}2 \cdot B_{Sept.} + 0{,}25 \cdot B_{Okt.} + 0{,}25 \cdot B_{Nov.} \\
&= 0{,}05 \cdot 220 + 0{,}1 \cdot 240 + 0{,}15 \cdot 280 \\
&\quad + 0{,}2 \cdot 220 + 0{,}25 \cdot 260 + 0{,}25 \cdot 300 \\
&= 261.
\end{aligned}$$

Die Berechnung des Prognosefehlers und der mittleren absoluten Abweichung erfolgt analog zu Aufgabenteil a).

Insgesamt ergeben sich die Werte der nachfolgenden Tabelle 5.1.4.

Jahr	Monat	Nach-frage	Prognose-wert	Prognosefehler	Mittlere absolute Abweichung
2015	Januar	160	194,00	−34,00	34,00
	Februar	220	188,00	32,00	33,00
	März	260	196,00	64,00	43,33
	April	280	213,00	67,00	49,25
	Mai	180	234,00	−54,00	50,20
	Juni	220	226,00	−6,00	42,83
	Juli	240	225,00	15,00	38,86
	August	280	230,00	50,00	40,25
	September	220	242,00	−22,00	38,22
	Oktober	260	238,00	22,00	36,60
	November	300	243,00	57,00	38,45
	Dezember	220	261,00	−41,00	38,67

Tabelle 5.1.4: Prognosewerte und -fehler sowie mittlere absolute Abweichung unter Beachtung der unterschiedlichen Gewichtung

Aufgabe 5.2   Verbrauchsorientierte Bedarfsplanung – Exponentielle Glättung erster Ordnung

Der „Günther Ducky" GmbH liegen die vergangenen Bedarfswerte von acht Perioden für das Kuscheltier „Pluthino" vor. Bestimmen Sie den Prognosewert der kommenden Periode 9 mithilfe der exponentiellen Glättung erster Ordnung, wenn Ihnen als Startwert $B_1 = B_1^{xG} = 60$ Mengeneinheiten sowie ein Glättungsfaktor $\alpha = 0{,}2$ gegeben sind.

Es sind für die Perioden $t = 1, \dots, 8$ die folgenden Daten der Tabelle 5.2.1 verfügbar.

Periode	t	1	2	3	4	5	6	7	8
Bedarf [ME]	B_t	60	40	60	60	80	40	80	60

Tabelle 5.2.1:   Bedarfszeitreihe für die exponentielle Glättung erster Ordnung

Lösung zu Aufgabe 5.2

Nach dem Verfahren der exponentiellen Glättung erster Ordnung gilt allgemein für den zu prognostizierenden Wert der Periode $t + 1$:

$$B_{t+1}^{xG} = B_t^{xG} + \alpha \cdot (B_t - B_t^{xG}) = B_t^{xG} + \alpha \cdot E_t,\ 0 \le \alpha \le 1.$$

Für $0 < \alpha < 1$ gehen praktisch alle Vergangenheitswerte des Bedarfs in die Berechnung ein, wobei die Einflüsse der Vergangenheitswerte mit zunehmend zurückliegenden Perioden immer mehr verschwinden. Für $\alpha = 0$ wird der Prognosewert der Periode t auch für die Periode $t + 1$ angesetzt. Die Abweichung der Prognose für die Periode t vom tatsächlichen Bedarfswert in t (Prognosefehler) findet dabei keine Berücksichtigung. Im Grunde genommen wird hier als Prognosewert der Periode t immer wieder der Bedarfswert der Periode 1 wiederholt. Alle anderen Vergangenheitswerte bleiben unberücksichtigt. Das andere Extrem der exponentiellen Glättung erster Ordnung tritt für $\alpha = 1$ ein. Dann ist immer der Verbrauchswert der Periode t auch der Prognosewert für die Periode $t + 1$. Die Historie der Prognosefehler spielt auch dabei in den Berechnungen keine Rolle mehr.

Anhand der in Tabelle 5.2.1 gegebenen Nachfragewerte kann die folgenden Tabelle 5.2.2 vervollständigt werden. Hierzu sind ausgehend von Periode 1 die Prognosewerte B_t^{xG}, die Prognosefehler E_t, sowie das Produkt $\alpha \cdot E_t$ für die Perioden 1 bis 8 zu berechnen.

Periode t	Bedarf B_t	Prognosewert B_t^{xG}	Fehler $E_t = B_t - B_t^{xG}$	$\alpha \cdot E_t$
1	60	60 (Startwert)	0	$0{,}2 \cdot 0 = 0$
2	40	$60 + 0$ $= 60$	$40 - 60$ $= -20$	$0{,}2 \cdot (-20)$ $= -4$
3	60	$60 - 4 = 56$	$60 - 56 = 4$	$0{,}2 \cdot 4 = 0{,}8$
4	60	$56 + 0{,}8$ $= 56{,}8$	$60 - 56{,}8$ $= 3{,}2$	$0{,}2 \cdot 3{,}2$ $= 0{,}64$
5	80	$56{,}8 + 0{,}64$ $= 57{,}44$	$80 - 57{,}44$ $= 22{,}56$	$0{,}2 \cdot 22{,}56$ $= 4{,}512$
6	40	$57{,}44 + 4{,}512$ $= 61{,}952$	$40 - 61{,}952$ $= -21{,}952$	$0{,}2 \cdot (-21{,}952)$ $= -4{,}3904$
7	80	$61{,}952 - 4{,}3904$ $= 57{,}5616$	$80 - 57{,}5616$ $= 22{,}4384$	$4{,}48768$
8	60	$57{,}5616$ $+4{,}48768$ $= 62{,}04928$	$60 - 62{,}04928$ $= -2{,}04928$	$-0{,}409856$
9	?	$62{,}04928$ $-0{,}409856$ $= 61{,}639424$		

Tabelle 5.2.2:   Berechnung des Prognosewertes für die Periode 9

Für „Pluthino" ergibt sich ein Prognosewert in Höhe von 61 Kuscheltieren für die Periode 9, wenn davon ausgegangen wird, dass die Tiere nicht beliebig teilbar sind.

Aufgabe 5.3 Verbrauchsorientierte Bedarfsplanung – Lineare Regression

Die Geschäftsführung der „Günther Ducky" GmbH hat einen trendförmigen Verlauf der Nachfrage des Kuscheltier-Produktes „Kung Fu Tiger" erkannt und bittet Sie nun, anhand der linearen Regression den Bedarf für den kommenden Monat zu berechnen, wenn Ihnen die folgenden Daten in der Tabelle 5.3.1 für die vergangenen 8 Monate gegeben sind.

Periode	t	1	2	3	4	5	6	7	8
Bedarf $[ME]$	B_t	20	25	22	28	32	29	34	40

Tabelle 5.3.1: Bedarfszeitreihe für die lineare Regression

Lösung zu Aufgabe 5.3

Im Prinzip handelt es sich bei dem Prognoseverfahren der linearen Regression um eine Durchschnittsbildung, die jedoch einen Trend berücksichtigt. Lässt sich aus der Vergangenheit eine systematische Bedarfskomponente erkennen, die nicht konstant ist, sondern zeitabhängig verläuft, so spricht man von einem Trend.

Zur Lösung des oben dargestellten Problems bedient man sich geeigneter Hilfsdaten, die in der nachfolgenden Tabelle 5.3.2 basierend auf den Bedarfen aus Tabelle 5.3.1 berechnet sind.

Bei der linearen Regression prognostiziert man anhand einer Trendgeraden, die durch

$$B_{t,i}^{LR} = y_t + n_t \cdot i$$

gegeben ist.

Diese Gleichung ist so zu verstehen, dass $B_{t,i}^{LR}$ denjenigen Prognosewert für die Periode i, $i > t$, darstellt, der basierend auf den Daten der Perioden 1 bis t anhand der linearen Regression geschätzt wird. Der Achsenabschnitt y_t wird durch

$$y_t = \hat{B} - n_t \cdot \hat{t}$$

berechnet.

Zur Bestimmung von n_t wird die Methode der kleinsten Quadrate verwendet:

$$n_t = \frac{\sum_{\tau=1}^{t} \tau \cdot B_\tau - t \cdot \hat{t} \cdot \hat{B}}{\sum_{\tau=1}^{t} \tau^2 - t \cdot \hat{t}^2}.$$

Periode t	Bedarf B_t	$t \cdot B_t$	t^2
1	20	$1 \cdot 20 = 20$	$1^2 = 1$
2	25	$2 \cdot 25 = 50$	$2^2 = 4$
3	22	66	9
4	28	112	16
5	32	160	25
6	29	174	36
7	34	238	49
8	40	320	64
$\sum 36$	$\sum 230$	$\sum 1.140$	$\sum 204$

Tabelle 5.3.2: Hilfsdaten zur linearen Regressionsrechnung

$\hat{t}$ bezeichnet dabei den Durchschnitt der aufsummierten Periodenindizes

$$\hat{t} = \frac{1}{t} \sum_{\tau=1}^{t} \tau,$$

und $\hat{B}$ stellt den mittleren Bedarf über die Perioden 1 bis t dar:

$$\hat{B} = \frac{1}{t} \sum_{\tau=1}^{t} B_\tau.$$

Im Folgenden werden nun alle relevanten Parameter für das Unternehmen bestimmt. Aus der Tabelle 5.3.2 können die benötigten Mittelwerte berechnet werden:

$$\hat{t} = \frac{36}{8} = 4,5$$

sowie

$$\hat{B} = \frac{230}{8} = 28,75.$$

Daraus resultiert die Steigung n_8 der Regressionsgeraden:

$$n_8 = \frac{\sum_{\tau=1}^{8} \tau \cdot B_\tau - 8 \cdot \hat{t} \cdot \hat{B}}{\sum_{\tau=1}^{8} \tau^2 - 8 \cdot \hat{t}^2} = \frac{1.140 - 8 \cdot 4,5 \cdot 28,75}{204 - 8 \cdot 4,5^2} = \frac{105}{42} = 2,5.$$

Der Achsenabschnitt y_8 ist dann:

$$y_8 = \hat{B} - n_8 \cdot \hat{t} = 28,75 - 2,5 \cdot 4,5 = 17,5.$$

Somit kann der Prognosewert für jede Periode i, $i > t = 8$, allgemein mithilfe der linearen Regression wie folgt berechnet werden:

$$B_{8,i}^{LR} = y_8 + n_8 \cdot i = 17,5 + 2,5 \cdot i.$$

Für die Periode 9 erhält man so den Prognosewert:

$$B_{8,9}^{LR} = y_8 + n_8 \cdot 9 = 17,5 + 2,5 \cdot 9 = 40 \, [ME].$$

Für die Periode 9 wird also eine Nachfrage an „Kung Fu Tiger"-Kuscheltieren in Höhe von 40 Mengeneinheiten prognostiziert.

Aufgabe 5.4 Verbrauchsorientierte Bedarfsplanung – Exponentielle Glättung zweiter Ordnung

Basierend auf dem Beispiel 7.13 des Lehrbuches Fandel/Fistek/Stütz, 2011, S. 385-386, und den dort angegebenen Lösungen und Werten (zur Bedarfszeitreihe siehe Tabelle 5.4.1 und zu den Basisdaten siehe Tabelle 5.4.2) wird die Bedarfszeitreihe um die Perioden 9 bis 16 erweitert, wie in Tabelle 5.4.3 dargelegt. Für weitere Berechnungen möge der Glättungsfaktor $\alpha = 0,2$ beibehalten werden. Zusätzlich ist aus der Aufgabenstellung bekannt, dass in $t = 1$ der Achsenabschnitt $y_1 = 90$ sowie die Steigung $n_1 = 4$ gelten.

Periode	t	1	2	3	4	5	6	7	8
Bedarf [ME]	B_t	90	86	97	115	108	130	125	145

Tabelle 5.4.1: Bedarfswerte der Perioden 1 bis 8

t	B_t	$\hat{B}_t^1$	$\hat{B}_t^2$	y_t	n_t	B_t^{xG2}
1	90	74	58	90	4	
2	86	76,4	61,68	91,12	3,68	94
3	97	80,52	65,45	95,59	3,77	94,8
4	115	87,42	69,84	104,99	4,39	99,36
5	108	91,53	74,18	108,89	4,34	109,38
6	130	99,23	79,19	119,26	5,01	113,22
7	125	104,38	84,23	124,53	5,04	124,27
8	145	112,5	89,88	135,13	5,66	129,57
9	?					140,78

Tabelle 5.4.2: Basisdaten für die Perioden 1 bis 8

Periode	t	9	10	11	12	13	14	15	16
Bedarf [ME]	B_t	150	145	155	160	170	150	175	180

Tabelle 5.4.3:   Bedarfswerte der Perioden 9 bis 16

Vervollständigen Sie die nachfolgende Tabelle 5.4.4 und berechnen Sie den Prognosewert für die Periode 17 anhand der exponentiellen Glättung zweiter Ordnung für einen trendförmigen Bedarfsverlauf.

t	B_t	$\hat{B}_t^1$	$\hat{B}_t^2$	y_t	n_t	B_t^{xG2}
9	150					140,78
10	145					
11	155					
12	160					
13	170					
14	150					
15	175					
16	180					
17	?					

Tabelle 5.4.4:   Unvollständige Tabelle für die Perioden 9 bis 16

Lösung zu Aufgabe 5.4

Die Formel für den Prognosewert B_{t+1}^{xG2} der Periode $t + 1$ unter Verwendung der exponentiellen Glättung zweiter Ordnung lautet:

$$B_{t+1}^{xG2} = 2 \cdot \hat{B}_t^1 - \hat{B}_t^2 + \frac{\alpha}{1 - \alpha} \cdot \left(\hat{B}_t^1 - \hat{B}_t^2 \right) = y_t + n_t.$$

Dabei gelten folgende Bezeichnungen:

$\hat{B}_t^1$ Mittelwert der ersten Ordnung,

$\hat{B}_t^2$ Mittelwert der zweiten Ordnung.

Für $\hat{B}_t^1$ gilt zudem:

$$\hat{B}_t^1 = \alpha \cdot B_t + (1 - \alpha) \cdot \hat{B}_{t-1}^1.$$

Für $\hat{B}_t^2$ lautet die relevante Formel:

$$\hat{B}_t^2 = \alpha \cdot \hat{B}_t^1 + (1 - \alpha) \cdot \hat{B}_{t-1}^2.$$

Zudem lassen sich der Achsenabschnitt y_t und die Steigung n_t durch

$$y_t = 2 \cdot \hat{B}_t^1 - \hat{B}_t^2$$

und

$$n_t = \frac{\alpha}{1 - \alpha} \cdot \left(\hat{B}_t^1 - \hat{B}_t^2 \right)$$

bestimmen.

Beispielhaft werden für die Periode 10 die relevanten Parameter ausführlich dargestellt:

Für den Prognosewert in Periode 10 ergibt sich:

$$B_{10}^{xG2} = y_9 + n_9 = 144{,}096 + 6{,}024 = 150{,}12.$$

Der Mittelwert der ersten Ordnung $\hat{B}_{10}^1$ lautet:

$$\hat{B}_{10}^1 = \alpha \cdot B_{10} + (1 - \alpha) \cdot \hat{B}_9^1 = 0{,}2 \cdot 145 + 0{,}8 \cdot 120 = 125.$$

Der Mittelwert der zweiten Ordnung $\hat{B}_{10}^2$ lautet:

$$\hat{B}_{10}^2 = \alpha \cdot \hat{B}_{10}^1 + (1 - \alpha) \cdot \hat{B}_9^2 = 0{,}2 \cdot 125 + 0{,}8 \cdot 95{,}904 = 101{,}7232.$$

Der Achsenabschnitt für die Periode 10 beläuft sich auf:

$$y_{10} = 2 \cdot \hat{B}_{10}^1 - \hat{B}_{10}^2 = 2 \cdot 125 - 101{,}7232 = 148{,}2768.$$

Für die Steigung erhält man:

$$n_{10} = \frac{\alpha}{1 - \alpha} \cdot \left(\hat{B}_{10}^1 - \hat{B}_{10}^2 \right) = 0{,}25 \cdot (125 - 101{,}7232) = 5{,}8192.$$

Die vollständige Lösung – gerundet auf 2 Nachkommastellen – ist durch die folgende Tabelle 5.4.5 gegeben.

t	B_t	$\hat{B}_t^1$	$\hat{B}_t^2$	y_t	n_t	B_t^{xG2}
9	150	120,00	95,90	144,10	6,02	140,78
10	145	125,00	101,73	148,28	5,82	150,12
11	155	131,00	107,58	154,42	5,856	154,10
12	160	136,80	113,43	160,18	5,84	160,28
13	170	143,44	119,43	167,45	6,00	166,02
14	150	144,75	124,49	165,01	5,06	173,46
15	175	150,80	129,76	171,85	5,26	170,08
16	180	156,64	135,13	178,15	5,38	177,11
17	?					183,53

Tabelle 5.4.5: Berechnung der Prognosewerte für die Perioden 9 bis 17

In Periode 17 fällt nach der exponentiellen Glättung 2. Ordnung mit trendförmigem Verlauf ein Prognosewert von 183 Mengeneinheiten an, sofern davon auszugehen ist, dass das Produkt nicht beliebig teilbar ist.

Lernbereich II, FANDEL/FISTEK/STÜTZ, S. 393-436

Aufgabe 5. 5   Prozessgebundene Planung – Die Gozinto-Methode

Der Sportartikelhersteller ADUMA produziert die vier verschiedenen Produkte Footballhelm „Dallas Indians" (1), Rollerblades für Kinder „Snoopieh" (2), Basketballkorb „American Air 57" (3) und Tischtennisschläger „Bimo Toll" (4).

Für die Produktion des Footballhelms werden verschiedene Teile benötigt. Der Helm (H) setzt sich aus einem Gesichts- (GS), einem Kopf- (KS) und einem Kinnschutz (KI) zusammen. Der Gesichtsschutz wird aus einem Visier (VI), vier Klammern (KL) und acht Schrauben (SR) montiert. Für den Kopfschutz benötigt man zwei Schrauben, drei Polster (PS) und eine Schale (SL). Für die Schalen werden pro Stück noch jeweils zwei Schrauben benötigt.

Der Sportartikelhersteller beschließt, die von der Produktionsprogrammplanung vorgeschlagenen 50 Mengeneinheiten des Footballhelms zu produzieren. Zusätzlich sollen noch 20 Mengeneinheiten des Gesichtsschutzes und 10 Mengeneinheiten des Kinnschutzes produziert werden, um sie als Ersatzteile an den Handel zu liefern. Vom Zwischenprodukt Kopfschutz sind noch 30 fertige Mengeneinheiten auf Lager verfügbar.

a) Stellen Sie für das Produkt Footballhelm „Dallas Indians" den zugehörigen Gozinto-Graphen mit Primärbedarfsangaben auf.

b) Geben Sie an, welche Mengen der jeweiligen Vor- und Zwischenprodukte benötigt werden, um die geplanten 50 Mengeneinheiten des Footballhelms herzustellen.

c) Halten Sie eine programmgebundene Disposition der benötigten Schrauben für sinnvoll?

Lösung zu Aufgabe 5. 5

zu a) In dem hier vorliegenden Fall ergibt sich der folgende Gozinto-Graph aus Abbildung 5.5.1 mit Primärbedarfsangaben.

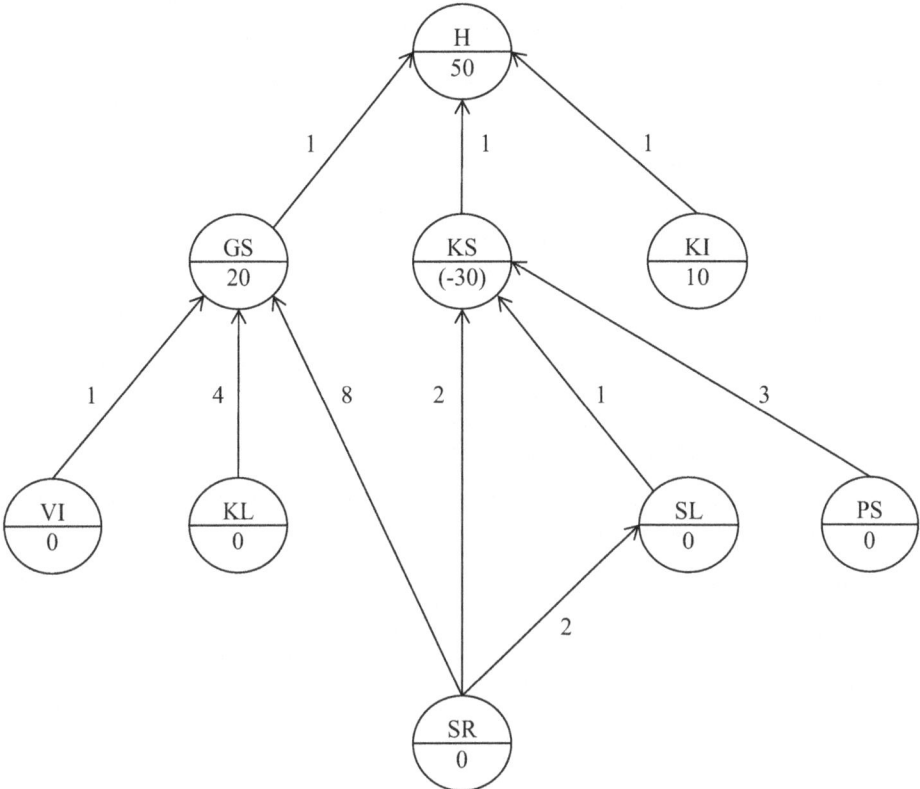

Abb. 5.5.1:   Gozinto-Graph mit Primärbedarfsangaben

zu b) In einem ersten Schritt wird nun das lineare Gleichungssystem aufgestellt. Hierzu beginnt man bei dem Endprodukt. Der Bedarf des Endproduktes beläuft sich auf:

$$x_H = 50.$$

Im vorgelagerten Produktionsschritt sind nun die Bedarfe der Zwischenprodukte Gesichts-, Kopf- und Kinnschutz zu berechnen. Hierbei muss die Existenz der Zusatzbedarfe beachtet werden, und die noch vorhandenen Lagerbestände sind einzuplanen. Der Produktionskoeffizient zwischen dem Endprodukt und dem jeweiligen Zwischenprodukt fließt in die Gleichung ein:

$$x_{KI} = 1 \cdot x_H + 10 = 60,$$

$$x_{GS} = 1 \cdot x_H + 20 = 70,$$

$$x_{KS} = 1 \cdot x_H - 30 = 20.$$

Nun werden die Bedarfe der weiteren Bau- und Einzelteile bestimmt:

$$x_{VI} = 1 \cdot x_{GS} = 70,$$

$$x_{KL} = 4 \cdot x_{GS} = 280,$$

$$x_{SL} = 1 \cdot x_{KS} = 20,$$

$$x_{PS} = 3 \cdot x_{KS} = 60,$$

$$x_{SR} = 8 \cdot x_{GS} + 2 \cdot x_{KS} + 2 \cdot x_{SL} = 640.$$

Achtung: Mengen des Lagerabbaus (hier 30 Mengeneinheiten des Kopf-schutzes) dürfen nur in der Höhe in die Bedarfsrechnung eingehen, dass sich keine negativen Nettobedarfe für x_{KS} ergeben.

zu c) Schrauben stellen im Normalfall ein C-Teil dar, d. h. ein Teil, dessen Anteil am Gesamtwert aller gelagerten Materialien gering ist. Anstelle einer programmgebundenen Disposition (Aufgabenteil b) sollte zu einer verbrauchs-orientierten Disposition übergegangen werden, falls die Schrauben problemlos beschaffbar sind.

Aufgabe 5.6   Programmgebundene Bedarfsplanung – Die Gozinto-Methode mit begrenzten Faktoreinsatzmengen I

Zwischen den Fertigprodukten 8 und 9, den Baugruppen 4, 5, 6 und 7 sowie den Einzelteilen 1, 2 und 3 bestehen die folgenden mengenmäßigen Beziehungen (Abbildung 5.6.1):

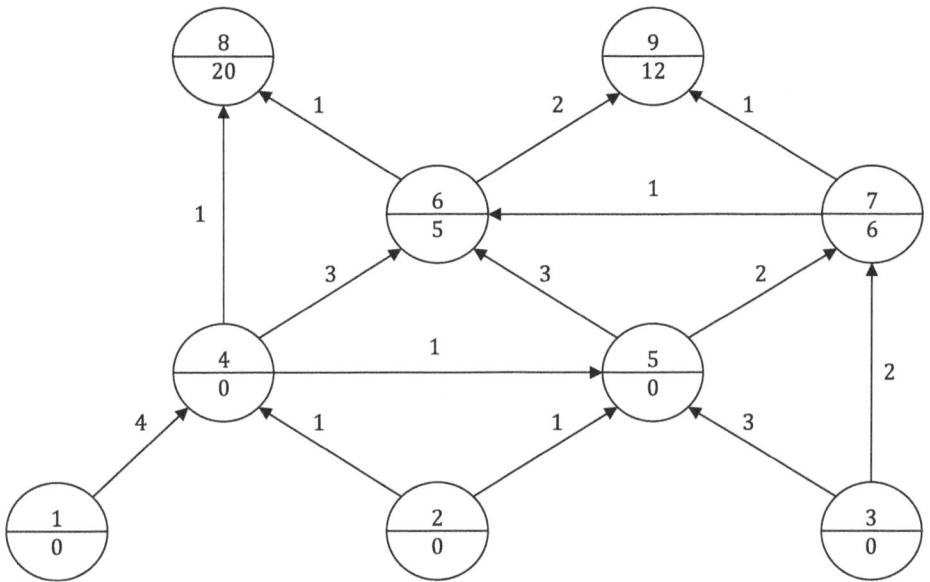

Abb. 5.6.1:   Gozinto-Graph mit Primärbedarfsangaben für eine vernetzte Erzeugnisstruktur

Die Pfeile zeigen die Richtungen der Input-Output-Beziehungen an. Die Zahlen an den Pfeilen geben an, wie viele Mengeneinheiten des vorhergehenden Gutes zur Fertigung einer Mengeneinheit des nachfolgenden Gutes benötigt werden. Die obere Zahl des Knotens bezeichnet das Einzelteil bzw. Produkt, und die untere Zahl gibt seinen Primärbedarf an.

a) Ermitteln Sie auf der Grundlage der vorstehenden Informationen die Gesamtbedarfe für die Güter 1 bis 9.

b) Der Fertigung stehen maximal 640 Mengeneinheiten von Einzelteil 2 zur Verfügung. Wie viele Mengeneinheiten können von Endprodukt 9 maximal produziert werden, wenn die anderen Primärbedarfe unverändert bleiben?

Lösung zu Aufgabe 5.6

zu a) In einem ersten Schritt wird das lineare Gleichungssystem aufgestellt.

Hierzu beginnt man bei den Endprodukten:

$$x_9 = 12,$$

$$x_8 = 20.$$

Es zeigt sich direkt, dass der Gesamtbedarf der Endprodukte dem Primärbedarf entspricht. In den weiteren Schritten werden nun die Bedarfe der Baugruppen und Einzelteile berechnet. Wichtig an dieser Stelle ist, dass erst das Zwischenprodukt 6 einzuplanen ist, da das Zwischenprodukt 7 dieses als Nachfolger hat.

$$x_6 = 5 + 1 \cdot x_8 + 2 \cdot x_9 = 5 + 20 + 2 \cdot 12 = 49,$$

$$x_7 = 6 + 1 \cdot x_6 + 1 \cdot x_9 = 6 + 49 + 12 = 67,$$

$$x_5 = 3 \cdot x_6 + 2 \cdot x_7 = 3 \cdot 49 + 2 \cdot 67 = 281,$$

$$x_4 = 1 \cdot x_5 + 3 \cdot x_6 + 1 \cdot x_8 = 281 + 3 \cdot 49 + 20 = 448,$$

$$x_3 = 3 \cdot x_5 + 2 \cdot x_7 = 3 \cdot 281 + 2 \cdot 67 = 977,$$

$$x_2 = 1 \cdot x_4 + 1 \cdot x_5 = 281 + 448 = 729,$$

$$x_1 = 4 \cdot x_4 = 4 \cdot 448 = 1.792.$$

zu b) Gegeben sind folgende Primärbedarfe der verschiedenen End- und Zwischenprodukte, Bau- und Einzelteile:

$$x_8 = 20; x_7 = 6; x_6 = 5; x_5 = 0; x_4 = 0; x_3 = 0; x_1 = 0.$$

Die Frage ist nun, wie viele Mengeneinheiten von Produktart 9 hergestellt werden können, wenn die Primärbedarfe produziert werden müssen und von Einzelteil 2 insgesamt nur $\overline{x}_2 = 640$ Mengeneinheiten zur Verfügung stehen.

Das Lösen des Gleichungssystems erfolgt, indem rekursiv eingesetzt wird, bis nur noch x_9 in Abhängigkeit von x_2 steht. Hierzu werden alle relevanten Gleichungen, die mit Produkart 9 zusammenhängen, beachtet. Da die Fertigungsmenge für das Einzelteil 2 beschränkt ist, wird für die Lösung die folgende Ausgangsgleichung für x_2 herangezogen:

$$\overline{x}_2 = 1 \cdot x_4 + 1 \cdot x_5 = 640.$$

Auf Grundlage des Gleichungssystems aus Aufgabenteil a) und der gegebenen Daten lassen sich die Gleichungen wie folgt vereinfachen:

$$x_8 = 20.$$

Einsetzen von x_8 in die Gleichung von x_6 führt zu:

$$x_6 = 5 + x_8 + 2 \cdot x_9.$$

Für x_6 führt dies zu:

$$x_6 = 5 + 20 + 2 \cdot x_9 = 25 + 2 \cdot x_9.$$

Die Gleichung für x_7 steht in Abhängigkeit von x_6 und x_9. Folglich setzt man die Gleichung von x_6 ein, da sich diese nur noch in Abhängigkeit von x_9 befindet. Wiederum erhält man nun eine Beziehung, die lediglich in Abhängigkeit von x_9 steht.

$$x_7 = 6 + x_6 + x_9.$$

Durch Einsetzen der Daten von x_6 und x_9 in die Gleichung ergibt sich:

$$x_7 = 6 + (25 + 2 \cdot x_9) + x_9 = 31 + 3 \cdot x_9.$$

Da die Gleichung für x_5 in Abhängigkeit x_6 und x_7 steht, setzt man die vereinfachten Beziehungen ein und erhält:

$$x_5 = 3 \cdot x_6 + 2 \cdot x_7 = 3 \cdot (25 + 2 \cdot x_9) + 2 \cdot (31 + 3 \cdot x_9)$$
$$= 137 + 12 \cdot x_9.$$

In der Folge wird die Gleichung für x_4, die in Abhängigkeit von x_5, x_6 und x_8 formuliert ist, berücksichtigt. Mittels der bereits bekannten Beziehungen lässt sich auch diese Gleichung in Abhängigkeit von x_9 überführen.

$$x_4 = x_5 + 3 \cdot x_6 + x_8 = (137 + 12 \cdot x_9) + 3 \cdot (25 + 2 \cdot x_9) + 20$$
$$= 232 + 18 \cdot x_9.$$

Im nächsten Schritt müssen die Gleichungen von x_4 und x_5 in die Ausgangsgleichung oben eingesetzt werden. Man erhält:

$$\overline{x}_2 = 1 \cdot x_4 + 1 \cdot x_5 = (232 + 18 \cdot x_9) + (137 + 12 \cdot x_9)$$
$$= 369 + 30 \cdot x_9 = 640.$$

Die Auflösung nach x_9 führt zu:

$$30 \cdot x_9 = 271.$$

Hieraus folgt die Berechnung der maximal herstellbaren Mengeneinheiten für Produktart 9:

$$\hat{x}_9 = 9{,}0\overline{3}.$$

Bei Unterstellung von Ganzzahligkeit des Endproduktes 9 lautet die Lösung:

$$\hat{x}_9 = 9.$$

Aufgabe 5.7 Programmgebundene Bedarfsplanung – Die Gozinto-Methode mit begrenzten Faktoreinsatzmengen II

Zwischen den Fertigprodukten 1 und 2, den Baugruppen 3, 4 und 5 sowie den Einzelteilen 6, 7 und 8 bestehen die folgenden mengenmäßigen Beziehungen (Abbildung 5.7.1).

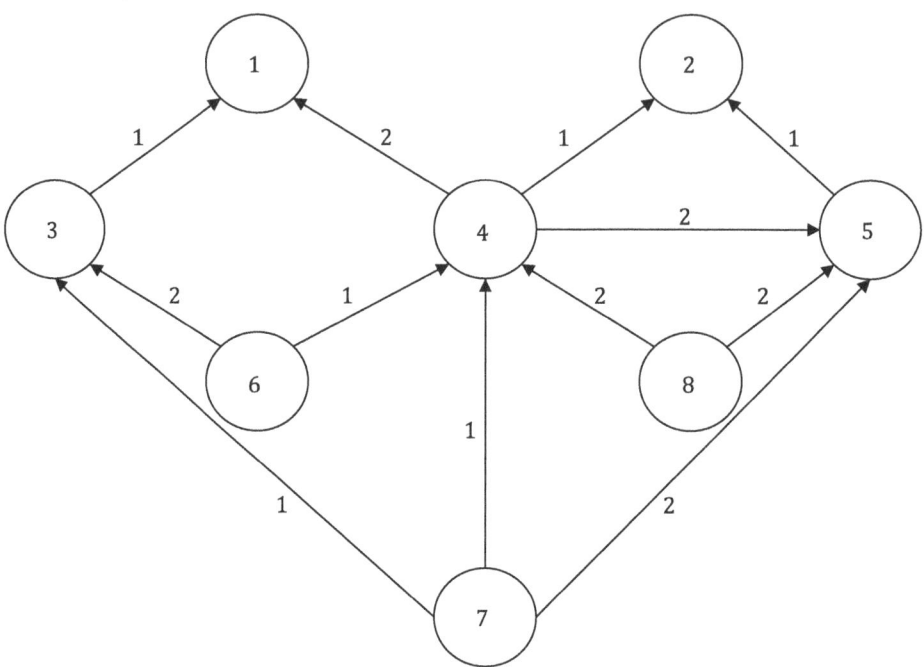

Abb. 5.7.1: Gozinto-Graph für eine vernetzte Erzeugnisstruktur

Die Pfeile zeigen die Richtungen der Input-Output-Beziehungen an. Die Zahlen an den Pfeilen geben an, wie viele Mengeneinheiten des vorhergehenden Gutes zur Fertigung einer Mengeneinheit des nachfolgenden Gutes benötigt werden.

Weiterhin seien die nachfolgenden Primärbedarfe bekannt mit:

x_j^P: Primärbedarf des Gutes $j, j \in \{1, ..., 8\}$.

Für die Einzelteile:

$$x_6^P = x_7^P = x_8^P = 0.$$

Bei den Zwischenprodukten seien die Primärbedarfe gegeben durch:

$$x_3^P = 1; \quad x_4^P = 2; \quad x_5^P = 10.$$

Am Markt lassen sich von den Endprodukten die folgenden Mengen absetzen:

$$x_1^P = 5; \quad x_2^P = 30.$$

a) Ermitteln Sie auf der Grundlage der vorstehenden Informationen die Gesamtbedarfe für die Güter 1 bis 8 (jeweils in Mengeneinheiten)!

b) Der Fertigung stehen maximal $\overline{x}_8 = 460$ Mengeneinheiten von Einzelteil 8 zur Verfügung. Wie viele Mengeneinheiten können von Endprodukt 2 maximal produziert werden, wenn die anderen Primärbedarfe unverändert bleiben?

Lösung zu Aufgabe 5. 7

zu a) Im ersten Schritt wird das lineare Gleichungssystem aufgestellt. Hierzu beginnt man bei den Endprodukten:

$$x_1 = 5,$$

$$x_2 = 30.$$

Es zeigt sich direkt, dass der Gesamtbedarf der Endprodukte dem Primärbedarf entspricht. Sind alle Endprodukte bestimmt, werden diejenigen Zwischenprodukte betrachtet, die als direkten Nachfolger nur noch die Endprodukte in dem Graphen haben. Hierbei ist die Menge des Zwischenprodukts 5 vor der Menge des Zwischenprodukts 4 einzuplanen, da das Zwischenprodukt 4 in das Zwischenprodukt 5 eingeht. Zudem wird der Gesamtbedarf des Zwischenprodukts 3 vor den Gesamtbedarfen der Einzelteile 6, 7 und 8 geplant. Für die Lösung erhält man folglich:

$$x_3 = 1 + 1 \cdot x_1 = 6,$$

$$x_5 = 10 + 1 \cdot x_2 = 10 + 30 = 40,$$

$$x_4 = 2 + 2 \cdot x_1 + 1 \cdot x_2 + 2 \cdot x_5 = 2 + 2 \cdot 5 + 1 \cdot 30 + 2 \cdot 40 = 122,$$

$$x_6 = 2 \cdot x_3 + 1 \cdot x_4 = 2 \cdot 6 + 122 = 134,$$

$$x_7 = 1 \cdot x_3 + 1 \cdot x_4 + 2 \cdot x_5 = 6 + 122 + 2 \cdot 40 = 208,$$

$$x_8 = 2 \cdot x_4 + 2 \cdot x_5 = 2 \cdot 122 + 2 \cdot 40 = 324.$$

zu b) Gegeben sind folgende Mengeneinheiten (Maximalmenge und Primärbedarfe) der verschiedenen End- und Zwischenprodukte, Bau- und Einzelteile:

$$\overline{x}_8 = 460; x_1^P = 5; x_3^P = 1; x_4^P = 2; x_5^P = 10; x_6^P = 0; x_7^P = 0.$$

Auf Grundlage des Gleichungssystems aus Aufgabenteil a) lässt sich das Gleichungssystem lösen. Zunächst lassen sich die Gleichungen, unter Ausnutzung der gegebenen Daten, wie folgt vereinfachen:

$$\bar{x}_8 = 2 \cdot x_4 + 2 \cdot x_5 = 460.$$

Die Gleichung für $\bar{x}_8$ steht in Abhängigkeit von x_4 und x_5, wobei die Gleichung für x_5 lediglich in Abhängigkeit von x_2 steht. Die Gleichung für x_4 wiederum steht in Abhängigkeit von x_1, x_2 und x_5. Einsetzen von $x_1 = 5$ und $x_5 = 10 + 1 \cdot x_2$ in die Gleichung von x_4 führt zu:

$$x_4 = 2 + 2 \cdot x_1 + 1 \cdot x_2 + 2 \cdot x_5 = 2 + 10 + x_2 + 2 \cdot x_5$$
$$= 12 + x_2 + 2 \cdot x_5.$$

Infolgedessen setzt man die Gleichung für x_5 in x_4 ein, damit diese sich nur noch in Abhängigkeit von x_2 befindet. Es stellt sich eine Beziehung ein, die lediglich in Abhängigkeit von x_2 steht.

$$x_4 = 12 + x_2 + 2 \cdot x_5 = 12 + x_2 + 2 \cdot (10 + 1 \cdot x_2) = 32 + 3 \cdot x_2.$$

Die Gleichungen für x_4 und x_5 wiederum setzt man nun in die Ausgangsgleichung ein.

$$460 = 2 \cdot x_4 + 2 \cdot x_5 = 2 \cdot (32 + 3 \cdot x_2) + 2 \cdot (10 + 1 \cdot x_2)$$
$$= 64 + 6 \cdot x_2 + 20 + 2 \cdot x_2.$$

Vereinfacht ergibt sich:

$$460 = 84 + 8 \cdot x_2,$$
$$\Leftrightarrow 376 = 8 \cdot x_2.$$

Als Lösung für x_2 erhält man:

$$x_2 = \frac{376}{8} = 47.$$

Mit den zur Verfügung stehenden 460 Mengeneinheiten des Einzelteils 8 lassen sich somit bei Beachtung der Primärbedarfe für die übrigen Güterarten maximal $\hat{x}_2 = 47$ Mengeneinheiten der Produktart 2 herstellen.

Alternativer Lösungsweg:

Das Einzelteil 8 geht über die folgenden Input-Output-Beziehungen in das Endprodukt 2 ein:

$$8 \overset{2}{\to} 4 \overset{1}{\to} 2$$

Demnach geht das Einzelteil 8 mit dem Produktionskoeffizienten $a_{84} = 2$ zunächst in die Baugruppe 4 ein. Die Baugruppe 4 geht dann mit dem Produktionskoeffizienten $a_{42} = 1$ in das Endprodukt 2 ein:

$$a_{84} \cdot a_{42} = 2 \cdot 1 = 2.$$

Das Einzelteil 8 geht daneben auch noch über folgende Input-Output-Beziehungen in das Endprodukt 2 ein:

$$8 \overset{2}{\rightsquigarrow} 5 \overset{1}{\rightsquigarrow} 2 \qquad \text{und} \qquad 8 \overset{2}{\rightsquigarrow} 4 \overset{2}{\rightsquigarrow} 5 \overset{1}{\rightsquigarrow} 2$$

Somit geht das Einzelteil 8 zudem mit dem Produktionskoeffizienten $a_{85} = 2$ in die Baugruppe 5 ein. Die Baugruppe 4 geht dann wiederum mit dem Produktionskoeffizienten $a_{52} = 1$ in das Endprodukt 2 ein. Daneben geht das Einzelteil 8 noch mit dem Produktionskoeffizienten $a_{84} = 2$ über die Baugruppe 4 mit dem Produktionskoeffizienten $a_{45} = 2$ in die Baugruppe 5 ein, die hernach mit dem Produktionskoeffizienten $a_{52} = 1$ in das Endprodukt 2 eingeht:

$$a_{85} \cdot a_{52} + a_{84} \cdot a_{45} \cdot a_{52} = 2 \cdot 1 + 2 \cdot 2 \cdot 1 = 2 + 4 = 6.$$

Die Addition der Produkte der Produktionskoeffizienten, um die Input-Output-Beziehungen für die Produktion einer Mengeneinheit des Endproduktes 2 über das Einzelteil 8 darzustellen, ergibt:

$$a_{84} \cdot a_{42} + a_{85} \cdot a_{52} + a_{84} \cdot a_{45} \cdot a_{52} = 2 + 2 + 4 = 8.$$

Insgesamt werden somit 8 Mengeneinheiten des Einzelteils 8 für die Herstellung einer Mengeneinheit des Endproduktes 2 benötigt.

Der Fertigung stehen insgesamt 460 Mengeneinheiten des Einzelteils 8 zur Verfügung. Für die Produktion der Gesamtbedarfe aller Güter inklusive der 30 Mengeneinheiten des Endproduktes 2 werden 324 Mengeneinheiten des Einzelteils 8 benötigt. Damit stehen für die Fertigung weiterer Mengeneinheiten von Endprodukt 2 noch

$$\overline{x}_8 - x_8 = 460 - 324 = 136 \, [ME]$$

des Einzelteils 8 zur Verfügung. Damit lassen sich bei Beachtung aller Primärbedarfe der übrigen Güter

$$\frac{\overline{x}_8 - x_8}{8} = \frac{136}{8} = 17 \, [ME]$$

zusätzlich von Endprodukt 2 herstellen, so dass sich insgesamt dann 47 Mengeneinheiten der Produktart 2 herstellen lassen.

$$x_2 = 17 + 30 = 47.$$

Aufgabe 5.8   Programmgebundene Bedarfsplanung – Die Gozinto-Methode mit begrenzten Faktoreinsatzmengen zweier Rohstoffe

Zwischen den Fertigprodukten 1 und 2, den Baugruppen 3, 4 und 5 sowie den Einzelteilen 6, 7 und 8 bestehen die folgenden mengenmäßigen Beziehungen (Abbildung 5.8.1).

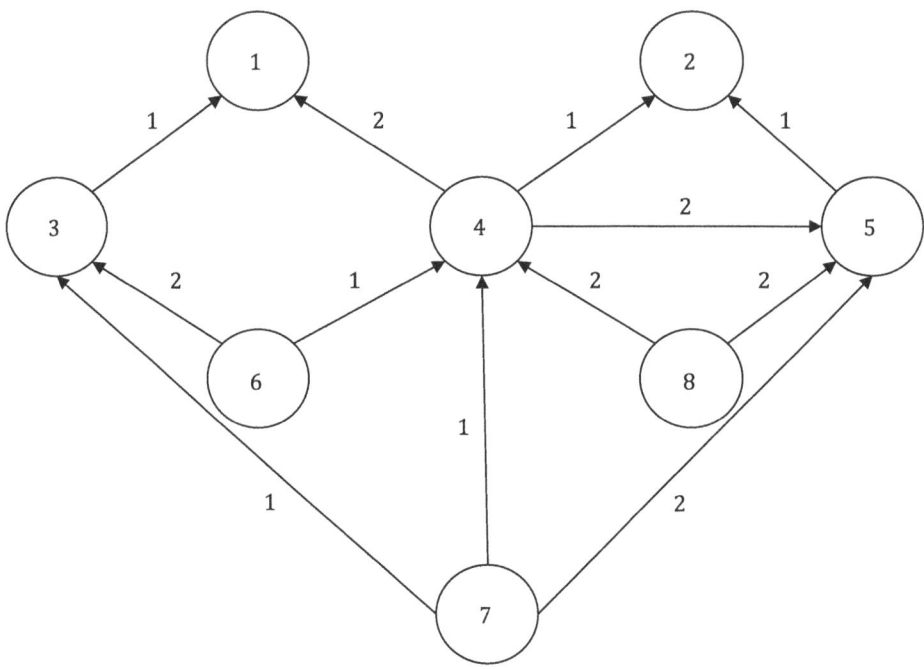

Abb. 5.8.1:   Gozinto-Graph für eine vernetzte Erzeugnisstruktur

Die Pfeile zeigen die Richtungen der Input-Output-Beziehungen an. Die Zahlen an den Pfeilen geben an, wie viele Mengeneinheiten des vorhergehenden Gutes zur Fertigung einer Mengeneinheit des nachfolgenden Gutes benötigt werden.

Weiterhin seien die nachfolgenden Primärbedarfe bekannt mit:

x_j^P: Primärbedarf des Gutes $j, j \in \{1, ..., 8\}$.

Für die Einzelteile:

$$x_6^P = x_7^P = x_8^P = 0.$$

Bei den Zwischenprodukten seien die Primärbedarfe gegeben durch:

$$x_3^P = 1; \quad x_4^P = 2; \quad x_5^P = 10.$$

Am Markt lassen sich von den Endprodukten die folgenden Mengen absetzen:

$$x_1^P = 10; \quad x_2^P = 25.$$

a) Ermitteln Sie auf der Grundlage der vorstehenden Informationen die Gesamtbedarfe für die Güter 1 bis 8 (jeweils in Mengeneinheiten)!

b) In der Fertigung stehen 265 Faktoreinheiten von Einzelteil 6 und 544 Faktoreinheiten von Einzelteil 8 zur Verfügung. Wie viele Mengeneinheiten können von Endprodukt 2 maximal produziert werden, wenn die anderen Primärbedarfe unverändert bleiben?

Lösung zu Aufgabe 5.8

zu a) Im ersten Schritt wird das lineare Gleichungssystem aufgestellt. Hierzu beginnt man bei den Endprodukten:

$$x_1 = 10,$$

$$x_2 = 25.$$

Es zeigt sich direkt, dass der Gesamtbedarf der Endprodukte dem Primärbedarf entspricht. Sind alle Endprodukte bestimmt, werden diejenigen Zwischenprodukte betrachtet, die als direkten Nachfolger nur noch die Endprodukte in dem Graphen haben. Hierbei ist der Gesamtbedarf des Zwischenprodukts 5 vor dem Gesamtbedarf für das Zwischenprodukt 4 einzuplanen, da das Zwischenprodukt 4 in das Zwischenprodukt 5 eingeht. Zudem wird der Gesamtbedarf für das Zwischenprodukt 3 vor den Gesamtbedarfen der Einzelteile 6, 7 und 8 eingeplant. Für die Lösung erhält man folglich:

$$x_3 = 1 + 1 \cdot x_1 = 11,$$

$$x_5 = 10 + 1 \cdot x_2 = 10 + 25 = 35,$$

$$x_4 = 2 + 2 \cdot x_1 + 1 \cdot x_2 + 2 \cdot x_5 = 2 + 2 \cdot 10 + 1 \cdot 25 + 2 \cdot 35 = 117,$$

$$x_6 = 2 \cdot x_3 + 1 \cdot x_4 = 2 \cdot 11 + 117 = 139,$$

$$x_7 = 1 \cdot x_3 + 1 \cdot x_4 + 2 \cdot x_5 = 11 + 117 + 2 \cdot 35 = 198,$$

$$x_8 = 2 \cdot x_4 + 2 \cdot x_5 = 2 \cdot 117 + 2 \cdot 35 = 304.$$

zu b) Gegeben sind folgende maximale Mengeneinheiten für die Einzelteile 6 und 8:

$$\overline{x}_6 = 265; \quad \overline{x}_8 = 544.$$

Das Einzelteil 6 geht über die folgenden Input-Output-Beziehungen in das Endprodukt 2 ein:

$$6 \overset{1}{\to} 4 \overset{1}{\to} 2 \quad \text{und} \quad 6 \overset{1}{\to} 4 \overset{2}{\to} 5 \overset{1}{\to} 2$$

Demnach geht das Einzelteil 6 mit dem Produktionskoeffizienten $a_{64} = 1$ zunächst in die Baugruppe 4 ein. Die Baugruppe 4 geht dann mit dem Produktionskoeffizienten $a_{42} = 1$ in das Endprodukt 2 ein. Daneben geht das Einzelteil 6 noch mit dem Produktionskoeffizienten $a_{64} = 2$ über die Baugruppe 4 mit dem Produktionskoeffizienten $a_{45} = 2$ in die Baugruppe 5 ein, die hernach mit dem Produktionskoeffizienten $a_{52} = 1$ in das Endprodukt 2 eingeht.

Die Addition der Produkte der Produktionskoeffizienten, um die Input-Output-Beziehungen für die Produktion einer Mengeneinheit des Endproduktes über das Einzelteil 6 darzustellen, ergibt:

$$a_{64} \cdot a_{42} + a_{64} \cdot a_{45} \cdot a_{52} = 1 \cdot 1 + 1 \cdot 2 \cdot 1 = 1 + 2 = 3.$$

Insgesamt werden somit 3 Mengeneinheiten des Einzelteils 6 für die Herstellung einer Mengeneinheit des Endproduktes 2 benötigt.

Der Fertigung stehen insgesamt $\overline{x}_6 = 265$ Mengeneinheiten des Einzelteils 6 zur Verfügung. Für die Produktion von 25 Mengeneinheiten des Endproduktes 2 werden $x_6 = 139$ Mengeneinheiten des Einzelteils 6 benötigt. Daraus folgt:

$$\overline{x}_6 - x_6 = 265 - 139 = 126.$$

Somit stehen für die Fertigung weiterer Mengeneinheiten des Endproduktes 2 noch 126 Mengeneinheiten des Einzelteils 6 zur Verfügung.

$$\frac{\overline{x}_6 - x_6}{3} = \frac{126}{3} = 42.$$

Mit diesen Mengeneinheiten lassen sich unter den gegebenen Bedingungen weitere 42 Mengeneinheiten des Endproduktes 2 herstellen.

$$x_2 = 42 + 25 = 67.$$

Zusätzlich gilt es jedoch zu beachten, dass die Produktion der Produktart 2 durch die Beschränkung der Faktoreinsatzmengen des Einzelteils 8 eingeschränkt ist. Ob sich unter den gegebenen Umständen 67 Mengeneinheiten der Produktart 2 herstellen lassen, muss anhand der Begrenzung des Einzelteils 8 überprüft werden.

Das Einzelteil 8 geht über die folgende Input-Output-Beziehungen in das Endprodukt 2 ein:

$$8 \overset{2}{\to} 4 \overset{1}{\to} 2$$

Demnach geht das Einzelteil 8 mit dem Produktionskoeffizienten $a_{84} = 2$ zunächst in die Baugruppe 4 ein. Die Baugruppe 4 geht dann mit dem Produktionskoeffizienten $a_{42} = 1$ in das Endprodukt 2 ein:

$$a_{84} \cdot a_{42} = 2 \cdot 1 = 2.$$

Das Einzelteil 8 geht daneben auch noch über die folgenden Input-Output-Beziehungen in das Endprodukt 2 ein:

$$8 \overset{2}{\to} 5 \overset{1}{\to} 2 \quad \text{und} \quad 8 \overset{2}{\to} 4 \overset{2}{\to} 5 \overset{1}{\to} 2$$

Somit geht das Einzelteil 8 zudem mit dem Produktionskoeffizienten $a_{85} = 2$ in die Baugruppe 5 ein. Die Baugruppe 4 geht dann wiederum mit dem Produktionskoeffizienten $a_{52} = 1$ in das Endprodukt 2 ein. Daneben geht das Einzelteil 8 noch mit dem Produktionskoeffizienten $a_{84} = 2$ über die Baugruppe 4 mit dem Produktionskoeffizienten $a_{45} = 2$ in die Baugruppe 5 ein, die hernach mit dem Produktionskoeffizienten $a_{52} = 1$ in das Endprodukt 2 eingeht:

$$a_{85} \cdot a_{52} + a_{84} \cdot a_{45} \cdot a_{52} = 2 \cdot 1 + 2 \cdot 2 \cdot 1 = 2 + 4 = 6.$$

Die Addition der Produkte der Produktionskoeffizienten, um die Input-Output-Beziehungen für die Produktion einer Mengeneinheit des Endproduktes 2 über das Einzelteil 8 darzustellen, ergibt:

$$a_{84} \cdot a_{42} + a_{85} \cdot a_{52} + a_{84} \cdot a_{45} \cdot a_{52} = 2 + 2 + 4 = 8.$$

Insgesamt werden somit 8 Mengeneinheiten des Einzelteils 8 für die Herstellung einer Mengeneinheit des Endproduktes 2 benötigt.

Der Fertigung stehen insgesamt $\overline{x}_8 = 544$ Mengeneinheiten des Einzelteils 8 zur Verfügung. Für die Produktion von 25 Mengeneinheiten des Endproduktes 2 werden $x_8 = 304$ Mengeneinheiten des Einzelteils 8 benötigt.

$$\overline{x}_8 - x_8 = 544 - 304 = 240.$$

Somit stehen für die Fertigung weiterer Mengeneinheiten des Endproduktes 2 noch 240 Mengeneinheiten des Einzelteils 8 zur Verfügung,

$$\frac{\overline{x}_8 - x_8}{8} = \frac{240}{8} = 30,$$

mit denen sich unter den gegebenen Bedingungen weitere 30 Mengeneinheiten des Endproduktes herstellen lassen.

$$x_2 = 30 + 25 = 55.$$

Insgesamt lassen sich somit 55 Mengeneinheiten der Produktart 2 herstellen:

$$x_2 = \min\{67; 55\} = 55 \, [ME].$$

Einzelteil 8 ist der Engpassfaktor. Einzelteil 6 stellt keinen Engpass dar. Ohne Einschränkung des Einzelteils 8 könnten 67 Mengeneinheiten hergestellt werden.

Aufgabe 5.9   Programmgebundene Bedarfsplanung – Die Gozinto-Methode mit Gesamtbedarfsmengen

Die mengenmäßigen Beziehungen zwischen den Rohstoffen R_1, R_2 und R_3, den Zwischenprodukten Z_1, Z_2 und Z_3 und dem Endprodukt E hatten in der vergangenen Planperiode folgendes Aussehen (Abbildung 5.9.1).

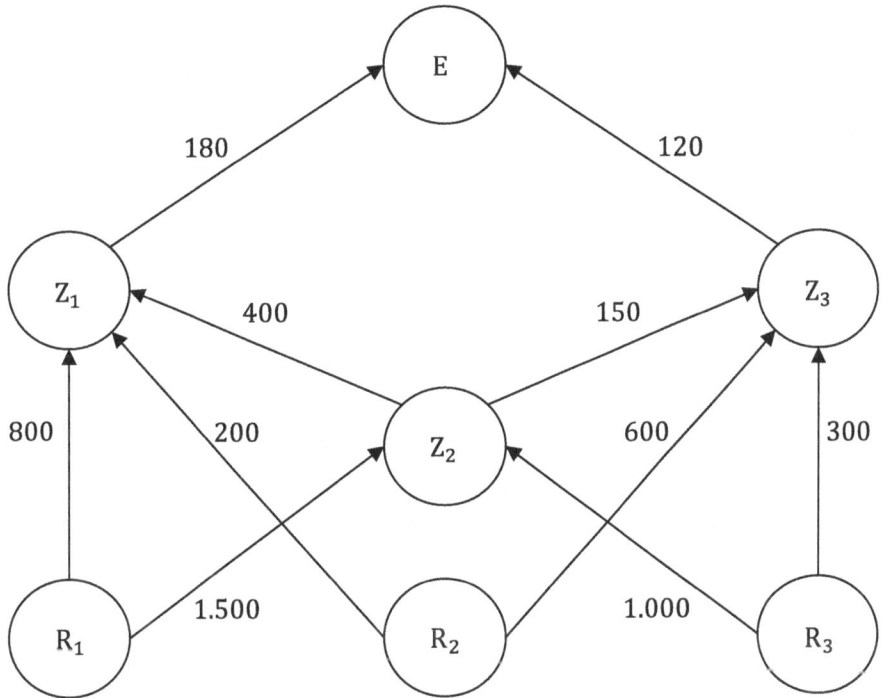

Abb. 5.9.1:   Gozinto-Graph mit Gesamtbedarfsmengen für eine vernetzte Erzeugnisstruktur

Die Pfeile geben die Input-Output-Beziehungen an. Die Zahlen an den Pfeilen zeigen an, wie viele Mengeneinheiten [ME] des vorhergehenden Gutes in die Produktionsmenge des nachfolgenden Gutes eingehen. Des Weiteren sind die folgenden Daten bekannt.

Von Enderzeugnis E wurden insgesamt 60 Mengeneinheiten hergestellt. Für das Zwischenprodukt Z_1 waren Primärbedarfe in Höhe von 20 Mengeneinheiten und für das Zwischenprodukt Z_3 in Höhe von 30 Mengeneinheiten zu befriedigen. Für das Zwischenprodukt Z_2 und die Rohstoffe lagen keine Primärbedarfe vor. Der Lagerbestand von Zwischenprodukt Z_2 wurde um 50 Mengeneinheiten reduziert. Weitere Lagerbestandsveränderungen traten nicht auf.

a) Wie viele Mengeneinheiten wurden in der vergangenen Planperiode von Z_1, Z_2 und Z_3 hergestellt?

b) Wie viele Mengeneinheiten werden von Z_1 und Z_3 direkt zur Herstellung einer Mengeneinheit von E benötigt?

c) Wie viele Mengeneinheiten von Z_2, R_1 und R_2 sind direkt zur Herstellung einer Mengeneinheit von Z_1 erforderlich?

d) Wie viele Mengeneinheiten werden von R_1 und R_3 direkt zur Herstellung einer Mengeneinheit von Z_2 benötigt?

e) Wie viele Mengeneinheiten werden von Z_2, R_2 und R_3 direkt zur Herstellung einer Mengeneinheit von Z_3 benötigt?

f) Wie viele Mengeneinheiten sind von Z_2, R_1, R_2 und R_3 insgesamt zur Herstellung einer Mengeneinheit von E erforderlich?

g) Gehen Sie nun für die nächste Periode davon aus, dass höchstens 1.620 Mengeneinheiten von R_1 eingesetzt werden können und dass alle anderen Rohstoffe und Zwischenprodukte unbegrenzt zur Verfügung stehen. Primärbedarfe und Lagerbestände sind für kein Gut zu berücksichtigen. Wie viele Mengeneinheiten von E können dann maximal produziert werden und wie hoch sind die anderen Faktorverbräuche, wenn die maximal mögliche Menge von E produziert wird?

h) Stellen Sie zunächst das Gleichungssystem für den gegebenen Gozinto-Graphen in Abhängigkeit der Zwischenprodukte (Z_1 bis Z_3) und Rohstoffe (R_1 bis R_3) auf! Formen Sie im Anschluss das Gleichungssystem um, so dass eine Abhängigkeit der Gleichungen nur noch hinsichtlich der Endproduktmenge x_E besteht. Bestimmen Sie hernach, wie viele Mengeneinheiten in der Planperiode von Z_1, Z_2, Z_3, R_1, R_2 und R_3 insgesamt für die Herstellung von 60 Mengeneinheiten des Endproduktes erforderlich sind? Beachten Sie auch die zu befriedigenden Primärbedarfe und die Lagerbestandsveränderungen!

i) Wie viele Mengeneinheiten des Endproduktes E können Sie hingegen in einer folgenden Periode herstellen, wenn Ihnen nur 690 Mengeneinheiten von R_2 zur Verfügung stehen und alle anderen Rohstoffe und Zwischenprodukte unbegrenzt eingesetzt werden können, Sie aber die Primärbedarfe von 20 Mengeneinheiten für Z_1 und 30 Mengeneinheiten für Z_3 aufgrund von Lieferzusagen für Ersatzteile erfüllen müssen?

Lösung zu Aufgabe 5.9

zu a) Anhand des Gozinto-Graphen ergibt sich für die Mengen der Zwischenprodukte Z_1, Z_2 und Z_3:

$$x_{Z_1} = 20 + 180 = 200,$$

$$x_{Z_2} = -50 + 400 + 150 = 500,$$

$$x_{Z_3} = 30 + 120 = 150.$$

zu b) Anhand des Primärbedarfs für das Endprodukt folgt für die Produktionskoeffizienten von Z_1 und Z_3:

$$\frac{x_{Z_1}}{x_E} = \frac{180}{60} = 3,$$

$$\frac{x_{Z_3}}{x_E} = \frac{120}{60} = 2.$$

zu c) Durch den Gozinto-Graphen erhält man für die Produktionskoeffizienten von Z_2, R_1 und R_2:

$$\frac{x_{Z_2}}{x_{Z_1}} = \frac{400}{(180 + 20)} = 2,$$

$$\frac{x_{R_1}}{x_{Z_1}} = \frac{800}{(180 + 20)} = 4,$$

$$\frac{x_{R_2}}{x_{Z_1}} = \frac{200}{(180 + 20)} = 1.$$

zu d) Analog erhält man für die Produktionskoeffizienten von R_1 und R_3:

$$\frac{x_{R_1}}{x_{Z_2}} = \frac{1.500}{(-50 + 400 + 150)} = 3,$$

$$\frac{x_{R_3}}{x_{Z_2}} = \frac{1.000}{(-50 + 400 + 150)} = 2.$$

zu e) Wie zuvor folgt hier für Z_2, R_2 und R_3:

$$\frac{x_{Z_2}}{x_{Z_3}} = \frac{150}{(30 + 120)} = 1,$$

$$\frac{x_{R_2}}{x_{Z_3}} = \frac{600}{(30 + 120)} = 4,$$

$$\frac{x_{R_3}}{x_{Z_3}} = \frac{300}{(30 + 120)} = 2.$$

zu f) Unter Berücksichtigung der Lösungen der Aufgabenteile a) bis e) lässt sich der Gozinto-Graph mit den entsprechenden Produktionskoeffizienten darstellen (Abbildung 5.9.2).

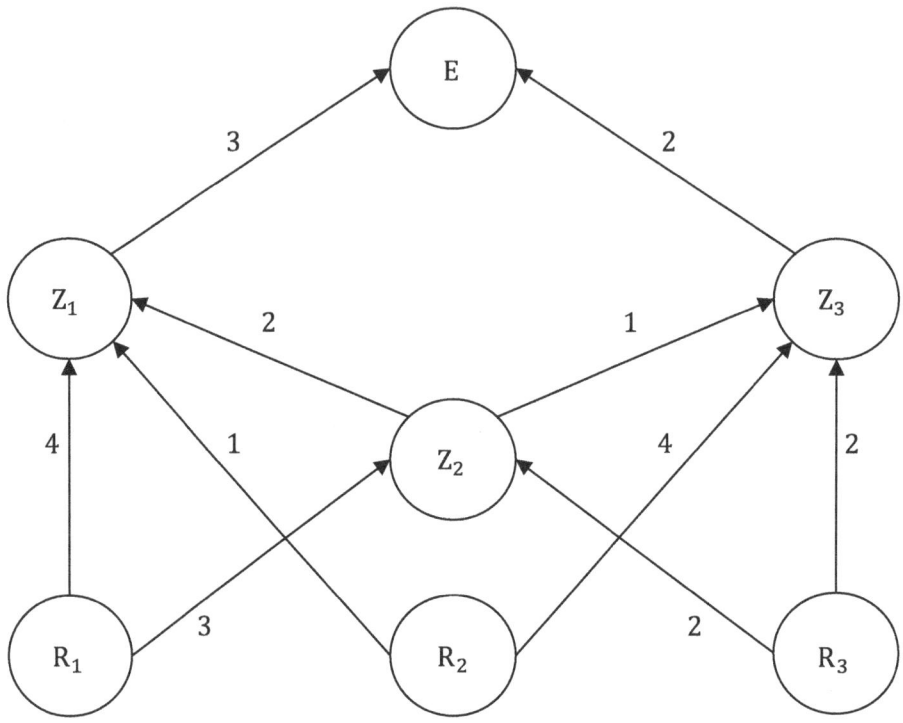

Abb. 5.9.2:   Gozinto-Graph mit Produktionskoeffizienten für die vernetzte Erzeugnisstruktur

Anhand des Gozinto-Graphen müssen dann diejenigen Verbindungen herausgefiltert werden, anhand derer Z_2, R_1, R_2 und R_3 in das Endprodukt E eingehen.

Das Zwischenprodukt Z_2 geht über die Verbindungen Z_1 und Z_3 in das Endprodukt ein.

$$\frac{x_{Z_2}}{x_E} = 2 \cdot 3 + 1 \cdot 2 = 8.$$

Der Rohstoff R_1 geht über die Verbindung Z_1 in das Endprodukt ein. Zudem geht der Rohstoff R_1 über die Verbindung Z_2, Z_1 in das Endprodukt ein. Daneben geht der Rohstoff R_1 auch über die Verbindung Z_2, Z_3 in das Endprodukt ein.

$$\frac{x_{R_1}}{x_E} = 4 \cdot 3 + 3 \cdot 2 \cdot 3 + 3 \cdot 1 \cdot 2 = 36.$$

Der Rohstoff R_2 geht über die Verbindungen Z_1 und Z_3 in das Endprodukt ein.

$$\frac{x_{R_2}}{x_E} = 1 \cdot 3 + 4 \cdot 2 = 11.$$

Der Rohstoff R_3 geht über die Verbindung Z_3 in das Endprodukt ein. Zudem geht der Rohstoff R_3 über die Verbindung Z_2, Z_3 in das Endprodukt ein. Daneben geht der Rohstoff R_3 auch über die Verbindung Z_2, Z_1 in das Endprodukt ein.

$$\frac{x_{R_3}}{x_E} = 2 \cdot 2 + 2 \cdot 1 \cdot 2 + 2 \cdot 2 \cdot 3 = 20.$$

zu g) Gemäß der Aufgabenstellung wird der Rohstoff R_1 auf 1.620 Mengeneinheiten beschränkt. Für die Herstellung einer Mengeneinheit des Endproduktes E sind 36 Mengeneinheiten des Rohstoffs notwendig.

Daraus resultiert die maximal mögliche Anzahl an Endprodukten:

$$x_{R_1} = 36 \cdot x_E.$$

Es folgt direkt:

$$x_E \leq \frac{1.620}{36} = 45.$$

Als Konsequenz folgt für die Zwischenprodukte und Rohstoffe:

$$x_{Z_1} = 3 \cdot x_E = 3 \cdot 45 = 135,$$

$$x_{Z_2} = 2 \cdot x_{Z_1} + x_{Z_3} = 2 \cdot 135 + x_{Z_3}.$$

Für die Bestimmung des Faktorverbrauchs von Z_2 muss zunächst der Faktorbrauch von Z_3 ermittelt werden, da dieser in die Bedarfsbestimmung für das Zwischenprodukt Z_2 eingeht.

$$x_{Z_3} = 2 \cdot x_E = 2 \cdot 45 = 90,$$

$$x_{Z_2} = 2 \cdot x_{Z_1} + x_{Z_3} = 2 \cdot 135 + 90 = 360.$$

Abschließend sind die Rohstoffbräuche R_2 und R_3 zu bestimmen.

$$x_{R_2} = x_{Z_1} + 4 \cdot x_{Z_3} = 135 + 4 \cdot 90 = 495,$$

$$x_{R_3} = 2 \cdot x_{Z_2} + 2 \cdot x_{Z_3} = 2 \cdot 360 + 2 \cdot 90 = 900.$$

zu h) Ausgangspunkt ist der Gesamtbedarf des Endproduktes. Dann wird sukzessive von „oben" nach „unten" durch den Gozinto-Graphen das Gleichungssystem aufgestellt:

$$x_E = 60,$$

$$x_{Z_1} = 20 + 3 \cdot x_E,$$

$$x_{Z_2} = -50 + 2 \cdot x_{Z_1} + x_{Z_3},$$

$$x_{Z_3} = 30 + 2 \cdot x_E,$$

$$x_{R_1} = 4 \cdot x_{Z_1} + 3 \cdot x_{Z_2},$$

$$x_{R_2} = x_{Z_1} + 4 \cdot x_{Z_3},$$

$$x_{R_3} = 2 \cdot x_{Z_2} + 2 \cdot x_{Z_3}.$$

Das Gleichungssystem für die Herstellung von 60 Mengeneinheiten des Endproduktes muss nun so umgeformt werden, dass die Gleichungen nur noch in einer Abhängigkeit von x_E ausgedrückt werden.

Von dem Rohstoff R_1 werden in der Planperiode insgesamt 2.300 Mengeneinheiten benötigt. Dies ergibt sich durch die Auflösung der folgenden Beziehung:

$$\begin{aligned} x_{R_1} &= 4 \cdot x_{Z_1} + 3 \cdot x_{Z_2} \\ &= 4 \cdot (20 + 3 \cdot x_E) + 3 \cdot [-50 + 2 \cdot (20 + 3 \cdot x_E) + (30 + 2 \cdot x_E)] \\ &= 80 + 12 \cdot x_E + 3 \cdot [20 + 8 \cdot x_E] = 140 + 36 \cdot x_E. \end{aligned}$$

Für den Rohstoff R_1 ergibt sich somit:

$$x_{R_1} = 140 + 36 \cdot x_E = 140 + 36 \cdot 60 = 2.300.$$

Von dem Rohstoff R_2 werden für $x_E = 60$ Mengeneinheiten insgesamt 800 Mengeneinheiten benötigt. Dies ergibt sich durch die Auflösung der folgenden Beziehung:

$$\begin{aligned} x_{R_2} &= 1 \cdot x_{Z_1} + 4 \cdot x_{Z_3} = (20 + 3 \cdot x_E) + 4 \cdot (30 + 2 \cdot x_E) \\ &= 140 + 11 \cdot x_E. \end{aligned}$$

Für den Rohstoff R_2 ergibt sich somit:

$$x_{R_2} = 140 + 11 \cdot 60 = 800.$$

Von dem Rohstoff R_3 werden insgesamt 1.300 Mengeneinheiten für das Endprodukt mit $x_E = 60$ Mengeneinheiten benötigt.

Dies ergibt sich durch die Auflösung der folgenden Beziehung:

$$x_{R_3} = 2 \cdot x_{Z_2} + 2 \cdot x_{Z_3} = 2 \cdot \left(-50 + 2 \cdot x_{Z_1} + x_{Z_3}\right) + 2 \cdot (30 + 2 \cdot x_E),$$
$$= -40 + 4 \cdot x_{Z_1} + 2 \cdot x_{Z_3} + 60 + 4 \cdot x_E,$$
$$= -40 + 4 \cdot (20 + 3 \cdot x_E) + 2 \cdot (30 + 2 \cdot x_E) + 4 \cdot x_E,$$
$$= 100 + 20 \cdot x_E.$$

Für den Rohstoff R_3 ergibt sich somit:

$$x_{R_3} = 100 + 20 \cdot 60 = 1.300.$$

Die Gleichung von x_{Z_1} steht schon in Abhängigkeit von x_E, sodass in der Planperiode insgesamt 200 Mengeneinheiten benötigt werden.

$$x_{Z_1} = 20 + 3 \cdot x_E = 20 + 3 \cdot 60 = 200.$$

Von dem Zwischenprodukt Z_2 werden in der Planperiode insgesamt 500 Mengeneinheiten benötigt. Es gilt auch, die Reduzierung des Lagerbestandes zu berücksichtigen. Durch die Auflösung der folgenden Beziehung ergibt sich:

$$x_{Z_2} = -50 + 2 \cdot x_{Z_1} + x_{Z_3} = -50 + 2 \cdot (20 + 3 \cdot x_E) + (30 + 2 \cdot x_E)$$
$$= 20 + 8 \cdot x_E.$$

Für das Zwischenprodukt Z_2 erhält man:

$$x_{Z_2} = 20 + 8 \cdot 60 = 500.$$

Die Gleichung von x_{Z_3} steht schon in Abhängigkeit von x_E, sodass in der Planperiode insgesamt 150 Mengeneinheiten benötigt werden.

$$x_{Z_3} = 30 + 2 \cdot x_E = 30 + 2 \cdot 60 = 150.$$

zu i) Gemäß der Aufgabenstellung stehen für den Rohstoff R_2 insgesamt 690 Mengeneinheiten zur Verfügung. Für die Herstellung des Endproduktes E sind folgende Beziehungen hinsichtlich des Rohstoffs R_2 aus Aufgabenteil h) bekannt.

$$x_{R_2} = x_{Z_1} + 4 \cdot x_{Z_3} = (20 + 3 \cdot x_E) + 4 \cdot (30 + 2 \cdot x_E)$$
$$= 140 + 11 \cdot x_E.$$

Daraus resultiert die maximal mögliche Anzahl an Endprodukten, indem man die Gleichung nach x_E umstellt und für den Rohstoff $x_{R_2} = 690$ einsetzt:

$$x_{R_2} = 140 + 11 \cdot x_E = 690.$$

Daraus folgt

$$11 \cdot x_E \quad = \quad 550.$$

bzw.

$$x_E \quad = \quad \frac{550}{11} = 50.$$

Folglich lassen sich mit 690 Mengeneinheiten des Rohstoffs R_2 maximal 50 Mengeneinheiten des Endproduktes E herstellen.

Aufgabe 5.10 Programmgebundene Bedarfsplanung – Problem der Teilebedarfsrechnung bei ausschussabhängigen Produktionskoeffizienten

Ein Unternehmen produziert die beiden Endprodukte 1 und 2. In Produkt 1 gehen eine Einheit von Baugruppe 3 und zwei Einheiten von Baugruppe 4 ein. Produkt 2 wird aus zwei Einheiten von Baugruppe 5 und vier Einheiten von Baugruppe 4 montiert. Baugruppe 3 setzt sich aus zwei Einheiten von Baugruppe 4, zwei Einheiten von Einzelteil 6 und einer Einheit von Einzelteil 7 zusammen. Baugruppe 5 wird aus zwei Einheiten von Einzelteil 6 und vier Einheiten von Einzelteil 7 gefertigt. Baugruppe 4 besteht aus jeweils zwei Einheiten von Einzelteil 6 und 7.

a) Geben Sie mithilfe eines Gozinto-Graphen die Zusammensetzung der zwei Endprodukte 1 und 2 wieder! Stellen Sie anschließend für beide Endprodukte die Graphiken für die Bedarfsauflösung nach dem Fertigungsstufenverfahren dar!

b) Von den beiden Endprodukten sollen jeweils 100 Stück produziert werden. Für das Ersatzteilgeschäft werden 100 Einheiten des Zwischenproduktes 5 benötigt. Der Lagerbestand von Baugruppe 3 soll um 50 Einheiten reduziert werden. Berechnen Sie die Teilebedarfe für alle Güter nach dem Gleichungsverfahren! Zeichnen Sie den Gozinto-Graphen mit den Gesamtbedarfen!

c) Welche Teilebedarfe ergeben sich bei ansonsten gleichen Angaben, wenn der Lagerbestand von Baugruppe 3 anstelle von 50 Einheiten um 150 Einheiten reduziert werden soll?

d) Berechnen Sie jeweils die Stückkosten der Herstellung der beiden Endprodukte! Die Ihnen bekannten Fertigungskostensätze $\tilde{k}_i, i = 1,2,3$, auf den drei Maschinen betragen in Geldeinheiten pro Zeiteinheit $\tilde{k}_1 = 3, \tilde{k}_2 = 4$ und $\tilde{k}_3 = 4$.

Zudem stehen Ihnen folgende Daten der Tabelle 5.10.1 zur Verfügung.

Güter-art j	Beschaffungs-kosten q_j [GE/ME]	Produktionskoeffizient a_{ij} der Güterart j auf Maschine i [ZE/ME]	Ausschuss-koeffizient d_j der Güterart j
1	–	$a_{11} = 2$	$d_1 = 1{,}05$
2	–	$a_{12} = 3$	$d_2 = 1{,}10$
3	–	$a_{23} = 2$	$d_3 = 1{,}05$
4	–	$a_{24} = 1$	$d_4 = 1{,}25$
5	–	$a_{35} = 3$	$d_5 = 1{,}25$
6	$q_6 = 2$	–	–
7	$q_7 = 2$	–	–

Tabelle 5.10.1: Produktions- und Ausschusskoeffizienten sowie Beschaffungs-kosten

e) Wie lautet unter der Annahme, dass maximal 100 Stück jedes Endproduktes produziert werden sollen, das gewinnmaximale Produktionsprogramm, wenn die Kapazitäten der Maschinen begrenzt sind ($\bar{r}_1 = 600$ Zeiteinheiten, $\bar{r}_2 = 1.200$ Zeiteinheiten, $\bar{r}_3 = 1.000$ Zeiteinheiten), die Preise der Endpro-duktarten 1 und 2 $p_1 = 95$ Geldeinheiten pro Mengeneinheit bzw. $p_2 = 150$ Geldeinheiten pro Mengeneinheit betragen und keine Fixkosten und Mindestabsatzmengen zu berücksichtigen sind?

Lösung zu Aufgabe 5. 10

zu a) Es ergibt sich der folgende Gozinto-Graph in Abbildung 5.10.1.

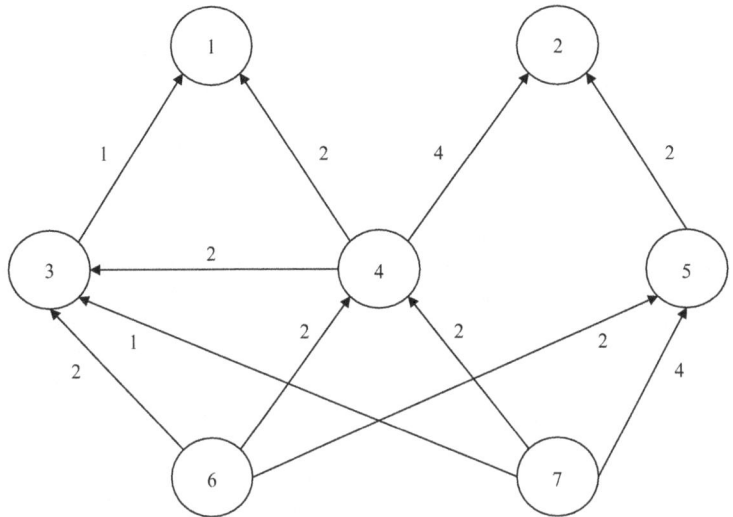

Abb. 5.10.1:   Gozinto-Graph

Graphik zum Fertigungsstufenverfahren – Endprodukt 1

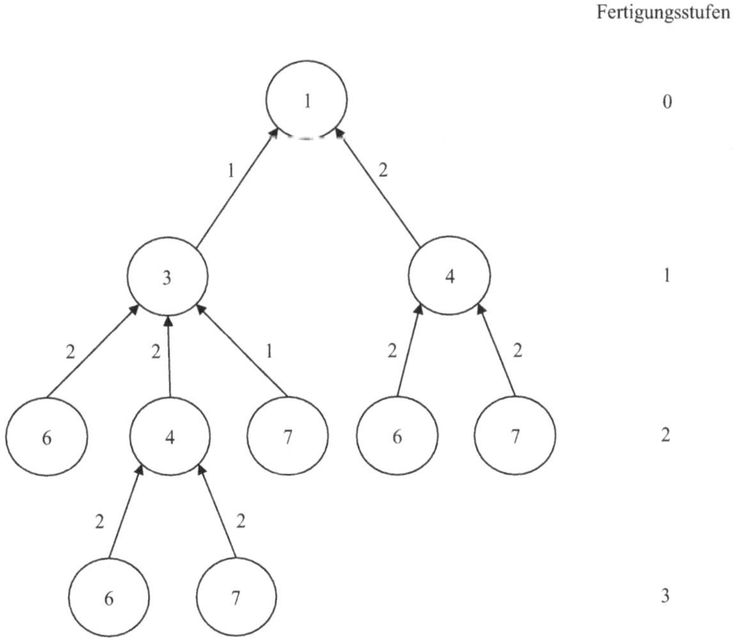

Fertigungsstufen

Abb. 5.10.2:   Erzeugnisbaum der Endproduktart 1 des Gozinto-Graphen in
Abb. 5.10.1

Graphik zum Fertigungsstufenverfahren – Endprodukt 2

Fertigungsstufen

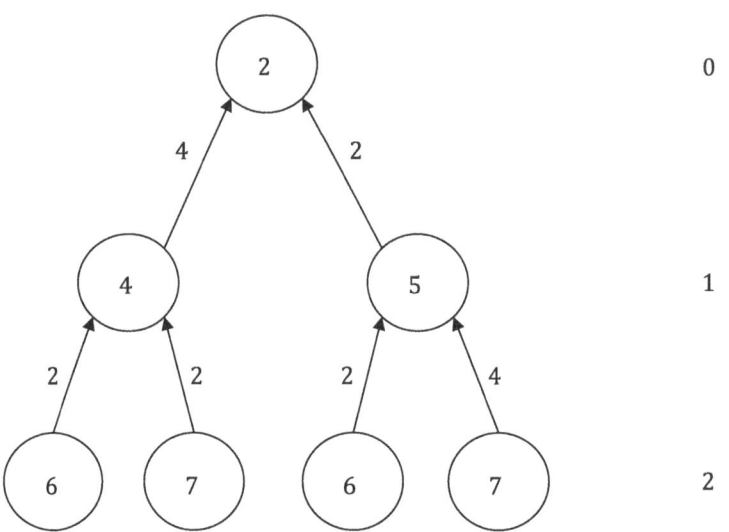

Abb. 5.10.3:   Erzeugnisbaum der Endproduktart 2 des Gozinto-Graphen in Abb. 5.10.1

zu b) Bei der Aufstellung des Gleichungssystems ist lediglich die Besonderheit zu beachten, dass der Lagerbestand von Baugruppe 3 in dieser Periode um 50 Mengeneinheiten verringert werden soll, somit liegt der Bedarf für Baugruppe 3 nur noch bei 50 Mengeneinheiten.

In einem ersten Schritt wird das lineare Gleichungssystem aufgestellt. Hierzu beginnt man bei den Endprodukten:

$$x_1 = 100,$$

$$x_2 = 100.$$

Sind die Gesamtbedarfe der beiden Endprodukte bestimmt, werden diejenigen Baugruppen betrachtet, die als direkten Nachfolger nur noch die Endprodukte in dem Graphen haben. Dies sind zunächst die Baugruppen 3 und 5. Die Baugruppe 4 geht demgegenüber sowohl über die Baugruppe 3 als auch direkt in das Endprodukten 1 ein. Zudem geht die Baugruppe 4 direkt in das Endprodukt 2 ein. Im Anschluss lassen sich dann die Gesamtbedarfe der Einzelteile 6 und 7 bestimmen.

Für die Lösung erhält man folglich:

$$x_3 = 1 \cdot x_1 - 50 = 50,$$

$$x_4 = 2 \cdot x_1 + 4 \cdot x_2 + 2 \cdot x_3 = 2 \cdot 100 + 4 \cdot 100 + 2 \cdot 50 = 700,$$

$$x_5 = 2 \cdot x_2 + 100 = 2 \cdot 100 + 100 = 300,$$

$$x_6 = 2 \cdot x_3 + 2 \cdot x_4 + 2 \cdot x_5 = 2 \cdot 50 + 2 \cdot 700 + 2 \cdot 300 = 2.100,$$

$$x_7 = 1 \cdot x_3 + 2 \cdot x_4 + 4 \cdot x_5 = 50 + 2 \cdot 700 + 4 \cdot 300 = 2.650.$$

Der Gozinto-Graph mit den Gesamtbedarfen nimmt die folgende Form an (Abbildung 5.10.4).

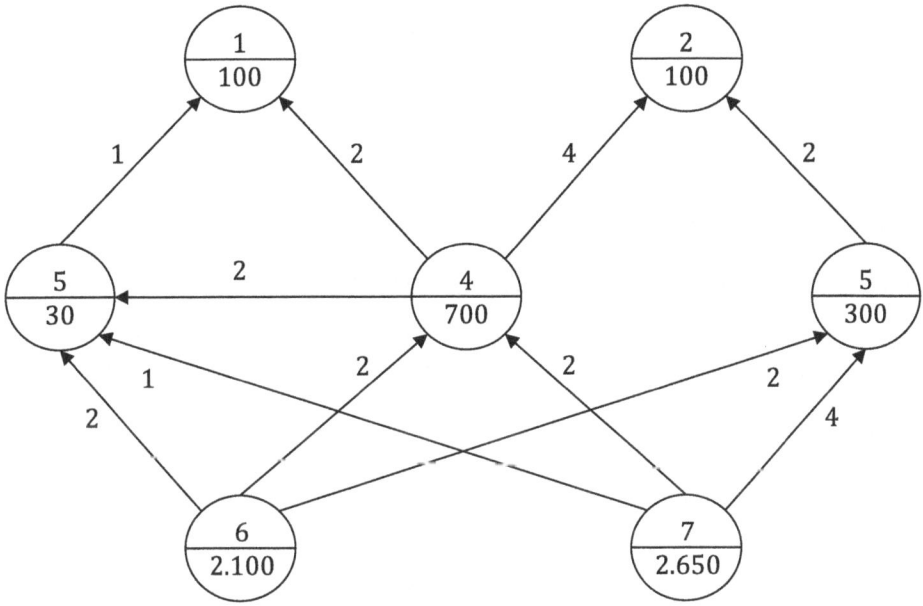

Abb. 5.10.4: Gozinto-Graph mit Gesamtbedarfsangaben für die vernetzte Erzeugnisstruktur

zu c) Der Lagerbestand von Baugruppe 3 soll nun nicht um 50 Mengeneinheiten, sondern um 150 Mengeneinheiten reduziert werden. Zur Fertigung der Endproduktart 1 in der benötigten Menge von 100 Mengeneinheiten sind 100 Mengeneinheiten von Baugruppe 3 notwendig. In Aufgabenteil b) sollte der Lagerbestand von Baugruppe 3 um 50 Mengeneinheiten reduziert werden, so dass sich ein Bedarf von 50 Mengeneinheiten ergab. Wegen der obigen Annahme würde sich ein negativer Bedarf für Baugruppe 3 ergeben, was nicht zulässig ist. Der Bedarf für Baugruppe 3 sinkt somit auf 0. Diese Änderung hat Auswirkungen auf die Gleichungen von x_4, x_6 und x_7.

Im Folgenden wird das modifizierte Gleichungssystem formuliert:

$$x_1 = 100,$$

$$x_2 = 100,$$

$$x_3 = 1 \cdot x_1 - 150 = -50.$$

Für die Baugruppe 3 wird in der Folge der Bedarfswert 0 eingesetzt:

$$x_3 = 0.$$

$$x_5 = 2 \cdot x_2 + 100 = 2 \cdot 100 + 100 = 300.$$

Während sich der Gesamtbedarf von Baugruppe 5 hierdurch nicht verändert, hat dies wie oben beschrieben direkte Auswirkungen auf die nachfolgenden Beziehungen:

$$x_4 = 2 \cdot x_1 + 4 \cdot x_2 + 2 \cdot x_3 = 2 \cdot 100 + 4 \cdot 100 + 2 \cdot 0 = 600,$$

$$x_6 = 2 \cdot x_3 + 2 \cdot x_4 + 2 \cdot x_5 = 2 \cdot 0 + 2 \cdot 600 + 2 \cdot 300 = 1.800,$$

$$x_7 = 1 \cdot x_3 + 2 \cdot x_4 + 4 \cdot x_5 = 1 \cdot 0 + 2 \cdot 600 + 4 \cdot 300 = 2.400.$$

zu d) Zur Berechnung der Stückkosten der Endproduktarten 1 und 2 sind zunächst die Stückkosten der Baugruppen (Zwischenprodukte) notwendig, die in diese Endproduktarten eingehen. Baugruppe 5 setzt sich aus zwei Mengeneinheiten von Einzelteilart (Rohstoff) 6 und vier Mengeneinheiten von Einzelart (Rohstoff) 7 zusammen. Diese gehen mit ihren Beschaffungskosten aus der Tabelle 5.10.1 in die Stückkosten von Baugruppe 5 ein. Das Zwischenprodukt 5 wird auf Maschine 3 bearbeitet. Gemäß der Tabelle 5.10.1 beträgt a_{53} dabei 3 Zeiteinheiten pro Mengeneinheit. Der entsprechende Kostensatz für die Bearbeitung auf Maschine 3 beträgt $\tilde{k}_3 = 4$ Geldeinheiten pro Zeiteinheit. Weiterhin muss der Ausschusskoeffizient des Zwischenproduktes 5 mit $d_5 = 1{,}25$ einbezogen werden. Die übrigen Stückkosten lassen sich analog bestimmen. In Baugruppe 3 gehen zwei Mengeneinheiten der Baugruppe 4 mit den dazugehörigen Stückkosten ein.

Für die Berechnung der Stückkosten der Endproduktarten sind die Stückkosten der Baugruppen zu berücksichtigen:

$$k_5 = \left((2 \cdot 2 + 4 \cdot 2) + 3 \cdot 4\right) \cdot 1{,}25 = 30 \left[\frac{GE}{ME}\right],$$

$$k_4 = \left((2 \cdot 2 + 2 \cdot 2) + 1 \cdot 4\right) \cdot 1{,}25 = 15 \left[\frac{GE}{ME}\right],$$

$$k_3 = \big((2 \cdot 2 + 1 \cdot 2 + 2 \cdot 15) + 2 \cdot 4\big) \cdot 1{,}05 = 46{,}2 \left[\frac{GE}{ME}\right],$$

$$k_2 = \big((2 \cdot 30 + 4 \cdot 15) + 3 \cdot 3\big) \cdot 1{,}1 = 141{,}9 \left[\frac{GE}{ME}\right],$$

$$k_1 = \big((2 \cdot 15 + 46{,}2) + 2 \cdot 3\big) \cdot 1{,}05 = 86{,}31 \left[\frac{GE}{ME}\right].$$

zu e) Im Folgenden wird das gewinnmaximale Produktionsprogramm bestimmt. Die Kapazitäten der drei zur Verfügung stehenden Maschinen sind begrenzt. Mithin besteht die schwebende Gefahr, dass es zu einem Engpass kommen kann, wodurch die Fertigung der wünschenswerten Höchstmengen von 100 Mengeneinheiten unmöglich werden würde. Zunächst sind die Kapazitätsbedarfe r_{ij} für die Fertigung jeweils einer Mengeneinheit der Baugruppen und Endproduktarten j auf der Maschine i zu bestimmen. Da die Baugruppen in die Endproduktarten 1 und 2 eingehen, sind als Erstes die Endproduktarten zu betrachten. Auf der Maschine 1 wird das Endprodukt 1 mit $a_{11} = 2$ Zeiteinheiten pro Mengeneinheit bearbeitet unter Berücksichtigung des Ausschusskoeffizienten mit $d_1 = 1{,}05$. Auf Maschine 1 wird zudem das Endprodukt 2 bearbeitet, wobei der Produktionskoeffizient und der Ausschusskoeffizient variieren. Die Baugruppen 3 und 4, die in die Endproduktart 1 eingehen, werden auf der Maschine 2 bearbeitet. Hierbei sind die Beanspruchung der Bearbeitung auf den jeweiligen Maschinen sowie die dazugehörigen Ausschusskoeffizienten auf dem Weg in das Endprodukt zu beachten. Keine der Baugruppen, die dann im Endprodukt 1 eingehen, wird auf Maschine 3 bearbeitet. Von der Baugruppe 5 werden zwei Mengeneinheiten auf Maschine 3 bearbeitet, die in Endproduktart 2 eingehen. Hieraus folgt:

$$r_{11} = 2 \cdot 1{,}05 = 2{,}1 \left[\frac{ZE}{ME}\right],$$

$$r_{12} = 3 \cdot 1{,}1 = 3{,}3 \left[\frac{ZE}{ME}\right],$$

$$r_{21} = 2 \cdot 1{,}05 \cdot 1 \cdot 1{,}05 + 1 \cdot 1{,}25 \cdot 2 \cdot 1{,}05 + 1 \cdot 1{,}25 \cdot 2 \cdot 1{,}05 \cdot 1{,}05$$
$$= 7{,}58625 \left[\frac{ZE}{ME}\right],$$

$$r_{22} = 1 \cdot 1{,}25 \cdot 4 \cdot 1{,}1 = 5{,}5 \left[\frac{ZE}{ME}\right],$$

$$r_{31} = 0 \left[\frac{ZE}{ME}\right],$$

$$r_{32} = 3 \cdot 1{,}25 \cdot 2 \cdot 1{,}1 = 8{,}25 \left[\frac{ZE}{ME}\right],$$

$$r_1 = 2{,}1 \cdot 100 + 3{,}3 \cdot 100 = 540\,[ZE] < 600\,[ZE] = \bar{r}_1,$$

$$r_2 = 7{,}58625 \cdot 100 + 5{,}5 \cdot 100 = 1.308{,}625\,[ZE] > 1.200\,[ZE] = \bar{r}_2,$$

$$r_3 = 8{,}25 \cdot 100 = 825\,[ZE] < 1.000\,[ZE] = \bar{r}_3.$$

Es ergibt sich ein Engpass auf Maschine 2, da die benötigte Kapazität von $\tilde{r}_2 = 1.308{,}625$ Zeiteinheiten die verfügbare Kapazität von $\bar{r}_2 = 1.200$ Zeiteinheiten überschreitet.

Die gewünschten Höchstmengen können mithin nicht mehr gefertigt werden. Zur Ermittlung der Mengen der Endproduktarten, die zu einem maximalen Periodengewinn führen, werden die absatzbezogenen relativen Deckungsbeitragssätze berechnet. Maschine 2 stellt den Engpass dar, somit geben die relativen Deckungsbeitragssätze wieder, welcher Deckungsbeitragssatz pro Zeiteinheit die beiden Endproduktarten auf Maschine 2 erwirtschaften können.

$$c_1^{rel} = \frac{p_1 - k_1}{r_{21}} = \frac{95 - 86{,}31}{7{,}58625} = 1{,}145493492 \left[\frac{GE}{ZE}\right] \approx 1{,}15 \left[\frac{GE}{ZE}\right],$$

$$c_2^{rel} = \frac{p_2 - k_2}{r_{22}} = \frac{150 - 141{,}9}{5{,}5} = 1{,}47\overline{27} \left[\frac{GE}{ZE}\right] \approx 1{,}47 \left[\frac{GE}{ZE}\right].$$

Der relative Deckungsbeitragssatz von Endproduktart 2 ist größer als der von Endproduktart 1, somit wird zunächst die maximal mögliche Menge von Endproduktart 2 hergestellt. Um die Höchstmenge von $\bar{x}_2 = 100$ Mengeneinheiten zu fertigen, werden

$$\tilde{r}_2 = 5{,}5 \cdot 100 = 550\,[ZE]$$

benötigt. Von Endproduktart 2 kann die Höchstmenge produziert werden, da die Kapazität von $\bar{r}_2 = 1.200$ Zeiteinheiten ausreicht. Die restliche zur Verfügung stehende Zeit lässt sich für die Produktion der Endproduktart 1 aufwenden. Es ergibt sich:

$$\tilde{x}_2^* = 100\,[ME],$$

$$\tilde{x}_1^* = \frac{1.200 - 550}{7{,}58625} = 85{,}68133136\,[ME] \approx 85{,}68\,[ME].$$

Bei Ganzzahligkeit der Produkteinheiten beträgt die gewinnmaximale Produktionsmenge von Endproduktart 1

$$\tilde{x}_1^* = 85\,[ME].$$

Der Periodengewinn beträgt mithin:

$$\tilde{G}^* = c_1 \cdot \tilde{x}_1^* + c_2 \cdot \tilde{x}_2^* = (95 - 86{,}31) \cdot 85 + (150 - 141{,}9) \cdot 100$$
$$= 1.548{,}65 \; [GE].$$

An dieser Stelle erfolgt zusätzliche eine alternative Berechnung der oben gefundenen Lösung, wobei für x_1 und x_2 gilt:

$$x_1 \leq 100 \; [ME],$$

$$x_2 \leq 100 \; [ME].$$

Die Deckungsbeitragssätze der beiden Endproduktarten betragen:

$$c_1 = p_1 - k_1 = 95 - 86{,}31 = 8{,}69 \; \left[\frac{GE}{ZE}\right],$$

$$c_2 = p_2 - k_2 = 150 - 141{,}9 = 8{,}1 \; \left[\frac{GE}{ZE}\right].$$

Als Nächstes sind die Kapazitäten der Maschinen zu prüfen. Für die Produktion der Endproduktarten 1 und 2 sind vom Unternehmen die Maschinen 1, 2 und 3 einzusetzen. Im Produktionsprozess lässt sich die Maschine 1 mit $\bar{r}_1 = 600$ Zeiteinheiten nutzen. Beide Endproduktarten nehmen die Maschine 1 bei der Herstellung direkt in Anspruch. Die anderen Maschinen werden indirekt bei der Herstellung gebraucht.

Für die Kapazitätsbeanspruchung der Maschine 1 zur Fertigung der Endproduktart 1 ergibt sich:

$$\tilde{r}_{11} = 2 \cdot 100 \cdot 1{,}05 = 210 \; [ZE].$$

Für die Kapazitätsbeanspruchung der Maschine 1 zur Fertigung der Endproduktart 2 ergibt sich:

$$\tilde{r}_{12} = 3 \cdot 100 \cdot 1{,}1 = 330 \; [ZE].$$

Insgesamt wird die Maschine 1 somit für 540 Zeiteinheiten beansprucht, so dass es bei der Produktion der Endproduktarten 1 und 2 zu keinem Engpass auf der Maschine 1 kommt.

$$\tilde{r}_1 = \tilde{r}_{11} + \tilde{r}_{12} = 210 + 330 = 540 \; [ZE] < 600 \; [ZE] = \bar{r}_1.$$

Für die Produktion der Endproduktarten 1 und 2 ist vom Unternehmen die Maschine 2 einzusetzen, die mit $\bar{r}_2 = 1.200$ Zeiteinheiten zur Verfügung steht. Beide Endproduktarten nehmen auch die Maschine 2 bei der Herstellung in Anspruch, dies allerdings indirekt über die vorgelagerten Fertigungsstufen. Die

Zwischenprodukte 3 und 4 werden auf der Maschine 2 gefertigt. Zu beachten gilt es, dass die Zwischenprodukte 3 und 4 auf der vorgelagerten Fertigungsstufe bei der Fertigung der Endproduktart 1 benötigt werden. Zudem geht das Zwischenprodukt 4 in das Zwischenprodukt 3 ein. Bei der Herstellung der Endproduktart 2 ist demgegenüber lediglich die Fertigung des Zwischenproduktes 4 auf einer vorgelagerten Fertigungsstufe erforderlich.

Für die Kapazitätsbeanspruchung der Maschine 2 zur Fertigung der Endproduktart 1 gilt es, die Zwischenprodukte 3 und 4 zu beachten.

Um die Kapazitätsbeanspruchung der Maschine 2 zur Fertigung der Endproduktart 1 zu bestimmen, wird zunächst die Fertigung der Zwischenprodukte 3 und 4 auf der vorgelagerten Fertigungsstufe betrachtet:

$$\tilde{r}_{23} = 2 \cdot 100 \cdot 1 \cdot 1{,}05 \cdot 1{,}05 = 220{,}5 \, [ZE],$$

$$r_{24_1} = 1 \cdot 100 \cdot 2 \cdot 1{,}25 \cdot 1{,}05 = 262{,}5 \, [ZE].$$

Um die Kapazitätsbeanspruchung der Maschine 2 zu bestimmen, muss zudem die Fertigung des Zwischenproduktes 4 auf der vorgelagerten Fertigungsstufe zur Fertigung von Zwischenprodukt 3 berücksichtigt werden, um das Endprodukt 1 herzustellen.

$$r_{24_3} = 1 \cdot 100 \cdot 2 \cdot 1 \cdot 1{,}25 \cdot 1{,}05 \cdot 1{,}05 = 275{,}625 \, [ZE],$$

$$\tilde{r}_{24_1} = r_{24_1} + r_{24_3} = 262{,}5 + 275{,}625 = 538{,}125 \, [ZE].$$

Die Kapazitätsbeanspruchung der Endproduktart 1 auf der Maschine 2 lässt sich nun durch die Addition der Inanspruchnahme der Maschine 2 durch die Zwischenprodukte 3 und 4 auf den vorgelagerten Fertigungsstufen bestimmen.

$$\tilde{r}_{21} = \tilde{r}_{23} + \tilde{r}_{24_1} = 220{,}5 + 538{,}125 = 758{,}625 \, [ZE].$$

Für die Kapazitätsbeanspruchung der Maschine 2 zur Fertigung der Endproduktart 2 gilt es, das Zwischenprodukt 4 zu beachten.

Um die Kapazitätsbeanspruchung der Maschine 2 zur Fertigung der Endproduktart 2 zu bestimmen, ist die Fertigung des Zwischenproduktes 4 auf der vorgelagerten Fertigungsstufe zu berücksichtigen.

$$\tilde{r}_{24_2} = \tilde{r}_{22} = 1 \cdot 100 \cdot 4 \cdot 1 \cdot 1{,}25 \cdot 1{,}1 = 550 \, [ZE].$$

Insgesamt wird die Maschine 2 somit für 1.308,625 Zeiteinheiten beansprucht, so dass es bei der Produktion der Endproduktarten 1 und 2 zu einem Engpass auf der Maschine 2 kommt.

$$\tilde{r}_{24} = \tilde{r}_{24_1} + \tilde{r}_{24_2} = 538{,}125 + 550 = 1088{,}125 \; [ZE],$$

$$\tilde{r}_2 = \tilde{r}_{23} + \tilde{r}_{24} = 220{,}5 + 1088{,}125 = 1.308{,}625 \; [ZE] > 1.200 \; [ZE] = \overline{r}_2$$

Für die Produktion der Endproduktarten 1 und 2 steht dem Unternehmen die Maschine 3 mit $\overline{r}_3 = 1.000$ Zeiteinheiten zur Verfügung. Nur Endproduktart 2 nimmt die Maschine 3 bei der Herstellung in Anspruch, dies allerdings indirekt über die vorgelagerte Fertigungsstufe. Das Zwischenprodukt 5 wird auf der Maschine 3 gefertigt.

Für die Kapazitätsbeanspruchung der Maschine 3 zur Fertigung der Endproduktart 2 gilt es, lediglich das Zwischenprodukt 5 zu beachten.

Die Fertigung des Zwischenproduktes 5 erfolgt auf der vorgelagerten Fertigungsstufe, um das Endprodukt 2 herzustellen.

$$\tilde{r}_{35} = 3 \cdot 100 \cdot 2 \cdot 1{,}25 \cdot 1{,}1 = 825 \; [ZE].$$

Insgesamt wird die Maschine 3 somit für 825 Zeiteinheiten beansprucht, so dass es bei der Produktion der Endproduktarten 1 und 2 zu keinem Engpass auf der Maschine 3 kommt.

$$\tilde{r}_3 = 825 \; [ZE] < 1.000 \; [ZE] = \overline{r}_3.$$

Es ergibt sich somit lediglich ein Engpass auf der Maschine 2, da die verfügbare Kapazität von $\overline{r}_2 = 1.200$ Zeiteinheiten bei der Herstellung der Endproduktarten durch die beanspruchte Kapazität von $\tilde{r}_2 = 1.308{,}625$ Zeiteinheiten überschritten wurde.

Die beabsichtigten Höchstmengen lassen sich mithin nicht fertigen. Zur Ermittlung der Mengen der Endproduktarten, die zu einem maximalen Periodengewinn führen, werden die absatzbezogenen relativen Deckungsbeitragssätze berechnet. Maschine 2 stellt den Engpass dar, somit geben die relativen Deckungsbeitragssätze wieder, welcher Deckungsbeitragssatz pro Zeiteinheit die beiden Endproduktarten auf Maschine 2 erwirtschaften können.

$$c_1^{rel} = \frac{p_1 - k_1}{\frac{\tilde{r}_{23} + \tilde{r}_{24_1}}{100}} = \frac{95 - 86{,}31}{\frac{220{,}5 + 538{,}125}{100}} = \frac{95 - 86{,}31}{\frac{\tilde{r}_{21}}{100}} = \frac{95 - 86{,}31}{758{,}625}$$

$$= \frac{95 - 86{,}31}{7{,}58625}$$

$$= 1{,}145493492 \left[\frac{GE}{ZE}\right] \approx 1{,}1455 \left[\frac{GE}{ZE}\right],$$

$$c_2^{rel} = \frac{p_2 - k_2}{\frac{\tilde{r}_{22}}{100}} = \frac{150 - 141{,}9}{\frac{550}{100}} = 1{,}47\overline{27} \left[\frac{GE}{ZE}\right] \approx 1{,}4727 \left[\frac{GE}{ZE}\right].$$

Der relative Deckungsbeitragssatz von Endproduktart 2 ist größer als der von Endproduktart 1. Somit wird zunächst die maximal mögliche Menge von Endproduktart 2 hergestellt. Um die Höchstmenge von $\bar{x}_2 = 100$ Mengeneinheiten zu fertigen, werden

$$\tilde{r}_{22} = 550 \,[ZE].$$

benötigt. Von Endproduktart 2 kann die Höchstmenge produziert werden, da die Kapazität von $\bar{r}_2 = 1.200$ Zeiteinheiten ausreicht.

$$\tilde{x}_2^* = 100 \,[ME].$$

Die restliche zur Verfügung stehende Zeit lässt sich für die Produktion der Endproduktart 1 aufwenden.

$$1200 - 550 = 650 \,[ZE].$$

Es folgt:

$$\tilde{x}_1^* = \frac{650}{7{,}58625} = 85{,}68133136 \,[ME] \approx 85{,}68 \,[ME].$$

Bei Ganzzahligkeit der Produkteinheiten beträgt die gewinnmaximale Produktionsmenge von Endproduktart 1

$$\tilde{x}_1^* = 85 \,[ME].$$

Für den Periodengewinn folgt:

$$\tilde{G}^* = c_1 \cdot \tilde{x}_1^* + c_2 \cdot \tilde{x}_2^* = (95 - 86{,}31) \cdot 85 + (150 - 141{,}9) \cdot 100$$

$$= 1.548{,}65 \,[GE].$$

Sofern die Produkteinheiten nicht ganzzahlig wären, betrüge der zu ermittelnde Gewinn des Unternehmens:

$$\tilde{G}^* = c_1 \cdot \tilde{x}_1^* + c_2 \cdot \tilde{x}_2^* = 8{,}69 \cdot 85{,}68133136 + 8{,}1 \cdot 100$$

$$= 1.554{,}57 \,[GE].$$

6   Bestellmengen- und Losgrößenplanung

Lernbereich FANDEL/FISTEK/STÜTZ, S. 437-561, 568-662

Aufgabe 6.1   Grundlagen zur Lagerhaltungspolitik und Losgrößenplanung

a) In Abbildung 6.1.1 ist der nachfolgende Verlauf des Lagerbestands eines Unternehmens gegeben.

Lagerbestand

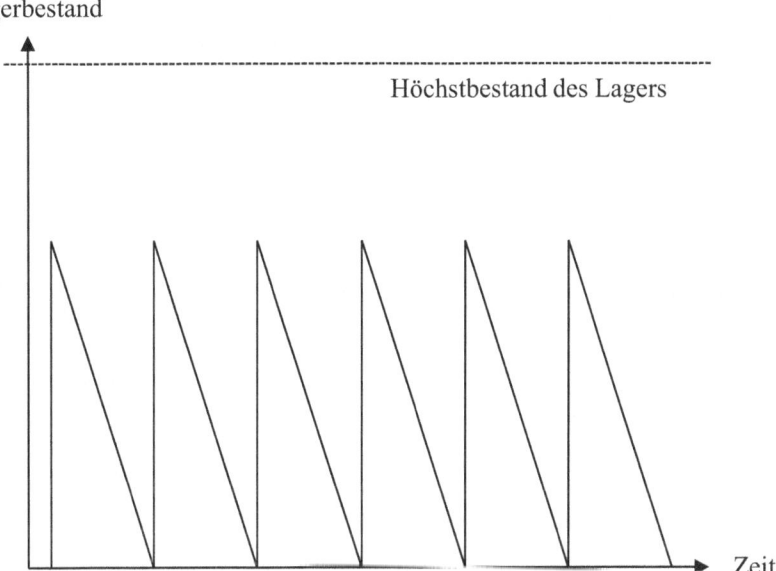

Abb. 6.1.1:   Lagerbestandsverlauf des Unternehmens

Um welche Politik handelt es sich? Begründen Sie Ihre Antwort kurz!

b) Gegeben ist die nachfolgende Abbildung 6.1.2 hinsichtlich des Verlaufs von Kosten (Gesamtkosten als Summe aus Lagerhaltungs- und bestellfixen Kosten). Dabei kann der Zulieferer nur innerhalb des Intervalls $[\underline{Q};\overline{Q}]$ ohne einen Qualitätsverlust produzieren. In der Beschaffung aber hat der Disponent eine optimale Bestellmenge Q^* bestimmt, so dass sich das nachfolgende Schaubild für die Gesamtkosten ergibt.

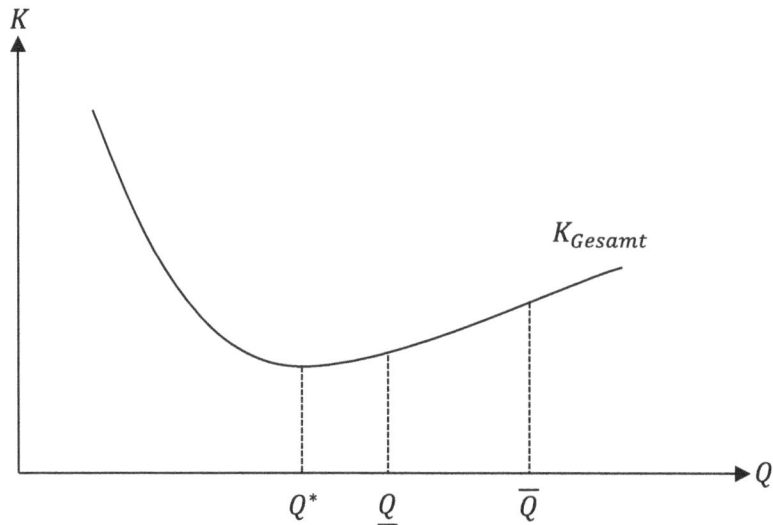

Abb. 6.1.2:   Kostenverlauf des Unternehmens

Welche der nachfolgenden Aussagen ist richtig? Hinweis: Es ist genau eine Antwort korrekt!

1) Die optimale Losgröße Q^* wird realisiert, und der Abnehmer nimmt Qualitätsverluste in Kauf, da in den Kosten K_{Gesamt} keine Lagerkosten enthalten sind.

2) Die Beschaffung hat sich verrechnet, und die minimalen Kosten liegen an der Stelle, an der $K(Q^*) > K(\overline{Q})$ gilt, so dass Q^* realisiert wird.

3) Das Unternehmen sollte nur noch andere Produkte bestellen, da unter keinen Umständen eine zulässige Bestellmenge Q realisiert werden kann.

4) Q^* muss auf die nächste zulässige Bestellmenge geändert werden, die die Kosten minimiert. Daher gilt nun $Q^*_{\text{neu}} = \underline{Q}$.

5) Es handelt sich hierbei um eine (s, S)-Politik und daher muss $\overline{Q}$ bestellt werden.

6) Nur das Intervall $[\underline{Q}; \overline{Q}]$ ist zulässig, so dass die Menge $\overline{Q}$ realisiert wird.

Lösung zu Aufgabe 6.1

zu a) Es liegt eine (s, Q)-Politik vor. Das Lager wird immer um die Bestellmenge Q aufgefüllt, wenn der Meldebestand $s = 0$ erreicht wird.

zu b) Antwort 1) ist falsch.

Der Abnehmer wird keinen Qualitätsverlust in Kauf nehmen, ohne dass der Zulieferer ihm hinsichtlich eines Rabattes entgegenkommt. Mengenabhängige Rabatte beinflussen aber die Bestimmung der optimalen Bestellmenge.

Antwort 2) ist falsch.

Beim Harris-Modell werden die Kosten minimiert. Dies ist im vorliegenden Fall bei Q^* gegeben.

Antwort 3) ist falsch.

Das Unternehmen sollte im vorliegenden Fall $\underline{Q}$ bestellen, da dies zu minimalen Kosten bei zulässiger Qualität führt.

Antwort 4) ist korrekt.

Man geht an der Gesamtkostenkurve entlang, bis man den zulässigen Bereich erreicht. Es wird geprüft, ob die Intervallgrenze zu minimalen Kosten führt. Im vorliegenden Fall ist dies bei $K\left(\underline{Q}\right)$ erreicht.

Antwort 5) ist falsch.

Da $K\left(\underline{Q}\right) < K(\overline{Q})$, folgt direkt, dass nicht auf den maximalen Lagerbestand aufzufüllen ist.

Antwort 6) ist falsch.

Es gelten die gleichen Überlegungen wie für Antwort 5: Da $K\left(\underline{Q}\right) < K(Q)$ für $Q > \underline{Q}$, folgt direkt, dass unter Kostengesichtspunkten nicht auf den maximalen Lagerbestand aufgefüllt wird.

Aufgabe 6.2 Statische Bestellmengenplanung – Der Harris-Ansatz

Der Sportartikelhersteller ADUMA möchte seine Bestellmengenplanung für die Schale eines Footballhelms mit Hilfe des Harris-Modells optimieren. Die Schale kostet im Einkauf 28,30 €. Der Gesamtbedarf an Schalen beträgt pro Monat 50 Mengeneinheiten. Pro Bestellung fallen Kosten in Höhe von 135 € an. Der Planungshorizont beträgt ein Jahr. Der Lagerhaltungskostensatz beläuft sich auf 0,08 € pro Tag und Stück (1 Jahr = 360 Tage).

a) Bestimmen Sie die optimale Bestellmenge!

b) Ermitteln Sie die Anzahl der Bestellungen pro Jahr und berechnen Sie, nach wie vielen Tagen jeweils eine Bestellung aufgegeben wird.

c) Wie hoch sind die gesamten Kosten für die Schalen pro Jahr, die bei ADUMA anfallen?

d) Ein neuer Zulieferer bietet an, die gesamten Lagerhaltungskosten zu übernehmen, fordert dafür aber einen Pauschalbetrag in Höhe von 17.500 € für 600 Schalen und deren Lagerung. Die Anzahl der Bestellungen bleibt gleich. Ist dieser Vorschlag für ADUMA rentabel?

Lösung zu Aufgabe 6.2

zu a) In einem ersten Schritt erfolgt die Bestimmung der optimalen Bestellmenge. Es gilt allgemein:

$$Q^* = \sqrt{\frac{2 \cdot c \cdot x}{l \cdot T}}.$$

Dabei müssen alle Größen mit Zeitbezug (x, l, T) in derselben Einheit ausgedrückt werden. Man hat also:

Bestellfixe Kosten:	c	$=$	$135\ [€]$,
Gesamtbedarf pro Jahr:	x	$=$	$50\ [ME/Monat] \cdot 12\ [Monate] = 600\ [ME]$,
Lagerhaltungskostensatz:	l	$=$	$0{,}08\ [€/(ME \cdot Tag)] \cdot 360\ [Tage/Jahr]$,
		$=$	$28{,}8\ [€/(ME \cdot Jahr)]$,
Planungszeitraum:	T	$=$	$1\ [Jahr]$.

Setzt man dies in die Formel der optimalen Bestellmenge ein, so folgt:

$$Q^* = \sqrt{\frac{2 \cdot 135\,[\text{€}] \cdot 600\,[ME]}{0,08\,[\text{€}/(ME \cdot Tag)] \cdot 360\,[Tage/Jahr] \cdot 1\,[Jahr]}} = 75\,[ME].$$

zu b) Basierend auf der optimalen Bestellmenge lassen sich dann die Anzahl an Bestellungen und der Bestellzyklus bestimmen:

$$h^* = \frac{x}{Q^*} = \frac{600\,[ME]}{75\,[ME]} = 8.$$

Für den Bestellzyklus (Zeit zwischen zwei Bestellungen) ergibt sich:

$$t_b = \frac{T}{h^*} = \frac{360\,[Tage]}{8} = 45\,[Tage].$$

zu c) Nachfolgend werden die Kosten analysiert. Für die Lagerhaltungskosten gilt:

$$K_L = \frac{1}{2} \cdot Q^* \cdot l \cdot T = \frac{1}{2} \cdot 75\,[ME] \cdot 28,8 \left[\frac{\text{€}}{ME \cdot Jahr}\right] \cdot 1\,[Jahr]$$
$$= 1.080\,[\text{€}].$$

Bestellfixe Kosten fallen wie folgt an:

$$K_B = c \cdot h^* = 135\,[\text{€}] \cdot 8 = 1.080\,[\text{€}].$$

Der Warenwert beträgt:

$$K_W = p \cdot x = 28,30 \left[\frac{\text{€}}{ME}\right] \cdot 600\,[ME] = 16.980\,[\text{€}].$$

Hieraus resultieren die Gesamtkosten als Summe der obigen berechneten Kosten:

$$K_G = K_L + K_B + K_W = 19.140\,[\text{€}].$$

zu d) In dieser Teilaufgabe wird das vom Zulieferer unterbreitete Angebot geprüft.

Die neuen Gesamtkosten setzen sich wie folgt zusammen:

$$K_{G,neu} = K_B + 17.500\,[\text{€}] = 1.080\,[\text{€}] + 17.500\,[\text{€}] = 18.580\,[\text{€}].$$

Wichtig dabei ist, dass weiterhin die bestellfixen Kosten anfallen. Zu diesen wird dann lediglich das Angebot vom Zulieferer hinzuaddiert. Dieses ist kostengünstiger für ADUMA als die Lagerung in eigenen Lagerräumen und sollte akzeptiert werden!

Aufgabe 6.3   Statische Auflagengrößenplanung – Der Harris-Ansatz mit Mengenbedingungen

Die Ap-Ollo GmbH produziert Spezialschrauben für die Raumfahrt. Aufgrund vorliegender Produktionsbedingungen kann nur eine Losgröße zwischen $\underline{Q} = 3.240$ und $\overline{Q} = 4.945$ Mengeneinheiten produziert werden. Bei einer Losgröße außerhalb dieses Intervalls wird ein derartiger Qualitätsverlust erreicht, dass die Raumfahrtbehörde das Produkt nicht mehr annimmt. Aufgrund der Fertigungsgegebenheiten kann die Ap-Ollo GmbH mit unendlich schneller Produktion der Schrauben planen. Die Raumfahrtbehörde hat der Ap-Ollo GmbH einen Auftrag zukommen lassen: Es werden insgesamt $x = 32.400$ Mengeneinheiten in den nächsten 12 Monaten benötigt, die mit gleichen Auflagen gefertigt werden können. Die Ap-Ollo GmbH plant mit einem Lagerhaltungskostensatz in Höhe von 0,06 Geldeinheiten pro Mengeneinheit und Tag. Bei jeder Auflage entstehen Fixkosten des Rüstens in Höhe von $c = 2.430$ Geldeinheiten. Hinweis: 1 Monat $\equiv$ 30 Tagen!

a) Bestimmen Sie die optimale Losgröße nach Harris!

b) Skizzieren Sie die Kostenfunktion der Ap-Ollo GmbH, ohne dabei exakte Werte für die Losgrößen Q^*, $\underline{Q}$ und $\overline{Q}$ zu bestimmen, und erklären Sie, welcher Effekt für die Losgröße aufgrund der Mengenbedingungen eintritt. Wie muss sich die Ap-Ollo GmbH verhalten?

c) Bestimmen Sie basierend auf dem Ergebnis aus Aufgabenteil b) die optimale Auflagehäufigkeit h und die Länge der Periode t_b, wenn man die Mengenbedingungen beachtet!

d) Wie hoch sind die gesamten Produktionskosten der Ap-Ollo GmbH im gesamten Planungszeitraum, falls variable Produktionskosten pro Stück in Höhe von $c_v = 20$ Geldeinheiten pro Mengeneinheit anfallen?

Lösung zu Aufgabe 6.3

zu a) Anhand der obigen Daten kann die optimale Auflagengröße bestimmt werden. Hierfür gilt allgemein nach HARRIS:

$$Q^* = \sqrt{\frac{2 \cdot x \cdot c}{l \cdot T}}.$$

Eingesetzt erhält man als optimale Lösung:

$$Q^* = \sqrt{\frac{2 \cdot 32.400 \cdot 2.430}{1,8 \cdot 12}} = 2.700 \; [ME].$$

Diese optimale Losgröße ist aber wegen der Verletzung der Mengen-bedingungen und der damit verbundenen Qualitätsverluste nicht zulässig.

Zudem ist es wichtig, dass der Lagerkostensatz und der betrachtete Planungs-zeitraum den identischen Zeitbezug aufweisen. Angenommen, man würde den Lagerkostensatz mit Tagen, den Planungszeitraum aber mit Monaten angeben, so würde man folgende Losgröße als Lösung fälschlicherweise generieren:

$$Q^{Falsch} = \sqrt{\frac{2 \cdot 32.400 \cdot 2.430}{0,06 \cdot 12}} \approx 14.788,51 \; [ME].$$

zu b) Das Mengenminimum ohne Qualitätsverlust liegt bei 3.240 Mengen-einheiten. Demzufolge ist die optimale Losgröße Q^* nicht zulässig, und die minimalen zulässigen Kosten werden bei 3.240 Mengeneinheiten erreicht. Man muss solange an der Kostenfunktion entlanggehen, bis man einen zulässigen Mengenwert erreicht. Dies ist hier genau dann der Fall, wenn man die Produktionsmenge $\underline{Q}$ realisiert (vgl. Abbildung 6.3.1).

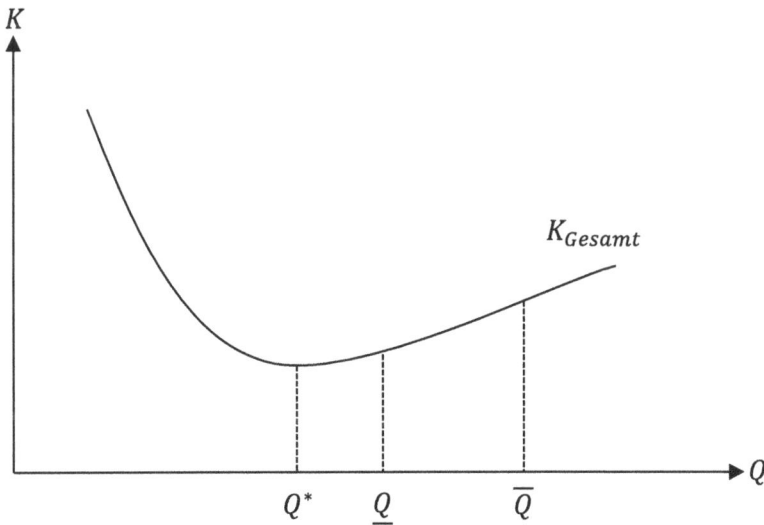

Abb. 6.3.1:   Kostenverlauf mit Intervallgrenzen und optimaler, nicht-zulässiger Losgröße

zu c) Basierend auf den Überlegungen aus Aufgabenteil b) lassen sich direkt die optimal zulässige Auflagehäufigkeit h und der Auflagezyklus t_b berechnen:

$$h^* = \frac{x}{\underline{Q}} = \frac{32.400}{3.240} = 10.$$

Gegeben die optimale zulässige Auflagehäufigkeit lässt sich der Auflagezyklus bestimmen:

$$t_b^* = \frac{T}{h^*} = \frac{360}{10} = 36 \text{ [Tage]}.$$

zu d) Es gilt für die reinen Produktionskosten (ohne Lagerkosten):

$$K_{Prod} = h \cdot \left(c + c_v \cdot \underline{Q}\right) = 10 \cdot (2.430 + 20 \cdot 3.240) = 672.300 \text{ [GE]}.$$

Neben fixen Rüstkosten fallen noch zusätzlich variable Produktionskosten an. Daraus resultieren die Produktionskosten in Höhe von 672.300 Geldeinheiten.

Aufgabe 6.4   Statische Bestellmengenplanung – Der Harris-Ansatz mit sukzessivem Lagerzugang

Der Pay-TV-Sender Brummiere will zur Fußball WM 2018 in Russland auf den deutschen Markt vorstoßen und konnte sich noch rechtzeitig einige Übertragungsrechte sichern. Am 01. Januar 2018 möchte Brummiere mit den ersten Vorberichten über die teilnehmenden Teams beginnen, allerdings hat bis dato noch kein Kunde des Senders das notwendige Empfangsgerät „B-Box" erhalten. Die Geschäftsführung von Brummiere steht nun vor der wichtigen Entscheidung, wie die fehlenden B-Boxen ($x = 480.000$ Mengeneinheiten) im Planungszeitraum von $T = 60$ Tagen beschafft werden sollen. Je Bestellvorgang entstehen bestellfixe Kosten in Höhe von $c = 2.560$ €, der Lagerkostensatz beträgt $l = 0{,}08$ € pro Tag und Gerät.

a) Brummieres langjähriger Zulieferer Duotronic bietet an, die insgesamt benötigten Geräte in gleich großen Mengen zu je $\overline{Q} = 80.000$ Mengeneinheiten für einen Stückpreis von $\overline{p} = 31{,}90$ € zu liefern. Es würden dabei $z = 16.000$ Mengeneinheiten pro Tag im Lager von Brummiere eingehen und $s = 8.000$ Mengeneinheiten pro Tag weiter verarbeitet. Berechnen Sie für das Angebot von Duotronic die sich ergebende Bestellhäufigkeit $\overline{h}$ und die Länge der zugehörigen Bestellperiode $\overline{t}_b$. Welche Gesamtkosten entstünden Brummiere für den betrachteten Zeitraum, wenn das Angebot des Zulieferers akzeptiert würde?

b) Die Geschäftsführung von Brummiere beschließt, anstelle der angebotenen Liefermenge die Lieferung auf Basis der optimalen Bestellmenge abzuwickeln. Der Preis eines Empfangsgeräts würde in diesem Fall allerdings auf $p = 32{,}05$ € steigen. Berechnen Sie die optimale Bestellmenge Q^* sowie die sich daraus ergebende Bestellhäufigkeit h^* und Länge der zugehörigen Bestellperiode t_b^*. Welche Gesamtkosten entstehen Brummiere für den betrachteten Zeitraum in diesem Fall? Ist die Entscheidung der Geschäftsführung aus Kostengesichtspunkten sinnvoll? Hinweis: Lagerzu- und -abgangsrate gelten analog zu Aufgabenteil a).

Lösung zu Aufgabe 6.4

zu a) Als Bestellhäufigkeit ergibt sich:

$$\overline{h} = \frac{x}{\overline{Q}} = \frac{480.000\ [ME]}{80.000\ [ME]} = 6.$$

Die Länge einer Bestellperiode ermittelt sich basierend auf $\bar{h}$ zu:

$$\bar{t}_b = \frac{T}{\bar{h}} = \frac{60\,[Tage]}{6} = 10\,[Tage].$$

Für die Gesamtkosten der Periode T gilt nun:

$$
\begin{aligned}
K &= c \cdot \bar{h} + \frac{1}{2} \cdot \bar{Q} \cdot l \cdot T \cdot \left(1 - \frac{s}{z}\right) + \bar{p} \cdot x \\
&= 2.560 \cdot 6 + \frac{1}{2} \cdot 80.000 \cdot 0{,}08 \cdot 60 \cdot \left(1 - \frac{8.000}{16.000}\right) \\
&\quad + 31.90 \cdot 480.000 \\
&= 15.360 + 96.000 + 15.312.000 = 15.423.360\,[€].
\end{aligned}
$$

zu b) Die optimale Bestellmenge lässt sich wie folgt berechnen:

$$Q^* = \sqrt{\frac{2 \cdot c \cdot x}{l \cdot T \cdot \left(1 - \frac{s}{z}\right)}} = \sqrt{\frac{2 \cdot 2.560 \cdot 480.000}{0{,}08 \cdot 60 \cdot (1 - 0{,}5)}} = 32.000\,[ME].$$

Als Bestellhäufigkeit folgt:

$$h^* = \frac{x}{Q^*} = 15.$$

Die Länge einer Bestellperiode ermittelt sich daraufhin zu:

$$t_b = \frac{T}{h^*} = 4\,[Tage].$$

Für die Gesamtkosten der Periode T gilt nun:

$$
\begin{aligned}
K &= c \cdot h^* + \frac{1}{2} \cdot Q^* \cdot l \cdot T \cdot \left(1 - \frac{s}{z}\right) + p \cdot x \\
&= 2.560 \cdot 15 + \frac{1}{2} \cdot 32.000 \cdot 0{,}08 \cdot 60 \cdot \left(1 - \frac{8.000}{16.000}\right) \\
&\quad + 32.05 \cdot 480.000 \\
&= 38.400 + 38.400 + 15.384.000 = 15.460.800\,[€].
\end{aligned}
$$

Vergleicht man die Kosten aus Aufgabenteil b) mit denen aus Aufgabenteil a), so ist die Entscheidung nicht sinnvoll gewesen.

Aufgabe 6. 5   Statische Bestellmengenplanung – Der Harris-Ansatz mit zusätzlicher Lieferantenauswahl

Ein Unternehmen benötigt zur Herstellung seiner Elektronikprodukte in einem Monat 600 Mengeneinheiten Relais einer bestimmten Kategorie. Die Relais werden vom Lieferanten A zu einem Preis von 5 Geldeinheiten pro Mengeneinheit angeboten. Der Lagerkostensatz wurde zu 2 Geldeinheiten pro Mengeneinheit und Monat ermittelt. Darüber hinaus fallen pro Bestellvorgang Kosten in Höhe von 96 Geldeinheiten an. Der Planungshorizont ist ein Monat.

a) Ermitteln Sie die optimale Bestellmenge und die damit verknüpfte Bestellhäufigkeit. Wie lang ist ein Bestellzyklus? Wie hoch sind die minimalen Kosten, wenn die optimale Menge bestellt wird?

b) Der Lieferant B möchte gerne einfach zu handhabende Bestellungen, um seinen Verwaltungsaufwand zu verringern. Er unterbreitet dem Unternehmen deshalb folgende zwei Angebote:

Angebot 1:

Preis je Mengeneinheit: 4,80 Geldeinheiten bei einer Bestellung von 300 Mengeneinheiten.

Angebot 2:

Preis je Mengeneinheit: 4,60 Geldeinheiten bei einer Bestellung von 600 Mengeneinheiten.

Vergleichen Sie die Kosten bei einer Bestellung in diesen beiden Fällen mit denen, die bei einer Bestellung beim Lieferanten A auftreten. Bei welchem Lieferanten sollte das Unternehmen letztendlich welche Bestellmenge in Auftrag geben?

Lösung zu Aufgabe 6. 5

zu a) In einem ersten Schritt erfolgt das Bestimmen der optimalen Bestellmenge Q^*:

$$Q^* = \sqrt{\frac{2 \cdot c \cdot x}{l \cdot T}}.$$

Durch Einsetzen folgt:

$$Q^* = \sqrt{\frac{2 \cdot 96 \cdot 600}{2 \cdot 1}} = \sqrt{57.600} = 240\,[ME].$$

Daraufhin lässt sich die Bestellhäufigkeit h ermitteln:

$$h = \frac{x}{Q}.$$

Eingesetzt ergibt sich:

$$h = 2{,}5.$$

An dieser Stelle muss überlegt werden, ob halbe Bestellhäufigkeiten zulässig sind. Würde der Planungshorizont zeitlich erweitert, ließe sich die Lösung auch dahingehend interpretieren, dass fünfmal in zwei Monaten bestellt wird. Wir werden im Folgenden mit $h^* = 2{,}5$ die Lösung generieren. Sollte hingegen $h^* = 2{,}5$ nicht zulässig sein, so müsste geprüft werden, welcher der nächsten ganzzahligen Werte, hier $\underline{h} = 2$ bzw. $\overline{h} = 3$, genutzt werden muss. Es erfolgt also der Vergleich:

$$K\left(\underline{h} = 2\right) \lessgtr K\left(\overline{h} = 3\right).$$

Im konkreten Fall generiert man die folgenden Kosten ohne Warenwert:

$$\widetilde{K} = K_B + K_L = c \cdot h + \frac{1}{2} \cdot Q \cdot l \cdot T,$$

$${x}/{h_{<2,5}} = {600}/{2} = Q_{<2,5} = 300\,[ME],$$

$$\widetilde{K}\left(\underline{h} = 2\right) = 492\,[GE],$$

$${x}/{h_{>2,5}} = {600}/{3} = Q_{>2,5} = 200\,[ME],$$

$$\widetilde{K}\left(\overline{h} = 3\right) = 488\,[GE].$$

Man würde somit als optimale, ganzzahlige Lösung drei Bestellungen aufgeben. Ist hingegen $h = 2{,}5$ gültig, so ergibt sich:

$$\widetilde{K}(h = 2{,}5) = 480\,[GE].$$

Hierzu addiert man noch den Warenwert K_W:

$$K_W = p \cdot x = 5 \cdot 600 = 3.000\,[GE].$$

Man erhält als Gesamtkosten:

$$K = K_B + K_L + K_W = 3.480\,[GE].$$

zu b) Für den Vergleich der Angebote gilt:

Vergleich des Preises des Lieferanten A in Höhe von 5 Geldeinheiten pro Mengeneinheit mit der optimalen Bestellmenge $Q^* = 240$ Mengeneinheit versus

dem Angebot 1 mit dem Preis p_1 in Höhe von 4,80 Geldeinheiten pro Mengeneinheit bei einer Bestellung in Höhe von $Q_{B_1} = 300$ Mengeneinheiten versus

dem Angebot 2 mit dem Preis p_2 in Höhe von 4,60 Geldeinheiten pro Mengeneinheit bei einer Bestellung in Höhe von $Q_{B_2} = 600$ Mengeneinheiten.

Im nächsten Schritt erfolgt das Bestimmen der drei Gesamtkosten und Vergleich dieser Größen.

Aus Teilaufgabe a) ist bereits bekannt, dass für die Gesamtkosten K_A bei optimaler Bestellmenge $Q^* = 240$ Mengeneinheiten bei einem Preis von 5 Geldeinheiten pro Mengeneinheit gilt:

$$
\begin{aligned}
K &= c \cdot h + \frac{1}{2} \cdot l \cdot Q \cdot T + p \cdot x \\
&= 2,5 \cdot 96 + \frac{1}{2} \cdot 2 \cdot 240 \cdot 1 + 5 \cdot 600 \\
&= 240 + 240 + 3.000 \\
&= 3.480 \; [GE].
\end{aligned}
$$

Für die beiden Preise des Angebotes B_1 und des Angebotes B_2 folgt:

$$
\begin{aligned}
K_{B_1} &= c \cdot h + \frac{1}{2} \cdot l \cdot Q \cdot T + p_1 \cdot x = 96 \cdot \frac{600}{300} + \frac{1}{2} \cdot 2 \cdot 300 \cdot 1 + 4,8 \cdot 600 \\
&= 3.372 \; [GE], \\
K_{B_2} &= c \cdot h + \frac{1}{2} \cdot l \cdot Q \cdot T + p_2 \cdot x = 96 \cdot \frac{600}{600} + \frac{1}{2} \cdot 2 \cdot 600 \cdot 1 + 4,6 \cdot 600 \\
&= 3.456 \; [GE].
\end{aligned}
$$

Es ergibt sich der folgende Vergleich: $K_{B_1} < K_{B_2} < K$. Es sollte also das Angebot 1 von Lieferant B angenommen werden.

Aufgabe 6. 6   Statische Bestellmengenplanung – Der Harris-Ansatz mit mengenabhängigem Preis

Der Einkaufsabteilung Ihres Unternehmens liegt für den kommenden Planungszeitraum von einem Monat der Gesamtbedarf in Höhe von 2.400 Mengeneinheiten eines Rohstoffs vor.

Weiterhin sind für die Bestellplanung folgende Daten relevant: Für den Lagerkostensatz wurden 0,2 Geldeinheiten pro Mengeneinheit und Tag ermittelt. Darüber hinaus fallen pro Bestellvorgang Kosten in Höhe von 288 Geldeinheiten an. Der Einstandspreis p des Rohstoffs liegt bei 10 Geldeinheiten pro Mengeneinheit. Hinweis: Für den Planungshorizont von einem Monat sind 30 Tage anzusetzen.

a) Bestimmen Sie die optimale Bestellmenge bei Ihrem Zulieferer sowie die Gesamtkosten!

b) Ein neuer Lieferant bietet Ihrem Unternehmen an, den benötigten Rohstoff zu folgendem Preis zu liefern:

$$p = 9 \frac{[GE]}{[ME]} + \frac{45\,[GE]}{Q\,[ME]} = \left(n + \frac{m}{Q} \right).$$

Bei Annahme würden die bestellfixen Kosten c auf 155 Geldeinheiten für jede Bestellung sinken. Welche optimale Bestellmenge und optimale Bestellhäufigkeit ergeben sich? Vergleichen Sie die Gesamtkosten pro Periode mit denen aus Aufgabenteil a)!

Lösung zu Aufgabe 6. 6

zu a) Die optimale Bestellmenge beträgt:

$$Q^* = \sqrt{\frac{2 \cdot x \cdot c}{l \cdot T}} = \sqrt{\frac{2 \cdot 2.400 \cdot 288}{0,2 \cdot 30}} = 480\,[ME].$$

Daraus resultieren die minimalen Gesamtkosten:

$$K = 2 \cdot c \cdot h + p \cdot x = 26.880\,[GE].$$

Man kann, sofern die optimale Bestellmenge Q^* zulässig ist,

$$K_L = \frac{1}{2} \cdot Q^* \cdot l \cdot T = c \cdot h = K_B$$

setzen, wobei K_L die Lagerhaltungskosten und K_B die Bestellkosten sind.

zu b) Die optimale Bestellmenge mit Preisrabatt beläuft sich auf:

$$Q^{neu} = \sqrt{\frac{2 \cdot (c + m) \cdot x}{l \cdot T}} = \sqrt{\frac{2 \cdot (155 + 45) \cdot 2.400}{0,2 \cdot 30}} = 400 \, [ME].$$

Gegenüber den obigen Überlegungen aus Aufgabenteil a) resultiert daraus die folgende Gesamtkostenfunktion, die vom Warenwert $p(Q) \cdot x$ und nun folglich auch von der optimalen Bestellmenge abhängig ist:

$$K(Q^{neu}) = c \cdot \frac{x}{Q} + \frac{1}{2} \cdot Q \cdot l \cdot T + \left(n + \frac{m}{Q}\right) \cdot x.$$

Durch Einsetzen folgt:

$$K(Q^{neu}) = 155 \cdot \frac{2.400}{400} + \frac{1}{2} \cdot 400 \cdot 0,2 \cdot 30 + \left(9 + \frac{45}{400}\right) \cdot 2.400$$

$$= 155 \cdot 6 + 1.200 + \left(9 + \frac{45}{400}\right) \cdot 2.400 = 24.000 \, [GE].$$

Der Vergleich $K(Q^{neu}) = 24.000 < 26.880 = K(Q^*)$ zeigt auf, dass das Unternehmen das Angebot annehmen sollte!

Aufgabe 6. 7 Losgrößenplanung zur Abstimmung zwischen mehreren Leistungsstufen I

Ein Pharmaunternehmen produziert in einem zweistufigen Produktionsprozess eine Salbe zur Behandlung rheumatischer Erkrankungen, von der täglich 5.000 Tuben á 100 g abgesetzt werden können. Auf der ersten Produktionsstufe werden die Grundbestandteile zur Salbe vermischt. Auf der zweiten Produktionsstufe wird die Salbe in Tuben á 100 g abgefüllt.

Es existieren zwei Fertigungslinien, die sich zur Herstellung der Salbentuben eignen. Die im Rahmen der ersten Fertigungslinie zur Verfügung stehende Mischmaschine hat eine Tageskapazität von 500 kg. Die Abfüllmaschine dieser Linie hat eine Tageskapazität von 25.000 Tuben. Die Mischmaschine der zweiten Fertigungslinie hat eine Tageskapazität von 1.000 kg, die Tageskapazität der Abfüllmaschine beträgt 5.000 Tuben.

Dabei seien die Symbole wie folgt beschrieben:

T die Länge des Planungszeitraums in $[Tagen]$;

x der Gesamtbedarf der Güterart im Planungszeitraum T in $[Tuben]$, wobei sich die Nachfrage nach dem Endprodukt mit einer konstanten Absatzgeschwindigkeit gleichmäßig über die Periode verteilen möge;

$z_a = x/T$ die Absatzgeschwindigkeit des Endproduktes in $[Tuben/Tag]$, auch Absatzrate genannt. Sie entspricht der Lagerabgangsrate auf dem Fertiglager;

$z_{2,1}$ bzw. $z_{2,2}$ die Produktionsgeschwindigkeiten der zweiten Fertigungsstufe in $[Tuben/Tag]$, auf der das Endprodukt aus dem Zwischenerzeugnis der ersten Stufe hergestellt wird. Die Produktionsgeschwindigkeiten der zweiten Stufe stimmen mit den Zugangsraten des Fertiglagers und mit den Abgangsraten des Zwischenlagers zwischen der ersten und der zweiten Fertigungsstufe überein. Die Kehrwerte $1/z_{2,1}$ bzw. $1/z_{2,2}$ geben die Bearbeitungszeiten pro Einheit des Endproduktes an;

$z_{1,1}$ bzw. $z_{1,2}$	die Produktionsgeschwindigkeiten der ersten Stufe, die mit den Zugangsraten des Zwischenlagers identisch sind. Aus den Kehrwerten $1/z_{1,1}$ bzw. $1/z_{1,2}$ erhält man entsprechend die Bearbeitungszeiten pro Stück des Zwischenerzeugnisses auf der ersten Produktionsstufe;
$Q_{1,1}$ und $Q_{1,2}$ bzw. $Q_{2,1}$ und $Q_{2,2}$	die Fertigungslosgrößen in [*Tuben*] des Zwischen- bzw. Endproduktes, die ohne Unterbrechung auf der ersten bzw. zweiten Stufe hergestellt werden. Durch sie wird die erforderliche Gesamtbedarfsmenge x des Endproduktes portionsweise in Zyklen erzeugt;
$k_{1,1}$ und $k_{1,2}$ bzw. $k_{2,1}$ und $k_{2,2}$	die variablen Produktionskosten pro Stück des Zwischen- bzw. Enderzeugnisses in [€/*Tube*];
$c_{1,1}$ und $c_{1,2}$ bzw. $c_{1,1}$ und $c_{1,2}$	die von der Auflage – nicht von der Größe – der Lose abhängigen Rüstkosten der ersten bzw. zweiten Produktionsstufe in [€];
l_1 bzw. l_2	die Lagerkostensätze für das Zwischen- bzw. Fertiglager.

Auf den beiden Fertigungslinien gelten folgende Kostensätze.

- Fertigungslinie 1

Die variablen Produktionskosten der Mischmaschine betragen:

$$k_{1,1} = 0{,}08 \left[\frac{€}{kg}\right].$$

Die variablen Produktionskosten der Abfüllmaschine betragen:

$$k_{1,2} = 0{,}01 \left[\frac{€}{Tube}\right].$$

Die Rüstkosten der Mischmaschine betragen:

$$c_{1,1} = 80 \ [€].$$

Die Rüstkosten der Abfüllmaschine betragen:

$$c_{1,2} = 40 \ [€].$$

- Fertigungslinie 2

Die variablen Produktionskosten der Mischmaschine betragen:

$$k_{2,1} = 0,1 \left[\frac{€}{kg}\right].$$

Die variablen Produktionskosten der Abfüllmaschine betragen:

$$k_{2,2} = 0,00007 \left[\frac{€}{Tube}\right].$$

Die Rüstkosten der Mischmaschine betragen:

$$c_{2,1} = 96 \: [€].$$

Die Rüstkosten der Abfüllmaschine betragen:

$$c_{2,2} = 7 \: [€].$$

Der Planungszeitraum des Unternehmens beträgt:

$$T = 30 \: [Tage].$$

Der Lagerkostensatz der Salbe beträgt pro Tag für ein kg:

$$l_1 = 1,2 \left[\frac{€}{kg \cdot Tag}\right].$$

Der Lagerkostensatz beträgt pro Tag für eine Tube Salbe:

$$l_2 = 0,005 \left[\frac{€}{Tube \cdot Tag}\right].$$

Beachten Sie hierbei die Definition der Lagerkostensätze, die unabhängig von den Produktionskosten der jeweiligen Fertigungslinie sind.

a) Welche Lager entstehen bei Einsatz der beiden Fertigungslinien?

b) Berechnen Sie für jede Fertigungslinie die entstehenden Losgrößen auf der Mischmaschine (in Tonnen) und auf der Abfüllmaschine (in Tuben)!

c) Welche Fertigungslinie schlagen Sie dem Unternehmen unter dem Aspekt der Kostenminimierung zur Produktion der Rheumasalbentuben vor?

Lösung zu Aufgabe 6. 7

zu a) Um unterschiedliche Produktionszeiten auf den Fertigungsstufen auszugleichen beziehungsweise diese im Rahmen eines kontinuierlichen

Erzeugungsprozesses aufeinander abzustimmen, sind zwischen den einzelnen Produktionsstufen Läger erforderlich, auf denen die Zwischenerzeugnisse bis zur Weiterverarbeitung verweilen. Kumulationsläger als Zwischenläger liegen vor, wenn die Bearbeitung eines Produktes auf der vorgelagerten Stufe schneller als auf der nachgelagerten Fertigungsstufe erfolgt, mithin ist die Lagerzugangsrate größer als die Lagerabgangsrate. Demgegenüber liegen Zerreißläger als Zwischenläger vor, wenn die nachfolgende Stufe schneller produziert als die vorherige. Ein positiver Lageranfangsbestand ist notwendig, da die Lagerabgangsrate größer als die Lagerzugangsrate ist.

Auf der ersten Stufe der Fertigungslinie 1 können täglich 500 kg der Rheumasalbe gemischt werden. Da auf der zweiten Stufe der Fertigungslinie in Tuben á 100 g abgefüllt wird, lassen sich die Angaben zum Vergleich umrechnen.

$$z_{1,1} = \frac{500 \left[\frac{kg}{Tag}\right] \cdot 1.000 \left[\frac{g}{kg}\right]}{100 \left[\frac{g}{Tube}\right]} = 5.000 \left[\frac{Tuben}{Tag}\right].$$

Täglich lässt sich somit der Inhalt von 5.000 Tuben mischen. Demgegenüber lassen sich auf der Maschine von Fertigungslinie 1 täglich 25.000 Tuben abfüllen:

$$z_{1,2} = 25.000 \left[\frac{Tuben}{Tag}\right],$$

wodurch sich die nachfolgende Bedingung ergibt:

$$z_{1,2} > z_{1,1} = z_a = 5.000 \left[\frac{Tuben}{Tag}\right].$$

Die zweite Fertigungsstufe verfügt über eine höhere Produktionsgeschwindigkeit, die zudem über der Absatzgeschwindigkeit von 5.000 Tuben liegt. Bei Einsatz der Fertigungslinie 1 entstehen somit sowohl ein Zwischen-(Zerreißlager) als auch ein Fertiglager (Kumulationslager), da die Produktionsgeschwindigkeit der ersten Stufe mit der Absatzgeschwindigkeit übereinstimmt und die Produktionsgeschwindigkeit der zweiten Stufe größer als die Absatzgeschwindigkeit ist.

Die erste Stufe der Fertigungslinie 2 verfügt über eine Tageskapazität von täglich 1.000 kg, so dass sich der Inhalt von 10.000 Tuben pro Tag mischen lässt:

$$z_{2,1} = \frac{1.000 \left[\frac{kg}{Tag}\right] \cdot 1.000 \left[\frac{g}{kg}\right]}{100 \left[\frac{g}{Tube}\right]} = 10.000 \left[\frac{Tuben}{Tag}\right].$$

Die Tageskapazität der Abfüllmaschine der zweiten Fertigungslinie hingegen beträgt 5.000 Tuben, wobei diese Produktionsgeschwindigkeit der Absatzgeschwindigkeit entspricht:

$$z_{2,2} = 5.000 \left[\frac{Tuben}{Tag}\right],$$

wodurch sich nun die nachfolgende Bedingung ergibt:

$$z_{2,1} > z_{2,2} = z_a = 5.000 \left[\frac{Tuben}{Tag}\right].$$

Somit produziert bei der zweiten Fertigungslinie die erste Stufe schneller als die zweite, deren Produktionsgeschwindigkeit der Absatzgeschwindigkeit entspricht. Es entsteht also nur ein Zwischenlager zwischen erster und zweiter Fertigungsstufe (Kumulationslager). Die zweite Maschine produziert durchgehend, mithin entsteht auch kein Fertiglager.

zu b) Die Produktionsgeschwindigkeit der ersten Stufe von Fertigungslinie 1 entspricht der Absatzgeschwindigkeit. Auf Fertigungsstufe 1 wird also durchgängig produziert. Die optimale Losgröße ist für die Abfüllmaschine der zweiten Fertigungsstufe zu berechnen, da deren Produktionsgeschwindigkeit größer ist. Der Lagerkostensatz für das entstehende Zwischenlager wurde in € je Tag und kg angegeben, so dass dieser in Tuben umzurechnen ist, da die Losgröße der zweiten Fertigungsstufe in Tuben angegeben werden soll. In der Formel für die Bestimmung der optimalen Losgröße ist die Absatzrate mit der Länge des Planungszeitraums zu multiplizieren, um die Herstellung von x zu bestimmen. Die Losgröße der Abfüllmaschine auf der zweiten Fertigungsstufe der Fertigungslinie 1 berechnet sich folgendermaßen:

$$Q_{1,2}^* = \sqrt{\frac{2 \cdot c_2 \cdot z_a \cdot T}{\left(1 - \frac{z_{1,1}}{z_{1,2}}\right) \cdot T \cdot (l_1 + l_2)}} = \sqrt{\frac{2 \cdot c_2 \cdot x}{\left(1 - \frac{z_{1,1}}{z_{1,2}}\right) \cdot T \cdot (l_1 + l_2)}}.$$

Durch Einsetzen der bekannten Daten ergibt sich:

$$Q_{1,2}^* =$$

$$\sqrt{\frac{2 \cdot 40\,[\text{€}] \cdot 5.000\left[\frac{Tuben}{Tag}\right] \cdot 30\,[Tage]}{\left(1 - \dfrac{500\left[\frac{kg}{Tag}\right] \cdot 10\left[\frac{Tuben}{kg}\right]}{25.000\left[\frac{Tuben}{Tag}\right]}\right) \cdot 30\,[Tage] \cdot \left(\begin{array}{c} 1{,}2\left[\frac{\text{€}}{kg \cdot Tag}\right] \cdot 0{,}1\left[\frac{kg}{Tube}\right] \\ +0{,}005\left[\frac{\text{€}}{Tube \cdot Tag}\right] \end{array}\right)}}$$

$$= \sqrt{\frac{12.000.000\,[\text{€} \cdot Tuben]}{0{,}8 \cdot 30\,[Tage] \cdot 0{,}125\left[\frac{\text{€}}{Tube \cdot Tag}\right]}}$$

$$= \sqrt{\frac{12.000.000\,[\text{€} \cdot Tuben]}{3\left[\frac{\text{€}}{Tube}\right]}}$$

$$= \sqrt{4.000.000\,[Tuben^2]}$$

$$= 2.000\,[Tuben].$$

Da bei der Fertigungslinie 2 die Produktionsgeschwindigkeit der zweiten Fertigungsstufe der Absatzgeschwindigkeit entspricht, produziert diese fortlaufend. Für die Fertigungslinie 2 ist die Losgröße der Mischmaschine auf der ersten Fertigungsstufe zu berechnen:

$$Q_{2,1}^* = \sqrt{\frac{2 \cdot c_1 \cdot z_a \cdot T}{\left(1 - \dfrac{z_{2,2}}{z_{2,1}}\right) \cdot T \cdot l_1}} = \sqrt{\frac{2 \cdot c_1 \cdot x}{\left(1 - \dfrac{z_{2,2}}{z_{2,1}}\right) \cdot T \cdot l_1}}.$$

Durch Einsetzen der bekannten Daten ergibt sich nun:

$$Q_{2,1}^* = \frac{2 \cdot 96 \, [\text{€}] \cdot 5.000 \left[\frac{Tuben}{Tag}\right] \cdot 0,1 \left[\frac{kg}{Tube}\right] \cdot 30 \, [Tage]}{\left(1 - \frac{5.000 \left[\frac{Tuben}{Tag}\right]}{1.000 \left[\frac{kg}{Tag}\right] \cdot 10 \left[\frac{Tuben}{kg}\right]}\right) \cdot 30 \, [Tage] \cdot 1,2 \left[\frac{\text{€}}{kg \cdot Tag}\right]}$$

$$= \sqrt{\frac{2.880.000 \, [\text{€} \cdot kg]}{0,5 \cdot 30 \, [Tage] \cdot 1,2 \left[\frac{\text{€}}{kg \cdot Tag}\right]}} = \sqrt{\frac{2.880.000 \, [\text{€} \cdot kg]}{18 \left[\frac{\text{€}}{kg}\right]}}$$

$$= \sqrt{160.000 \, [kg^2]}$$

$$= 400 \, [kg] = 0,4 \, [Tonnen].$$

zu c) Die Gesamtkosten der Fertigungslinie 1 ergeben sich aus den Rüstkosten der zweiten Fertigungsstufe, den variablen Produktionskosten beider Fertigungsstufen und den Lagerkosten für das Zwischen- und das Fertiglager.

$$K_1 = c_{1,2} \cdot \frac{x}{Q_{1,2}^*} + \frac{Q_{1,2}^*}{2} \cdot \left(1 - \frac{z_{1,1}}{z_{1,2}}\right) \cdot T \cdot (l_1 + l_2) + (k_{1,1} + k_{1,2}) \cdot x.$$

Durch Einsetzen der bekannten Daten ergibt sich:

$$K_1 = 40 \, [\text{€}] \cdot \frac{5.000 \left[\frac{Tuben}{Tag}\right] \cdot 30 \, [Tage]}{2.000 \, [Tuben]}$$

$$+ \frac{2.000 \, [Tuben]}{2} \cdot \left(1 - \frac{500 \left[\frac{kg}{Tag}\right] \cdot 10 \left[\frac{Tuben}{kg}\right]}{25.000 \left[\frac{Tuben}{Tag}\right]}\right) \cdot 30 \, [Tage]$$

$$\cdot \left(1,2 \left[\frac{\text{€}}{kg \cdot Tag}\right] \cdot 0,1 \left[\frac{kg}{Tube}\right] + 0,005 \left[\frac{\text{€}}{Tube \cdot Tag}\right]\right)$$

$$+ \left(0,08 \left[\frac{\text{€}}{kg}\right] \cdot 0,1 \left[\frac{kg}{Tube}\right] + 0,01 \left[\frac{\text{€}}{Tube}\right]\right) \cdot 5.000 \left[\frac{Tuben}{Tag}\right]$$

$$\cdot 30 \, [Tage]$$

$$= 3.000 \, [\text{€}] + 3.000 \, [\text{€}] + 2.700 \, [\text{€}] = 8.700 \, [\text{€}].$$

Die Gesamtkosten der Fertigungslinie 2 umfassen dagegen nur die Rüstkosten der ersten Fertigungsstufe, die variablen Produktionskosten beider Fertigungsstufen sowie die Lagerkosten für das Zwischenlager.

Analog folgt aber:

$$K_2 = c_{2,1} \cdot \frac{x}{Q_{2,1}^*} + \frac{Q_{2,1}^*}{2} \cdot \left(1 - \frac{z_{2,2}}{z_{2,1}}\right) \cdot T \cdot l_1 + \left(k_{2,1} + k_{2,2}\right) \cdot x.$$

Eingesetzt erhalten wir:

$$K_2 = 96\,[€] \cdot \frac{5.000\left[\frac{Tuben}{Tag}\right] \cdot 30\,[Tage] \cdot 0{,}1\left[\frac{kg}{Tube}\right]}{400\,[kg]}$$

$$+ \frac{400\,[kg]}{2} \cdot \left(1 - \frac{5.000\left[\frac{Tuben}{Tag}\right] \cdot 0{,}1\left[\frac{kg}{Tube}\right]}{1.000\left[\frac{kg}{Tag}\right]}\right) \cdot 30\,[Tage]$$

$$\cdot 1{,}2\left[\frac{€}{kg \cdot Tag}\right] + \left(0{,}1\left[\frac{€}{kg}\right] \cdot 0{,}00007\left[\frac{€}{Tube}\right] \cdot 10\left[\frac{Tuben}{kg}\right]\right)$$

$$\cdot 5.000\left[\frac{Tuben}{Tag}\right] \cdot 30\,[Tage] \cdot 0{,}1\left[\frac{kg}{Tube}\right]$$

$$= 3.600\,[€] + 3.600\,[€] + 1.510{,}5\,[€] = 8.710{,}5\,[€].$$

Unter der Maxime der Kostenminimierung sollte das Unternehmen auf der Fertigungslinie 1 fertigen, da die Berechnungen $K_1 < K_2$ ergeben haben.

Aufgabe 6.8 Losgrößenplanung zur Abstimmung zwischen mehreren Leistungsstufen II

Der Fabrikant Klaus Klebrig produziert in einem zweistufigen Produktionsprozess Klebstoff. Auf der ersten Fertigungsstufe werden die Rohstoffe zum Klebstoff vermischt. Die einzige Mischmaschine hat dabei eine Tageskapazität von 5 Tonnen (mit $t = Tonnen$). Auf der zweiten Fertigungsstufe wird der Klebstoff in Tuben á 100 g abgefüllt. Hierzu können zwei Abfüllmaschinen 1 und 2 eingesetzt werden, deren Tageskapazitäten durch die Abfüllung von maximal 50.000 (Maschine 1) respektive 250.000 (Maschine 2) Tuben gegeben sind. Der Fabrikant Klebrig kann täglich 50.000 Tuben à 100 g absetzen.

Dabei seien die Symbole wie folgt beschrieben:

T — die Länge des Planungszeitraums in $[Tagen]$;

x — der Gesamtbedarf der Güterart im Planungszeitraum T in $[Tuben]$, wobei sich die Nachfrage nach dem Endprodukt mit einer konstanten Absatzgeschwindigkeit gleichmäßig über die Periode verteilen möge;

$z_a = x/T$ — die Absatzgeschwindigkeit des Endproduktes in $[Tuben/Tag]$, auch Absatzrate genannt. Sie entspricht der Lagerabgangsrate auf dem Fertiglager;

$z_{2,1}$ bzw. $z_{2,2}$ — die Produktionsgeschwindigkeiten der Abfüllmaschinen auf der zweiten Fertigungsstufe in $[Tuben/Tag]$, auf der das Endprodukt aus dem Zwischenerzeugnis der ersten Stufe hergestellt wird. Die Produktionsgeschwindigkeiten der zweiten Stufe stimmen mit den Zugangsraten des Fertiglagers und mit den Abgangsraten des Zwischenlagers zwischen der ersten und der zweiten Fertigungsstufe überein. Die Kehrwerte $1/z_{2,1}$ bzw. $1/z_{2,2}$ geben die Bearbeitungszeiten pro Einheit des Endproduktes an;

z_1 — die Produktionsgeschwindigkeit der ersten Stufe, die mit der Zugangsrate des Zwischenlagers identisch ist. Aus dem Kehrwert $1/z_1$ erhält man entsprechend die Bearbeitungszeit pro Stück des Zwischenerzeugnisses auf der ersten Produktionsstufe;

Q_1 und	die Fertigungslosgrößen in [*Tuben*] des Zwischen- bzw.

Q_1 und
$Q_{2,1}$ bzw. $Q_{2,2}$ — die Fertigungslosgrößen in [*Tuben*] des Zwischen- bzw. Endproduktes, die ohne Unterbrechung auf der ersten bzw. zweiten Stufe hergestellt werden. Durch sie wird die erforderliche Gesamtbedarfsmenge x des Endproduktes portionsweise in Zyklen erzeugt;

k_1 — die variablen Produktionskosten pro Stück des Zwischenerzeugnisses in [€/*Tube*];

$k_{2,1}$ bzw. $k_{2,2}$ — die variablen Produktionskosten pro Stück des Enderzeugnisses auf den Abfüllmaschinen der Fertigungslinie 1 bzw. der Fertigungslinie 2 in [€/*Tube*];

c_1 bzw. c_2 — die von der Auflage – nicht von der Größe – der Lose abhängigen Rüstkosten der ersten bzw. zweiten Produktionsstufe in [€], wobei für beide Abfüllmaschinen dieselben Rüstkosten gelten mögen;

l_1 bzw. l_2 — die Lagerkostensätze (gemessen in Prozent der variablen Produk tionskosten der pro Zeiteinheit gelagerten Güter) für das Zwischen- bzw. Fertiglager.

Der Planungszeitraum des Unternehmens beträgt:

$$T = 30 \, [Tage].$$

Auf den beiden Fertigungslinien gelten folgende Kostensätze.

Die variablen Produktionskosten der Mischmaschine auf der Fertigungsstufe 1 betragen:

$$k_1 = 100 \, \left[\frac{€}{t}\right].$$

Die Rüstkosten der zweiten Fertigungsstufe sind für beide Abfüllmaschinen gleich und betragen:

$$c_2 = 1.000 \, [€].$$

Die Lagerkostensätze des Klebstoffs betragen in Prozent der gelagerten Werte (variable Produktionskosten) pro Tag:

$$l_1 = l_2 = 1 \, \left[\frac{\%}{Tag}\right].$$

Die variablen Produktionskosten der Abfüllmaschine der Fertigungslinie 1 betragen:

$$k_{2,1} = 0,1 \left[\frac{€}{Tube}\right].$$

Die variablen Produktionskosten der Abfüllmaschine der Fertigungslinie 2 betragen:

$$k_{2,2} = 0,04 \left[\frac{€}{Tube}\right].$$

Welche Verfahrenskombination schlagen Sie dem Fabrikanten Klebrig unter dem Aspekt der Kostenminimierung vor? Geben Sie die Kostenersparnis gegenüber der zweitbesten Kombination an!

Lösung zu Aufgabe 6.8

Da die Tageskapazität der Mischmaschine 5 Tonnen beträgt, entspricht diese der Menge des Tagesabsatzes:

$$z_1 = \frac{5 \left[\frac{t}{Tag}\right] \cdot 1.000 \left[\frac{kg}{t}\right] \cdot 1.000 \left[\frac{g}{kg}\right]}{100 \left[\frac{g}{Tube}\right]} = 50.000 \left[\frac{Tuben}{Tag}\right] = z_a.$$

Bei Verwendung der ersten Abfüllmaschine lassen sich täglich 5 Tonnen Klebstoff in 50.000 Tuben á 100 g abfüllen und absetzen. Es gilt somit zudem:

$$z_1 = z_{2,1} = z_a = 50.000 \left[\frac{Tuben}{Tag}\right].$$

Bei Einsatz der Fertigungslinie 1 entstehen somit weder ein Zwischen-(Zerreißlager) noch ein Fertiglager (Kumulationslager), da die Produktionsgeschwindigkeit der ersten Stufe mit der Produktionsgeschwindigkeit der zweiten und der Absatzgeschwindigkeit übereinstimmt.

Die Gesamtkosten der Fertigungslinie 1 ergeben sich aus den Rüstkosten der zweiten Fertigungsstufe und den variablen Produktionskosten beider Fertigungsstufen. Die in der Planungsperiode anfallenden Gesamtkosten betragen:

$$K_1 = T \cdot \left(k_1 + k_{2,1}\right) \cdot x + c_2.$$

Durch Einsetzen der bekannten Daten ergibt sich:

$$K_1 = 30[Tage] \cdot 5 \left[\frac{t}{Tag}\right] \cdot 100 \left[\frac{€}{t}\right]$$

$$+ 30[Tage] \cdot 50.000 \left[\frac{Tuben}{Tag}\right] \cdot 0,1 \left[\frac{€}{Tube}\right] + 1.000 \, [€]$$

$$= 15.000 \, [€] + 150.000 \, [€] + 1.000 \, [€]$$

$$= 166.000 \, [€].$$

Um unterschiedliche Produktionszeiten auf den Fertigungsstufen auszugleichen beziehungsweise diese im Rahmen eines kontinuierlichen Erzeugungsprozesses aufeinander abzustimmen, sind zwischen den einzelnen Produktionsstufen Läger erforderlich, auf denen die Zwischenerzeugnisse bis zur Weiterverarbeitung verweilen. Kumulationsläger als Zwischenläger liegen vor, wenn die Bearbeitung eines Produktes auf der vorgelagerten Stufe schneller erfolgt als auf der nachgelagerten Fertigungsstufe, mithin ist die Lagerzugangsrate größer als die Lagerabgangsrate. Demgegenüber liegen Zerreißläger als Zwischenläger vor, wenn die nachfolgende Stufe schneller produziert als die vorherige. Ein positiver Lageranfangsbestand ist notwendig, da die Lagerabgangsrate größer als die Lagerzugangsrate ist.

Auf der ersten Fertigungsstufe der Fertigungslinie 2 können täglich 5 Tonnen des Klebstoffs gemischt werden. Da sich auf der zweiten Stufe der Fertigungslinie 250.000 Tuben abfüllen lassen, produziert diese schneller als die erste Fertigungsstufe.

$$z_1 = \frac{5 \left[\frac{t}{Tag}\right] \cdot 1.000 \left[\frac{kg}{t}\right] \cdot 1.000 \left[\frac{g}{kg}\right]}{100 \left[\frac{g}{Tube}\right]} = 50.000 \left[\frac{Tuben}{Tag}\right].$$

Täglich lässt sich somit der Inhalt von 50.000 Tuben mischen. Die Tageskapazität (Produktionsgeschwindigkeit) der Abfüllmaschine von Fertigungslinie 2 beträgt jedoch 250.000 Tuben:

$$z_{2,2} = 250.000 \left[\frac{Tuben}{Tag}\right].$$

Dadurch ergibt sich die nachfolgende Bedingung:

$$z_{2,2} > z_1 = z_a = 50.000 \left[\frac{Tuben}{Tag}\right].$$

Die zweite Fertigungsstufe verfügt über eine höhere Produktions-geschwindigkeit, die zudem über der Absatzgeschwindigkeit von 5.000 Tuben liegt. Bei Einsatz der Fertigungslinie 2 entstehen somit sowohl ein Zwischen-(Zerreißlager) als auch ein Fertiglager (Kumulationslager), da die Produktions-geschwindigkeit der ersten Stufe mit der Absatzgeschwindigkeit übereinstimmt und die Produktionsgeschwindigkeit der zweiten Stufe größer als die Absatzgeschwindigkeit ist.

Die Produktionsgeschwindigkeit der ersten Stufe von Fertigungslinie 2 entspricht der Absatzgeschwindigkeit. Auf Fertigungsstufe 1 wird somit durch-gängig produziert. Die optimale Losgröße ist für die Abfüllmaschine der zweiten Fertigungsstufe zu berechnen, da deren Produktionsgeschwindigkeit größer ist. In dieser Aufgabe wurden die Lagerkostensätze als prozentuale Anteile der variablen Produktionskosten ausgedrückt, folglich erscheinen auch k_1 und $k_{2,2}$ in der Formel zur Berechnung der optimalen Losgröße. Die variablen Produktionskosten für die Mischmaschine der Fertigungsstufe 1 wurde in € pro Tonne angegeben, so dass diese in Tuben umzurechnen sind, da die Losgröße der zweiten Fertigungsstufe in Tuben angegeben wird. Hierzu lassen sich die Größen z_1 und k_1 in die geeigneten Größen umrechnen sowie der Gesamtbedarf x berechnen:

$$z_1 = 50.000 \left[\frac{Tuben}{Tag}\right],$$

$$k_1 = 100 \left[\frac{€}{t}\right] = \frac{100 \left[\frac{€}{t}\right] \cdot 100 \left[\frac{g}{Tube}\right]}{1.000 \left[\frac{kg}{t}\right] \cdot 1.000 \left[\frac{g}{kg}\right]} = 0,01 \left[\frac{€}{Tube}\right].$$

Um die Herstellung des Gesamtbedarfs x zu bestimmen, wird die Absatzrate z_a mit der Länge des Planungszeitraums T multipliziert:

$$x = z_a \cdot T = 50.000 \left[\frac{Tuben}{Tag}\right] \cdot 30 \, [Tage] = 1.500.000 \, [Tuben].$$

Die Losgröße der Abfüllmaschine auf der zweiten Fertigungsstufe der Fertigungslinie 2 berechnet sich folgendermaßen:

$$Q_{2,2}^* = \sqrt{\frac{2 \cdot c_2 \cdot x}{\left(1 - \frac{z_1}{z_{2,2}}\right) \cdot T \cdot \left(l_1 \cdot k_1 + l_2 \cdot k_{2,2}\right)}}.$$

Durch Einsetzen der bekannten Daten ergibt sich:

$$Q_{2,2}^* = \sqrt{\frac{2 \cdot 1.000[\text{€}] \cdot 1.500.000[Tuben]}{\left(1 - \frac{50.000\left[\frac{Tuben}{Tag}\right]}{250.000\left[\frac{Tuben}{Tag}\right]}\right) \cdot 30[Tage] \cdot \left(\begin{array}{c} 0,01\left[\frac{1}{Tag}\right] \cdot 0,01\left[\frac{\text{€}}{Tube}\right] \\ +0,01\left[\frac{1}{Tag}\right] \cdot 0,04\left[\frac{\text{€}}{Tube}\right] \end{array}\right)}}$$

$$= \sqrt{\frac{3.000.000.000\,[\text{€} \cdot Tuben]}{0,8 \cdot 30\,[Tage] \cdot 0,0005\left[\frac{\text{€}}{Tube \cdot Tag}\right]}} = \sqrt{\frac{3.000.000.000\,[\text{€} \cdot Tuben]}{0,012\left[\frac{\text{€}}{Tube}\right]}}$$

$$= \sqrt{250.000.000.000\,[Tuben^2]} = 500.000\,[Tuben].$$

Die Gesamtkosten der Fertigungslinie 2 ergeben sich aus den Rüstkosten der zweiten Fertigungsstufe, den variablen Produktionskosten beider Fertigungsstufen und den Lagerkosten für das Zwischen- und das Fertiglager:

$$K_2 = c_2 \cdot \frac{x}{Q_{2,2}^*} + \frac{Q_{2,2}^*}{2} \cdot \left(1 - \frac{z_1}{z_{2,2}}\right) \cdot T \cdot (l_1 \cdot k_1 + l_2 \cdot k_{2,2}) + (k_1 + k_{2,2}) \cdot x.$$

Erneut werden die bekannten Daten eingesetzt, so dass sich hierdurch das nachfolgende Ergebnis berechnen lässt:

$$K_2 = 1.000[\text{€}] \cdot \frac{1.500.000[Tuben]}{500.000[Tuben]} + \frac{500.000[Tuben]}{2}$$

$$\cdot \left(1 - \frac{50.000\left[\frac{Tuben}{Tag}\right]}{250.000\left[\frac{Tuben}{Tag}\right]}\right) \cdot 30[Tage]$$

$$\cdot \left(0,01\left[\frac{1}{Tag}\right] \cdot 0,01\left[\frac{\text{€}}{Tube}\right] + 0,01\left[\frac{1}{Tag}\right] \cdot 0,04\left[\frac{\text{€}}{Tube}\right]\right)$$

$$+ \left(0,01\left[\frac{\text{€}}{Tube}\right] + 0,04\left[\frac{\text{€}}{Tube}\right]\right) \cdot 1.500.000\,[Tuben]$$

$$= 3.000\,[\text{€}] + 3.000\,[\text{€}] + 75.000\,[\text{€}] = 81.000\,[\text{€}].$$

$$\Delta K = K_1 - K_2 = 166.000\,[\text{€}] - 81.000\,[\text{€}] = 85.000\,[\text{€}].$$

Unter dem Ziel der Kostenminimierung sollte das Unternehmen auf der Fertigungslinie 2 fertigen, da die Berechnungen $K_1 > K_2$ ergeben haben. Der Fabrikant sollte die zweite Abfüllmaschine mit der höheren Produktionsgeschwindigkeit einsetzen. Obwohl Lager- und Rüstkosten entstehen, lassen sich hierdurch monatlich 85.000 € einsparen.

Aufgabe 6.9 Losgrößenplanung zur Abstimmung zwischen mehreren Leistungsstufen III

Ein Unternehmen produziert in einem zweistufigen Produktionsprozess Zahnpasta, von der täglich 50.000 Tuben à 100 g abgesetzt werden können. Auf der ersten Fertigungsstufe werden die Grundbestandteile zur Zahnpasta vermischt. Auf der zweiten Produktionsstufe wird die Zahnpasta in Tuben à 100 g abgefüllt.

Es existieren zwei Fertigungslinien, die sich zur Herstellung der Zahnpastatuben eignen. Die im Rahmen der ersten Fertigungslinie zur Verfügung stehende Mischmaschine hat eine Tageskapazität von 5 Tonnen (mit $t = Tonnen$). Die Abfüllmaschine dieser Linie hat eine Tageskapazität von 250.000 Tuben. Die Mischmaschine der zweiten Fertigungslinie hat eine Tageskapazität von 10 Tonnen, die Tageskapazität der Abfüllmaschine beträgt 50.000 Tuben.

Auf den beiden Fertigungslinien gelten folgende Kostensätze.

- Fertigungslinie 1

Die variablen Produktionskosten der Mischmaschine betragen:

$$k_{1,1} = 90 \left[\frac{€}{t}\right].$$

Die variablen Produktionskosten der Abfüllmaschine betragen:

$$k_{1,2} = 0,10 \left[\frac{€}{Tube}\right].$$

Die Rüstkosten der Mischmaschine betragen:

$$c_{1,1} = 100 \, [€].$$

Die Rüstkosten der Abfüllmaschine betragen:

$$c_{1,2} = 22 \, [€].$$

- Fertigungslinie 2

Die variablen Produktionskosten der Mischmaschine betragen:

$$k_{2,1} = 100 \left[\frac{€}{t}\right].$$

Die variablen Produktionskosten der Abfüllmaschine betragen:

$$k_{2,2} = 0,09 \left[\frac{€}{Tube}\right].$$

Die Rüstkosten der Mischmaschine betragen:

$c_{2,1} = 125$ [€].

Die Rüstkosten der Abfüllmaschine betragen:

$c_{2,2} = 10$ [€].

Der Planungszeitraum des Unternehmens beträgt:

$T = 30$ [$Tage$].

Der Lagerkostensatz auf dem Zwischenlager nach der ersten Produktionsstufe beträgt pro Tag für eine Tonne Zahnpasta:

$$l_1 = 1,00 \left[\frac{€}{t \cdot Tag} \right].$$

Der Lagerkostensatz auf dem Absatzlager beträgt pro Tag für eine Tube Zahnpasta:

$$l_2 = 0,001 \left[\frac{€}{Tube \cdot Tag} \right].$$

Beachten Sie hierbei die Definition der Lagerkostensätze, die unabhängig von den Produktionskosten der jeweiligen Fertigungslinie sind.

a) Welche Lager entstehen bei Einsatz der beiden Fertigungslinien?

b) Berechnen Sie für jede Fertigungslinie die entstehenden Losgrößen auf der Mischmaschine (in Tonnen) und auf der Abfüllmaschine (in Tuben)!

c) Welche Fertigungslinie schlagen Sie dem Unternehmen unter dem Aspekt der Kostenminimierung zur Produktion der Zahnpastatuben vor?

Lösung zu Aufgabe 6. 9

zu a) Um unterschiedliche Produktionszeiten auf den Fertigungsstufen auszugleichen beziehungsweise diese im Rahmen eines kontinuierlichen Erzeugungsprozesses aufeinander abzustimmen, sind zwischen den einzelnen Produktionsstufen Läger erforderlich, auf denen die Zwischenerzeugnisse bis zur Weiterverarbeitung verweilen. Kumulationsläger als Zwischenläger liegen vor, wenn die Bearbeitung eines Produktes auf der vorgelagerten Stufe schneller erfolgt als auf der nachgelagerten Fertigungsstufe, mithin ist die Lagerzugangsrate größer als die Lagerabgangsrate. Demgegenüber liegen

Zerreißläger als Zwischenläger vor, wenn die nachfolgende Stufe schneller produziert als die vorherige. Ein positiver Lageranfangsbestand ist notwendig, da die Lagerabgangsrate größer als die Lagerzugangsrate ist.

Auf der ersten Stufe der Fertigungslinie 1 können täglich 5 Tonnen Zahnpasta gemischt werden. Da auf der zweiten Stufe der Fertigungslinie in Tuben á 100 g abgefüllt wird, lassen sich die Angaben zum Vergleich umrechnen.

$$z_{1,1} = \frac{5\left[\frac{kg}{Tag}\right] \cdot 1.000.000\left[\frac{g}{kg}\right]}{100\left[\frac{g}{Tube}\right]} = 50.000 \left[\frac{Tuben}{Tag}\right].$$

Täglich lässt sich somit der Inhalt von 50.000 Zahnpastatuben mischen. Demgegenüber lassen sich auf der Abfüllmaschine von Fertigungslinie 1 täglich 250.000 Zahnpastatuben abfüllen.

$$z_{1,2} = 250.000 \left[\frac{Tuben}{Tag}\right],$$

wodurch sich die nachfolgende Bedingung ergibt:

$$z_{1,2} > z_{1,1} = z_a = 50.000 \left[\frac{Tuben}{Tag}\right].$$

Die zweite Fertigungsstufe verfügt über eine höhere Produktions-geschwindigkeit, die zudem über der Absatzgeschwindigkeit von 50.000 Tuben liegt. Bei Einsatz der Fertigungslinie 1 entstehen somit sowohl ein Zwischen-(Zerreißlager) als auch ein Fertiglager (Kumulationslager), da die Produktions-geschwindigkeit der ersten Stufe mit der Absatzgeschwindigkeit übereinstimmt und die Produktionsgeschwindigkeit der zweiten Stufe größer als die Absatz-geschwindigkeit ist.

Die erste Stufe der Fertigungslinie 2 verfügt über eine Tageskapazität von täglich 10 Tonnen, so dass sich der Inhalt von 100.000 Zahnpastatuben pro Tag mischen lässt.

$$z_{2,1} = \frac{10\left[\frac{t}{Tag}\right] \cdot 1.000.000\left[\frac{g}{kg}\right]}{100\left[\frac{g}{Tube}\right]} = 100.000 \left[\frac{Tuben}{Tag}\right].$$

Die Tageskapazität der Abfüllmaschine der zweiten Fertigungslinie beträgt demgegenüber 50.000 Zahnpastatuben, wobei diese Produktionsgeschwindig-keit der Absatzgeschwindigkeit entspricht:

$$z_{2,2} = 50.000 \left[\frac{Tuben}{Tag}\right].$$

Dadurch ergibt sich diesmal die nachfolgende Bedingung:

$$z_{2,1} > z_{2,2} = z_a = 50.000 \left[\frac{Tuben}{Tag}\right].$$

Somit produziert bei der zweiten Fertigungslinie die erste Stufe schneller als die zweite, deren Produktionsgeschwindigkeit der Absatzgeschwindigkeit entspricht. Es entsteht also nur ein Zwischenlager zwischen erster und zweiter Fertigungsstufe (Kumulationslager). Die zweite Maschine produziert durchgehend, mithin entsteht auch kein Fertiglager.

zu b) Die Produktionsgeschwindigkeit der ersten Stufe von Fertigungslinie 1 entspricht der Absatzgeschwindigkeit. Auf Fertigungsstufe 1 wird also durchgängig produziert. Die optimale Losgröße ist für die Abfüllmaschine der zweiten Fertigungsstufe zu berechnen, da deren Produktionsgeschwindigkeit größer ist. In dieser Aufgabe wurden die Lagerkostensätze nicht als prozentuale Anteile der variablen Produktionskosten ausgedrückt, folglich erscheint $k_{1,2}$ nicht in der Formel zur Berechnung der optimalen Losgröße. Der Lagerkostensatz für das entstehende Zwischenlager wurde in € je Tag und Tonne angegeben, so dass dieser in Tuben umzurechnen ist, da die Losgröße der zweiten Fertigungsstufe in Tuben angegeben werden soll. In der Formel für die Bestimmung der optimalen Losgröße ist die Absatzrate mit der Länge des Planungszeitraums zu multiplizieren, um die herzustellende Menge x zu bestimmen. Die Losgröße der Abfüllmaschine auf der zweiten Fertigungsstufe der Fertigungslinie 1 berechnet sich folgendermaßen:

$$Q_{1,2}^* = \sqrt{\frac{2 \cdot c_2 \cdot z_a \cdot T}{\left(1 - \frac{z_{1,1}}{z_{1,2}}\right) \cdot T \cdot (l_1 + l_2)}} = \sqrt{\frac{2 \cdot c_2 \cdot x}{\left(1 - \frac{z_{1,1}}{z_{1,2}}\right) \cdot T \cdot (l_1 + l_2)}}.$$

Durch Einsetzen der bekannten Daten ergibt sich:

$$Q_{1,2}^* =$$

$$\sqrt{\frac{2 \cdot 22 \, [\text{€}] \cdot 50.000 \left[\frac{Tuben}{Tag}\right] \cdot 30 \, [Tage]}{\left(1 - \frac{5 \left[\frac{t}{Tag}\right] \cdot 10.000 \left[\frac{Tuben}{t}\right]}{250.000 \left[\frac{Tuben}{Tag}\right]}\right) \cdot 30 \, [Tage] \cdot \left(\begin{array}{c} 1 \left[\frac{\text{€}}{t \cdot Tag}\right] \cdot 0,0001 \left[\frac{t}{Tube}\right] \\ +0,001 \left[\frac{\text{€}}{Tube \cdot Tag}\right] \end{array}\right)}}$$

$$= \sqrt{\frac{66.000.000 \ [\text{€} \cdot Tuben]}{0,8 \cdot 30 \ [Tage] \cdot 0,0011 \left[\frac{\text{€}}{Tube \cdot Tag}\right]}} = \sqrt{\frac{66.000.000 \ [\text{€} \cdot Tuben]}{0,0264 \left[\frac{\text{€}}{Tube}\right]}}$$

$$= \sqrt{2.500.000.000 \ [Tuben^2]} = 50.000 \ [Tuben].$$

Da bei der Fertigungslinie 2 die Produktionsgeschwindigkeit der zweiten Fertigungsstufe der Absatzgeschwindigkeit entspricht, produziert diese fortlaufend. Für die Fertigungslinie 2 ist die Losgröße der Mischmaschine auf der ersten Fertigungsstufe zu berechnen:

$$Q_{2,1}^* = \sqrt{\frac{2 \cdot c_1 \cdot z_a \cdot T}{\left(1 - \frac{z_{2,2}}{z_{2,1}}\right) \cdot T \cdot l_1}} = \sqrt{\frac{2 \cdot c_1 \cdot x}{\left(1 - \frac{z_{2,2}}{z_{2,1}}\right) \cdot T \cdot l_1}}$$

Durch Einsetzen der bekannten Daten ergibt sich nun:

$$Q_{2,1}^* = \sqrt{\frac{2 \cdot 125 \ [\text{€}] \cdot 50.000 \left[\frac{Tuben}{Tag}\right] \cdot 30 \ [Tage] \cdot 0,0001 \left[\frac{t}{Tube}\right]}{\left(1 - \frac{50.000 \left[\frac{Tuben}{Tag}\right]}{10 \left[\frac{t}{Tag}\right] \cdot 10.000 \left[\frac{Tuben}{t}\right]}\right) \cdot 30 \ [Tage] \cdot 1 \left[\frac{\text{€}}{t \cdot Tag}\right]}}$$

$$= \sqrt{\frac{37.500 \ [\text{€} \cdot t]}{0,5 \cdot 30 \ [Tage] \cdot 1 \left[\frac{\text{€}}{t \cdot Tag}\right]}} = \sqrt{\frac{37.500 \ [\text{€} \cdot t]}{15 \left[\frac{\text{€}}{t}\right]}} = \sqrt{2.500 \ [t^2]}$$

$$= 50 \ [t].$$

zu c) Die Gesamtkosten der Fertigungslinie 1 ergeben sich aus den Rüstkosten der zweiten Fertigungsstufe, den variablen Produktionskosten beider Fertigungsstufen und den Lagerkosten für das Zwischen- und das Fertiglager:

$$K_1 = c_{1,2} \cdot \frac{x}{Q_{1,2}^*} + \frac{Q_{1,2}^*}{2} \cdot \left(1 - \frac{z_{1,1}}{z_{1,2}}\right) \cdot T \cdot (l_1 + l_2) + (k_{1,1} + k_{1,2}) \cdot x.$$

Erneut werden die bekannten Daten eingesetzt, so dass sich hierdurch das folgende Ergebnis berechnen lässt:

$$K_1 = 22\,[\text{€}] \cdot \frac{50.000\left[\frac{Tuben}{Tag}\right] \cdot 30\,[Tage]}{50.000\,[Tuben]}$$

$$+ \frac{50.000[Tuben]}{2} \cdot \left(1 - \frac{5\left[\frac{t}{Tag}\right] \cdot 10.000\left[\frac{Tuben}{t}\right]}{250.000\left[\frac{Tuben}{Tag}\right]}\right) \cdot 30\,[Tage]$$

$$\cdot \left(1\left[\frac{\text{€}}{t \cdot Tag}\right] \cdot 0,0001\left[\frac{t}{Tube}\right] + 0,001\left[\frac{\text{€}}{Tube \cdot Tag}\right]\right)$$

$$+ \left(90\left[\frac{\text{€}}{t}\right] \cdot 0,0001\left[\frac{t}{Tube}\right] + 0,10\left[\frac{\text{€}}{Tube}\right]\right) \cdot 50.000\left[\frac{Tuben}{Tag}\right]$$

$$\cdot 30[Tage]$$

$$= 660\,[\text{€}] + 660\,[\text{€}] + 163.500\,[\text{€}] = 164.820\,[\text{€}].$$

Die Gesamtkosten der Fertigungslinie 2 umfassen dagegen nur die Rüstkosten der ersten Fertigungsstufe, die variablen Produktionskosten beider Fertigungsstufen sowie die Lagerkosten für das Zwischenlager.

$$K_2 = c_{2,1} \cdot \frac{x}{Q_{2,1}^*} + \frac{Q_{2,1}^*}{2} \cdot \left(1 - \frac{z_{2,2}}{z_{2,1}}\right) \cdot T \cdot l_1 + \left(k_{2,1} + k_{2,2}\right) \cdot x.$$

Abermals werden die bekannten Daten eingesetzt, so dass sich hierdurch diesmal das folgende Ergebnis berechnen lässt:

$$K_2 = 125\,[\text{€}] \cdot \frac{50.000\left[\frac{Tuben}{Tag}\right] \cdot 30\,[Tage] \cdot 0,0001\left[\frac{t}{Tube}\right]}{50\,[t]}$$

$$+ \frac{50\,[t]}{2} \cdot \left(1 - \frac{50.000\left[\frac{Tuben}{Tag}\right] \cdot 0,0001\left[\frac{t}{Tube}\right]}{10\left[\frac{t}{Tag}\right]}\right) \cdot 30\,[Tage]$$

$$\cdot 1\left[\frac{\text{€}}{t \cdot Tag}\right] + \left(100\left[\frac{\text{€}}{t}\right] \cdot 0,09\left[\frac{\text{€}}{Tube}\right] \cdot 10.000\left[\frac{Tuben}{t}\right]\right)$$

$$\cdot 50.000\left[\frac{Tuben}{Tag}\right] \cdot 30\,[Tage] \cdot 0,0001\left[\frac{t}{Tube}\right]$$

$$= 375\,[\text{€}] + 375\,[\text{€}] + 150.000\,[\text{€}]$$

$$= 150.750\,[\text{€}].$$

Unter der Maxime der Kostenminimierung sollte das Unternehmen auf der Fertigungslinie 2 fertigen, da die Berechnungen $K_1 > K_2$ ergeben haben.

Aufgabe 6.10 Losgrößenplanung zur Abstimmung zwischen mehreren Leistungsstufen IV

Für die Fertigung eines Gutes in einem zweistufigen Produktionsprozess mögen die Symbole wie folgt beschrieben sein:

T die Länge des Planungszeitraums in $[Tagen]$;

x der Gesamtbedarf der Güterart im Planungszeitraum T in $[Stück]$, wobei sich die Nachfrage nach dem Endprodukt mit einer konstanten Absatzgeschwindigkeit gleichmäßig über die Periode verteilen möge;

$z_a = x/T$ die Absatzgeschwindigkeit des Endproduktes in $[Stück/Tag]$, auch Absatzrate genannt. Sie entspricht der Lagerabgangsrate auf dem Fertiglager;

z_2 die Produktionsgeschwindigkeit der zweiten Fertigungsstufe in $[Stück/Tag]$, auf der das Endprodukt aus dem Zwischenerzeugnis der ersten Stufe hergestellt wird. Die Produktionsgeschwindigkeit der zweiten Stufe stimmt mit der Zugangsrate des Fertiglagers und mit der Absatzrate des Zwischenlagers zwischen der ersten und der zweiten Fertigungsstufe überein. Der Kehrwert $1/z_2$ gibt die Bearbeitungszeit pro Einheit des Endproduktes an;

z_1 die Produktionsgeschwindigkeit der ersten Stufe, die mit der Zugangsrate des Zwischenlagers identisch ist. Aus dem Kehrwert $1/z_1$ erhält man entsprechend die Bearbeitungszeit pro Stück des Zwischenerzeugnisses auf der ersten Produktionsstufe;

Q_1 bzw. Q_2 die Fertigungslosgrößen in $[Stück]$ des Zwischen- bzw. Endproduktes, die ohne Unterbrechung auf der ersten bzw. zweiten Stufe hergestellt werden. Durch sie wird die erforderliche Gesamtbedarfsmenge x des Endproduktes portionsweise in Zyklen erzeugt;

k_1 bzw. k_2 die variablen Produktionskosten pro Stück des Zwischen- bzw. Enderzeugnisses in $[GE/Stück]$;

c_1 bzw. c_2 die von der Auflage - nicht von der Größe - der Lose Q_1 bzw. Q_2 abhängigen Rüstkosten der ersten bzw. zweiten Produktionsstufe in $[GE]$;

l_1 bzw. l_2 die Lagerkostensätze (gemessen in Prozent der variablen Produktionskosten der pro Zeiteinheit gelagerten Güter) für das Zwischen- bzw. Fertiglager.

Im Einzelnen gehen wir von den folgenden Zahlenwerten aus:

$T \quad = 360 \; [Tage]$,

$x \quad = 3600 \; [Stück]$,

$k_1 \quad = 20 \; [GE/Stück]$,

$k_2 \quad = 10 \; [GE/Stück]$,

$c_1 \quad = 100 \; [GE]$,

$c_2 \quad = 100 \; [GE]$,

$l_1 \quad = 0{,}5 \; \left[\dfrac{\%}{Tag}\right]$,

$l_2 \quad = 3 \; \left[\dfrac{\%}{Tag}\right]$,

$z_a \quad = \dfrac{x}{T} = 10 \; [Stück/Tag]$.

Im ersten Fall sei die Absatzrate z_a gleich der Produktionsgeschwindigkeit der zweiten Fertigungsstufe z_2, mithin ist $z_a = z_2$, und die Produktionsgeschwindigkeit der ersten Stufe z_1 beträgt in diesem Fall 20 Stück pro Tag. Demgegenüber entspricht die Absatzrate im zweiten Fall der Produktionsgeschwindigkeit der ersten Stufe, somit ist $z_a = z_1$, wobei nun die Produktionsgeschwindigkeit der zweiten Fertigungsstufe z_2 bei 20 Stück pro Tag liegen soll.

a) Berechnen Sie für beide Fälle

- die optimalen Losgrößen Q_1^* bzw. Q_2^*,

- die Auflagehäufigkeit h_1^* bzw. h_2^* der Lose,

- die Produktionszeiten t_{1P}^* bzw. t_{2P}^* der Lose auf den jeweiligen Fertigungsstufen,

- die maximalen Lagerbestände b_1^* und b_2^* des Zwischen- und Fertiglagers,

- die Zeiten $\hat{t}_{1P}^*$ bzw. $\hat{t}_{2P}^*$, in denen die jeweiligen Produktionsstufen für die Fertigung anderer Güter genutzt werden können,

– die mit der Herstellung von x im Zeitraum T verbundenen Gesamtkosten K_{G1}^* bzw. K_{G2}^*.

b) Zeichnen Sie für den zweiten Fall die Bestandsbewegungen auf dem Zwischen- und Fertiglager für drei Zyklen in ein Schaubild ein.

Lösung zu Aufgabe 6. 10

zu a) Die nachfolgende Abbildung 6.10.1 stellt den zweistufigen Produktionsprozess mit der Zuordnung der eingeführten Symbole allgemein für die Periode T schematisch dar.

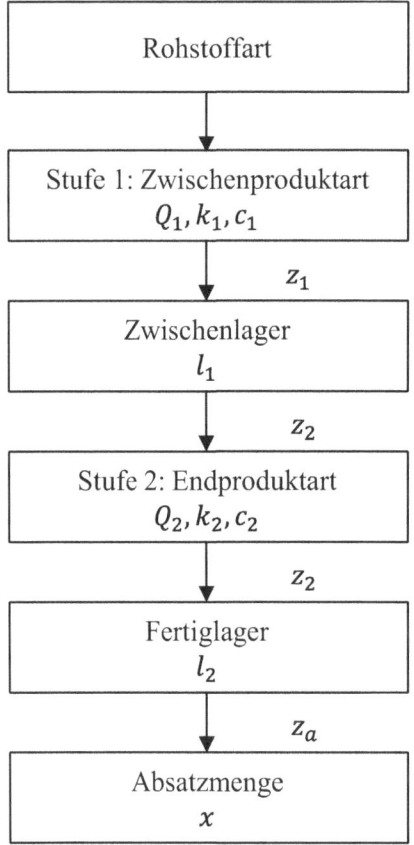

Abb. 6.10.1:   Zweistufiger Produktionsprozess mit Zwischen- und Fertiglager

Für den ersten Fall mit $20 = z_1 > z_2$ und $z_2 = z_a = 10$ ergibt sich folgende Konstellation. Es sei davon ausgegangen, dass die erste Produktionsstufe schneller als die zweite produziert und die Produktionsgeschwindigkeit auf der zweiten Stufe mit der Absatzgeschwindigkeit der Endproduktart übereinstimmt. Wegen $z_2 = z_a$ entsteht kein Fertiglager, so dass K_{2L} gleich null ist. Auf der zweiten Fertigungsstufe fallen keine Rüstkosten an, da die zweite Stufe aufgrund ihrer zeitlichen Synchronisation mit dem Absatz zur Deckung der Nachfrage kontinuierlich in der Herstellung der Endprodukteinheiten fortfahren muss. Für die zweite Stufe kann folglich keine Losgröße der Endproduktart bestimmt werden bzw. diese entspricht dem Gesamtbedarf,

$$Q_2 = x.$$

Der Lagerkostensatz ist in dieser Aufgabe als prozentualer Anteil der variablen Produktionsstückkosten der jeweiligen Fertigungsstufe ausgedrückt. Den Lagerkostensatz für die Lagerung einer Mengeneinheit pro Tag erhält man durch Multiplikation des hier angegebenen Lagerkostensatzes mit den entsprechenden variablen Produktionsstückkosten. Daher finden sich die variablen Produktionskosten in der Formel zur Berechnung der optimalen Losgröße. Bei Betrieb der Fertigungslinie im ersten Fall produziert die zweite Stufe kontinuierlich, da deren Produktionsgeschwindigkeit und die Absatzgeschwindigkeit übereinstimmen ($z_2 = z_a = 10$). Die optimale Losgröße muss nur für Fertigungsstufe 1 berechnet werden, da die erste Stufe nur zum Teil zur Produktion benutzt wird. Die verfügbare Restkapazität kann für die Verarbeitung weiterer Produkte genutzt werden. Damit ergibt sich die Notwendigkeit zu rüsten. Für diesen Fall mit $20 = z_1 > z_2$ und $z_2 = z_a = 10$ ergibt sich mithin eine optimale Losgröße in Höhe von:

$$Q_1^* = \sqrt{\frac{2 \cdot c_1 \cdot x}{l_1 \cdot k_1 \cdot \left(1 - \frac{z_2}{z_1}\right) \cdot T}}$$

$$= \sqrt{\frac{2 \cdot 100 \cdot 3.600}{0,005 \cdot 20 \cdot \left(1 - \frac{10}{20}\right) \cdot 360}} = \sqrt{40.000}$$

$$= 200 \, [Stück].$$

Auf der ersten Fertigungsstufe im ersten Fall beträgt die optimale Losgröße 200 Stück. Aus dem Gesamtbedarf x und der optimalen Losgröße Q_1^* ergibt sich die optimale Auflagenhäufigkeit des Zwischenerzeugnisses in der Periode T. Diese Losgröße wird in der Planperiode 18-mal aufgelegt, um den Gesamtbedarf x der Periode herstellen zu können:

$$h_1^* = \frac{x}{Q_1^*} = \sqrt{\frac{x \cdot l_1 \cdot k_1 \cdot \left(1 - \frac{z_2}{z_1}\right) \cdot T}{2 \cdot c_1}} = \frac{3.600}{200} = 18.$$

Wird die optimale Losgröße Q_1^* durch die Produktionsgeschwindigkeit z_1 der ersten Fertigungsstufe dividiert, so erhält man die Produktionszeit der ersten Fertigungsstufe, die zur Herstellung des jeweils aufgelegten Loses Q_1^* erforderlich ist.

Die optimale Produktionszeit t_{1P}^* beträgt somit:

$$t_{1P}^* = \frac{Q_1^*}{z_1} = \frac{200}{20} = 10 \, [Tage].$$

Im Zeitraum der optimalen Produktionszeit t_{1P}^* wird das optimale Los Q_1^* entsprechend der Produktionsgeschwindigkeit der ersten Fertigungsstufe mit der Zugangsrate z_1 auf dem Zwischenlager angeliefert und gleichzeitig gemäß der Produktionsgeschwindigkeit der zweiten Fertigungsstufe mit der Abgangsrate z_2 wieder vom Lager genommen. Der Bestand des Zwischenlagers wächst somit während der optimalen Produktionszeit t_{1P}^* mit der Rate $(z_1 - z_2)$ von null auf den maximalen Wert. Der maximale Lagerbestand b_1^* wird wie folgt bestimmt und beträgt:

$$b_1^* = (z_1 - z_2) \cdot \frac{Q_1^*}{z_1} = (20 - 10) \cdot \frac{200}{20} = 100 \, [Stück].$$

Da zudem noch die Zeit $\hat{t}_{1P}^*$ zu berechnen ist, in der die Fertigungsstufe 1 während der Weiterbearbeitung des Loses Q_1^* auf der zweiten Fertigungsstufe für die Produktion anderer Güterarten genutzt werden kann, so muss man den maximalen Zwischenlagerbestand durch die Produktionsgeschwindigkeit z_2 der zweiten Fertigungsstufe dividieren. Man erhält weiterhin:

$$\hat{t}_{1P}^* = \frac{b_1^*}{z_2} = \frac{100}{10} = 10 \, [Tage]$$

bzw.

$$\hat{t}_{1P}^* = \frac{b_1^*}{z_2} = \frac{(z_1 - z_2) \cdot Q_1^*}{z_1 \cdot z_2} = \frac{2.000}{200} = 10 \, [Tage].$$

Die im Planungszeitraum T mit der Herstellung des Gesamtbedarfs x der Güterart anfallenden Produktions- und Lagerkosten K setzen sich aus den Produktionskosten der ersten und zweiten Stufe K_{1P} und K_{2P} und den

Lagerkosten des Zwischen- und Fertiglagers K_{1L} und K_{2L} zusammen, somit setzen sich die Gesamtkosten K_G wie folgt zusammen:

$$K_G = K_{1P} + K_{1L} + K_{2P} + K_{2L}.$$

Diese Kosten sind durch eine optimale Bestimmung der Losgrößen Q_1^* und Q_2^* zu minimieren. Da die erste Fertigungsstufe mit $z_1 > z_2$ schneller als die zweite produziert und die Produktionsgeschwindigkeit der zweiten Fertigungsstufe der Absatzgeschwindigkeit entspricht, entsteht wegen $z_2 = z_a$ kein Fertiglager. K_{2L} ist somit gleich null und $Q_2 = x$. Die Produktionskosten der zweiten Fertigungsstufe in der Periode T bestehen allein aus den variablen Fertigungskosten $K_{2P} = k_2 \cdot x$. Nun ist mit $z_1 > z_2$ die Produktionsgeschwindigkeit auf der ersten Fertigungsstufe größer als die auf der zweiten, so dass sich hieraus für das Zwischenlager eine Zugangsrate mit z_1 ergibt, die höher als die Abgangsrate mit z_2 liegt. Das Zwischenlager wird folglich zum Kumulationslager. Um über den Planungszeitraum T eine stete Zunahme des Bestands auf dem Zwischenlager und den damit verbundenen Lagerkosten zu vermeiden, wird die Produktion der Zwischenerzeugnisart auf der ersten Stufe in Lose Q_1^* aufgeteilt. Die Zwischenlagerkosten K_{1L} im Zeitraum T ausgedrückt in Prozentteilen der variablen Produktionskosten der ersten Stufe setzen sich wie folgt zusammen:

$$K_{1L} = l_1 \cdot k_1 \cdot \frac{Q_1^*}{2} \cdot \left(1 - \frac{z_2}{z_1}\right) \cdot T.$$

Diese steigen mit zunehmender Losgröße Q_1. Wird der Gesamtbedarf x der Periode T durch die optimale Losgröße Q_1^* dividiert, so ergibt sich hieraus mit $h_1^* = x/Q_1^*$ die optimale Auflagehäufigkeit für die Zwischenerzeugnisart auf der ersten Stufe. Entsprechend fallen dort Rüstkosten in Höhe von

$$h_1^* \cdot c_1 = c_1 \cdot \frac{x}{Q_1^*}$$

an. Zu den Rüstkosten werden die variablen Produktionskosten $k_1 \cdot x$ hinzuaddiert, so dass die Produktionskosten der ersten Fertigungsstufe lauten:

$$K_{1P} = c_1 \cdot \frac{x}{Q_1^*} + k_1 \cdot x.$$

Sie nehmen bei gegebenem Gesamtbedarf x mit wachsender Losgröße Q_1 ab. Die mit der Herstellung von x in T entstehenden optimalen Gesamtkosten (Produktions- und Lagerkosten) des zweistufigen Produktionsprozesses für den ersten Fall sind nun wie folgt zu bestimmen:

$$K_{G1}^* = c_1 \cdot \frac{x}{Q_1^*} + k_1 \cdot x + l_1 \cdot k_1 \cdot \frac{Q_1^*}{2} \cdot \left(1 - \frac{z_2}{z_1}\right) \cdot T + k_2 \cdot x$$

$$= 100 \cdot \frac{3.600}{200} + 20 \cdot 3.600 + 0{,}005 \cdot 20 \cdot \frac{200}{2}\left(1 - \frac{10}{20}\right) \cdot 360$$
$$+ 10 \cdot 3.600$$

$$= 111.600 \ [GE].$$

Für den zweiten Fall mit $z_1 < z_2 = 20$ und $z_1 = z_a = 10$ ergibt sich folgende Konstellation. Im zweiten Fall wird angenommen, dass die erste Produktionsstufe langsamer als die zweite produziert und die Produktionsgeschwindigkeit auf der ersten Fertigungsstufe gleich der Absatzgeschwindigkeit der Endproduktart ist. Auf Fertigungsstufe 1 wird also durchgängig produziert. Die optimale Losgröße ist für die zweite Fertigungsstufe zu berechnen, da deren Produktionsgeschwindigkeit größer ist. Da die Lagerkostensätze als prozentuale Anteile der variablen Produktions- kosten ausgedrückt werden, erscheinen folgerichtig auch k_1 und k_2 in der Formel zur Berechnung der optimalen Losgröße.

Für den zweiten Fall mit $z_1 < z_2 = 20$ und $z_1 = z_a = 10$ lässt sich die optimale Losgröße Q_2^* wie folgt bestimmen:

$$Q_2^* = \sqrt{\frac{2 \cdot c_2 \cdot x}{(l_1 \cdot k_1 + l_2 \cdot k_2) \cdot \left(1 - \frac{z_1}{z_2}\right) \cdot T}}$$

$$= \sqrt{\frac{2 \cdot 100 \cdot 3600}{(0{,}005 \cdot 20 + 0{,}03 \cdot 10) \cdot \left(1 - \frac{10}{20}\right) \cdot 360}}$$

$$= 100 \ [Stück].$$

Ein Vergleich mit der optimalen Losgröße Q_1^* im Fall eins zeigt, dass die Losgröße Q_2^* im Fall zwei bei gleichen Rüstkosten auf beiden Produktionsstufen, also wenn $c_1 = c_2$ gelten würde, und einer Vertauschung der Produktionsgeschwindigkeiten z_1 mit z_2 kleiner ausfallen würde, da im zweiten Fall zwei Lager entstehen, deren proportionale Kosten ins Kalkül einzubeziehen sind. Entsprechend lassen sich auch hier die optimale Auflagehäufigkeit h_2^* auf der zweiten Fertigungsstufe für das Los Q_2^* und seine Produktionszeit t_{2P}^* ermitteln.

Auf der zweiten Fertigungsstufe im zweiten Fall beträgt die optimale Losgröße 100 Stück. Aus dem Gesamtbedarf x und der optimalen Losgröße Q_2^* lässt sich die optimale Auflagenhäufigkeit des Enderzeugnisses in der Periode T bestimmen. Diese Losgröße wird in der Planperiode 36-mal aufgelegt, um den Gesamtbedarf x der Periode herstellen zu können:

$$h_2^* = \frac{x}{Q_2^*} = \frac{3.600}{100} = 36.$$

Wird die optimale Losgröße Q_2^* durch die Produktionsgeschwindigkeit z_2 der zweiten Fertigungsstufe dividiert, so lässt sich hierdurch die Produktionszeit der zweiten Fertigungsstufe ermitteln, die zur Herstellung des jeweils aufgelegten Loses Q_2^* erforderlich ist. Die optimale Produktionszeit t_{2P}^* beträgt somit:

$$t_{2P}^* = \frac{Q_2^*}{z_2} = \frac{100}{20} = 5 \, [Tage].$$

Wegen $z_2 > z_a$ entsteht im Anschluss an die zweite Fertigungsstufe ein Fertiglager in der Form eines Kumulationslagers, an das das Los Q_2^* der zweiten Fertigungsstufe in der Produktionszeit t_{2P}^* mit der Rate z_2 angeliefert wird. Der Endproduktabgang vom Fertiglager erfolgt dagegen kontinuierlich mit der Rate der Absatzgeschwindigkeit $z_a = z_1$. Während der Produktionszeit t_{2P}^* wächst das Fertiglager mit der Rate $(z_2 - z_1)$ von null auf den maximalen Lagerbestand:

$$b_2^* = (z_2 - z_1) \cdot t_{2p}^* = (z_2 - z_1) \cdot \frac{Q_2^*}{z_2} = \left(1 - \frac{z_1}{z_2}\right) \cdot Q_2^* = \left(1 - \frac{10}{20}\right) \cdot 100$$
$$= 50 \, [Stück].$$

Um die Zeit $\hat{t}_{2P}^*$ zu berechnen, in der die Fertigungsstufe 2 während der Fertigstellung des Loses Q_2^* auf der ersten Fertigungsstufe für die Produktion anderer Güterarten genutzt werden kann, ist der maximale Fertiglagerbestand durch die Produktionsgeschwindigkeit z_1 der ersten Fertigungsstufe zu dividieren. Man erhält weiterhin:

$$\hat{t}_{2P}^* = \frac{b_2^*}{z_1} = \frac{50}{10} = 5 \, [Tage]$$

bzw.

$$\hat{t}_{2P}^* = \frac{b_2^*}{z_1} = \frac{(z_2 - z_1) \cdot Q_2^*}{z_1 \cdot z_2} = \frac{1.000}{200} = 5 \, [Tage].$$

Die im Planungszeitraum T mit der Herstellung des Gesamtbedarfs x der Güterart anfallenden Gesamtkosten K_G setzen sich wie folgt zusammen:

$$K_G = K_{1P} + K_{1L} + K_{2P} + K_{2L}.$$

Das Fertiglager wächst während der Produktionszeit t_{2P}^* mit der Rate $(z_2 - z_1)$ von null auf den maximalen Lagerbestand und wird anschließend mit der Rate $z_1 = z_a$ wieder auf null abgebaut. Die Fertiglagerkosten der zweiten Fertigungsstufe lassen sich im Planungszeitraum T, ausgedrückt in Prozentteilen der variablen Produktionskosten, daher wie folgt bestimmen:

$$K_{2L} = l_2 \cdot k_2 \cdot \frac{Q_2^*}{2} \cdot \left(1 - \frac{z_1}{z_2}\right) \cdot T.$$

Die Produktionskosten K_{2P} der zweiten Fertigungsstufe setzen sich aus den Rüstkosten und den variablen Produktionskosten zusammen, so dass gilt:

$$K_{2P} = c_2 \cdot \frac{x}{Q_2^*} + k_2 \cdot x.$$

Die erste Fertigungsstufe produziert langsamer als die zweite $(z_1 < z_2)$, daher muss auf dem Zwischenlager ein Anfangsbestand von Zwischenerzeugnissen vorhanden sein, der ausreicht, um in der Produktionszeit t_{2P}^* auf der zweiten Stufe daraus jeweils das Los Q_2^* herstellen zu können. Das Zwischenlager tritt folglich in Form eines Zerreißlagers auf. Der maximale Bestand auf dem Zwischenlager stimmt zudem mit dem maximalen Bestand auf dem Fertiglager (Kumulationslager) überein. Dieses Ergebnis der Übereinstimmung der Bestände der beiden Lager ist nicht weiter verwunderlich, da die Produktion auf der ersten Fertigungsstufe synchron zum Absatz verläuft, mithin $z_1 = z_a$ gilt. Die Produktmengen, die zur Bearbeitung auf der zweiten Fertigungsstufe vom Zwischenlager genommen werden, fließen direkt dem Fertiglager in Form von Endprodukteinheiten zu, da die Lagerabgangsrate des Zwischenlagers z_2 zugleich der Lagerzugangsrate des Fertiglagers entspricht. Die Zwischenlagerkosten der ersten Fertigungsstufe lassen sich nun wie folgt bestimmen:

$$K_{1L} = l_1 \cdot k_1 \cdot \frac{Q_2^*}{2} \cdot \left(1 - \frac{z_1}{z_2}\right) \cdot T.$$

Da $z_1 = z_a$ gilt, produziert die erste Fertigungsstufe kontinuierlich die Zwischenerzeugnisse, und es fallen auch keine Rüstkosten an. Die Produktionskosten K_{1P} der ersten Fertigungsstufe bestehen somit lediglich in den variablen Fertigungskosten:

$$K_{1P} = k_1 \cdot x.$$

Die mit der Herstellung von x in T entstehenden optimalen Gesamtkosten (Produktions- und Lagerkosten) des zweistufigen Produktionsprozesses für den zweiten Fall sind nun wie folgt zu bestimmen:

$$
\begin{aligned}
K_{G2}^* &= c_2 \cdot \frac{x}{Q_2^*} + \frac{Q_2^*}{2} \cdot \left(1 - \frac{z_1}{z_2}\right) \cdot T \cdot (l_1 \cdot k_1 + l_2 \cdot k_2) + (k_1 + k_2) \cdot x \\
&= 100 \cdot \frac{3.600}{100} + \frac{100}{2} \cdot \left(1 - \frac{10}{20}\right) \cdot 360 \cdot (0{,}005 \cdot 20 + 0{,}03 \cdot 10) \\
&\quad + (20 + 10) \cdot 3.600 \\
&= 115.200 \, [GE].
\end{aligned}
$$

zu b) Für den zweiten Fall gilt mit $z_1 < z_2 = 20$ und $z_1 = z_a = 10$ die nachfolgende Konstellation. Es wird angenommen, dass die erste Produktionsstufe langsamer als die zweite produziert. Daneben soll die Produktionsgeschwindigkeit der ersten Fertigungsstufe der Absatzgeschwindigkeit des Endproduktes entsprechen.

Da $z_2 > z_a$ gilt, entsteht im Anschluss an die zweite Fertigungsstufe ein Fertiglager in der Form eines Kumulationslagers, an das das Los Q_2 der zweiten Fertigungsstufe in der Produktionszeit t_{2P}^* mit der Rate z_2 angeliefert wird. Der Abgang des Endproduktes vom Fertiglager erfolgt kontinuierlich mit der Rate der Absatzgeschwindigkeit $z_a = z_1$. Während der Produktionszeit t_{2P}^* wächst das Fertiglager mit der Rate $(z_2 - z_1)$ von null auf den maximalen Lagerbestand. Im Anschluss wird das Lager wieder mit der Rate $z_1 = z_a$ auf null abgebaut (siehe Abbildung 6.10.2).

Da die erste Fertigungsstufe wegen $z_1 < z_2$ langsamer als die zweite produziert, muss auf dem Zwischenlager ein Anfangsbestand von Zwischenerzeugnissen vorhanden sein, der ausreicht, um in der Produktionszeit t_{2P}^* auf der zweiten Fertigungsstufe daraus jeweils das Los Q_2^* produzieren zu können. Das Zwischenlager tritt also in Form eines Zerreißlagers auf. Um unnötig verursachende Kosten des Zwischenlagers zu vermeiden, ist der maximale Anfangsbestand b_1^* in der Form zu wählen, dass er sich während der Produktionszeit t_{2P}^*, in der die Zwischenerzeugnisse mit der Rate z_2 vom Zwischenlager genommen und der Endproduktfertigung der zweiten Fertigungsstufe zugeführt werden, auf null abbaut und danach wieder mit der Zugangsrate z_1 aufbaut (siehe Abbildung 6.10.2).

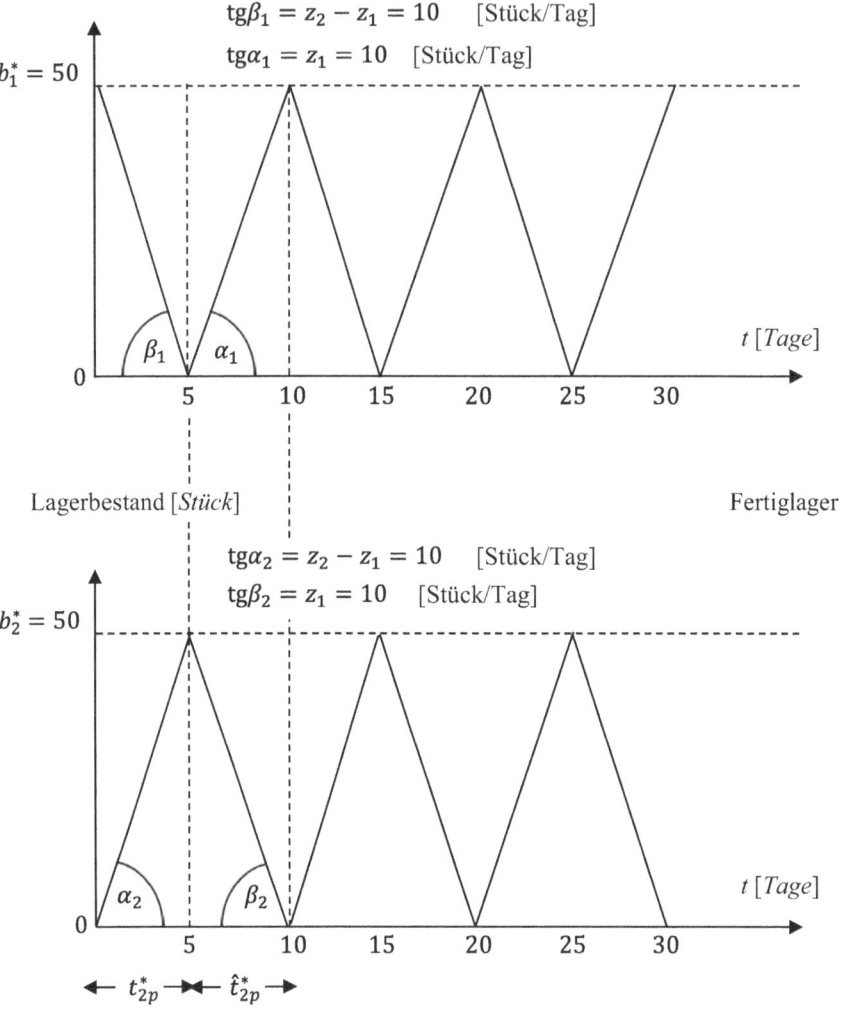

Abb. 6.10.2:   Bestandsbewegungen auf dem Zwischen- und Fertiglager

Das Zwischenlager muss durchgehend mit der Rate z_1 beliefert werden, da die Produktionsgeschwindigkeit der ersten Fertigungsstufe z_1 der Absatzgeschwindigkeit z_a entspricht. Somit muss b_1^* auch die nachfolgende Bedingung erfüllen:

$$b_1^* - (z_2 - z_1) \cdot t_{2P}^* = 0 \qquad \text{bzw.} \qquad b_1^* = (z_2 - z_1) \cdot t_{2P}^*.$$

Der maximale Bestand auf dem Zwischenlager stimmt mit dem maximalen Bestand auf dem Fertiglager (Kumulationslager) überein. Dasselbe gilt wegen der Dreiecksbewegungen zwischen dem Maximalbestand und dem Bestand null folglich auch für die durchschnittlichen Lagerbestände. Dieses Ergebnis der Übereinstimmung der Bestände der beiden Lager ist nicht weiter verwunderlich, da die Produktion auf der ersten Fertigungsstufe synchron zum Absatz verläuft, mithin $z_1 = z_a$ gilt. Die Produktmengen, die zur Bearbeitung auf der zweiten Fertigungsstufe vom Zwischenlager entnommen werden, fließen direkt dem Fertiglager in Form von Endprodukteinheiten zu, da die Lagerabgangsrate des Zwischenlagers z_2 zugleich der Lagerzugangsrate des Fertiglagers entspricht.

Aufgabe 6.11 Losgrößenplanung – Konsequenzen des JIT für den Zulieferer I

Ein Zulieferer muss am Ende des 15., 30., 45. und 60. Tages seiner Planungsperiode jeweils 350 Sportsitze einer bestimmten Spezifikation an einen Automobilhersteller liefern. Die Planungsperiode umfasst einen Zeitraum T von 60 Tagen. Der Zulieferer kann auf einer Maschine täglich 25 Sportsitze dieser Art herstellen, wobei auflagefixe Kosten in Höhe von 50 Geldeinheiten anfallen. Darüber hinaus beträgt der Lagerkostensatz 0,04 Geldeinheiten pro Sportsitz und Tag. Gehen Sie davon aus, dass die jeweils zu liefernden Sportsitze in ihrer gesamten Menge schlagartig vom Lager abgehen, dass der Transport der Sportsitze vom Zulieferer zum Automobilhersteller keine Zeit in Anspruch nimmt und dass Fehlmengen beim Automobilhersteller nicht zulässig sind.

a) Berechnen Sie die beim Zulieferer entstehenden minimalen Kosten (in Geldeinheiten) bei einer Auflage, zwei Auflagen, drei Auflagen und vier Auflagen! Bestimmen Sie die kostenminimale Auflagehäufigkeit!

b) Gehen Sie nun davon aus, dass am Ende des 30. und 45. Tages der Planungsperiode lediglich 200 Sportsitze zu liefern sind. Alle anderen Daten gelten unverändert. Berechnen Sie die unter diesen Bedingungen beim Zulieferer entstehenden minimalen Kosten (in Geldeinheiten) bei einer Auflage, zwei Auflagen, drei Auflagen und vier Auflagen! Bestimmen Sie die kostenminimale Auflagehäufigkeit!

c) Wie hoch müsste die Produktionsgeschwindigkeit (in Sportsitze pro Tag) mindestens sein, um am Ende des 30. Tages 550 Sportsitze ausliefern zu können? Alle anderen Daten aus Aufgabenteil a) gelten unverändert.

Lösung zu Aufgabe 6.11

zu a) Geht die Einführung von Just-in-Time (JIT) auf die Initiative des Abnehmers zurück und kann er dieses Prinzip auf Grund seiner Marktmacht gegenüber dem Zulieferer durchsetzen, dann bleibt diesem nichts anderes übrig, als die neuen Lieferzeitpunkte und Bestellmengen des Serienprodukts als Daten hinzunehmen.

Wegen der festen Liefertermine und -mengen sind für die Zulieferer im Allgemeinen die Annahmen des Harris-Modells nicht erfüllt, so dass die Losgrößenformel hier zur Bestimmung der optimalen Auflagepolitik nicht anwendbar ist. Vielmehr müssen die Aktionsmöglichkeiten der Zulieferer – die in der Wahl der Auflagehäufigkeit bestehen – in ihren Kostenauswirkungen gesondert untersucht und aus ihnen dann nach dem Prinzip der vollständigen Enumeration die Optima herausgefunden werden.

Fertigt der Zulieferer mit der Maschine, die mit $z = 25$ Sportsitze pro Tag fertigen kann, benötigt der Zulieferer – gemäß der Produktionsbeziehung $x = z \cdot t$ – zur Herstellung der Nachfragemenge x die folgende Produktionszeit:

$$t(x = 350\,[ME]) = \frac{x}{z} = \frac{350\,[ME]}{25\,[ME/Tag]} = 14\,[Tage].$$

Für den Zulieferer besteht nun die Möglichkeit, die Gesamtproduktionsmenge in Höhe von $x_G = 1.400$ Sportsitzen in einer, zwei, drei oder vier Auflagen zu bewältigen:

$$x_G = 4 \cdot x = 4 \cdot 350\,[ME] = 1.400\,[ME].$$

Für die Gesamtproduktionsmenge $x_G = 1.400$ Sportsitze benötigt der Zulieferer bei einer Produktionsgeschwindigkeit der Maschine von 25 Sportsitzen pro Tag 56 Tage.

$$t_G(x_G = 1.400\,[ME]) = \frac{x_G}{z} = \frac{1.400\,[ME]}{25\,[ME/Tag]} = 56\,[Tage].$$

Beachten muss der Zulieferer dabei, dass jeweils am Ende des 15., 30., 45. und 60. Tages die Auslieferung von jeweils 350 Sportsitzen zu erfolgen hat. Nach dem Prinzip der vollständigen Enumeration sind die beim Zulieferer bestehenden Aktionsmöglichkeiten für die Auslieferungen zum Ende des 15., 30., 45. und 60. Tages zu ermitteln.

Die nachfolgende Abbildung 6.11.1 zeigt den zugehörigen Lagerbestandsverlauf bei einer Auflage.

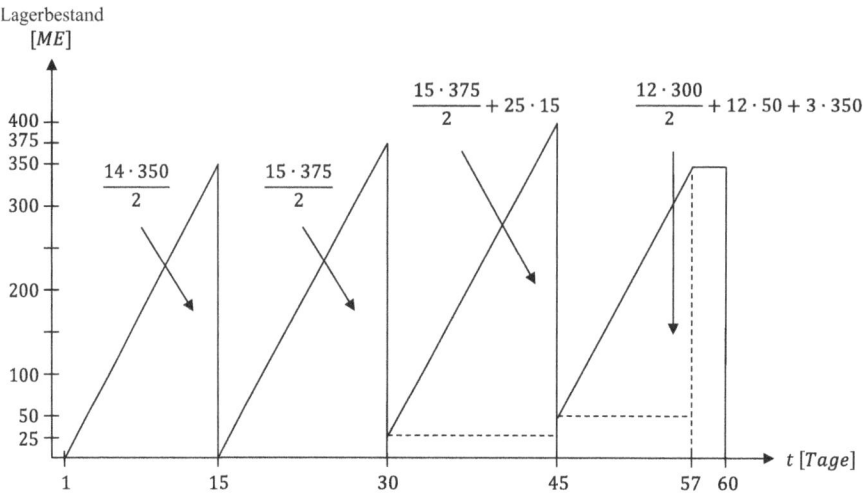

Abb. 6.11.1:   Lagerbestandsverlauf bei einer Auflage

Bei einer einmaligen Auflage ist zwingend eine durchgehende Fertigung vorgesehen. Um die Lagerkosten möglichst gering zu halten, ist die oben berechnete Produktionszeit von 14 Tagen einzuhalten. Somit beginnt die durchgehende Fertigung erst nach dem ersten Tag. Die 14-tägige Produktionsphase dauert folglich bis zum Ende des 15. Tages, so dass bei einer Produktion mit $z = 25$ Sportsitzen pro Tag die Auslieferungsmenge in Höhe von 350 Sportsitzen gewährleistet ist. Nach der ersten Auslieferung am Ende des 15. Tages ist das Lager wieder vollständig geleert. Nachdem die erste Auslieferung somit fristgerecht erfolgen konnte, beginnt am folgenden Tag die zweite Produktionsphase, in der weiter durchgehend 25 Sportsitze pro Tag gefertigt werden, so dass bis zum Ende des 30. Tages 375 Sportsitze gefertigt wurden. Folglich kann die Lieferverpflichtung in Höhe von 350 Sportsitzen zum Ende des 30. Tages eingehalten werden. Nach der Auslieferung liegen dementsprechend 25 Sportsitze auf dem Lager. Die Produktion der Sportsitze wird auch zwischen dem Ende des 30. und 45. Tages unaufhörlich mit der Fertigung von 25 Sportsitzen pro Tag fortgesetzt, so dass der Lagerbestand zum Ende des 45. Tages, nach der abermaligen Auslieferung von 350 Sportsitze bei 50 Sportsitzen liegt. Nun ist die letzte Lieferverpflichtung zum Ende des 60. Tages der Planungsperiode einzuhalten. Beachtet man weiterhin, dass die 350 Sportsitze am 60. Tag ausgeliefert werden müssen und zudem 50 Sportsitze auf dem Lager liegen, so ist es unmittelbar ersichtlich, dass bei einer durchgehenden Fertigung von 25 Sportsitzen pro Tag das Produktionsende vor dem Ende des 60. Tages erreicht wird. Für die noch zu fertigenden

300 Sportsitze benötigt man bei einer Fertigung von 25 Sportsitzen pro Tag freilich 12 Tage. Das Ende der Produktion wird am Ende des 57. Tages erreicht, da an diesem Tage die zu liefernde Produktionsmenge in Höhe von 350 Sportsitzen erreicht wird.

Für die Herstellung der insgesamt 1.400 Sportsitze würde es unter Berücksichtigung der auflagefixen Kosten in Höhe von 50 Geldeinheiten und des Lagerkostensatzes in Höhe von 0,04 Geldeinheiten pro Sportsitz und Tag bei einer einmaligen Auflagenhäufigkeit zu den folgenden Kosten kommen:

$$
\begin{aligned}
K = & \left[\begin{array}{l}
\left(\dfrac{14\,[Tage] \cdot 350\,[ME]}{2} \right) + \left(\dfrac{15\,[Tage] \cdot 375\,[ME]}{2} \right) \\[2mm]
+ \left(\dfrac{15\,[Tage] \cdot 375\,[ME]}{2} + 25\,[ME] \cdot 15\,[Tage] \right) \\[2mm]
+ \left(\begin{array}{l} \dfrac{12\,[Tage] \cdot 300\,[ME]}{2} + 12\,[Tage] \cdot 50\,[ME] \\[1mm] \quad + 3\,[Tage] \cdot 350\,[ME] \end{array} \right)
\end{array} \right] \\[3mm]
& \cdot\, 0{,}04 \left[\dfrac{GE}{ME \cdot Tag} \right] + 50\,[GE] \\[2mm]
= & \ 476\,[GE] + 50\,[GE] = 526\,[GE].
\end{aligned}
$$

Die nachfolgende Abbildung 6.11.2 zeigt den zugehörigen Lagerbestandsverlauf bei zwei Auflagen (Fall 1).

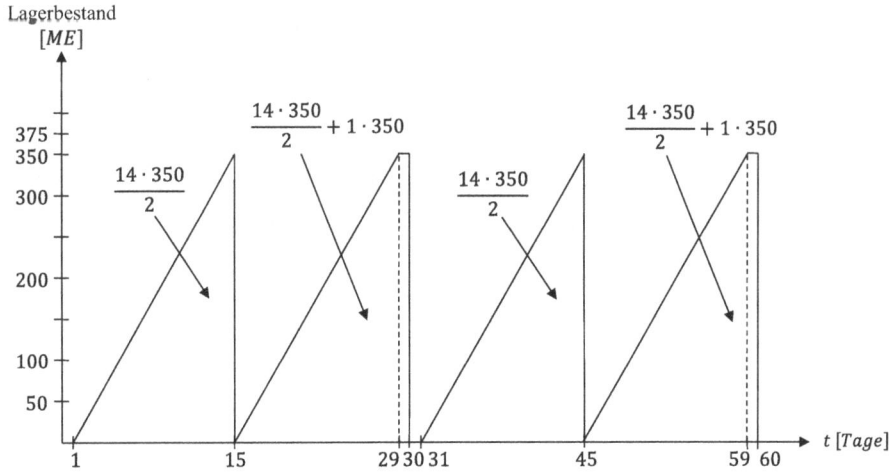

Abb. 6.11.2:   Lagerbestandsverlauf bei zwei Auflagen (Fall 1)

Der Zulieferer hat bei einer zweimaligen Auflagenhäufigkeit die Möglichkeit, die Produktion zu unterbrechen, um die Lagerkosten zu verringern. Dabei muss er jedoch sicherstellen, dass die Nachfragemengen an den Auslieferungsterminen gefertigt sind. Um die Lagerkosten auch bei einer zweimaligen Auflagenhäufigkeit möglichst gering zu halten, ist die oben berechnete Produktionszeit von 14 Tagen einzuhalten. Bei einer zweimaligen Auflagenhäufigkeit sind zwei Fälle zu unterscheiden. Im ersten Fall wird mit der ersten Auflage nach dem ersten Tag mit der Produktion begonnen und diese ununterbrochen bis zum Ende des 29. Tages fortgeführt, so dass bei einer Produktion mit $z = 25$ Sportsitzen pro Tag die zu liefernden Mengen in Höhe von jeweils 350 Sportsitzen sowohl am Ende des 15. Tages als auch am Ende des 30. Tages gewährleistet sind. Da die Liefermenge durch die Produktion der 350 Sportsitze für den 30. Tag bereits zum Ende des 29. Tages gesichert ist, wird die Fertigung mit dem Ende 29. Tages zum ersten Mal unterbrochen, und die gefertigten 350 Sportsitze werden bis zum Ende des 30. Tages, dem Auslieferungsdatum, gelagert. Das Lager ist sowohl nach der ersten Auslieferung am Ende des 15. Tages als auch nach der zweiten Auslieferung am Ende des 30. Tages wieder vollständig geleert. Dieses Szenario wiederholt sich mit Beginn der zweiten Auflage, die nach dem Ende des 31. Tages startet. Die Erläuterungen zu der ersten Auflage lassen sich dementsprechend auf die zweite Auflage übertragen.

Für die Herstellung der insgesamt 1.400 Sportsitze würde es im ersten Fall bei einer zweimaligen Auflagenhäufigkeit zu den folgenden Kosten kommen:

$$
K = \left[\begin{array}{l} \left(\dfrac{14\,[Tage] \cdot 350\,[ME]}{2} \right) \\[2mm] + \left(\begin{array}{l} \dfrac{14\,[Tage] \cdot 350\,[ME]}{2} \\ +1\,[Tag] \cdot 350\,[ME] \end{array} \right) \\[2mm] + \left(\dfrac{14\,[Tage] \cdot 350\,[ME]}{2} \right) \\[2mm] + \left(\begin{array}{l} \dfrac{14\,[Tage] \cdot 350\,[ME]}{2} \\ +1\,[Tag] \cdot 350\,[ME] \end{array} \right) \end{array} \right] \cdot 0{,}04 \left[\frac{GE}{ME \cdot Tag} \right] + 2 \cdot 50\,[GE]
$$

$$
= \left[\begin{array}{l} 2 \cdot \left(\dfrac{14\,[Tage] \cdot 350\,[ME]}{2} \right) \\[2mm] +2 \cdot \left(\begin{array}{l} \dfrac{14\,[Tage] \cdot 350\,[ME]}{2} \\ +1\,[Tag] \cdot 350\,[ME] \end{array} \right) \end{array} \right] \cdot 0{,}04 \left[\frac{GE}{ME \cdot Tag} \right] + 2 \cdot 50\,[GE]
$$

$$
= 420\,[GE] + 100\,[GE] = 520\,[GE].
$$

Die nachfolgende Abbildung 6.11.3 zeigt den zugehörigen Lagerbestandsverlauf bei zwei Auflagen (Fall 2).

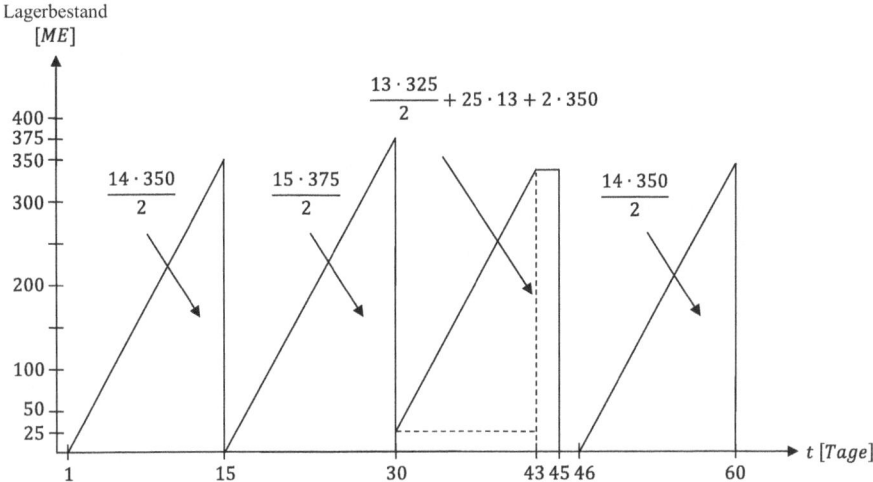

Abb. 6.11.3:   Lagerbestandsverlauf bei zwei Auflagen (Fall 2)

Im zweiten Fall wird bei der zweimaligen Auflagenhäufigkeit mit der ersten
Auflage ebenfalls nach dem ersten Tag mit der Produktion begonnen. Die
Produktion wird aber im Gegensatz zu dem ersten Fall ununterbrochen bis zum
Ende des 43. Tages fortgeführt, so dass bei einer Produktion mit $z = 25$ Sportsitzen pro Tag die Liefermengen in Höhe von jeweils 350 Sportsitzen am Ende
des 15. Tages, des 30. Tages sowie des 45. Tages zur Auslieferung
bereitgestellt werden können. Nach der ersten Auslieferung am Ende des
15. Tages ist das Lager wieder vollständig geleert. Im Gegensatz hierzu
befinden sich nach dem zweiten Auslieferungstermin am Ende des 30. Tages
noch 25 Sportsitze auf dem Lager, so dass bis zum Ende 45. Tages nur noch die
fehlenden 325 Sportsitze gefertigt werden müssen, um die Auslieferung von
350 Sportsitze für den dritten Auslieferungstermin sicherzustellen. Bei einer
Produktion mit $z = 25$ Sportsitzen am Tag sind hierfür 13 Tage Produktionszeit erforderlich, mithin wird die Produktion der ersten Auflage zum Ende des
43. Tages beendet. Die Auslieferungsmenge in Höhe von 350 Sportsitzen wird
nun bis zum Ende des 45. Tages, dem Auslieferungsdatum, gelagert. Nach der
Auslieferung der 350 Sportsitzen ist das Lager abermals vollständig geleert.
Die zweite Auflage beginnt, um die Lagerkosten möglichst gering zu halten,
nach dem 46. Tag. Bei einer Produktion mit $z = 25$ Sportsitzen pro Tag kann
die Auslieferungsmenge in Höhe von 350 Sportsitzen bis zum Ende des
60. Tages gefertigt werden.

An dieser Stelle gilt es noch anzumerken, dass der zweite Fall sich dahingehend abändern lässt, dass sich die zwei Phasen der durchgehenden Produktion tauschen lassen. Die erste Auflage würde in diesem modifizierten Fall weiterhin nach dem ersten Tag beginnen, jedoch bereits am Ende des 30. Tages enden. Die zweite Auflage würde demnach nach dem Ende des 16. Tages beginnen und folglich am Ende des 58. Tages enden. Die Erläuterungen lassen sich dementsprechend für die beiden Phasen übertragen.

Die nachfolgende Abbildung 6.11.4 zeigt den zugehörigen Lagerbestandsverlauf bei zwei Auflagen (Fall 2, modifiziert).

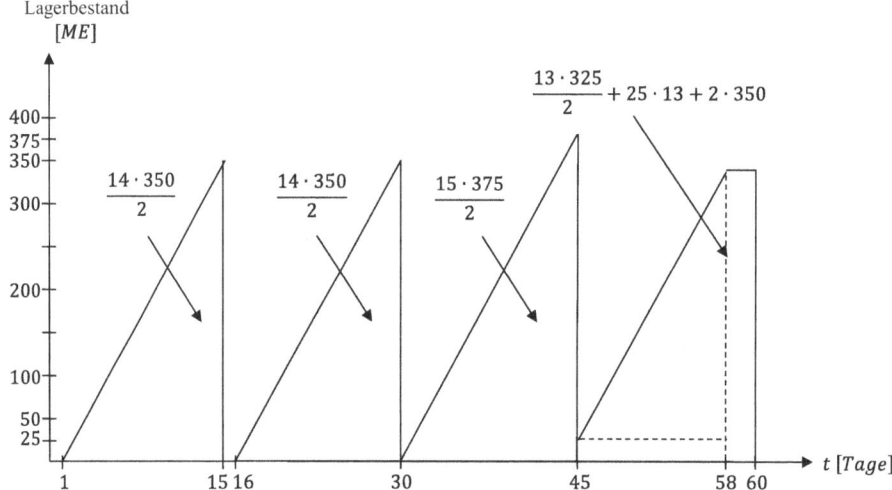

Abb. 6.11.4:   Lagerbestandsverlauf bei zwei Auflagen (Fall 2, modifiziert)

Für die Herstellung der insgesamt 1.400 Sportsitze würde es im zweiten Fall bei einer zweimaligen Auflagenhäufigkeit zu den folgenden Kosten kommen:

$$
K = \begin{bmatrix} \left(\dfrac{14\,[Tage] \cdot 350\,[ME]}{2}\right) \\ + \left(\dfrac{14\,[Tage] \cdot 350\,[ME]}{2}\right) \\ + \left(\dfrac{15\,[Tage] \cdot 375\,[ME]}{2}\right) \\ + \left(\begin{array}{c} \dfrac{13\,[Tage] \cdot 325\,[ME]}{2} \\ +13\,[Tage] \cdot 25\,[ME] \\ +2\,[Tage] \cdot 350\,[ME] \end{array}\right) \end{bmatrix} \cdot 0{,}04\left[\dfrac{GE}{ME \cdot Tag}\right] + 2 \cdot 50\,[GE]
$$

$$
= 434\,[GE] + 100\,[GE] = 534\,[GE].
$$

Die Fallunterscheidung bei der zweimaligen Auflagenhäufigkeit zeigt, dass die Kosten im Fall 1 niedriger als im Fall 2 sind:

$$520 \, [GE] < 534 \, [GE].$$

Die nachfolgende Abbildung 6.11.5 zeigt den zugehörigen Lagerbestandsverlauf bei drei Auflagen.

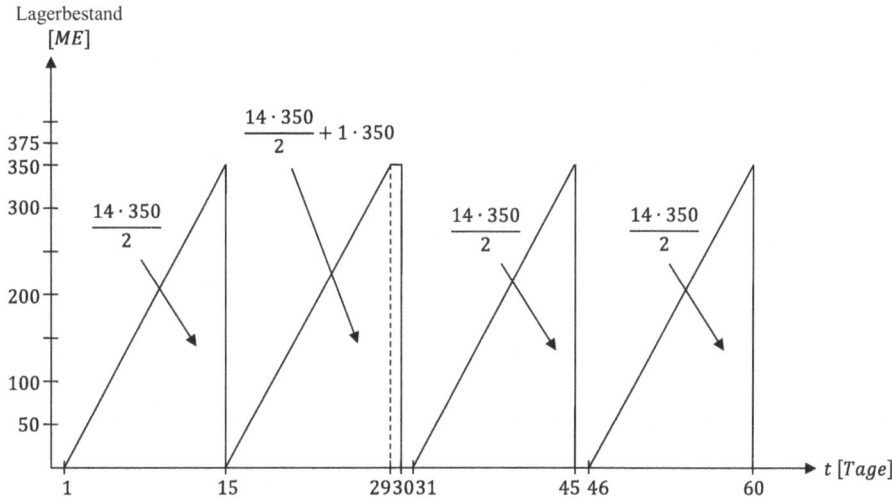

Abb. 6.11.5:   Lagerbestandsverlauf bei drei Auflagen (Möglichkeit 1)

Der Zulieferer hat bei einer dreimaligen Auflagenhäufigkeit die Möglichkeit, die Produktion zweimal zu unterbrechen, um die Lagerkosten zu verringern. Der Zulieferer muss dabei auch in diesem Fall sicherstellen, dass die Nachfragemengen an den Auslieferungsterminen gefertigt sind. Um die Lagerkosten bei einer dreimaligen Auflagenhäufigkeit möglichst gering zu halten, ist die berechnete anfängliche Produktionszeit von 14 Tagen einzuhalten. Bei einer dreimaligen Auflagenhäufigkeit gibt es unterschiedliche Möglichkeiten, die Produktion dreimal aufzulegen, jedoch führen diese allesamt zu den gleichen Kosten, so dass an dieser Stelle lediglich eine Möglichkeit erläutert werden soll. Die weiteren Möglichkeiten werden nach der Beschreibung anhand von Abbildungen dargestellt.

Mit der Produktion wird wie bei den bisher betrachteten Auflagenhäufigkeiten mit der ersten Auflage nach dem ersten Tag gestartet. Die Fertigung wird ununterbrochen bis zum Ende des 29. Tages fortgeführt, so dass bei einer Produktion mit $z = 25$ Sportsitzen pro Tag die zu liefernden Mengen in Höhe von jeweils 350 Sportsitzen sowohl mit dem Ende des 15. als auch dem Ende des 30. Tages gewährleistet sind. Da die Produktion der 350 Sportsitze für den 30. Tag bereits am Ende des 29. Tages gesichert ist, wird die Fertigung mit dem Ende des 29. Tages zum ersten Mal unterbrochen, und die gefertigten 350 Sportsitze werden bis zum Ende des 30. Tages, dem Auslieferungsdatum, gelagert (vergleiche hierzu auch die Betrachtung bei zwei Auflagen, Fall 1). Zu beachten gilt hier, dass das Lager sowohl nach der ersten Auslieferung am Ende des 15. Tages als auch nach der zweiten Auslieferung am Ende des 30. Tages wieder vollständig geleert ist. Nach dem Ende des 31. Tages wird mit der zweiten Auflage die Produktion unter unveränderten Rahmenbedingungen wieder aufgenommen, so dass am Ende des 45. Tages der Planungsperiode die gefertigten 350 Sportsitze für die Auslieferung bereitgestellt werden können. Das Lager ist abermals nach der Auslieferung vollständig geleert. Das letzte Szenario wiederholt sich mit Beginn der dritten Auflage, die nach dem 46. Tag startet. Die Erläuterungen zu der zweiten Auflage lassen sich dementsprechend übertragen.

Die nachfolgenden Abbildungen 6.11.6 und 6.11.7 zeigen weitere Möglichkeiten und die zugehörigen Lagerbestandsverläufe, drei Auflagen vorzunehmen.

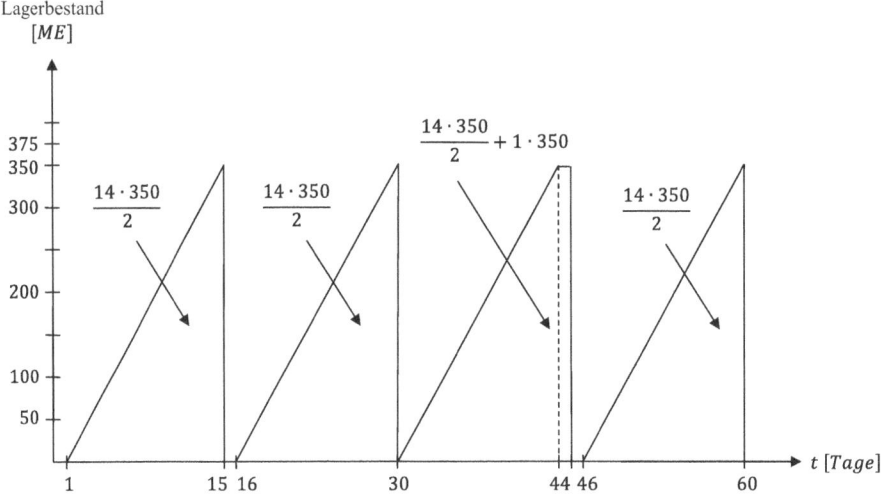

Abb. 6.11.6:   Lagerbestandsverlauf bei drei Auflagen (Möglichkeit 2)

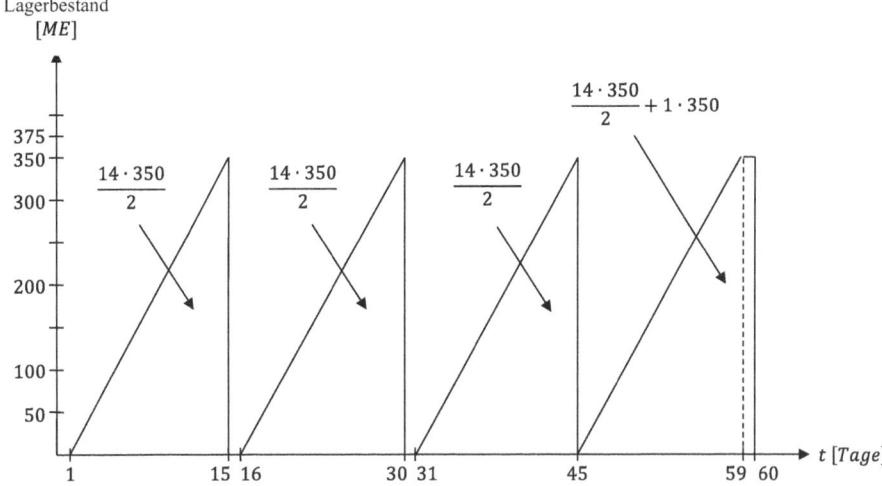

Abb. 6.11.7:   Lagerbestandsverlauf bei drei Auflagen (Möglichkeit 3)

Es ist unmittelbar einsichtig, dass die Lagerbestandsverläufe der Abbildungen 6.11.5 bis 6.11.7 jeweils kostenmäßig übereinstimmen müssen, da die Auflagehäufigkeit und der durchschnittliche Lagerbestand gleich sind; es kommt lediglich zu Verschiebungen. Das Letztere lässt sich auch anhand der Gleichheit der Flächengrößen nachvollziehen.

Für die Herstellung der insgesamt 1.400 Sportsitze würde es bei einer dreimaligen Auflagenhäufigkeit zu den folgenden Kosten kommen:

$$K = \left[\begin{array}{l} 3 \cdot \left(\dfrac{14\,[Tage] \cdot 350\,[ME]}{2} \right) \\[2mm] + \left(\begin{array}{l} \dfrac{14\,[Tage] \cdot 350\,[ME]}{2} \\ +1\,[Tag] \cdot 350\,[ME] \end{array} \right) \end{array} \right] \cdot 0{,}04 \left[\dfrac{GE}{ME \cdot Tag} \right] + 3 \cdot 50\,[GE]$$

$$= 406\,[GE] + 150\,[GE] = 556\,[GE].$$

Die nachfolgende Abbildung 6.11.8 zeigt den zugehörigen Lagerbestandsverlauf bei vier Auflagen.

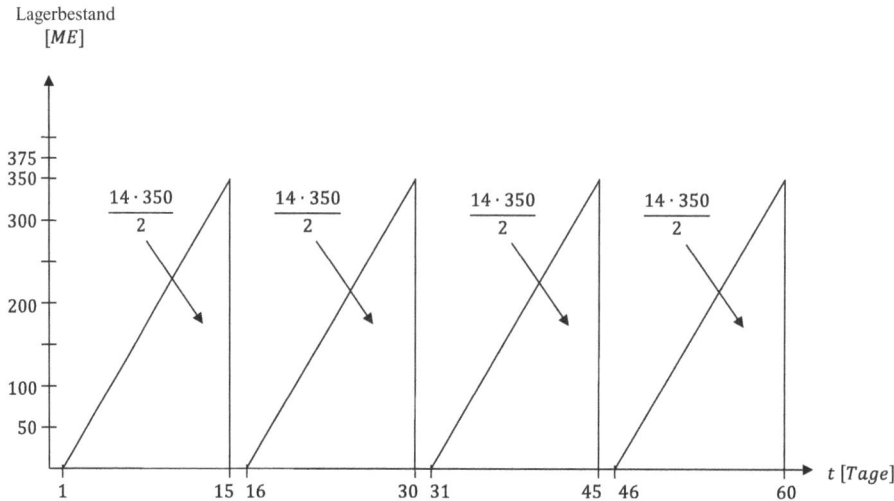

Abb. 6.11.8: Lagerbestandsverlauf bei vier Auflagen

Der Zulieferer hat bei einer viermaligen Auflagenhäufigkeit die Möglichkeit, die Produktion dreimal zu unterbrechen, um die Lagerkosten zu verringern. Die Unterbrechung der Fertigung erfolgt jeweils direkt nach den Auslieferungsterminen, also am Ende des 15. und 30. Tages sowie am Ende des 45. Tages. Die Wiederaufnahme der Produktion erfolgt jeweils nach einem Tag Pause, also nach Ende des 16. und 31. sowie 46. Tages. Der Zulieferer muss auch in diesem Fall sicherstellen, dass die Nachfragemengen an den Auslieferungsterminen gefertigt sind. Um die Lagerkosten bei einer viermaligen Auflagenhäufigkeit möglichst gering zu halten, ist wiederum die berechnete Produktionszeit von 14 Tagen maßgebend. Mit der Produktion wird wie bei den bisher betrachteten Auflagenhäufigkeiten somit mit der ersten Auflage nach dem ersten Tag gestartet. Die Fertigung wird ununterbrochen bis zum Ende des 15. Tages fortgeführt, so dass bei einer täglichen Produktion von $z = 25$ Sportsitzen die Liefermenge in Höhe von 350 Sportsitzen nach dem 15. Tag gewährleistet ist. Nach der ersten Auslieferung am Ende des 15. Tages ist das Lager wieder vollständig geleert. Die Produktion wird nach dem Ende des 15. Tages unterbrochen (siehe auch oben). Die Wiederaufnahme der Produktion erfolgt nach dem Ende des 16. Tages, und erneut werden in der 14-tägigen Produktionsphase die 350 zu fertigenden Sportsitze produziert, die dann abermals zum Ende der Produktionsphase am Ende des 30. Tages ausgeliefert werden. Auch nach der zweiten Auslieferung am Ende des 30. Tages ist das Lager wieder vollständig geleert. Dieses Szenario wird weitere zwei Mal wiederholt, so dass dann am Ende des 60. Tages das Ende des

Planungshorizonts erreicht wird und die Lieferverpflichtungen mithin eingehalten werden konnten.

Für die Herstellung der insgesamt 1.400 Sportsitze würde es bei einer viermaligen Auflagenhäufigkeit zu den folgenden Kosten kommen:

$$K = \left[4 \cdot \left(\frac{14\ [Tage] \cdot 350\ [ME]}{2}\right)\right] \cdot 0{,}04\ \left[\frac{GE}{ME \cdot Tag}\right] + 4 \cdot 50\ [GE]$$
$$= 392\ [GE] + 200\ [GE] = 592\ [GE].$$

Aus den angestellten Überlegungen und Berechnungen können wir schlussfolgern, dass die Fertigung der insgesamt 1.400 Sportsitze durch den Lieferanten, die an den vier Lieferterminen zu je 350 Sportsitzen an den Automobilhersteller zu liefern sind, anhand von 2 Auflagen (Fall 1) kostenminimal ist!

zu b) Fertigt der Zulieferer weiterhin mit der Maschine, die mit $z = 25$ Sportsitze pro Tag fertigen kann, so benötigt er – gemäß der Produktionsbeziehung $x_i = z \cdot t_i$ – zur Herstellung der Nachfragemengen x_1 und x_2 die folgenden Produktionszeiten:

$$t_1(x_1 = 350\ [ME]) = \frac{x_1}{z} = \frac{350\ [ME]}{25\ [ME/Tag]} = 14\ [Tage]$$

bzw.

$$t_2(x_2 = 200\ [ME]) = \frac{x_2}{z} = \frac{200\ [ME]}{25\ [ME/Tag]} = 8\ [Tage].$$

Für den Zulieferer besteht nun die Möglichkeit, die Gesamtproduktionsmenge in Höhe von $x_G = 1.100$ Sportsitze in einer, zwei, drei oder vier Auflagen zu bewältigen:

$$x_G = 2 \cdot x_1 + 2 \cdot x_2 = 2 \cdot 350\ [ME] + 2 \cdot 200\ [ME] = 1.100\ [ME].$$

Für die Gesamtproduktionsmenge $x_G = 1.100$ Sportsitze benötigt der Zulieferer bei einer Produktionsgeschwindigkeit der Maschine von 25 Sportsitzen pro Tag 44 Tage:

$$t_G(x_G = 1.100\ [ME]) = \frac{2 \cdot x_1 + 2 \cdot x_2}{z} = \frac{2 \cdot (350\ [ME] + 200\ [ME])}{25\ [ME/Tag]}$$
$$= 44\ [Tage].$$

Beachten muss der Zulieferer dabei, dass jeweils am Ende des 15. und 60. Tages die Auslieferung von 350 Sportsitzen sowie am Ende des 30. und

45. Tages die Auslieferung von 200 Sportsitzen zu erfolgen hat. Nach dem Prinzip der vollständigen Enumeration sind die beim Zulieferer bestehenden Aktionsmöglichkeiten für die Auslieferungen zum Ende des 15., 30., 45. und 60. Tages zu ermitteln.

Die nachfolgende Abbildung 6.11.9 zeigt den zugehörigen Lagerbestands-verlauf bei einer Auflage.

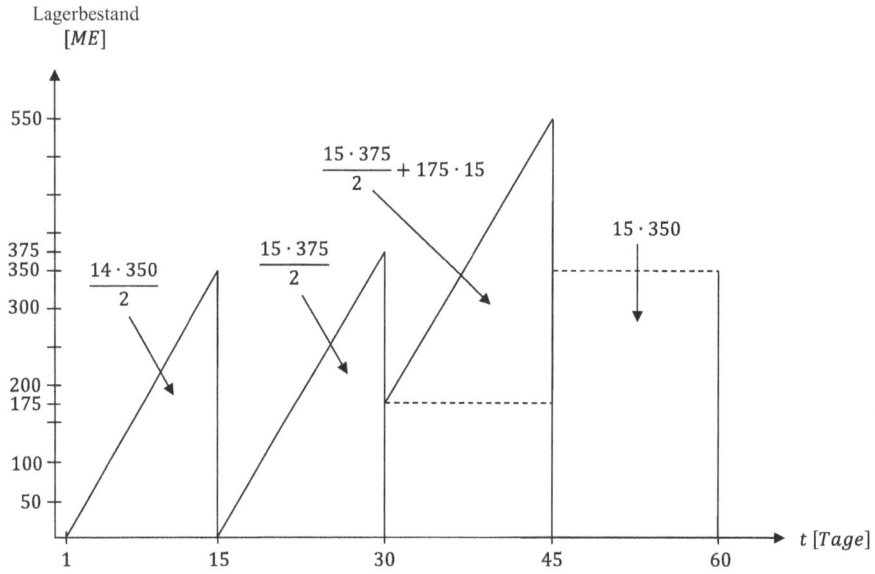

Abb. 6.11.9:   Lagerbestandsverlauf bei einer Auflage

Bei einer einmaligen Auflage ist, wie bereits im Aufgabenteil a) beschrieben, zwingend eine durchgehende Fertigung vorgesehen. Um die Lagerkosten möglichst gering zu halten, sind die jeweils oben berechneten Produktionszeiten von 14 bzw. 8 Tagen einzuhalten. Somit beginnt die durchgehende Fertigung, wie in Aufgabenteil a), erst nach dem ersten Tag. Die 14-tägige Produktions-phase dauert folglich bis zum Ende des 15. Tages, so dass bei einer Produktion mit $z = 25$ Sportsitzen pro Tag die Auslieferungsmenge in Höhe von 350 Sportsitzen gewährleistet ist. Nach der ersten Auslieferung am Ende des 15. Tages ist das Lager nun auch wieder vollständig geleert. Am folgenden Tag beginnt die zweite Produktionsphase, in der zwar weiter durchgehend 25 Sport-sitze pro Tag gefertigt werden, so dass bis zum Ende des 30. Tages wiederum 375 Sportsitze gefertigt wurden, jedoch muss lediglich die Lieferverpflichtung der 200 Sportsitze zum Ende des 30. Tages erfüllt werden. Folglich liegen nach der Auslieferung immerhin noch 175 Sportsitze auf Lager. Die Fertigung der

Sportsitze wird auch zwischen dem Ende des 30. und 45. Tages unaufhörlich mit der Fertigung von 25 Sportsitzen pro Tag fortgesetzt, so dass der Lagerbestand zum Ende des 45. Tages, nach der abermaligen Auslieferung von 200 Sportsitzen, bei 350 Sportsitze liegt. Nun gilt es noch, die letzte Lieferverpflichtung zum Ende des 60. Tages der Planungsperiode einzuhalten. Beachtet man, dass hierfür gerade die 350 Sportsitze benötigt werden, die auf Lager liegen, so ist die Produktion am Ende des 45. Tages einzustellen. Festzuhalten ist an dieser Stelle, dass für die Produktion der insgesamt 1.100 Sportsitze 44 Tage benötigt werden. Das Ende der Produktion wird somit am Ende des 45. Tages erreicht, da sich an diesem Tag bereits die zu liefernde Menge der 350 Sportsitze für die Auslieferung am Ende des 60. Tages auf dem Lager befindet.

Für die Herstellung der insgesamt 1.100 Sportsitze würde es unter Berücksichtigung der auflagefixen Kosten in Höhe von 50 Geldeinheiten und des Lagerkostensatzes in Höhe von 0,04 Geldeinheiten pro Sportsitz und Tag bei einer einmaligen Auflagenhäufigkeit zu folgenden Kosten kommen:

$$
\begin{aligned}
K &= \left[
\begin{array}{l}
\left(\dfrac{14\,[Tage]\cdot 350\,[ME]}{2}\right) + \left(\dfrac{15\,[Tage]\cdot 375\,[ME]}{2}\right) \\[2mm]
+ \left(\dfrac{15\,[Tage]\cdot 375\,[ME]}{2} + 175\,[ME]\cdot 15\,[Tage]\right) \\[2mm]
+ (15\,[Tage]\cdot 350\,[ME])
\end{array}
\right] \\[2mm]
&\quad \cdot 0{,}04 \left[\dfrac{GE}{ME\cdot Tag}\right] + 50\,[GE] \\[2mm]
&= 638\,[GE] + 50\,[GE] = 688\,[GE]
\end{aligned}
$$

Die nachfolgende Abbildung 6.11.10 zeigt den zugehörigen Lagerbestandsverlauf bei zwei Auflagen (Fall 1).

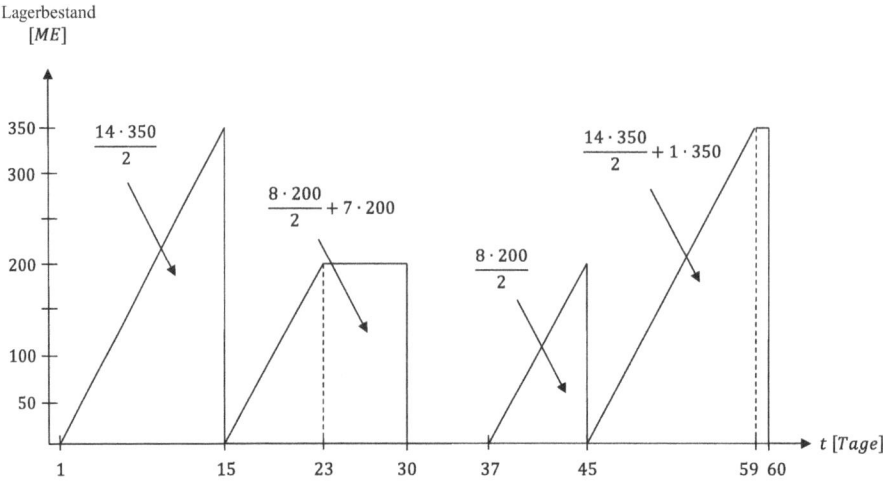

Abb. 6.11.10: Lagerbestandsverlauf bei zwei Auflagen (Fall 1)

Der Zulieferer kann bei der zweimaligen Auflagenhäufigkeit die Produktion analog zu Aufgabenteil a) unterbrechen, wobei jedoch die Auslieferungstermine mit den jeweils zugehörigen Liefermengen einzuhalten sind. Die Lagerkosten sollen dabei möglichst gering gehalten werden, so dass die oben berechneten Produktionszeiten von 14 Tagen bzw. 8 Tagen eingehalten werden. Bei der zweimaligen Auflagenhäufigkeit sind bei dieser Fallbetrachtung drei Fälle zu unterscheiden.

Im ersten Fall wird erneut mit der ersten Auflage nach dem ersten Tag mit der Produktion begonnen. Diese wird ununterbrochen bis zum Ende des 23. Tages fortgeführt. Bei einer Produktion mit $z = 25$ Sportsitzen pro Tag können die zu liefernden Mengen für die Auslieferungstermine zum Ende des 15. Tages bzw. 30. Tages in Höhe von 350 Sportsitzen bzw. 200 Sportsitzen gefertigt werden. Die Fertigstellung der 200 Sportsitze erfolgt dabei bereits vor dem Auslieferungstermin zum Ende des 23. Tages, mithin werden die Sportsitze bis zum Ende des 30. Tages, also 7 Tage, gelagert. Im Gegensatz hierzu ist die Fertigstellung der 350 Sportsitze zum Liefertermin gegeben. Das Lager ist sowohl nach der ersten Auslieferung am Ende des 15. Tages als auch nach der zweiten Auslieferung am Ende des 30. Tages wieder vollständig geleert.

Die Fertigung der Sportsitze wird durch neuerliches Auflegen nach dem Ende des 37. Tages wieder aufgenommen, so dass bis zum Ende des 45. Tages die erforderlichen 200 Sportsitze für den dritten Auslieferungstermin gefertigt werden können. Nach der Auslieferung ist das Lager abermals vollständig geleert. Die Herstellung der Sportsitze wird währenddessen unaufhörlich bis zum Ende des 59. Tages fortgesetzt. Demzufolge werden die bis dahin gefertigten 350 Sportsitze bis zum Ende des 60. Tages gelagert. Nach der Auslieferung der Sportsitze ist der Lagerbestand dann wieder bei 0 Mengeneinheiten.

Für die Herstellung der insgesamt 1.100 Sportsitze würde es im ersten Fall bei einer zweimaligen Auflagenhäufigkeit zu den folgenden Kosten kommen:

$$
K = \left[\begin{array}{c} \left(\dfrac{14\,[Tage] \cdot 350\,[ME]}{2} \right) \\[2mm] + \left(\begin{array}{c} \dfrac{8\,[Tage] \cdot 200\,[ME]}{2} \\ +7\,[Tage] \cdot 200\,[ME] \end{array} \right) \\[2mm] + \left(\dfrac{8\,[Tage] \cdot 200\,[ME]}{2} \right) \\[2mm] + \left(\begin{array}{c} \dfrac{14\,[Tage] \cdot 350\,[ME]}{2} \\ +1\,[Tag] \cdot 350\,[ME] \end{array} \right) \end{array} \right] \cdot 0{,}04 \left[\dfrac{GE}{ME \cdot Tag} \right] + 2 \cdot 50\,[GE]
$$

$$
= 330\,[GE] + 100\,[GE] = 430\,[GE].
$$

Die nachfolgende Abbildung 6.11.11 zeigt den zugehörigen Lagerbestandsverlauf bei zwei Auflagen (Fall 2).

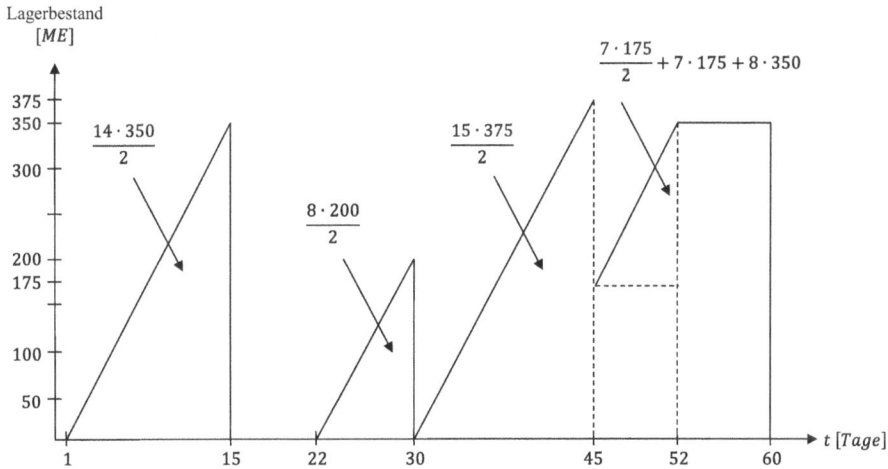

Abb. 6.11.11: Lagerbestandsverlauf bei zwei Auflagen (Fall 2)

Im zweiten Fall wird bei der zweimaligen Auflagenhäufigkeit mit der ersten Auflage erneut nach dem ersten Tag mit der Fertigung begonnen. Die Produktion wird aber im Gegensatz zu dem ersten Fall bereits nach dem

15. Tag ausgesetzt, so dass bei einer Produktion mit $z = 25$ Sportsitzen pro Tag lediglich die Liefermengen in Höhe von 350 Sportsitzen am Ende des 15. Tages zur Auslieferung bereitgestellt werden können. Nach der ersten Auslieferung am Ende des 15. Tages ist das Lager wieder vollständig geleert.

Im Gegensatz zu dem ersten Fall wird die Fertigung durch neuerliches Auflegen nach dem Ende des 22. Tages wieder aufgenommen und durchgehend bis zum Ende des 52. Tages fortgeführt, da die noch auszuliefernden 750 Sportsitze, bei einer Produktion mit $z = 25$ Sportsitzen pro Tag, für die drei weiteren Liefertermine einer Produktionszeit von 30 Tagen bedürfen. Durch diese Art der Fertigung wird das Lager am Ende des 30. Tages vollständig geleert. Demgegenüber befinden sich nach der Auslieferung der 200 Sportsitze am Ende des 45. Tages, bedingt durch die vorherige 15-tägige Produktionsphase, noch 175 Sportsitze auf dem Lager. Für den letzten Auslieferungstermin ist somit die Fertigung bis zum Ende des 52. Tages fortzuführen, um die letzten der 350 Sportsitze zu fertigen. Diese werden dann bis zum Liefertermin, 8 Tage, gelagert.

Für die Herstellung der insgesamt 1.100 Sportsitze würde es im zweiten Fall bei einer zweimaligen Auflagenhäufigkeit zu den folgenden Kosten kommen:

$$K = \begin{bmatrix} \left(\dfrac{14\,[Tage] \cdot 350\,[ME]}{2} \right) \\ + \left(\dfrac{8\,[Tage] \cdot 200\,[ME]}{2} \right) \\ + \left(\dfrac{15\,[Tage] \cdot 375\,[ME]}{2} \right) \\ + \left(\begin{array}{c} \dfrac{7\,[Tage] \cdot 175\,[ME]}{2} \\ +7\,[Tage] \cdot 175\,[ME] \\ +8\,[Tage] \cdot 350\,[ME] \end{array} \right) \end{bmatrix} \cdot 0{,}04 \left[\dfrac{GE}{ME \cdot Tag} \right] + 2 \cdot 50\,[GE]$$

$$= 428\,[GE] + 100\,[GE] = 528\,[GE].$$

Die nachfolgende Abbildung 6.11.12 zeigt den zugehörigen Lagerbestandsverlauf bei zwei Auflagen (Fall 3).

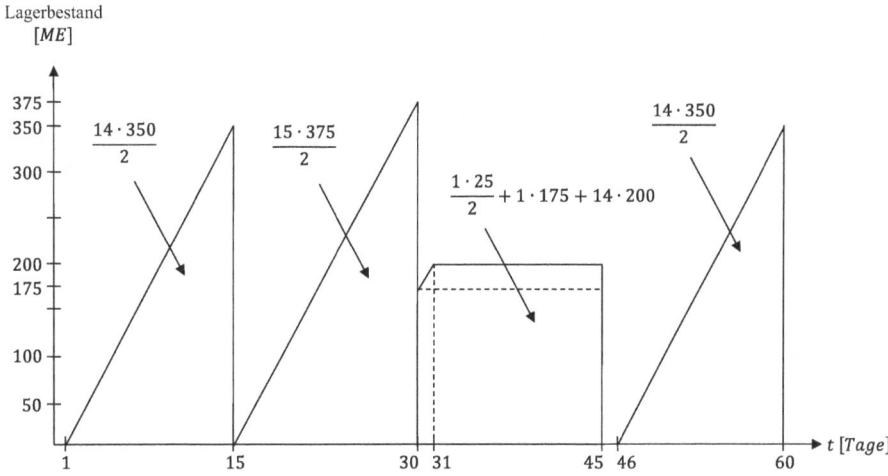

Abb. 6.11.12:   Lagerbestandsverlauf bei zwei Auflagen (Fall 3)

Der dritte Fall bei der zweimaligen Auflagenhäufigkeit sieht für die erste Auflage zunächst eine durchgehende Fertigung nach dem Ende des ersten Tages bis zum Ende des 31. Tages vor. Im Zeitraum dieser 30-tägigen Produktionsphase lassen sich, bei einer Fertigung mit $z = 25$ Sportsitzen pro Tag, 750 Sportsitze der insgesamt 1.100 Sportsitze fertigen. Nach der ersten Auslieferung am Ende des 15. Tages ist das Lager wieder vollständig geleert. Bedingt durch die durchgehende Fertigung bis zum Ende des 31. Tages, um den Lieferverpflichtungen für den zweiten und dritten Termin nachzukommen, reduziert sich der Lagerbestand nach dem zweiten Auslieferungstermin auf 175 Sportsitze. Da für die dritte Lieferung somit nur noch 25 Sportsitze fehlen, um die Fertigung der erforderlichen 200 Sportsitze sicherzustellen, kann die Produktion nach dem Ende des 31. Tages ausgesetzt werden. Die restlichen 350 Sportsitze werden in einer zweiten Auflage nach dem Ende des 46. Tages bis zum Ende des Planungshorizonts, dem letzten Liefertermin, gefertigt.

Für die Herstellung der insgesamt 1.100 Sportsitze würde es im dritten Fall bei einer zweimaligen Auflagenhäufigkeit zu den folgenden Kosten kommen:

$$K = \begin{bmatrix} \left(\dfrac{14\,[Tage] \cdot 350\,[ME]}{2}\right) \\[2mm] +\left(\dfrac{15\,[Tage] \cdot 375\,[ME]}{2}\right) \\[2mm] +\left(\begin{array}{c}\dfrac{1\,[Tag] \cdot 25\,[ME]}{2} \\[1mm] +1\,[Tag] \cdot 175\,[ME] \\[1mm] +14\,[Tage] \cdot 200\,[ME]\end{array}\right) \\[4mm] +\left(\dfrac{14\,[Tage] \cdot 350\,[ME]}{2}\right) \end{bmatrix} \cdot 0{,}04 \left[\dfrac{GE}{ME \cdot Tag}\right] + 2 \cdot 50\,[GE]$$

$$= 428\,[GE] + 100\,[GE] = 528\,[GE].$$

Die nachfolgende Abbildung 6.11.13 zeigt den zugehörigen Lagerbestandsverlauf bei drei Auflagen (Fall 1).

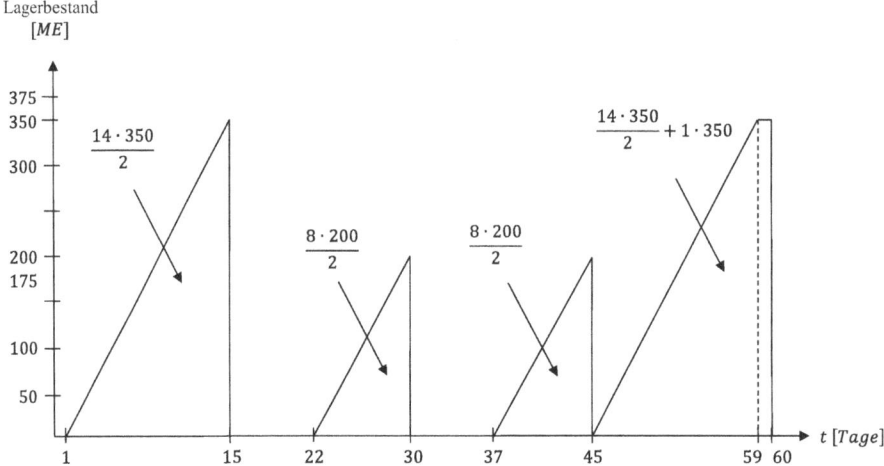

Abb. 6.11.13:   Lagerbestandsverlauf bei drei Auflagen (Fall 1)

Der Zulieferer hat bei einer dreimaligen Auflagenhäufigkeit die Möglichkeit, die Produktion zweimal zu unterbrechen, um die Lagerkosten zu verringern. Um die Lagerkosten in dem uns vorliegenden Fall bei der dreimaligen Auflagenhäufigkeit möglichst gering zu halten, sind die berechneten Produktionszeiten von 14 bzw. 8 Tagen einzuhalten. In unserem Fall gibt es verschiedene Möglichkeiten, die Produktion dreimal aufzulegen. An dieser Stelle soll jedoch nicht unerwähnt bleiben, dass lediglich die zwei naheliegenden Fälle betrachtet werden, da die übrigen Möglichkeiten zu weitaus höheren Kosten führen. Dies wird auch durch die nachfolgenden Erläuterungen unmittelbar ersichtlich.

Im ersten Fall wird wie bisher mit der ersten Auflage nach dem ersten Tag mit der Fertigung auf der Maschine begonnen. Nach dem Ende des 15. Tages wird die Fertigung zum ersten Mal ausgesetzt. Bei einer Produktion mit $z = 25$ Sportsitzen pro Tag wird die zu liefernde Menge für den ersten Auslieferungstermin zum Ende des 15. Tages fertiggestellt, so dass nach der Auslieferung das Lager wieder vollständig geleert ist. Die zweite Auflage sieht in diesem Fall eine Fertigung zwischen dem Ende des 22. und Ende des 30. Tages vor, mithin ist das Lager nach der Auslieferung der gefertigten 200 Sportsitze nach dem zweiten Liefertermin erneut vollständig geleert. Die Fertigstellung der nächsten 200 Sportsitze erfolgt dabei mit der dritten Auflage, die nach dem 37. Tag startet und bis zum Ende des 59. Tages andauert. In diesem Zeitraum lassen sich die insgesamt noch zu fertigenden 550 Sportsitze für den dritten und vierten Liefertermin fertigen. Das Lager ist sowohl nach der Auslieferung am Ende des 45. Tages als auch nach der Auslieferung am Ende des 60. Tages wieder vollständig geleert. Da die Fertigung bereits nach dem 59. Tag endet, werden die auszuliefernden 350 Sportsitze bis zur Auslieferung gelagert.

Für die Herstellung der insgesamt 1.100 Sportsitze würde es im ersten Fall bei einer dreimaligen Auflagenhäufigkeit zu den folgenden Kosten kommen:

$$K = \begin{bmatrix} \left(\dfrac{14\,[Tage] \cdot 350\,[ME]}{2} \right) \\ + \left(\dfrac{8\,[Tage] \cdot 200\,[ME]}{2} \right) \\ + \left(\dfrac{8\,[Tage] \cdot 200\,[ME]}{2} \right) \\ + \left(\dfrac{14\,[Tage] \cdot 350\,[ME]}{2} \\ +1\,[Tag] \cdot 350\,[ME] \right) \end{bmatrix} \cdot 0{,}04 \left[\dfrac{GE}{ME \cdot Tag} \right] + 3 \cdot 50\,[GE]$$

$$= 274\,[GE] + 150\,[GE] = 424\,[GE].$$

Die nachfolgende Abbildung 6.11.14 zeigt den zugehörigen Lagerbestandsverlauf bei drei Auflagen (Fall 2).

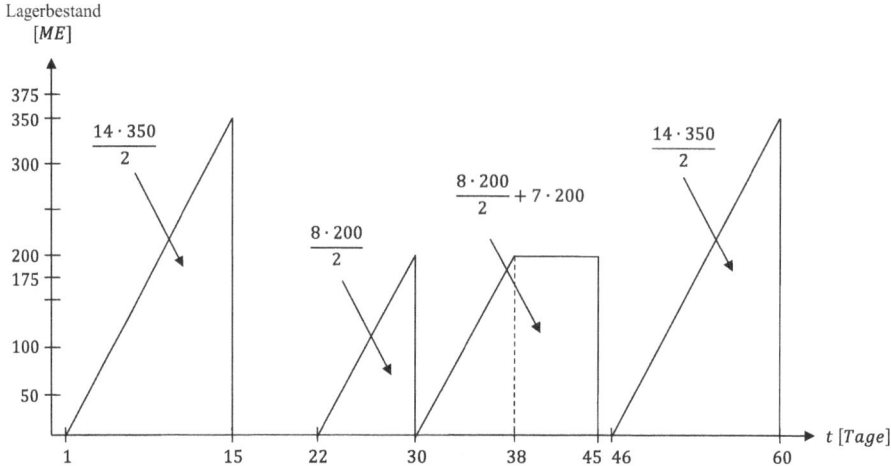

Abb. 6.11.14:   Lagerbestandsverlauf bei drei Auflagen (Fall 2)

Der zweite Fall weist im Übrigen nur einen geringfügigen Unterschied zu dem ersten Fall bei der zweimaligen Auflagenhäufigkeit auf. Der Unterschied ist relativ leicht anhand der Flächen zu erkennen. Diese sind bis auf die letzte Fläche, bei der die 350 Sportsitze nach dem Aussetzen der Fertigung offensichtlich einen Tag gelagert werden, flächenmäßig identisch.

Im diesem Fall wird wie bisher mit der ersten Auflage nach dem ersten Tag mit der Fertigung auf der Maschine begonnen. Nach dem Ende des 15. Tages wird die Fertigung, wie im ersten Fall, erstmals ausgesetzt. Bei einer Produktion mit $z = 25$ Sportsitzen pro Tag wird die Auslieferungsmenge für den ersten Termin zum Ende des 15. Tages fertiggestellt. Das Lager ist nach der Auslieferung wieder vollständig geleert.

Im Gegensatz zu dem ersten Fall sieht die zweite Auflage eine durchgehende Fertigung zwischen dem Ende des 22. und 38. Tages vor. In diesem Zeitraum lassen sich die insgesamt zu fertigenden 400 Sportsitze für den zweiten und dritten Liefertermin fertigen. Das Lager ist zwar nach der Auslieferung der ersten in diesem Zeitraum gefertigten 200 Sportsitze nach dem zweiten Liefertermin erneut vollständig geleert, jedoch ist dieses nach dem Ende des 38. Tages wieder mit 200 Sportsitzen aufgefüllt. Nach der Fertigstellung eben dieser 200 Sportsitze wird die Fertigung dann wieder ausgesetzt. Die auf dem Lager befindlichen Sportsitze werden am dritten Liefertermin ausgeliefert, so dass das Lager danach erneut geleert ist. Die Fertigung der Sportsitze wird durch neuerliches Auflegen nach dem Ende des 46. Tages wieder aufgenommen, so dass bis zum Ende des 60. Tages die erforderlichen

350 Sportsitze für den vierten und letzten Auslieferungstermin gefertigt werden können. Nach der Auslieferung der Sportsitze ist das Lager abermals vollständig geleert.

Für die Herstellung der insgesamt 1.100 Sportsitze würde es im zweiten Fall bei einer dreimaligen Auflagenhäufigkeit zu den folgenden Kosten kommen:

$$
K = \begin{bmatrix} \left(\dfrac{14\,[Tage] \cdot 350\,[ME]}{2} \right) \\[2mm] + \left(\dfrac{8\,[Tage] \cdot 200\,[ME]}{2} \right) \\[2mm] + \left(\dfrac{8\,[Tage] \cdot 200\,[ME]}{2} \\ +7\,[Tage] \cdot 200\,[ME] \right) \\[2mm] + \left(\dfrac{14\,[Tage] \cdot 350\,[ME]}{2} \right) \end{bmatrix} \cdot 0{,}04 \left[\dfrac{GE}{ME \cdot Tag} \right] + 3 \cdot 50\,[GE]
$$

$$
= 316\,[GE] + 150\,[GE] = 466\,[GE].
$$

Die nachfolgende Abbildung 6.11.15 zeigt den zugehörigen Lagerbestandsverlauf bei vier Auflagen.

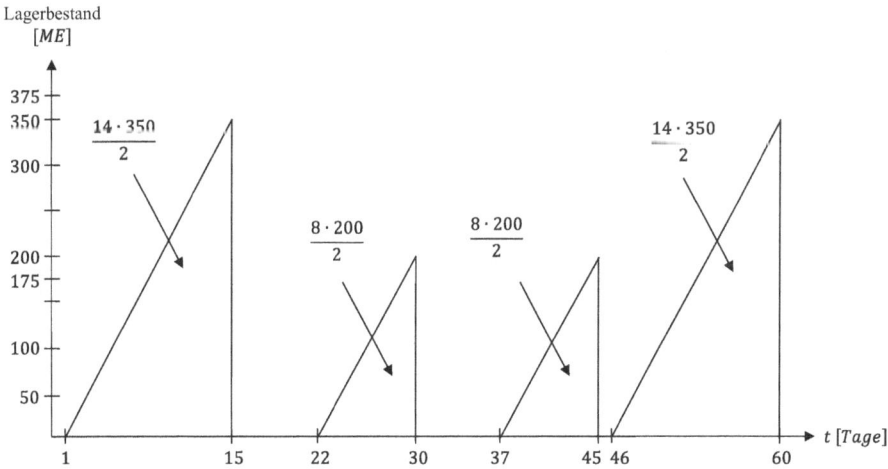

Abb. 6.11.15:   Lagerbestandsverlauf bei vier Auflagen

Der Zulieferer hat bei einer viermaligen Auflagenhäufigkeit die Möglichkeit, die Produktion dreimal zu unterbrechen, um die Lagerkosten zu verringern. Die Unterbrechung der Fertigung erfolgt jeweils direkt nach den Auslieferungsterminen, also nach dem Ende des 15. und 30. Tages sowie am Ende des 45. Tages. Das Lager ist nach jeder der vier Auslieferungen vollständig geleert.

Die jeweilige Wiederaufnahme der Produktion erfolgt nach dem 22. Tag, dem 37. und 46. Tag. Der Zulieferer muss auch in diesem Fall wieder sicherstellen, dass die Nachfragemengen an den Auslieferungsterminen gefertigt sind. Um die Lagerkosten bei der viermaligen Auflagenhäufigkeit möglichst gering zu halten, sind erneut die berechneten Produktionszeiten von 8 und 14 Tagen maßgebend. Mit der Produktion wird wie bei den bisher betrachteten Auflagenhäufigkeiten somit mit der ersten Auflage nach dem ersten Tag gestartet. Die Fertigung wird hierbei ununterbrochen bis zum Ende des 15. Tages fortgeführt, so dass bei einer bei einer Produktion mit $z = 25$ Sportsitzen pro Tag die Liefermenge in Höhe von 350 Sportsitzen am 15. Tag gewährleistet ist. Die Produktion wird nach dem Ende des 15. Tages unterbrochen (siehe auch oben). Die Wiederaufnahme der Produktion erfolgt nach dem Ende des 22. Tages, und erneut werden mittels der 8-tägigen Produktionsphase die 200 zu fertigenden Sportsitze produziert, die dann abermals zum Ende der Produktionsphase am Ende des 30. Tages ausgeliefert werden. Das Szenario der vorherigen Auflage wird wiederholt, so dass am Ende des 45. Tages abermals 200 Sportsitze ausgeliefert werden können. Die vierte und letzte Auflage sieht die Fertigung von 350 Sportsitzen nach dem Ende des 46. Tages vor, so dass durch die 14-tägige Produktionsphase das Ende des Planungshorizonts erreicht wird und die Lieferverpflichtungen mithin eingehalten werden können.

Für die Herstellung der insgesamt 1.100 Sportsitze würde es bei einer viermaligen Auflagenhäufigkeit zu den folgenden Kosten kommen:

$$
K = \left[\begin{array}{l} \left(\dfrac{14\,[Tage] \cdot 350\,[ME]}{2} \right) \\[2mm] + \left(\dfrac{8\,[Tage] \cdot 200\,[ME]}{2} \right) \\[2mm] + \left(\dfrac{8\,[Tage] \cdot 200\,[ME]}{2} \right) \\[2mm] + \left(\dfrac{14\,[Tage] \cdot 350\,[ME]}{2} \right) \end{array} \right] \cdot 0{,}04 \left[\dfrac{GE}{ME \cdot Tag} \right] + 4 \cdot 50\,[GE]
$$

$$
= 260\,[GE] + 200\,[GE] = 460\,[GE].
$$

Aus den angestellten Überlegungen und Berechnungen können wir schlussfolgern, dass die Fertigung der insgesamt 1.100 Sportsitze durch den Lieferanten, die an den vier Lieferterminen zu je zweimal 350 bzw. 200 Sportsitzen an den Automobilhersteller zu liefern sind, anhand von 3 Auflagen (Fall 1) kostenminimal ist!

zu c) Die Aufgabenstellung sieht vor, dass am Ende des $t_2 = 30.$ Tages $x_2 = 550$ Sportsitze ausgeliefert werden können. Zudem gilt es zu beachten, dass am Ende des $t_1 = 15.$ Tages $x_1 = 350$ Sportsitze zu liefern sind.

Fertigt der Zulieferer mit der Maschine, die mit z Sportsitzen pro Tag fertigen soll, muss der Zulieferer – gemäß der Produktionsbeziehung $x_i = z \cdot t_i$ – die Herstellung der Nachfragemengen x_1 und x_2 am Ende des $t_1 = 15.$ Tages und am Ende des $t_2 = 30.$ Tages verfügbar haben:

$$x_1 = z \cdot t_1 \qquad \text{bzw.} \qquad x_2 = z \cdot t_2.$$

Nach dem Einsetzen von $x_1 = 350$ Sportsitze und $t_1 = 15$ Tage ergibt sich unter alleiniger Berücksichtigung der Liefermengen des ersten Liefertermins für die zu berechnende Produktionsgeschwindigkeit z_1:

$$z_1 = \frac{350\,[ME]}{15\,[Tage]} = 23\frac{1}{3}\,[ME/Tag].$$

Nach dem Einsetzen von $x_2 = 550$ Sportsitze und $t_2 = 30$ Tage ergibt sich unter alleiniger Berücksichtigung der Liefermengen des zweiten Liefertermins für die zu berechnende Produktionsgeschwindigkeit z_2:

$$z_2 = \frac{550\,[ME]}{30\,[Tage]} = 18\frac{1}{3}\,[ME/Tag].$$

Bei separater Betrachtung der Liefermengen ergeben sich die oben berechneten Produktionsgeschwindigkeiten. Es gilt jedoch zu beachten, dass die insgesamt zu fertigende Bedarfsmenge x_B bis zum Ende des 30. Tages 900 Sportsitze und nicht 550 Sportsitzen beträgt. Die Bedarfsmenge x_B ergibt sich durch die Addition der beiden Nachfragemengen x_1 und x_2. Somit muss die zu bestimmende Produktionsgeschwindigkeit sowohl die Nachfragemengen x_1 als auch x_2 während des Zeitraums $t_2 = 30$ Tage sicherstellen. Folglich lässt sich die Produktionsgeschwindigkeit z_B und der hier gemachten Annahmen wie folgt bestimmen:

$$x_B = x_1 + x_2 = z_B \cdot t_2.$$

Nach dem Einsetzen von $x_1 = 350$ Sportsitze und $x_2 = 550$ Sportsitze sowie $t_2 = 30$ Tage, ergibt sich für die Produktionsgeschwindigkeit z_B:

$$z_B = \frac{350\,[ME] + 550\,[ME]}{30\,[Tage]} = 30\left[\frac{ME}{Tag}\right].$$

Die berechnete Produktionsgeschwindigkeit z_B kann beide Nachfragemengen sicherstellen.

Aufgabe 6.12 Losgrößenplanung – Konsequenzen des JIT für den Zulieferer II

Ein Zulieferer muss am Ende des 20., 35. und 65. Tages seiner Planungsperiode jeweils 120 Sportsitze einer bestimmten Spezifikation an einen Automobilhersteller liefern. Die Planungsperiode umfasst einen Zeitraum T von 65 Tagen. Der Zulieferer kann auf einer Maschine täglich 15 Sportsitze dieser Art herstellen, wobei auflagefixe Kosten in Höhe von 50 € anfallen. Darüber hinaus beträgt der Lagerkostensatz 0,1 € pro Sportsitz und Tag. Es kann davon ausgegangen werden, dass die jeweils zu liefernden Sportsitze in ihrer gesamten Menge schlagartig vom Lager abgehen, dass der Transport der Sportsitze vom Zulieferer zum Automobilhersteller keine Zeit in Anspruch nimmt und dass Fehlmengen beim Automobilhersteller nicht zulässig sind.

a) Berechnen Sie die beim Zulieferer entstehenden minimalen Kosten (in €) einer Auflage, zweier Auflagen und dreier Auflagen! Bestimmen Sie die kostenminimale Auflagehäufigkeit!

b) Gehen Sie nun davon aus, dass am Ende des 35. Tages der Planungsperiode 210 Sportsitze ausgeliefert werden müssen. Alle anderen Daten gelten unverändert. Berechnen Sie die beim Zulieferer entstehenden minimalen Kosten (in €) einer Auflage, zweier Auflagen und dreier Auflagen! Bestimmen Sie abermals die kostenminimale Auflagehäufigkeit!

c) Wie hoch müsste die Produktionsgeschwindigkeit (in Sportsitze pro Tag) mindestens sein, um am Ende des 35. Tages 650 Sportsitze ausliefern zu können? Alle anderen Daten gelten unverändert.

Lösung zu Aufgabe 6.12

zu a) Geht die Einführung von Just-in-Time (JIT) auf die Initiative des Abnehmers zurück und kann er dieses Prinzip aufgrund seiner Marktmacht gegenüber dem Zulieferer durchsetzen, dann bleibt diesem nichts anderes übrig, als die neuen Lieferzeitpunkte und Bestellmengen des Serienprodukts als Daten hinzunehmen.

Wegen der festen Liefertermine und -mengen sind für die Zulieferer im allgemeinen die Annahmen des Harris-Modells nicht erfüllt, so dass die Losgrößenformel hier zur Bestimmung der optimalen Auflagepolitik nicht anwendbar ist. Vielmehr müssen die Aktionsmöglichkeiten der Zulieferer – die in der Wahl der Auflagehäufigkeit bestehen – in ihren Kostenauswirkungen gesondert untersucht und aus ihnen dann nach dem Prinzip der vollständigen Enumeration die Optima herausgefunden werden.

Fertigt der Zulieferer mit der Maschine, die mit $z = 15$ Sportsitze pro Tag fertigen kann, benötigt der Zulieferer – gemäß der Produktionsbeziehung $x = z \cdot t$ – zur Herstellung der Nachfragemenge x die folgende Produktionszeit:

$$t(x = 120 \, [ME]) = \frac{x}{z} = \frac{120 \, [ME]}{15 \, [ME/Tag]} = 8 \, [Tage].$$

Für den Zulieferer besteht nun die Möglichkeit die Gesamtproduktionsmenge in Höhe von $x_G = 360$ Sportsitzen in einer, zwei oder drei Auflagen zu bewältigen:

$$x_G = 3 \cdot x = 3 \cdot 120 \, [ME] = 360 \, [ME].$$

Für die Gesamtproduktionsmenge $x_G = 360$ Sportsitze benötigt der Zulieferer bei einer Produktionsgeschwindigkeit der Maschine von 15 Sportsitzen pro Tag 24 Tage:

$$t_G(x_G = 360 \, [ME]) = \frac{x_G}{z} = \frac{360 \, [ME]}{15 \, [ME/Tag]} = 24 \, [Tage].$$

Beachten muss der Zulieferer dabei, dass jeweils am Ende des 20., 35. und 65. Tages die Auslieferung von jeweils 120 Sportsitzen zu erfolgen hat. Nach dem Prinzip der vollständigen Enumeration sind die beim Zulieferer bestehenden Aktionsmöglichkeiten für die Auslieferungen zum Ende des 20., 35. und 65. Tages zu ermitteln.

Die Kosten K_1 bei einer Auflage lassen sich wie folgt berechnen, wobei der Lagerbestandsverlauf bei einer Auflage anhand der Abbildung 6.12.1 dargestellt wird.

Die Lagerkosten $K_{1,1}$ zwischen dem Ende des 12. und 20. Tages berechnen sich bei einer Auflage wie folgt:

$$K_{1,1} = \left(\frac{8 \, [Tage] \cdot 120 \, [ME]}{2} \right) \cdot 0{,}1 \left[\frac{€}{ME \cdot Tag} \right] = 48 \, [€].$$

Die Lagerkosten $K_{1,2}$ zwischen dem Ende des 20. und 35. Tages berechnen sich bei einer Auflage wie folgt:

$$K_{1,2} = \left(\frac{15 \, [Tage] \cdot 225 \, [ME]}{2} \right) \cdot 0{,}1 \left[\frac{€}{ME \cdot Tag} \right] = 168{,}75 \, [€].$$

Die Lagerkosten $K_{1,3}$ zwischen dem Ende des 35. und 65. Tages lassen sich demgegenüber bei einer Auflage wie folgt berechnen:

$$K_{1,3} = \left(\begin{array}{l} 1\,[Tag] \cdot 105\,[ME] + \dfrac{1\,[Tag] \cdot 15\,[ME]}{2} \\ +29\,[Tage] \cdot 120\,[ME] \end{array} \right) \cdot 0{,}1 \left[\dfrac{€}{ME \cdot Tag} \right]$$
$$= 359{,}25\,[€].$$

Insgesamt betragen die Lagerkosten K_{1L} somit bei einer Auflage:

$$K_{1L} = K_{1,1} + K_{1,2} + K_{1,3} = 48 + 168{,}75 + 359{,}25 = 576\,[€].$$

Zu den Lagerkosten K_{1L} sind noch die auflagefixen Kosten K_{1F} in Höhe von 50 € bei einer Auflage hinzuzuaddieren, so dass sich für die Gesamtkosten K_1 bei einer Auflage ergibt:

$$K_1 = K_{1L} + K_{1F} = 576 + 50 = 626\,[€].$$

Die nachfolgende Abbildung 6.12.1 zeigt den zugehörigen Lagerbestandsverlauf bei einer Auflage.

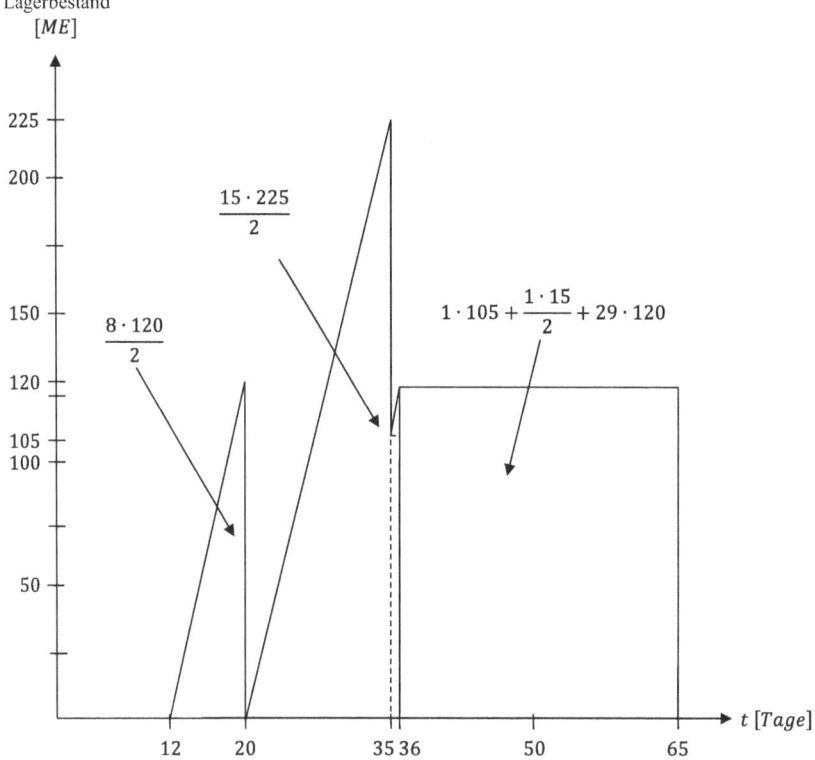

Abb. 6.12.1:   Lagerbestandsverlauf bei einer Auflage

Bei einer einmaligen Auflage ist zwingend eine durchgehende Fertigung vorgesehen. Um die Lagerkosten möglichst gering zu halten, ist die oben berechnete Produktionszeit von 8 Tagen einzuhalten. Somit beginnt die durchgehende Fertigung erst nach dem zwölften Tag. Die 8-tägige Produktionsphase dauert folglich bis zum Ende des 20. Tages, so dass bei einer Produktion mit $z = 15$ Sportsitzen pro Tag die Auslieferungsmenge in Höhe von 120 Sportsitzen gewährleistet ist. Nach der ersten Auslieferung am Ende des 20. Tages ist das Lager wieder vollständig geleert. Nachdem die erste Auslieferung somit fristgerecht erfolgen konnte, beginnt am folgenden Tag die zweite Produktionsphase, in der weiter durchgehend 15 Sportsitze pro Tag gefertigt werden, so dass bis zum Ende des 35. Tages bereits 225 Sportsitze gefertigt werden. Demzufolge lässt sich die Lieferverpflichtung in Höhe von 120 Sportsitzen zum Ende des 35. Tages ohne Probleme einhalten. Nach der Auslieferung liegen dementsprechend noch 105 Sportsitze auf dem Lager. In der Folge ist lediglich noch die letzte Lieferverpflichtung zum Ende des 65. Tages der Planungsperiode einzuhalten. Beachtet man weiterhin, dass die 120 Sportsitze am 65. Tag ausgeliefert werden müssen und zudem 105 Sportsitze auf dem Lager liegen, so ist es unmittelbar ersichtlich, dass bei einer durchgehenden Fertigung von 15 Sportsitzen pro Tag das Produktionsende bereits vor dem Ende des 65. Tages erreicht wird. Für die noch zu fertigenden 15 Sportsitze benötigt man bei einer Fertigung von 15 Sportsitzen pro Tag nur noch den darauffolgenden Tag. Das Ende der Produktion wird somit am Ende des 36. Tages erreicht, da an diesem Tage die zu liefernde Produktionsmenge in Höhe von 120 Sportsitzen erreicht wird.

Zusammenfassend sei an dieser Stelle nochmals die Berechnung der minimalen Gesamtkosten für die Herstellung der insgesamt 360 Sportsitze unter Berücksichtigung der auflagefixen Kosten in Höhe von 50 € und des Lagerkostensatzes in Höhe von 0,1 € pro Sportsitz und Tag bei einer einmaligen Auflagenhäufigkeit aufgeführt:

$$
K_1 = \begin{bmatrix} \left(\dfrac{8\,[Tage] \cdot 120\,[ME]}{2}\right) + \left(\dfrac{15\,[Tage] \cdot 225\,[ME]}{2}\right) \\ +1\,[Tag] \cdot 105\,[ME] + \dfrac{1\,[Tag] \cdot 15\,[ME]}{2} \\ +29\,[Tage] \cdot 120\,[ME] \end{bmatrix}
$$

$$
\cdot\, 0{,}1 \left[\frac{€}{ME \cdot Tag}\right] + 1 \cdot 50\,[€]
$$

$$
= 576\,[€] + 50\,[€] = 626\,[€].
$$

Bei der zweimaligen Auflagenhäufigkeit sind zwei Fälle zu unterscheiden. Im ersten Fall (Fall 1) lassen sich die Kosten K_2^1 bei zwei Auflagen wie folgt berechnen, wobei in diesem Fall der Lagerbestandsverlauf anhand der Abbildung 6.12.2 dargestellt wird.

Die Lagerkosten $K_{2,1}^1$ zwischen dem Ende des 12. und 20. Tages berechnen sich bei zwei Auflagen im ersten Fall wie folgt:

$$K_{2,1}^1 = \left(\frac{8\,[Tage] \cdot 120\,[ME]}{2}\right) \cdot 0{,}1\,\left[\frac{€}{ME \cdot Tag}\right] = 48\,[€].$$

Die Lagerkosten $K_{2,2}^1$ zwischen dem Ende des 20. und 35. Tages lassen sich demgegenüber bei zwei Auflagen im ersten Fall wie folgt berechnen:

$$K_{2,2}^1 = \left(\frac{8\,[Tage] \cdot 120\,[ME]}{2} + 7\,[Tage] \cdot 120\,[ME]\right) \cdot 0{,}1\,\left[\frac{€}{ME \cdot Tag}\right]$$
$$= 132\,[€]$$

Die Lagerkosten $K_{2,3}^1$ zwischen dem Ende des 57. und 65. Tages können im ersten Fall bei der zweimaligen Auflagenhäufigkeit analog zu dem Zeitraum zwischen dem Ende des 20. und 28. Tages bzw. des 12. und 20. Tages berechnet werden, mithin ergibt sich hierfür:

$$K_{2,3}^1 = \left(\frac{8\,[Tage] \cdot 120\,[ME]}{2}\right) \cdot 0{,}1\,\left[\frac{€}{ME \cdot Tag}\right] = 48\,[€].$$

Insgesamt betragen die Lagerkosten K_{2L}^1 im ersten Fall bei der zweimaligen Auflagenhäufigkeit folglich:

$$K_{2L}^1 = K_{2,1}^1 + K_{2,2}^1 + K_{2,3}^1 = 48 + 132 + 48 = 228\,[€].$$

Zu den Lagerkosten K_{2L}^1 sind noch die auflagefixen Kosten K_{2F} in Höhe von 100 € bei der zweimaligen Auflagenhäufigkeit hinzuzuaddieren, so dass sich für die Gesamtkosten K_2^1 bei der zweimaligen Auflagenhäufigkeit im ersten Fall ergibt:

$$K_2^1 = K_{2L}^1 + K_{2F} = 228 + 2 \cdot 50 = 328\,[€].$$

Die nachfolgende Abbildung 6.12.2 zeigt den zugehörigen Lagerbestandsverlauf bei zwei Auflagen (Fall 1).

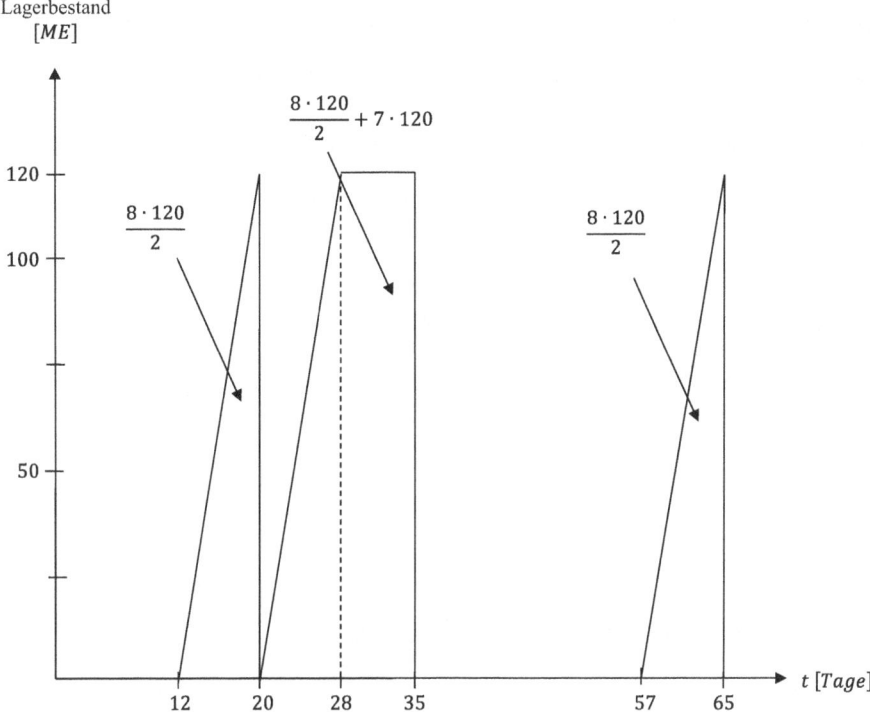

Abb. 6.12.2:   Lagerbestandsverlauf bei zwei Auflagen (Fall 1)

Im zweiten Fall (Fall 2) lassen sich die Kosten K_2^2 bei zwei Auflagen wie folgt berechnen, wobei in diesem Fall der Lagerbestandsverlauf anhand der Abbildung 6.12.3 dargestellt wird.

Die Lagerkosten $K_{2,1}^2$ zwischen dem Ende des 12. und 20. Tages berechnen sich, bedingt durch die 8-tägige Produktionsphase, im zweiten Fall bei der zweimaligen Auflagenhäufigkeit analog zu dem ersten Fall, mithin gilt:

$$K_{2,1}^2 = \left(\frac{8\,[Tage] \cdot 120\,[ME]}{2}\right) \cdot 0{,}1 \left[\frac{€}{ME \cdot Tag}\right] = 48\,[€].$$

Die Lagerkosten $K_{2,2}^2$ zwischen dem Ende des 27. und 35. Tages lassen sich demgegenüber im zweiten Fall bei der zweimaligen Auflagenhäufigkeit, da sich nun abermals eine 8-tägige Produktionsphase anschließt, wie folgt berechnen:

$$K_{2,2}^2 = \left(\frac{8\,[Tage] \cdot 120\,[ME]}{2}\right) \cdot 0{,}1 \left[\frac{€}{ME \cdot Tag}\right] = 48\,[€].$$

Die Lagerkosten $K_{2,3}^2$ zwischen dem Ende des 35. und 65. Tages lassen sich im zweiten Fall bei der zweimaligen Auflagenhäufigkeit, bedingt durch die sich direkt nach der zweiten Auslieferung anschließende 8-tägige Produktionsphase, wie folgt berechnen:

$$K_{2,3}^2 = \left(\frac{8\,[Tage] \cdot 120\,[ME]}{2} + 22\,[Tage] \cdot 120\,[ME]\right) \cdot 0{,}1 \left[\frac{€}{ME \cdot Tag}\right]$$
$$= 312\,[€].$$

Die nachfolgende Abbildung 6.12.3 zeigt den zugehörigen Lagerbestandsverlauf bei zwei Auflagen (Fall 2).

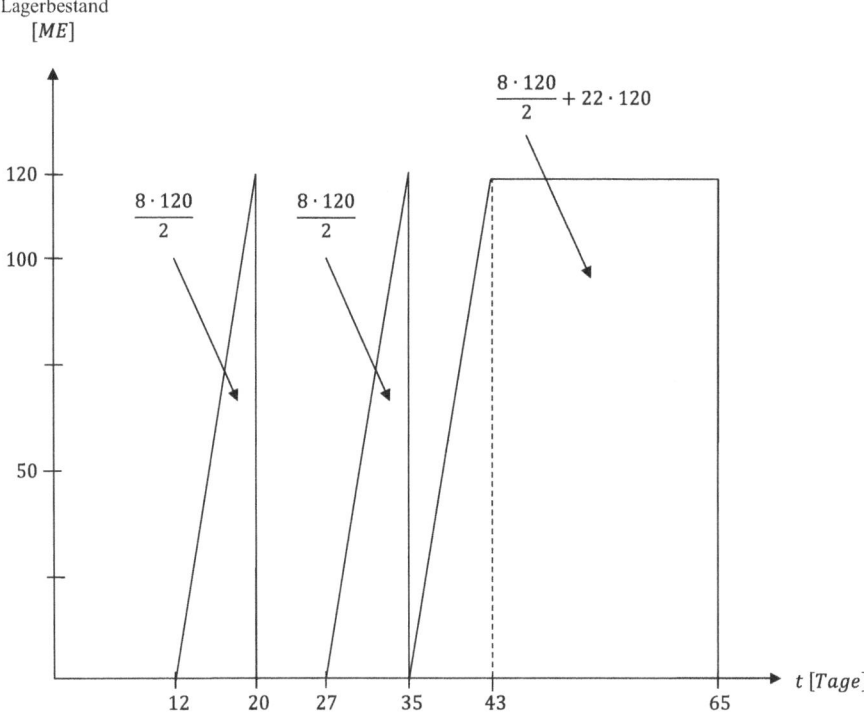

Abb. 6.12.3:   Lagerbestandsverlauf bei zwei Auflagen (Fall 2)

Insgesamt betragen die Lagerkosten K_{2L}^2 im zweiten Fall bei der zweimaligen Auflagenhäufigkeit folglich:

$$K_{2L}^2 = K_{2,1}^2 + K_{2,2}^2 + K_{2,3}^2 = 48 + 48 + 312 = 408\,[€].$$

Zu den Lagerkosten K_{2L}^2 sind noch die auflagefixen Kosten K_{2F} in Höhe von 100 € bei der zweimaligen Auflagenhäufigkeit hinzuzuaddieren, so dass sich für die Gesamtkosten K_2^2 bei der zweimaligen Auflagenhäufigkeit im zweiten Fall ergibt:

$$K_2^2 = K_{2L}^2 + K_{2F} = 408 + 2 \cdot 50 = 508 \, [\text{€}].$$

Im zweiten Fall wird bei der zweimaligen Auflagenhäufigkeit mit der ersten Auflage, wie im ersten Fall, ebenfalls nach dem zwölften Tag mit der Produktion begonnen. Die Fertigung wird aber im Gegensatz zu dem ersten Fall bereits an dem Tag der ersten Auslieferung, also am Ende des 20. Tages, unterbrochen. Nach der ersten Auslieferung am Ende des 20. Tages ist das Lager wieder vollständig geleert. Die Wiederaufnahme der Produktion erfolgt nach dem Ende des 27. Tages und wird ununterbrochen bis zum Ende des 43. Tages fortgeführt. Bei einer Produktion mit $z = 15$ Sportsitzen pro Tag können die Liefermengen in Höhe von jeweils 120 Sportsitzen zum Ende des 35. Tages und des 65. Tages und am Ende des 65. Tages während der 16-tägigen Produktionsphase, in der sich die insgesamt noch fehlenden 240 Sportsitze fertigen lassen, produziert werden. Nach der zweiten Auslieferung am Ende des 35. Tages ist das Lager wiederum vollständig geleert. Die Fertigung der Sportsitze für die dritte und letzte Auslieferung von 120 Sportsitzen erfolgt durch die durchgehende Produktion bis zum Ende des 43. Tages, danach wird die Produktion beendet. An dieser Stelle gilt es noch anzumerken, dass durch die Abbildung 6.12.3 im Vergleich mit der Abbildung 6.12.2 unmittelbar deutlich wird, dass die Gesamtkosten im zweiten Fall deutlich höher als im ersten Fall sind.

Bei der dreimaligen Auflagenhäufigkeit lassen sich die Kosten K_3 wie folgt berechnen, wobei der Lagerbestandsverlauf bei drei Auflagen anhand der Abbildung 6.13.4 dargestellt wird.

Die Lagerkosten $K_{3,1}$ zwischen dem Ende des 12. und 20. Tages berechnen sich bei drei Auflagen wie folgt:

$$K_{3,1} = \left(\frac{8 \, [Tage] \cdot 120 \, [ME]}{2} \right) \cdot 0{,}1 \left[\frac{\text{€}}{ME \cdot Tag} \right] = 48 \, [\text{€}].$$

Bei drei Auflagen lassen sich die Lagerkosten $K_{3,2}$ und $K_{3,3}$ zwischen dem Ende des 27. und 35. Tages sowie dem Ende des 57. und 65. Tages analog zu den Lagerkosten $K_{3,1}$ berechnen, mithin gilt:

$$K_{3,2} = \left(\frac{8 \, [Tage] \cdot 120 \, [ME]}{2} \right) \cdot 0{,}1 \left[\frac{\text{€}}{ME \cdot Tag} \right] = 48 \, [\text{€}]$$

bzw.

$$K_{3,3} = \left(\frac{8\,[Tage] \cdot 120\,[ME]}{2}\right) \cdot 0,1\,\left[\frac{€}{ME \cdot Tag}\right] = 48\,[€].$$

Insgesamt betragen die Lagerkosten K_{3L} bei drei Auflagen folglich:

$$K_{3L} = K_{3,1} + K_{3,2} + K_{3,3} = 48 + 48 + 48 = 144\,[€].$$

Zu den Lagerkosten K_{3L} sind noch die auflagefixen Kosten K_{3F} in Höhe von 150 € bei drei Auflagen hinzuzuaddieren, so dass sich für die Gesamtkosten K_3 bei drei Auflagen ergibt:

$$K_3 = K_{3L} + K_{3F} = 144 + 3 \cdot 50 = 294\,[€].$$

Die nachfolgende Abbildung 6.12.4 zeigt den zugehörigen Lagerbestandsverlauf bei drei Auflagen.

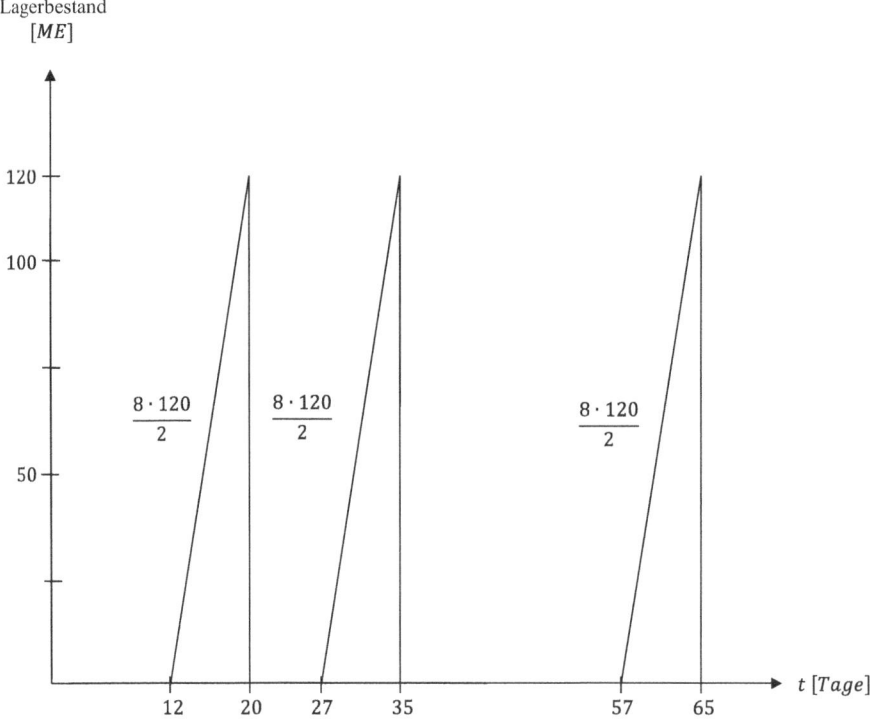

Abb. 6.12.4:   Lagerbestandsverlauf bei drei Auflagen

Der Zulieferer hat bei einer dreimaligen Auflagenhäufigkeit die Möglichkeit, die Produktion zweimal zu unterbrechen, um die Lagerkosten zu verringern. Der Zulieferer muss dabei auch in diesem Fall sicherstellen, dass die

Nachfragemengen an den Auslieferungsterminen gefertigt sind. Um die Lagerkosten bei einer dreimaligen Auflagenhäufigkeit möglichst gering zu halten, ist die berechnete Produktionszeit von 8 Tagen einzuhalten. Die Unterbrechung der Fertigung erfolgt jeweils direkt nach den Auslieferungsterminen, also am Ende des 20. und 35. Tages. Die Wiederaufnahme der Produktion erfolgt jeweils 8 Tage vor dem jeweiligen Liefertermin, also nach Ende des 27. und 57. Tages. Mit der Produktion wird wie bei den bisher betrachteten Auflagenhäufigkeiten mit der ersten Auflage nach dem zwölften Tag gestartet. Die Fertigung wird ununterbrochen bis zum Ende des 20. Tages fortgeführt, so dass bei einer Produktion von $z = 15$ Sportsitzen pro Tag die Liefermenge in Höhe von 120 Sportsitzen nach dem 20. Tag gewährleistet ist. Nach der ersten Auslieferung am Ende des 20. Tages ist das Lager wieder vollständig geleert. Die Produktion wird nach dem Ende des 20. Tages unterbrochen. Die Wiederaufnahme der Produktion erfolgt erst nach dem Ende des 27. Tages, und erneut werden mittels der 8-tägigen Produktionsphase die 120 zu fertigenden Sportsitze produziert, die dann abermals zum Ende der Produktionsphase am Ende des 35. Tages ausgeliefert werden. Auch nach der zweiten Auslieferung am Ende des 35. Tages ist das Lager wieder vollständig geleert. Dieses Szenario wiederholt sich zum Ende der Planungsphase, so dass dann am Ende des 65. Tages das Ende des Planungshorizonts erreicht wird und die Lieferverpflichtungen mithin eingehalten werden konnten.

Zusammenfassend soll auch an dieser Stelle abermals die Berechnung der Gesamtkosten K_3 für die Herstellung der insgesamt 360 Sportsitze bei der dreimaligen Auflagenhäufigkeit aufgeführt werden:

$$K_3 = \begin{bmatrix} \left(\dfrac{8\,[Tage] \cdot 120\,[ME]}{2}\right) + \left(\dfrac{8\,[Tage] \cdot 120\,[ME]}{2}\right) \\ + \left(\dfrac{8\,[Tage] \cdot 120\,[ME]}{2}\right) \end{bmatrix} \cdot 0{,}1 \left[\dfrac{€}{ME \cdot Tag}\right]$$

$$+ 3 \cdot 50\,[€]$$

$$= 144\,[€] + 3 \cdot 50\,[€] = 294\,[€].$$

Aus den angestellten Überlegungen und Berechnungen können wir schlussfolgern, dass die Fertigung der insgesamt 360 Sportsitze durch den Lieferanten, die an den drei Lieferterminen zu je 120 Sportsitze an den Automobilhersteller zu liefern sind, in 3 Auflagen kostenminimal ist!

zu b) Fertigt der Zulieferer weiterhin mit der Maschine, die mit $z = 15$ Sportsitze pro Tag fertigen kann, so benötigt er – gemäß der Produktionsbeziehung $x_i = z \cdot t_i$ – zur Herstellung der Nachfragemengen x_1 und x_2 die folgenden Produktionszeiten:

$$t_1(x_1 = 120\,[ME]) = \frac{x_1}{z} = \frac{120\,[ME]}{15\,[ME/Tag]} = 8\,[Tage]$$

bzw.

$$t_2(x_2 = 210\,[ME]) = \frac{x_2}{z} = \frac{210\,[ME]}{15\,[ME/Tag]} = 14\,[Tage].$$

Für den Zulieferer besteht nun – da die Abstände zwischen den Lieferterminen größer als 14 Tage sind – die Möglichkeit, die Gesamtproduktionsmenge in Höhe von $x_G = 450$ Sportsitze in einer, zwei oder drei Auflagen zu bewältigen. Die 450 Sportsitze setzen sich wie folgt zusammen:

$$x_G = 2 \cdot x_1 + 1 \cdot x_2 = 2 \cdot 120\,[ME] + 1 \cdot 210\,[ME] = 450\,[ME].$$

Für die Gesamtproduktionsmenge $x_G = 450$ Sportsitze benötigt der Zulieferer bei einer Produktionsgeschwindigkeit der Maschine von 15 Sportsitzen pro Tag 30 Tage.

$$
\begin{aligned}
t_G(x_G = 450\,[ME]) &= \frac{2 \cdot x_1 + 1 \cdot x_2}{z} \\
&= \frac{2 \cdot 120\,[ME] + 210\,[ME]}{15\,[ME/Tag]} \\
&= 30\,[Tage].
\end{aligned}
$$

Beachten muss der Zulieferer dabei, dass jeweils am Ende des 20. und 65. Tages die Auslieferung von 120 Sportsitzen sowie am Ende des 35. Tages die Auslieferung von 210 Sportsitzen zu erfolgen hat. Nach dem Prinzip der vollständigen Enumeration sind die beim Zulieferer bestehenden Aktionsmöglichkeiten für die Auslieferungen zum Ende des 20., 35. und 65. Tages zu ermitteln.

Die Kosten K_1 bei einer Auflage lassen sich wie folgt berechnen, wobei der Lagerbestandsverlauf bei einer Auflage anhand der Abbildung 6.12.5 dargestellt wird.

Die Lagerkosten $K_{1,1}$ zwischen dem Ende des 12. und 20. Tages berechnen sich bei einer Auflage abermals zu:

$$K_{1,1} = \left(\frac{8\,[Tage] \cdot 120\,[ME]}{2}\right) \cdot 0{,}1 \left[\frac{\text{€}}{ME \cdot Tag}\right] = 48\,[\text{€}].$$

Die Lagerkosten $K_{1,2}$ zwischen dem Ende des 20. und 35. Tages berechnen sich analog zu Aufgabenteil a) bei einer Auflage:

$$K_{1,2} = \left(\frac{15\,[Tage] \cdot 225\,[ME]}{2}\right) \cdot 0{,}1 \left[\frac{\text{€}}{ME \cdot Tag}\right] = 168{,}75\,[\text{€}].$$

Demgegenüber ergeben sich für die Lagerkosten $K_{1,3}$, aufgrund der insgesamt höheren Liefermenge mit 450 Sportsitzen gegenüber 360 Sportsitzen im Aufgabenteil a), zwischen dem Ende des 35. und 65. Tages bei einer Auflage:

$$K_{1,3} = \left(\begin{array}{l} 7\,[Tage] \cdot 15\,[ME] + \dfrac{7\,[Tage] \cdot 105\,[ME]}{2} \\ +23\,[Tage] \cdot 120\,[ME] \end{array}\right) \cdot 0{,}1 \left[\frac{\text{€}}{ME \cdot Tag}\right]$$
$$= 323{,}25\,[\text{€}].$$

Insgesamt betragen die Lagerkosten K_{1L} somit bei einer Auflage:

$$K_{1L} = K_{1,1} + K_{1,2} + K_{1,3} = 48 + 168{,}75 + 323{,}25 = 540\,[\text{€}].$$

Zu den Lagerkosten K_{1L} sind noch die auflagefixen Kosten K_{1F} in Höhe von 50 € bei einer Auflage hinzuzuaddieren, so dass sich für die Gesamtkosten K_1 bei einer Auflage ergibt:

$$K_1 = K_{1L} + K_{1F} = 540 + 50 = 590\,[\text{€}].$$

Die Abbildung 6.12.5 zeigt den zugehörigen Lagerbestandsverlauf bei einer Auflage. Bei einer einmaligen Auflage ist, wie bereits im Aufgabenteil a) beschrieben, zwingend eine durchgehende Fertigung vorgesehen. Um die Lagerkosten möglichst gering zu halten, sind die jeweils oben berechneten Produktionszeiten von 8 bzw. 14 Tagen einzuhalten. Somit beginnt die durchgehende Fertigung, analog zu dem Aufgabenteil a), erst nach dem zwölften Tag, da für den ersten Liefertermin eine Auslieferungsmenge von 120 Sportsitzen vorgesehen ist. Die hierfür benötigte 8-tägige Produktionsphase dauert folglich bis zum Ende des 20. Tages, so dass bei einer Produktion mit $z = 15$ Sportsitzen pro Tag die Auslieferungsmenge in Höhe von 120 Sportsitzen gewährleistet ist. Nach der ersten Auslieferung am Ende des 20. Tages ist das Lager nun auch wieder vollständig geleert. Am folgenden Tag wird die durchgehende Fertigung mit der zweiten Produktionsphase fortgesetzt, in der weiter durchgehend 15 Sportsitze pro Tag gefertigt werden, so dass bis zum Ende des 35. Tages auch wiederum 225 Sportsitze gefertigt werden, jedoch muss nun die Lieferverpflichtung der 210 Sportsitze zum Ende des 35. Tages erfüllt werden. Folglich liegen nach der Auslieferung noch 15 Sportsitze auf dem Lager. Die Fertigung der Sportsitze wird auch zwischen dem Ende des 35. und 42. Tages unaufhörlich – mit der Fertigung von 15 Sportsitzen pro Tag – fortgesetzt, so dass der Lagerbestand zum Ende des 42. Tages bei 120 Sportsitzen liegt. Die Fertigung wird nun beendet, da die Fertigungsmenge für die letzte Lieferverpflichtung zum Ende des 65. Tages sichergestellt ist. Festzuhalten ist an dieser Stelle, dass für die Produktion der insgesamt 450 Sportsitze 30 Tage benötigt werden. Das Ende der Produktion wird somit am Ende des 42. Tages erreicht, da an diesem Tag bereits die zu liefernde Menge der 120 Sportsitze für die Auslieferung am Ende des 65. Tages auf dem Lager liegen.

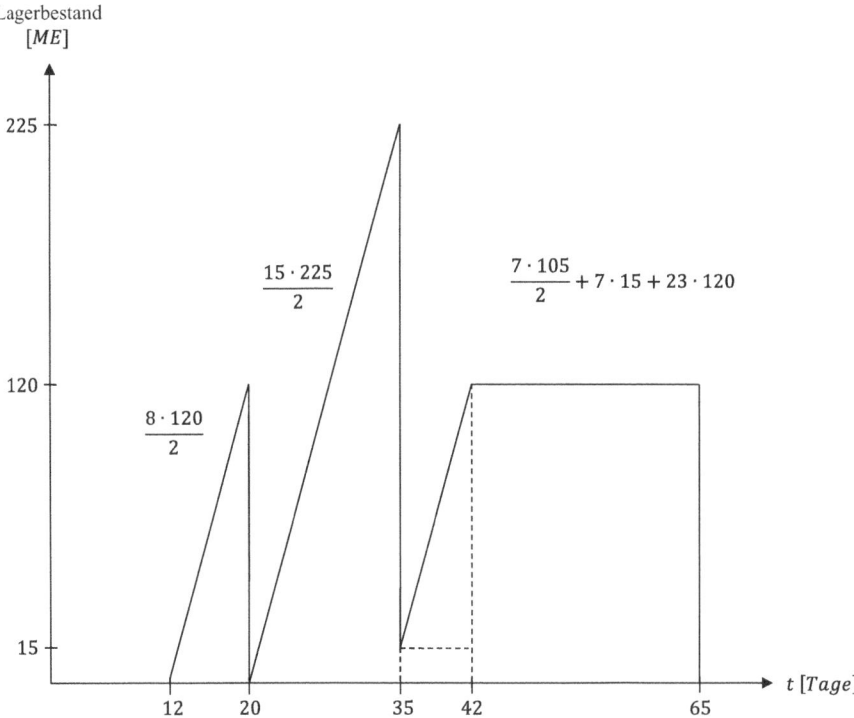

Abb. 6.12.5:   Lagerbestandsverlauf bei einer Auflage

Bei der zweimaligen Auflagenhäufigkeit sind wiederum zwei Fälle zu unterscheiden. Im ersten Fall (Fall 1) lassen sich die Kosten K_2^1 bei zwei Auflagen wie folgt berechnen, wobei in diesem Fall der Lagerbestandsverlauf anhand der Abbildung 6.12.6 dargestellt wird.

Die Lagerkosten $K_{2,1}^1$ zwischen dem Ende des 12. und 20. Tages berechnen sich bei zwei Auflagen im ersten Fall wie im Aufgabenteil a) wie folgt:

$$K_{2,1}^1 = \left(\frac{8\,[Tage] \cdot 120\,[ME]}{2}\right) \cdot 0{,}1 \left[\frac{€}{ME \cdot Tag}\right] = 48\,[€].$$

Bei der Berechnung der Lagerkosten $K_{2,2}^1$ zwischen dem Ende des 20. und 35. Tages ergibt sich jedoch eine Veränderung gegenüber dem Aufgabenteil a), da bei dieser Fallbetrachtung bis zum Auslieferungstermin 210 Sportsitze gefertigt werden müssen (im Aufgabenteil a) waren es 120 Sportsitze), so dass es bei zwei Auflagen im ersten Fall zu folgendem Ergebnis kommt:

$$K_{2,2}^1 = \left(\frac{14\,[Tage] \cdot 210\,[ME]}{2} + 1\,[Tag] \cdot 210\,[ME]\right) \cdot 0{,}1 \left[\frac{€}{ME \cdot Tag}\right]$$
$$= 168\,[€].$$

Die Lagerkosten $K_{2,3}^1$ zwischen dem Ende des 57. und 65. Tages können wie im Aufgabenteil a) im ersten Fall bei der zweimaligen Auflagenhäufigkeit analog zu dem Zeitraum zwischen dem Ende des 12. und 20. Tages berechnet werden, mithin ergibt sich hierfür:

$$K_{2,3}^1 = \left(\frac{8\,[Tage] \cdot 120\,[ME]}{2}\right) \cdot 0{,}1 \left[\frac{€}{ME \cdot Tag}\right] = 48\,[€].$$

Insgesamt betragen die Lagerkosten K_{2L}^1 im ersten Fall bei der zweimaligen Auflagenhäufigkeit folglich:

$$K_{2L}^1 = K_{2,1}^1 + K_{2,2}^1 + K_{2,3}^1 = 48 + 168 + 48 = 264\,[€].$$

Zu den Lagerkosten K_{2L}^1 sind noch die auflagefixen Kosten K_{2F} in Höhe von 100 € bei der zweimaligen Auflagenhäufigkeit hinzuzuaddieren, so dass sich für die Gesamtkosten K_2^1 bei der zweimaligen Auflagenhäufigkeit im ersten Fall ergibt:

$$K_2^1 = K_{2L}^1 + K_{2F} = 264 + 2 \cdot 50 = 364\,[€].$$

Die nachfolgende Abbildung 6.12.6 zeigt den zugehörigen Lagerbestandsverlauf bei zwei Auflagen (Fall 1).

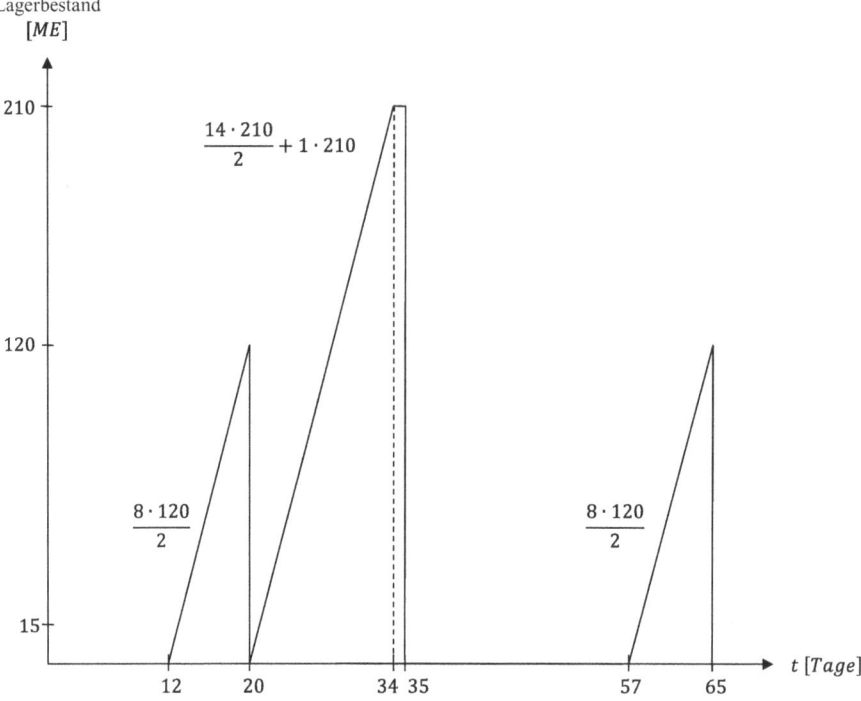

Abb. 6.12.6:   Lagerbestandsverlauf der Maschine; zwei Auflagen (Fall 1)

Durch den Vergleich der Flächen in den Abbildungen 6.12.6 und 6.12.7 wird bereits unmittelbar ersichtlich, dass die Gesamtkosten im Fall 2 sehr viel höher ausfallen.

Im zweiten Fall werden nach der Unterbrechung der Produktion zum Ende des 43. Tages gefertigte Mengen an Sportsitzen bis zum Ende des 65. Tages gelagert (Abbildung 6.12.7).

Zusammenfassend sei an dieser Stelle die Berechnung der Gesamtkosten K_2^2 für die Herstellung der insgesamt 450 Sportsitze für den zweiten Fall bei der zweimaligen Auflagenhäufigkeit aufgeführt:

$$K_2^2 = \left[\begin{array}{c} \left(\dfrac{8\,[Tage] \cdot 120\,[ME]}{2} \right) \\ + \left(\dfrac{14\,[Tage] \cdot 210\,[ME]}{2} \right) \\ + \left(\dfrac{8\,[Tage] \cdot 120\,[ME]}{2} \right) \\ + (22\,[Tage] \cdot 120\,[ME]) \end{array} \right] \cdot 0{,}1 \left[\dfrac{€}{ME \cdot Tag} \right] + 2 \cdot 50\,[€]$$

$$= 507\,[€] + 2 \cdot 50\,[€] = 607\,[€].$$

Die nachfolgende Abbildung 6.12.7 zeigt den zugehörigen Lagerbestandsverlauf bei zwei Auflagen (Fall 2).

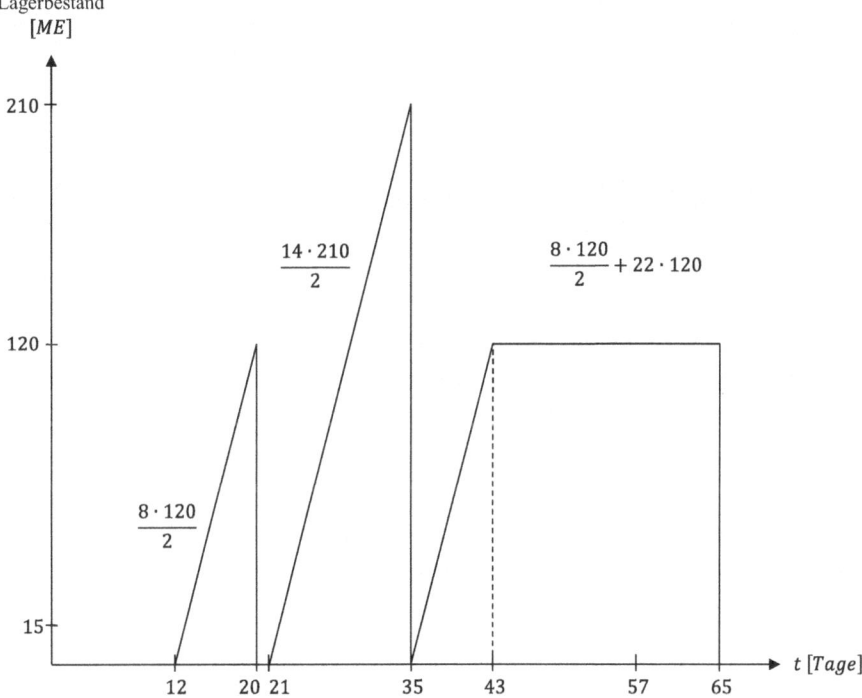

Abb. 6.12.7:   Lagerbestandsverlauf bei zwei Auflagen (Fall 2)

Bei der dreimaligen Auflagenhäufigkeit lassen sich die Kosten K_3 wie folgt berechnen, wobei der Lagerbestandsverlauf bei drei Auflagen anhand der Abbildung 6.12.8 dargestellt wird.

Die Lagerkosten $K_{3,1}$ und $K_{3,3}$ zwischen dem Ende des 12. und 20. Tages sowie dem Ende des 57. und 65. Tages sind:

$$K_{3,1} = \left(\frac{8\,[Tage] \cdot 120\,[ME]}{2}\right) \cdot 0{,}1\left[\frac{€}{ME \cdot Tag}\right] = 48\,[€]$$

bzw.

$$K_{3,3} = \left(\frac{8\,[Tage] \cdot 120\,[ME]}{2}\right) \cdot 0{,}1\left[\frac{€}{ME \cdot Tag}\right] = 48\,[€].$$

Für die Berechnung der Lagerkosten $K_{3,3}$ für die Fertigung der 210 Sportsitze zwischen dem Ende des 21. und 35. Tages ergibt sich:

$$K_{3,2} = \left(\frac{14\,[Tage] \cdot 210\,[ME]}{2}\right) \cdot 0{,}1\left[\frac{€}{ME \cdot Tag}\right] = 147\,[€].$$

Insgesamt betragen die Lagerkosten K_{3L} somit bei drei Auflagen:

$$K_{3L} = K_{3,1} + K_{3,2} + K_{3,3} = 48 + 147 + 48 = 243\,[€].$$

Zu den Lagerkosten K_{3L} sind noch die auflagefixen Kosten K_{3F} in Höhe von 150 € bei drei Auflagen hinzuzuaddieren, so dass sich für die Gesamtkosten K_3 bei drei Auflagen ergibt:

$$K_3 = K_{3L} + K_{3F} = 243 + 3 \cdot 50 = 393\,[€].$$

Die nachfolgende Abbildung 6.12.8 zeigt den zugehörigen Lagerbestandsverlauf bei drei Auflagen. Bei der dreimaligen Auflagenhäufigkeit wird die Fertigung zweimal unterbrochen. Die Unterbrechung der Fertigung erfolgt jeweils direkt mit den Auslieferungsterminen, also nach dem Ende des 20. und 35. Tages. Mit dem Ende des Planungszeitraums am Ende des 65. Tages wird die Fertigung beendet. Das Lager ist nach jeder der drei Auslieferungen vollständig geleert. Die jeweilige Wiederaufnahme der Produktion erfolgt nach dem 21. Tag und dem 57. Tag. Der Zulieferer muss auch in diesem Fall wieder sicherstellen, dass die Nachfragemengen an den Auslieferungsterminen gefertigt sind. Um die Lagerkosten bei der dreimaligen Auflagenhäufigkeit möglichst gering zu halten, sind die berechneten Produktionszeiten von 8 und 14 Tagen maßgebend. Mit der Produktion wird wie bei den bisher betrachteten Auflagenhäufigkeiten somit mit der ersten Auflage nach dem zwölften Tag gestartet. Die Fertigung wird hierbei während der 8-tägigen Produktionsphase ununterbrochen bis zum Ende des 20. Tages fortgeführt, so dass bei einer Produktion mit $z = 15$ Sportsitzen pro Tag die Liefermenge in Höhe von 120 Sportsitzen am 20. Tag gewährleistet ist. Die Wiederaufnahme der Produktion erfolgt nach dem Ende des 21. Tages. Es schließt sich eine 14-tägige Produktionsphase an, in der die 210 zu fertigenden Sportsitze produziert werden. Am Ende der Produktions-phase werden die Sportsitze an dem vereinbarten Liefertermin – am Ende des 35. Tages – ausgeliefert. Die dritte und letzte Auflage sieht wiederum die Fertigung von 120 Sportsitzen nach dem Ende des 57. Tages vor, so dass durch die 8-tägige Produktionsphase das Ende des Planungshorizonts erreicht wird und die Lieferverpflichtungen mithin eingehalten werden können.

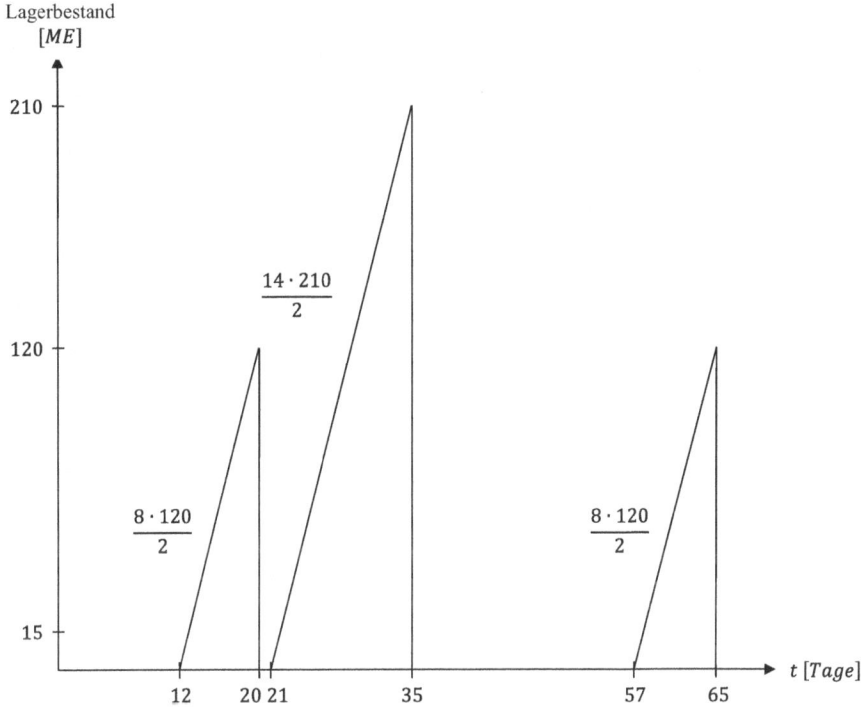

Abb. 6.12.8:   Lagerbestandsverlauf bei drei Auflagen

Zusammenfassend soll auch an dieser Stelle abermals die Berechnung der Gesamtkosten K_3 für die Herstellung der insgesamt 450 Sportsitze bei der dreimaligen Auflagenhäufigkeit aufgeführt werden:

$$K_3 = \left[\left(\frac{8\,[Tage] \cdot 120\,[ME]}{2} \right) + \left(\frac{14\,[Tage] \cdot 210\,[ME]}{2} \right) \right. \\ \left. + \left(\frac{8\,[Tage] \cdot 120\,[ME]}{2} \right) \right]$$

$$\cdot\, 0{,}1 \left[\frac{€}{ME \cdot Tag} \right] + 3 \cdot 50\,[€]$$

$$= 243\,[€] + 3 \cdot 50\,[€] = 393\,[€].$$

Aus den angestellten Überlegungen und Berechnungen können wir diesmal schlussfolgern, dass für die Fertigung der insgesamt 450 Sportsitze durch den Lieferanten die dreimalige Auflagenhäufigkeit kostenminimal ist.

zu c) Die Aufgabenstellung sieht vor, dass am Ende des $t_2 = 35$. Tages $x_2 = 650$ Sportsitze ausgeliefert werden müssen. Zudem gilt es zu beachten, dass am Ende des $t_1 = 20$. Tages $x_1 = 120$ Sportsitze zu liefern sind.

Fertigt der Zulieferer mit der Maschine, die mit z Sportsitzen pro Tag produziert, muss der Zulieferer – gemäß der Produktionsbeziehung $x_i = z \cdot t_i$ – die Herstellung der Nachfragemengen x_1 und x_2 am Ende des $t_2 = 35$. Tages bewältigt haben:

$$x_1 = z \cdot t_1 \quad \text{bzw.} \quad x_2 = z \cdot t_2.$$

Nach dem Einsetzen von $x_1 = 120$ Sportsitzen und $t_1 = 20$ Tage ergibt sich unter alleiniger Berücksichtigung der Liefermengen des ersten Liefertermins für die zu berechnende Produktionsgeschwindigkeit z_1:

$$z_1 = \frac{120\,[ME]}{20\,[Tage]} = 6\,[ME/Tag].$$

Nach dem Einsetzen von $x_2 = 650$ Sportsitzen und $t_2 = 35$ Tagen ergibt sich unter alleiniger Berücksichtigung der Liefermengen des zweiten Liefertermins für die zu berechnende Produktionsgeschwindigkeit z_2:

$$z_2 = \frac{650\,[ME]}{35\,[Tage]} = 18\frac{4}{7}\,[ME/Tag].$$

Es gilt jedoch zu beachten, dass die insgesamt zu fertigende Bedarfsmenge x_B am Ende des 35. Tages bei 770 Sportsitzen und nicht bei 650 Sportsitzen liegt. Die Bedarfsmenge x_B ergibt sich folglich durch die Addition der beiden Nachfragemengen x_1 und x_2. Somit muss die zu bestimmende Produktionsgeschwindigkeit sowohl die Nachfragemengen x_1 während des Zeitraums $t_1 = 20$ Tage als auch die Nachfragemenge x_2 während des Zeitraums $t_2 = 35$ Tage sicherstellen. Folglich lässt sich die erforderliche Produktionsgeschwindigkeit z_B unter den hier gemachten Annahmen wie folgt bestimmen:

$$x_B = x_1 + x_2 = z_B \cdot t_2.$$

Nach dem Einsetzen von $x_1 = 120$ Sportsitze und $x_2 = 650$ Sportsitze sowie $t_2 = 35$ Tage ergibt sich für die Produktionsgeschwindigkeit z_B:

$$z_B = \frac{120\,[ME] + 650\,[ME]}{35\,[Tage]} = 22\,\left[\frac{ME}{Tag}\right].$$

Die berechnete Produktionsgeschwindigkeit z_B kann beide Nachfragemengen zu den vorgegebenen Lieferterminen befriedigen.

Aufgabe 6.13 Losgrößenplanung – Konsequenzen des JIT für den Zulieferer III

Ein Zulieferer muss am Ende des 20., 40. und 60. Tages seiner Planungsperiode jeweils 70 Scheinwerfer einer bestimmten Spezifikation an einen Automobilhersteller liefern. Die Planungsperiode umfasst einen Zeitraum T von 60 Tagen. Der Zulieferer kann auf einer Maschine täglich 10 Scheinwerfer dieser Art herstellen, wobei auflagefixe Kosten in Höhe von 180 € anfallen. Darüber hinaus beträgt der Lagerkostensatz 0,06 € pro Scheinwerfer und Tag. Gehen Sie davon aus, dass die jeweils zu liefernden Scheinwerfer in ihrer gesamten Menge schlagartig vom Lager abgehen, dass der Transport der Scheinwerfer vom Zulieferer zum Automobilhersteller keine Zeit in Anspruch nimmt und dass Fehlmengen beim Automobilhersteller nicht zulässig sind.

a) Berechnen Sie die beim Zulieferer entstehenden minimalen Kosten (in €) bei einer Auflage, bei zwei Auflagen und drei Auflagen! Bestimmen Sie die kostenminimale Auflagenhäufigkeit.

b) Kann bei einer anderen Produktionsgeschwindigkeit der Maschine eine andere Auflagenhäufigkeit kostenminimal werden?

c) Aufgrund kurzfristiger Eilaufträge ist die Maschine vom 31. bis zum 35. Tag anderweitig belegt. Alle anderen Daten gelten unverändert. Berechnen Sie abermals die dem Zulieferer entstehenden minimalen Kosten (in €) bei einer Auflage, zwei Auflagen und bei drei Auflagen! Wie hoch ist die kostenminimale Auflagenhäufigkeit?

d) Es gelten die Daten aus Teilaufgabe c). Wie viele Scheinwerfer müssen pro Tag mindestens gefertigt werden, damit durch die in Teilaufgabe c) ermittelte optimale Auflagenhäufigkeit keine Fehlmengen beim Automobilhersteller entstehen?

Lösung zu Aufgabe 6.13

zu a) Die Aktionsmöglichkeiten des Zulieferers – die in der Wahl der Auflagehäufigkeit bestehen – müssen in ihren Kostenauswirkungen gesondert untersucht und aus ihnen dann nach dem Prinzip der vollständigen Enumeration die Optima herausgefunden werden.

Fertigt der Zulieferer mit der Maschine, die mit $z = 10$ Scheinwerfern pro Tag fertigen kann, benötigt der Zulieferer – gemäß der Produktionsbeziehung $x = z \cdot t$ – zur Herstellung der Nachfragemenge x die folgende Produktionszeit:

$$t(x = 70\ [ME]) = \frac{x}{z} = \frac{70\ [ME]}{10\ [ME/Tag]} = 7\ [Tage].$$

Für den Zulieferer besteht nun die Möglichkeit, die Gesamtproduktionsmenge in Höhe von $x_G = 210$ Scheinwerfern in einer, zwei oder drei Auflagen zu bewältigen.

$$x_G = 3 \cdot x = 3 \cdot 70\ [ME] = 210\ [ME].$$

Für die Gesamtproduktionsmenge $x_G = 210$ Scheinwerfer benötigt der Zulieferer bei einer Produktionsgeschwindigkeit der Maschine von 10 Scheinwerfern pro Tag 21 Tage.

$$t_G(x_G = 210\ [ME]) = \frac{x_G}{z} = \frac{210\ [ME]}{10\ [ME/Tag]} = 21\ [Tage].$$

Beachten muss der Zulieferer dabei, dass jeweils am Ende des 20., 40. und 60. Tages die Auslieferung von je 70 Scheinwerfern zu erfolgen hat. Nach dem Prinzip der vollständigen Enumeration sind die beim Zulieferer bestehenden Aktionsmöglichkeiten für die Auslieferungen zum Ende des 20., 40. und 60. Tages zu ermitteln.

Die Kosten K_1 bei einer Auflage lassen sich wie folgt berechnen, wobei der Lagerbestandsverlauf bei einer Auflage anhand der Abbildung 6.13.1 dargestellt wird.

Die Lagerkosten $K_{1,1}$ zwischen dem Ende des 13. und 20. Tages berechnen sich bei einer Auflage wie folgt:

$$K_{1,1} = \left(\frac{7\ [Tage] \cdot 70\ [ME]}{2}\right) \cdot 0{,}06 \left[\frac{€}{ME \cdot Tag}\right] = 14{,}70\ [€].$$

Die Lagerkosten $K_{1,2}$ zwischen dem Ende des 20. und 40. Tages berechnen sich bei einer Auflage wie folgt:

$$K_{1,2} = \left(\begin{array}{c}\dfrac{14\ [Tage] \cdot 140\ [ME]}{2} \\ +6\ [Tage] \cdot 140\ [ME]\end{array}\right) \cdot 0{,}06 \left[\frac{€}{ME \cdot Tag}\right] = 109{,}20\ [€].$$

Die Lagerkosten $K_{1,3}$ zwischen dem Ende des 40. und 60. Tages lassen sich demgegenüber bei einer Auflage wie folgt berechnen:

$$K_{1,3} = (20\ [Tage] \cdot 70\ [ME]) \cdot 0{,}06 \left[\frac{€}{ME \cdot Tag}\right] = 84{,}00\ [€].$$

Insgesamt betragen die Lagerkosten K_{1L} somit bei einer Auflage:

$$K_{1L} = K_{1,1} + K_{1,2} + K_{1,3} = 14{,}70 + 109{,}20 + 84{,}00 = 207{,}90 \text{ [€]}.$$

Zu den Lagerkosten K_{1L} sind noch die auflagefixen Kosten K_{1F} in Höhe von 180 € bei einer Auflage hinzuzuaddieren, so dass sich für die Gesamtkosten K_1 bei einer Auflage ergibt:

$$K_1 = K_{1L} + K_{1F} = 207{,}90 + 180 = 387{,}90 \text{ [€]}.$$

Die nachfolgende Abbildung 6.13.1 zeigt den zugehörigen Lagerbestandsverlauf bei einer Auflage.

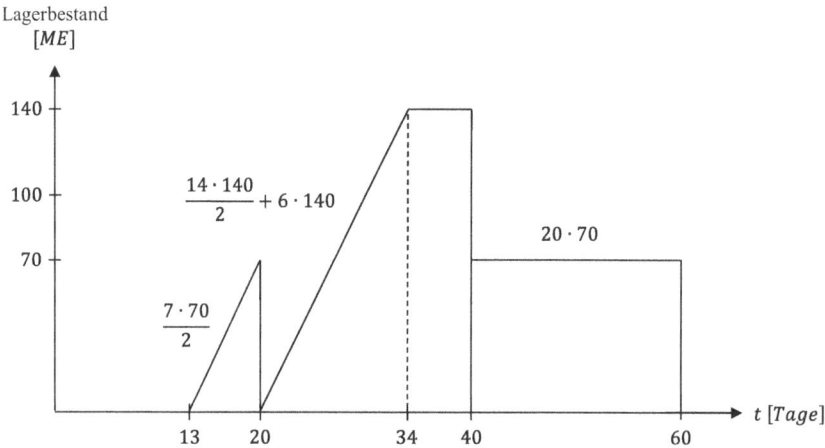

Abb. 6.13.1:   Lagerbestandsverlauf bei einer Auflage

Bei einer einmaligen Auflage ist zwingend eine durchgehende Fertigung vorgesehen. Um die Lagerkosten möglichst gering zu halten, ist die oben berechnete Produktionszeit von 7 Tagen einzuhalten. Somit beginnt die durchgehende Fertigung erst nach dem 13. Tag. Die 7-tägige Produktionsphase dauert folglich bis zum Ende des 20. Tages, so dass bei einer Produktion mit $z = 10$ Scheinwerfern pro Tag die Liefermenge in Höhe von 70 Scheinwerfern gewährleistet ist. Nach der ersten Auslieferung am Ende des 20. Tages ist das Lager wieder vollständig geleert. Nach der ersten Auslieferung wird die durchgehende Fertigung am folgenden Tag mit der zweiten Produktionsphase fortgesetzt, so dass bis zum Ende des 34. Tages bereits 210 Scheinwerfer gefertigt werden. Demzufolge lässt sich die Lieferverpflichtung in Höhe von 70 Scheinwerfern zum Ende des 40. Tages ohne Probleme einhalten. Nach der Auslieferung liegen dementsprechend noch 70 Scheinwerfer auf dem Lager. In der Folge ist lediglich noch die letzte Lieferverpflichtung zum Ende des 60. Tages der Planungsperiode einzuhalten.

Zusammenfassend sei an dieser Stelle nochmals die Berechnung der minimalen Gesamtkosten für die Herstellung der insgesamt 210 Scheinwerfer unter Berücksichtigung der auflagefixen Kosten in Höhe von 180 € und des Lagerkostensatzes in Höhe von 0,06 € pro Scheinwerfer und Tag bei einer einmaligen Auflagenhäufigkeit aufgeführt:

$$
K_1 = \left[\begin{array}{l} \left(\dfrac{7\ [Tage] \cdot 70\ [ME]}{2} \right) \\ + \left(\dfrac{14\ [Tage] \cdot 140\ [ME]}{2} \right) \\ + (6\ [Tage] \cdot 140\ [ME]) \\ + (20\ [Tage] \cdot 70\ [ME]) \end{array} \right] \cdot 0,06 \left[\dfrac{€}{ME \cdot Tag} \right] + 1 \cdot 180\ [€]
$$
$$
= 207,90 + 180 = 387,90\ [€].
$$

Bei der zweimaligen Auflagenhäufigkeit sind zwei Fälle zu unterscheiden. Durch die Abbildungen 6.13.2 und 6.13.3 wird bereits unmittelbar ersichtlich, dass die Gesamtkosten in beiden Fällen gleich sind, so dass nur Fall 1 detaillierter erläutert wird.

Im ersten Fall lassen sich die Kosten K_2^1 bei zwei Auflagen wie folgt berechnen, wobei in diesem Fall der Lagerbestandsverlauf anhand der Abbildung 6.13.2 dargestellt wird.

Die Lagerkosten $K_{2,1}^1$ zwischen dem Ende des 13. und 20. Tages berechnen sich bei zwei Auflagen im ersten Fall wie folgt:

$$
K_{2,1}^1 = \left(\frac{7\ [Tage] \cdot 70\ [ME]}{2} \right) \cdot 0,06 \left[\frac{€}{ME \cdot Tag} \right] = 14,70\ [€].
$$

Die Lagerkosten $K_{2,2}^1$ zwischen dem Ende des 20. und 40. Tages lassen sich demgegenüber bei zwei Auflagen im ersten Fall wie folgt berechnen:

$$
K_{2,2}^1 = \left(\frac{7\ [Tage] \cdot 70\ [ME]}{2} + 13\ [Tage] \cdot 70\ [ME] \right) \cdot 0,06 \left[\frac{€}{ME \cdot Tag} \right]
$$
$$
= 69,30\ [€].
$$

Die Lagerkosten $K_{2,3}^1$ zwischen dem Ende des 53. und 60. Tages können im ersten Fall bei der zweimaligen Auflagenhäufigkeit analog zu dem Zeitraum zwischen dem Ende des 13. und 20. Tag berechnet werden, mithin ergibt sich hierfür:

$$K_{2,3}^1 = \left(\frac{7\,[Tage] \cdot 70\,[ME]}{2} \right) \cdot 0{,}06 \left[\frac{€}{ME \cdot Tag} \right] = 14{,}70\,[€].$$

Insgesamt betragen die Lagerkosten K_{2L}^1 im ersten Fall bei der zweimaligen Auflagenhäufigkeit folglich:

$$K_{2L}^1 = K_{2,1}^1 + K_{2,2}^1 + K_{2,3}^1 = 14{,}70 + 69{,}30 + 14{,}70 = 98{,}70\,[€].$$

Zu den Lagerkosten K_{2L}^1 sind noch die auflagefixen Kosten K_{2F} in Höhe von 360 € bei der zweimaligen Auflagenhäufigkeit hinzuzuaddieren, so dass sich für die Gesamtkosten K_2^1 bei der zweimaligen Auflagenhäufigkeit im ersten Fall ergibt:

$$K_2^1 = K_{2L}^1 + K_{2F} = 98{,}70 + 2 \cdot 180 = 458{,}70\,[€].$$

Die nachfolgenden Abbildungen 6.13.2 und 6.13.3 zeigen die Fallunterscheidung mit den zugehörigen Lagerbestandsverläufen bei zwei Auflagen (Fall 1 und Fall 2).

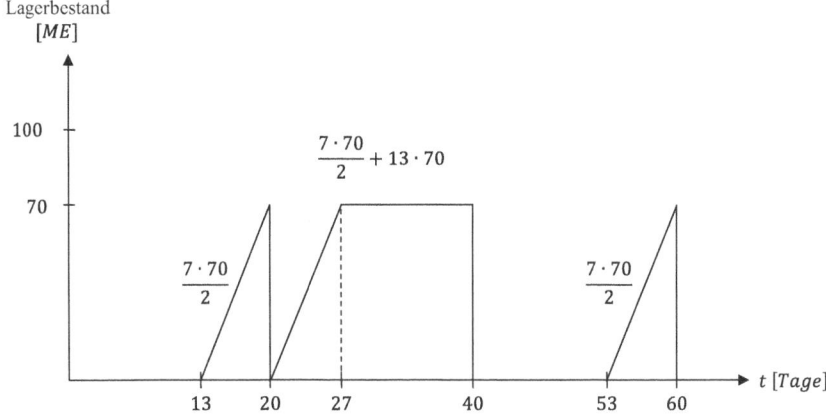

Abb. 6.13.2:   Lagerbestandsverlauf bei zwei Auflagen (Fall 1)

Der Zulieferer kann bei der zweimaligen Auflagenhäufigkeit die Produktion unterbrechen, wobei auch hier die Auslieferungstermine mit den jeweils zugehörigen Liefermengen einzuhalten sind. Die Lagerkosten sollen dabei möglichst gering gehalten werden, so dass die oben berechnete Produktionszeit von 7 Tagen einzuhalten ist. Bei den zu unterscheidenden zwei Fällen wird bereits anhand der Flächenvergleiche der Abbildungen 6.13.2 und 6.13.3 unmittelbar ersichtlich, dass die Gesamtkosten in beiden Fällen gleich sind.

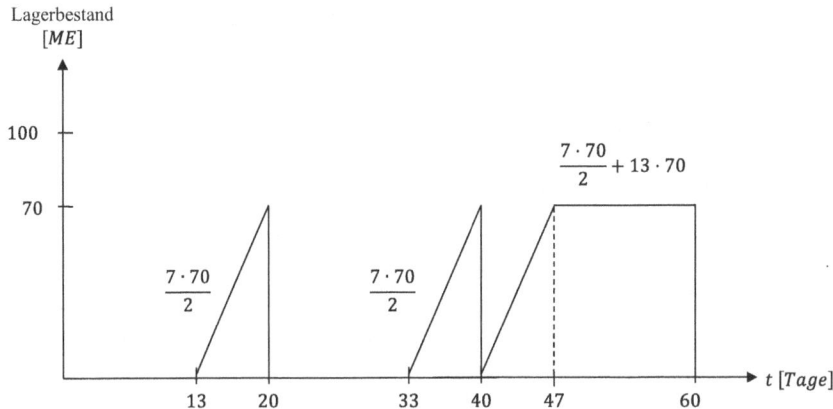

Abb. 6.13.3:   Lagerbestandsverlauf bei zwei Auflagen (Fall 2)

Im ersten Fall wird mit der ersten Auflage nach dem 13. Tag mit der Produktion begonnen. Diese wird ununterbrochen bis zum Ende des 27. Tages fortgeführt. Folglich beträgt die Produktionsdauer bis zu diesem Zeitpunkt 14 Tage. Bei einer Produktion mit $z = 10$ Scheinwerfern pro Tag können die zu liefernden Mengen für die Auslieferungstermine zum Ende des 20. Tages bzw. 40. Tages in Höhe von insgesamt 140 Scheinwerfern gefertigt werden. Die Fertigstellung der zweiten 70 Scheinwerfer erfolgt dabei bereits vor dem Auslieferungstermin zum Ende des 27. Tages, mithin wird die zu liefernde Menge an Scheinwerfern nach der Unterbrechung der Produktion bis zum Ende des 40. Tages an insgesamt 13 Tagen gelagert.

Im ersten wie im zweiten Fall ist das Lager nach der ersten Auslieferung am Ende des 20. Tages vollständig geleert (Abbildung 6.13.2 bzw. Abbildung 6.13.3). Die Fertigung der Scheinwerfer wird im ersten Fall durch neuerliches Auflegen nach dem Ende des 53. Tages wieder aufgenommen (Abbildung 6.13.2), so dass bis zum Ende des 60. Tages die erforderlichen 70 Scheinwerfer für den dritten und letzten Auslieferungstermin gefertigt werden können. Der zweite Fall lässt sich entsprechend erläutern.

Zusammenfassend sei an dieser Stelle erneut die Berechnung der Gesamtkosten K_2^1 bzw. K_2^2 für die Herstellung der insgesamt 210 Scheinwerfer für den ersten bzw. zweiten Fall bei der zweimaligen Auflagenhäufigkeit aufgeführt:

$$K_2^1 = \left[\begin{array}{c} \left(\dfrac{7\,[Tage] \cdot 70\,[ME]}{2} \right) \\[2ex] + \left(\dfrac{\dfrac{7\,[Tage] \cdot 70\,[ME]}{2}}{+(13\,[Tage] \cdot 70\,[ME])} \right) \\[2ex] + \left(\dfrac{7\,[Tage] \cdot 70\,[ME]}{2} \right) \end{array} \right] \cdot 0{,}06 \left[\dfrac{\text{\texteuro}}{ME \cdot Tag} \right] + 2 \cdot 180\,[\text{\texteuro}]$$

$$= 98{,}70 + 2 \cdot 180 = 458{,}70\,[\text{\texteuro}],$$

$$K_2^2 = \left[\begin{array}{c} \left(\dfrac{7\,[Tage] \cdot 70\,[ME]}{2} \right) \\[2ex] + \left(\dfrac{7\,[Tage] \cdot 70\,[ME]}{2} \right) \\[2ex] + \left(\dfrac{\dfrac{7\,[Tage] \cdot 70\,[ME]}{2}}{13\,[Tage] \cdot 70\,[ME]} \right) \end{array} \right] \cdot 0{,}06 \left[\dfrac{\text{\texteuro}}{ME \cdot Tag} \right] + 2 \cdot 180\,[\text{\texteuro}]$$

$$= 98{,}70 + 2 \cdot 180 = 458{,}70\,[\text{\texteuro}].$$

Bei der dreimaligen Auflagenhäufigkeit lassen sich die Kosten K_3 wie folgt berechnen, wobei der Lagerbestandsverlauf bei drei Auflagen anhand der Abbildung 6.13.4 dargestellt wird.

Die Lagerkosten $K_{3,1}$ und $K_{3,2}$ sowie $K_{3,3}$ zwischen dem Ende des 13. und 20. Tages bzw. 33. und 40. Tages sowie dem Ende des 53. und 60. Tages bei drei Auflagen lassen sich wie folgt berechnen:

$$K_{3,1} = \left(\frac{7\,[Tage] \cdot 70\,[ME]}{2} \right) \cdot 0{,}06 \left[\frac{\text{\texteuro}}{ME \cdot Tag} \right] = 14{,}70\,[\text{\texteuro}]$$

bzw.

$$K_{3,2} = \left(\frac{7\,[Tage] \cdot 70\,[ME]}{2} \right) \cdot 0{,}06 \left[\frac{\text{\texteuro}}{ME \cdot Tag} \right] = 14{,}70\,[\text{\texteuro}]$$

bzw.

$$K_{3,3} = \left(\frac{7\,[Tage] \cdot 70\,[ME]}{2} \right) \cdot 0{,}06 \left[\frac{\text{\texteuro}}{ME \cdot Tag} \right] = 14{,}70\,[\text{\texteuro}].$$

Insgesamt betragen die Lagerkosten K_{3L} bei drei Auflagen folglich:

$$K_{3L} = K_{3,1} + K_{3,2} + K_{3,3} = 14{,}70 + 14{,}70 + 14{,}70 = 44{,}10\,[\text{\texteuro}].$$

Zu den Lagerkosten K_{3L} sind noch die auflagefixen Kosten K_{3F} in Höhe von 540 € bei drei Auflagen hinzuzuaddieren, so dass sich für die Gesamtkosten K_3 bei drei Auflagen ergibt:

$$K_3 = K_{3L} + K_{3F} = 44{,}10 + 3 \cdot 180 = 584{,}10 \ [\text{€}].$$

Die nachfolgende Abbildung 6.13.4 zeigt den zugehörigen Lagerbestandsverlauf bei drei Auflagen.

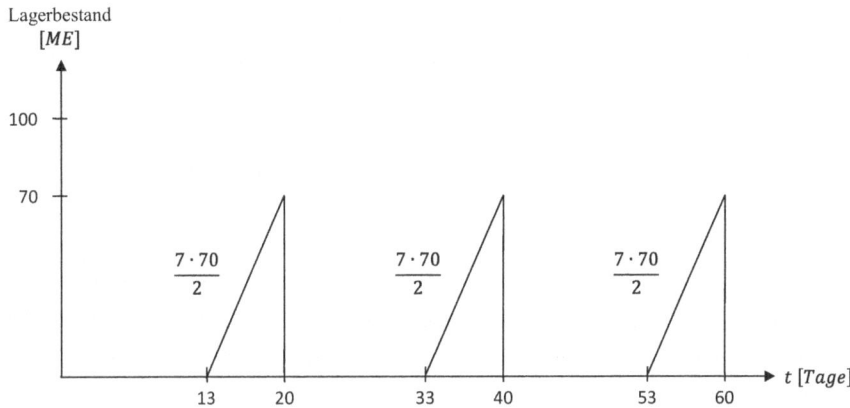

Abb. 6.13.4:   Lagerbestandsverlauf bei drei Auflagen

Bei der dreimaligen Auflagenhäufigkeit kann die Fertigung zweimal unterbrochen werden. Die Unterbrechung der Fertigung erfolgt jeweils direkt mit den Auslieferungsterminen, also nach dem Ende des 20. und 40. Tages. Mit dem Ende des Planungszeitraums am Ende des 60. Tages wird die Fertigung beendet. Das Lager ist nach jeder der drei Auslieferungen vollständig geleert. Die jeweilige Aufnahme der Produktion erfolgt sieben Tage vor dem Liefertermin, mithin nach dem 13. Tag, 33. Tag und dem 53. Tag. Der Zulieferer muss auch in diesem Fall wieder sicherstellen, dass die Nachfragemengen an den Auslieferungsterminen gefertigt sind. Um die Lagerkosten bei der dreimaligen Auflagenhäufigkeit möglichst gering zu halten, ist abermals die berechnete Produktionszeit von 7 Tagen maßgebend. Mit der Produktion wird wie bei den bisher betrachteten Auflagenhäufigkeiten mit der ersten Auflage nach dem 13. Tag gestartet. Die Fertigung wird hierbei während der 7-tägigen Produktionsphase ununterbrochen fortgeführt, so dass bei einer Produktion mit $z = 10$ Scheinwerfern pro Tag die Liefermenge von jeweils 70 Scheinwerfern an den Auslieferungsterminen gewährleistet ist.

Zusammenfassend soll an dieser Stelle die Berechnung der Gesamtkosten K_3 für die Herstellung der insgesamt 210 Scheinwerfer bei der dreimaligen Auflagenhäufigkeit aufgeführt werden:

$$K_3 = \begin{bmatrix} \left(\dfrac{7\,[Tage] \cdot 70\,[ME]}{2} \right) \\ + \left(\dfrac{7\,[Tage] \cdot 70\,[ME]}{2} \right) \\ + \left(\dfrac{7\,[Tage] \cdot 70\,[ME]}{2} \right) \end{bmatrix} \cdot 0{,}06 \left[\dfrac{€}{ME \cdot Tag} \right] + 3 \cdot 180\,[€]$$

$$= 44{,}10\,[€] + 3 \cdot 180\,[€] = 584{,}10\,[€].$$

Aus den angestellten Überlegungen und Berechnungen können wir diesmal schlussfolgern, dass für die Fertigung der insgesamt 210 Scheinwerfer durch den Lieferanten die einmalige Auflagenhäufigkeit kostenminimal ist.

zu b) Die Antwort auf die Frage, ob bei einer anderen Produktionsgeschwindigkeit der Maschine eine andere Auflagenhäufigkeit kostenminimal werden kann, wird – wie die folgenden Überlegungen zeigen werden – mit „nein" zu beantworten sein.

Für die auflagefixen Kosten und die Lagerkosten liegen folgende Daten vor:

$$K_F = 180\,[€],$$

$$k_L = 0{,}06 \left[\frac{€}{ME \cdot Tag} \right].$$

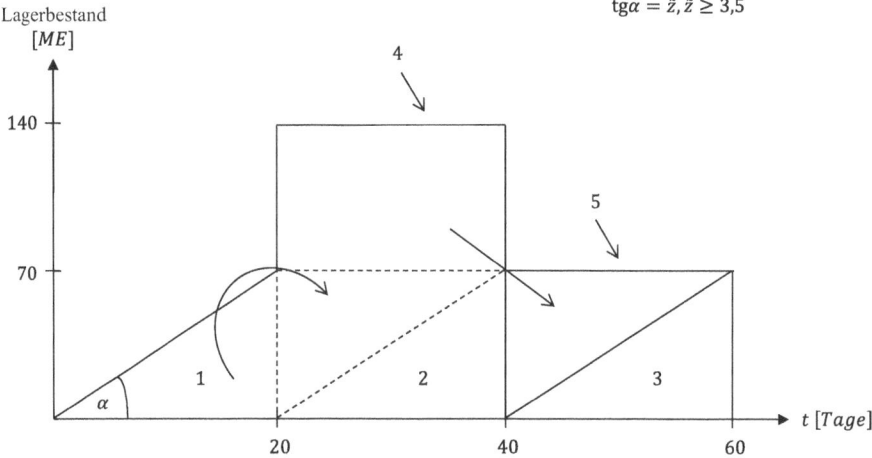

Abb. 6.13.5:   Überlegungen zur Auflagenhäufigkeit bei veränderter Produktionsgeschwindigkeit $\tilde{z}$

Zunächst einmal ist festzuhalten, dass für die veränderliche Produktionsgeschwindigkeit $\tilde{z}$ nur Werte in Betracht kommen, für die $3{,}5 \leq \tilde{z} \leq \infty$ (schlagartiger Lagerzugang) gilt. Die Voraussetzung $\tilde{z} \geq 3{,}5$ ist notwendig, da sonst die 70 Scheinwerfer bis zum ersten Liefertermin am 20. Tag nicht in der erforderlichen Menge produziert werden könnten.

In Abbildung 6.13.5 sind die Lagerbestandsverläufe bei einer Auflage für die beiden extremen Produktionsgeschwindigkeiten $\tilde{z} = 3{,}5$ und $\tilde{z} = \infty$ eingezeichnet. Wie ein Vergleich der Flächensummen 1, 2 und 3 für $\tilde{z} = 3{,}5$ mit der Summe der Flächen 4 und 5 für $\tilde{z} = \infty$ zeigt, fällt bei einer Auflage der Lagerbestand für $\tilde{z} = \infty$ maximal hoch und sehr viel höher als für $\tilde{z} = 3{,}5$ aus. Dies gilt ebenfalls für alle $\tilde{z}$ mit $3{,}5 < \tilde{z} \ll \infty$. Wie man anhand der Abbildung 6.13.5 leicht nachvollziehen kann, lässt sich die vorangehende Fläche 1 zusammen mit der Fläche 2 zur unteren Hälfte der Fläche 4 ergänzen. Die obere Hälfte der Fläche 4 deckt dagegen genau die Fläche 5 ab und enthält damit auch vollständig die Fläche 3. Würde man also nun bei einer Produktionsgeschwindigkeit von $\tilde{z} = \infty$ von einer Auflage zu zwei Auflagen übergehen, wobei es gleichgültig ist, ob die dabei zu produzierenden 140 Scheinwerfer in der ersten oder zweiten Auflage hergestellt werden – in Abbildung 6.13.5 würde das nur eine Verschiebung der Fläche 5 um 20 Tage nach vorne bedeuten –, dann ließe sich die gesamte Fläche 4 an Lagerbestand einsparen.

Die damit verbundene kostenmäßige Ersparnis

$$K_{1L} - K_{2L} = (20[Tage] \cdot 140[ME]) \cdot 0{,}06\left[\frac{€}{ME \cdot Tag}\right]$$
$$= 168[€]$$

reicht aber nicht aus, um die zusätzlichen auflagefixen Kosten in Höhe von $K_F = 180[€]$ bei zwei Auflagen gegenüber einer Auflage zu kompensieren. Eine größere Ersparnis ist bei anderer Produktionsgeschwindigkeit $\tilde{z} \ll \infty$ nicht erreichbar. Ein Übergang zu drei Auflagen würde erst recht die zusätzlichen auflagefixen Kosten nicht kompensieren können, da dann die Ersparnis in den Lagerkosten

$$\left(\text{Fläche 5: } (20[Tage] \cdot 70[ME]) \cdot 0{,}06\left[\frac{€}{ME \cdot Tag}\right] = 84[€]\right)$$

gegenüber zwei Auflagen noch geringer ausfällt.

zu c) Die Konstellation hat sich gegenüber dem Aufgabenteil a) nun dahingehend geändert, dass die Maschine aufgrund kurzfristiger Eilaufträge in dem Zeitraum vom 31. bis 35. Tag nicht genutzt werden kann. Folglich verändern sich auch die möglichen Belegzeiten der Maschine.

Der Zulieferer fertigt weiterhin mit der Maschine, die mit $z = 10$ Scheinwerfern pro Tag produzieren kann. Gemäß der Produktionsbeziehung $x = z \cdot t$ benötigt der Zulieferer zur Herstellung der Nachfragemenge x die folgende unveränderte Produktionszeit:

$$t(x = 70 \, [ME]) = \frac{x}{z} = \frac{70 \, [ME]}{10 \, [ME/Tag]} = 7 \, [Tage].$$

Für den Zulieferer besteht nun immer noch die Möglichkeit, die Gesamtproduktionsmenge in Höhe von $x_G = 210$ Scheinwerfern in einer, zwei oder drei Auflagen zu bewältigen.

$$x_G = 3 \cdot x = 3 \cdot 70 \, [ME] = 210 \, [ME].$$

Für die Gesamtproduktionsmenge $x_G = 210$ Scheinwerfer benötigt der Zulieferer bei einer Produktionsgeschwindigkeit der Maschine von 10 Scheinwerfern pro Tag zudem weiterhin 21 Tage.

$$t_G(x_G = 210 \, [ME]) = \frac{x_G}{z} = \frac{210 \, [ME]}{10 \, [ME/Tag]} = 21 \, [Tage].$$

Der Zulieferer muss nun nicht nur die Liefertermine am Ende des 20., 40. und 60. Tages beachten, sondern zudem gilt es zu berücksichtigen, dass die Maschine in dem Zeitraum vom 31. bis 35. Tag nicht zur Verfügung steht. Die Liefermenge von jeweils 70 Scheinwerfern muss überdies erfüllt werden. Nach dem Prinzip der vollständigen Enumeration sind die beim Zulieferer bestehenden Aktionsmöglichkeiten für die Auslieferungen zum Ende des 20., 40. und 60. Tages zu ermitteln. Die nachfolgenden Abbildungen 6.13.6 bis 6.13.9 können auch anhand der Ausführungen des Aufgabenteils a) nachvollzogen werden.

Die Kosten K_1 bei einer Auflage lassen sich wie folgt berechnen, wobei der Lagerbestandsverlauf bei einer Auflage anhand der Abbildung 6.13.6 dargestellt wird. Hierbei ist einzuplanen, dass die gesamte Liefermenge des Planungshorizonts bis zum 31. Tag zu fertigen ist, da ansonsten zumindest eine weitere Auflage unumgänglich wäre.

Die nachfolgende Abbildung 6.13.6 zeigt den zugehörigen Lagerbestandsverlauf bei einer Auflage.

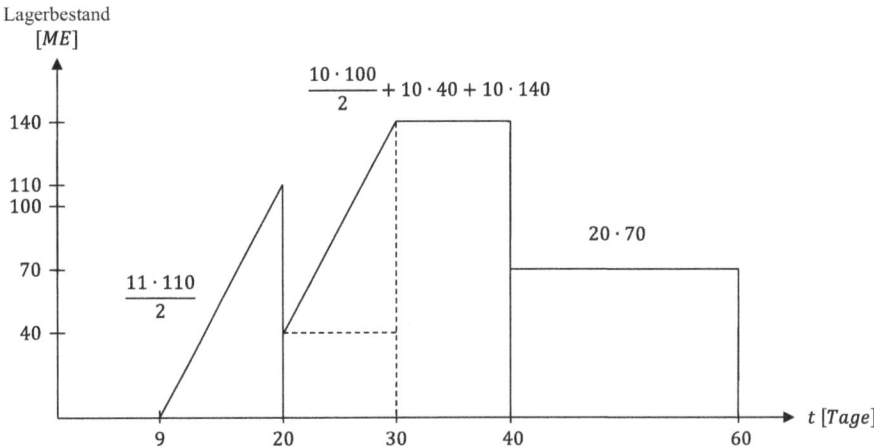

Abb. 6.13.6: Lagerbestandsverlauf bei einer Auflage

Für die Lagerkosten $K_{1,1}$ und die Fertigung zwischen dem Ende des 9. und 20. Tages ist zunächst zu berücksichtigen, dass bis zum Ende des 30. Tages eine durchgehende Fertigung bei einer Auflagenhäufigkeit erforderlich ist, mithin die 21-tägige Produktionsphase beendet sein muss. Dies ist erforderlich, da es für den Zulieferer zu beachten gilt, dass bei einer Produktionsgeschwindigkeit der Maschine von 10 Scheinwerfern pro Tag für die Herstellung der insgesamt $x_G = 210$ Scheinwerfer 21 Tage benötigt werden.

Die Kosten K_1 bei einer Auflage lassen sich wie folgt berechnen, wobei der Lagerbestandsverlauf bei einer Auflage anhand der Abbildung 6.13.6 dargestellt wird.

Die Lagerkosten $K_{1,1}$ zwischen dem Ende des 9. und 20. Tages berechnen sich bei einer Auflage wie folgt:

$$K_{1,1} = \left(\frac{11\,[Tage] \cdot 110\,[ME]}{2}\right) \cdot 0{,}06\left[\frac{€}{ME \cdot Tag}\right] = 36{,}30\,[€].$$

Die Lagerkosten $K_{1,2}$ zwischen dem Ende des 20. und 40. Tages berechnen sich bei einer Auflage nun wie folgt:

$$K_{1,2} = \left(\begin{array}{l}\dfrac{10\,[Tage] \cdot 100\,[ME]}{2}\\ +10\,[Tage] \cdot 40\,[ME]\\ +10\,[Tage] \cdot 140\,[ME]\end{array}\right) \cdot 0{,}06\left[\frac{€}{ME \cdot Tag}\right] = 138{,}00\,[€].$$

Die Lagerkosten $K_{1,3}$ zwischen dem Ende des 40. und 60. Tages sind demgegenüber bei einer Auflage wie im Aufgabenteil a) zu berechnen:

$$K_{1,3} = (20\ [Tage] \cdot 70\ [ME]) \cdot 0{,}06\ \left[\frac{€}{ME \cdot Tag}\right] = 84{,}00\ [€].$$

Insgesamt betragen die Lagerkosten K_{1L} somit bei einer Auflage:

$$K_{1L} = K_{1,1} + K_{1,2} + K_{1,3} = 36{,}30 + 138{,}00 + 84{,}00 = 258{,}30\ [€].$$

Zu den Lagerkosten K_{1L} sind noch die auflagefixen Kosten K_{1F} in Höhe von 180 € bei einer Auflage hinzuzuaddieren, so dass sich für die Gesamtkosten K_1 bei einer Auflage ergibt:

$$K_1 = K_{1L} + K_{1F} = 258{,}30 + 180 = 438{,}30\ [€].$$

Bei der zweimaligen Auflagenhäufigkeit ist im Gegensatz zu Aufgabenteil a) eine Fallunterscheidung nicht sinnvoll. Dies wird anhand der Abbildungen 6.13.7 und 6.13.8 verdeutlicht. Die erste Auflage im ersten Fall (Fall 1, Abbildung 6.13.7; siehe auch Abbildung 6.13.2 im Aufgabenteil a)) sieht hierbei die Fertigung von 140 Scheinwerfern vor. Die Liefermenge für den zweiten Termin gilt es, vor dem 31. Tag zu fertigen. Dies wird unmittelbar durch die Abbildung 6.13.7 deutlich. Die Fertigung der übrigen 70 Scheinwerfer erfolgt mit der Wiederaufnahme der Produktion nach dem Ende des 53. Tages. Die Abbildung 6.13.8 zeigt den zweiten Fall (Fall 2). Bei dieser Fallbetrachtung wird unmissverständlich die unvorteilhafte Fertigung dargestellt. Für diesen Fall soll lediglich auf eine kurze Berechnung und Erläuterung der Kosten zurückgegriffen werden. Die nachfolgenden Abbildungen 6.13.7 und 6.13.8 illustrieren die Fallunterscheidung.

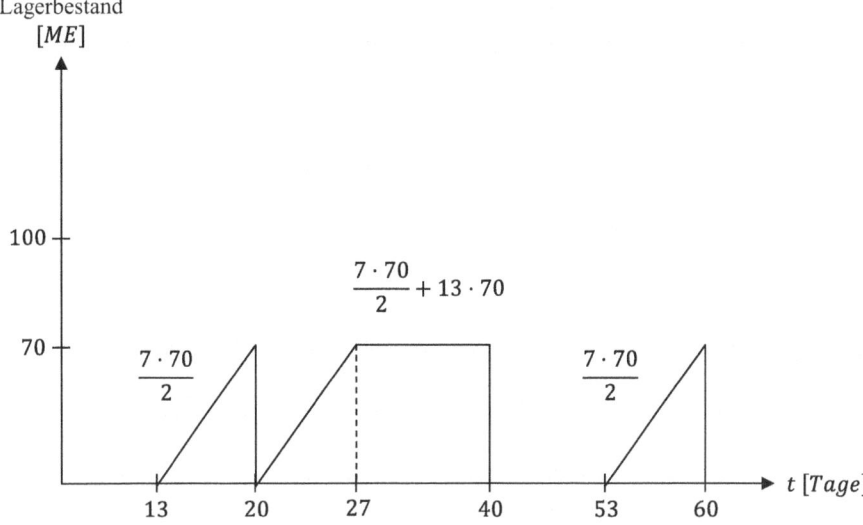

Abb. 6.13.7:   Lagerbestandsverlauf bei zwei Auflagen (Fall 1)

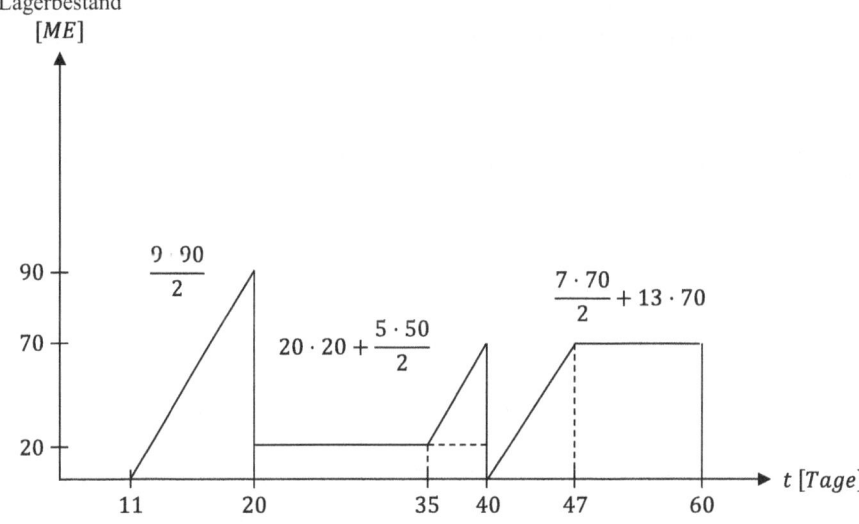

Abb. 6.13.8:   Lagerbestandsverlauf bei zwei Auflagen (Fall 2)

Im ersten Fall lassen sich die Kosten K_2^1 bei zwei Auflagen nun wie folgt berechnen (Abbildung 6.13.7).

Die Lagerkosten $K_{2,1}^1$ zwischen dem Ende des 13. und 20. Tages berechnet man bei zwei Auflagen im ersten Fall wie folgt:

$$K_{2,1}^1 = \left(\frac{7\,[Tage] \cdot 70\,[ME]}{2} \right) \cdot 0{,}06 \left[\frac{€}{ME \cdot Tag} \right] = 14{,}70\,[€].$$

Die Lagerkosten $K_{2,2}^1$ zwischen dem Ende des 20. und 40. Tages lassen sich demgegenüber bei zwei Auflagen im ersten Fall wie im Aufgabenteil a) berechnen:

$$K_{2,2}^1 = \left(\frac{7 \, [Tage] \cdot 70 \, [ME]}{2} + 13 \, [Tage] \cdot 70 \, [ME]\right) \cdot 0{,}06 \left[\frac{€}{ME \cdot Tag}\right]$$

$$= 69{,}30 \, [€].$$

Auch die Lagerkosten $K_{2,3}^1$ zwischen dem Ende des 53. und 60. Tages können im ersten Fall bei der zweimaligen Auflagenhäufigkeit analog zu dem Aufgabenteil a) berechnet werden, mithin ergibt sich hierfür:

$$K_{2,3}^1 = \left(\frac{7 \, [Tage] \cdot 70 \, [ME]}{2}\right) \cdot 0{,}06 \left[\frac{€}{ME \cdot Tag}\right] = 14{,}70 \, [€].$$

Somit betragen die Lagerkosten K_{2L}^1 im ersten Fall bei der zweimaligen Auflagenhäufigkeit wie im Aufgabenteil a) folglich:

$$K_{2L}^1 = K_{2,1}^1 + K_{2,2}^1 + K_{2,3}^1 = 14{,}70 + 69{,}30 + 14{,}70 = 98{,}70 \, [€].$$

Zu den Lagerkosten K_{2L}^1 sind nun abermals die auflagefixen Kosten K_{2F} in Höhe von 360 € bei der zweimaligen Auflagenhäufigkeit hinzuzuaddieren, so dass sich für die Gesamtkosten K_2^1 bei der zweimaligen Auflagenhäufigkeit im ersten Fall analog zu dem Aufgabenteil a) ergibt:

$$K_2^1 = K_{2L}^1 + K_{2F} = 98{,}70 + 2 \cdot 180 = 458{,}70 \, [€].$$

Im zweiten Fall lassen sich die Kosten K_2^2 bei zwei Auflagen nun wie folgt berechnen (Abbildung 6.13.8). Die erste Auflage erfolgt zwischen dem Ende des 11. und 20. Tages. Während dieser Auflage werden die ersten 20 Scheinwerfer für den zweiten Auslieferungstermin mitgefertigt werden. Dies ist erforderlich, da die Wiederaufnahme der Produktion erst mit dem 35. Tag beginnt und folglich lediglich 5 Tage bis zu dem zweiten Liefertermin gegeben sind und mithin während dieses Zeitraums nur 50 Scheinwerfer gefertigt werden können. Die zweite Auflage umfasst einen Zeitraum von 12 Tagen, in denen die restlich zu fertigenden Liefermengen durchgehend für den zweiten und dritten Termin (50 $[ME]$ + 70 $[ME]$) gefertigt werden.

Zusammenfassend erfolgt an dieser Stelle noch die Berechnung der Gesamtkosten K_2^2 für die Herstellung der insgesamt 210 Scheinwerfer für den zweiten Fall bei der zweimaligen Auflagenhäufigkeit:

$$K_2^2 = \begin{bmatrix} \left(\dfrac{9\,[Tage] \cdot 90\,[ME]}{2} \right) \\ + \left(20\,[Tage] \cdot 20\,[ME] + \dfrac{5\,[Tage] \cdot 50\,[ME]}{2} \right) \\ + \left(\dfrac{7\,[Tage] \cdot 70\,[ME]}{2} + 13\,[Tage] \cdot 70\,[ME] \right) \end{bmatrix} \cdot 0{,}06 \left[\dfrac{\text{\euro}}{ME \cdot Tag} \right]$$

$$+ 2 \cdot 180\,[\text{\euro}]$$

$$= 125{,}10 + 2 \cdot 180 = 485{,}10\,[\text{\euro}].$$

Es zeigt sich, dass die Kosten bei der zweimaligen Auflagenhäufigkeit im zweiten Fall höher als im ersten Fall sind:

$$K_2^2 = 485{,}10\,[\text{\euro}] > 458{,}70\,[\text{\euro}] = K_2^1.$$

An dieser Stelle gilt es, noch einen weiteren dritten Fall (Fall 3) bei der zweimaligen Auflage zu betrachten, der in der nachfolgenden Abbildung 6.13.9 illustriert wird. Hier gilt es zu beachten, dass die erste Auflage nach dem Ende des 22. Tages endet und die Produktion mit Beginn des 35. Tages wiederaufgenommen wird. Fall 3 wird ausschließlich über die Berechnung der Kosten vorgestellt.

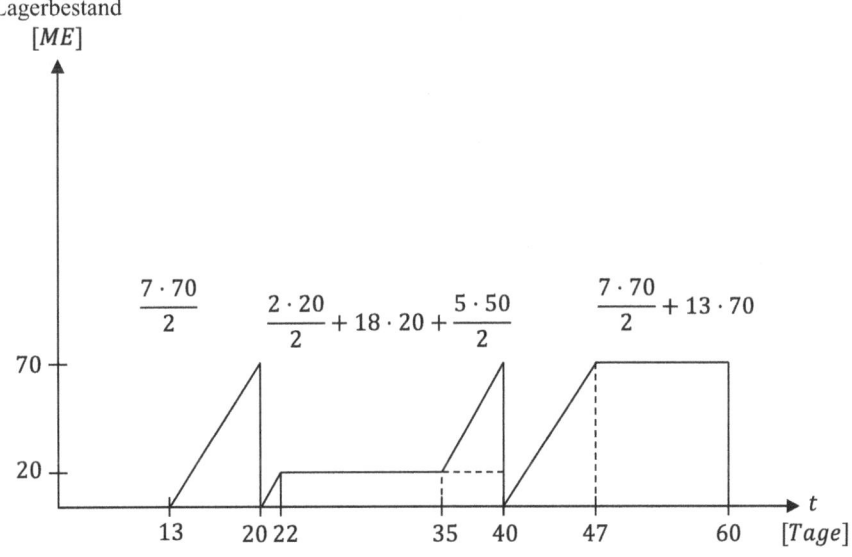

Abb. 6.13.9:   Lagerbestandsverlauf bei zwei Auflagen (Fall 3)

Die Lagerkosten $K_{2,1}^3$ zwischen dem Ende des 13. und 20. Tages lassen sich bei zwei Auflagen im dritten Fall analog zu dem ersten Fall berechnen:

$$K_{2,1}^3 = \left(\frac{7\,[Tage] \cdot 70\,[ME]}{2}\right) \cdot 0{,}06 \left[\frac{\text{€}}{ME \cdot Tag}\right] = 14{,}70[\text{€}].$$

Die Lagerkosten $K_{2,2}^3$ zwischen dem Ende des 20. und 40. Tages berechnen sich demgegenüber bei zwei Auflagen im dritten Fall wie folgt:

$$K_{2,2}^3 = \left(\frac{2\,[Tage] \cdot 20\,[ME]}{2} + 18\,[Tage] \cdot 20\,[ME] + \frac{5\,[Tage] \cdot 50\,[ME]}{2}\right)$$
$$\cdot\, 0{,}06 \left[\frac{\text{€}}{ME \cdot Tag}\right]$$
$$= 30{,}30\,[\text{€}].$$

Die Lagerkosten $K_{2,3}^3$ zwischen dem Ende des 40. und 60. Tages können im dritten Fall bei der zweimaligen Auflagenhäufigkeit analog zu dem zweiten Fall bei der zweimaligen Auflagenhäufigkeit berechnet werden, mithin ergibt sich hierfür:

$$K_{2,3}^3 = \left(\frac{7\,[Tage] \cdot 70\,[ME]}{2} + 13\,[Tage] \cdot 70\,[ME]\right) \cdot 0{,}06 \left[\frac{\text{€}}{ME \cdot Tag}\right]$$
$$= 69{,}30\,[\text{€}].$$

Somit betragen die Lagerkosten K_{2L}^3 im dritten Fall bei der zweimaligen Auflagenhäufigkeit folglich:

$$K_{2L}^3 = K_{2,1}^3 + K_{2,2}^3 + K_{2,3}^3 = 14{,}70 + 30{,}30 + 69{,}30 = 114{,}30\,[\text{€}].$$

Zu den Lagerkosten K_{2L}^3 sind nun abermals die auflagefixen Kosten K_{2F} in Höhe von 360 € bei der zweimaligen Auflagenhäufigkeit hinzuzuaddieren, so dass sich für die Gesamtkosten K_2^3 bei der zweimaligen Auflagenhäufigkeit im dritten Fall ergibt:

$$K_2^3 = K_{2L}^3 + K_{2F} = 114{,}30 + 2 \cdot 180 = 474{,}30\,[\text{€}].$$

Es zeigt sich nun, dass die Kosten bei der zweimaligen Auflagenhäufigkeit im dritten Fall zwar geringer als im zweiten Fall sind, jedoch höher als im ersten Fall:

$$485{,}10\,[\text{€}] > 474{,}30\,[\text{€}] > 458{,}70\,[\text{€}].$$

Folglich gilt:

$$K_2^2 > K_2^3 > K_2^1.$$

Die Kosten K_3^1 bzw. K_3^2 bei der dreimaligen Auflagenhäufigkeit lassen sich im zweiten Fall ähnlich wie im Fall der zweimaligen Auflagenhäufigkeit (Fall 2) berechnen, wobei die Lagerbestandsverläufe bei drei Auflagen durch die Abbildungen 6.13.10 und 6.13.11 dargestellt werden. Hierbei gilt es wiederum einzuplanen, dass die Fertigung der Liefermenge des zweiten Termins durch die anderweitige Belegung der Maschine in dem Zeitraum zwischen dem 31. und 35. Tag beeinträchtigt ist.

Die nachfolgende Abbildung 6.13.10 zeigt den zugehörigen Lagerbestandsverlauf bei drei Auflagen (Fall 1).

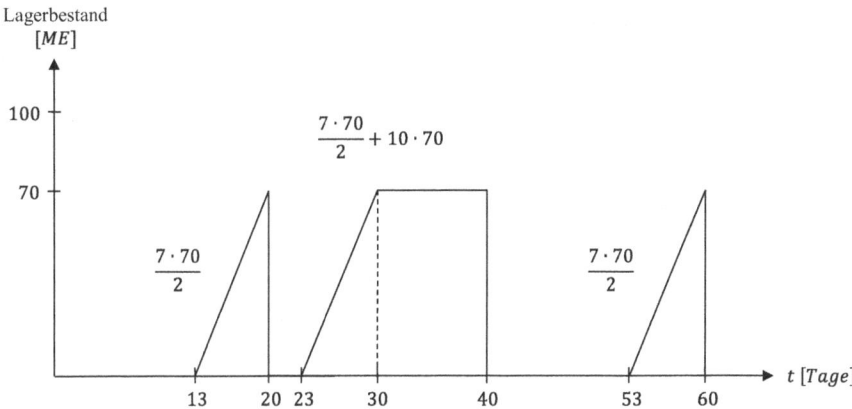

Abb. 6.13.10:   Lagerbestandsverlauf bei drei Auflagen (Fall 1)

Die Lagerkosten $K_{3,1}^1$ und $K_{3,2}^1$ sowie $K_{3,3}^1$ zwischen dem Ende des 13. und 20. Tages bzw. 23. und 40. Tages sowie dem Ende des 53. und 60. Tages bei drei Auflagen lassen sich wie folgt berechnen:

$$K_{3,1}^1 = \left(\frac{7\,[Tage] \cdot 70\,[ME]}{2}\right) \cdot 0{,}06 \left[\frac{€}{ME \cdot Tag}\right] = 14{,}70\,[€]$$

bzw.

$$K_{3,2}^1 = \left(\frac{7\,[Tage] \cdot 70\,[ME]}{2} + 10\,[Tage] \cdot 70\,[ME]\right) \cdot 0{,}06 \left[\frac{€}{ME \cdot Tag}\right]$$
$$= 56{,}70\,[€]$$

bzw.

$$K_{3,3}^1 = \left(\frac{7\,[Tage] \cdot 70\,[ME]}{2}\right) \cdot 0{,}06 \left[\frac{€}{ME \cdot Tag}\right] = 14{,}70\,[€].$$

Insgesamt betragen die Lagerkosten K_{3L}^1 somit bei drei Auflagen im ersten Fall:

$$K_{3L}^1 = K_{3,1}^1 + K_{3,2}^1 + K_{3,3}^1 = 14{,}70 + 56{,}70 + 14{,}70 = 86{,}10\,[€].$$

Zu den Lagerkosten K_{3L}^1 sind noch die auflagefixen Kosten K_{3F} in Höhe von 540 € bei drei Auflagen hinzuzuaddieren, so dass sich für die Gesamtkosten K_3^1 bei drei Auflagen ergibt:

$$K_3^1 = K_{3L}^1 + K_{3F} = 86{,}10 + 3 \cdot 180 = 626{,}10 \ [\text{€}].$$

Die nachfolgende Abbildung 6.13.11 zeigt den zugehörigen Lagerbestandsverlauf bei drei Auflagen (Fall 2).

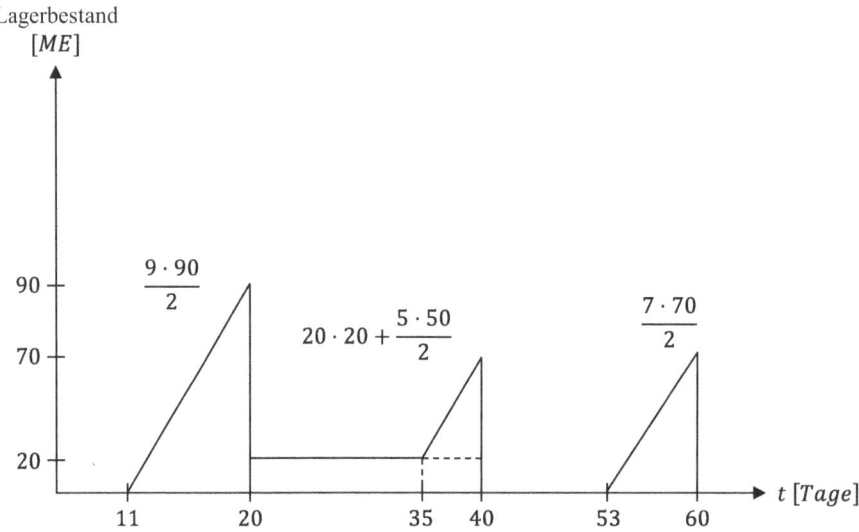

Abb. 6.13.11: Lagerbestandsverlauf bei drei Auflagen (Fall 2)

Im zweiten Fall lassen sich die Kosten K_3^2 bei drei Auflagen ähnlich wie bei der zweimaligen Auflagenhäufigkeit berechnen (vgl. hierzu Abbildung 6.13.8 mit 6.13.11). Die erste Auflage erfolgt wiederum zwischen dem Ende des 11. und 20. Tages. Während dieser Auflage werden die ersten 20 Scheinwerfer für den zweiten Auslieferungstermin mitgefertigt. Dies ist auch hier erforderlich, da die Wiederaufnahme der Produktion erst mit dem 35. Tag beginnen kann und folglich lediglich 5 Tage bis zu dem zweiten Liefertermin gegeben sind. Die zweite Auflage umfasst in diesem Fall somit nur einen Zeitraum von 5 Tagen, in denen die restlich zu fertigenden Liefermengen für den zweiten Termin gefertigt werden. Die dritte Auflage erfolgt analog zu dem ersten Fall bei der dreimaligen Auflagenhäufigkeit.

Zusammenfassend erfolgt an dieser Stelle die Berechnung der Gesamtkosten K_3^2 für die Herstellung der insgesamt 210 Scheinwerfer für den zweiten Fall bei der dreimaligen Auflagenhäufigkeit:

$$K_3^2 = \begin{bmatrix} \left(\dfrac{9\,[Tage] \cdot 90\,[ME]}{2} \right) \\ + \left(20\,[Tage] \cdot 20\,[ME] + \dfrac{5\,[Tage] \cdot 50\,[ME]}{2} \right) \\ + \left(\dfrac{7\,[Tage] \cdot 70\,[ME]}{2} \right) \end{bmatrix} \cdot 0{,}06 \left[\dfrac{€}{ME \cdot Tag} \right]$$

$$+\, 3 \cdot 180\,[€]$$

$$=\ 70{,}50 + 3 \cdot 180 = 610{,}50\ [€].$$

Auch bei der dreimaligen Auflagenhäufigkeit gilt es, einen dritten Fall zu betrachten, für den wiederum ausschließlich die Berechnungen vorgestellt werden.

Hier gilt es abermals zu beachten, dass die erste Auflage nach dem Ende des 22. Tages endet und die Produktion mit Beginn des 35. Tages wieder aufgenommen wird. Im Gegensatz zu der zweimaligen Auflagenhäufigkeit endet die zweite Phase der Fertigung nach der neuerlichen Auslieferung der 70 Scheinwerfer am Ende des 40. Tages. Die Wiederaufnahme der Produktion erfolgt erst mit dem 53. Tag.

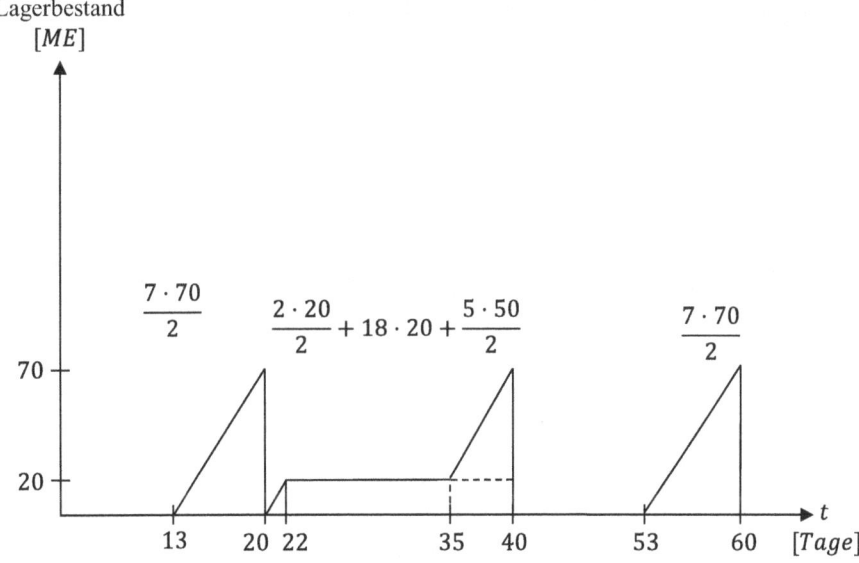

Abb. 6.13.12:   Lagerbestandsverlauf bei drei Auflagen (Fall 3)

Die Lagerkosten $K_{3,1}^3$ zwischen dem Ende des 13. und 20. Tages lassen sich bei drei Auflagen im dritten Fall analog zu dem ersten Fall berechnen:

$$K_{3,1}^3 = \left(\frac{7\,[Tage] \cdot 70\,[ME]}{2}\right) \cdot 0{,}06 \left[\frac{€}{ME \cdot Tag}\right] = 14{,}70\,[€].$$

Die Lagerkosten $K_{3,2}^3$ zwischen dem Ende des 20. und 40. Tages berechnen sich demgegenüber bei drei Auflagen im dritten Fall analog zu dem dritten Fall bei der zweimaligen Auflagenhäufigkeit:

$$K_{3,2}^3 = \left(\frac{2\,[Tage] \cdot 20\,[ME]}{2} + 18\,[Tage] \cdot 20\,[ME] + \frac{5\,[Tage] \cdot 50\,[ME]}{2}\right)$$
$$\cdot\, 0{,}06 \left[\frac{€}{ME \cdot Tag}\right]$$
$$= 30{,}30\,[€].$$

Die Lagerkosten $K_{3,3}^3$ zwischen dem Ende des 53. und 60. Tages können im dritten Fall bei der dreimaligen Auflagenhäufigkeit analog zu dem ersten Fall bei der dreimaligen Auflagenhäufigkeit berechnet werden, mithin ergibt sich hierfür abermals:

$$K_{3,3}^3 = \left(\frac{7\,[Tage] \cdot 70\,[ME]}{2}\right) \cdot 0{,}06 \left[\frac{€}{ME \cdot Tag}\right] = 14{,}70\,[€].$$

Somit betragen die Lagerkosten K_{3L}^3 im dritten Fall bei der dreimaligen Auflagenhäufigkeit folglich:

$$K_{3L}^3 = K_{3,1}^3 + K_{3,2}^3 + K_{3,3}^3 = 14{,}70 + 30{,}30 + 14{,}70 = 59{,}70\,[€].$$

Zu den Lagerkosten K_{3L}^3 sind nun abermals die auflagefixen Kosten K_{3F} in Höhe von 540 € bei der dreimaligen Auflagenhäufigkeit hinzuzuaddieren, so dass sich für die Gesamtkosten K_3^3 bei der dreimaligen Auflagenhäufigkeit im dritten Fall ergibt:

$$K_3^3 = K_{3L}^3 + K_{3F} = 59{,}70 + 3 \cdot 180 = 599{,}70\,[€].$$

Es zeigt sich nun, dass die Kosten bei der dreimaligen Auflagenhäufigkeit im dritten Fall geringer als bei den anderen zwei Fällen sind:

$$626{,}10\,[€] > 610{,}50\,[€] > 599{,}70\,[€].$$

Folglich gilt:

$$K_3^1 > K_3^2 > K_3^3.$$

Aus den angestellten Überlegungen und Berechnungen können wir nunmehr schlussfolgern, dass für die Fertigung der insgesamt 210 Scheinwerfer durch den Lieferanten abermals die einmalige Auflagenhäufigkeit kostenminimal ist.

438,30 [€] < 458,70 [€] < 599,70 [€].

Folglich gilt:

$$K_1 < K_2^1 < K_3^3.$$

zu d) Die Aufgabenstellung sieht vor, dass bis zum 30. Tag produziert werden kann. Zudem gilt es zu beachten, dass bis zum Ende des 30. Tages die Liefermengen für die drei Termine zu fertigen sind.

Fertigt der Zulieferer mit der Maschine, die z Scheinwerfer pro Tag fertigen soll, muss der Zulieferer – gemäß der Produktionsbeziehung $x_i = z \cdot t_i$ – die Herstellung der Nachfragemengen x_1, x_2 und x_3 am Ende des 30. Tages generieren. Die Bedarfsmenge x_B ergibt sich folglich durch die Addition der Nachfragemengen x_1, x_2 und x_3. Somit muss die zu bestimmende Produktionsgeschwindigkeit sowohl die Nachfragemengen x_1 und x_2 als auch x_3 während des Zeitraums $t = 30$ Tage sicherstellen. Folglich lässt sich die Produktionsgeschwindigkeit z wie folgt bestimmen:

$$x_B = x_1 + x_2 + x_3 = z_B \cdot t.$$

Nach z_B umgeformt erhalten wir:

$$z_B = \frac{70\,[ME] + 70\,[ME] + 70\,[ME]}{30\,[Tage]} = 7\,\left[\frac{ME}{Tag}\right].$$

Die berechnete Produktionsgeschwindigkeit z_B kann die Nachfragemengen sicherstellen.

Aufgabe 6.14 Losgrößenplanung – Konsequenzen des JIT für den Zulieferer bei 2 Maschinen

Ein Motorenhersteller benötigt am 10. und am 20. Tag jeweils 400 Nockenwellen. Die Bestellungen sollen durch den Zulieferer sichergestellt werden. Dem Zulieferer stehen zur Fertigung der Nockenwellen zwei funktionsgleiche Maschinen zur Verfügung. Mit Maschine 1 können täglich 80 Nockenwellen produziert werden, wobei pro Auflage auflagefixe Kosten in Höhe von 180 € entstehen. Maschine 2 ermöglicht dagegen die Fertigung von 160 Nockenwellen pro Tag. Auch für die Maschine 2 fallen pro Auflage 180 € auflagefixe Kosten an. Der Lagerkostensatz beträgt 0,08 € pro Nockenwelle und Tag.

a) Berechnen Sie die dem Zulieferer entstehenden minimalen Kosten der Auflagealternativen, wenn dieser zur Fertigung des Gesamtauftrages nur eine von beiden Maschinen einsetzen kann, weil die andere Maschine für einen anderen Auftrag benötigt wird! Wie lautet die optimale Auflagenpolitik und auf welcher Maschine und mit welcher Auflagehäufigkeit wird der Zulieferer den gesamten Auftrag produzieren?

b) Wie hoch sind die minimalen Kosten der Auflegung und Lagerhaltung, wenn der Zulieferer nach der ersten Auflage die Maschinen tauschen und so den Restauftrag mit der anderen Maschine fertigen muss?

Lösung zu Aufgabe 6.14

zu a) Fertigt der Zulieferer mit Maschine 1, die mit der Produktionsgeschwindigkeit $z_1 = 80$ Nockenwellen pro Tag fertigen kann, benötigt der Zulieferer – gemäß $x_1 = z_1 \cdot t_1$ – zur Herstellung der Gesamtproduktionsmenge $x_G = 800$ Nockenwellen

$$t_G(x_G = 800\,[ME]) = \frac{x_G}{z_1} = \frac{800\,[ME]}{80\,[ME/Tag]} = 10\,[Tage].$$

Beachten muss der Zulieferer dabei, dass am 10. und 20. Tag die Auslieferung von jeweils 400 Nockenwellen zu erfolgen hat.

Die Kosten K_1^1 für die erste Maschine bei einer Auflage lassen sich wie folgt berechnen, wobei der Lagerbestandsverlauf bei einer Auflage anhand der Abbildung 6.14.1 dargestellt wird.

Die Lagerkosten $K_{1,1}^1$ zwischen dem 5. und 10. Tag berechnen sich für die erste Maschine bei einer Auflage wie folgt:

$$K_{1,1}^1 = \left(\frac{5\,[Tage] \cdot 400\,[ME]}{2} \right) \cdot 0{,}08 \left[\frac{€}{ME \cdot Tag} \right] = 80\,[€].$$

Die Lagerkosten $K_{1,2}^1$ zwischen dem 10. und 20. Tag berechnen sich für die erste Maschine bei einer Auflage aufgrund der durchgehenden Fertigung wie folgt:

$$K_{1,2}^1 = \left(\frac{5\,[Tage] \cdot 400\,[ME]}{2} + 5\,[Tage] \cdot 400\,[ME] \right) \cdot 0{,}08 \left[\frac{€}{ME \cdot Tag} \right]$$

$$= 240\,[€].$$

Insgesamt betragen die Lagerkosten K_{1L}^1 somit bei einer Auflage:

$$K_{1L}^1 = K_{1,1}^1 + K_{1,2}^1 = 80 + 240 = 320\,[€].$$

Zu den Lagerkosten K_{1L}^1 sind noch die auflagefixen Kosten K_{1F} in Höhe von 180 € bei einer Auflage hinzu zu addieren, so dass sich für die Gesamtkosten K_1^1 für die erste Maschine bei einer Auflage ergibt:

$$K_1^1 = K_{1L}^1 + K_{1F} = 320 + 180 = 500\,[€].$$

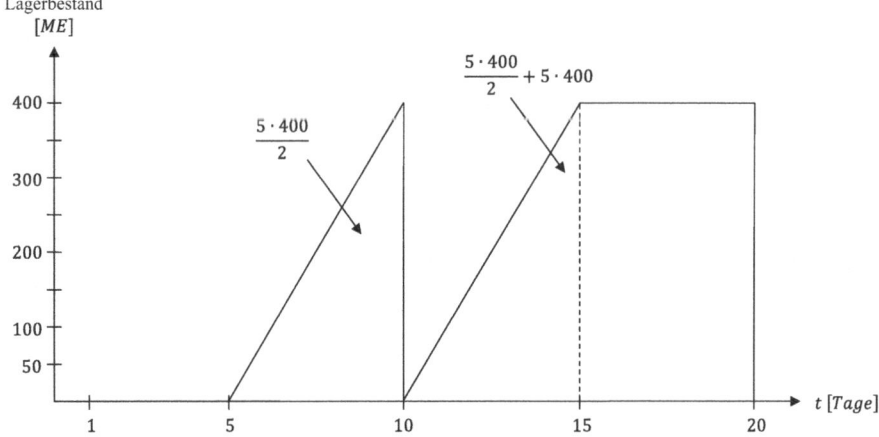

Abb. 6.14.1:   Lagerbestandsverlauf bei einer Auflage (Maschine 1)

Bei der zweimaligen Auflagenhäufigkeit lassen sich die Kosten K_2^1 für die erste Maschine bei zwei Auflagen wie folgt berechnen, wobei in diesem Fall der Lagerbestandsverlauf anhand der Abbildung 6.14.2 dargestellt wird.

Die Lagerkosten $K_{2,1}^1$ zwischen dem 5. und 10. Tag berechnen sich für die erste Maschine bei zwei Auflagen analog zu dem Zeitraum zwischen dem 15. und 20. Tag, mithin ergibt sich:

$$K_{2,1}^1 = \left(\frac{5\,[Tage] \cdot 400\,[ME]}{2}\right) \cdot 0{,}08 \left[\frac{€}{ME \cdot Tag}\right] = 80\,[€]$$

bzw.

$$K_{2,2}^1 = \left(\frac{5\,[Tage] \cdot 400\,[ME]}{2}\right) \cdot 0{,}08 \left[\frac{€}{ME \cdot Tag}\right] = 80\,[€].$$

Insgesamt betragen die Lagerkosten K_{2L}^1 für die erste Maschine bei der zweimaligen Auflagenhäufigkeit folglich:

$$K_{2L}^1 = K_{2,1}^1 + K_{2,2}^1 = 80 + 80 = 160\,[€].$$

Zu den Lagerkosten K_{2L}^1 sind noch die auflagefixen Kosten K_{2F} in Höhe von 360 € bei der zweimaligen Auflagenhäufigkeit hinzuzuaddieren, so dass sich für die Gesamtkosten K_2^1 bei der zweimaligen Auflagenhäufigkeit für die erste Maschine ergibt:

$$K_2^1 = K_{2L}^1 + K_{2F} = 160 + 2 \cdot 180 = 520\,[€].$$

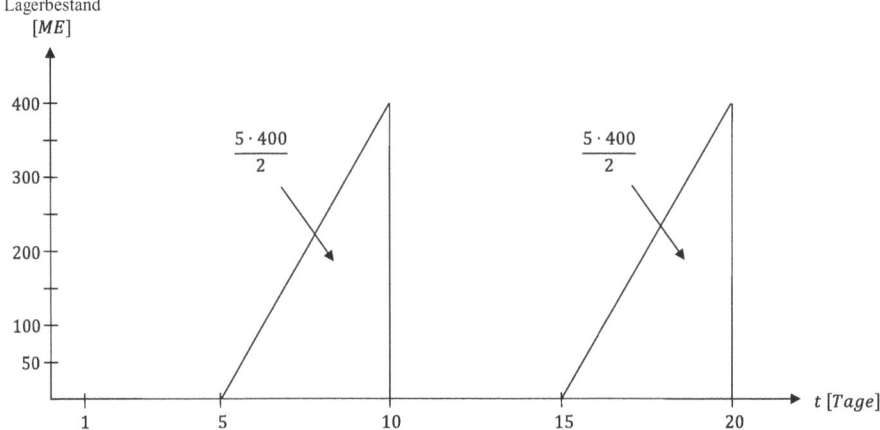

Abb. 6.14.2:   Lagerbestandsverlauf bei zwei Auflagen (Maschine 1)

Fertigt der Zulieferer hingegen mit Maschine 2, die mit der Produktionsgeschwindigkeit $z_2 = 160$ Nockenwellen pro Tag fertigen kann, benötigt der Zulieferer – gemäß $x_2 = z_2 \cdot t_2$ – zur Herstellung der Gesamtproduktionsmenge in Höhe von $x_G = 800$ Nockenwellen 5 Tage:

$$t_G(x_G = 800\,[ME]) = \frac{x_G}{z_2} = \frac{800\,[ME]}{160\,[ME/Tag]} = 5\,[Tage].$$

Die Kosten K_1^2 für die zweite Maschine bei einer Auflage lassen sich wie folgt berechnen, wobei der Lagerbestandsverlauf bei einer Auflage anhand der Abbildung 6.14.3 dargestellt wird.

Die Lagerkosten $K_{1,1}^2$ zwischen dem 7,5. und 10. Tag berechnen sich für die zweite Maschine bei einer Auflage wie folgt:

$$K_{1,1}^2 = \left(\frac{2,5\,[Tage] \cdot 400\,[ME]}{2}\right) \cdot 0{,}08\left[\frac{\text{€}}{ME \cdot Tag}\right] = 40\,[\text{€}].$$

Die Lagerkosten $K_{1,2}^2$ zwischen dem 10. und 20. Tag berechnen sich für die zweite Maschine bei einer Auflage aufgrund der durchgehenden Fertigung wie folgt:

$$K_{1,2}^2 = \left(\frac{2,5\,[Tage] \cdot 400\,[ME]}{2} + 7{,}5\,[Tage] \cdot 400\,[ME]\right)$$
$$\cdot\, 0{,}08\left[\frac{\text{€}}{ME \cdot Tag}\right] = 280\,[\text{€}].$$

Die insgesamt auftretenden Lagerkosten K_{1L} sind in diesem Fall bei einer Auflage bei Maschine 1 und Maschine 2 folglich identisch:

$$K_{1L}^2 = K_{1,1}^2 + K_{1,2}^2 = 40 + 280 = 320\,[\text{€}].$$

Zu den Lagerkosten K_{1L}^2 sind noch die auflagefixen Kosten K_{1F} in Höhe von 180 € bei einer Auflage hinzuzuaddieren, so dass sich für die Gesamtkosten K_1^2 für die zweite Maschine bei einer Auflage ebenfalls ergibt:

$$K_1^2 = K_{1L}^2 + K_{1F} = 320 + 180 = 500\,[\text{€}].$$

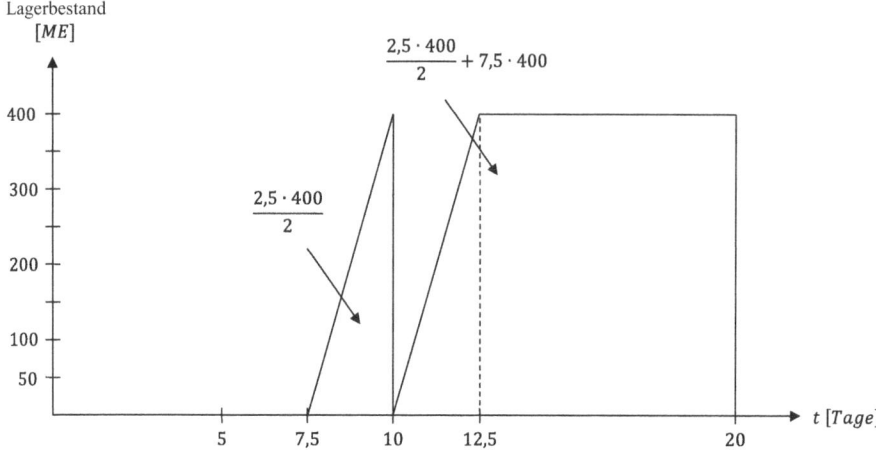

Abb. 6.14.3:   Lagerbestandsverlauf bei einer Auflage (Maschine 2)

Bei der zweimaligen Auflagenhäufigkeit lassen sich die Kosten K_2^2 für die zweite Maschine bei zwei Auflagen wie folgt berechnen, wobei in diesem Fall der Lagerbestandsverlauf anhand der Abbildung 6.14.4 dargestellt wird.

Die Lagerkosten $K_{2,1}^2$ zwischen dem 7,5. und 10. Tag berechnen sich für die zweite Maschine bei zwei Auflagen analog zu dem Zeitraum zwischen dem 17,5. und 20. Tag, es ergibt sich:

$$K_{2,1}^2 = \left(\frac{2,5\,[Tage] \cdot 400\,[ME]}{2}\right) \cdot 0,08\left[\frac{€}{ME \cdot Tag}\right] = 40\,[€]$$

bzw.

$$K_{2,2}^2 = \left(\frac{2,5\,[Tage] \cdot 400\,[ME]}{2}\right) \cdot 0,08\left[\frac{€}{ME \cdot Tag}\right] = 40\,[€].$$

Insgesamt betragen die Lagerkosten K_{2L}^2 für die zweite Maschine bei der zweimaligen Auflagenhäufigkeit folglich:

$$K_{2L}^2 = K_{2,1}^2 + K_{2,2}^2 = 40 + 40 = 80\,[€].$$

Zu den Lagerkosten K_{2L}^2 sind noch die auflagefixen Kosten K_{2F} in Höhe von 360 € bei der zweimaligen Auflagenhäufigkeit hinzuzuaddieren, so dass sich für die Gesamtkosten K_2^2 bei der zweimaligen Auflagenhäufigkeit für die zweite Maschine ergibt:

$$K_2^2 = K_{2L}^2 + K_{2F} = 80 + 2 \cdot 180 = 440\,[€].$$

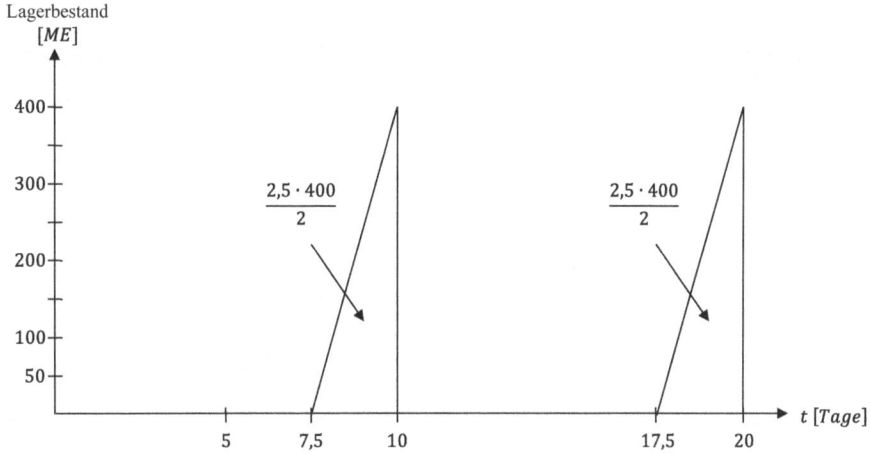

Abb. 6.14.4:   Lagerbestandsverlauf bei zwei Auflagen (Maschine 2)

Aus den angestellten Überlegungen und Berechnungen können wir schlussfolgern, dass für die Fertigung der insgesamt 800 Nockenwellen durch den Lieferanten die zweimalige Auflagenhäufigkeit der Maschine 2 kostenminimal ist.

zu b) In diesem Aufgabenteil muss der Zulieferer die Maschinen nach der ersten Auflage tauschen. Der Zulieferer hat somit die Möglichkeit, zunächst auf Maschine 1 oder Maschine 2 zu fertigen. Im Anschluss an die erste Auflage muss er die Maschinen jedoch tauschen.

Maschine 1 kann weiter mit der Produktionsgeschwindigkeit von $z_1 = 80$ Nockenwellen pro Tag fertigen. Auf Maschine 2 wird ebenfalls weiterhin mit der Produktionsgeschwindigkeit $z_2 = 160$ Nockenwellen pro Tag gefertigt. Für die Gesamtproduktionsmenge in Höhe von $x_G = 800$ Nockenwellen benötigt der Zulieferer folglich:

$$t_1(x_1 = 400\ [ME]) + t_2(x_2 = 400\ [ME]) = \frac{x_1}{z_1} + \frac{x_2}{z_2}.$$

Für die Gesamtproduktionsmenge $x_G = 800$ Nockenwellen ergibt sich für den Zulieferer eine Produktionszeit von 7,5 Tagen.

$$t_G(x_G = 800\ [ME]) = \frac{400\ [ME]}{80\ [ME \cdot Tag]} + \frac{400\ [ME]}{160\ [ME \cdot Tag]} = 7,5\ [Tage].$$

Beachten muss der Zulieferer auch hier die Liefermenge am 10. und 20. Tag von jeweils 400 Nockenwellen. In unserer Berechnung fertigen wir zunächst auf Maschine 1 und danach auf Maschine 2. Da die Maschinen gewechselt werden, ist auch ein zweimaliges Auflegen notwendig. Bei einem Tausch der Reihenfolge der Maschinen würde sich das Ergebnis nicht verändern. Der Lagerbestandsverlauf wird beispielhaft anhand der Abbildung 6.14.5 dargestellt.

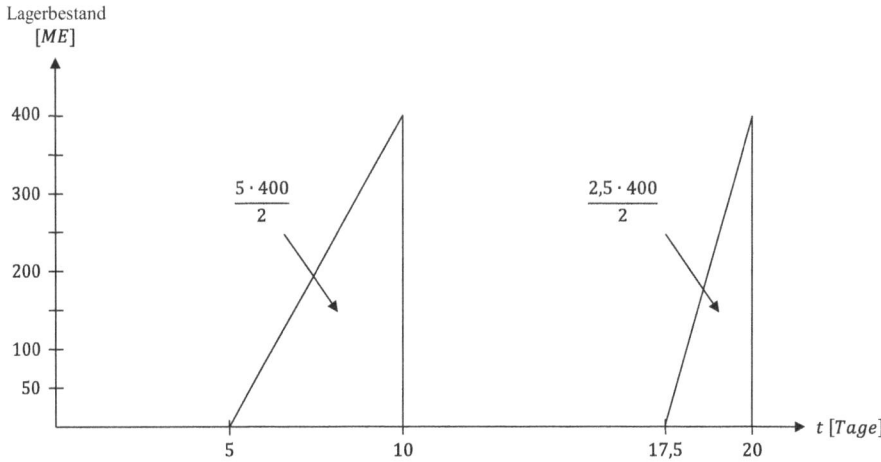

Abb. 6.14.5: Lagerbestandsverlauf bei zwei Auflagen (erst auf Maschine 1, dann auf Maschine 2)

Die Kosten $K_G = K_1^1 + K_2^2 + 2 \cdot K_F$ für die erste Auflage auf der ersten Maschine und für die zweite Auflage auf der zweiten Maschine bei ihrer jeweiligen Auflage lassen sich wie folgt berechnen.

$$
\begin{aligned}
K_{LG} &= K_1^1 + K_2^2 \\
&= \left(\frac{5\,[Tage] \cdot 400\,[ME]}{2} + \frac{2,5\,[Tage] \cdot 400\,[ME]}{2} \right) \cdot 0{,}08 \left[\frac{\text{€}}{ME \cdot Tag} \right] \\
&= 120\,[\text{€}].
\end{aligned}
$$

Zu den Lagerkosten K_{LG} sind noch die auflagefixen Kosten K_F in Höhe von jeweils 180 € hinzuzuaddieren, so dass sich für die Gesamtkosten K_G ergibt:

$$
K_G = K_{LG} + 2 \cdot K_F = 120 + 2 \cdot 180 = 480\,[\text{€}].
$$

Aufgabe 6.15 Statische Bestellmengenplanung – Der Harris-Ansatz mit unterschiedlichen Bedarfen

Der PC-Zubehörhändler „Pöörl" möchte einen „USB-Getränkekühler" in sein Verkaufsprogramm aufnehmen. Der Zulieferer für dieses Produkt plant nun sein Produktionsprogramm für das kommende Jahr (12 Monate). Der Zulieferer rechnet mit einem Gesamtbedarf von 12.000 Mengeneinheiten. Die Rüstkosten belaufen sich auf $c = 600$ Geldeinheiten, der Lagerkostensatz wird mit 0,3 Geldeinheiten pro Mengeneinheit und Monat angesetzt. Weiterhin wird angenommen, dass die Produktion von 10 Mengeneinheiten mit 119 Geldeinheiten zu kalkulieren ist.

a) Nach bisherigen Planungen soll mit einer gleichbleibenden Losgröße von 6.000 Mengeneinheiten produziert werden. Welche jährlichen Gesamtkosten entstehen dem Zulieferer in der Produktion gemäß dieser Planungen?

b) Bestimmen Sie nun die optimale Losgröße des Lieferanten nach HARRIS zur Herstellung des USB-Getränkekühlers. Welche Gesamtkosten entstehen, wenn Sie diese Losgröße umsetzen?

c) Durch eine Marktanalyse wurde nun festgestellt, dass die Kaufbereitschaft der Kunden – vor allem bei der Zielgruppe der Studierenden – über das Jahr verteilt sehr unterschiedlich ist. Gerade in den Sommermonaten würde das Produkt stark und in den Wintermonaten eher schwach nachgefragt werden. Die folgende Tabelle 6.15.1 stellt die erwarteten Absatzzahlen dar, wobei jeweils zwei Monate zu einer Zeiteinheit zusammengefasst sind.

Monat	Jan/ Feb	Mär/ Apr	Mai/ Jun	Jul/ Aug	Sep/ Okt	Nov/ Dez
Möglicher Absatz	1.000	2.000	3.500	3.000	1.500	1.000

Tabelle 6.15.1: Prognostizierte Absatzzahlen

Welches Problem würde sich sowohl bei dem vorgegebenen als auch bei dem von Ihnen berechneten Produktionsprogramm und den erwarteten Absatzzahlen ergeben?

d) Erläutern Sie, inwieweit das Harris-Grundmodell in der Praxis sinnvoll eingesetzt werden kann. Begründen Sie Ihre Antwort. Welche Verfahren wären zur Planung der Produktionslose im obigen Fall sinnvoller einzusetzen?

Lösung zu Aufgabe 6.15

zu a) Gegeben sind folgende Daten:

$$Q = 6.000 \, [ME]; x = 12.000 \, [ME]; c = 600 \, [GE];$$

$$k_L = 0,3 \left[\frac{GE}{ME \cdot Monat} \right]; k_P = 11,9 \left[\frac{GE}{ME} \right]; T = 12 \, [Monate].$$

Für die Auflagehäufigkeit gilt:

$$h = \frac{x}{Q} = \frac{12.000}{6.000} = 2.$$

Daraus resultieren die folgenden Kostenkomponenten.

Rüstkosten:

$$K_R = h \cdot c = 2 \cdot 600 = 1.200 \, [GE].$$

Lagerhaltungskosten:

$$K_L = \frac{1}{2} \cdot Q \cdot k_L \cdot T = \frac{1}{2} \cdot 6.000 \cdot 0,3 \cdot 12 = 10.800 \, [GE].$$

Produktionskosten:

$$K_P = k_P \cdot x = 11,9 \cdot 12.000 = 142.800 \, [GE].$$

Es ergeben sich dann die Gesamtkosten:

$$K_G = K_R + K_L + K_P = 1.200 + 10.800 + 142.800 = 154.800 \, [GE].$$

zu b) Es gilt:

$$Q = \sqrt{\frac{2 \cdot c \cdot x}{k_L \cdot T}} = \sqrt{\frac{2 \cdot 600 \cdot 12.000}{0,3 \cdot 12}} = 2.000 \, [ME].$$

Hierdurch verändert sich die Anzahl der Rüstvorgänge:

$$h = \frac{12.000}{2.000} = 6.$$

Es ergeben sich nun die folgenden Kostenkomponenten:

$$K_R = 6 \cdot 600 = 3.600 \, [GE],$$

$$K_L = \frac{1}{2} \cdot 2.000 \cdot 0,3 \cdot 12 = 3.600 \, [GE],$$

$$K_P = \frac{119 \cdot 12.000}{10} = 142.800 \, [GE].$$

Summiert ergibt das die Gesamtkosten:

$K_G = 3.600 + 3.600 + 142.800 = 150.000 \ [GE].$

Die jährlichen Gesamtkosten belaufen sich auf 150.000 Geldeinheiten. Es zeigt sich, dass gegenüber dem Fall aus Aufgabenteil a), in dem mit $Q = 6.000$ Mengeneinheiten gerechnet wurde, geringere Gesamtkosten auftreten.

zu c) In beiden Fällen könnte die im Mai/Juni auftretende Nachfrage nicht vollständig befriedigt werden. Es kommt zu Fehlmengen – siehe Tabelle 6.15.2.

	Zeitraum	Produktion	Absatz	Rest
	Jan/Feb	6.000	1.000	5.000
$Q = 6.000$	Mär/Apr	0	2.000	3.000
	Mai/Jun	0	3.500	**−500**
	Jan/Feb	2.000	1.000	1.000
$Q = 2.000$	Mär/Apr	2.000	2.000	1.000
	Mai/Jun	2.000	3.500	**−500**

Tabelle 6.15.2: Bedarfsverlauf und Fehlmengenbildung

zu d) Das Harris-Grundmodell erfüllt oft nicht die Bedingungen des praktischen Anwendungsfalls. Es ist zwar leicht rechenbar und übersichtlich. Nachteilig wirken sich aber die folgenden Aspekte aus:

– Es wird nur eine Materialart betrachtet. In der Praxis ist ein Materialeinsatz häufig abhängig von Einsetzen anderer Materialien.

– Der Materialgesamtbedarf für eine Planungsperiode ist in der Praxis nicht immer bekannt (bspw. aufgrund von Auftragsschwankungen).

– Es gibt keine wirksame Kapazitätsgrenze. In der Praxis ist zu prüfen, ob ausreichend Lagerraum vorhanden ist.

– Die nachgefragte Materialmenge pro Zeiteinheit ist in der Praxis nicht stets identisch.

- Eine positive Wiederbeschaffungszeit wird vernachlässigt. Es besteht die Gefahr von Fehlmengen.

- In der Praxis ist keine unendliche Lagerzugangsrate gegeben. Häufig werden (bspw. wegen der beschränkten Produktionskapazität des Lieferanten) Teillieferungen vereinbart.

- Die Inkaufnahme von temporären Fehlmengen und die spätere Nachlieferung von Materialien können unter Umständen vernünftig sein (z. B. um viele aufwändige Kleinlieferungen zu vermeiden).

Sinnvoller einzusetzen wären das dynamische Wagner/Whitin-Verfahren oder – bei begrenzter Rechenleistung – ein heuristisches Näherungsverfahren (z. B. das Kostenausgleichs- oder das Silver/Meal-Verfahren).

7 Dynamisch-deterministische Bestellmengenplanung

Lernbereich FANDEL/FISTEK/STÜTZ, S. 511-561, 568-599

Aufgabe 7.1 Bestellmengenplanung –
Das Wagner/Whitin-Verfahren

a) Erläutern Sie die relevanten Charakteristika und Prämissen des Wagner/Whitin-Modells!

b) Stellen Sie das Optimierungsproblem formal auf und erläutern Sie kurz die Zielfunktion sowie die Nebenbedingungen!

c) Gegeben ist Ihnen das folgende Problem: Ein Unternehmen benötigt für die nächsten sechs Monate jeweils $100, 120, 80, 110, 80$ und 40 Mengeneinheiten monatlich an Rohstoff. Des Weiteren wird angenommen, dass der Bedarf zu Beginn des jeweiligen Monats auftritt und die Lieferung zum konstanten Preis schlagartig zu Beginn eines Monats erfolgt; ein Lagerzugang soll stets den Bedarf einer ganzzahligen Anzahl von Monaten decken. Die Frage ist nun, wie die optimale Bestell- und Lagerhaltungspolitik des Unternehmens aussieht, wenn für jede Bestellung bestellfixe Kosten in Höhe von 250 Geldeinheiten anfallen und die Lagerung des Rohstoffs Kosten in Höhe von 2 Geldeinheiten pro Mengeneinheit und Monat verursacht.

Offensichtlich kann das Unternehmen den Bedarf eines jeden Monats jeweils zu Beginn des betreffenden Monats durch eine Bestellung decken. In diesem Fall entstehen keine Lagerkosten, da die gesamte Rohstoffmenge – gemäß Annahme – sofort verbraucht wird; dafür fallen jeden Monat bestellfixe Kosten in Höhe von 250 Geldeinheiten an. Bestimmen Sie für das Unternehmen nach dem Wagner/Whitin-Algorithmus die optimale Bestellpolitik!

Lösung zu Aufgabe 7.1

zu a) Charakteristika:

- Variabler Bedarf; d. h. der Bedarf einer Periode ist zwar deterministisch bestimmt, jedoch von unterschiedlicher Größe und wird im Folgenden mit x_t bezeichnet.

- Variable Planungszeiträume; d. h. das Unternehmen kann für eine Periode oder aber für mehrere Perioden planen, der Planungshorizont ist endlich und beinhaltet die Perioden $t = 1, 2, ..., T$.

- In zeitlicher Folge variable bestellfixe Kosten k_B und variable Lagerkostensätze k_L.

Des Weiteren gelten folgende Prämissen:

- Es wird nur ein einzelnes Gut betrachtet.

- Der Lagerbestand des Gutes ist zu Beginn der Periode eins bzw. am Ende der Periode Null und auch am Ende der letzten Periode des Planungszeitraums gleich Null: $b_0 = b_T = 0$.

- Gegebenenfalls ist der jeweilige Periodenbedarf um den abweichenden Lagerbestand zu korrigieren.

- Die Lieferung des bestellten Gutes erfolgt schlagartig. Der Periodenbedarf tritt in voller Höhe zu Beginn der Periode auf, und Fehlmengen sind nicht erlaubt, d. h. der Periodenbedarf muss vollständig zu Beginn der Periode aus dem Lagerbestand oder aus der Lieferung gedeckt werden.

- Kapazitätsbeschränkungen sind ausgeschlossen.

- Aufgrund der Nichtzulässigkeit von Fehlmengen und der oben definierten Anfangs- und Endbestände folgt automatisch, dass die insgesamt in den T Perioden bestellte Menge dem Gesamtbedarf entspricht.

- Die Einstands- bzw. Bezugspreise für die Perioden $t = 1,2, \dots, T$ sind konstant.

- Der Übersichtlichkeit wegen wird im Folgenden zusätzlich angenommen, dass die bestellfixen Kosten und der Lagerkostensatz über die Zeit konstant sind. Zudem ist die Summe der mit den Bezugspreisen gewichteten Bedarfsmengen eine Konstante.

zu b) Zielfunktion:

$$\min K = \sum_{t=1}^{T} k_B \cdot v_t + k_L \cdot b_t.$$

- Die Zielfunktion besagt auf der einen Seite, dass konstante bestellfixe Kosten in Höhe von k_B anfallen, falls in der Periode t bestellt wird. In diesem Fall gilt: $v_t = 1$, sonst 0.

- Auf der anderen Seite sind in der Zielfunktion die Lagerhaltungskosten (LK), die dem Produkt aus dem Lagerhaltungskostensatz und dem Lagerbestand am Ende der Periode t entsprechen, für die jeweilige Periode t vorhanden.

Betrachten der Nebenbedingungen:

- $b_t = b_{t-1} + q_t - x_t$.

Das bedeutet, dass sich der Lagerendbestand der t-ten Periode bestimmen lässt durch den Lagerendbestand der $(t-1)$-ten Periode, was gleichzeitig dem Anfangsbestand der t-ten Periode entspricht, zuzüglich der bestellten Menge in der Periode t abzüglich des Periodenbedarfs.

- $q_t \leq v_t \cdot B$.

Um zu gewährleisten, dass die Binärvariable v_t für eine Bestellung eine positive Zahl (nämlich 1) annimmt, wird die zweite Nebenbedingung eingeführt. Dabei wird eine große Zahl B, die zum Beispiel den gesamten Bedarf über alle Perioden T widerspiegelt, benötigt, damit der Periodenbedarf in t inklusive der positiven Binärvariable und den damit verbundenen bestellfixen Kosten eindeutig definiert ist.

- $b_0 = b_T = 0$.

Durch die dritte Nebenbedingung wird gewährleistet, dass die Anfangs- und Endwerte des Lagerbestands auf die vorher festgelegten Werte gesetzt werden.

- $x_t, b_t, q_t \geq 0$.

Die Nicht-Negativitätsbedingungen für die entscheidungsrelevanten Variablen vervollständigen zusammen mit der Bedingung für die Binärvariable das lineare Optimierungsproblem.

- $v_t \in \{0,1\}$.

Binärvariable, die nur den Wert 0 oder 1 annehmen kann.

zu c) Planungshorizont 1 Monat ($t = 1$):

Allgemein gilt:

$$K(t) = \min\left\{\begin{array}{l} k_B + K(t-1); \\ \min\limits_{0<j<t}\left\{k_B + \sum\limits_{i=j+1}^{t} (i-j)\cdot x_i \cdot k_L + K(j-1)\right\} \end{array}\right\}.$$

Für $t = 1$ folgt aufgrund der Annahme, dass in $t = 0$ $K(0) = 0$ gilt:

$$K(1) = k_B + \underbrace{K(0)}_{=0} = k_B = 250.$$

Die optimale Politik für die Periode 1 werde mit p_1^* bezeichnet und sei $p_1^* = p_{11}$. Allgemein schreibt man $p_i^* = p_{ij}$. Dabei sei der erste Index (i) der Startpunkt der Betrachtung und demzufolge auch die Periode, in der bestellt bzw. produziert wird, und der zweite Index (j) die Periode, bis zur Deckung deren Bedarfs einschließlich die Bestellung reicht. Für den Planungshorizont von einem Monat bzw. einer Periode ist die Politik p_{11} konkurrenzlos.

Planungshorizont 2 Monate ($t = 2$):

Unter Beachtung der obigen Formel folgt für die zweite Periode:

$$K(2) = \min\left\{k_B + K(1);\ \min\limits_{0<j<2}\left\{k_B + \sum\limits_{i=2}^{2} (1)\cdot x_i \cdot k_L + K(0)\right\}\right\}.$$

Nach Einsetzen der gegebenen Daten ergibt sich:

$$K(2) = \min\{(250 + 250); (250 + 1\cdot 120\cdot 2)\} = \min\{500; 490\} = 490.$$

Dies bedeutet für das Unternehmen, dass als optimale Politik $p_2^* = p_{12}$ zu Beginn der ersten Periode bestellt und der Bedarf für die zweite Periode durch Lagerung des Gutes in der ersten Periode gedeckt wird. Würde man zu jeder Periode neu bestellen, würden zehn GE mehr an Kosten anfallen.

Planungshorizont 3 Monate ($t = 3$):

Hier existieren drei Möglichkeiten, und zwar:

1. zu Beginn des ersten Monats den Bedarf der drei Monate zu bestellen (p_{13});

2. zu Beginn des ersten Monats den Bedarf für diesen Monat (p_{11}) und zu Beginn des zweiten Monats den Bedarf für den zweiten und dritten Monat zu bestellen (p_{23});

3. zu Beginn des dritten Monats den Bedarf nur für den dritten Monat zu bestellen (p_{33}) und für die ersten beiden Monate die optimale Politik für den Planungshorizont von zwei Monaten (also $p_2^* = p_{12}$) zu wählen.

Formal folgt:

$$
K(3) = \min \left\{ \begin{array}{c} k_B + K(2); \\[2mm] \min_{0<j<3} \left\{ \begin{array}{c} k_B + \overbrace{(2-1)\cdot 120\cdot 2}^{\substack{\text{LK für Bedarf in} \\ \text{Periode 2}}} + \overbrace{(3-1)\cdot 80\cdot 2 + K(0)}^{\substack{\text{LK für Bedarf in} \\ \text{Periode 3}}}; \\ \underbrace{\qquad\qquad\qquad\qquad\qquad\qquad}_{j=1} \\[2mm] k_B + \overbrace{(3-2)\cdot 80\cdot 2 + K(1)}^{\substack{\text{LK für Bedarf in} \\ \text{Periode 3}}} \\ \underbrace{\qquad\qquad\qquad\qquad}_{j=2} \end{array} \right\} \end{array} \right\}.
$$

Daraus bestimmt sich die optimale Politik mit optimalen Kostenüberlegungen:

$$
K(3) = \min\{(740); \min(810; 660)\} = \min\{740; 660\} = 660.
$$

Das optimale Verhalten des Unternehmens lautet für die Betrachtung von $t = 3$ Perioden:

$$
p_3^* = (p_{11}, p_{23}) = (p_1^*, p_{23}).
$$

Damit wurde festgelegt, dass eine weitere Betrachtung der ersten Periode nicht mehr notwendig ist (Separations-Theorem).

Planungshorizont 4 Monate ($t = 4$):

Für die möglichen Politiken gilt nun:

1. in Periode 4 neu bestellen und die optimale Politik bis einschließlich Periode 3 nutzen;

2. in Periode 3 neu bestellen und den Bedarf der Periode 4 für eine Periode lagern. Dabei wird die bis einschließlich Periode 2 optimale Politik genutzt;

3. in Periode 2 neu bestellen und den Bedarf der Perioden 3 und 4 für eine Periode lagern. Dabei wird dann die bis einschließlich Periode 1 optimale Politik genutzt.

Analog zu den vorherigen Ausführungen folgt für die Betrachtung von vier Monaten für das Unternehmen folgende kostenminimale Politik als optimale Entscheidung:

$$K(4) = \min\left\{ \begin{array}{l} k_B + K(3); \\ \min_{1<j<4} \left\{ \begin{array}{l} k_B + (2-1) \cdot 120 \cdot 2 + (3-1) \cdot 80 \cdot 2 \\ +(4-1) \cdot 110 \cdot 2 + K(0); \\ k_B + (3-2) \cdot 80 \cdot 2 + (4-2) \cdot 110 \cdot 2 + K(1); \\ k_B + (4-3) \cdot 110 \cdot 2 + K(2) \end{array} \right\} \end{array} \right\}.$$

Nach Einsetzen und Zusammenfassen der gegebenen Daten ergibt sich:

$$K(4) = \min\{(250 + 660); \min\{250 + 1.220; 250 + 850; 250 + 710\}\}.$$

Durch nochmaliges Zusammenfassen erhält man schließlich:

$$K(4) = \min\{(910); \min\{1.470; 1.100; 960\}\} = \min\{910; 960\} = 910.$$

Damit ist für das Unternehmen festgelegt, dass neben einer Bestellung in der ersten Periode eine weitere Bestellung zu Beginn der zweiten Periode notwendig ist, die den Bedarf der dritten Periode mit abdeckt. Es müssen nur noch Vergleiche für die Perioden ab $t > 3$ angestellt werden.

Planungshorizont 5 Monate ($t = 5$):

$$K(5) = \min\left\{ k_B + K(4); \min_{3<j<5}\{k_B + (5-4) \cdot 80 \cdot 2 + K(3)\} \right\}.$$

Nach Einsetzen und Zusammenfassen der gegebenen Daten ergibt sich:

$$K(5) = \min\{(250 + 910); \min\{250 + 160 + 660\}\}.$$

Durch nochmaliges Zusammenfassen erhält man schließlich:

$$K(5) = \min\left\{ \underbrace{1.160}_{(p_4^*, p_{55})}; \underbrace{1.070}_{(p_3^*, p_{45})} \right\} = 1.070.$$

Demzufolge wird nach Periode 1 und nach Periode 2 bei Betrachtung von fünf Perioden in der vierten Periode wiederum eine Bestellung aufgegeben, die den Bedarf der nachfolgenden Periode mit befriedigt. Es fallen neben bestellfixen Kosten für die vierte Periode Lagerhaltungskosten in der vierten Periode für den Bedarf der nachfolgenden Periode an.

Planungshorizont 6 Monate ($t = 6$):

$$K(6) = \min \left\{ \min_{3<j<6} \left\{ \begin{array}{c} k_B + K(5); \\ k_B + \overbrace{(5 - 4) \cdot 80 \cdot 2}^{\substack{\text{LK für Bedarf in} \\ \text{Periode 5}}} + \overbrace{(6 - 4) \cdot 40 \cdot 2}^{\substack{\text{LK für Bedarf in} \\ \text{Periode 6}}} + K(3); \\ \underbrace{}_{j=4} \\ k_B + \overbrace{(6 - 5) \cdot 40 \cdot 2}^{\substack{\text{LK für Bedarf in} \\ \text{Periode 6}}} + K(4) \\ \underbrace{}_{j=5} \end{array} \right\} \right\}.$$

Nach Einsetzen und Zusammenfassen der gegebenen Daten ergibt sich:

$$K(6) = \min \left\{ (250 + 1.070); \min \left\{ \begin{array}{c} 250 + 160 + 160 + 660; \\ 250 + 80 + 910 \end{array} \right\} \right\}$$

Durch nochmaliges Zusammenfassen erhält man schließlich:

$$K(6) = \min\{(1.320); \min\{1.230; 1.240\}\}$$
$$= \min\{1.320; 1.230\} = 1.230.$$

Die optimale Politik des Unternehmens sieht wie folgt aus:

In der Periode 1 wird für die gleiche Periode bestellt. Anschließend sinkt der Lagerbestand auf Null, so dass eine weitere Bestellung notwendig wird. Jedoch wird nicht nur der Bedarf der zweiten Periode bestellt, sondern gleichzeitig, aufgrund der Kostenstruktur und des Bedarfs, wird das Lager so aufgefüllt, dass der Bedarf der Periode 3 vollständig aus dieser Bestellung befriedigt werden kann. Zu Beginn der vierten Periode wird eine weitere Bestellung zum Abdecken des Bedarfs notwendig. Diese beinhaltet den Verbrauch der Perioden 4 bis einschließlich 6. Die optimale Politik des Unternehmens für den gesamten Zeitraum lautet dann: (p_{11}, p_{23}, p_{46}).

Aufgabe 7.2 Auflagenmengenplanung – Das Wagner/Whitin-Verfahren

Ein Tierfutterhersteller beziffert die Bedarfe an Vogelfutter in den Perioden mit den Werten $x_1 = 190, x_2 = 180, x_3 = 270, x_4 = 100$ Tonnen. Die Rüstkosten belaufen sich auf 200 Geldeinheiten. Je produzierter Mengeneinheit an Vogelfutter (in Tonnen) müssen Lagerkosten in Höhe von 0,75 Geldeinheiten pro Mengeneinheit und Zeiteinheit berücksichtigt werden.

Bestimmen Sie für die vorliegenden Daten das optimale Auflageverhalten des Unternehmens, wenn Sie zum einen das Verfahren von WAGNER/WHITIN und zum anderen die Heuristik der gleitenden wirtschaftlichen Losgröße anwenden. Vergleichen Sie zudem die entstehenden Kosten der beiden unterschiedlichen Verfahren miteinander!

Lösung zu Aufgabe 7.2

Die Lösung der Bestimmung der minimalen Kosten und optimalen Auflagepolitik erfolgt über die Berechnung des Wagner/Whitin-Algorithmus.

Hierbei gilt allgemein:

$$K(t) = \min \left\{ \begin{array}{l} k_B + K(t-1); \\ \min_{0<j<t} \left\{ k_B + \sum_{i=j+1}^{t} (i-j) \cdot x_i \cdot k_L + K(j-1) \right\} \end{array} \right\}.$$

Betrachten der Periode $t = 1$:

Für $t = 1$ folgt aufgrund der Annahme, dass in $t = 0$ $K(0) = 0$ gilt:

$$K(1) = k_B + \underbrace{K(0)}_{=0} = k_B = 200.$$

Die optimale Politik für die Periode 1 werde mit p_1^* bezeichnet und sei: $p_1^* = p_{11}$.

Allgemein schreibt man $p_i^* = p_{ij}$. Dabei sei der erste Index (i) der Startpunkt der Betrachtung und demzufolge auch die Periode, in der produziert bzw. nachgefragt wird, und der zweite Index (j) die Periode, bis zu der einschließlich die Produktionsmengen zur Deckung der Nachfrage reichen. Für den Planungshorizont von einem Monat bzw. einer Periode ist die Politik p_{11} konkurrenzlos.

Es ergibt sich: $p_1^* = p_{11}$.

Betrachten der Periode $t = 2$:

$$K(2) = \min\left\{\begin{array}{l} k_B + K(1); \\ \displaystyle\min_{0<j<2}\left\{k_B + \sum_{i=2}^{2}(1)\cdot x_i \cdot k_L + K(0)\right\} \end{array}\right\}.$$

Nach Einsetzen der gegebenen Daten ergibt sich:

$$K(2) = \min\{(200 + 200); (200 + 1 \cdot 180 \cdot 0{,}75)\}$$
$$= \min\{400; 335\} = 335.$$

Es ergibt sich: $p_2^* = p_{12}$. Es ist bis einschließlich der Betrachtung der zweiten Periode sinnvoll, in Periode 1 für Periode 2 mit zu produzieren. Es sei aber hier angemerkt, mit Verweis auf Aufgabe 7.1, dass eine optimale Politik erst mit Erreichen der letzten Periode für den betrachteten Zeitraum bestimmt werden kann.

Betrachten der Periode $t = 3$:

Hier existieren drei Möglichkeiten, und zwar:

1. zu Beginn des ersten Monats den Bedarf der drei Monate zu produzieren (p_{13});

2. zu Beginn des ersten Monats den Bedarf für diesen Monat (p_{11}) und zu Beginn des zweiten Monats den Bedarf für den zweiten und dritten Monat zu produzieren (p_{23});

3. zu Beginn des dritten Monats den Bedarf nur für den dritten Monat zu produzieren (p_{33}) und für die ersten beiden Monate die optimale Politik für den Planungshorizont von zwei Monaten (also $p_2^* = p_{12}$) zu wählen.

Formal folgt:

$K(3)$

$$= \min\left\{\begin{array}{l} k_B + K(2); \\[2mm] k_B + \overbrace{(2-1)\cdot 180 \cdot 0{,}75}^{\substack{\text{LK für Bedarf in}\\\text{Periode 2}}} + \overbrace{(3-1)\cdot 270 \cdot 0{,}75}^{\substack{\text{LK für Bedarf in}\\\text{Periode 3}}} + K(0); \\ \hspace{4cm} {\scriptstyle j=1} \\[2mm] k_B + \overbrace{(3-2)\cdot 270 \cdot 0{,}75}^{\substack{\text{LK für Bedarf in}\\\text{Periode 3}}} + K(1) \\ \hspace{3cm} {\scriptstyle j=2} \end{array}\right\}.$$

Daraus bestimmt sich die Politik mit optimalen Kostenüberlegungen:

$K(3)$

$= \min\{(200 + 335); \min\{(200 + 135 + 405); (200 + 202,5 + 200)\}\}.$

Durch nochmaliges Zusammenfassen erhält man schließlich:

$K(3) = \min\{(535); \min\{(740); (602,5)\}\}$

$= \min\{535; 602,5\} = 535.$

Es ergibt sich: $p_3^* = (p_2^*, p_{33})$. Im nächsten Schritt werden dann nur noch Betrachtungen im Anschluss an die optimale Politik p_2^* durchgeführt.

Betrachten der Periode $t = 4$:

Es existieren noch zwei mögliche Politiken, dass in Periode 3 für 4 mitproduziert wird, oder aber jeweils in Periode 3 und 4 eine Produktion erfolgt. Daraus resultieren die folgenden Kosten:

$$K(4) = \min\left\{\begin{array}{c} k_B + K(3); \\ \min_{2 < j < 4}\{k_B + (4 - 3) \cdot 100 \cdot 0,75 + K(2)\} \end{array}\right\}.$$

Nach Einsetzen und Zusammenfassen der gegebenen Daten ergibt sich:

$K(4) = \min\{(200 + 535); \min(200 + 75 + 335)\}$

$= \min\{735; 610\} = 610.$

Es ergibt sich: $p_4^* = (p_2^*, p_{34})$.

Die Berechnung der Lösung erfolgt nun über die Heuristik der gleitenden wirtschaftlichen Losgröße:

Allgemein gilt:

$$k_{ij} = \frac{k_B + k_L \cdot \sum_{t=i}^{j}(t - i) \cdot x_t}{\sum_{t=i}^{j} x_t}.$$

Es wird solange die Losgröße sukzessive um die Nachfragemengen der nachfolgenden Periode(n) erhöht, wie die Stückkosten sinken.

Anwendung des Verfahrens der gleitenden wirtschaftlichen Losgröße

$$i = 1; j = 1: k_{11} = \frac{200}{190} = 1{,}0526,$$

$$j = 2: k_{12} = \frac{200 + 0{,}75 \cdot 180}{370} = 0{,}9052,$$

$$j = 3; k_{13} = \frac{200 + 0{,}75 \cdot 180 + 2 \cdot 0{,}75 \cdot 270}{640}$$

$$= 1{,}15625.$$

Periode 2 zeigt mit $k_{12} = 0{,}9052 < 1{,}0526 = k_{11}$, dass das Abbruchkriterium noch nicht erfüllt wurde. Erst in der Periode 3 steigen die Stückkosten bei Hinzunahme des Periodenbedarfs x_3 wieder an. Dies zeigt sich durch:

$$k_{13} = 1{,}15625 > 0{,}9052 = k_{12}.$$

Es gilt somit $\hat{\jmath} = 2$ und $\hat{Q}_1 = x_1 + x_2 = 190 + 180 = 370$. Das Verfahren startet in Periode 3 neu!

$$i = 3; \quad j = 3: \quad k_{33} = \frac{200}{270} = 0{,}740,$$

$$j = 4: \quad k_{34} = \frac{200 + 0{,}75 \cdot 100}{370} = 0{,}7432.$$

In Periode 4 zeigt sich mit $k_{33} = 0{,}740 < 0{,}7432 = k_{34}$, dass das Abbruchkriterium erfüllt wurde. Bereits in der vierten Periode steigen die Stückkosten bei Hinzunahme des Periodenbedarfs x_4 wieder an. Daher gilt $\hat{\jmath} = 3$ und $\hat{Q}_3 = x_3 = 270$. Das Verfahren startet in Periode 4 neu!

$$i = 4; \quad j = 4: \quad k_{44} = \frac{200}{100} = 2.$$

In Periode 4 wird das Ende des Planungszeitraums erreicht, ohne dass die Stückkosten ansteigen. Daher gilt $\hat{\jmath} = 4$ und $\hat{Q}_4 = x_4 = 100$. Die Optimierung ist beendet.

Das optimale Verhalten des Unternehmens lautet für die Betrachtung von $t = 4$ Perioden: $p_4^* = (p_{12}, p_{33}, p_{44})$.

Im Anschluss daran erfolgt ein Vergleich der Kosten:

$$K^{WW}(p_{12}, p_{34}) = 2 \cdot 200 + 0{,}75 \cdot 180 + 0{,}75 \cdot 100 = 610,$$

$$K^{GWL}(p_{12}, p_{33}, p_{44}) = 3 \cdot 200 + 0{,}75 \cdot 180 = 735.$$

Es ergibt sich ein

$$\Delta = K^{GWL}(p_{12}, p_{33}, p_{44}) - K^{WW}(p_2^*, p_{34}) = 125 \text{ Geldeinheiten.}$$

Dies liegt in der Tatsache begründet, dass bei der gleitenden wirtschaftlichen Losgröße in der letzten Periode aufgrund der Abbruchregel höhere Kosten als im Wagner/Whitin-Ansatz entstehen, da die Lagerung der 100 Tonnen günstiger als die Neuauflage wäre.

Aufgabe 7.3   Dynamisch-deterministische Auflagenmengen-planung – Das Silver/Meal-Verfahren

Bestimmen Sie für die unten gegebenen Daten die optimale Losgrößenpolitik, sofern das betrachtete Unternehmen diese nicht nach dem Wagner/Whitin-Modell bestimmt, sondern das Silver/Meal-Verfahren anwendet. Bestimmen Sie auch die Kosten, die somit entstehen, und erläutern Sie kurz, warum nicht unbedingt die gleiche Lösung wie im Wagner/Whitin-Modell erzielt wird. Abschließend diskutieren Sie bitte noch kurz Ihre optimal bestimmte Politik hinsichtlich der Änderung der Rüstkosten!

Folgende Daten sind gegeben: Ein Spielzeugproduzent beziffert die Bedarfe (in Mengeneinheiten) an Dego-Luplo-Eisenbahnen in den Perioden 1-8 mit den Werten

$$x_1 = 2.500, \quad x_2 = 1.700, \quad x_3 = 2.100, \qquad x_4 = 2.800,$$

$$x_5 = 1.800, \quad x_6 = 2.200, \quad x_7 = 2.000 \quad \text{und} \quad x_8 = 2.400.$$

Die Rüstkosten belaufen sich auf 1.200 Geldeinheiten in den ersten vier Perioden und anschließend auf 800 Geldeinheiten in den Perioden 5-8. Je produzierter Mengeneinheit an Eisenbahnen müssen Lagerkosten in Höhe von 0,25 Geldeinheiten pro Mengeneinheit und Periode berücksichtigt werden.

Lösung zu Aufgabe 7.3

Grundlage des Silver/Meal-Verfahrens bildet die Eigenschaft des statischen Harris-Modells: Die optimale Auflagemenge minimiert auch die durchschnittlichen Kosten pro Zeiteinheit. Diese Eigenschaft kann man unmittelbar aus der Überlegung ableiten, dass sich die durchschnittlichen Kosten pro Zeiteinheit von den gesamten Bestell- und Lagerkosten des Planungszeitraums lediglich um den für die Optimierung irrelevanten Divisor T unterscheiden. Da aber ein konstanter Vorfaktor oder Vordivisor bei der Differenzierung keine Rolle spielt, stellt sich das gleiche Optimum wie bei der Optimierung der Gesamtkosten des Planungszeitraums ein.

Überträgt man dies auf den dynamischen Fall, so betragen die durchschnittlichen Kosten einer Politik p_{ij} pro Zeiteinheit:

$$k_{ij}^{ZE} = \frac{k_B + k_L \cdot \sum_{t=i}^{j}(t - i) \cdot x_t}{j - i + 1}.$$

Die in Periode i zu produzierende Losgröße $\hat{Q}_i$ entspricht nun demjenigen kumulierten Bedarf

$$\sum_{t=i}^{\hat{j}} x_t,$$

bei dem die durchschnittlichen Kosten pro Zeiteinheit minimal werden. Für die optimale Produktionsendperiode $\hat{j}$ gilt somit:

$$\hat{j} = \max\{j \,|\, k_{ij}^{ZE} < k_{ij-1}^{ZE}, i < j\}.$$

In k_{ij} bezeichnen k_B die bestellfixen Kosten pro Bestellung und k_L den Lagerkostensatz in Geldeinheiten pro Mengeneinheit und Periode.

Man erhöht also die Produktionsendperiode j, startend mit $i + 1$, schrittweise solange, wie sich die durchschnittlichen Kosten pro Zeiteinheit dadurch verringern. Hat man auf diese Weise die erste Auflagemenge ermittelt, wird in Periode $\hat{j} + 1$ das Verfahren zur Berechnung der folgenden Auflagemengen neu gestartet. Wieder erhält man – nach einer gewissen Anzahl von Iterationen – die im Sinne dieses Verfahrens optimale Politik $\hat{p}_T$ für den gesamten Planungszeitraum T, wenn man von den Ausgangswerten $i + 1$ und $j = 2, \dots, T$ ausgeht.

Für obiges Problem folgt dann:

$$i = 1; j = 1: k_{11}^{ZE} = \frac{1.200 + 0,25 \cdot (1 - 1) \cdot 2.500}{1 - 1 + 1} = 1.200,$$

$$j = 2: k_{12}^{ZE} = \frac{1.200 + 0,25 \cdot (2 - 1) \cdot 1.700}{2 - 1 + 1} = \frac{1.625}{2} = 812,5,$$

$$j = 3: k_{13}^{ZE} = \frac{1.200 + 0,25 \cdot (2 - 1) \cdot 1.700 + 0,25 \cdot (3 - 1) \cdot 2.100}{3 - 1 + 1}$$

$$= \frac{2.675}{3} = 891,\overline{6} > 812,5 \quad \text{Abbruch.}$$

Bei Einbeziehen von Periodenbedarf 3 steigen die durchschnittlichen Kosten pro Zeiteinheit wieder an. Daher gilt $\hat{j} = 2$ und $\hat{Q}_1 = 4.200$ Mengeneinheiten. Das Verfahren startet in Periode 3 neu!

$$i = 3; j = 3: k_{33}^{ZE} = \frac{1.200 + 0{,}25 \cdot (3 - 3) \cdot 2.100}{3 - 3 + 1} = 1.200,$$

$$j = 4: k_{34}^{ZE} = \frac{1.200 + 0{,}25 \cdot 2.800}{4 - 3 + 1} = \frac{1.900}{2} = 950,$$

$$j = 5: k_{35}^{ZE} = \frac{1.200 + 0{,}25 \cdot 2.800 + 0{,}25 \cdot 2 \cdot 1.800}{5 - 3 + 1}$$
$$= \frac{2.800}{3} = 933{,}\overline{3},$$

$$j = 6: k_{36}^{ZE} = \frac{1.200 + 0{,}25 \cdot 2.800 + 0{,}25 \cdot 2 \cdot 1.800 + 0{,}25 \cdot 3 \cdot 2.200}{6 - 3 + 1}$$
$$= \frac{4.450}{4} = 1.112{,}5 > 933{,}\overline{3} \quad \text{Abbruch.}$$

Bei Einbeziehen von Periodenbedarf 6 steigen die durchschnittlichen Kosten pro Zeiteinheit wieder an. Daher gilt $\hat{j} = 5$ und $\hat{Q}_3 = 6.700$ Mengeneinheiten. Das Verfahren startet in Periode 6 neu!

$$i = 6; j = 6: k_{66}^{ZE} = \frac{800 + 0{,}25 \cdot (6 - 6) \cdot 2.200}{6 - 6 + 1} = 800,$$

$$j = 7: k_{67}^{ZE} = \frac{800 + 0{,}25 \cdot 2.000}{7 - 6 + 1} = \frac{1.300}{2} = 650,$$

$$j = 8: k_{68}^{ZE} = \frac{800 + 0{,}25 \cdot 2.000 + 0{,}25 \cdot 2 \cdot 2.400}{8 - 6 + 1} = \frac{2.500}{3}$$
$$= 833{,}\overline{3} > 650 \quad \text{Abbruch.}$$

Bei Einbeziehen von Periodenbedarf 8 steigen die durchschnittlichen Kosten pro Zeiteinheit wieder an. Daher gilt $\hat{j} = 7$ und $\hat{Q}_6 = 4.200$ Mengeneinheiten. Das Verfahren startet in Periode 8 neu!

$$i = 8; j = 8: k_{88}^{ZE} = \frac{800 + 0{,}25 \cdot (8 - 8) \cdot 2.400}{8 - 8 + 1} = 800.$$

In Periode 8 wird das Ende des Planungszeitraumes erreicht, ohne dass die durchschnittlichen Kosten pro Zeiteinheit ansteigen, daher gilt $\hat{j} = 8$ und $\hat{Q}_8 = 2.400$ Mengeneinheiten. Die Optimierung ist beendet. Das optimale Verhalten des Unternehmens lautet für die Betrachtung von $t = 8$ Perioden:

$$p_8^* = (p_{12}, p_{35}, p_{67}, p_{88}).$$

Es werden somit vier Auflagelose gebildet, die zu den folgenden gesamten Auflage- und Lagerkosten führen:

$$K(p^*) = \underbrace{2 \cdot 1.200 + 2 \cdot 800}_{\text{gesamte Rüstkosten}} + \underbrace{0{,}25 \cdot 1.700}_{\text{Lagerkosten Periode 2}} + \underbrace{0{,}25 \cdot 2.800}_{\text{Lagerkosten Periode 4}}$$

$$+ \underbrace{2 \cdot 0{,}25 \cdot 1.800}_{\text{Lagerkosten Periode 5}} + \underbrace{0{,}25 \cdot 2.000}_{\text{Lagerkosten Periode 7}}$$

$$= 6.525 \, [GE].$$

Aufgrund der geringeren Rüstkosten kann die optimale Politik geändert werden. Mit hohen Rüstkosten macht es natürlich Sinn, sofern die Lagerhaltungskosten geringer als eine zusätzliche Produktion sind, zu lagern.

Heuristiken sind Näherungslösungen. Liegt die Annäherung an das Optimum in einem zulässigen Bereich, so lässt man die suboptimale Lösung als optimal durchgehen. Daher kann die Lösung durch ein heuristisches Verfahren von der Lösung im Wagner/Whitin-Modell abweichen.

Aufgabe 7.4   Dynamisch-deterministische Bestellmengenplanung – Das Kostenausgleichsverfahren und der Harris-Ansatz

Ein Nahrungsmittelproduzent stellt Müsliriegel her und bestellt die Verpackungskartons bei einem Lieferanten. Den Gesamtbedarf an Kartons (angegeben in Mengeneinheiten) für die nächsten zehn Wochen beziffert der Produktionsleiter mit den Werten $70, 120, 40, 125, 55, 45, 70, 115, 110$ und 100 Mengeneinheiten. Die fixen Bestellkosten belaufen sich auf 170 Geldeinheiten in allen Wochen. Je gelagerter Mengeneinheit Verpackungskartons entstehen Kosten von 1,0 Geldeinheiten pro Mengeneinheit und Woche.

a) Welche optimale Beschaffungs- und Lagerhaltungspolitik ergäbe sich, wenn der Nahrungsmittelproduzent die klassische Bestellmengenformel nach HARRIS für den Gesamtbedarf der kommenden zehn Wochen einsetzte? Kann es hierdurch zu Fehlmengen kommen? Bestimmen Sie die optimale Bestellmenge!

b) Wenden Sie die Ihnen bekannte Heuristik „Kostenausgleichsverfahren" (KAV) an und berechnen Sie die minimalen Kosten basierend auf der von Ihnen zuvor optimal generierten Politik!

Lösung zu Aufgabe 7.4

zu a)   Im ersten Schritt wird der Gesamtbedarf bestimmt:

$$x = \sum_{t=1}^{10} 70 + 120 + 40 + 125 + 55 + 45 + 70 + 115 + 110 + 100$$
$$= 850\ [ME].$$

Daraus resultiert die optimale Bestellmenge:

$$Q^* = \sqrt{\frac{2 \cdot x \cdot c}{l \cdot T}} = \sqrt{\frac{2 \cdot 850 \cdot 170}{1 \cdot 10}} = 170\ [ME].$$

Dabei bezeichet c die bestellfixen Kosten pro Bestellung, l den Lagerkostensatz in Geldeinheiten pro Mengeneinheit und Woche, sowie T den Planungszeitraum (hier 10 Wochen). Prüfen auf Fehlmengen erfolgt über die Berechnung der Bestellhäufigkeit h und des -rhythmus t_B:

$$h^* = \frac{x}{Q^*} = 5$$

und

$$t_B = \frac{T}{h} = 2\,[Wochen].$$

Es ergibt sich der folgende Lagerbestandsverlauf in Tabelle 7.4.1.

Woche	1	2	3	4	5	6	7	8	9	10
Wochenbedarf	70	120	40	125	55	45	70	115	110	100
vorgeschlagene Bestellpolitik	170	0	170	0	170	0	170	0	170	0
Lagerbestand	100	−20	110	−15	100	55	155	40	100	0

Tabelle 7.4.1:   Bedarfsverlauf für Verpackungskartons [ME]

Es zeigt sich, dass das Harris-Modell für diese dynamische Situation schon in der zweiten Periode versagt!

Bereits in der zweiten Periode erhalten wir eine Fehlmenge:

$$70 + 120 = 190 > 170 \quad \Rightarrow \quad 20\,[ME].$$

Das Ergebnis für die vierte Periode lautet dann:

$$20 + 40 + 125 = 185\,[ME] \quad \Rightarrow \quad 185\,[ME] > 170\,[ME].$$

zu b) Es erfolgt nun eine Anwendung der dynamischen Heuristik „Kostenausgleichsverfahren", da der statische Harris-Ansatz, wie in Aufgabenteil a) gezeigt, versagt!

Setzt man die optimale Bestellmenge im Harris-Modell sowohl in die Funktion der Lagerkosten als auch in die Funktion der Bestellkosten ein, so stellt man fest, dass die Bestellkosten im Optimum den Lagerkosten entsprechen:

$$K_L(Q^*) = \frac{1}{2} \cdot Q^* \cdot l \cdot T = \frac{1}{2} \cdot \sqrt{\frac{2 \cdot x \cdot c}{l \cdot T}} \cdot l \cdot T = \sqrt{\frac{2 \cdot x \cdot c \cdot l \cdot T}{4}},$$

$$K_B(Q^*) = c \cdot h = c \cdot \frac{x}{Q^*} = c \cdot \frac{x}{\sqrt{\dfrac{2 \cdot x \cdot c}{l \cdot T}}} = \sqrt{\frac{2 \cdot x \cdot c \cdot l \cdot T}{4}}.$$

Das Kostenausgleichsverfahren überträgt die Kostengleichheit – Bestellkosten entsprechen im Optimum den Lagerkosten – im statischen Harris-Modell auf den dynamischen Fall. Die Bestellmenge ist hierbei – beginnend in Periode i –

solange schrittweise um jeweils einen weiteren Periodenbedarf zu erhöhen, bis die kumulierten Lagerkosten die Bestellkosten erstmals überschreiten. Für die optimale Bestellendperiode $\hat{j}$ einer zu Beginn von Periode i ausgelösten Bestellung gilt demnach:

$$\hat{j} = \max\left\{ j \mid l \cdot \sum_{t=i}^{j} (t-i) \cdot x_t \leq c, i < j \right\}.$$

Dieser Ausdruck wird gelegentlich auch wie folgt beschrieben:

$$\hat{j} = \max\left\{ j \,\middle|\, k_L \cdot \sum_{t=i}^{j} (t-i) \cdot x_t \not> k_B, i \leq j \right\}.$$

Dabei entsprechen die Variablen c und k_B einander und stellen die bestellfixen Kosten pro Bestellung dar. Die Variable l kann als Synonym für den Lagerkostensatz k_L in Geldeinheiten pro Mengeneinheit und Periode verstanden werden.

Die optimale Bestellmenge $\hat{Q}_i$ besteht dann aus den Summen der Periodenbedarfe, deren Lagerkosten noch nicht zum Überschreiten der bestellfixen Kosten führen. Die Periode $\hat{j} + 1$, in der die Lagerkosten die Bestellkosten gerade überschreiten, wird zur Startperiode für einen neuen Durchlauf des Verfahrens. Beginnend mit $i = 1$ und $j = 1, \dots, T$, erhält man – nach einer bestimmten Anzahl von Durchläufen – die optimale Politik $\hat{p}_T$ für den gesamten Planungszeitraum T.

Im konkret vorliegenden Problem generiert das Kostenausgleichsverfahren dann folgende Lösung:

$$j = 1: \quad k_{11} = 0 < 170,$$

$$j = 2: \quad k_{12} = 0 + 1,0 \cdot 1 \cdot 120 = 120 < 170.$$

In der Periode 2 überschreiten die Lagerkosten mit $k_{12} = 120 < 170 = k_B$ die bestellfixen Kosten noch nicht, so dass das Abbruchkriterium noch nicht erfüllt wird. Erst in der dritten Periode übersteigen die Lagerkostenkosten bei Hinzunahme des Periodenbedarfs x_3 die bestellfixen Kosten.

Dies zeigt sich durch:

$$k_{13} = 0 + 1,0 \cdot 1 \cdot 120 + 1,0 \cdot 2 \cdot 40 = 200 > 170 = k_B.$$

Es gilt somit $\hat{j} = 2$ und $\hat{Q}_1 = x_1 + x_2 = 70 + 120 = 190$. Das Verfahren startet in Periode 3 neu!

$j = 3$: $k_{33} = 0 < 170$,

$j = 4$: $k_{34} = 0 + 1{,}0 \cdot 1 \cdot 125 = 125 < 170$,

$j = 5$: $k_{35} = 0 + 1{,}0 \cdot 1 \cdot 125 + 1{,}0 \cdot 55 = 235 > 170$.

Diesmal überschreiten die Lagerkosten mit $k_{35} = 235 > 170 = k_B$ die bestellfixen Kosten in der fünften Periode. Das Abbruchkriterium wird durch Hinzunahme des Periodenbedarfs x_5 erreicht: $k_{35} = 235 > 170 = k_B$. Daher gilt $\hat{j} = 4$ und $\hat{Q}_3 = x_3 + x_4 = 40 + 125 = 165$. Das Verfahren startet in Periode 5 neu!

$j = 5$: $k_{55} = 0 < 170$,

$j = 6$: $k_{56} = 0 + 1{,}0 \cdot 1 \cdot 45 = 45 < 170$,

$j = 7$: $k_{56} = 0 + 1{,}0 \cdot 1 \cdot 45 + 1{,}0 \cdot 2 \cdot 70 = 185 > 170$.

Es gilt $\hat{j} = 6$ und $\hat{Q}_5 = x_5 + x_6 = 55 + 45 = 100$. Das Verfahren startet in Periode 7 neu!

$j = 7$: $k_{77} = 0 < 170$,

$j = 8$: $k_{78} = 0 + 1{,}0 \cdot 1 \cdot 115 = 115 < 170$,

$j = 9$: $k_{79} = 0 + 1{,}0 \cdot 1 \cdot 115 + 1{,}0 \cdot 2 \cdot 110 = 335 > 170$.

Es gilt $\hat{j} = 8$ und $\hat{Q}_7 = x_7 + x_8 = 70 + 115 = 185$. Das Verfahren startet in Periode 9 neu!

$j = 9$: $k_{99} = 0 < 170 = k_B$,

$j = 10$: $k_{9,10} = 0 + 1{,}0 \cdot 1 \cdot 100 = 100 < 170$.

In Periode 10 wird das Ende des Planungszeitraums erreicht, ohne dass die Lagerkosten die bestellfixen Kosten überschreiten. Daher gilt $\hat{j} = 9$ und $\hat{Q}_9 = x_9 + x_{10} = 110 + 100 = 210$. Die Optimierung ist beendet.

Daraus resultiert die optimale Politik $\hat{p}_{10} = (p_{12}, p_{34}, p_{56}, p_{78}, p_{9,10})$ mit minimalen Kosten nach dem Kostenausgleichsverfahren:

$$K_{10}^* = 5 \cdot k_B + k_L \cdot (1 \cdot 120 + 1 \cdot 125 + 1 \cdot 45 + 1 \cdot 115 + 1 \cdot 100)$$
$$= 5 \cdot 170 + 1{,}0 \cdot 1 \cdot (120 + 125 + 45 + 115 + 100) = 1.355 \, [GE].$$

Aufgabe 7. 5 Dynamisch-deterministische Bestellmengenplanung – Unter anderem das Groff-Verfahren

a) Beschreiben Sie das Grundprinzip des Groff-Verfahrens zur Lösung dynamischer Bestellmengenprobleme. Erläutern Sie die dabei verwendeten Symbole.

b) Ein Nahrungsmittelproduzent stellt Müsliriegel her und bestellt die Verpackungskartons bei einem Lieferanten. Den Gesamtbedarf an Kartons (angegeben in Paletten) für die nächsten 8 Wochen beziffert der Produktionsleiter HERBERT mit den Mengeneinheiten 35, 29, 47, 28, 5, 10, 30 und 19. Die fixen Bestellkosten belaufen sich auf 100 Geldeinheiten pro Bestellung in allen Perioden. Je gelagerter Palette Verpackungskartons entstehen Kosten von 3 Geldeinheiten pro Woche.

(i.) Welche Bestell- und Lagerhaltungspolitik ergibt sich, wenn das Unternehmen das Groff-Verfahren anwendet? Wie hoch sind die bei dieser Politik entstehenden Gesamtkosten? Wie oft wird bestellt?

(ii.) Welche Bestell- und Lagerhaltungspolitik ergibt sich, wenn das Unternehmen das Wagner/Whitin-Verfahren anwendet? Wie hoch sind die bei dieser Politik entstehenden Gesamtkosten? Wie oft wird bestellt?

(iii.) Welche Bestell- und Lagerhaltungspolitik ergibt sich, wenn das Unternehmen das gleitende wirtschaftliche Bestellmengenverfahren anwendet? Wie hoch sind die bei dieser Politik entstehenden Gesamtkosten? Wie oft wird bestellt?

(iv.) Welche Bestell- und Lagerhaltungspolitik ergibt sich, wenn das Unternehmen das Kostenausgleichsverfahren anwendet? Wie hoch sind die bei dieser Politik entstehenden Gesamtkosten? Wie oft wird bestellt?

(v.) Welche Bestell- und Lagerhaltungspolitik ergibt sich, wenn das Unternehmen das Silver/Meal-Verfahren anwendet? Wie hoch sind die bei dieser Politik entstehenden Gesamtkosten? Wie oft wird bestellt?

(vi.) Der Lagermeister DENIS schlägt vor, in den nächsten Wochen die Kartons wie folgt zu bestellen:

64 Paletten in Woche 1,

47 Paletten in Woche 3,

43 Paletten in Woche 4 und

49 Paletten in Woche 7.

Der Lieferant ERIK unterbreitet dem Nahrungsmittelproduzenten folgenden Vorschlag für die Bestellung der Verpackungskartons: Man bestelle in Woche 1 die Bedarfe der Wochen 1 und 2, in Woche 3 die Bedarfe der Wochen 3 bis 5 und in der Woche 6 die Bedarfe der Wochen 6 bis 8.

Bestimmen Sie die Gesamtkosten der vom Lagermeister DENIS und vom Lieferanten ERIK vorgeschlagenen Bestellpolitiken und vergleichen Sie diese mit Ihren Ergebnissen aus (i.)-(v.).

Lösung zu Aufgabe 7.5

zu a) Die Eigenschaft des klassischen Bestellmengenmodells nach HARRIS sieht wie folgt aus:

Der marginale Anstieg der durchschnittlichen Lagerkosten pro Periode im Optimum entspricht der marginalen Verringerung der durchschnittlichen bestellfixen Kosten pro Periode.

Für das Groff-Verfahren gilt:

Erweitert man eine die Periodenbedarfe x_1 bis x_j abdeckende Bestellmenge um einen weiteren Periodenbedarf x_{j+1}, geht man also von einer Politik p_{1j} über auf eine Politik $p_{1,j+1}$, dann verringern sich die durchschnittlichen bestellfixen Kosten pro Periode um

$$\underbrace{\frac{\overbrace{c}^{\text{bestellfixe Kosten}}}{\underbrace{j}_{\substack{\text{Reichweite} \\ \text{bei } p_{1j}}}} - \frac{c}{\underbrace{j+1}_{\substack{\text{Reichweite} \\ \text{bei } p_{1,j+1}}}} = \frac{c}{j \cdot (j+1)}}, \qquad j = 1, \dots, T.$$

Der marginale Anstieg der durchschnittlichen Lagerkosten pro Periode wird dann durch $\frac{1}{2} \cdot x_{j+1} \cdot l$ approximiert.

Für die optimale Bestellendperiode $\hat{j}$ für eine Bestellung zu Beginn der Periode i gilt dann:

$$\hat{j} = i + \hat{m} \quad \text{mit} \quad \hat{m} = \max\left\{ m \middle| \frac{1}{2} \cdot x_{i+m} \cdot l \leq \frac{c}{m \cdot (m+1)} \right\}$$

und $m \neq 0$

bzw.

$$\hat{m} = \max\left\{ m \middle| x_{i+m} \cdot m \cdot (m+1) \leq 2 \cdot \frac{c}{l}, m = 1, \dots \right\}.$$

Es erfolgt dann ein Vergleich der Überlegungen zu den bestellfixen Kosten und Lagerkosten (siehe Anwendungen in Aufgabenteil b)).

zu b) (i.) Anwendung des Groff-Verfahrens
(Berechnungen ohne Dimensionsangabe)

Auf die Bedarfsdaten des Nahrungsmittelproduzenten aus der Aufgabenstellung wird im Folgenden das Groff-Verfahren angewandt. Der Bedarfsverlauf ist in Tabelle 7.5.1 nochmals dargestellt.

Woche t	1	2	3	4	5	6	7	8
Bedarf in $[ME]$	35	29	47	28	5	10	30	19

Tabelle 7.5.1:   Bedarfsverlauf für Verpackungskartons

Folgende weitere Daten stehen zur Verfügung: $c = 100$; $l = 3$.

Das Verfahren beginnt mit der ersten Woche als Startperiode:

Setzt man die jeweiligen Werte in $\hat{m} = \max\left\{m\mid \frac{1}{2}x_{i+m}\cdot l \leq \frac{c}{m(m+1)}\right\}$ ein, so erhält man für die ersten Wochen:

$$i = 1; \quad m = 1: \quad \frac{1}{2}\cdot 29 \cdot 3 = 43{,}5 < \frac{100}{1\cdot 2} = 50,$$

$$m = 2: \quad \frac{1}{2}\cdot 47 \cdot 3 = 70{,}5 > \frac{100}{2\cdot 3} = 16{,}\bar{6}.$$

Bei Einbeziehung von Periodenbedarf x_3 in die erste Bestellung überschreitet die marginale Erhöhung der durchschnittlichen Lagerkosten pro Periode die marginale Verringerung der durchschnittlichen Bestellkosten pro Periode. Daher gilt: $\hat{j} = 2$ und $\hat{Q}_1 = x_1 + x_2 = 35 + 29 = 64$.

Das Verfahren startet nun mit der dritten Periode erneut.

$$i = 3; \quad m = 1: \quad \frac{1}{2}\cdot 28 \cdot 3 = 42 < \frac{100}{1\cdot 2} = 50,$$

$$m = 2: \quad \frac{1}{2}\cdot 5 \cdot 3 = 7{,}5 < \frac{100}{2\cdot 3} = 16{,}\bar{6},$$

$$m = 3: \quad \frac{1}{2}\cdot 10 \cdot 3 = 15 > \frac{100}{3\cdot 4} = 8{,}\bar{3}.$$

Bei Hinzunahme des Periodenbedarfs x_6 überschreitet die marginale Erhöhung der durchschnittlichen Lagerkosten pro Periode die marginale Verringerung der durchschnittlichen Bestellkosten pro Periode, so dass gilt:

$$\hat{j} = 5 \text{ und } \hat{Q}_3 = x_3 + x_4 + x_5 = 47 + 28 + 5 = 80.$$

$$i = 6; \quad m = 1: \quad \frac{1}{2} \cdot 30 \cdot 3 = 45 < \frac{100}{1 \cdot 2} = 50,$$

$$m = 2: \quad \frac{1}{2} \cdot 19 \cdot 3 = 28,5 > \frac{100}{2 \cdot 3} = 16,\overline{6}.$$

Bei Hinzunahme des Periodenbedarfs x_8 überschreitet die marginale Erhöhung der durchschnittlichen Lagerkosten pro Periode die marginale Verringerung der durchschnittlichen Bestellkosten pro Periode, so dass gilt:

$$\hat{j} = 7 \text{ und } \hat{Q}_6 = x_6 + x_7 = 10 + 30 = 40.$$

In Periode 8 wird der Planungshorizont erreicht, ohne dass eine Überschreitung der marginalen Verringerung der durchschnittlichen Bestellkosten durch die marginale Verringerung der durchschnittlichen Lagerkosten pro Periode ausgerechnet werden könnte; daher gilt: $\hat{j} = 8$ und $\hat{Q}_8 = x_8 = 19$.

Die Optimierung ist beendet. Es wird vier Mal bestellt.

$$\hat{p}_8 = (p_{12}, p_{35}, p_{67}, p_{88}),$$

$$\hat{K}_8 = 4 \cdot 100 + 29 \cdot 3 + 28 \cdot 3 + 5 \cdot 2 \cdot 3 + 30 \cdot 3 = 691.$$

(ii.) Anwendung des Wagner/Whitin-Verfahrens

Auf die Bedarfsdaten des Nahrungsmittelproduzenten aus der Aufgabenstellung wird im Folgenden das Wagner/Whitin-Verfahren angewandt. Der Bedarfsverlauf ist in Tabelle 7.5.2 nochmals dargestellt.

Woche t	1	2	3	4	5	6	7	8
Bedarf in $[ME]$	35	29	47	28	5	10	30	19

Tabelle 7.5.2: Bedarfsverlauf für Verpackungskartons

Im Modell von WAGNER/WHITIN fallen bestellfixe Kosten in Höhe von c an, wenn in einer bestimmten Periode/Woche eine Bestellung erfolgt. Neben den bestellfixen Kosten gehört der Lagerkostensatz l in Geldeinheiten pro Mengeneinheit und Periode zu den relevanten Kostengrößen.

In diesem Fall gilt:

$$c = 100 \, [GE/Bestellung] \text{ und } l = 3 \, [GE/ME \cdot Woche].$$

Zunächst wird der Planungszeitraum auf eine Woche reduziert. In diesem Fall kann nur eine Bestell- und Lagerhaltungspolitik angewendet: den Bedarf der ersten Woche auch in der ersten Woche zu bestellen. Es fallen demzufolge hier nur die bestellfixen Kosten von 100 Geldeinheiten an.

Für die optimale Beschaffungs- und Lagerhaltungspolitik bei einem Planungszeitraum von einer Woche erhält man die Kosten

$$K_1^* = \min k_{11} = 100.$$

Für den Planungshorizont von einer Woche bzw. einer Periode ist die Politik p_{11} konkurrenzlos. Die optimale Politik ist $p_1^* = p_{11}$ mit $\hat{Q}_1 = x_1 = 35$.

Wird der Planungszeitraum auf zwei Wochen ausgedehnt, hat das Unternehmen zwei Alternativen. Es könnte den Gesamtbedarf beider Wochen bereits in der ersten Woche bestellen (p_{12}). Dies würde zu Kosten in Höhe von K_{12} führen. Andererseits könnte das Unternehmen aber auch die optimale Politik für einen Planungszeitraum von einer Woche ausführen (p_1^*) und den Bedarf der zweiten Woche separat in der zweiten Woche zu Kosten von K_{22} bestellen (p_{22}). Dies führt zu:

$$K_2^* = \min\{K_{12}, K_1^* + K_{22}\} = \min\{187, (100 + 100)\} = 187.$$

Dies bedeutet für das Unternehmen, dass als optimale Politik $p_2^* = p_{12}$ zu Beginn der ersten Periode bestellt und der Bedarf für die zweite Periode durch Lagerung des Gutes in der ersten Periode gedeckt wird, mithin lautet die optimale Politik $p_2^* = p_{12}$ mit $\hat{Q}_1 = x_1 + x_2 = 35 + 29 = 64$.

Wird hingegen der Planungszeitraum von drei Wochen betrachtet, lassen sich nunmehr drei Alternativen realisieren. Zunächst kann das Unternehmen abermals die Wochenbedarfe aller drei Wochen bereits in Woche 1 bestellen und auf Lager legen, folglich würde p_{13} und K_{13} gelten. Andererseits könnte der Nahrungsmittelproduzent die optimale Politik für den Planungszeitraum von einer Woche wählen (p_1^*, K_1^*) und die übrigen Bedarfe in der zweiten Woche bestellen (p_{23}, K_{23}). Als weitere Möglichkeit könnte die optimale Politik für einen Zeitraum von zwei Wochen (p_2^*, K_2^*) realisiert und der Bedarf der dritten Woche in Woche 3 (p_{33}, K_{33}) bestellt werden. Es folgt:

$$K_3^* = \min\{K_{13}, K_1^* + K_{23}, K_2^* + K_{33}\}$$
$$= \min\{469, (100 + 241), (187 + 100)\} = \min\{469, 341, 287\}$$
$$= 287.$$

Das optimale Verhalten des Unternehmens lautet für die Betrachtung von $t = 3$ Perioden:

$$p_3^* = \{p_2^*, p_{33}\} = \{p_{12}, p_{33}\}.$$

Die Bestellungen würden sich bei einem Planungszeitraum von drei Wochen wie folgt ergeben. Bestelle in der ersten Woche den Bedarf für die Wochen 1 und 2 und bestelle in der dritten Woche den Bedarf der Woche 3, mithin sind $\hat{Q}_1 = x_1 + x_2 = 35 + 29 = 64$ und $\hat{Q}_3 = x_3 = 47$. Im Folgenden müssten die Perioden 1 und 2 nicht mehr Beachtung finden, da eine neue Bestellung in Periode 3 erfolgt und die optimale Politik bis dahin fix ist. Jedoch wegen der vollständigen Beschreibung aller Kosten, insbesondere zum Verständnis der Tabellen 7.5.4 und 7.5.5, werden alle möglichen Kostenwerte bestimmt.

Bei einem Planungszeitraum von vier Wochen existieren vier Beschaffungsalternativen. Der Nahrungsmittelproduzent könnte den Gesamtbedarf dieser vier Wochen vollständig in der ersten Woche bestellen und auf Lager legen, mithin gilt p_{14} und K_{14}. Das Unternehmen könnte aber auch die optimale Politik für den Planungszeitraum von einer Woche wählen (p_1^*, K_1^*) und die restlichen Bedarfe der Wochen 2 bis 4 in der zweiten Woche bestellen (p_{24}, K_{24}). Als weitere Möglichkeit könnte die optimale Politik für einen Zeitraum von zwei Wochen (p_2^*, K_2^*) realisiert und der Bedarf der dritten und vierten Woche in Woche 3 (p_{34}, K_{34}) bestellt werden. Die letzte Alternative umfasst die Realisierung der optimalen Beschaffungs- und Lagerhaltungspolitik über einen Planungszeitraum von drei Wochen, es gilt hierfür p_3^* und K_3^*, und der Bestellung des Bedarfs der vierten Woche in Woche 4, es gilt dann p_{44}, K_{44}.

$$K_4^* = \min\{K_{14}, K_1^* + K_{24}, K_2^* + K_{34}, K_3^* + K_{44}\}$$
$$= \min\{721, (100 + 409), (187 + 184), (287 + 100)\}$$
$$= \min\{721, 509, 371, 387\} = 371.$$

Das optimale Verhalten des Unternehmens lautet für die Betrachtung von $t = 4$ Perioden:

$$p_4^* = \{p_2^*, p_{34}\} = \{p_{12}, p_{34}\}.$$

Die Bestellungen würden sich bei einem Planungszeitraum von vier Wochen wie folgt ergeben. Das Unternehmen würde in der ersten Woche den Bedarf für die Wochen 1 und 2 bestellen. Die zweite Bestellung würde in der dritten Woche folgen und den Bedarf für die Wochen 3 und 4 decken, mithin sind

$$\hat{Q}_1 = x_1 + x_2 = 35 + 29 = 64 \text{ und } \hat{Q}_3 = x_3 + x_4 = 47 + 28 = 75.$$

Betrachtet man den Planungszeitraum von fünf Wochen, so lassen sich die vorhergehenden Überlegungen analog fortführen. Dies gilt ebenso für die Betrachtungen der Planungszeiträume von sechs, sieben bzw. acht Wochen. Es ergeben sich die nachfolgenden Konstellationen, wobei sich hierbei zunächst für den Planungszeitraum von 5 Wochen die optimale Politik p_5^* und die minimalen Kosten K_5^* ergeben:

$$K_5^* = \min\{K_{15}, K_1^* + K_{25}, K_2^* + K_{35}, K_3^* + K_{45}, K_4^* + K_{55}\}$$
$$= \min\{781, (100 + 454), (187 + 214), (287 + 115), (371 + 100)\}$$
$$= \min\{781, 554, 401, 402, 471\} = 401.$$

Das optimale Verhalten des Unternehmens lautet für die Betrachtung von $t = 5$ Perioden:

$$p_5^* = \{p_2^*, p_{35}\} = \{p_{12}, p_{35}\}.$$

Bei einem Planungszeitraum von fünf Wochen würde in der ersten Woche der Bedarf für die Wochen 1 und 2 bestellt. In der dritten Woche bestellt das Unternehmen folglich den Bedarf für die Wochen 3 bis 5, mithin sind $\hat{Q}_1 = x_1 + x_2 = 35 + 29 = 64$ und $\hat{Q}_3 = x_3 + x_4 + x_5 = 47 + 28 + 5 = 80$.

Folgende Ergebnisse liefert ein Planungszeitraum von sechs Wochen:

$$K_6^* = \min\{K_{16}, K_1^* + K_{26}, K_2^* + K_{36}, K_3^* + K_{46}, K_4^* + K_{56}, K_5^* + K_{66}\}$$
$$= \min\{931, (100 + 574), (187 + 304), (287 + 175),$$
$$(371 + 130), (401 + 100)\}$$
$$= \min\{931, 674, 491, 462, 501, 501\} = 462.$$

Das optimale Verhalten des Unternehmens lautet für die Betrachtung von $t = 6$ Perioden:

$$p_6^* = \{p_3^*, p_{46}\} = \{p_{12}, p_{33}, p_{46}\}.$$

Nunmehr müsste wegen des Algorithmus nur noch eine Analyse der Bedarfe und Kosten ab Periode 4 Beachtung finden. Bei einer Ausdehnung des Planungszeitraums auf sechs Wochen würde in der ersten Woche weiterhin der Bedarf für die Wochen 1 und 2 bestellt. In der dritten Woche würde dagegen nur der Bedarf für die Woche 3 bestellt. Danach bestellt das Unternehmen folglich den Bedarf für die Wochen 4 bis 6 in der vierten Woche, daher sind $\hat{Q}_1 = x_1 + x_2 = 35 + 29 = 64$ und $\hat{Q}_3 = x_3 = 47$ sowie $\hat{Q}_4 = x_4 + x_5 + x_6 = 28 + 5 + 10 = 43$.

Für einen Planungszeitraum von sieben Wochen gilt:

$$K_7^* = \min\{K_{17}, K_1^* + K_{27}, K_2^* + K_{37}, K_3^* + K_{47}, K_4^* + K_{57},$$

$$K_5^* + K_{67}, K_6^* + K_{77}\}$$

$$= \min\{1.471, (100 + 1.024), (187 + 664), (287 + 445),$$

$$(371 + 310), (401 + 190), (462 + 100)\}$$

$$= \min\{1.471, 1.124, 851, 732, 681, 591, 562\} = 562.$$

Das optimale Verhalten des Unternehmens lautet für die Betrachtung von $t = 7$ Perioden:

$$p_7^* = \{p_6^*, p_{77}\} = \{p_{12}, p_{33}, p_{46}, p_{77}\}.$$

Die Bestellungen würden sich bei einem Planungszeitraum von sieben Wochen nur geringfügig verändern. Das Unternehmen würde in der ersten Woche abermals den Bedarf für die Wochen 1 und 2 und in der dritten Woche den Bedarf für die Woche 3 bestellen. Im Anschluss bestellt das Unternehmen in der vierten Woche weiterhin den Bedarf für die Wochen 4 bis 6. In der siebten Woche erfolgt die letzte Bestellung mit dem Bedarf für die Woche 7, so dass für die ersten drei Bestellungen weiterhin $\hat{Q}_1 = x_1 + x_2 = 35 + 29 = 64$ und $\hat{Q}_3 = x_3 = 47$ sowie $\hat{Q}_4 = x_4 + x_5 + x_6 = 28 + 5 + 10 = 43$ gilt. Für die letzte Bestellung gilt: $\hat{Q}_7 = x_7 = 30$.

Für den gesamten achtwöchigen Planungszeitraum ergibt sich nunmehr:

$$K_8^* = \min\{K_{18}, K_1^* + K_{28}, K_2^* + K_{38}, K_3^* + K_{48}, K_4^* + K_{58}, K_5^* + K_{68},$$

$$K_6^* + K_{78}, K_7^* + K_{88}\}$$

$$= \min\{1.870, (100 + 1.366), (187 + 949), (287 + 673),$$

$$(371 + 481), (401 + 304), (462 + 157), (562 + 100)\}$$

$$= \min\{1.870, 1.466, 1.136, 960, 852, 705, 619, 662\} = 619.$$

Durch Vorwärtsrechnung wurden die optimalen Politiken verschiedener Planungshorizonte bestimmt. Das optimale Verhalten des Unternehmens lautet für die Betrachtung von $t = 8$ Perioden:

$$\hat{p}_8 = \{p_6^*, p_{78}\}.$$

Die für den gesamten Planungshorizont von acht Wochen optimale Beschaffungs- und Lagerhaltungspolitik lässt sich nun durch eine Rückwärtsrechnung bestimmen.

$$\hat{p}_8 = \{p_6^*, p_{78}\} = \{p_{12}, p_{33}, p_{46}, p_{78}\}.$$

Die optimale Beschaffungs- und Lagerhaltungspolitik p_8^* für acht Wochen sieht vor, dass zu Beginn der siebten Woche der Bedarf dieser und der folgenden Woche bestellt wird. In der vierten Woche sollen die Bedarfe für die Wochen 4 bis 6 bestellt und auf Lager gelegt werden. Demgegenüber wird in der dritten Woche lediglich der Wochenbedarf bestellt. In der Woche 1 sollen die Bedarfe für diese und die folgende zweite Woche bestellt werden, somit gilt: $\hat{Q}_1 = x_1 + x_2 = 35 + 29 = 64$ und $\hat{Q}_3 = x_3 = 47$. Für die weiteren Bestellungen gilt folgerichtig $\hat{Q}_4 = x_4 + x_5 + x_6 = 28 + 5 + 10 = 43$ und $\hat{Q}_7 = x_7 + x_8 = 30 + 19 = 49$. Es entstehen dabei insgesamt Bestell- und Lagerkosten in Höhe von 619 Geldeinheiten. Tabelle 7.5.3 illustriert diese Beschaffungs- und Lagerhaltungspolitik.

Woche t	1	2	3	4	5	6	7	8
Bedarf in $[ME]$	35	29	47	28	5	10	30	19
vorgeschlagene Bestellpolitik in $[ME]$	64	0	47	43	0	0	49	0

Tabelle 7.5.3:   Optimale Bestell- und Lagerhaltungspolitik

Zur Lösung der Aufgabe kann alternativ eine Kostenmatrix nützlich sein. Um die Gesamtkosten verschiedener Bestellpolitiken bestimmen und vergleichen zu können, bietet sich die Erstellung einer Kostenmatrix an, die die Kosten K_{ij} jeder Bestellpolitik p_{ij} ($i, j = 1,2, \ldots ,8$) beinhaltet. Die Tabelle 7.5.5 stellt eine derartige Kostenübersicht dar. Um die Anfertigung der Tabelle 7.5.5 zu erleichtern, bietet es sich zudem an, die Hilfstabelle 7.5.4 anzufertigen, in der die Lagerkosten der Woche t für den Wochenbedarf x_t einer Periode i ($t \geq i$) ermittelt werden. Dies kann unter Zuhilfenahme der Hilfszahl, über die sich der Lagerzeitraum des Wochenbedarfs x_t ermitteln lässt, durchgeführt werden. Über die Hilfstabelle 7.5.4 lässt sich im Anschluss die Kostenmatrix (Tabelle 7.5.5) aufstellen.

Für die Anfertigung der Tabellen 7.5.4 und 7.5.5 gilt weiterhin:

$$c = 100; \quad l = 3.$$

Hilfszahl	Woche i	Woche t / Wochenbedarf x_t / bestellfixe Kosten c	1	2	3	4	5	6	7	8
			35	29	47	28	5	10	30	19
-1	1	100	0	87	282	252	60	150	540	399
-2	2	100		0	141	168	45	120	450	342
-3	3	100			0	84	30	90	360	285
-4	4	100				0	15	60	270	228
-5	5	100					0	30	180	171
-6	6	100						0	90	114
-7	7	100							0	57
-8	8	100								0

Tabelle 7.5.4:   Hilfstabelle für die Bestimmung der Kostenmatrix in Tabelle 7.5.5

Die Wochen t, für deren Bedarfe die Bestellungen getätigt werden, sind spaltenweise angeordnet. Die Wochen i, in denen bestellt wird, sind zeilenweise angeordnet. Nachfolgend seien, neben der allgemeinen Darstellung der Berechnung, einige Beispielberechnungen aufgeführt:

$$(k_L)_{it} = x_t \cdot (t + \text{Hilfszahl}) \cdot l.$$

Wird beispielsweise in der ersten Woche der Bedarf für die dritte Woche bestellt, so löst dieser Vorgang Lagerkosten in Höhe von 282 Geldeinheiten für den Bedarf der dritten Woche aus. Die Lagerdauer des Bedarfs der dritten Woche beträgt folglich 2 Wochen.

$$(k_L)_{13} = 47 \cdot \big(3 + (-1)\big) \cdot 3 = 47 \cdot 2 \cdot 3 = 282.$$

Wird hingegen in der zweiten Woche der Wochenbedarf der dritten Woche geordert, so löst dieser Vorgang Lagerkosten in Höhe von 141 Geldeinheiten für den Bedarf der dritten Woche aus. Die Lagerdauer des Bedarfs der dritten Woche beträgt in diesem Fall lediglich 1 Woche.

$$(k_L)_{23} = 47 \cdot \big(3 + (-2)\big) \cdot 3 = 47 \cdot 1 \cdot 3 = 141.$$

Ein weiteres Beispiel sei für den Fall des Bedarfs der achten Woche aufgeführt. Wird dieser Bedarf x_8 in der ersten Woche bestellt, so löst dieser Vorgang Lagerkosten in Höhe von 399 Geldeinheiten aus. Die Lagerdauer des Bedarfs der achten Woche beträgt hierbei 7 Wochen. Wird der Bedarf x_8 jedoch erst in der fünften Woche bestellt, so löst dieser Vorgang Lagerkosten in Höhe von 171 Geldeinheiten aus. Die Lagerdauer des Bedarfs der achten Woche beträgt dann 3 Wochen.

$$(k_L)_{18} = 19 \cdot \big(8 + (-1)\big) \cdot 3 = 19 \cdot 7 \cdot 3 = 399$$

bzw.

$$(k_L)_{58} = 19 \cdot \big(8 + (-5)\big) \cdot 3 = 19 \cdot 3 \cdot 3 = 171.$$

Die weiteren Werte der Tabelle 7.5.4 lassen sich analog bestimmen. In der nachfolgenden Tabelle 7.5.5 ist die Kostenmatrix dargestellt. Die Wochen, für deren Bedarfe die Bestellungen getätigt werden, sind hierbei spaltenweise und die Wochen, in denen bestellt wird, zeilenweise angeordnet. Es ist unmittelbar nachvollziehbar, dass die untere Dreiecksmatrix leer bleiben muss, da beispielsweise eine Bestellung in der siebten Woche zur Deckung des Bedarfs der dann bereits vergangenen dritten Woche nicht möglich ist. Hierbei entsprechen zudem die Kosten K_{ij} der Diagonalen genau den bestellfixen Kosten in Höhe von 100 Geldeinheiten, da annahmegemäß keine Lagerkosten anfallen, wenn die Bestellmenge einer Woche in eben dieser Woche exakt verbraucht wird. Die Berechnungen der einzelnen Werte sind nun in der Tabelle 7.5.5 aufgeführt.

K_{ij}	1	2	3	4	5	6	7	8
1	100 + 0 = 100	100 + 87 = 187	187 + 282 = 469	469 + 252 = 721	721 + 60 = 781	781 + 150 = 931	931 + 540 = 1.471	1.471 + 399 = 1.870
2		100 + 0 = 100	100 + 141 = 241	241 + 168 = 409	409 + 45 = 454	454 + 120 = 574	574 + 450 = 1.024	1.024 + 342 = 1.366
3			100 + 0 = 100	100 + 84 = 184	184 + 30 = 214	214 + 90 = 304	304 + 360 = 664	664 + 285 = 949
4				100 + 0 = 100	100 + 15 = 115	115 + 60 = 175	175 + 270 = 445	445 + 228 = 673
5					100 + 0 = 100	100 + 30 = 130	130 + 180 = 310	310 + 171 = 481
6						100 + 0 = 100	100 + 90 = 190	190 + 114 = 304
7							100 + 0 = 100	100 + 57 = 157
8								100 + 0 = 100

Tabelle 7.5.5:   Darstellung der Kosten K_{ij} für die optimale Bestell- und Lagerhaltungspolitik

Die optimale Beschaffungs- und Lagerhaltungspolitik für den achtwöchigen Planungszeitraum ergab folgendes Ergebnis:

$$\hat{p}_8 = \{p_6^*, p_{78}\} = \{p_{12}, p_{33}, p_{46}, p_{78}\}.$$

Die mit dieser Politik verbundenen Kosten wurden bereits mit 619 Geldeinheiten ausgewiesen. Diese Kosten lassen sich nun aber auch anhand der Berechnungen der Tabelle 7.5.5 ablesen und nachvollziehen.

$$K_8^* = K_{12} + K_{33} + K_{46} + K_{78} = 187 + 100 + 175 + 157 = 619.$$

(iii.) Anwendung des gleitenden wirtschaftlichen Bestellmengenverfahrens

Auf die Bedarfsdaten des Nahrungsmittelproduzenten aus der Aufgabenstellung wird im Folgenden das gleitende wirtschaftliche Bestellmengenverfahren angewendet. Der Bedarfsverlauf ist in Tabelle 7.5.6 nochmals dargestellt.

Woche t	1	2	3	4	5	6	7	8
Bedarf in $[ME]$	35	29	47	28	5	10	30	19

Tabelle 7.5.6: Bedarfsverlauf für Verpackungskartons

Dem Optimierungsprinzip des gleitenden wirtschaftlichen Bestellmengenverfahrens liegt die Eigenschaft des Harris/Andler-Modells zugrunde, dass im Minimum der Gesamtkosten des Planungszeitraums auch die gesamten Stückkosten minimal werden.

Allgemein gilt:

$$k_{ij} = \frac{\overbrace{\widetilde{K_{ij}}}^{\substack{\text{Bestell- und Lagerkosten} \\ \text{der Politik } p_{ij}}}}{\underbrace{\sum_{t=1}^{j} x_t}_{\text{Bestellmenge bei Politik } p_{ij}}} = \frac{\overbrace{\widetilde{c}}^{\substack{\text{bestellfixe} \\ \text{Kosten}}} + l \cdot \overbrace{\sum_{t=i}^{j}(t-i) \cdot x_t}^{\text{Lagerkosten}}}{\underbrace{\sum_{t=1}^{j} x_t}_{\text{Bestellmenge bei Politik } p_{ij}}}.$$

Hierbei ist zu beachten, dass zeitinvariante bestellfixe Kosten und Lagerkostensätze unterstellt worden sind und dass bei Bestellung und Verbrauch innerhalb einer Periode keine Lagerkosten entstehen. Bei Anwendung des Optimierungsprinzips des gleitenden wirtschaftlichen Bestellmengenverfahrens entspricht die in Periode i zu bestellende Bestellmenge $\hat{Q}_i$ demjenigen kumulierten Bedarf

$$\sum_{t=i}^{j} x_t,$$

bei dem die durchschnittlichen Stückkosten minimal werden. Hinsichtlich der optimalen Bestellendperiode $\hat{\jmath}$ (hierunter soll die letzte Periode verstanden werden, deren Bedarf durch die zu Beginn der Periode i ausgelöste Bestellung gerade noch gedeckt wird) muss demzufolge gelten:

$$\hat{\jmath} = \max\{j \mid k_{ij} < k_{i,j-1}, i < j\}.$$

Weiterhin gilt: $c = 100$; $l = 3$.

Anwendung des Verfahrens – die Werte sind auf drei Nachkommastellen gerundet:

$$i = 1; \quad j = 1: \quad k_{11} = \frac{100}{35} = 2{,}857,$$

$$j = 2: \quad k_{12} = \frac{100 + 3 \cdot 29}{64} = 2{,}922.$$

Da bei Hinzunahme des Periodenbedarfs x_2 die Stückkosten wieder ansteigen, gilt $\hat{\jmath} = 1$ und $\hat{Q}_1 = x_1 = 35$. Das Verfahren startet in Periode 2 neu!

$$i = 2; \quad j = 2: \quad k_{22} = \frac{100}{29} = 3{,}448,$$

$$j = 3: \quad k_{23} = \frac{100 + 3 \cdot 47}{29 + 47} = \frac{241}{76} = 3{,}171,$$

$$j = 4: \quad k_{24} = \frac{100 + 3 \cdot 47 + 3 \cdot 2 \cdot 28}{29 + 47 + 28} = \frac{409}{104} = 3{,}933.$$

Durch die Einbeziehung des Periodenbedarfs x_4 steigen die Stückkosten wieder an. Daher gilt $\hat{\jmath} = 3$ und $\hat{Q}_2 = x_2 + x_3 = 29 + 47 = 76$. Das Verfahren startet in Periode 4 neu!

$$i = 4; \quad j = 4: \quad k_{44} = \frac{100}{28} = 3{,}5714,$$

$$j = 5: \quad k_{45} = \frac{100 + 3 \cdot 5}{28 + 5} = \frac{115}{33} = 3{,}\overline{48},$$

$$j = 6: \quad k_{46} = \frac{100 + 3 \cdot 5 + 3 \cdot 2 \cdot 10}{28 + 5 + 10} = \frac{175}{43} = 4{,}070.$$

Durch die Einbeziehung des Periodenbedarfs der 6. Periode (x_6) steigen die Stückkosten wieder an. Daher gilt $\hat{\jmath} = 5$ und $\hat{Q}_4 = x_4 + x_5 = 28 + 5 = 33$. Das Verfahren startet in Periode 6 neu!

$$i = 6; \quad j = 6: \quad k_{66} = \frac{100}{10} = 10,$$

$$j = 7: \quad k_{67} = \frac{100 + 3 \cdot 30}{20 + 20} = \frac{190}{40} = 4{,}75,$$

$$j = 8: \quad k_{68} = \frac{100 + 3 \cdot 30 + 3 \cdot 2 \cdot 19}{10 + 30 + 19} = \frac{304}{59} = 5{,}153.$$

Durch die Einbeziehung des Periodenbedarfs x_8 steigen die Stückkosten wieder an. Daher gilt $\hat{\jmath} = 7$ und $\hat{Q}_6 = x_6 + x_7 = 10 + 30 = 40$. Das Verfahren startet in Periode 8 neu!

$$i = 8; \quad j = 8: \quad k_{88} = \frac{100}{19} = 5{,}263.$$

In Periode 8 wird das Ende des Planungszeitraums erreicht, ohne dass die Stückkosten ansteigen. Daher gilt $\hat{\jmath} = 8$ und $\hat{Q}_8 = x_8 = 19$. Die Optimierung ist beendet. Das optimale Verhalten des Unternehmens lautet für die Betrachtung von $t = 8$ Perioden:

$$\hat{p}_8 = \{p_{11}, p_{23}, p_{45}, p_{67}, p_{88}\}.$$

Es werden somit fünf Bestelllose gebildet, die zu gesamten Beschaffungs- und Lagerkosten von $\hat{K}_8$ führen:

$$\hat{K}_8 = 5 \cdot 100 + 3 \cdot (0 + 47 + 5 + 30 + 0) = 500 + 246 = 746$$

bzw.

$$\hat{K}_8 = 100 + 241 + 115 + 190 + 100 = 746.$$

(iv.) Anwendung des Kostenausgleichsverfahrens

Auf die Bedarfsdaten des Nahrungsmittelproduzenten aus der Aufgabenstellung wird im Folgenden das Kostenausgleichsverfahren angewendet. Der Bedarfsverlauf ist in Tabelle 7.5.7 nochmals dargestellt.

Woche t	1	2	3	4	5	6	7	8
Bedarf in [ME]	35	29	47	28	5	10	30	19

Tabelle 7.5.7:   Bedarfsverlauf für Verpackungskartons

Wird die optimale Bestellmenge im Harris/Andler-Modell sowohl in die Funktion der Lagerkosten als auch in die Funktion der Bestellkosten eingesetzt, so lässt sich feststellen, dass die Bestellkosten im Optimum den Lagerkosten entsprechen.

Allgemein gilt:

Das Kostenausgleichsverfahren überträgt die Kostengleichheit – Bestellkosten entsprechen im Optimum den Lagerkosten – im statischen Harris/Andler-Modell auf den dynamischen Fall. Die Bestellmenge ist hierbei – beginnend in Periode i – solange schrittweise um jeweils einen weiteren Periodenbedarf zu erhöhen, bis die kumulierten Lagerkosten die Bestellkosten erstmals überschreiten. Für die optimale Bestellendperiode $\hat{j}$ einer zu Beginn von Periode i ausgelösten Bestellung gilt demnach:

$$\hat{j} = \max\left\{ j \,\middle|\, l \cdot \sum_{t=i}^{j} (t-i) \cdot x_t \leq c \right\} \qquad \text{mit} \qquad i \leq j.$$

Die optimale Bestellmenge $\hat{Q}_i$ besteht dann aus der Summe der Periodenbedarfe, deren Lagerkosten noch nicht zum Überschreiten der bestellfixen Kosten führen. Die Periode $\hat{j} + i$, in der die Lagerkosten die Bestellkosten gerade überschreiten, wird zur Startperiode für einen neuen Durchlauf des Verfahrens. Beginnend mit $i = 1$ und $j = 1, \dots, T$ erhält man – nach einer bestimmten Anzahl von Durchläufen – die optimale Politik $\hat{p}_T$ für den gesamten Planungszeitraum T. Die Lagerkosten lauten dann:

$$(K_L)_{ij} = l \cdot \sum_{t=i}^{j} (t-i) \cdot x_t.$$

Es gilt zudem: $c = 100$; $l = 3$.

Anwendung des Verfahrens:

$$
\begin{aligned}
i = 1; \quad j = 1: \quad (K_L)_{11} &= 3 \cdot [(1-1) \cdot 35] = 0 < 100 = c, \\
j = 2: \quad (K_L)_{12} &= 3 \cdot [(2-1) \cdot 29] = 87 < 100 = c, \\
j = 3: \quad (K_L)_{13} &= 3 \cdot [(2-1) \cdot 29 + (3-1) \cdot 47] \\
&= 369 > 100 = c.
\end{aligned}
$$

Da die bestellfixen Kosten bei Hinzunahme des dritten Periodenbedarfs x_3 überschritten werden, gilt $\hat{j} = 2$ und $\hat{Q}_1 = x_1 + x_2 = 35 + 29 = 64$. Das Verfahren startet in Periode 3 neu!

$i = 3;$ $j = 3:$ $(K_L)_{33} = 0 < 100 = c,$

$j = 4:$ $(K_L)_{34} = 3 \cdot 28 = 84 < 100 = c,$

$j = 5:$ $(K_L)_{35} = 3 \cdot 28 + 3 \cdot 2 \cdot 5 = 114 > 100 = c.$

Da die Lagerkosten bei Hinzunahme des fünften Periodenbedarfs x_5 die bestell-fixen Kosten überschreiten, gilt $\hat{j} = 4$ und $\hat{Q}_3 = x_3 + x_4 = 47 + 28 = 75$. Das Verfahren startet in Periode 5 neu!

$i = 5;$ $j = 5:$ $(K_L)_{55} = 0 < 100 = c,$

$j = 6:$ $(K_L)_{56} = 3 \cdot 10 = 30 < 100 = c,$

$j = 7:$ $(K_L)_{57} = 3 \cdot 10 + 3 \cdot 2 \cdot 30 = 210 > 100 = c.$

Da die bestellfixen Kosten bei Hinzunahme des siebten Periodenbedarfs x_7 überschritten werden, gilt $\hat{j} = 6$ und $\hat{Q}_5 = x_5 + x_6 = 5 + 10 = 15$. Das Verfahren startet in Periode 7 neu!

$i = 7;$ $j = 7:$ $(K_L)_{77} = 0 < 100 = c,$

$j = 8:$ $(K_L)_{78} = 3 \cdot 19 = 57 < 100 = c.$

In Periode 8 wird das Ende des Planungszeitraumes erreicht, ohne dass die Lagerkosten die bestellfixen Kosten überschreiten, daher gilt $\hat{j} = 8$ und $\hat{Q}_7 = x_7 + x_8 = 30 + 19 = 49$. Die Optimierung ist beendet. Das optimale Verhalten des Unternehmens lautet für die Betrachtung von $t = 8$ Perioden:

$$\hat{p}_8 = \{p_{12}, p_{34}, p_{56}, p_{78}\}.$$

Es werden somit vier Bestelllose gebildet, die zu gesamten Beschaffungs- und Lagerkosten von $\hat{K}_8$ führen:

$$\hat{K}_8 = 4 \cdot 100 + 3 \cdot (29 + 28 + 10 + 19) = 658$$

bzw.

$$\hat{K}_8 = 87 + 84 + 30 + 57 + 400 = 658.$$

(v.) Anwendung des Silver/Meal-Verfahrens

Auf die Bedarfsdaten des Nahrungsmittelproduzenten aus der Aufgabenstellung wird im Folgenden das Silver/Meal-Verfahren angewandt.

Der Bedarfsverlauf ist in Tabelle 7.5.8 nochmals dargestellt.

Woche t	1	2	3	4	5	6	7	8
Bedarf in $[ME]$	35	29	47	28	5	10	30	19

Tabelle 7.5.8: Bedarfsverlauf für Verpackungskartons

Allgemein gilt:

Grundlage des Silver/Meal-Verfahrens ist die Eigenheit des statischen Harris-Modells, dass die optimale Bestellmenge auch die durchschnittlichen Kosten pro Zeiteinheit minimiert. Diese Eigenschaft kann man unmittelbar aus der Überlegung ableiten, dass sich die durchschnittlichen Kosten pro Zeiteinheit von den gesamten Bestell- und Lagerkosten des Planungszeitraums lediglich um den für die Optimierung irrelevanten Divisor T unterscheiden. Da aber ein konstanter Vorfaktor oder Vordivisor bei der Differenzierung keine Rolle spielt, stellt sich das gleiche Optimum ein wie bei der Optimierung der Gesamtkosten des Planungszeitraums.

Überträgt man dies auf den dynamischen Fall, so betragen die durchschnittlichen Kosten einer Politik p_{ij} pro Zeiteinheit:

$$k_{i,j}^{ZE} = \underbrace{\frac{\overbrace{K_{ij}}^{\substack{\text{Bestell- und Lagerkosten} \\ \text{der Politik } p_{ij}}}}{\underbrace{j - i + 1}_{\text{Reichweite der Bestellung}}} = \frac{\overbrace{c}^{\substack{\text{bestellfixe} \\ \text{Kosten}}} + \overbrace{l \cdot \sum_{t=i}^{j}(t - i) \cdot x_t}^{\text{Lagerkosten}}}{\underbrace{j - i + 1}_{\text{Reichweite der Bestellung}}}.$$

Dieser Ausdruck lässt sich auch wie folgt darstellen:

$$k_{i,j}^{ZE} = \frac{k_B + k_L \cdot \sum_{t=i}^{j}(t - i) \cdot x_t}{j - i + 1}.$$

Die in Periode i zu bestellende Bestellmenge $\hat{Q}_i$ entspricht nun demjenigen kumulierten Bedarf

$$\sum_{t=i}^{j} x_t,$$

bei dem die durchschnittlichen Kosten pro Zeiteinheit minimal werden.

Für die optimale Bestellendperiode $\hat{\jmath}$ gilt somit:

$$\hat{\jmath} = \max\{j \mid k_{i,j}^{ZE} < k_{i,j-1}^{ZE}, i < j\}.$$

Man erhöht also die Bestellendperiode j, startend mit i, schrittweise solange, wie sich die durchschnittlichen Kosten pro Zeiteinheit dadurch verringern. Hat man auf diese Weise die erste Bestellmenge ermittelt, wird in Periode $\hat{\jmath} + 1$ das Verfahren zur Berechnung der folgenden Bestellmengen neu gestartet. Wieder erhält man – nach einer gewissen Anzahl von Iterationen – die im Sinne dieses Verfahrens optimale Politik $\hat{p}_T$ für den gesamten Planungszeitraum T, wenn man von den Ausgangswerten $i + 1$ und $j = 2, \ldots, T$ ausgeht.

Es gilt zudem weiterhin: $c = 100$; $l = 3$.

Anwendung des Verfahrens:

$$i = 1; \quad j = 1: \quad k_{11}^{ZE} = \frac{100}{1} = 100,$$

$$j = 2: \quad k_{12}^{ZE} = \frac{100 + 3 \cdot 29}{2 - 1 + 1} = \frac{187}{2} = 93,5,$$

$$j = 3: \quad k_{13}^{ZE} = \frac{100 + 3 \cdot 29 + 3 \cdot 2 \cdot 47}{3 - 1 + 1} = \frac{469}{3} = 156,\overline{3}.$$

Bei Einbeziehen von Periodenbedarf x_3 steigen die durchschnittlichen Kosten pro Zeiteinheit wieder an.

Daher gilt $\hat{\jmath} = 2$ und $\hat{Q}_1 = x_1 + x_2 = 35 + 29 = 64$. Das Verfahren startet in Periode 3 neu!

$$i = 3; \quad j = 3: \quad k_{33}^{ZE} = \frac{100}{3 - 3 + 1} = 100,$$

$$j = 4: \quad k_{34}^{ZE} = \frac{100 + 3 \cdot 28}{4 - 3 + 1} = \frac{184}{2} = 92,$$

$$j = 5: \quad k_{35}^{ZE} = \frac{100 + 3 \cdot 28 + 3 \cdot 2 \cdot 5}{5 - 3 + 1} = \frac{214}{3} = 71,\overline{3},$$

$$j = 6: \quad k_{36}^{ZE} = \frac{100 + 3 \cdot 28 + 3 \cdot 2 \cdot 5 + 3 \cdot 3 \cdot 10}{6 - 3 + 1} = \frac{304}{4} = 76.$$

Bei Einbeziehen von Periodenbedarf x_6 steigen die durchschnittlichen Kosten pro Zeiteinheit wieder an.

Daher gilt $\hat{\jmath} = 5$ und $\hat{Q}_3 = x_3 + x_4 + x_5 = 47 + 28 + 5 = 80$. Das Verfahren startet in Periode 6 neu!

$$i = 6; \quad j = 6: \quad k_{66}^{ZE} = \frac{100}{1} = 100,$$

$$j = 7: \quad k_{67}^{ZE} = \frac{100 + 3 \cdot 30}{2} = \frac{190}{2} = 95,$$

$$j = 8: \quad k_{68}^{ZE} = \frac{100 + 3 \cdot 30 + 3 \cdot 2 \cdot 19}{3} = \frac{304}{3} = 101,\overline{3}.$$

Bei Einbeziehen von Periodenbedarf x_8 steigen die durchschnittlichen Kosten pro Zeiteinheit wieder an. Daher gilt $\hat{j} = 7$ und $\hat{Q}_6 = x_6 + x_7 = 10 + 30 = 40$. Das Verfahren startet in Periode 8 neu!

$$i = 8; \quad j = 8: \quad k_{88}^{ZE} = \frac{100}{1} = 100.$$

In Periode 8 wird das Ende des Planungszeitraumes erreicht, ohne dass die durchschnittlichen Kosten pro Zeiteinheit ansteigen, daher gilt $\hat{j} = 8$ und $\hat{Q}_8 = x_8 = 19$. Die Optimierung ist beendet. Das optimale Verhalten des Unternehmens lautet für die Betrachtung von $t = 8$ Perioden:

$$\hat{p}_8 = (p_{12}, p_{35}, p_{67}, p_{88}).$$

Es werden somit vier Bestelllose gebildet, die zu gesamten Beschaffungs- und Lagerkosten von $\widehat{K}_8$ führen:

$$\widehat{K}_8 = 4 \cdot 100 + 3 \cdot 29 + 3 \cdot (28 + 2 \cdot 5) + 3 \cdot 30 + 0 = 691$$

bzw.

$$\widehat{K}_8 = 187 + 214 + 190 + 100 = 691.$$

(vi.) Anwendung des Vorschlags des Lagermeisters DENIS und Offerte des Lieferanten ERIK

Auf die Bedarfsdaten des Nahrungsmittelproduzenten aus der Aufgabenstellung werden im Folgenden die Vorschläge des Lagermeisters DENIS und des Lieferanten ERIK angewandt. Der Bedarfsverlauf ist in Tabelle 7.5.9 nochmals dargestellt. Es gilt weiterhin: $c = 100$; $l = 3$.

Woche t	1	2	3	4	5	6	7	8
Bedarf in $[ME]$	35	29	47	28	5	10	30	19

Tabelle 7.5.9:   Bedarfsverlauf für Verpackungskartons

Der Lagermeister DENIS schlägt vor, die benötigten Verpackungskartons in vier Lieferungen aufzuteilen und in der ersten, dritten, vierten und in der sechsten Woche jeweils für die folgenden Wochen zu bestellen. Der Lieferant ERIK beabsichtigt jedoch eine Bestellpolitik zu befriedigen, die eine Bestellung in der ersten, dritten und sechsten Woche des Planungszeitraums vorsieht. Im Folgenden wird gezeigt, welcher der beiden Vorschläge mit den geringeren Kosten verbunden ist. Anschließend erfolgt ein Vergleich mit den Ergebnissen der Aufgabenteile (i.)-(v.).

Zunächst soll der Vorschlag des Lagermeisters DENIS untersucht werden. Der Lagermeister DENIS löst vier Bestellvorgänge aus, die in der nachfolgenden Tabelle 7.5.10 aufgeführt sind.

Woche t	1	2	3	4	5	6	7	8
Bedarf in $[ME]$	35	29	47	28	5	10	30	19
vorgeschlagene Bestellpolitik in $[ME]$	64	0	47	43	0	0	49	0

Tabelle 7.5.10: Vom Lagermeister DENIS vorgeschlagene Bestell- und Lagerhaltungspolitik

Der Lagermeister DENIS regt an, eine Bestellung in der ersten Woche zur Deckung der Bedarfe der ersten zwei Wochen aufzugeben. Für die zweite Bestellung in der dritten Woche sieht er den Wochenbedarf der Woche 3 vor. In der vierten Woche beabsichtigt er indes, für die Wochen 4 bis 6 zu bestellen. Anschließend soll mittels der vierten Bestellung in der siebten Woche der Bedarf der folgenden Wochen 7 und 8 sichergestellt werden. Die Tabelle 7.5.10 veranschaulicht die vom Lagermeister vorgeschlagene Politik, mithin gilt:

$$\hat{p}_8 = \{p_{12}, p_{33}, p_{46}, p_{78}\}.$$

Für die ersten beiden Bestellungen gilt:

$$\hat{Q}_1 = x_1 + x_2 = 35 + 29 = 64$$

und

$$\hat{Q}_3 = x_3 = 47.$$

Für die dritte und vierte Bestellung gilt gemäß Tabelle 7.5.10:

$$\hat{Q}_4 = x_4 + x_5 + x_6 = 28 + 5 + 10 = 43$$

und

$$\hat{Q}_7 = x_7 + x_8 = 30 + 19 = 49.$$

Die Gesamtkosten für die vom Lagermeister DENIS vorgeschlagene Bestell- und Lagerhaltungspolitik bestimmen sich nun wie folgt. Es werden vier Bestelllose gebildet, die zu Kosten von $\widehat{K}_8^D$ führen:

$$\widehat{K}_8^D = 4 \cdot 100 + 3 \cdot 29 + 3 \cdot 0 + 3 \cdot (5 + 2 \cdot 10) + 3 \cdot 19 = 619.$$

Der Vorschlag des Lieferanten ERIK sieht alternativ vor, drei Bestellvorgänge auszulösen bzw. diesen nachzukommen, wobei die erste Bestellung einen Zeitraum von zwei Wochen umfasst. Die zweite und dritte Bestellung – in der dritten bzw. sechsten Woche – umfassen demgegenüber einen Zeitraum von jeweils drei Wochen. Die vom Lieferanten ERIK vorgeschlagene Bestell- und Lagerhaltungspolitik ist in der Tabelle 7.5.11 aufgeführt.

Woche t	1	2	3	4	5	6	7	8
Bedarf in $[ME]$	35	29	47	28	5	10	30	19
vorgeschlagene Bestellpolitik in $[ME]$	64	0	80	0	0	59	0	0

Tabelle 7.5.11: Vom Lieferanten ERIK vorgeschlagene Bestell- und Lagerhaltungspolitik

Für die in Tabelle 7.5.11 veranschaulichte Bestellpolitik für die Betrachtung von $t = 8$ Perioden gilt:

$$\hat{p}_8 = \{p_{12}, p_{35}, p_{68}\}.$$

Für die Bestellungen gilt somit:

$$\widehat{Q}_1 = x_1 + x_2 = 64,$$

$$\widehat{Q}_3 = x_3 + x_4 + x_5 = 80,$$

und

$$\widehat{Q}_6 = x_6 + x_7 + x_8 = 59.$$

Die Gesamtkosten für die vom Lieferanten ERIK vorgeschlagene Bestell- und Lagerhaltungspolitik bestimmen sich nun wie folgt. Es werden drei Bestelllose gebildet, die zu Kosten von $\widehat{K}_8$ führen:

$$\widehat{K}_8^E = 3 \cdot 100 + 3 \cdot 29 + 3 \cdot (28 + 2 \cdot 5) + 3 \cdot (30 + 2 \cdot 19) = 705.$$

Die Bestellpolitik des Lagermeisters DENIS ist der vom Lieferanten ERIK offerierten Möglichkeit vorzuziehen. Wenn der Nahrungsmittelproduzent dem Vorschlag des Lagermeisters DENIS folgt, so kann er gegenüber der Offerte des Lieferanten ERIK an Beschaffungs- und Lagerkosten

$$\Delta K = \hat{K}_8^E - \hat{K}_8^D = 705 - 619 = 86 \, [GE]$$

einsparen.

In der Tabelle 7.5.12 werden die verschiedenen Beschaffungs- und Lagerhaltungspolitiken der Aufgabenteile (i.)-(vi.) mit ihren genauen Bestellmengen und Bestellzeitpunkten sowie den dadurch auflaufenden Gesamtkosten gegenübergestellt.

Woche t / Alternative	1	2	3	4	5	6	7	8	Kosten
	Bestellmenge der Woche [ME]								[GE]
Groff-Verfahren	64	0	80	0	0	40	0	19	691
Wagner/Whitin-Verfahren	64	0	47	43	0	0	49	0	619
Gleitendes wirtschaftliches Bestellmengenverfahren	35	76	0	33	0	40	0	19	746
Kostenausgleichsverfahren	64	0	75	0	15	0	49	0	658
Silver/Meal-Verfahren	64	0	80	0	0	40	0	19	691
Lagermeister DENIS	64	0	47	43	0	0	49	0	619
Lieferant ERIK	64	0	80	0	0	59	0	0	705

Tabelle 7.5.12: Bestell- und Lagerhaltungspolitiken der Aufgabenteile (i.)-(vi.) im Vergleich

Beim Vergleich der Ergebnisse ist unmittelbar ersichtlich, dass der Lagermeister DENIS die optimale Beschaffungs- und Lagerhaltungspolitik, die durch das Wagner/Whitin-Verfahren generiert wird, vorschlägt. Die erreichbaren minimalen Gesamtkosten in Höhe von 619 Geldeinheiten werden in dem hier betrachteten Fall weder von den anderen Verfahren noch von der Offerte des Lieferanten ERIK erreicht. Bei den mit den verschiedenen Heuristiken verknüpften Kosten stellt man fest, dass die Verfahren von GROFF und SILVER/MEAL Bestell- und Lagerhaltungspolitiken ermitteln, die knapp 12 Prozent vom bestenfalls erreichbaren Wert abweichen. Das Kostenausgleichsverfahren kommt dem Ergebnis von WAGNER/WHITIN und DENIS am nächsten und weicht von diesen lediglich gut 6 Prozent ab. Die Ergebnisse der diversen Heuristiken müssen nicht zwangsläufig unterschiedlich ausfallen und müssen auch nicht unbedingt vom optimalen Ergebnis nach WAGNER/WHITIN abweichen.

8 Kuppelproduktion

Lernbereich FANDEL/FISTEK/STÜTZ, S. 290-316

Aufgabe 8. 1 Produktionsprogramm bei Kuppelproduktion I

a) Stellen Sie einen Planungsansatz für den Fall der mehrfachen, linearen Kuppelproduktion mit kombinierter Weiterverarbeitung und loser Kopplung formal auf! Erläutern Sie dabei die verwendeten Symbole sowie die ökonomischen Zusammenhänge und eingeführten Restriktionen und Annahmen!

b) Ein Unternehmen stellt aus zwei Rohstoffen 1 und 2, die in den Mengen von maximal 400 und 700 Einheiten bereitgestellt werden können und 6 bzw. 8 Geldeinheiten pro Einheit kosten, jeweils zwei Kuppelprodukte her, wobei sich aus dem Rohstoff 1 die Kuppelprodukte 3 und 5 mit den Ausbeutekoeffizienten 0,7 und 0,3 und aus dem Rohstoff 2 die Kuppelprodukte 4 und 6 mit den Ausbeutekoeffizienten 0,4 und 0,6 ergeben. Die Produkte 5 und 6 werden mit den Kosten von 4 bzw. 2 Geldeinheiten pro Einheit weiterverarbeitet und zu den Erzeugnissen 8 und 9 zusammengesetzt. Dabei besteht das Produkt 8 aus 1 Einheit des Produktes 5 und aus 1 Einheit des Produktes 6; es kann bis zur Höchstmenge von 400 Einheiten zum Preis von 64,00 Geldeinheiten pro Einheit abgesetzt werden. Dagegen lassen sich vom Produkt 9, das aus 1 Einheit des Produktes 5 und aus 2 Einheiten des Produktes 6 hergestellt wird, maximal 200 Einheiten zum Preis von 72,00 Geldeinheiten pro Einheit verkaufen. Die Produkte 3 und 4 werden zu Kosten von 3 bzw. 1,50 Geldeinheiten pro Einheit aufbereitet und zum Endprodukt 7 vermengt, dessen Verunreinigungsgrad nicht über 7 % liegen darf. Die Verunreinigungsanteile in den Produkten 3 und 4 betragen 4 bzw. 8 %. Das Erzeugnis 7 kann unbegrenzt zum Preis von 26 Geldeinheiten pro Mengeneinheit am Markt untergebracht werden. Der Mengenfluss im Produktionsbereich ist in der nachstehenden Abbildung 8.1.1 mit seinen ökonomischen Daten dargestellt.

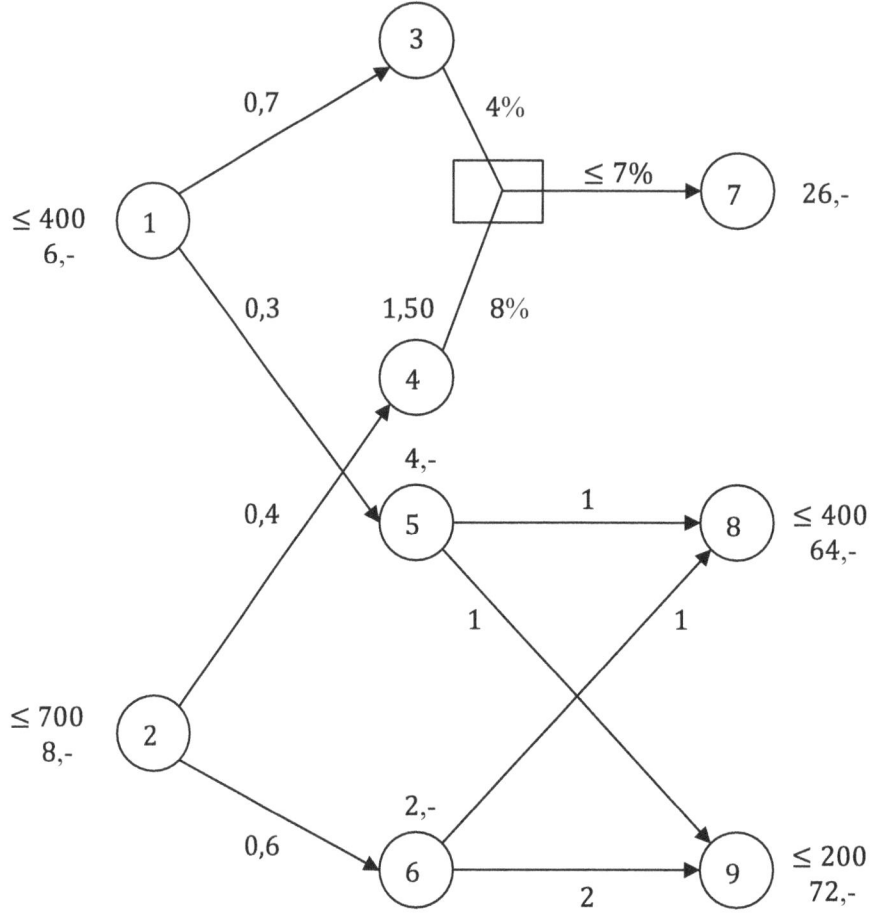

Abb. 8.1.1:   Beziehungen der relevanten Produktarten

Formulieren Sie das Programmplanungsproblem unter Verwendung der Symbole des allgemeinen Planungsansatzes. Welche Kuppelproduktionsformen liegen vor?

Lösung zu Aufgabe 8. 1

zu a) Zur Behandlung der gewinnmaximalen Programmplanung bei Kuppelproduktion kann man formal auf die Simultanansätze der mehrstufigen Fertigung unter Einbeziehung von Verfahrenswahlproblemen zurückgreifen. Im Einzelnen werden der Programmplanung die folgenden Prämissen zugrunde gelegt.

Bei der Produktion sollen keine fixen Kosten entstehen, so dass sich der Gewinn allein aus den Erlösen und variablen Herstellkosten ermittelt. Durch diese Vernachlässigung fixer Kosten ergeben sich keine Einflüsse auf die optimalen Planvariablen des Modells. Für jedes Erzeugnis j_s der Produktionsstufen s, $s = 1, ..., l$, wird angenommen, dass es entweder aus weiterverarbeiteten Vorprodukten oder aus Kuppelprozessen der Vorstufe entsteht. Die Unterscheidung zwischen den beiden Weiterverarbeitungsformen (Weiterverarbeitung und Einsatz in Kuppelprozesse) dient hier nur hilfsweise zur Güterdifferenzierung und keineswegs zur produktionstheoretischen Begriffsbildung. Sieht man einmal davon ab, dass diese Bedingung produktionstechnisch sinnvoll und durchaus begründbar ist, so wird sie hier allein unterstellt, um die Zahl der Modellvariablen und deren Indizierung sowie die Restriktionenzahl in Grenzen zu halten. Unter Beachtung dieser Konsequenzen steht einer Aufhebung der vorgenannten Bedingungen nichts im Wege. Der Einfachheit halber erhalten ohne Beschränkung der Allgemeinheit die aus der Weiterverarbeitung von Vorprodukten resultierenden Erzeugnisse der Stufe s die Indizes j_s, $j_s = 1, ..., \overline{n}_s$; die aus den Kuppelprozessen hervorgehenden Güter dieser Stufe durchlaufen die Restindizes $j_s = \overline{n}_s + 1, ..., n_s$. Die Produktmengen werden mit $x_{j_s}^s$ bezeichnet; sie erfassen für die Stufe $s = 0$ zugleich die einsetzbaren Rohstoffmengen. Jede Erzeugnisart j_s kann im Prinzip drei Verwendungsmöglichkeiten zugeführt werden: sie lässt sich absetzen, weiterverarbeiten und als Einsatzstoff eines Kuppelprozesses nutzen. Die entsprechenden Mengen sollen die Symbole $x_{j_s}^{sA}$, $x_{j_s}^{sW}$ und $x_{j_s}^{sE}$ besitzen. Die Summe dieser Teilmengen muss stets kleiner oder gleich der verfügbaren Gütermenge $x_{j_s}^s$ sein. Für den Fall, dass die Summe kleiner ist, fallen Restmengen an, die weder aufbewahrt werden noch mit Vernichtungskosten verbunden sind. Dieser Verweis auf mögliche Restmengen ist wegen der Kuppelprozesse mit ihrem zwangsweisen Mengenanfall und deren festen Verhältnissen erforderlich. Der Überschuss solcher Restmengen findet seine kostenmäßige Begrenzung durch die bewerteten Einsatzstoffe und Weiterverarbeitungsmengen. Während auf der Stufe $s = 0$ kein Absatz von Rohstoffen zulässig sein soll, also damit auf dieser Stufe auch keine Erlöse anfallen, und auf der Stufe $s = l$ nur Absatzprodukte angesiedelt sein sollen, also auf dieser Stufe auch keine Produktionskosten für Einsatzstoffe von Kuppelprozessen entstehen, können auf den Stufen $s = 1, ..., l - 1$ Zwischen-, Neben- und Endprodukte auftreten und abgesetzt werden. Lagerhaltung zwischen den Produktionsstufen ist nicht vorgesehen und bleibt unberücksichtigt. Wegen der Kostenrechnungsprobleme bei Kuppelproduktion erfolgt für die variablen Produktionskosten eine direkte Zurechnung in Form von Stückkosten auf die jeweils in Weiterverarbeitung entstehenden oder in Kuppelprozesse eingesetzten Güter jeder einzelnen Stufe, welche diese Kosten verursachen. Deckungsbeiträge für abgesetzte Produkte werden also nicht gebildet; diese werden allein zum Absatzpreis bewertet. Kapazitätsrestriktionen für Arbeitskräfte und Betriebsmittel bleiben, ohne dass dadurch die Konzipierung des Programmplanungsproblems an Allgemeingültigkeit verlöre, außer Betracht; von diesen Faktoren sollen also keine Engpässe zu erwarten sein. Dagegen sind Rohstoffrestriktionen zu beachten, die sich als unmittelbare oder mittelbare (auf späteren Produktionsstufen wirksam werdende) Engpässe erweisen können. Die Absatzmengen der Erzeugnisse unterliegen Höchstrestriktionen. Bei der Weiterverarbeitung existieren keine Verfahrensmöglichkeiten. Demgegenüber können die Prozessbedingungen der Kuppelprozesse diskret variiert werden; diese Veränderungsmöglichkeit (formal äquivalent zur Verfahrensänderung) führt zur losen Koppelung der Kuppelprodukte. Unter diesen Voraussetzungen lässt sich das Planungsmodell zur gewinnmaximalen Gestaltung des Produktionsprogramms bei Kuppelproduktion nun allgemein durch den folgenden linearen Ansatz formulieren:

(1)

$$\max G = \underbrace{\sum_{s=1}^{l} \sum_{j_s=1}^{n_s} p_{j_s}^{s} \cdot x_{j_s}^{sA}}_{[1]} - \underbrace{\sum_{s=0}^{l} \sum_{j_s=1}^{\bar{n}_s} k_{j_s}^{sW} \cdot x_{j_s}^{s}}_{[2]} - \underbrace{\sum_{s=0}^{l-1} \sum_{j_s=\bar{n}_s+1}^{n_s} \sum_{\pi_s=1}^{\sigma_s} k_{j_s}^{s\pi_s} \cdot x_{j_s}^{s\pi_s E}}_{[3]}$$

unter den Nebenbedingungen

$$(2) \quad x_{j_s}^{sA} + x_{j_s}^{sW} + x_{j_s}^{sE} \leq x_{j_s}^{s}; \qquad j_s = 1, \dots, n_s; \qquad s = 0, \dots, l;$$

Mengenrestriktionen

$$(3) \quad x_{j_s}^{sA} \leq \bar{x}_{j_s}^{s}; \qquad j_s = 1, \dots, n_s; \qquad s = 0, \dots, l;$$

Absatzrestriktionen

$$(4) \quad \sum_{j_{s+1}=1}^{\bar{n}_{s+1}} a_{j_s j_{s+1}} \cdot x_{j_{s+1}}^{s+1} = x_{j_s}^{sW}; \qquad j_s = 1, \dots, n_s; \quad s = 0, \dots, l-1;$$

Bedarfrestriktionen für
die Produktherstellung
durch Weiterverarbeitung

(5) $\quad x_{j_s}^{sE} = \sum_{\pi_s=1}^{\sigma_s} x_{j_s}^{s\pi_s E};$ $\qquad j_s = 1, \dots, n_s; \quad s = 0, \dots, l-1;$

Einsatzrestriktionen bei alternativen Kuppelprozessen

(6) $\quad x_{j_{s+1}}^{s+1} = \sum_{j_s=1}^{n_s} \sum_{\pi_s=1}^{\sigma_s} b_{j_{s+1}j_s}^{\pi_s E} \cdot x_{j_s}^{s\pi_s E};$ $\qquad j_{s+1} = \overline{n}_{s+1} + 1, \dots, n_{s+1};$

$$s = 0, \dots, l-1;$$

Ausbeuterestriktionen bei alternativen Kuppelprozessen

(7) $\quad x_{j_0}^{0} \le \overline{x}_{j_0}^{0};$ $\qquad j_0 = 1, \dots, n_0;$

Rohstoffrestriktionen

(8) $\quad x_{j_0}^{0A} = 0;$ $\qquad j_0 = 1, \dots, n_0;$

Unzulässigkeitsbedingungen bezüglich des Absatzes

(9) $\quad x_{j_l}^{lW}, x_{j_l}^{lE} = 0;$ $\qquad j_l = 1, \dots, n_l;$

Unzulässigkeitsbedingungen bezüglich der Produktionsfortsetzung nach Stufe l

(10) $\quad x_{j_s}^{s}, x_{j_s}^{sA}, x_{j_s}^{sW}, x_{j_s}^{sE}, x_{j_s}^{s\pi_s E} \ge 0;$ $\qquad j_s = 1, \dots, n_s; \quad \pi_s = 1, \dots, \sigma_s;$

$$s = 0, \dots, l;$$

Nichtnegativitätsbedingungen

Die Gewinnfunktion (1) setzt sich aus den Erlösen (Term [1]) und den variablen Herstellkosten zusammen, die durch Weiterverarbeitung (Term [2]) oder Kuppelprozesse (Term [3]) entstehen. Dabei sind $p_{j_s}^{s}$ die Absatzpreise, $k_{j_s}^{sW}$ die variablen Stückkosten der durch Weiterverarbeitung entstehenden Güter und $k_{j_s}^{s\pi_s}$ die variablen Stückkosten der in Kuppelprozesse eingehenden Mengen der verschiedenen Güter auf den einzelnen Produktionsstufen. Die Rohstoffpreise werden durch die variablen Stückkosten der Weiterverarbeitung auf der Stufe 0 wiedergegeben. Die Stückkosten $k_{j_s}^{s\pi_s}$ der Kuppelprozesseinsatzstoffe sind prozessabhängig und variieren mit der Prozessbedingung π_s, die für jede Stufe s, $s = 0, \dots, l-1$, als diskrete Größe die Indizes $\pi_s = 1, \dots, \sigma_s$ durchläuft. Treten auf einer Stufe s keine Kuppelprozesse auf, so entfällt die entsprechende Summation in Term [3] für diese Stufe. Auf die Mengen- und Absatzrestriktionen (2) und (3) ist bereits bei der Aufzählung der Annahmen für das Planungsmodell eingegangen worden. Die Nebenbedingungen (4) gewährleisten, dass auf jeder Stufe s genau soviel Mengen $x_{j_s}^{sW}$ der verschiedenen Erzeugnisse j_s zur Weiterverarbeitung bereitgestellt werden, wie für die Herstellung der Produktmengen $x_{j_{s+1}}^{s+1}$ der nachgelagerten Stufe, die durch diese Weiterverarbeitungsform entstehen ($j_{s+1} = 1, \dots, \bar{n}_{s+1}$), erforderlich sind. Dabei geben die $a_{j_s j_{s+1}}$ die entsprechenden Produktionskoeffizienten des linear-limitationalen Produktionsprozesses an. Nach (5) ist die Menge $x_{j_s}^{sE}$ eines Gutes j_s der Stufe s, die als Einsatzstoff für die Kuppelprozesse π_s dieser Stufe verwendet wird, gleich der Summe der Mengen $x_{j_s}^{s\pi_s E}$, die in diese verschiedenen Prozesse Eingang finden. Durch die Gleichungen (6) werden die Ausbeutemengen $x_{j_{s+1}}^{s+1}$ der Produkte j_{s+1} ($j_{s+1} = \bar{n}_{s+1} + 1, \dots, n_{s+1}$) der Stufe $s + 1$ bestimmt, die aus Kuppelprozessen der Vorstufe bei gegebenen Einsatzstoffmengen $x_{j_s}^{s\pi_s E}$ hervorgehen. Die $b_{j_{s+1}j_s}^{\pi_s E}$ bezeichnen die prozessabhängigen Ausbeutekoeffizienten (lose Koppelung) der verschiedenen Kuppelproduktarten. Die Nebenbedingungen (7)-(10) verstehen sich aus den zuvor genannten Prämissen von selbst.

zu b) Die Produkte 1 und 2 fallen auf Stufe $s = 0$, die Produkte 3, 4, 5 und 6 auf $s = 1$ und die Produkte 7, 8 und 9 auf Stufe $s = 2$ an. Die folgende Tabelle 8.1.1 zeigt, wie das Problem in die Symbolik des Modells (1)-(10) überführt wird.

Produkt	Stufe s	Produkt j_s auf Stufe s
1	0	1
2	0	2
3	1	1
4	1	2
5	1	3
6	1	4
7	2	1
8	2	2
9	2	3

Tabelle 8.1.1: Daten der Aufgabenstellung

Da ein linearer, einfacher Kuppelprozess mit fester Koppelung und kombinierter Weiterverarbeitung der Kuppelprodukte vorliegt, vereinfacht das noch den Planungsansatz gemäß (1')-(10'):

Maximiere

(1') $G = 26x_1^{2A} + 64x_2^{2A} + 72x_3^{2A} - 3x_1^{1W} - 1,5x_2^{1W} - 4x_3^{1W}$
$\qquad - 2x_4^{1W} - 6x_1^{0E} - 8x_2^{0E}.$

unter den Nebenbedingungen:

(2') $x_{j_s}^{sA} + x_{j_s}^{sW} + x_{j_s}^{sE} \leq x_{j_s}^{s}$ für $s = 0,1,2; j_0; = 1,2;$

$\qquad\qquad\qquad\qquad\qquad\qquad\qquad\quad j_1 = 1,2,3,4; j_2 = 1,2,3,$

(3') $x_2^{2A} \leq 400,$ $\qquad\qquad x_3^{2A} \leq 200,$

(4') $x_2^2 + x_3^2 = x_3^{1W},$

$\qquad x_2^2 + 2x_3^2 = x_4^{1W},$

$\qquad x_1^{1W} + x_2^{1W} = x_1^{2A},$

$\qquad 0,04x_1^{1W} + 0,08x_2^{1W} \leq 0,07x_1^{2A},$

(5') $x_1^1 = 0,7x_1^{0E},$

$\qquad x_2^1 = 0,4x_2^{0E},$

$\qquad x_3^1 = 0,3x_1^{0E},$

$\qquad x_4^1 = 0,6x_2^{0E},$

(6') $x_1^0 \leq 400,$

$\qquad x_2^0 \leq 700,$

(7') $x_{j_0}^{0A} = 0$ für $j_0 = 1,2,$

(8') $x_{j_2}^{2W} = 0$ für $j_2 = 1,2,3,$

(9') $x_{j_2}^{2E} = 0$ für $j_2 = 1,2,3,$

(10') $x_{j_s}^{s}, x_{j_s}^{sA}, x_{j_s}^{sW}, x_{j_s}^{sE} \geq 0$ für $s = 0,1,2; j_0 = 1,2;$

$\qquad\qquad\qquad\qquad\qquad\qquad\qquad\quad j_1 = 1,2,3,4; j_2 = 1,2,3.$

Aufgabe 8. 2   Produktionsprogramm bei Kuppelproduktion II

Ein Unternehmen stellt drei Endprodukte A, B und C her, die zu Preisen von 1.700 € pro Tonne bzw. 3.400 € pro Tonne bzw. 3.000 € pro Tonne verkauft werden können. Die Marketingabteilung gibt vor, dass maximal 60.000 Tonnen bzw. 80.000 Tonnen der Hauptprodukte B und C sowie eine unbegrenzte Menge des Nebenprodukts A abgesetzt werden können.

In Produkt A gehen die Zwischenprodukte P und Q im Verhältnis 7:3 ein. Produkt B setzt sich zu 40 Prozent aus dem Zwischenprodukt Q und zu 60 Prozent aus dem Zwischenprodukt R zusammen. Das Produkt C wird zu gleichen Anteilen aus den Zwischenprodukten R und S zusammen gemischt.

Die Zwischenprodukte P und R ergeben sich aus der Verarbeitung des Rohstoffs U in festen Anteilen von 60 Prozent bzw. 40 Prozent. Die Zwischenprodukte Q und S entstehen zu 60 Prozent bzw. 30 Prozent bei der Spaltung des Rohstoffs V. Dabei entstehen zusätzlich 10 Prozent des Abfallstoffs E, dessen Entsorgung 1.000 € pro Tonne kostet. In der Planungsperiode nicht benötigte Überschussmengen an Zwischenprodukten müssen zu Kosten von 500 € pro Tonne vernichtet werden.

Die Rohstoffe U und V lassen sich zu den Preisen von 2.000 € pro Tonne bzw. 2.300 € pro Tonne in monatlichen Höchstmengen von 70.000 Tonnen bzw. 100.000 Tonnen beschaffen.

Stellen Sie das Modell zur Ermittlung der gewinnmaximalen Produktion auf, wenn die Kosten der Spaltung von U und V 30 € pro Tonne bzw. 50 € pro Tonne sowie die Kosten für das Mischen der Produkte A, B und C 60 € pro Tonne bzw. 40 € pro Tonne bzw. 50 € pro Tonne betragen. Veranschaulichen Sie die Produktion graphisch!

Lösung zu Aufgabe 8. 2

Bei dieser Aufgabenstellung ist es sinnvoll, zunächst die dargelegten Zusammensetzungen, Aufspaltungen und Mischungen der Produktarten zu skizzieren, um einen vollständigen Überblick über den Weg der einzelnen Produktarten zu erhalten. Bei graphischer Umsetzung des beschriebenen Sachverhalts ergibt sich das Bild aus Abbildung 8.2.1.

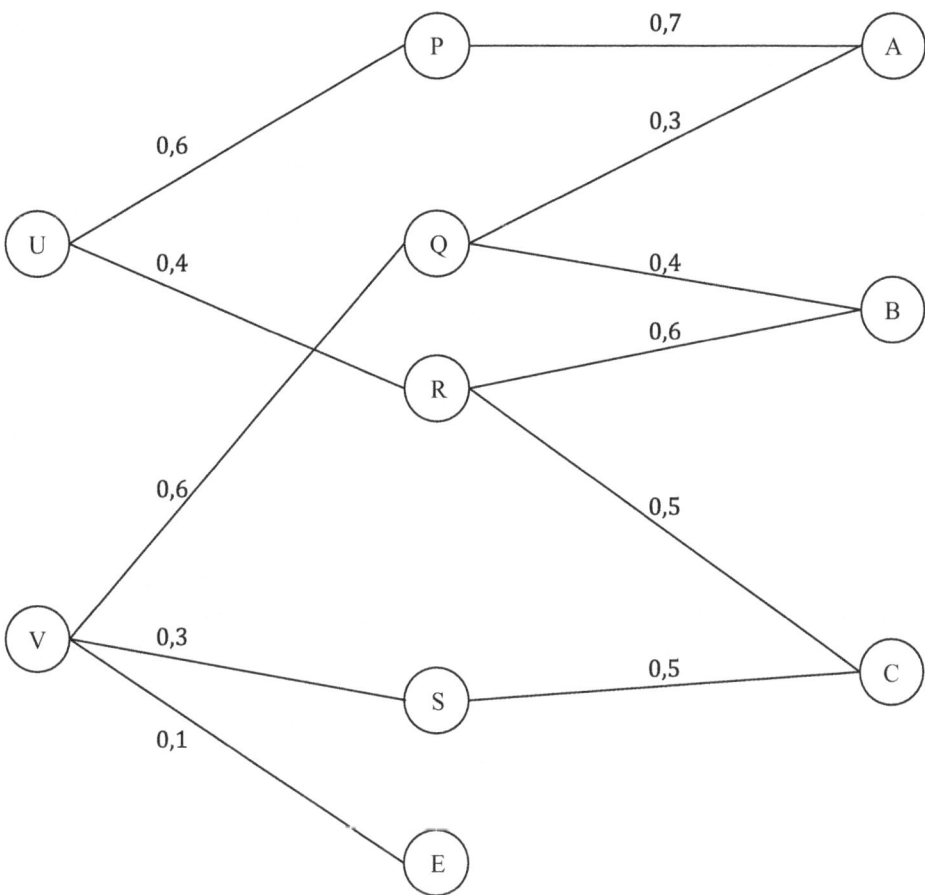

Abb. 8.2.1:   Beziehungen der relevanten Produktarten

Der Programmplanungsansatz lautet wie folgt:

In der Zielfunktion werden von den Erlösen aus dem Verkauf der drei Endproduktarten alle anfallenden Kosten für Aufspaltung, Mischung und Entsorgung der Produktarten abgezogen, mithin ergibt sich die folgende Zielfunktion:

$$\max G\left(x_A, x_B, x_C, x_U, x_V, x_E, x_{PV}, x_{QV}, x_{RV}, x_{SV}\right)$$

$$\begin{aligned}
= \ & (1.700 - 60) \cdot x_A + (3.400 - 40) \cdot x_B + (3.000 - 50) \cdot x_C \\
& -(2.000 + 30) \cdot x_U - (2.300 + 50) \cdot x_V - 1.000 \cdot x_E \\
& -500 \cdot (x_{PV} + x_{QV} + x_{RV} + x_{SV}).
\end{aligned}$$

Der zweite Index V an den Mengen x_{PV}, x_{QV}, x_{RV} und x_{SV} zeigt die Vernichtung dieser Mengen an.

In der Folge werden die Nebenbedingungen dargestellt und erläutert.

Von den beiden Hauptproduktarten B und C sollen nur bestimmte Absatzhöchstmengen abgesetzt werden, von Nebenproduktart A können dagegen unbegrenzte Mengen abgesetzt werden; mithin ergeben sich die nachfolgenden Absatzrestriktionen:

$$x_B \leq 60.000,$$

$$x_C \leq 80.000.$$

Von den benötigten Rohstoffen U und V können nur Höchstmengen pro Monat beschafft werden, somit ergeben sich die nachfolgenden Rohstoffrestriktionen:

$$x_U \leq 70.000,$$

$$x_V \leq 100.000.$$

Die vier nachfolgenden Bedingungen stellen die Mischungsprozesse dar, aus denen die Endproduktarten hervorgehen. Dafür werden die Zwischenproduktarten P, Q, R und S in festen Verhältnissen gemischt. Es ergeben sich die nachfolgenden Mengenkontinuitätsbedingungen:

$$x_{PW} = 0,7 \cdot x_A,$$

$$x_{QW} = 0,3 \cdot x_A + 0,4 \cdot x_B,$$

$$x_{RW} = 0,6 \cdot x_B + 0,5 \cdot x_C,$$

$$x_{SW} = 0,5 \cdot x_C.$$

Der zweite Index W an den Mengen x_{PW}, x_{QW}, x_{RW} und x_{SW} zeigt die Weiterverarbeitung dieser Mengen an.

Die Mengenbilanzbedingungen stellen sicher, dass die Teilmengen einer Produktart, die verschiedenen Verwendungszwecken zugeführt werden, zusammen der zur Verfügung stehenden oder produzierten Menge entsprechen. Die Produktarten P, Q, R und S werden im Prozess weiter verwendet. Vorhandene Überschussmengen müssen aber vernichtet werden. Die Menge an Zwischenproduktart P muss sich somit aus der Teilmenge zusammensetzen, die weiter verwendet wird, und der Teilmenge, die darüber hinaus geht und vernichtet werden muss.

Es ergeben sich die nachfolgenden Mengenbilanzbedingungen:

$$x_P = x_{PV} + x_{PW},$$

$$x_Q = x_{QV} + x_{QW},$$

$$x_R = x_{RV} + x_{RW},$$

$$x_S = x_{SV} + x_{SW}.$$

Die Ausbeuterestriktionen stellen die Aufspaltung von Produktarten in einem Kuppelprozess in einem bestimmten Verhältnis dar und geben an, in welche Zwischenproduktarten diese durch den Prozess aufgespalten werden. Hier werden die beiden Rohstoffe U und V in zwei Aufspaltungsprozessen in die Zwischenproduktarten P, Q, R und S und das Abfallprodukt E in festen Verhältnissen aufgeteilt. Es ergeben sich die nachfolgenden Ausbeuterestriktionen:

$$0,6 \cdot x_U = x_P,$$

$$0,4 \cdot x_U = x_R,$$

$$0,6 \cdot x_V = x_Q,$$

$$0,3 \cdot x_V = x_S,$$

$$0,1 \cdot x_V = x_E.$$

Zuletzt fehlen noch die Nichtnegativitätsbedingungen:

$$x_i \geq 0, \qquad i = A, B, C, E, P, Q, R, S, U, V, PV, QV, RV, SV, PW, QW, RW, SW.$$

9 Terminierung

Lernbereich FANDEL/FISTEK/STÜTZ, S. 663-699

Aufgabe 9.1 Durchlaufterminierung mithilfe der retrograden Terminierung I

a) Erläutern Sie kurz die Idee der retrograden Terminierung!

b) Gegeben sind die folgenden Daten für ein Unternehmen (Tabelle 9.1.1).

Auftrag	Bearbeitungszeit auf Maschine ... in $[ZE]$				Liefertermin in $[ZE]$
	M_1	M_2	M_3	M_4	
A_1	30	15	20	30	160
A_2	25	40	30	30	120
A_3	15	30	30	45	200
A_4	30	40	20	20	130
A_5	10	25	80	20	230

Tabelle 9.1.1: Daten des Unternehmens mit Bearbeitungszeiten auf den vier Maschinen und Lieferterminübersicht

Terminieren Sie die fünf Aufträge mithilfe der retrograden Terminierung und prüfen Sie, ob eine zulässige Lösung generiert wird! Erläutern Sie, wodurch ein gravierendes Problem ausgelöst wird! Erläutern Sie in diesem Zusammenhang, wie man diesem Problem entgegenwirken könnte!

Lösung zu Aufgabe 9.1

zu a) Die retrograde Terminierung ist eine Methode der Durchlaufterminierung, die auf der Rückwärtsterminierung basiert. Die Erläuterung des Verfahrens der retrograden Terminierung erfolgt anhand der vorliegenden Situation des Aufgabenteils b), in dem fünf Aufträge auf vier Maschinen, die diese jeweils in der gleichen Reihenfolge durchlaufen müssen, terminiert werden sollen. Für jeden Auftrag innerhalb des betrachteten Unternehmens liegen Liefertermine vor, zu denen der Auftrag spätestens fertig sein soll.

Ausgehend von diesen Lieferterminen wird rückwärts terminiert, wobei immer zunächst der Auftrag auf den Maschinen eingelastet wird, der über den spätesten Liefertermin verfügt. Die Produktion erfolgt durch Fließfertigung. Da auf den Maschinen immer nur ein Auftrag auf einmal bearbeitet werden kann, muss die Wunschterminierung, die sich aus der Rückwärtsterminierung ergibt, an die vorhandenen Kapazitäten angepasst werden.

Die Rückwärtsterminierung ermittelt, ausgehend von dem in der Materialbedarfsplanung festgelegten Fertigstellungstermin des Auftrags, die spätesten Start- und Endtermine der Arbeitsgänge. Diese Termine gewährleisten, dass der Auftrag rechtzeitig fertiggestellt werden kann, falls keine Störungen im Produktionsablauf auftreten. Es werden somit die Liegezeiten der Aufträge vor den einzelnen Maschinen minimiert, und es wird geprüft, ob alle noch zu produzierenden Aufträge fristgerecht fertiggestellt werden können, oder aber bereits in der Vergangenheit der Startpunkt der Produktion einzelner Aufträge hätte erfolgen müssen.

zu b) Schritt 1: Die Aufträge werden in eine Rangfolge gebracht, wobei man mit dem Auftrag beginnt, der den spätesten Liefertermin aufweist.

Somit ergibt sich für die Daten des Unternehmens der Tabelle 9.1.1 die folgende Rangfolge:

$$A_5 \longrightarrow A_3 \longrightarrow A_1 \longrightarrow A_4 \longrightarrow A_2$$

Die Rückwärtsterminierung beginnt also mit Auftrag 5 und endet mit Auftrag 2. Siehe hierzu auch die nachfolgende Tabelle 9.1.2, in der die neue Reihenfolge des Belegungsplans abgebildet ist.

Auftrag	Bearbeitungszeit auf Maschine ... in [ZE]				Liefertermin
	M_1	M_2	M_3	M_4	in [ZE]
A_5	20	25	80	20	230
A_3	15	30	30	45	200
A_1	30	15	20	30	160
A_4	30	40	20	20	130
A_2	25	40	30	30	120

Tabelle 9.1.2: Reihenfolgeänderung anhand der spätesten Liefertermine

Schritt 2: Es wird mit A_5 gestartet, da dieser Auftrag den spätesten Liefertermin aufweist. Dann wird die Rückwärtsterminierung über alle Maschinen und Aufträge durchgeführt. Dadurch ergeben sich die Wunschterminvorgaben (Tabelle 9.1.3).

Mit der Bearbeitung des Auftrags wird immer spätestmöglich begonnen, so dass gerade noch der Liefertermin eingehalten werden kann.

Auftrag	Bearbeitungszeit auf Maschine ... in $[ZE]$				Liefer-termin in $[ZE]$
	M_1	M_2	M_3	M_4	
A_5	$(85 - 105)$	$(105 - 130)$	$(130 - 210)$	$(210 - 230)$	230
A_3	$(80 - 95)$	$(95 - 125)$	$(125 - 155)$	$(155 - 200)$	200
A_1	$(65 - 95)$	$(95 - 110)$	$(110 - 130)$	$(130 - 160)$	160
A_4	$(20 - 50)$	$(50 - 90)$	$(90 - 110)$	$(110 - 130)$	130
A_2	$(-5 - 20)$	$(20 - 60)$	$(60 - 90)$	$(90 - 120)$	120

Tabelle 9.1.3:   Wunschterminvorgaben der verschiedenen Aufträge auf den Maschinen

Schritt 3: Um einen zulässigen Maschinenbelegungsplan zu erhalten, müssen die Starttermine der einzelnen Aufträge auf den Maschinen dort verschoben werden, wo sie sich überschneiden.

Beispiel: Endtermin von A_1 auf M_4 muss so angepasst werden, dass der Starttermin von A_3 auf M_4 passend bleibt.

Auftrag	Bearbeitungszeit auf Maschine ... in $[ZE]$			
	M_1	M_2	M_3	M_4
A_5	$(85 - 105)$	$(105 - 130)$	$(130 - 210)$	$(210 - 230)$
	$[85 - 105]$	$[105 - 130]$	$[130 - 210]$	$[210 - 230]$
A_3	$(80 - 95)$	$(95 - 125)$	$(125 - 155)$	$(155 - 200)$
	$[55 - 70]$	$[70 - 100]$	$[100 - 130]$	$[155 - 200]$
A_1	$(65 - 95)$	$(95 - 110)$	$(110 - 130)$	$(130 - 160)$
	$[25 - 55]$	$[55 - 70]$	$[80 - 100]$	$[125 - 155]$
A_4	$(20 - 50)$	$(50 - 90)$	$(90 - 110)$	$(110 - 130)$
	$[-15 - 15]$	$[15 - 55]$	$[60 - 80]$	$[105 - 125]$
A_2	$(-5 - 20)$	$(20 - 60)$	$(60 - 90)$	$(90 - 120)$
	$[-50 - -25]$	$[-25 - 15]$	$[30 - 60]$	$[75 - 105]$

Tabelle 9.1.4:   Zulässige Terminberechnung und Wunschterminvorgaben der verschiedenen Aufträge auf den Maschinen

Die Wartezeiten vor Maschinen ergeben sich dadurch, dass beim Festlegen der Bearbeitungsreihenfolge auf den einzelnen Maschinen immer der Auftrag den Vorzug erhält, der den spätesten Liefertermin aufweisen kann. Da Auftrag A_5 jedoch eine Bearbeitungsdauer von 80 ZE auf Maschine M_3 aufweist, verschieben sich für alle nachfolgenden Aufträge auf den Maschinen M_1 und M_2 die Start- und Endzeitpunkte, so dass es dazu kommt, dass 50 ZE vor dem

Planungszeitpunkt mit der Produktion des Auftrags A_2 auf der Maschine M_1 hätte begonnen werde müssen (Tabelle 9.1.4). Dies kann man dadurch angleichen, dass aus der Make-Entscheidung im Unternehmen eine Buy-Entscheidung an der Stelle A_5 auf M_3 wird und der Auftrag dann nur auf M_4 zu produzieren ist. Dies muss anhand von Kostengesichtspunkten diskutiert werden.

Aufgabe 9. 2   Durchlaufterminierung mithilfe der retrograden Terminierung II

Ein Unternehmen will mithilfe der retrograden Terminierung die zeitliche Struktur der Produktion vorausplanen. Die Maschinen müssen von allen Aufträgen in der Abfolge M_1, M_2, M_3 und M_4 durchlaufen werden (Tabelle 9.2.1). In der Tabelle 9.2.2 wurde für die vier Aufträge bereits eine Wunschterminierung vorgenommen. Erstellen Sie auf Basis der Wunschterminierung einen zulässigen Belegungsplan.

Zudem plant das Unternehmen, vorab einen Auftrag durchzuführen, der in Summe 200 Zeiteinheiten benötigt und auf jeder Maschine 50 Zeiteinheiten verweilt. Prüfen Sie, ob ein Auftrag A_5 produziert werden kann, bevor die Aufträge A_1 bis A_4 anhand der retrograden Terminierung umgesetzt werden.

Auftrag	Bearbeitungszeit auf Maschine ... in $[ZE]$				Liefertermin in $[ZE]$
	M_1	M_2	M_3	M_4	
A_1	15	30	30	45	330
A_2	30	15	20	30	290
A_3	30	40	20	20	260
A_4	25	40	30	30	250

Tabelle 9.2.1:   Bearbeitungszeiten der Aufträge auf den Maschinen und Lieferterminübersicht

Lösung zu Aufgabe 9. 2

Die Wunschtermine lauten:

Auftrag		Bearbeitungszeit auf Maschine ... in $[ZE]$			
		M_1	M_2	M_3	M_4
A_1	Wunschtermin	$(210 - 225)$	$(225 - 255)$	$(255 - 285)$	$(285 - 330)$
	Zulässig				
A_2	Wunschtermin	$(195 - 225)$	$(225 - 240)$	$(240 - 260)$	$(260 - 290)$
	Zulässig				
A_3	Wunschtermin	$(150 - 180)$	$(180 - 220)$	$(220 - 240)$	$(240 - 260)$
	Zulässig				
A_4	Wunschtermin	$(125 - 150)$	$(150 - 190)$	$(190 - 220)$	$(220 - 250)$
	Zulässig				

Tabelle 9.2.2:   Übersicht über die Wunschterminierung der Aufträge auf den Maschinen

Hieraus ergeben sich die zulässigen Termine (Tabelle 9.2.3).

Auftrag		Bearbeitungszeit auf Maschine … in [ZE]			
		M_1	M_2	M_3	M_4
A_1	Wunschtermin	(210 − 225)	(225 − 255)	(255 − 285)	(285 − 330)
	Zulässig	210 − 225	225 − 255	255 − 285	285 − 330
A_2	Wunschtermin	(195 − 225)	(225 − 240)	(240 − 260)	(260 − 290)
	Zulässig	180 − 210	210 − 225	235 − 255	255 − 285
A_3	Wunschtermin	(150 − 180)	(180 − 220)	(220 − 240)	(240 − 260)
	Zulässig	140 − 170	170 − 210	215 − 235	235 − 255
A_4	Wunschtermin	(125 − 150)	(150 − 190)	(190 − 220)	(220 − 250)
	Zulässig	105 − 130	130 − 170	175 − 205	205 − 235

Tabelle 9.2.3: Übersicht über die zulässigen Termine der Aufträge auf den Maschinen

Setzt man vor den Auftrag A_4 den Zusatzauftrag, so ergibt sich keine Verschiebung, da der Auftrag A_5 folgende Start- und Endtermine auf den vier Maschinen aufweist:

A_5	Zulässig	0 − 50	50 − 100	100 − 150	150 − 200

Tabelle 9.2.4: Übersicht über die zulässigen Termine des Auftrags 5 auf den Maschinen

10 Maschinenbelegungsplanung

Lernbereich FANDEL/FISTEK/STÜTZ, S. 756-838

Aufgabe 10. 1 Maschinenbelegungsprobleme mit zwei Maschinen – Die Anwendung des Johnson-Verfahrens I

a) Erläutern Sie allgemein die Vorgehensweise des Johnson-Algorithmus!

b) In einem produzierenden Unternehmen werden Karosserieteile gefertigt, indem zunächst Blechstücke ausgestanzt und anschließend lackiert werden. Die Bearbeitungszeiten der 7 betrachteten Aufträge sind in der nachfolgenden Tabelle 10.1.1 dargestellt. Die Produktion erfolgt in Reihenfertigung.

Auftrag	Stanzwerk $m = 1$	Lackiererei $m = 2$
A	4	1
B	2	4
C	7	3
D	4	2
E	6	4
F	3	5
G	2	4

Tabelle 10.1.1: Übersicht über die Bearbeitungszeiten der Aufträge auf den beiden Maschinen

Bestimmen Sie anhand des Johnson-Algorithmus die minimale Zykluszeit und zeichnen Sie basierend auf der berechneten Reihenfolge das Gantt-Diagramm!

Lösung zu Aufgabe 10. 1

zu a) Schritt I:

Initialisierung – Betrachten der Menge der unverplanten Aufträge $\{1,2,...,I\}$.

Schritt II:

Ermitteln des Auftrags k mit der kürzesten Bearbeitungsdauer aus der Menge der unverplanten Aufträge $k \in \{1,2,...,I\}$.

Weisen mehrere Aufträge eine identische kürzeste Bearbeitungsdauer auf, so wählt man den Auftrag mit dem niedrigeren Index.

Schritt III:

$p_{im} :=$ Bearbeitungsdauer des Auftrags i auf Maschine m.

Sofern $p_{k1} \leq p_{k2}$, Zuweisung des Auftrags k zu der kleinsten noch freien Position der Auftragsfolge.

Sofern $p_{k1} \geq p_{k2}$, Zuweisung des Auftrags k zu der größten noch freien Position der Auftragsfolge.

Schritt IV:

Streichen des Auftrags k aus der Menge der unverplanten Aufträge, solange die Menge der unverplanten Aufträgen nicht leer ist.

Rückkehr zu Schritt II.

zu b) Schritt I:

Initialisierung – Betrachten der Menge der unverplanten Aufträge: {A, B, C, D, E, F, G}.

Schritt II:

Ermitteln des Auftrags k mit der kürzesten Bearbeitungsdauer aus der Menge der unverplanten Aufträge $k \in$ {A, B, C, D, E, F, G}. In dem konkreten Fall ist das direkt Auftrag A, also $k = $ A. Einplanen dieses Auftrags an die passende Stelle: Da $p_{A1} \geq p_{A2}$, erfolgt die Zuweisung des Auftrags A zur größten freien Position der Auftragsfolge (also hier an letzter Position; Abbildung 10.1.1).

–	–	–	–	–	–	A

Abb. 10.1.1:   Der erste Auftrag wird eingeplant

Schritt IV:

Streichen des Auftrags A aus der Menge der möglichen und noch zuzuordnenden Aufträge (Tabelle 10.1.2).

Auftrag	Stanzwerk	Lackiererei
~~A~~	~~4~~	~~1~~
B	2	4
C	7	3
D	4	2
E	6	4
F	3	5
G	2	4

Tabelle 10.1.2: Streichen des Auftrags A

Zurückspringen zu Schritt II: Betrachten der Aufträge B bis G. Ermitteln des Auftrags k mit der kürzesten Bearbeitungsdauer aus der Menge der unverplanten Aufträge, $k \in \{B, C, D, E, F, G\}$. In dem konkreten Fall sind das die Aufträge B, D und G. Einplanen dieser Aufträge an die passenden Stellen. Prinzipiell kann jeder der Aufträge zunächst Beachtung finden und an der passenden Stelle eingepflegt werden, jedoch gibt es – siehe a) – eine Verfeinerung des Prinzips, indem zusätzlich bei identischer Bearbeitungsdauer mehrerer Aufträge der Index über die Einbettung entscheidet. Im konkreten Beispiel wird dann alphabetisch vorgegangen: B wird zuerst betrachtet, dann D und im Anschluss daran G eingeplant. Es wird bei allen drei Aufträgen geprüft, ob $p_{k1} \leq p_{k2}$ oder $p_{k1} \geq p_{k2}$ erfüllt ist. Konkret werden die Aufträge B und G zum möglichst frühen Zeitpunkt und D zum möglichst spätesten Zeitpunkt eingeplant (Abbildung 10.1.2).

B	–	–	–	–	–	A
B	–	–	–	–	D	A
B	G	–	–	–	D	A

Abb. 10.1.2:   Ermitteln der Rangfolge der einzuplanenden
Aufträge B, D und G.

Es werden dann die Aufträge B, D und G gestrichen (Tabelle 10.1.3).

Auftrag	Stanzwerk	Lackiererei
A	4	1
B	2	4
C	7	3
D	4	2
E	6	4
F	3	5
G	2	4

Tabelle 10.1.3: Ermitteln der noch unverplanten Aufträge

Springen zu Schritt II: Aus der Menge der verbliebenen Aufträge sind nun noch die Aufträge C, E und F übrig. In Schritt 2 wird wieder geprüft, welcher Auftrag die geringste Bearbeitungsdauer aufweist. Im konkreten Beispiel sind dies die Aufträge C und F. Geht man wieder nach dem Prinzip des geringeren Index (hier alphabetisch) vor, so wird zuerst C betrachtet. Hierbei gilt: $p_{C1} > p_{C2}$, so dass der Auftrag C möglichst spät produziert wird.

B	G	–	–	C	D	A

Abb. 10.1.3:   Einplanen des Auftrags C

Gleiches wird für F geprüft. Es gilt dabei jedoch der umgekehrte Zusammenhang: $p_{F1} < p_{F2}$, so dass Auftrag F an der ersten noch freien Position eingeordnet wird.

B	G	F	–	C	D	A

Abb. 10.1.4:   Einplanen des nächsten Auftrags F

Die beiden Aufträge werden aus dem Pool der freien Aufträge gestrichen, so dass nur noch Auftrag E in dieser Menge enthalten ist (Tabelle 10.1.4).

Auftrag	Stanzwerk	Lackiererei
A	4	1
B	2	4
C	7	3
D	4	2
E	6	4
F	3	5
G	2	4

Tabelle 10.1.4: Ermitteln des letzten noch unverplanten Auftrages

Der letzte freie Auftrag wird der letzten freien Position zugeordnet (Abbildung 10.1.5).

B	G	F	E	C	D	A

Abb. 10.1.5:   Einplanen des letzten Auftrags E

Da nun alle Aufträge verplant sind, kann die minimale Zykluszeit anhand des Gantt-Diagramms bestimmt werden.

Es wird zuerst auf Maschine $m = 1$ Auftrag B produziert. Eine Annahme an das Modell besteht darin, dass ein Auftrag erst komplett auf der ersten Maschine fertiggestellt sein muss, bevor eine Weiterproduktion möglich ist. Daraus folgt der erste Schritt (Abbildung 10.1.6).

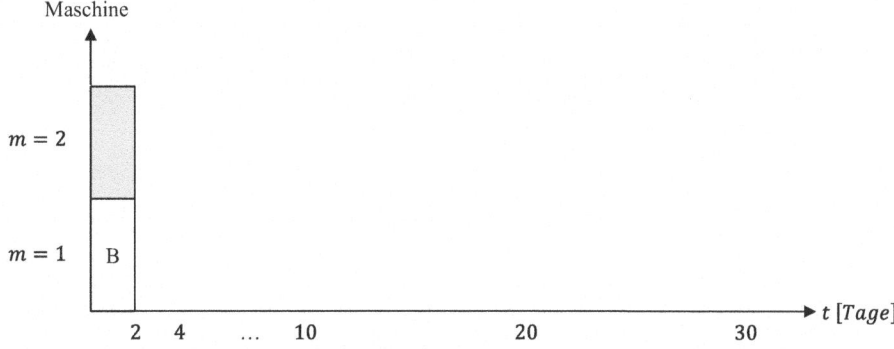

Abb. 10.1.6:   Einlasten des ersten Auftrags B auf Maschine $m = 1$

Nach 2 Zeiteinheiten kann dann Auftrag B auf Maschine $m = 2$ weiterverarbeitet werden. Parallel startet dann Auftrag G auf Maschine $m = 1$ (Abbildung 10.1.7).

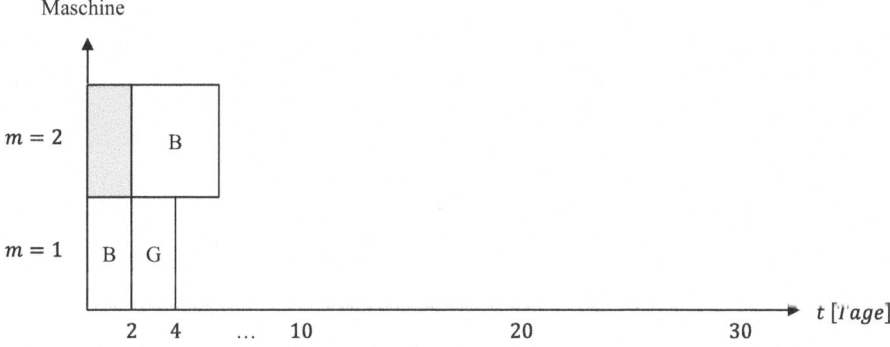

Abb. 10.1.7:   Einlasten der Aufträge G auf Maschine $m = 1$ sowie B auf
                 Maschine $m = 2$

Gemäß der Idee der Reihenfertigung wird dann der Auftrag G auf Maschine $m = 2$ eingeplant. Da die Bearbeitungsdauer von Auftrag B auf $m = 2$ größer als von Auftrag G auf $m = 1$ ist, entsteht auf Maschine $m = 2$ keine Wartezeit. Direkt an die Produktion von Auftrag G schließt sich der Auftrag F an (Abbildung 10.1.8).

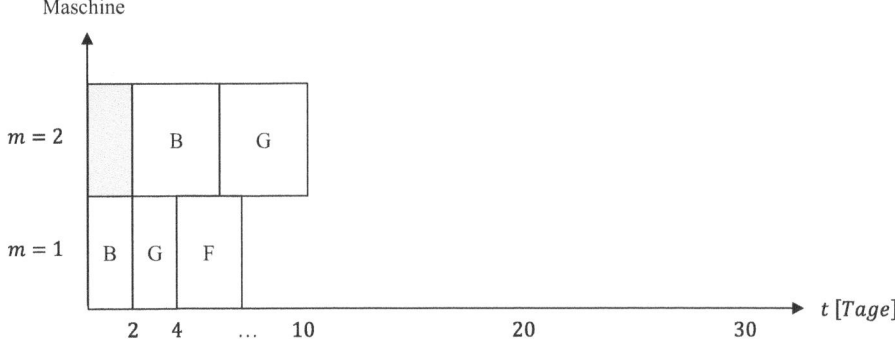

Abb. 10.1.8:   Einlasten der Aufträge F auf Maschine $m = 1$ sowie G auf
Maschine $m = 2$

Vervollständigt man dieses Schema für die ersten fünf Aufträge für Maschine $m = 1$ und die ersten vier für Maschine $m = 2$, so ergibt sich das unvollständige Gantt-Diagramm in Abbildung 10.1.9.

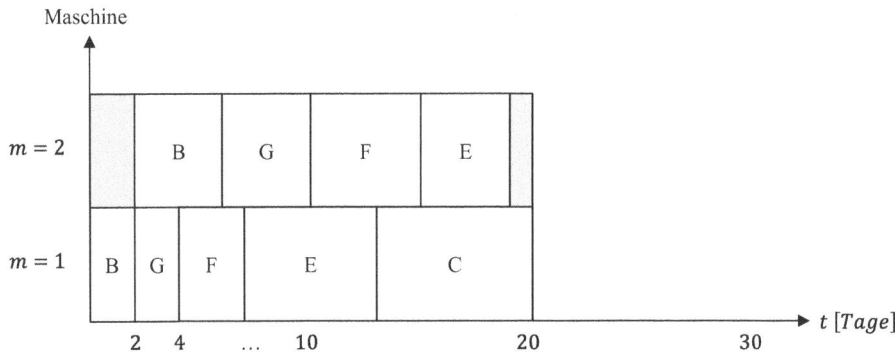

Abb. 10.1.9:   Einlasten der ersten fünf Aufträge auf $m = 1$ und der ersten
vier Aufträge auf $m = 2$

Maschine $m = 2$ steht für eine Zeiteinheit still, da der Auftrag C erst nach der 20-sten Zeiteinheit auf Maschine $m = 1$ fertig produziert worden ist, jedoch der vorherige Auftrag E bereits nach der 19-ten Zeiteinheit auf Maschine $m = 2$ beendet wurde. Plant man die restlichen Aufträge ein, so ergibt sich das vollständige Gantt-Diagramm mit der minimalen Zykluszeit $Z^* = 29$ in Abbildung 10.1.10.

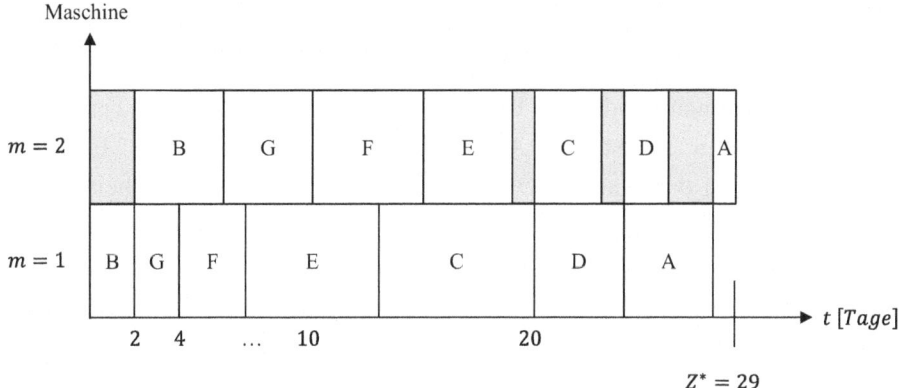

Abb. 10.1.10:   Vollständiger Maschinenbelegungs-Gantt und minimaler
Zykluszeit

Aufgabe 10. 2 Maschinenbelegungsprobleme mit zwei Maschinen – Die Anwendung des Johnson-Verfahrens II

a) Ein Unternehmen produziert Dosenbier. Die Konserven jedes Fertigungsauftrags müssen zuerst die Abfüllmaschine (M_1), dann die Etikettiermaschine (M_2) durchlaufen. Die Bearbeitungszeiten (in Zeiteinheiten) sind in der nachfolgenden Tabelle 10.2.1 dargestellt. Bestimmen Sie mit Hilfe des Johnson-Algorithmus die optimale Bearbeitungsreihenfolge der Aufträge und anschließend die Dauer der Bearbeitungszeit aller Aufträge auf der Abfüllmaschine.

Auftrag	Abfüllmaschine M_1	Etikettiermaschine M_2
A	5	2
B	1	6
C	4	3
D	3	4
E	3	5

Tabelle 10.2.1: Übersicht über die Bearbeitungszeiten der Aufträge auf den beiden Maschinen

b) Unter welchen Umständen kann auf Maschine M_1 im Johnson-Algorithmus überhaupt eine Wartezeit auftreten? (Ein Satz als Antwort reicht aus!)

c) Erläutern Sie kurz (ein Satz), ob das Johnson-Verfahren auch für n Aufträge auf m Maschinen ($m > 2$) angewendet werden kann!

Lösung zu Aufgabe 10. 2

zu a) Schritt 1

B				

Schritt 2

B				A

Schritt 3

B			C	A

Schritt 4

B	D		C	A

Schritt 5

B	D	E	C	A

Abb. 10.2.1:   Durch Anwendung des Johnson-Verfahrens bestimmte optimale
              Bearbeitungsreihenfolge des Zwei-Maschinen-Problems

Die optimale Reihenfolge lautet dann: B-D-E-C-A.

Die Länge der gesamten Bearbeitungszeit auf der Abfüllmaschine beläuft sich auf 16 Zeiteinheiten.

zu b) Nie! Zwischen den einzelnen Aufträgen auf Maschine M_1 liegt nie ein Puffer vor, da mit der Bearbeitung des nächsten Auftrags sofort begonnen werden kann, wenn der vorhergehende Auftrag fertiggestellt ist.

zu c) Nein! Der Johnson-Algorithmus generiert nur optimale Zykluszeiten für n Aufträge auf genau $m = 2$ Maschinen.

Aufgabe 10. 3 Reihenfolgeplanungsprobleme mit zwei Aufträgen – Das graphische Verfahren nach AKERS I

a) Erläutern Sie kurz die Idee und Vorgehensweise beim Verfahren von AKERS!

b) Zur Bearbeitung von zwei Aufträgen $j \in \{1,2\}$ müssen in einem Unternehmen die sechs Maschinen A, B, C, D, E und F in unterschiedlicher Reihenfolge durchlaufen werden.

Ermitteln Sie – unter Verwendung des graphischen Verfahrens nach AKERS – die minimale Zykluszeit der Aufträge und zeichnen Sie den zugehörigen Maschinenfolge-Gantt, wenn für die Aufträge folgende Bearbeitungszeiten t_{jm}, $m \in \{A, B, C, D, E, F\}$, und technologische Maschinenfolgen $S_j, j \in \{1,2\}$, gegeben sind (Tabelle 10.3.1).

Auftrag j	t_{jA}	t_{jB}	t_{jC}	t_{jD}	t_{jE}	t_{jF}	S_j
1	6	5	4	1	3	2	ACFBED
2	1	2	5	4	3	6	ADBCEF

Tabelle 10.3.1: Operationszeiten und technologische Maschinenfolgen der beiden Aufträge

Lösung zu Aufgabe 10. 3

zu a) Das Verfahren nach AKERS stellt ein graphisches Verfahren dar, welches unter Berücksichtigung von bekannter, auftragsindividueller technologischer Reihenfolgen und Bearbeitungszeiten versucht, ein Reihenfolgeproblem von maximal zwei Aufträgen auf endlich vielen Maschinen zu lösen.

Hierzu wird in einem (zweidimensionalen) Operationsfeld unter Berücksichtigung von sogenannten Konfliktfeldern versucht, vom Startpunkt aus (noch kein Auftrag ist bearbeitet) mit möglichst wenigen Schritten den Zielpunkt (beide Aufträge sind fertiggestellt) zu erreichen.

Beim Verfahren von AKERS werden die Bearbeitungsfortschritte der einzelnen Aufträge betrachtet.

In einem rechtwinkligen Koordinatensystem werden auf den Achsen Z_1 und Z_2 die Operationszeiten t_{1m} und t_{2m} entsprechend der technologischen Reihenfolge der Aufträge S_1 und S_2 abgetragen.

Jeder Punkt zwischen 0 und Z_1 bzw. Z_2 stellt den Bearbeitungszustand eines Auftrages dar. Der Punkt Z_1 (Z_2) beschreibt, dass allein Auftrag 1 (2) fertiggestellt worden ist. Das Rechteck 0 Z_1 Z Z_2 wird als Operationsfeld bezeichnet.

Jeder Punkt auf dem Operationsfeld repräsentiert Bearbeitungsfortschritte der beiden Aufträge.

Der Punkt Z beschreibt also, dass sowohl der Auftrag 1 als auch der Auftrag 2 bereits bearbeitet worden sind.

Auf dem Operationsfeld werden nun die Konfliktfelder aufgetragen.

Das Konfliktfeld einer Maschine m wird aus dem Kreuzprodukt der Punkte auf beiden Achsen in den Intervallen der Operationszeiten t_{1m} und t_{2m} gebildet. Diese Punkte beschreiben den Tatbestand, dass bei den jeweiligen Bearbeitungszuständen die Maschine m sowohl für den Auftrag 1 als auch für den Auftrag 2 beansprucht wird.

Eine Maschine kann aber entweder nur den Auftrag 1 oder 2 bearbeiten, so dass die Konfliktfelder gleichzeitig unzulässige Zustände angeben. Dies impliziert, dass die Bearbeitung eines Auftrages an einer Maschine nicht unterbrochen werden darf.

Weg mit der geringsten Schrittanzahl:

Die Arbeitsweise dieses Verfahrens besteht nun darin, den Weg mit der geringsten Schrittanzahl zwischen 0 und Z zu suchen.

Anhand dieses Weges ist dann der Plan mit der minimalen Zykluszeit zu erstellen. Aus dem oben genannten Grund darf dabei kein Weg durch ein Konfliktfeld führen. Unter einem Schritt versteht man dabei jede Verbindung zwischen zwei benachbarten Punkten mit ganzzahligen Koordinatenwerten.

Ein Schritt kann horizontal, vertikal oder diagonal in 45^0 zur Abszisse erfolgen, und zwar nur in positive Richtung, je nachdem ob ein Auftrag bearbeitet wird und der andere nicht oder beide gleichzeitig bearbeitet werden.

Ein Schritt in die negative Richtung – z. B. von rechts nach links – würde bedeuten, dass der Bearbeitungszustand des Auftrages 1 einen Rückschritt erführe, was jedoch produktionstechnisch nicht sinnvoll ist.

zu b) In das zweidimensionale Operationsfeld werden zunächst die ersten Bearbeitungsschritte der beiden Aufträge eingefügt (Abbildung 10.3.1).

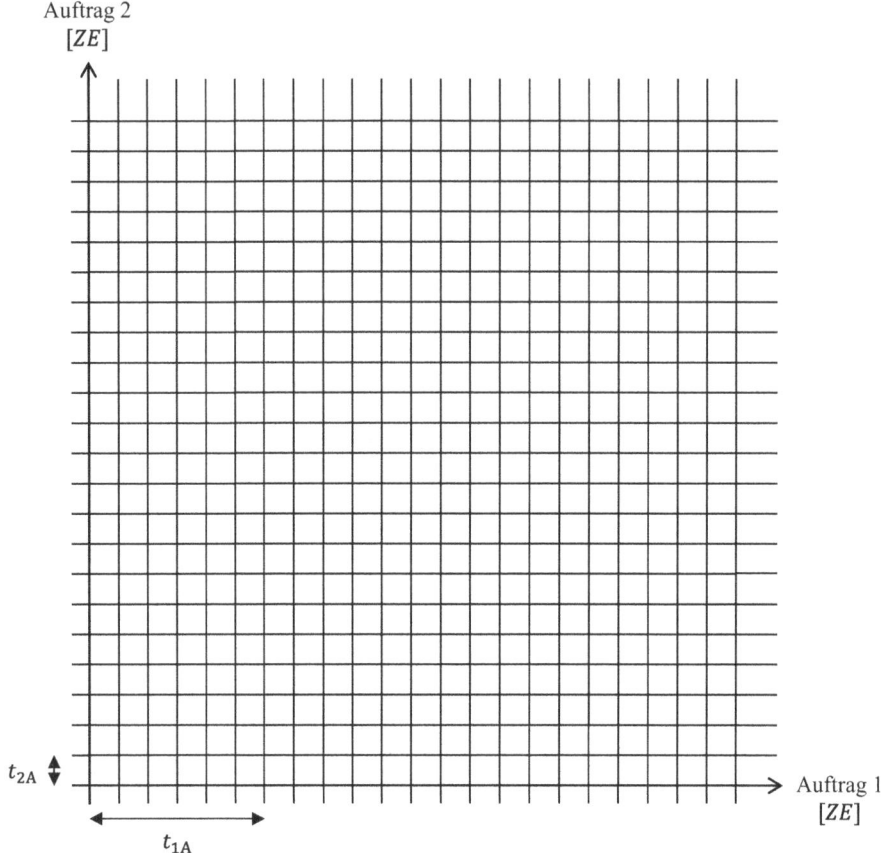

Abb. 10.3.1:   Erste Bearbeitungsschritte der Aufträge 1 und 2

Dies erfolgt dann für alle Aufträge bei der Werkstattfertigung anhand von S_j (Abbildung 10.3.2).

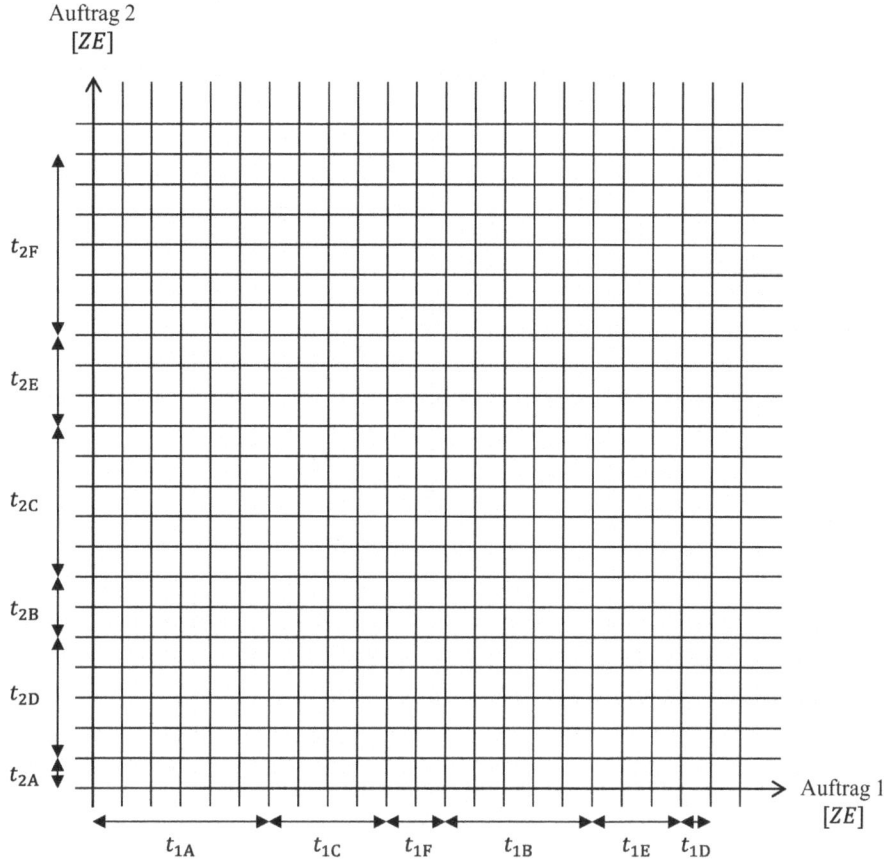

Abb. 10.3.2:   Vollständige Bearbeitungsschritte der Aufträge 1 und 2

Es wird deutlich, an welcher Stelle die Fertigstellung beider Aufträge $Z = (Z_1, Z_2)$ einzutragen ist. Es wird der Punkt im Operationsfeld gesucht, an dem beide Aufträge fertig produziert worden sind (Abbildung 10.3.3)

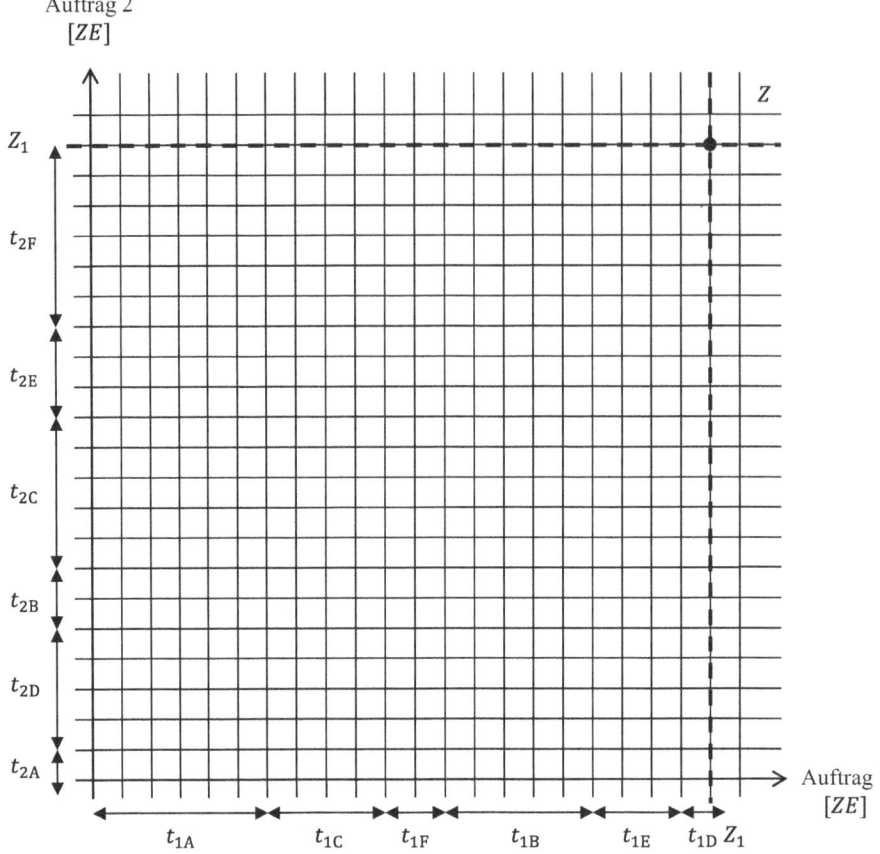

Abb. 10.3.3:   Darstellung der Fertigstellungszeitpunkte $(Z_1, Z_2) = Z$

Im nächsten Schritt werden die Konfliktfelder eingetragen. Für die Maschine A folgt dann die Darstellung in Abbildung 10.3.4.

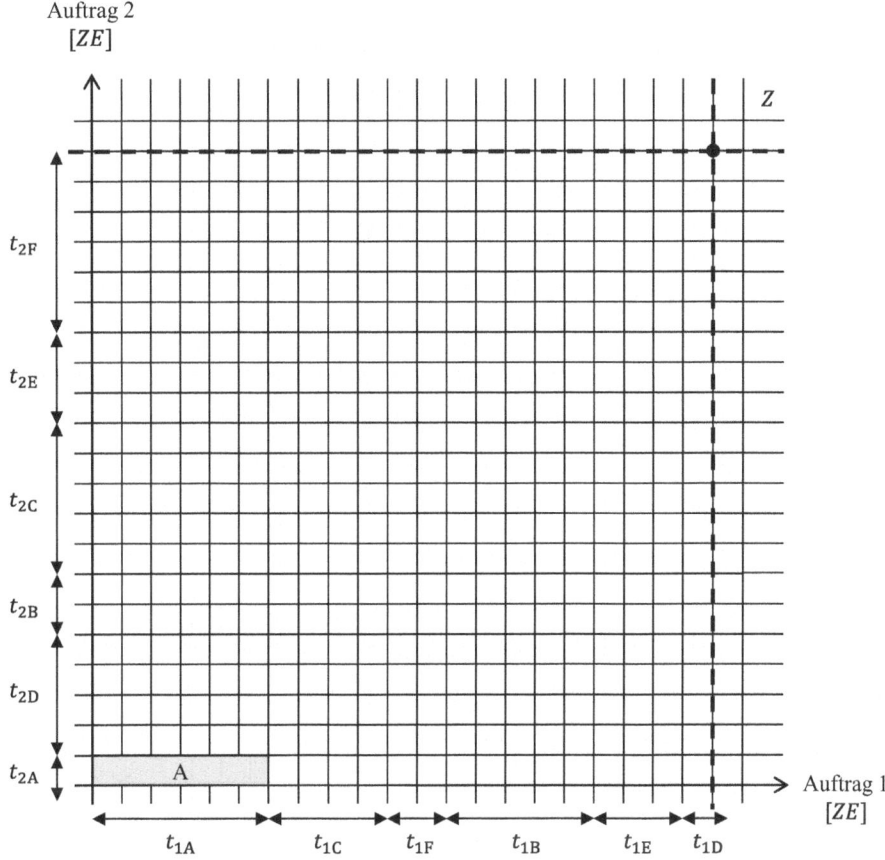

Abb. 10.3.4:   Darstellung des Konfliktfeldes für die Maschine A

Für die weiteren Konfliktfelder ergeben sich dann die folgenden Eintragungen an den relevanten Stellen im Operationsfeld, wie in Abbildung 10.3.5 veranschaulicht.

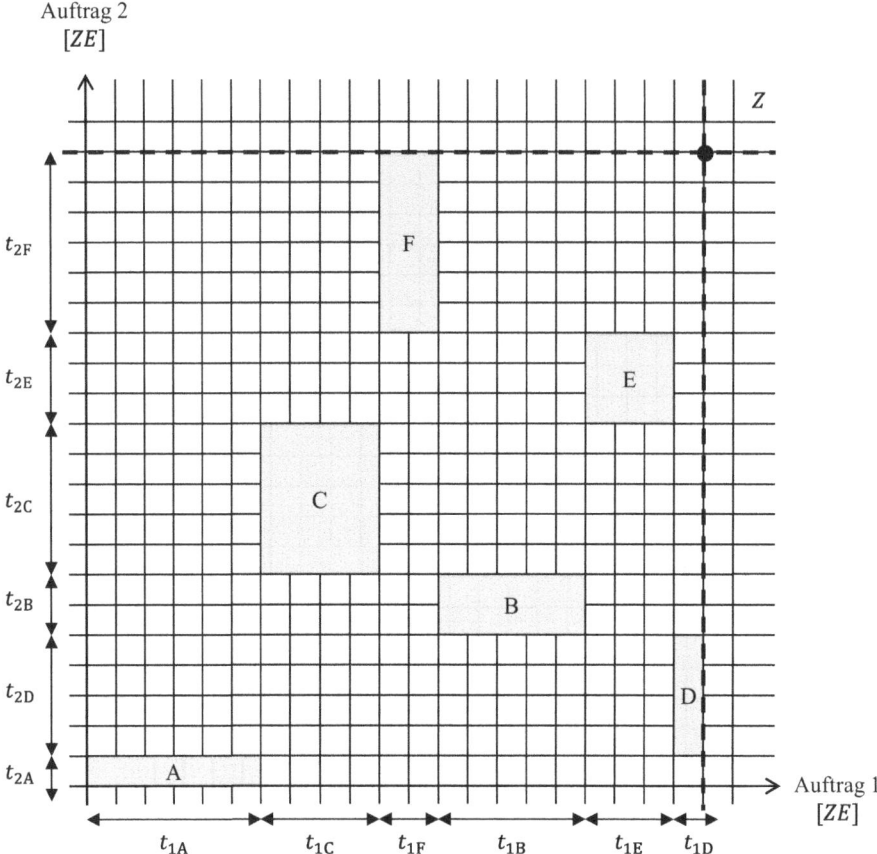

Abb. 10.3.5: Darstellung der Konfliktfelder für die Maschinen A bis F

Nachdem die Konfliktfelder eingebettet worden sind, muss der optimale Weg (mit der geringsten Anzahl an Schritten) vom Startpunkt (Nullpunkt) zum Ziel Z gefunden werden. Hierbei ist zu beachten, dass es nicht zwingend nur einen optimalen Weg beim Verfahren von AKERS geben muss, sondern dass die Methode dazu führen kann, dass endlich viele Wege vorhanden sind, die die Zykluszeit minimieren. Es muss entschieden werden, da direkt im Start ein Konfliktfeld angrenzt, ob zuerst Auftrag 1 oder Auftrag 2 auf der Maschine A produziert wird (Abbildung 10.3.6).

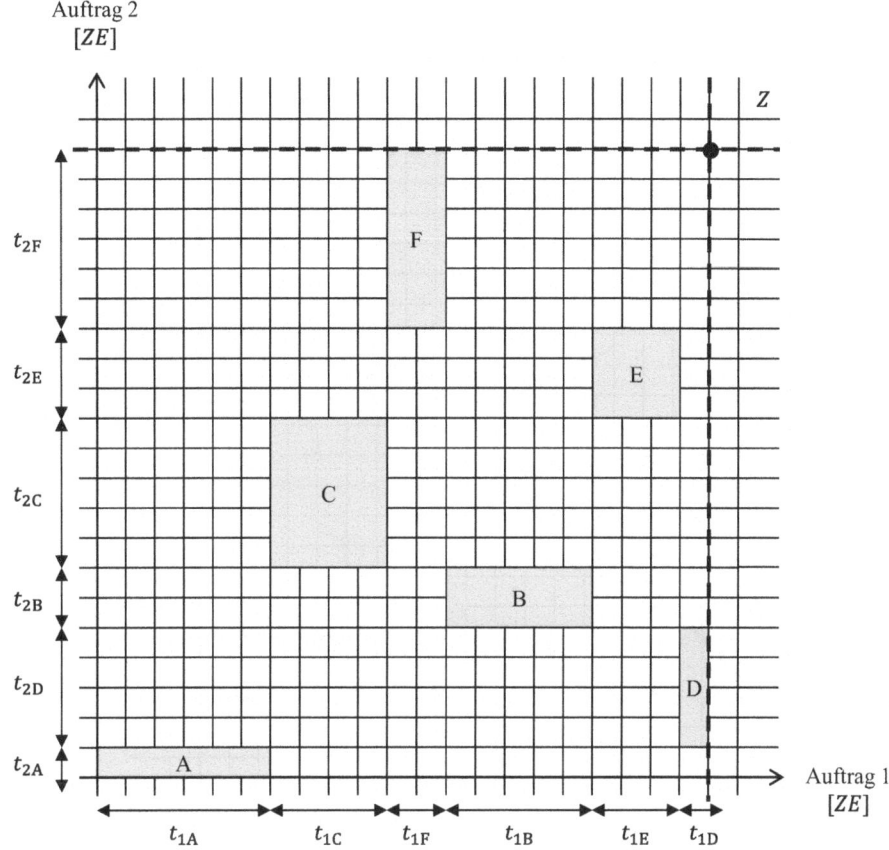

Abb. 10.3.6:   Vorgehensweise hinsichtlich des Konfliktfeldes von
Maschine A

Es wird sich zeigen, dass es optimal ist, zuerst mit Auftrag 2 zu starten. Daher wird im Folgenden auch nicht der Weg über Auftrag 1 zuerst auf Maschine A verfolgt. Wenn Auftrag 2 auf Maschine A fertig ist, wird wieder diagonal vorangegangen, da es im Hinblick auf die minimale Zykluszeit Z^* sinnvoll ist, wenn beide Aufträge möglichst parallel auf zwei unterschiedlichen Maschinen produziert werden (Abbildung 10.3.7).

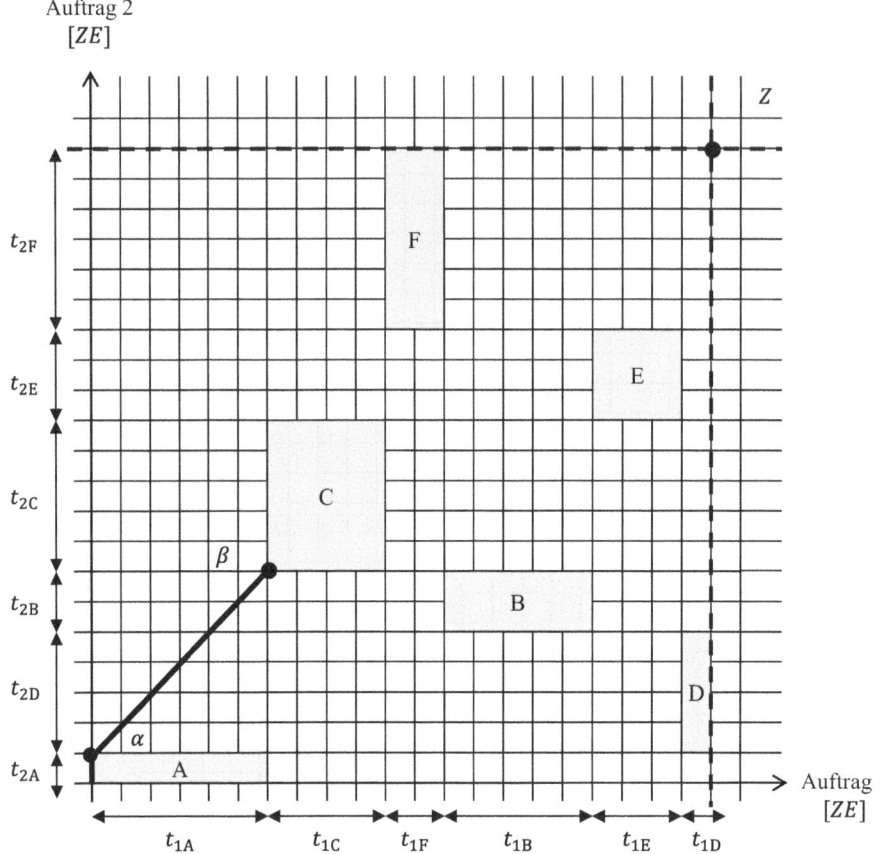

Abb. 10.3.7:   Weitere Vorgehensweise nach dem Konfliktfeld von
                Maschine A

Es stellt sich nun an Punkt β die Frage, ob zuerst Auftrag 1 oder Auftrag 2 auf
Maschine C produziert werden soll (Abbildung 10.3.8).

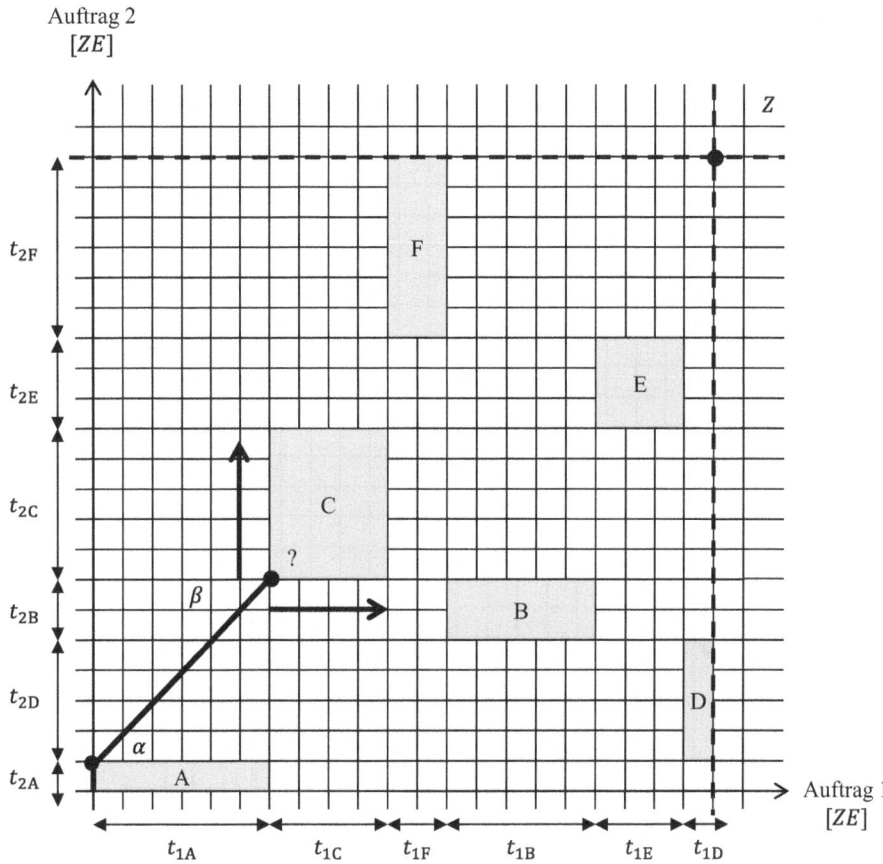

Abb. 10.3.8:   Vorgehensweise hinsichtlich des Konfliktfeldes von
Maschine C (Überlegung 1)

Ein Vergleich wird zeigen, dass es hinsichtlich der Zykluszeit sinnvoller ist,
Auftrag 1 dem Auftrag 2 vorzuziehen (Abbildung 10.3.9).

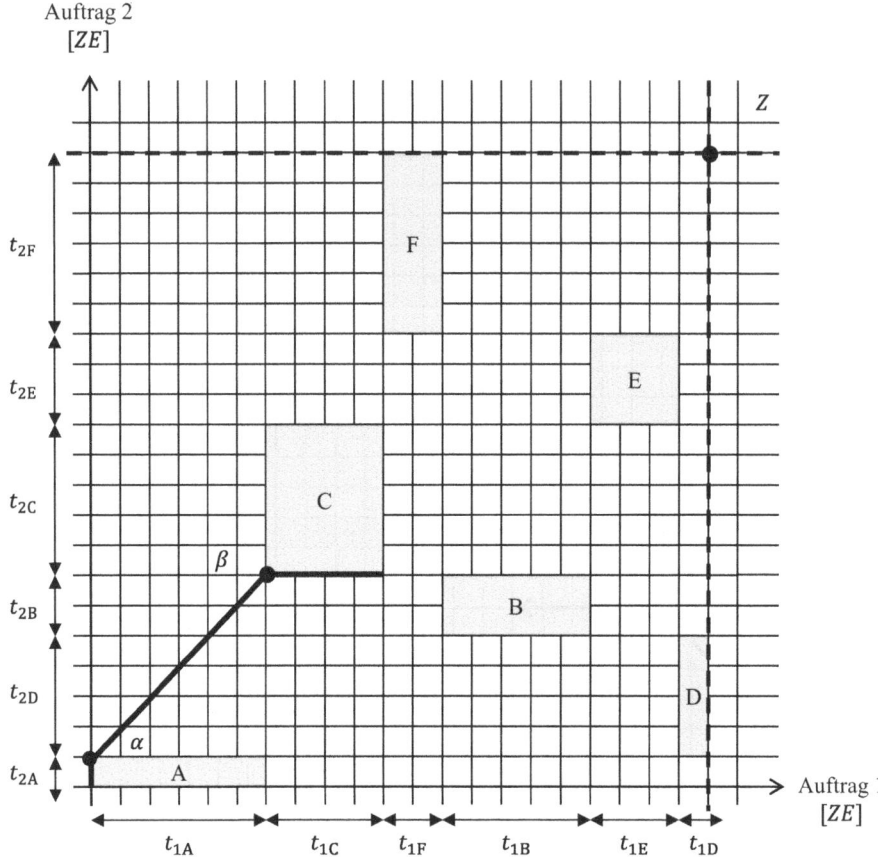

Abb. 10.3.9: Vorgehensweise hinsichtlich des Konfliktfeldes von Maschine C (Überlegung 2)

Ist die Produktion von Auftrag 1 auf Maschine C beendet, können wieder beide Aufträge parallel auf unterschiedlichen Maschinen produziert werden, bis das Konfliktfeld E am Punkt δ erreicht wird (Abbildung 10.3.10).

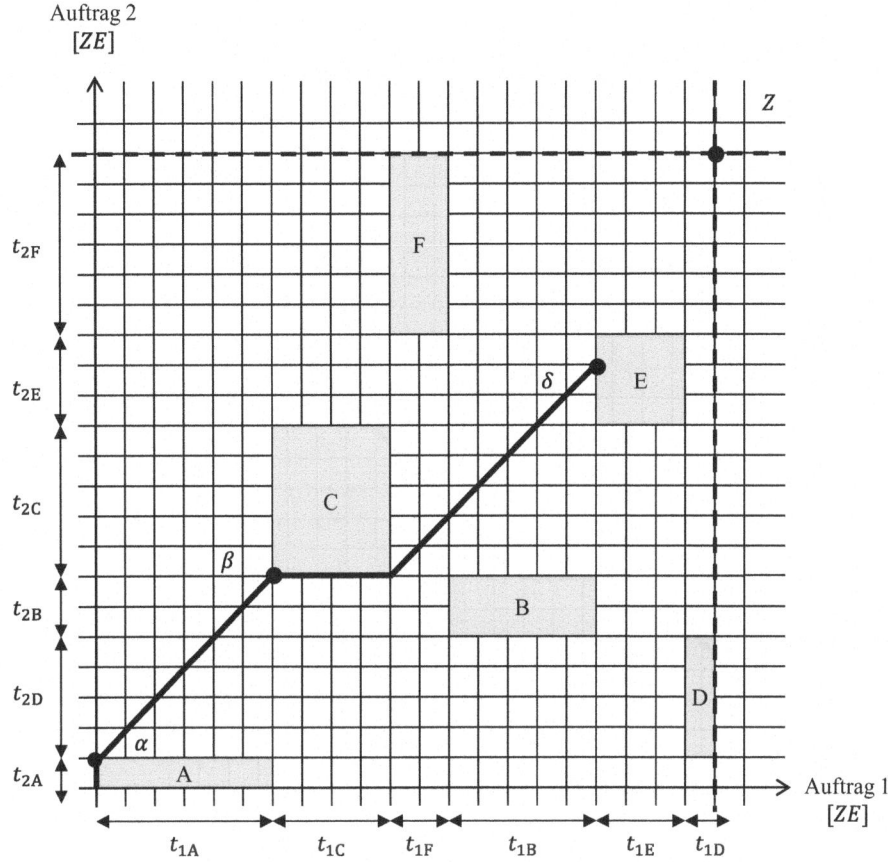

Abb. 10.3.10:   Weitere Vorgehensweise nach dem Konfliktfeld von
Maschine C

Eine rückwärts gerichtete Produktion ist im Verfahren von AKERS nicht
möglich, so dass der Auftrag 1 nun eine Zeiteinheit ruhen wird und Auftrag 2
auf Maschine E fertig produziert wird (Abbildung 10.3.11, Punkt ε).

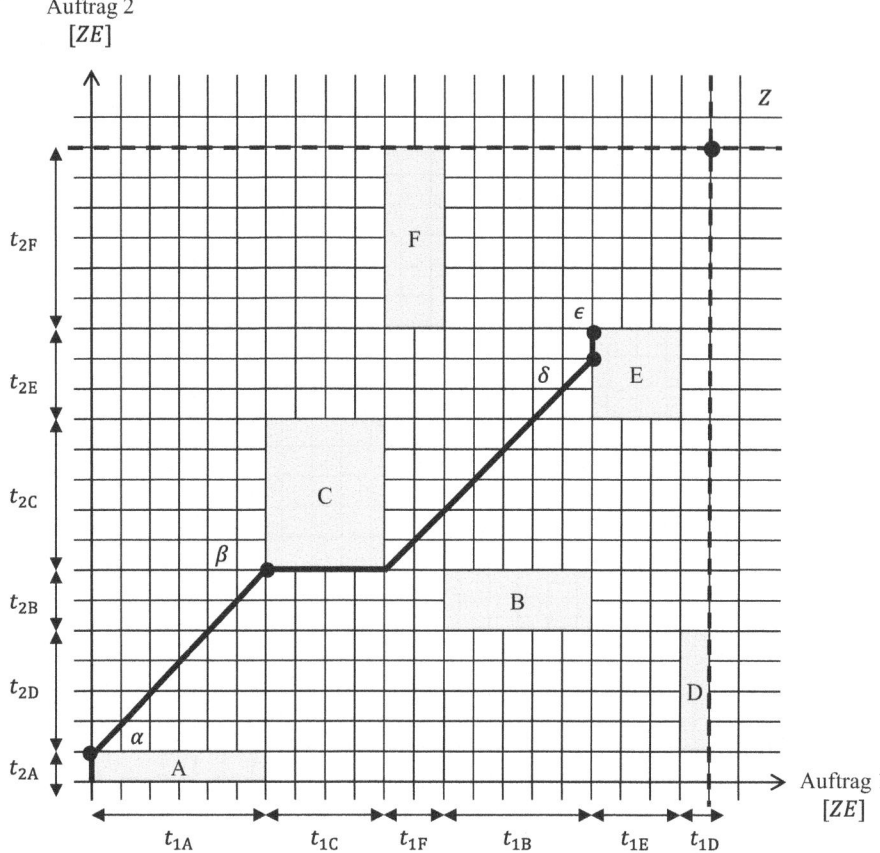

Abb. 10.3.11: Vorgehensweise am Konfliktfeld von Maschine E

Sobald der Eckpunkt ε des Konfliktfeldes erreicht ist, können wieder beide Aufträge auf unterschiedlichen Maschinen gefertigt werden, bis der Auftrag 1 abgeschlossen ist (Abbildung 10.3.12, Punkt λ).

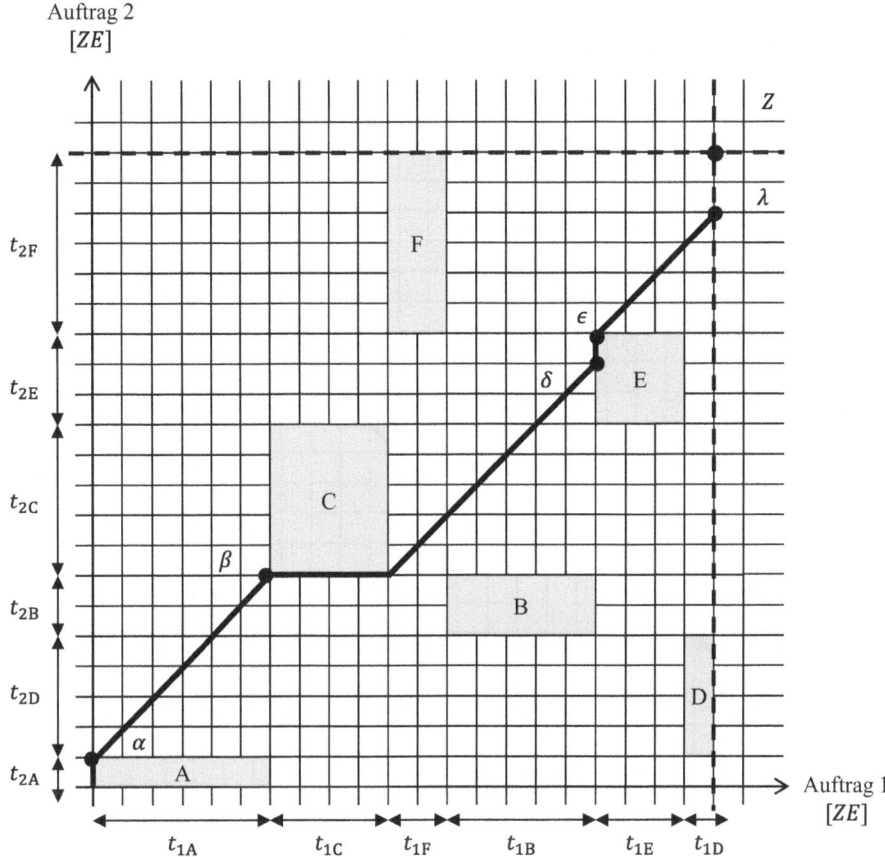

Abb. 10.3.12:   Weitere Vorgehensweise nach dem Konfliktfeld von
Maschine E

In einem letzten Schritt wird noch Auftrag 2 fertiggestellt, bis der Punkt $\mu = Z$, der die Fertigstellung beider Aufträge markiert, erreicht wird (Abbildung 10.3.13). Addiert man die Schritte dieses fett markierten Pfades (45°, horizontal oder vertikal) auf, so erhält man die Zykluszeit $Z^* = 25$ Zeiteinheiten bis zur Fertigstellung beider Aufträge. Sie ist zugleich die minimale Zykluszeit, da alle anderen zulässigen Pfade durch das Operationsfeld vom Koordinatenursprung 0 bis zum Punkt Z mindestens 25 Schritte benötigen.

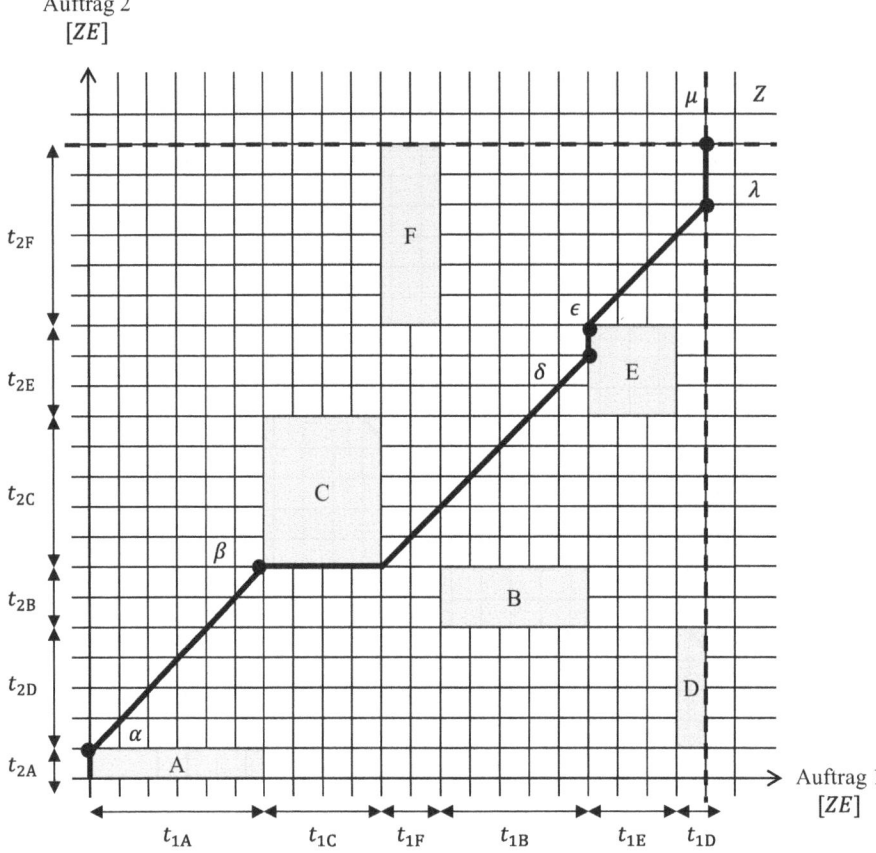

Abb. 10.3.13: Erreichen des Punktes $\mu = Z$

Anhand des fett markierten Pfades kann nun der Auftragsfolge-Gantt inklusive minimaler Zykluszeit bestimmt werden. Hierzu werden wichtige Punkte des Pfades mit griechischen Buchstaben versehen (Abbildung 10.3.14).

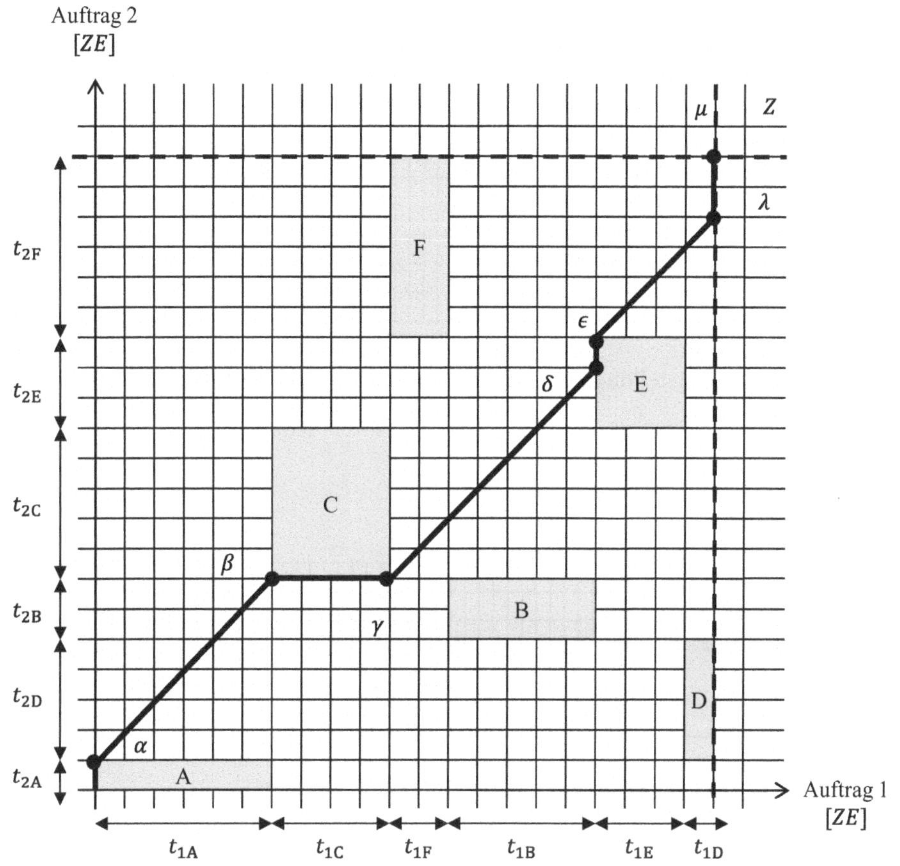

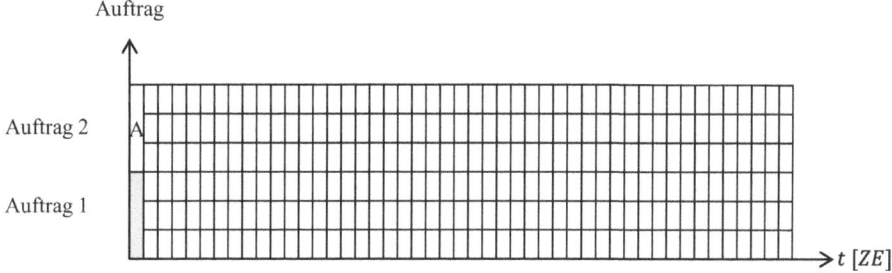

Abb. 10.3.14:   Darstellung relevanter Punkte als Vorbereitung auf das
                 Gantt-Diagramm

Es wird im Folgenden anhand der griechischen Buchstaben in Etappen das Gantt-Diagramm erstellt:

Bis α:

Abb. 10.3.15:   Darstellung des ersten Schrittes im Gantt-Diagramm

Bis β:

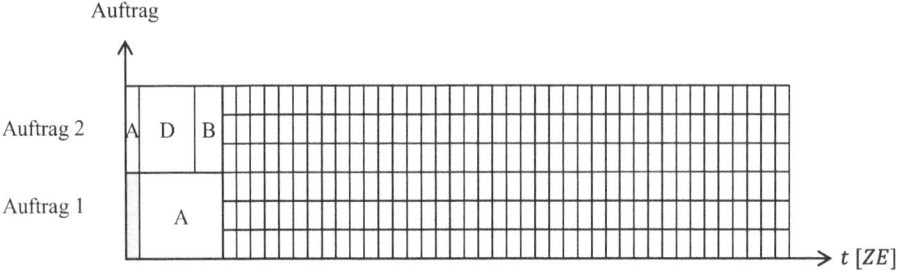

Abb. 10.3.16: Darstellung des zweiten Schrittes im Gantt-Diagramm

Bis γ:

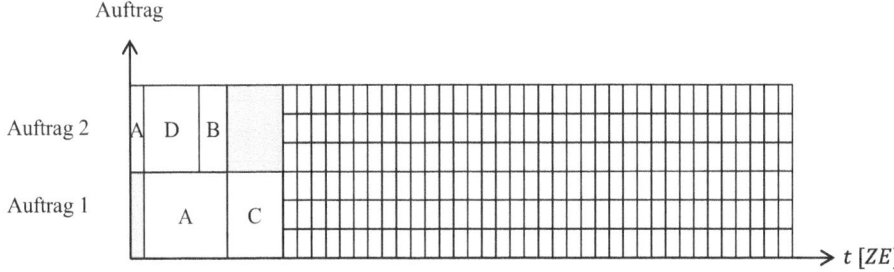

Abb. 10.3.17: Darstellung des dritten Schrittes im Gantt-Diagramm

Bis δ:

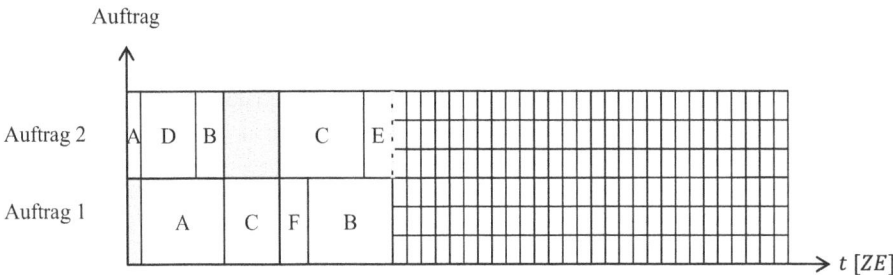

Abb. 10.3.18: Darstellung des vierten Schrittes im Gantt-Diagramm

Es zeigt sich, dass Auftrag 2 auf Maschine E (gestrichelte Linie) noch nicht abgeschlossen ist. Es wird noch eine Zeiteinheit benötigt, bevor der Auftrag 2 auf die Maschine F verlagert werden kann.

Bis ε:

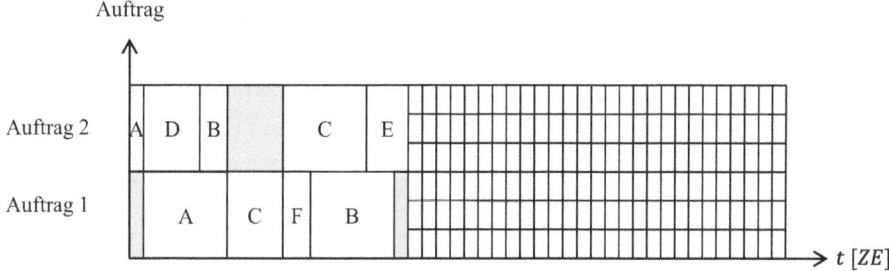

Abb. 10.3.19:   Darstellung des fünften Schrittes im Gantt-Diagramm

Bis λ:

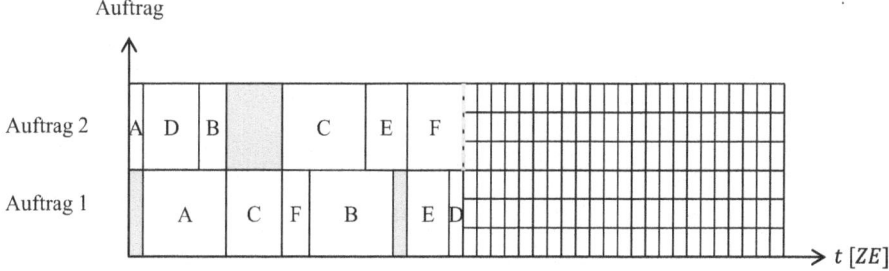

Abb. 10.3.20:   Darstellung des sechsten Schrittes im Gantt-Diagramm

Auftrag 2 ist noch nicht auf Maschine F (gestrichelte Linie) vollständig produziert worden. Es sind noch zwei Zeiteinheiten erforderlich. Dagegen ist die Bearbeitung von Auftrag 1 schon beendet.

Bis μ:

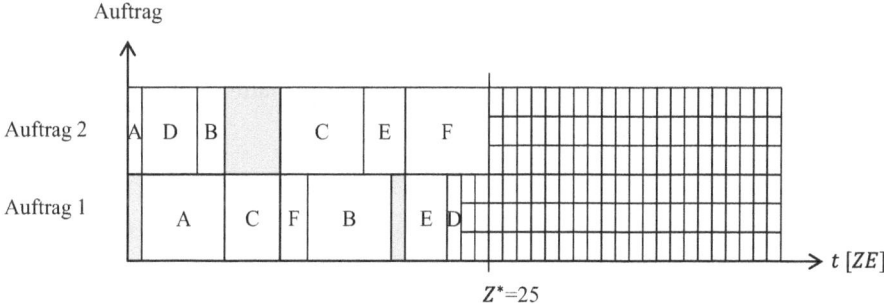

Abb. 10.3.21:   Auftragsorientiertes Gantt-Diagramm zur Lösung des Aufgabenteils b)

Die minimale Zykluszeit Z^* beträgt 25 Zeiteinheiten.

Aufgabe 10.4 Reihenfolgeplanungsprobleme mit zwei Aufträgen – Das graphische Verfahren nach AKERS II

Zur Bearbeitung von zwei Aufträgen $j = 1, 2$ müssen in einem Unternehmen die sechs Maschinen $m = A, B, C, D, E$ und F in unterschiedlicher Reihenfolge durchlaufen werden. Es gelten die folgenden Annahmen (Tabelle 10.4.1).

Auftrag j	t_{jA}	t_{jB}	t_{jC}	t_{jD}	t_{jE}	t_{jF}	S_j
1	4	2	3	4	4	3	BCEAFD
2	4	2	4	3	2	1	CAFEBD

Tabelle 10.4.1: Operationszeiten und technologische Maschinenfolgen der beiden Aufträge

Legende: j = 1,2,

m = A, B, C, D, E, F,

t_{jm} = Bearbeitungszeit (in Zeiteinheiten) von Auftrag j auf Maschine m,

S_j = technologische Maschinenfolge von Auftrag j.

a) Ermitteln Sie unter Verwendung des graphischen Verfahrens nach AKERS für die vorliegenden Daten die Maschinenbelegung mit der minimalen Zykluszeit!

b) Nutzen Sie die in Aufgabenteil a) anhand des graphischen Verfahrens nach AKERS ermittelte Maschinenbelegung mit der minimalen Zykluszeit und verdeutlichen Sie die Bearbeitungszustände der Aufträge 1 und 2 mit Hilfe einer Tabelle anhand eines zulässigen optimalen Lösungsweges!

c) Zeichnen Sie den zugehörigen Maschinenfolge-Gantt und geben Sie die minimale Zykluszeit an!

d) Für welche Maschinenbelegung würde sich das Unternehmen entscheiden, wenn das Ziel der Durchlaufzeitminimierung in dem Sinne verfolgt wird, dass Auftrag 1 schnellstmöglich fertiggestellt werden muss?

- Zeichnen Sie die hierfür optimale Maschinenbelegung ebenfalls in ein Koordinatensystem ein!
- Zeichnen Sie den zugehörigen Maschinenfolge-Gantt!
- Auf welchen Wert beläuft sich die minimale Durchlaufzeit?

e) Wie wirkt sich eine auf 4 Zeiteinheiten verlängerte Bearbeitungszeit des Auftrags 1 auf Maschine F ($t_{1F} = 4$) auf die minimalen Zyklus- bzw. Durchlaufzeiten von Aufgabenteil a) bzw. d) aus? Auf welchen Wert beläuft sich die jeweilige minimale Zyklus- bzw. Durchlaufzeit?

f) Nennen Sie kurz die Vor- und Nachteile für das Verfahren nach AKERS!

Lösung zu Aufgabe 10. 4

zu a) Ermittlung der Maschinenbelegung mit dem Verfahren nach AKERS

Die Konstruktion des für das Verfahren von AKERS benötigten Operationsfelds erfolgt durch Zeichnung zweier Zeitachsen, die ein Koordinatensystem bilden, wobei jede Achse für genau einen Auftrag steht. Die Operationszeiten t_{jm} der beiden Aufträge j auf der jeweiligen Maschine m unterteilen gemäß der zugehörigen Maschinenfolgen S_j die Zeitachsen in Abschnitte. Jede Zeitachse beinhaltet damit die für den entsprechenden Auftrag erforderliche Maschinen-folge S_j, die Bearbeitungsdauern auf jeder Maschine und mit den Einteilungen der Achse auch die frühestmöglichen Bearbeitungszeitpunkte des jeweiligen Auftrags auf der entsprechenden Maschine. Im Nullpunkt des Koordinaten-systems sind beide Aufträgen noch auf keiner Maschine bearbeitet worden. Dagegen wurden in dem Zielpunkt Z beide Aufträge fertiggestellt. Der nächste Schritt zur Konstruktion des Operationsfelds besteht in der Markierung der Konfliktfelder.

Das Konfliktfeld jeder Maschine m wird aus den Punkten gebildet, deren Projektionen auf beiden Achsen mit den Intervallen der Operationszeiten t_{1m} und t_{2m} zusammenfallen. Diese Punkte beschreiben den Tatbestand, dass bei den jeweiligen Bearbeitungszuständen die Maschine m sowohl für den Auftrag 1 als auch für den Auftrag 2 beansprucht wird. Da nun aber eine Maschine entweder nur den Auftrag 1 oder 2 bearbeiten kann, geben die Konfliktfelder unzulässige Bearbeitungsschritte an. Dies impliziert, dass die einmal begonnene Bearbeitung eines Auftrags an einer Maschine nicht durch die Bearbeitung des anderen Auftrags unterbrochen werden darf. Markiert man für die sechs Maschinen A bis E die Konfliktfelder, ergibt sich das Operationsfeld wie in Abbildung 10.4.1 dargestellt.

Die Arbeitsweise dieses Verfahrens besteht nun darin, den Weg mit der geringsten Schrittanzahl zwischen 0 und Z zu suchen. Anhand dieses Weges ist dann der Plan mit der minimalen Zykluszeit zu erstellen. Aus dem oben genannten Grund darf dabei kein Weg durch ein Konfliktfeld führen. Unter einem Schritt versteht man dabei jede Verbindung zwischen zwei benachbarten Punkten mit ganzzahligen Koordinatenwerten. Ein Schritt kann horizontal, vertikal oder diagonal in 45° zur Abszisse erfolgen, und zwar nur in die positive Richtung. Ein Schritt in die negative Richtung von rechts nach links würde beispielsweise bedeuten, dass der Bearbeitungszustand des Auftrags 1 einen Rückschritt erfährt, was jedoch produktionstechnisch nicht sinnvoll ist. Ein diagonaler Schritt bedeutet, dass beide Aufträge – an verschiedenen Maschinen – zur gleichen Zeit bearbeitet werden, während ein horizontaler bzw. vertikaler Schritt anzeigt, dass für den Auftrag 2 bzw. Auftrag 1 eine Wartezeit gegeben ist – der Auftrag 2 bzw. Auftrag 1 macht keinen Fortschritt.

Bei einer Konstruktion eines schrittzahlminimalen Weges ist auf die im Operationsfeld markierten Konfliktfelder zu achten, da diese unzulässige Zustände der Maschinenbelegung repräsentieren, in denen beide Aufträge dieselbe Maschine gleichzeitig belegen würden. Die minimale Zykluszeit beträgt 22 Zeiteinheiten. In der Abbildung 10.4.1 sind unterschiedlich zulässige optimale Lösungswege dargestellt, jedoch sind nicht alle zulässigen optimalen Wege eingetragen.

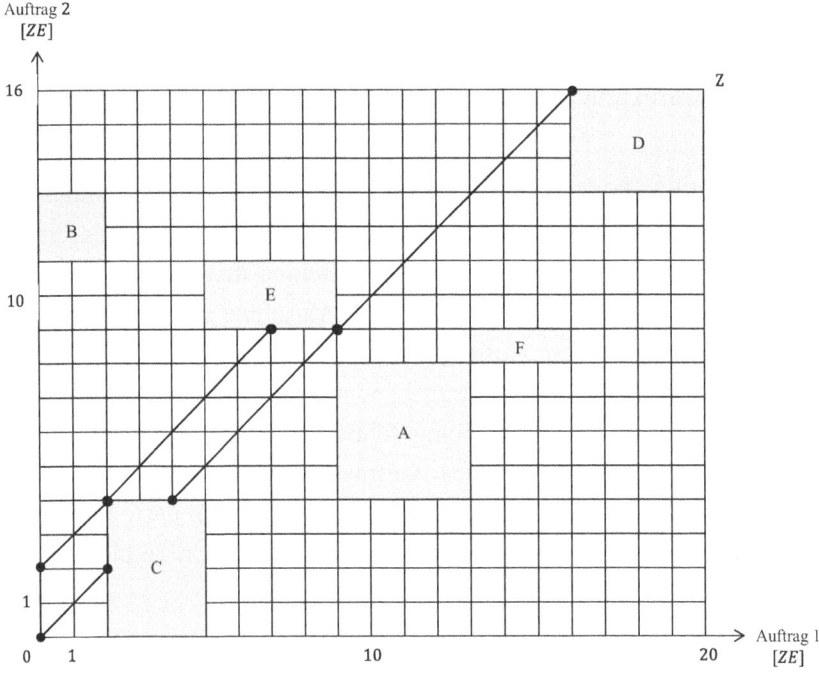

Abb. 10.4.1:   Fertiges Operationsfeld und die Konfliktfelder mit zulässigen optimalen Lösungswegen beim graphischen Verfahren nach AKERS

zu b) In der nachfolgenden Abbildung 10.4.2 ist ein zulässiger optimaler Lösungsweg eingezeichnet, der nun auf seine Länge und Bearbeitungszustände der Aufträge 1 und 2 hin untersucht werden soll.

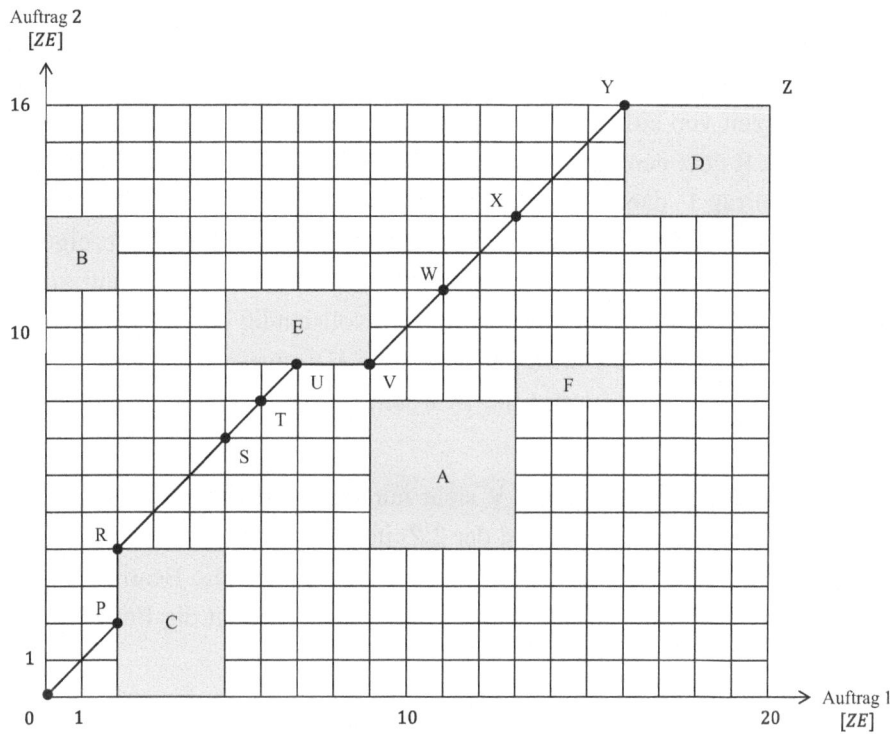

Abb. 10.4.2:   Zulässige optimale Lösung beim graphischen Verfahren nach AKERS

In der Folge wird der Weg 0PRSTUVWXYZ beschrieben und im Anschluss anhand der Tabelle 10.4.2 erläutert.

Im Zeitpunkt $t = 0$ startet die Bearbeitung. Zu Beginn wird sowohl Auftrag 1 als auch Auftrag 2 für 2 Zeiteinheiten bearbeitet (Weg läuft von 0 bis P). In dem Punkt P zum Zeitpunkt von $z_1 = 2$ hat der Auftrag 1 bereits die Maschine B durchlaufen.

Im Anschluss pausiert Auftrag 1 für 2 Zeiteinheiten, während die Abarbeitung von Auftrag 2 auf Maschine C bis zum Zeitpunkt $z_2 = 4$ läuft. Dies wird durch den Weg von P bis R gekennzeichnet. Insgesamt beträgt die Bearbeitungszeit zu diesem Zeitpunkt somit $t = 4$ Zeiteinheiten.

Anschließend werden wieder beide Aufträge für 5 Zeiteinheiten bearbeitet, also bis zu dem Achsenabschnitt $z_1 = 7$ bzw. $z_2 = 9$. Die Bearbeitung beider

Aufträge ist gekennzeichnet durch die Markierungen der Punkte von R über die Zeitpunkte S und T bis zu dem Punkt U. Während der ersten 3 Zeiteinheiten (Weg von R bis zu dem Punkt S) wird der Auftrag 1 auf der Maschine C vollständig abgearbeitet, Auftrag 2 wird derweil auf Maschine A bearbeitet, aber noch nicht vollständig fertiggestellt. Die vollständige Bearbeitung des Auftrags 2 auf der Maschine A ist erst in dem Zeitpunkt T nach einer weiteren Bearbeitungszeit von einer Zeiteinheit abgeschlossen. Dies wird folglich durch den Weg von R über den Punkt S bis zu dem Punkt T illustriert. In dem Punkt S wechselt Auftrag 1 dabei von Maschine C auf Maschine E. Die weitere Bearbeitung der beiden Aufträge wird durch den Weg von T bis U gezeigt, die wiederum eine Zeiteinheit andauert, mithin bis zu dem Achsenabschnitt $z_1 = 7$ bzw. $z_2 = 9$. Hierbei durchläuft der Auftrag 2 vollständig die Maschine F. Die Bearbeitung des Auftrags 1 wird auf Maschine U fortgesetzt, aber noch nicht abgeschlossen. Insgesamt beträgt die Bearbeitungszeit in Punkt U somit $t = 9$ Zeiteinheiten.

Der nachfolgende Weg von U bis V sieht nur die Bearbeitung des Auftrags 1 vor ($z_1 = 9$ bzw. $z_2 = 9$). Während der 2 Zeiteinheiten, in denen der Auftrag 2 pausiert, erkennbar durch den waagerechten Schritt, wird die Bearbeitung des Auftrags 1 auf Maschine E abgeschlossen. Insgesamt beträgt die Bearbeitungszeit nun $t = 11$ Zeiteinheiten.

Danach findet wieder eine parallele Bearbeitung der beiden Aufträge statt, die 7 Zeiteinheiten andauert (Weg von V über X bis Y; $z_1 = 16$ bzw. $z_2 = 16$). In dieser Zeit durchläuft der Auftrag 1 die Maschinen A (V bis X) und F (X bis Y) vollständig, während Auftrag 2 sogar die letzten drei Maschinen des Auftrags durchläuft. Die Verbindung der Punkte V bis W kennzeichnet hierbei die Bearbeitung auf der Maschine E. Die Bearbeitung des Auftrags 2 auf der Maschine B wird durch den Weg von W bis X verdeutlicht. Im Anschluss durchläuft der Auftrag 2 noch die Maschine D – der Weg von X bis Y kennzeichnet diesen Bearbeitungsvorgang. Insgesamt beträgt die Bearbeitungszeit nun $t = 18$ Zeiteinheiten.

Zum Abschluss liegt der fertige Auftrag 2 dann für 4 Zeiteinheiten, während die Abarbeitung des letzten Bearbeitungsvorgangs von Auftrag 1 auf Maschine D bis zum Zeitpunkt $z_1 = 20$ läuft. Dies wird schließlich durch den Weg von Y bis Z gekennzeichnet. Insgesamt beträgt die minimale Zykluszeit $t = 22$ Zeiteinheiten. Hierbei liegt der fertige Auftrag 1 für 2 Zeiteinheiten (Weg zwischen P bis R) und der Auftrag 2 für 6 Zeiteinheiten (U bis V bzw. Y bis Z), wobei die letzte Pause des Auftrags 2 bereits nach der Fertigstellung des Auftrags liegt.

Als Nächstes wird in der Tabelle 10.4.2 die Ermittlung der minimalen Schrittzahl des Weges zusammengefasst. Der Klammerausdruck ( ) bedeutet, dass die Maschine bereits mit der Bearbeitung begonnen hat, diese jedoch noch nicht beendet ist.

zwischen … und …	Anzahl der Schritte	Aufträge in Bearbeitung	Bearbeitungsfortschritt	
			1	2
0P	2	1 und 2	B	(C)
PR	2	2	B	C
RS	3	1 und 2	BC	C(A)
ST	1	1 und 2	BC(E)	CA
TU	1	1 und 2	BC(E)	CAF
UV	2	1	BCE	CAF
VW	2	1 und 2	BCE(A)	CAFE
WX	2	1 und 2	BCEA	CAFEB
XY	3	1 und 2	BCEAF	CAFEBD
YZ	4	1	BCEAFD	CAFEBD
	22			

Tabelle 10.4.2: Berechnung der Länge des Weges 0PRSTUVWXYZ

zu c) Aus Abbildung 10.4.2 bzw. Tabelle 10.4.2 ergibt sich für den Weg 0PRSTUVWXYZ das folgende auftragsorientierte Gantt-Diagramm zur optimalen Lösung aus Aufgabenteil b), in dem beide Aufträge gleichberechtigt sind und eine insgesamt minimale Zykluszeit gesucht wird. In Abbildung 10.4.3 wird der Maschinenfolge-Gantt dargestellt.

Beim Vergleich der Abbildungen 10.4.2 und 10.4.3 lässt sich erkennen, dass horizontalen bzw. vertikalen Schritten des Weges 0PRSTUVWXYZ im Operationsfeld stets eine grau unterlegte Fläche im Gantt-Diagramm entspricht.

Dies ist darin begründet, dass lediglich diagonale Schritte eine simultane Bearbeitung beider Aufträge anzeigen, horizontale und vertikale Schritte aber implizieren, dass einer der beiden Aufträge gerade pausiert und vor einer Maschine auf seine weitere Bearbeitung wartet. Beispielsweise sind die Wartezeit des Auftrags 1 vor Maschine C und die Wartezeit des Auftrags 2 vor Maschine E deutlich als jeweils 2 Zeiteinheiten breite Lücke – grau unterlegte Fläche – im auftragsorientierten Gantt-Diagramm (Maschinenfolge-Gantt) der Abbildung 10.4.3 zu erkennen. Dem Diagramm ist zudem zu entnehmen, dass im Zeitpunkt $t = 22$ Zeiteinheiten Auftrag 1 abgeschlossen wird, wohingegen Auftrag 2 bereits 4 Zeiteinheiten zuvor fertiggestellt wurde. Dies wird durch die grau unterlegte Fläche zwischen den Zeitpunkten 18 und 22 des Auftrags 2 illustriert.

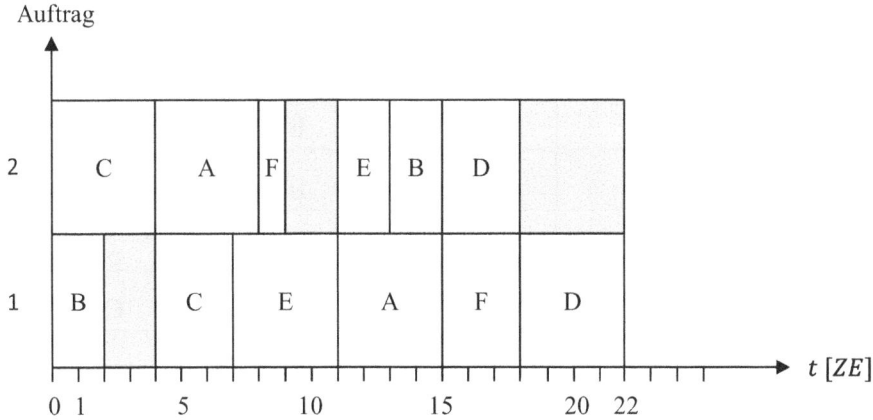

Abb. 10.4.3:   Auftragsorientiertes Gantt-Diagramm zur Lösung aus Aufgabenteil b)

In Abbildung 10.4.4 ist für die gewählte Maschinenbelegung zusätzlich noch ein maschinenorientiertes Gantt-Diagramm dargestellt.

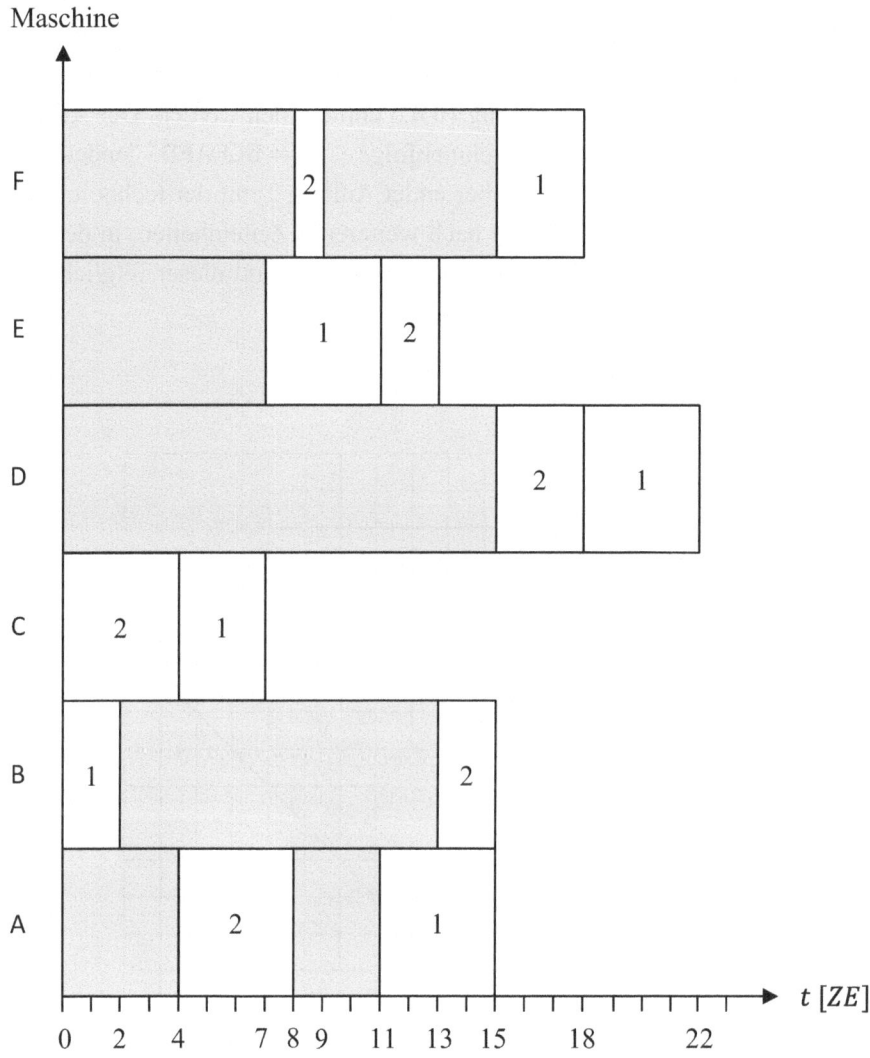

Abb. 10.4.4:   Maschinenorientiertes Gantt-Diagramm

zu d) In diesem Aufgabenteil wird das Finden des kürzesten Weges durch das Operationsfeld einer zusätzlichen Randbedingung unterworfen. Die Abbildung 10.4.5 zeigt, dass sich aus dieser Bedingung folgende Aussage über den kürzesten Weg machen lässt. Es wird gefordert, dass der Auftrag 1 schnellstmöglich fertiggestellt werden muss, mithin möglichst keiner Pause unterworfen wird. Wie der nachfolgenden Abbildung zu entnehmen ist, wird dies bewerkstelligt, indem der Auftrag 1 durchgehend bis zu seinem Auftragsende gefertigt wird. Dies ist nur zu erreichen, wenn der Auftrag 2 zunächst ruht, und zwar wenigstens bis zu dem Zeitpunkt, an dem Auftrag 1 die Maschinen B und C bereits vollständig durchlaufen konnte, also wenigstens $t = 5$ Zeiteinheiten. Unterschiedlich zulässige mögliche optimale Lösungswege können der nachfolgenden Abbildung 10.4.5 entnommen werden. Der Auftrag 1 mit der technologischen Maschinenfolge $S_1 = BCEAFD$ endet nach $z_1 = 20$ Zeiteinheiten. Demgegenüber endet Auftrag 2 mit der technologischen Maschinenfolge $S_2 = CAFEBD$ erst nach weiteren 5 Zeiteinheiten, in denen die Bearbeitung des Auftrags 1 bereits abgeschlossen ist und dieser folglich ruht – mithin nach insgesamt 25 Zeiteinheiten.

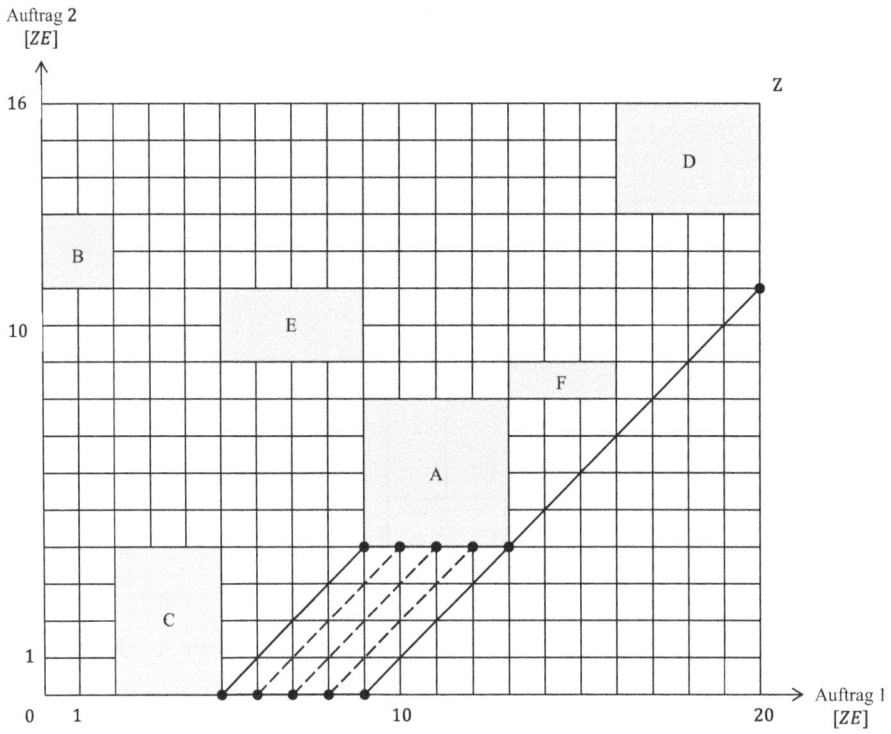

Abb. 10.4.5: Mögliche zulässige optimale Lösungswege beim graphischen Verfahren nach AKERS, die die geforderte Randbedingung einhalten

In der nachfolgenden Abbildung 10.4.6 ist ein zulässiger optimaler Lösungsweg eingezeichnet, der nun auf seine Länge und Bearbeitungszustände der Aufträge 1 und 2 hin untersucht werden soll. Die unter der vorgegebenen Randbedingung minimal erreichbare Zykluszeit wird im Anschluss in der Tabelle 10.4.3 berechnet.

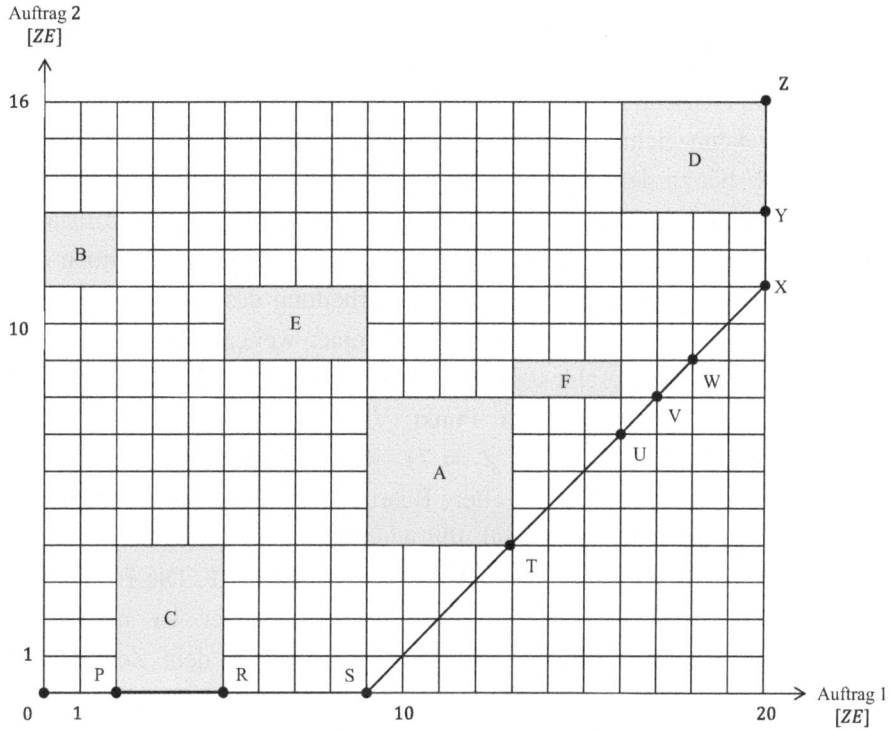

Abb. 10.4.6:   Zulässige optimale Lösung beim graphischen Verfahren nach AKERS unter Einhaltung der Randbedingung

In der Folge wird der Weg 0PRSTUVWXYZ aus Abbildung 10.4.6 beschrieben und im Anschluss anhand der Tabelle 10.4.3 erläutert.

Im Zeitpunkt $t = 0$ startet die Bearbeitung. Zu Beginn wird nur Auftrag 1 für 9 Zeiteinheiten bearbeitet (Weg läuft von 0 über P und R bis S). In dem Punkt P zum Zeitpunkt von $z_1 = 2$ hat der Auftrag 1 bereits die Maschine B durchlaufen. In den nachfolgenden zwei Punkten R und S hat der Auftrag 1 zum Zeitpunkt $z_1 = 5$ bzw. $z_1 = 9$ die Maschinen C und E durchlaufen, während der Auftrag 2 während dieser Bearbeitungsphase immer noch ruht bzw. noch nicht gestartet wurde.

Im Anschluss, zum Zeitpunkt von $t = 9$ Zeiteinheiten, mit den Koordinaten $z_2 = 0$ bzw. $z_1 = 9$ ersichtlich im Punkt S, startet auch die Bearbeitung von Auftrag 2 auf Maschine C. Auftrag 2 wird für 4 Zeiteinheiten bis zum Zeitpunkt $z_2 = 4$ bearbeitet, während die Abarbeitung von Auftrag 1 auf

Maschine A bis zum Zeitpunkt $z_1 = 13$ läuft. Dies wird durch den Weg von S bis T gekennzeichnet. Insgesamt beträgt die Bearbeitungszeit zu diesem Zeitpunkt somit $t = 13$ Zeiteinheiten.

Anschließend werden weiterhin beide Aufträge für 7 Zeiteinheiten bearbeitet, also bis zu dem Achsenabschnitt $z_1 = 20$ bzw. $z_2 = 11$. Die Bearbeitung beider Aufträge ist gekennzeichnet durch die Markierungen der Punkte von T über die Punkte U, V, W bis zu dem Punkt X. Während der ersten 3 Zeiteinheiten (Weg von T bis zu dem Punkt U) wird der Auftrag 1 auf der Maschine F vollständig abgearbeitet, Auftrag 2 wird derweil auf Maschine A bearbeitet, aber noch nicht vollständig fertiggestellt. Die vollständige Bearbeitung des Auftrags 2 auf der Maschine A ist erst in dem Zeitpunkt V nach einer weiteren Bearbeitungszeit von einer Zeiteinheit abgeschlossen. Dies wird folglich durch den Weg von T über den Punkt U bis zu dem Punkt V illustriert. In dem Punkt U (Achsenabschnitt $z_1 = 16$ bzw. $z_2 = 7$) wechselt Auftrag 1 dabei von Maschine F auf Maschine D. Die weitere Bearbeitung der beiden Aufträge wird durch den Weg von V bis W gezeigt, die wiederum eine Zeiteinheit andauert. Hierbei durchläuft der Auftrag 2 vollständig die Maschine F. Die Bearbeitung des Auftrags 1 wird auf Maschine D fortgesetzt, aber ist noch nicht abgeschlossen. Insgesamt beträgt die Bearbeitungszeit in dem Zeitpunkt W somit $t = 18$ Zeiteinheiten. Der nachfolgende Bearbeitungsfortschritt, gekennzeichnet durch den Weg von W bis X, sieht die parallele Bearbeitung der beiden Aufträge vor. Hierbei wird die Bearbeitung des Auftrags 1 auf Maschine D fortgesetzt und abgeschlossen, während für den Auftrag 2 die vollständige Bearbeitung auf Maschine E vorgesehen ist. Der Punkt X ist gekennzeichnet durch den Achsenabschnitt $z_1 = 20$ bzw. $z_2 = 11$. Insgesamt beträgt die Bearbeitungszeit nun $t = 20$ Zeiteinheiten, wodurch erkennbar ist, dass die Auftragsbearbeitung des Auftrags 1 nicht von Pausen unterbrochen wurde, also der Auftrag 1 mithin durchgängig produziert wurde und somit schnellstmöglich fertiggestellt wurde.

Zum Abschluss liegt Auftrag 1 dann für 5 Zeiteinheiten, während die Abarbeitung der letzten Bearbeitungsvorgänge von Auftrag 2 auf Maschine B und D bis zu dem Zeitpunkt $z_2 = 16$ läuft. Die letzten Bearbeitungsvorgänge des Auftrags 2 werden schließlich durch die Wege von X bis Y mit der Bearbeitung auf Maschine B und Y bis Z mit der Bearbeitung auf Maschine D gekennzeichnet. Insgesamt beträgt die minimale Zykluszeit $t = 25$ Zeiteinheiten. Hierbei pausiert der Auftrag 2 für 9 Zeiteinheiten (Weg von 0 über P und R bis zu dem Punkt S).

Als Nächstes wird in der Tabelle 10.4.3 die Ermittlung der minimalen Schrittzahl des Weges zusammengefasst. Der Klammerausdruck ( ) bedeutet weiterhin, dass die Maschine bereits mit der Bearbeitung begonnen hat, diese jedoch noch nicht beendet ist.

zwischen … und …	Anzahl der Schritte	Aufträge in Bearbeitung	Bearbeitungsfortschritt	
			1	2
0P	2	1	B	–
PR	3	1	BC	–
RS	4	1	BCE	–
ST	4	1 und 2	BCEA	C
TU	3	1 und 2	BCEAF	C(A)
UV	1	1 und 2	BCEAF(D)	CA
VW	1	1 und 2	BCEAF(D)	CAF
WX	2	1 und 2	BCEAFD	CAFE
XY	2	1	BCEAFD	CAFEB
YZ	3	1	BCEAFD	CAFEBD
	25			

Tabelle 10.4.3: Berechnung der Länge des Weges unter Einhaltung der Randbedingung

Damit ergibt sich unter der gegebenen Randbedingung eine minimale Zykluszeit von 25 Zeiteinheiten.

Aufbauend auf dem in Abbildung 10.4.6 dargestellten Weg und der Tabelle 10.4.3 ergibt sich für den Weg 0PRSTUVWXYZ das folgende auftragsorientierte Gantt-Diagramm zur optimalen Lösung unter Einhaltung der vorgegebenen Randbedingung. In Abbildung 10.4.7 wird der Auftragsfolge-Gantt dargestellt.

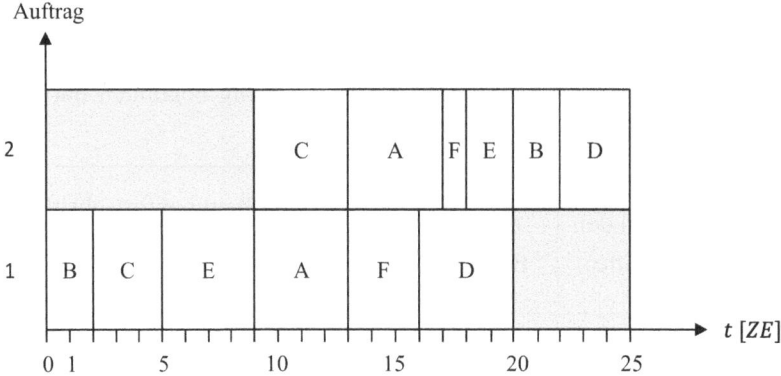

Abb. 10.4.7:   Auftragsfolge-Gantt unter Einhaltung der Randbedingung

In Abbildung 10.4.8 ist für die gewählte Maschinenbelegung zusätzlich noch ein maschinenorientiertes Gantt-Diagramm dargestellt.

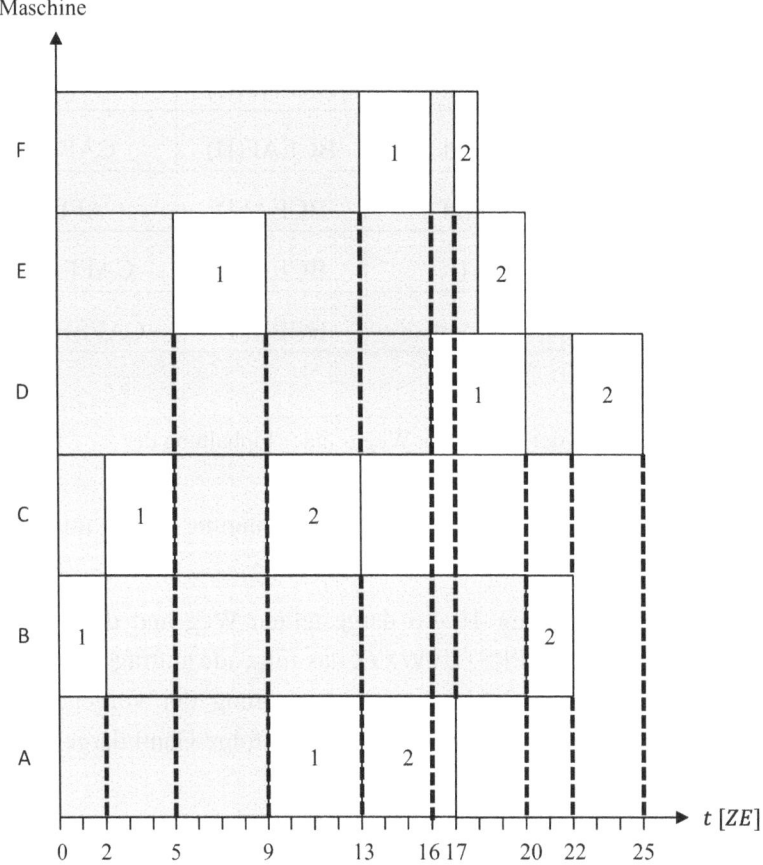

Abb. 10.4.8:   Maschinenorientiertes Gantt-Diagramm

zu e) In diesem Aufgabenteil wird das Finden der kürzesten Wege durch das Operationsfeld einer weiteren Veränderung gegenüber den Aufgabenteilen a) und d) unterworfen. Es gilt, die Verlängerung der Bearbeitungszeit auf Maschine F um 1 Zeiteinheit hinsichtlich des Auftrags 1 zu berücksichtigen – die Bearbeitungszeit auf Maschine F erhöht sich folglich von $t_{1F} = 3$ Zeiteinheiten auf $\tilde{t}_{1F} = 4$ Zeiteinheiten – und die Folgewirkungen auf die minimalen Zykluszeiten der Aufgabenteile a) und d) zu untersuchen. Dies wird nun anhand der nachfolgenden Ausführungen, Tabellen und Abbildungen erläutert. In der nachfolgenden Abbildung 10.4.9 sind zunächst unterschiedlich zulässige optimale Lösungswege für den Fall dargestellt, dass bei gleichberechtigten Aufträgen die Zykluszeit minimiert wurde – Vergleich mit Aufgabenteil a). Demgegenüber ist in der Abbildung 10.4.10 darauf aufbauend ein zulässiger optimaler Lösungsweg eingezeichnet, der dann auf seine Länge und Bearbeitungszustände der Aufträge 1 und 2 unter Berücksichtigung der Verlängerung der Bearbeitungszeit auf Maschine F hin untersucht werden soll.

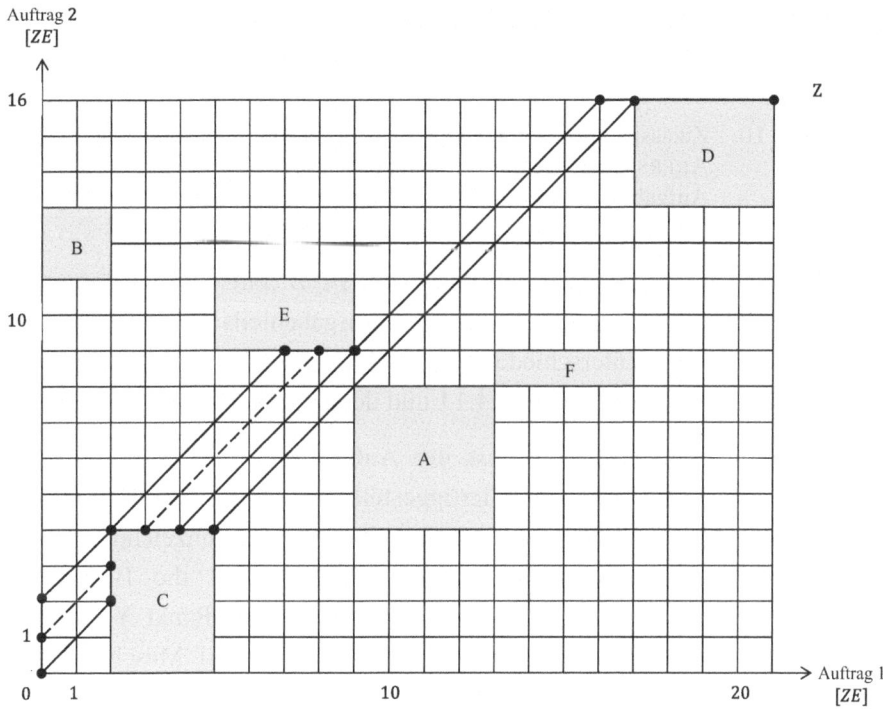

Abb. 10.4.9:   Mögliche zulässige optimale Lösungswege beim graphischen Verfahren nach AKERS unter Berücksichtigung der Rahmenbedingungen des Aufgabenteils a) und der Verlängerung der Bearbeitungszeit auf Maschine F hinsichtlich des Auftrags 1

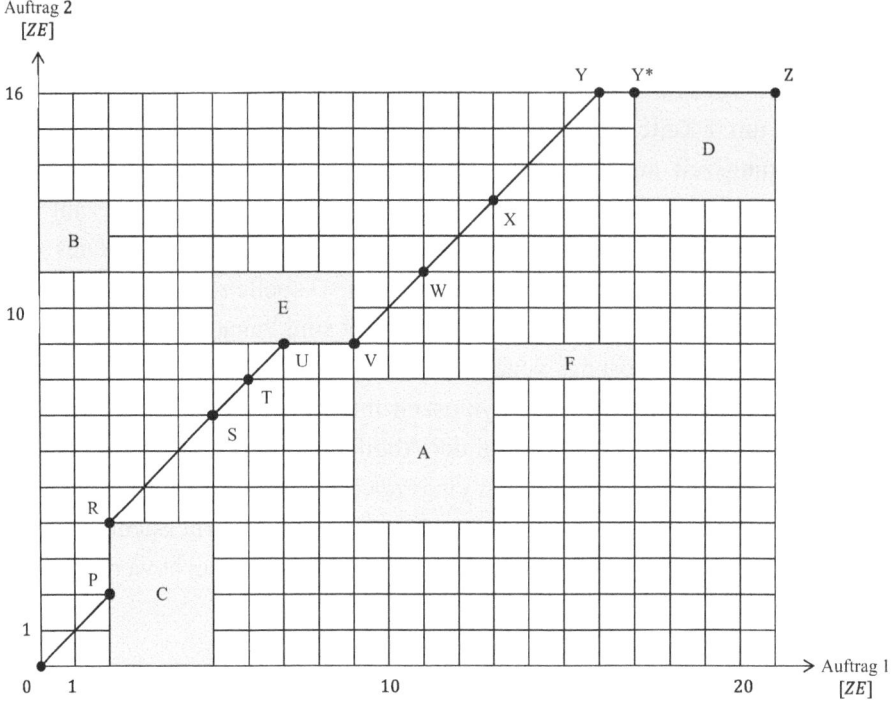

Abb. 10.4.10: Zulässige optimale Lösung beim graphischen Verfahren nach AKERS unter Berücksichtigung der Rahmenbedingungen des Aufgabenteils a) und der Verlängerung der Bearbeitungszeit auf Maschine F hinsichtlich des Auftrags 1

In der Folge wird der Weg 0PRSTUVWXYY*Z mit dem Lösungsweg 0PRSTUVWXYZ der Abbildung 10.4.2 des Aufgabenteils b) verglichen. Im Anschluss werden die Unterschiede ergänzend anhand des auftragsorientierten Gantt-Diagramms der Abbildung 10.4.11 und der Tabelle 10.4.4 illustriert.

Es ist unmittelbar zu erkennen, dass der Auftrag 2 wie im Aufgabenteil a) unverändert nach 18 Zeiteinheiten fertiggestellt ist. Dies wird folglich auch durch den Weg 0PRSTUVWXY bis zu dem Punkt Y gekennzeichnet. Bis zu diesem Achsenabschnitt $z_1 = 16$ bzw. $z_2 = 16$ verläuft die Bearbeitung identisch mit der des Aufgabenteils a). Erst ab diesem Punkt Y tritt eine Veränderung auf, die durch die erhöhte Operationszeit auf Maschine F um 1 Zeiteinheit hinsichtlich des Auftrags 1 bedingt ist. Die Bearbeitungszeit auf Maschine F erhöht sich folglich von $t_{1F} = 3$ Zeiteinheiten auf $\tilde{t}_{1F} = 4$ Zeiteinheiten und bedingt die Folgewirkung auf die minimale Zykluszeit. Zu dem Zeitpunkt Y ist die Bearbeitung von Auftrag 1 auf Maschine F im Gegensatz zu dem Aufgabenteil a), bedingt durch die Verlängerung der

Bearbeitungszeit um eine Zeiteinheit, noch nicht abgeschlossen. Die Bearbeitung auf Maschine F wird bis zu dem Achsenabschnitt $z_1 = 17$ bzw. $z_2 = 16$, gekennzeichnet durch den Punkt Y^*, fortgesetzt. Während dieser Bearbeitungszeit, illustriert durch den Weg YY^*, liegt der fertige Auftrag 2. Insgesamt beträgt die Bearbeitungszeit bis zu diesem Zeitpunkt $t = 19$ Zeiteinheiten. Im Vergleich mit dem Aufgabenteil a) erhöht sich die Bearbeitungszeit zu diesem Zeitpunkt bereits um eine Zeiteinheit.

Zum Abschluss liegt der fertige Auftrag 2, wie im Aufgabenteil a), für weitere 4 Zeiteinheiten, während die Abarbeitung des letzten Bearbeitungsvorgangs von Auftrag 1 auf Maschine D bis zum Zeitpunkt $z_1 = 21$ läuft. Dies wird schließlich durch den Weg von Y^* bis Z gekennzeichnet. Somit liegt der fertige Auftrag 2 zum Abschluss insgesamt für 5 Zeiteinheiten, folgerichtig eine Zeiteinheit länger. Insgesamt beträgt die minimale Zykluszeit somit $t = 23$ Zeiteinheiten, so dass sich die Gesamtdurchlaufzeit im Vergleich zu Aufgabenteil a) um 1 Zeiteinheit verlängert.

Aufbauend auf dem in Abbildung 10.4.10 dargestellten Weg und der nachfolgenden Tabelle 10.4.4 ergibt sich für den Weg $0PRSTUVWXYY^*Z$ das folgende auftragsorientierte Gantt-Diagramm zur optimalen Lösung unter Einhaltung der vorgegebenen Randbedingung. In Abbildung 10.4.11 wird der Auftragsfolge-Gantt dargestellt.

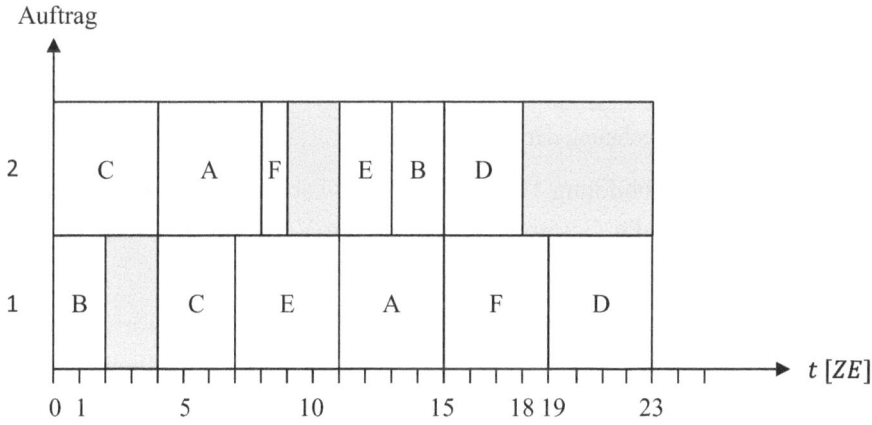

Abb. 10.4.11:   Auftragsorientiertes Gantt-Diagramm zur Lösung aus Aufgabenteil e)

Als Nächstes wird in der Tabelle 10.4.4 die Ermittlung der minimalen Schrittzahl des Weges zusammengefasst. Der Klammerausdruck ( ) bedeutet, dass die Maschine bereits mit der Bearbeitung begonnen hat, diese jedoch noch nicht beendet ist.

zwischen ... und ...	Anzahl der Schritte	Aufträge in Bearbeitung	Bearbeitungsfortschritt	
			1	2
0P	2	1 und 2	B	(C)
PR	2	2	B	C
RS	3	1 und 2	BC	C(A)
ST	1	1 und 2	BC(E)	CA
TU	1	1 und 2	BC(E)	CAF
UV	2	1	BCE	CAF
VW	2	1 und 2	BCE(A)	CAFE
WX	2	1 und 2	BCEA	CAFEB
XY	3	1 und 2	BCEA(F)	CAFEBD
YY*	1	1	BCEAF	CAFEBD
Y*Z	4	1	BCEAFD	CAFEBD
	23			

Tabelle 10.4.4: Berechnung der Länge des Weges

Auch anhand der Abbildung 10.4.11 und der Tabelle 10.4.4 ist unmittelbar erkennbar, dass sich die Gesamtdurchlaufzeit im Vergleich zu Aufgabenteil a) um 1 Zeiteinheit verlängert.

Nun ist noch der Vergleich mit dem Aufgabenteil d) zu erörtern. In der nachfolgenden Abbildung 10.4.12 sind zunächst unterschiedlich zulässige optimale Lösungswege für den Fall dargestellt, dass Auftrag 1 schnellstmöglich fertiggestellt wird und die Zykluszeit minimiert wurde – Vergleich mit Aufgabenteil d). Demgegenüber ist in der Abbildung 10.4.13 darauf aufbauend ein zulässiger optimaler Lösungsweg eingezeichnet, der dann auf seine Länge und Bearbeitungszustände der Aufträge 1 und 2 unter Berücksichtigung der Verlängerung der Bearbeitungszeit auf Maschine F hin untersucht werden soll.

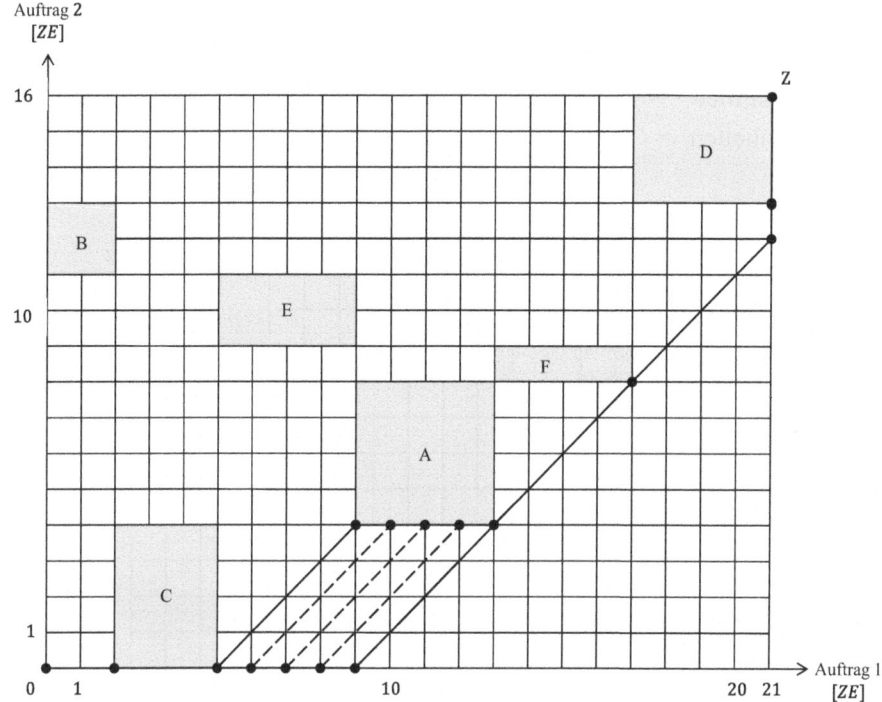

Abb. 10.4.12: Mögliche zulässige optimale Lösungswege beim graphischen Verfahren nach AKERS unter Berücksichtigung der Rahmenbedingungen des Aufgabenteils d) und der Verlängerung der Bearbeitungszeit auf Maschine F hinsichtlich des Auftrags 1

In diesem Aufgabenteil wird das Finden des kürzesten Weges durch das Operationsfeld einer weiteren zusätzlichen Randbedingung unterworfen. Abbildung 10.4.12 zeigt, dass sich aus dieser Bedingung folgende Aussage über den kürzesten Weg machen lässt. Es wird gefordert, dass der Auftrag 1 schnellstmöglich fertiggestellt werden und zudem die Bearbeitungszeit auf Maschine F um eine Zeiteinheit hinsichtlich des Auftrags 1 verlängert wird – die Bearbeitungszeit auf Maschine F erhöht sich, wie im vorherigen Vergleich mit dem Aufgabenteil a) auch bei diesem Vergleich mit dem Aufgabenteil d) weiterhin von $t_{1F} = 3$ Zeiteinheiten auf $\tilde{t}_{1F} = 4$ Zeiteinheiten. Es ist mithin die Folgewirkung auf die minimale Zykluszeit des Aufgabenteils d) zu untersuchen. Da Auftrag 1 weiterhin schnellstmöglich fertiggestellt werden soll, sollte dieser Auftrag möglichst keiner Pause unterworfen werden. Wie den Abbildungen 10.4.12 und 10.4.13 zu entnehmen ist, wird dies bewerkstelligt, indem der Auftrag 1 durchgehend bis zu seinem Auftragsende gefertigt wird. Dies ist nur zu erreichen, wenn der Auftrag 2 zunächst ruht, und zwar wenigstens bis zu dem Zeitpunkt, an dem Auftrag 1 die Maschinen B und C – wie auch schon im Aufgabenteil d) bereits in den Abbildungen 10.4.5 und 10.4.6 ersichtlich – vollständig durchlaufen konnte, also wenigstens $t = 5$ Zeiteinheiten.

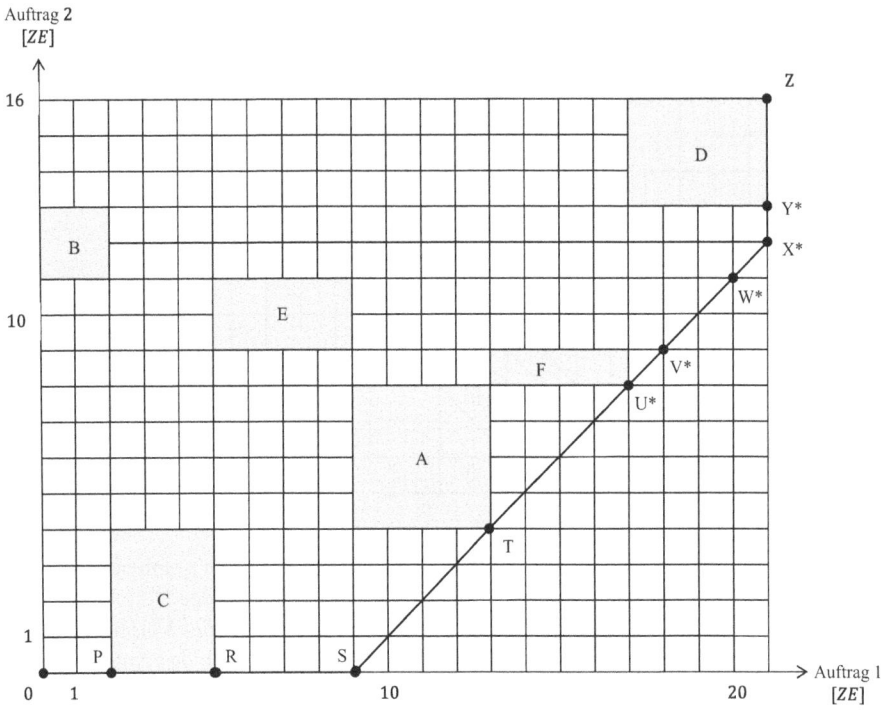

Abb. 10.4.13: Zulässige optimale Lösung beim graphischen Verfahren nach AKERS unter Berücksichtigung der Rahmenbedingungen des Aufgabenteils d) und der Verlängerung der Bearbeitungszeit auf Maschine F hinsichtlich des Auftrags 1

In der Folge wird der Weg 0PRSTU*V*W*X*Y*Z mit dem Lösungsweg 0PRSTUVWXYZ der Abbildung 10.4.6 des Aufgabenteils d) verglichen. Im Anschluss werden die Unterschiede ergänzend anhand des auftragsorientierten Gantt-Diagramms der Abbildung 10.4.14 und der Tabelle 10.4.5 illustriert.

Es ist unmittelbar zu erkennen, dass der Auftrag 2 wie im Aufgabenteil d) unverändert nach 9 Zeiteinheiten startet und nach 13 Zeiteinheiten Maschine C vollständig durchlaufen konnte. Dies wird durch den Weg 0PRST bis zu dem Punkt T gekennzeichnet. Bis zu diesem Achsenabschnitt $z_1 = 13$ bzw. $z_2 = 4$ verläuft die Bearbeitung der beiden Aufträge identisch mit der des Aufgabenteils d). Somit konnte der Auftrag 1 bis zu diesem Punkt die Maschinen B, C, E und A vollständig durchlaufen. Erst ab diesem Punkt T tritt eine Veränderung auf, die durch die erhöhte Operationszeit auf Maschine F um eine Zeiteinheit hinsichtlich des Auftrags 1 bedingt ist. Die Bearbeitungszeit auf Maschine F erhöht sich folglich von $t_{1F} = 3$ Zeiteinheiten auf $\tilde{t}_{1F} = 4$ Zeiteinheiten und bedingt eine mögliche Folgewirkung auf die minimale Zykluszeit.

Im nächsten Bearbeitungsfortschritt in Höhe von 4 Zeiteinheiten, bis zum Punkt U*, ist die Bearbeitung des Auftrags 1 auf Maschine F vollständig abgeschlossen. Im Gegensatz zu dem Aufgabenteil d), bedingt durch die Verlängerung der Bearbeitungszeit um eine Zeiteinheit, konnte die Bearbeitung des Auftrags 2 auf Maschine A vollständig abgeschlossen, während die Bearbeitung des Auftrags 1 auf Maschine D jedoch noch nicht gestartet wurde.

Die Bearbeitung des Auftrags 1 auf Maschine D startet erst ab dem Punkt U* und dauert bis zu dem Punkt X*. Dieser Zeitraum der Bearbeitung des Auftrags 1 auf Maschine D umfasst weiterhin 4 Zeiteinheiten und verläuft nun von dem Achsenabschnitt $z_1 = 17$ bzw. $z_2 = 8$ bis zu dem Achsenabschnitt $z_1 = 21$ bzw. $z_2 = 12$ (Weg U*V*W*X*), während im Aufgabenteil d) die Achsenabschnitte wie folgt vorlagen: $z_1 = 16$ bzw. $z_2 = 7$ bis zu dem Achsenabschnitt $z_1 = 20$ bzw. $z_2 = 11$ (Weg UVWX). Insgesamt beträgt die Bearbeitungszeit bis zu diesem Punkt der Achsenabschnitte $t = 21$ Zeiteinheiten. Im Vergleich mit dem Aufgabenteil d) erhöht sich die Bearbeitungszeit zu diesem Punkt für den Auftrag 1 um eine Zeiteinheit. Die Bearbeitung des Auftrags 1 ist abgeschlossen, und er liegt nun bis zum Ende der Bearbeitungszeit von Auftrag 2. Im Gegensatz zu dem Aufgabenteil d) liegt der fertige Auftrag zum Abschluss allerdings eine Zeiteinheit weniger, so dass die Bearbeitungszeit der beiden Aufträge abermals $t = 25$ Zeiteinheiten beträgt.

Während der $t = 4$ Zeiteinheiten Bearbeitungszeit des Auftrags 1 auf Maschine D durchläuft der Auftrag 2 unter anderem vollständig die Maschinen F und E. Die Bearbeitungszeit auf diesen Maschinen beträgt 3 Zeiteinheiten. Die Achsenabschnitte während der Bearbeitung auf den Maschinen F und E lauten wie folgt: $z_1 = 17$ bzw. $z_2 = 8$ für den Zeitpunkt U* und $z_1 = 20$ bzw. $z_2 = 11$ für den Zeitpunkt W*. Die Achsenabschnitte sind mit denen des Aufgabenteils d) für die Bearbeitung auf den Maschinen F und E des Auftrags 2 identisch (Weg VWX). In der noch verbleibenden einen Zeiteinheit, in der Auftrag 1 weiterhin auf Maschine D gefertigt und dann abgeschlossen wird (Weg W*X*), wird der Auftrag 2 im Gegensatz zu dem Aufgabenteil d) dann auf Maschine B gestartet. Im Aufgabenteil d) konnte Auftrag 1 zu Beginn der

Bearbeitung auf Maschine B ($z_1 = 20$ bzw. $z_2 = 11$) bereits fertiggestellt werden und ruhte somit ab diesem Zeitpunkt. Auftrag 2 wird für insgesamt 2 Zeiteinheiten auf Maschine B (Weg W^*Y^*) gefertigt, und Auftrag 1 ruht währenddessen für eine Zeiteinheit. Zum Ende der Bearbeitung des Auftrags 2 auf Maschine B beträgt die Bearbeitungszeit wie im Aufgabenteil d) bis zu diesem Zeitpunkt $t = 22$ Zeiteinheiten.

Auftrag 1 liegt nun wie im Aufgabenteil d) während 3 Zeiteinheiten der Abarbeitung des letzten Bearbeitungsvorgangs von Auftrag 2 auf Maschine D. Dies wird schließlich durch den Weg von Y^* bis Z gekennzeichnet. Somit liegt der fertige Auftrag 1 zum Abschluss insgesamt nur für 4 Zeiteinheiten, folgerichtig eine Zeiteinheit weniger als im Aufgabenteil d). Insgesamt beträgt daher die minimale Zykluszeit wiederum $t = 25$ Zeiteinheiten, so dass sich die Durchlaufzeit im Vergleich zu Aufgabenteil d) nun auch nicht verlängert. Aufbauend auf dem in Abbildung 10.4.13 dargestellten Weg und der nachfolgenden Tabelle 10.4.5 ergibt sich für den Weg $0PRSTU^*V^*W^*X^*Y^*Z$ das folgende auftragsorientierte Gantt-Diagramm zur optimalen Lösung unter Einhaltung der vorgegebenen Randbedingung. In Abbildung 10.4.14 wird der Auftragsfolge-Gantt dargestellt.

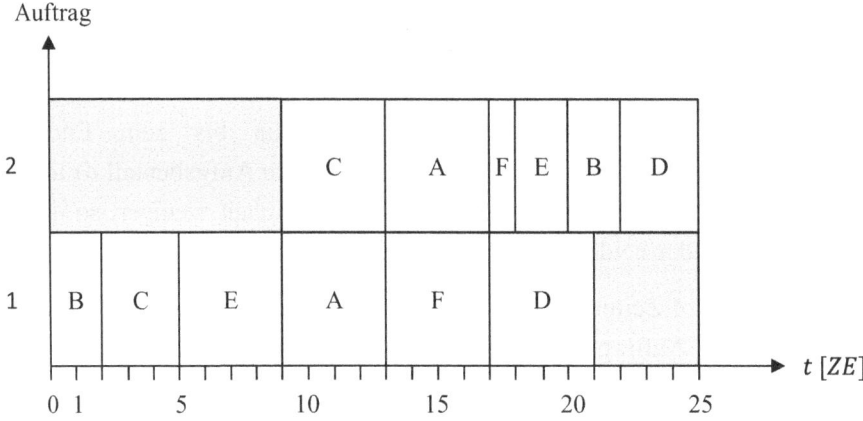

Abb. 10.4.14: Auftragsorientiertes Gantt-Diagramm zur Lösung aus Aufgabenteil e)

Als Nächstes wird in der Tabelle 10.4.5 die Ermittlung der minimalen Schrittzahl des Weges zusammengefasst. Der Klammerausdruck ( ) bedeutet, dass die Maschine bereits mit der Bearbeitung begonnen hat, diese jedoch noch nicht beendet ist.

zwischen ... und ...	Anzahl der Schritte	Aufträge in Bearbeitung	Bearbeitungsfortschritt	
			1	2
OP	2	1	B	–
PR	3	1	BC	–
RS	4	1	BCE	–
ST	4	1 und 2	BCEA	C
TU*	4	1 und 2	BCEAF	CA
U*V*	1	1 und 2	BCEAF(D)	CAF
V*W*	2	1 und 2	BCEAF(D)	CAFE
W*X*	1	1 und 2	BCEAFD	CAFE(B)
X*Y*	1	1	BCEAFD	CAFEB
Y*Z*	3	1	BCEAFD	CAFEBD
	25			

Tabelle 10.4.5: Berechnung der Länge des Weges

Im Vergleich zu Aufgabenteil d) verlängert sich die Gesamtdurchlaufzeit dagegen nicht und liegt unverändert bei 25 Zeiteinheiten. Die minimalen Durchlaufzeiten des Aufgabenteils e) betragen nunmehr 23 Zeiteinheiten bzw. 25 Zeiteinheiten.

zu f)

Nachteile:

- Das Verfahren eignet sich nicht für mehr als 2 Aufträge.

- Dieselbe Maschine kann nicht mehrmals pro Auftrag eingesetzt werden.

Vorteile:

- Es ist eine beliebige Anzahl von Maschinen möglich.

- Es gibt keine Näherungslösungen.

- Die technologischen Maschinenfolgen müssen nicht gleich sein.

Aufgabe 10. 5 Reihenfolgeplanungsprobleme mit zwei Aufträgen – Das graphische Verfahren nach Akers III

Zur Bearbeitung von zwei Aufträgen $j = 1, 2$ müssen in einem Unternehmen die acht Maschinen $m = A, B, C, D \ E, F, G$ und H in unterschiedlicher Reihenfolge durchlaufen werden. Es gelten die folgenden Annahmen aus Tabelle 10.5.1.

Auftrag j	t_{jA}	t_{jB}	t_{jC}	t_{jD}	t_{jE}	t_{jF}	t_{jG}	t_{jH}	S_j
1	2	2	4	3	2	1	2	4	HCFGAEBD
2	5	1	1	1	2	7	2	1	CHGFBADE

Tabelle 10.5.1: Operationszeiten und technologische Maschinenfolgen der beiden Aufträge

Legende:

$j \quad = 1,2,$

$m \quad = A, B, C, D, E, F, G, H,$

$t_{jm} \ =$ Bearbeitungszeit (in Zeiteinheiten) von Auftrag j auf Maschine m,

$S_j \quad =$ technologische Maschinenfolge von Auftrag j.

a) Ermitteln Sie unter Verwendung des graphischen Verfahrens nach AKERS für die vorliegenden Daten die Maschinenbelegung mit der minimalen Zykluszeit!

b) Verdeutlichen Sie die Bearbeitungszustände der Aufträge 1 und 2 mit Hilfe einer Tabelle!

c) Zeichnen Sie den zugehörigen Maschinenfolge-Gantt für die vorliegende Problemstellung! Geben Sie die minimale Zykluszeit an!

Lösung zu Aufgabe 10. 5

zu a) Ermittlung der Maschinenbelegung mit dem Verfahren nach AKERS

Die Konstruktion des für das Verfahren von AKERS benötigten Operationsfelds erfolgt durch Zeichnung zweier Zeitachsen, die ein Koordinatensystem bilden, wobei jede Achse für genau einen Auftrag steht. Die Operationszeiten t_{jm} der beiden Aufträge j auf der jeweiligen Maschine m unterteilen gemäß der zugehörigen Maschinenfolge S_j die Zeitachsen in Abschnitte. Jede Zeitachse beinhaltet damit die für den entsprechenden Auftrag erforderliche Maschinenfolge S_j, die Bearbeitungsdauern auf jeder Maschine und mit den Einteilungen der Achse auch die frühestmöglichen Bearbeitungszeitpunkte des jeweiligen Auftrags auf der entsprechenden Maschine. Im Nullpunkt des Koordinatensystems sind beide Aufträgen noch auf keiner Maschine bearbeitet worden. Dagegen wurden in dem Zielpunkt Z beide Aufträge fertiggestellt. Der nächste Schritt zur Konstruktion des Operationsfelds besteht in der Markierung der Konfliktfelder.

Das Konfliktfeld jeder Maschine m wird aus den Punkten gebildet, deren Projektionen auf beiden Achsen mit den Intervallen der Operationszeiten t_{1m} und t_{2m} zusammenfallen. Diese Punkte beschreiben den Tatbestand, dass bei den jeweiligen Bearbeitungszuständen die Maschine m sowohl für den Auftrag 1 als auch für den Auftrag 2 beansprucht wird. Da nun aber eine Maschine entweder nur den Auftrag 1 oder 2 bearbeiten kann, geben die Konfliktfelder unzulässige Bearbeitungsschritte an. Dies impliziert, dass die einmal begonnene Bearbeitung eines Auftrags an einer Maschine nicht durch die Bearbeitung des anderen Auftrags unterbrochen werden darf. Markiert man für die acht Maschinen A bis H die Konfliktfelder, ergibt sich das Operationsfeld wie in Abbildung 10.5.1 dargestellt.

Die Arbeitsweise dieses Verfahrens besteht nun darin, den Weg mit der geringsten Schrittanzahl zwischen 0 und Z zu suchen. Anhand dieses Wegs ist dann der Plan mit der minimalen Zykluszeit zu erstellen. Aus dem oben genannten Grund darf dabei kein Weg durch ein Konfliktfeld führen. Unter einem Schritt versteht man dabei jede Verbindung zwischen zwei benachbarten Punkten mit ganzzahligen Koordinatenwerten. Ein Schritt kann horizontal, vertikal oder diagonal in 45° zur Abszisse erfolgen, und zwar nur in die positive Richtung. Ein Schritt in die negative Richtung von rechts nach links würde beispielsweise bedeuten, dass der Bearbeitungszustand des Auftrags 1 einen Rückschritt erfährt, was jedoch produktionstechnisch nicht sinnvoll ist. Ein diagonaler Schritt bedeutet, dass beide Aufträge – an verschiedenen Maschinen – zur gleichen Zeit bearbeitet werden, während ein horizontaler bzw. vertikaler Schritt anzeigt, dass für den Auftrag 2 bzw. Auftrag 1 eine Wartezeit gegeben ist – der Auftrag 2 bzw. Auftrag 1 macht keinen Fortschritt.

Ein waagerechter Schritt impliziert, dass die Bearbeitung des Auftrags 1 um eine Zeiteinheit voranschreitet, während Auftrag 2 eine Zeiteinheit lang wartet. Umgekehrt ist ein senkrechter Schritt so zu interpretieren, dass die Bearbeitung des Auftrags 2 um eine Zeiteinheit voranschreitet und Auftrag 1 währenddessen eine Zeiteinheit lang wartet. Bei einem diagonalen Schritt werden beide Aufträge für eine Zeiteinheit lang bearbeitet. Bei einer Konstruktion eines schrittzahlminimalen Wegs ist mithin unbedingt auf die im Operationsfeld markierten Konfliktfelder zu achten, da diese unzulässige Zustände der Maschinenbelegung repräsentieren. Die minimale Zykluszeit beträgt 25 Zeiteinheiten. In der nachfolgenden Abbildung 10.5.1 sind unterschiedlich zulässige optimale Lösungswege (gestrichelte Linien) dargestellt. Hierbei wurde zudem der später untersuchte optimale Lösungsweg (durchgezogene Linie) eingetragen. Dieser zulässige optimale Lösungsweg wurde ergänzend mit Punkten markiert, um die Bearbeitungszustände der jeweiligen Aufträge kenntlich zu machen. Dieser Weg wird in den nachfolgenden Aufgabenteilen 10.5 b) und 10.5 c) weiterhin betrachtet.

In der zunächst nachfolgenden Abbildung 10.5.1 sind jedoch auch die unterschiedlich zulässigen optimalen Lösungswege für den Fall dargestellt, dass bei gleichberechtigten Aufträgen die Zykluszeit minimiert wurde. Darauf aufbauend ist in der Abbildung 10.5.2 ein zulässiger optimaler Lösungsweg eingezeichnet, der dann auf seine Länge und Bearbeitungszustände der Aufträge 1 und 2 hin untersucht werden soll.

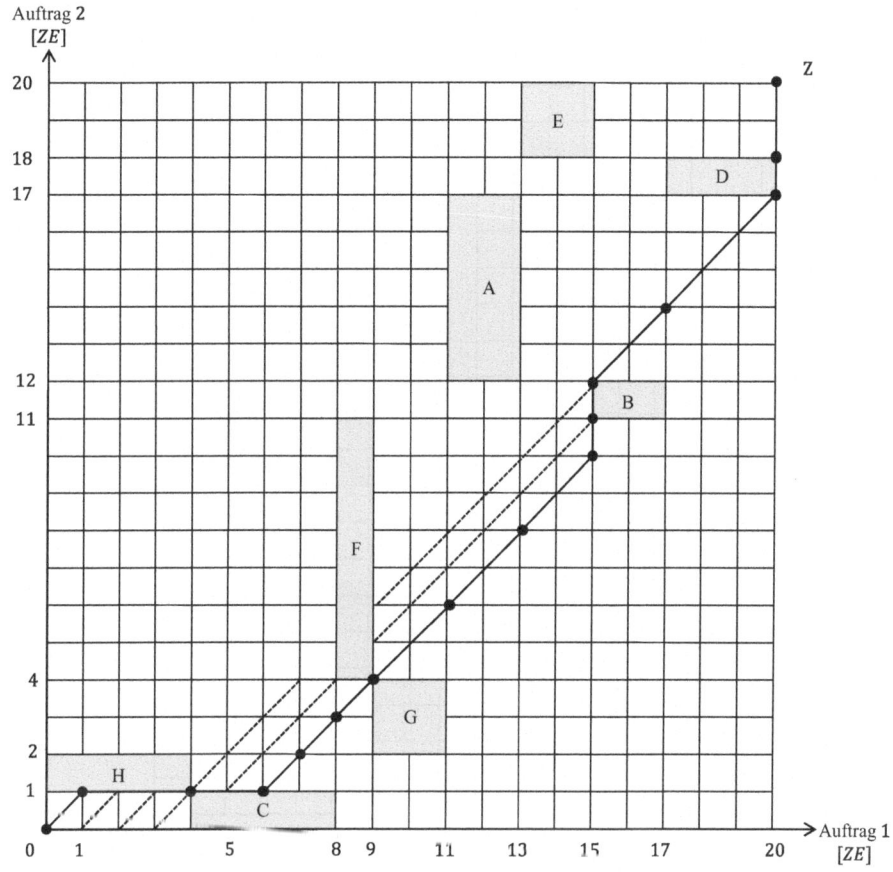

Abb. 10.5.1:   Fertiges Operationsfeld und die Konfliktfelder mit zulässigen
               optimalen Lösungswegen beim graphischen Verfahren nach AKERS

Auf der Abbildung 10.5.1 aufbauend ist in der Abbildung 10.5.2 ein zulässiger
optimaler Lösungsweg eingezeichnet, der dann im Aufgabenteil b) auf seine
Länge und Bearbeitungszustände der Aufträge 1 und 2 hin untersucht werden
soll.

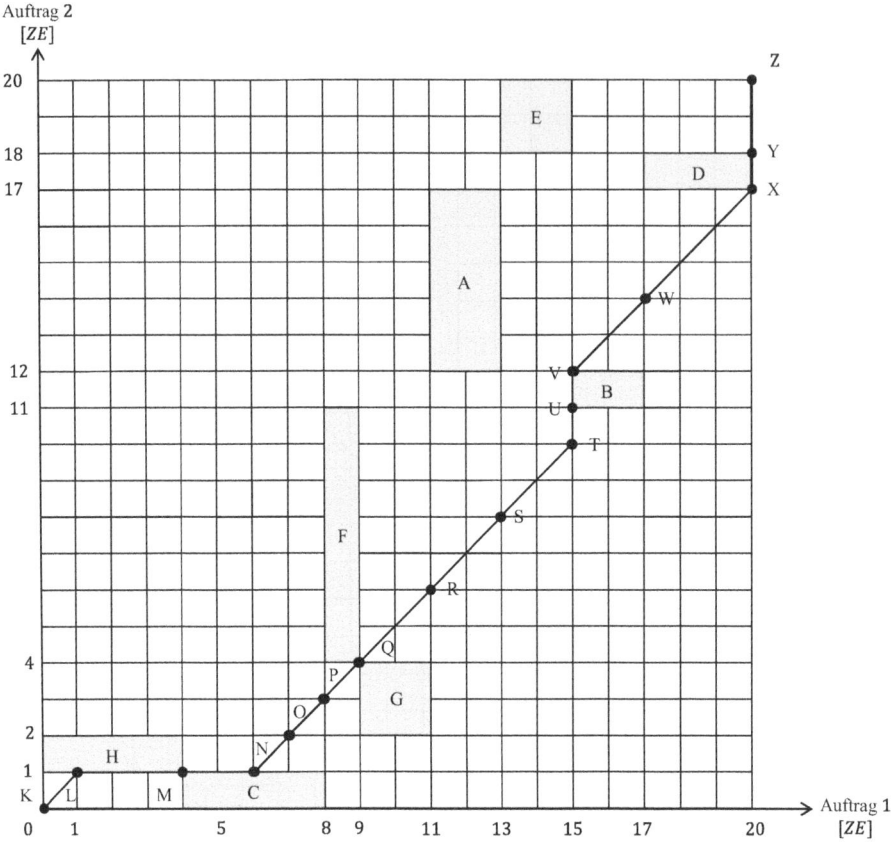

Abb. 10.5.2:   Zulässige optimale Lösung beim graphischen Verfahren nach
AKERS

zu b) Zunächst wird in der Tabelle 10.5.1 die Ermittlung der minimalen Schrittzahl des markierten Lösungsweges der Abbildung 10.5.2 zusammengefasst. Der Klammerausdruck ( ) in der Tabelle 10.5.1 bedeutet, dass die Maschine bereits mit der Bearbeitung begonnen hat, diese jedoch noch nicht beendet ist.

zwischen ... und ...	Anzahl der Schritte	Aufträge in Bearbeitung	Bearbeitungsfortschritt	
			1	2
KL	1	1 und 2	(H)	C
LM	3	1	H	C
MN	2	1	H(C)	C
NO	1	1 und 2	H(C)	CH
OP	1	1 und 2	HC	CH(G)
PQ	1	1 und 2	HCF	CHG
QR	2	1 und 2	HCFG	CHG(F)
RS	2	1 und 2	HCFGA	CHG(F)
ST	2	1 und 2	HCFGAE	CHG(F)
TU	1	2	HCFGAE	CHGF
UV	1	2	HCFGAE	CHGFB
VW	2	1 und 2	HCFGAEB	CHGFB(A)
WX	3	1 und 2	HCFGAEBD	CHGFBA
XY	1	2	HCFGAEBD	CHGFBAD
YZ	2	2	HCFGAEBD	CHGFBADE
	25			

Tabelle 10.5.2: Berechnung der Länge des Lösungsweges KLMNOPQRSTUVWXYZ

In der Folge wird der Weg KLMNOPQRSTUVWXYZ anhand der Abbildung 10.5.2 und der Tabelle 10.5.2 beschrieben.

Im Zeitpunkt $t = 0$ starten beide Aufträge mit der Bearbeitung. Zu Beginn startet Auftrag 1 auf Maschine H und Auftrag 2 auf Maschine C. Auftrag 2 hat bereits nach einer Zeiteinheit die Bearbeitung auf Maschine C abgeschlossen und pausiert im Anschluss für 5 Zeiteinheiten (Weg LMN). Demgegenüber konnte Auftrag 1 die Bearbeitung auf Maschine H nach einer Zeiteinheit (Weg KL) noch nicht beenden. Die Bearbeitung des Auftrags 1 auf Maschine H wird für 3 Zeiteinheiten bis zum Punkt M fortgesetzt und abgeschlossen. Im Anschluss startet direkt seine Bearbeitung auf Maschine C. Insgesamt wird der Auftrag 1 ab dem Punkt L ununterbrochen für 14 Zeiteinheiten bis zu dem Punkt T bearbeitet. Ab dem Punkt M über die Punkte NOPQRS bis zu dem Punkt T durchläuft der Auftrag 1 während dieser Phase die Maschinen C, F, G, A und E vollständig. Die Arbeit für den Auftrag 2 wird ab dem Zeitpunkt N wieder aufgenommen, mithin ab dem Achsenabschnitt $z_1 = 6$ bzw. $z_2 = 1$, ebenfalls über die Punkte NOPQRS bis zu dem Punkt T. Während dieser Phase durchläuft der Auftrag 2 die Maschinen H und G vollständig (Weg NOPQ). Die Bearbeitung auf diesen Maschinen nimmt 4 Zeiteinheiten in Anspruch. Bis zu dem Punkt T wird der Auftrag 2 für 6 Zeiteinheiten auf der Maschine F bearbeitet, allerdings noch nicht abgeschlossen. Während der Auftrag 1 ab dem Punkt T nun auch zum ersten Mal ruht, allerdings lediglich für 2 Zeiteinheiten – Weg von T über U bis nach V – wird die Bearbeitung des Auftrags 2 auf Maschine F nach der ersten Zeiteinheit der weiteren Bearbeitung abgeschlossen (Punkt U). Nach einer weiteren Zeiteinheit hat der Auftrag 2 die Maschine B im Zeitpunkt V vollständig durchlaufen. Insgesamt beträgt die Bearbeitung der beiden Aufträge im Zeitpunkt V – Achsenabschnitt $z_1 = 15$ bzw. $z_2 = 12$ – zu diesem Zeitpunkt somit $t = 17$ Zeiteinheiten.

Im Anschluss werden wieder beide Aufträge bearbeitet (Weg läuft von V über W bis X), diesmal für 5 Zeiteinheiten. In dem Punkt W, im Achsenabschnitt von $z_1 = 17$ und $z_2 = 14$, hat der Auftrag 1 nach 2 Zeiteinheiten die Maschine B durchlaufen. Die Bearbeitung des Auftrags 1 kann nach weiteren 3 Zeiteinheiten zum Punkt X ($z_1 = 20$ bzw. $z_2 = 17$) beendet werden. Während der letzten Bearbeitung durchläuft der Auftrag 1 die Maschine D. Demgegenüber wird der Auftrag 2 während der gesamten 5 Zeiteinheiten auf der Maschine A bearbeitet und auch zu dem Punkt X abgeschlossen. Insgesamt beträgt die Bearbeitung der beiden Aufträge im Punkt X – Achsenabschnitt $z_1 = 20$ bzw. $z_2 = 17$ – nunmehr also $t = 22$ Zeiteinheiten.

Zum Schluss der Bearbeitung ruht der fertige Auftrag 1 für 3 Zeiteinheiten. Auftrag 2 wird unterdessen ab dem Punkt X für eine Zeiteinheit auf Maschine D (XY) und für 2 Zeiteinheiten (YZ) auf Maschine E bearbeitet und abgeschlossen, so dass die Bearbeitungszeit nun bei $t = 25$ Zeiteinheiten liegt. Damit ergibt sich eine minimale Zykluszeit von 25 Zeiteinheiten.

zu c) Aus Abbildung 10.5.2 bzw. Tabelle 10.5.2 ergibt sich für den Weg KLMNOPQRSTUVWXYZ das folgende auftragsorientierte Gantt-Diagramm zur optimalen Lösung aus Aufgabenteil 10.5 a) und 10.5 b), in dem beide Aufträge gleichberechtigt sind und eine insgesamt minimale Zykluszeit gesucht wird. In Abbildung 10.5.3 wird der Auftragsfolge-Gantt dargestellt.

Bei Vergleich der Abbildungen 10.5.2 und 10.5.3 lässt sich erkennen, dass horizontalen bzw. vertikalen Schritten des Wegs KLMNOPQRSTUVWXYZ im Operationsfeld stets eine grau unterlegte Fläche im Gantt-Diagramm entspricht. Dies ist darin begründet, dass lediglich diagonale Schritte eine simultane Bearbeitung beider Aufträge anzeigen, horizontale und vertikale Schritte aber implizieren, dass einer der beiden Aufträge gerade pausiert und vor einer Maschine auf seine weitere Bearbeitung wartet. Beispielsweise sind die Wartezeit des Auftrags 1 vor Maschine B und die Wartezeit des Auftrags 2 vor Maschine H deutlich als 2 Zeiteinheiten bzw. 5 Zeiteinheiten breite Lücke – grau unterlegte Fläche – im auftragsorientierten Gantt-Diagramm der Abbildung 10.5.3 zu erkennen. Dem Diagramm ist zudem zu entnehmen, dass im Zeitpunkt $t = 22$ Zeiteinheiten Auftrag 1 abgeschlossen wird, wohingegen Auftrag 2 erst 3 Zeiteinheiten später fertiggestellt werden kann. Dies wird durch die grau unterlegte Fläche zwischen den Zeitpunkten 22 und 25 des Auftrags 2 illustriert.

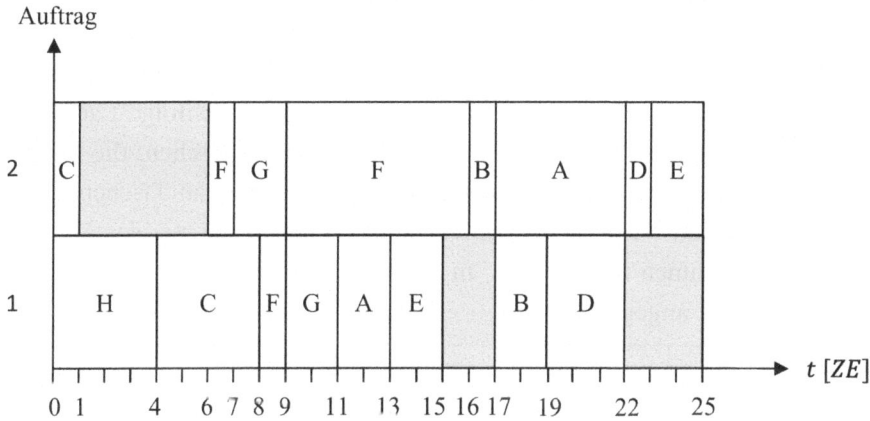

Abb. 10.5.3:   Auftragsorientiertes Gantt-Diagramm zur Lösung aus
Aufgabenteil b)

Aufgabe 10.6 Maschinenbelegungsprobleme –
Das Verfahren nach JACKSON für drei Maschinen

a) Beschreiben Sie für ein 2-Maschinen-Job-Shop-Problem den Jackson-Algorithmus!

b) Der Möbelproduzent Burflon kann auf verschiedene Arten Tische in den letzten beiden Produktionsschritten fertigstellen. Auf der einen Seite wird vor der Endmontage lackiert, auf der anderen Seite wird der Tisch erst montiert und im Anschluss daran komplett lackiert. Teilweise sind bei Anlieferung bereits Tische montiert, die nur noch einer Lackierung bedürfen, und teilweise sind die Bauteile bereits lackiert und müssen nur noch montiert werden. Mit A_{12} sei diejenige Menge an Tischen bezeichnet, die der Maschinenfolge Montieren – Lackieren unterliegen. A_{21} bezeichnet hingegen diejenige Menge an Tischen, die der Maschinenfolge Lackieren – Montieren unterliegen. A_1 bezeichnet die Menge an Tischen, die lediglich montiert werden müssen, hingegen stellt A_2 die Menge an Tischen dar, die lediglich lackiert werden müssen. Die Bearbeitungszeiten p_{im} der Aufträge i auf den Maschinen m, $m = m_1, m_2$, gemessen in Zeiteinheiten sind in der Tabelle 10.6.1 angegeben.

Indexmenge	Auftrag	Montage, m_1	Lackiererei, m_2
	1	2	4
A_{12}	3	7	3
	4	6	4
	5	4	3
A_{21}	7	2	4
	8	6	5
A_1	2	5	0
A_2	6	0	4

Tabelle 10.6.1: Daten des Möbelproduzenten

Lösen Sie das vorliegende Problem – Berechnung der minimalen Zykluszeit – unter Verwendung der oben gegebenen Daten nach dem Jackson-Algorithmus und zeichnen Sie den Auftragsfolge-Gantt!

Lösung zu Aufgabe 10.6

zu a) In Anlehnung an JAHNKE/BISKUP (1999) erfolgt die Beschreibung des Jackson-Algorithmus. Die vorhandenen J Aufträge sind in vier Indexmengen, die jeweils eine bestimmte Maschinenfolge vorgeben, zu klassifizieren:

$$A_{12} = \{i|\text{Maschinenfolge } 1-2, i \in \{1, ..., J\}\},$$
$$A_{21} = \{i|\text{Maschinenfolge } 2-1, i \in \{1, ..., J\}\},$$
$$A_1 = \{i|p_{i2} = 0, i \in \{1, ..., J\}\},$$
$$A_1 = \{i|p_{i1} = 0, i \in \{1, ..., J\}\}.$$

$p_{i1} = 0$ und $p_{i2} = 0$ besagen, dass der jeweils betrachtete Auftrag i auf Maschine 1 oder Maschine 2 nicht bearbeitet werden muss.

Der Jackson-Algorithmus besteht dann aus vier Schritten:

I.   Aus der Menge A_{12} wird anhand des Johnson-Algorithmus ein optimaler Teilplan generiert, der durch X_{12} dargestellt wird.

II. Aus der Menge A_{21} wird anhand des Johnson-Algorithmus ein optimaler Teilplan generiert, der durch X_{21} dargestellt wird.

III. Es werden Teilpläne X_1 und X_2 definiert, indem die Aufträge der Mengen A_1 und A_2 beliebig zugeordnet werden.

IV. Es werden dann die Aufträge wie folgt den Maschinen zugeordnet. Das Resultat ist ein optimaler Ablaufplan.

Reihenfolge der Maschine m_1 (Montage):

$$X_{12} - X_1 - X_{21}.$$

Reihenfolge der Maschine m_2 (Lackiererei):

$$X_{21} - X_2 - X_{12}.$$

zu b) Schritt I:

Es wird zuerst die optimale Teilreihenfolge X_{12} aus der Menge A_{12} anhand des Johnson-Algorithmus gebildet:

Auftrag 1 – Auftrag 4 – Auftrag 3.

Schritt II:

Es wird nun der optimale Teilplan X_{21} für die Aufträge der Menge A_{21} gebildet:

Auftrag 7 – Auftrag 8 – Auftrag 5.

Schritt III:

Da die Teilpläne X_1 und X_2 einelementig sind, müssen keine weiteren Reihenfolgen gebildet werden.

Schritt IV:

Es werden die Reihenfolgen der Maschinen gebildet und dann die minimale Zykluszeit anhand des Gantt-Diagramms bestimmt.

Reihenfolge Maschine m_1:

   1 – 4 – 3 – 2 – 7 – 8 – 5.

Reihenfolge Maschine m_2:

   7 – 8 – 5 – 6 – 1 – 4 – 3.

Daraus resultiert folgendes Gantt-Diagramm in Abbildung 10.6.1:

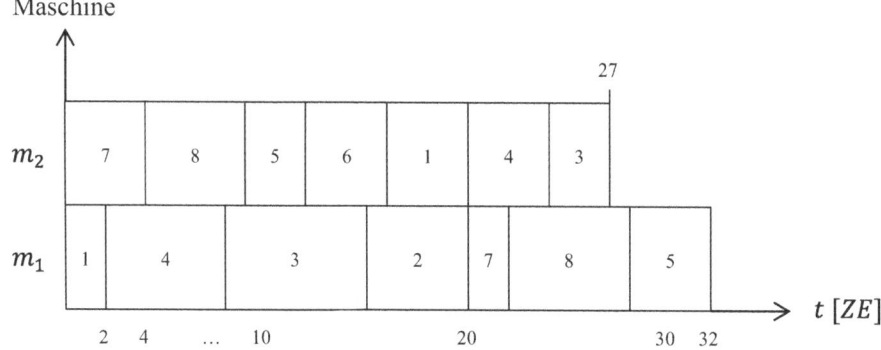

Abb. 10.6.1:   Gantt-Diagramm mit minimaler Zykluszeit

Es ergibt sich eine minimale Zykluszeit $Z^* = 32$ Zeiteinheiten.

Aufgabe 10. 7 Reihenfolgeprobleme – Das Verfahren nach JOHNSON für drei Maschinen

a) Beschreibung der Vorgehensweise im 3-Maschinen-Flow-Shop-Problem, so dass der Algorithmus von JOHNSON angewendet werden kann!

b) Ein Unternehmen produziert verschiedene Typen von Rollerblades. Die Produkte durchlaufen in derselben Reihenfolge die Maschinen „Stanzen der Löcher", „Anbringen der Rollen" und zuletzt „Farbgebung und Beschriftung inklusive Trocknungszeit"!

Es liegen folgende Daten aus Tabelle 10.7.1 in Ihrem Unternehmen vor. Die Bearbeitungszeiten der 7 betrachteten Aufträge sind in dieser Tabelle angegeben.

Auftrag	Stanzerei, m_1	Montage, m_2	Beschriftung, m_3
1	2	4	5
2	7	5	6
3	6	4	5
4	4	3	6
5	5	4	7
6	6	5	5
7	2	3	6

Tabelle 10.7.1: Daten des Unternehmens

Lösen Sie das vorgegebene Problem der Berechnung der minimalen Zykluszeit durch Anwendung des Johnson-Algorithmus!

Lösung zu Aufgabe 10. 7

zu a) Gegeben sind die Bearbeitungszeiten der einzelnen Aufträge auf den vorhandenen Maschinen:

$p_{im} :=$ Bearbeitungsdauer des Auftrags i auf Maschine m für $i = 1, ..., k$ Aufträge.

Gilt eine der beiden nachfolgenden Ungleichungen, kann die Idee des Algorithmus von JOHNSON umgesetzt werden:

$$\min\{p_{i1}|i = 1, ..., k\} \geq \max\{p_{i2}|i = 1, ..., k\}$$

oder

$$\min\{p_{i3}|i = 1, ..., k\} \geq \max\{p_{i2}|i = 1, ..., k\}.$$

Gilt eine der beiden Bedingungen, so kann man die obigen 3 Bearbeitungszeiten zu zwei neuen Operationszeiten für den jeweiligen Auftrag i wie folgt zusammenfassen:

$$p_{i1}^{neu} = p_{i1} + p_{i2} \text{ und } p_{i2}^{neu} = p_{i2} + p_{i3}.$$

Daraufhin kann der Johnson-Algorithmus für zwei Maschinen und k Aufträge angewendet werden.

zu b) Prüft man, ob der obige Algorithmus angewendet werden darf, so erkennt man, dass

$$\min\{p_{i3}|i = 1, ..., k\} \geq \max\{p_{i2}|i = 1, ..., k\}.$$

erfüllt ist. Daraus resultiert das folgende Johnson-Problem mit zwei Maschinen, das durch Tabelle 10.7.2 beschrieben ist.

i	p_{i1}^{neu}	p_{i2}^{neu}
1	6	9
2	12	11
3	10	9
4	7	9
5	9	11
6	11	10
7	5	9

Tabelle 10.7.2: Bearbeitungszeiten für das Zwei-Maschinen-Problem

Analog zu der ausführlichen Vorgehensweise in Aufgabe 10.1 wird hier vorgegangen. Aus dem Pool noch nicht zugeordneter Aufträge wird der minimale Wert aller Bearbeitungsdauern gesucht. Konkret ist das der des Auftrags 7. Es wird geprüft, ob die Bearbeitungsdauer auf der fiktiven Maschine 1 oder auf der fiktiven Maschine 2 vorliegt.

Hier ist Maschine 1 betroffen, so dass Auftrag 7 der geringstmöglichen freien Position zugeordnet wird:

7 — — — — — —

Es wird die Zeile mit dem Auftrag 7 aus allen möglichen noch zur Verfügung stehenden Aufträgen gestrichen (Tabelle 10.7.3).

i	p_{i1}^{neu}	p_{i2}^{neu}
1	6	9
2	12	11
3	10	9
4	7	9
5	9	11
6	11	10
~~7~~	~~5~~	~~9~~

Tabelle 10.7.3: Streichen des Auftrags 7

Aus dem Auftragspool $I = \{1, \dots, 7\} \backslash \{7\}$ wird nun der Auftrag mit der geringsten Bearbeitungsdauer auf einer der beiden fiktiven Maschinen ausgewählt. Hier ist das Auftrag 1, er wird an die nächst mögliche freie Position einsortiert:

$$7 - 1 - - - - -$$

Streichen des Auftrags 1 und Fortfahren mit dem Algorithmus von JOHNSON (Tabelle 10.7.4).

i	p_{i1}^{neu}	p_{i2}^{neu}
~~1~~	~~6~~	~~9~~
2	12	11
3	10	9
4	7	9
5	9	11
6	11	10
~~7~~	~~5~~	~~9~~

Tabelle 10.7.4: Streichen des Auftrags 1

Im dritten Schritt wird Auftrag 4 ausgewählt und direkt nach Auftrag 1 eingeplant und aus der Menge der nicht vergebenen Aufträge gestrichen (Tabelle 10.7.5):

$$7 - 1 - 4 - - - -$$

i	p_{i1}^{neu}	p_{i2}^{neu}
~~1~~	~~6~~	~~9~~
2	12	11
3	10	9
~~4~~	~~7~~	~~9~~
5	9	11
6	11	10
~~7~~	~~5~~	~~9~~

Tabelle 10.7.5: Streichen des Auftrags 4

Im nächsten Schritt weisen zwei Aufträge eine identische geringste Bearbeitungsdauer von 9 Zeiteinheiten auf. Aufgrund der zusätzlichen Annahme, dass bei identischen Bearbeitungsdauern nach dem Index vorzugehen ist, werden zuerst Auftrag 3 auf der fiktiven Maschine 2 und im Anschluss daran Auftrag 5 auf der fiktiven Maschine 1 eingeplant. Da für Auftrag 3 die Bearbeitungsdauer von 9 Zeiteinheiten auf der fiktiven Maschine 2 auftritt, wird der Auftrag an der letzten möglichen zulässigen Position eingeplant. Auftrag 5 wird dagegen an die nächst mögliche freie Position direkt nach Auftrag 4 sortiert. Dies führt zu der nachfolgenden unvollständigen Reihenfolge und einer aus zwei Aufträgen bestehenden, noch verfügbaren Menge (Tabelle 10.7.6):

$$7 - 1 - 4 - 5 - - - 3$$

i	p_{i1}^{neu}	p_{i2}^{neu}
~~1~~	~~6~~	~~9~~
2	12	11
~~3~~	~~10~~	~~9~~
~~4~~	~~7~~	~~9~~
~~5~~	~~9~~	~~11~~
6	11	10
~~7~~	~~5~~	~~9~~

Tabelle 10.7.6: Streichen der weiteren Aufträge

Aus den Aufträgen 2 und 6 ist ersichtlich, dass zuerst Auftrag 6 wegen der minimalen Bearbeitungsdauer auf der fiktiven Maschine 2 einzuplanen ist. Es ergibt sich die vollständige Reihenfolge:

$$7 - 1 - 4 - 5 - 2 - 6 - 3$$

Anhand dieser Reihenfolge kann das Gantt-Diagramm für das 3-Maschinen-Flow-Shop-Problem dargestellt werden (Abbildung 10.7.1).

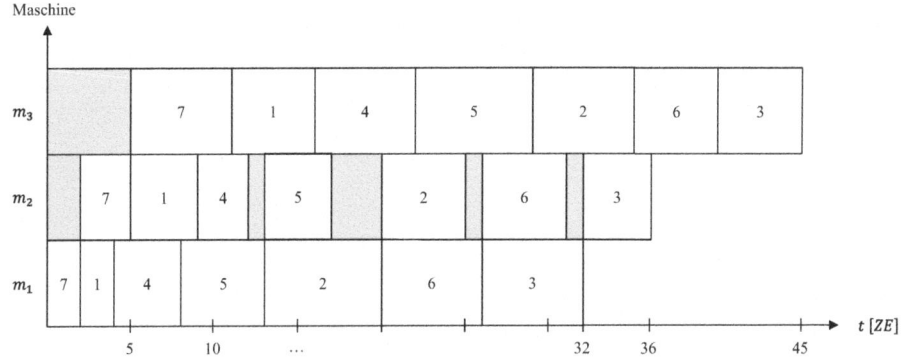

Abb. 10.7.1:   Vollständiger Gantt mit drei Maschinen

Es ergibt sich eine minimale Zykluszeit $Z^* = 45$ Zeiteinheiten.

The manufacturer's authorised representative in the EU is Springer
Nature Customer Service Centre GmbH, Europaplatz 3, 69115 Heidelberg,
Germany. If you have any concerns regarding our products, please
contact ProductSafety@springernature.com

Printed and bound by CPI Group (UK) Ltd, Croydon, CR0 4YY

27/04/2026

02097845-0014